»Das stille Sterben...«

Feldpostbriefe von Konrad Jarausch aus Polen und Russland 1939-1942

Herausgegeben von

KONRAD H. JARAUSCH und KLAUS JOCHEN ARNOLD

Mit einem Geleitwort von

HANS-JOCHEN VOGEL

FERDINAND SCHÖNINGH

Paderborn · München · Wien · Zürich

Herausgegeben mit Hilfe der Gerda Henkel Stiftung
und gedruckt mit Unterstützung der Ertomis-Stiftung

Titelbild:
Sowjetische Kriegsgefangene im Lager Kritschew (Dulag 203), 24. Oktober 1941

Bibliografische Information der Deutschen Nationalbibliothek

Die Deutsche Nationalbibliothek verzeichnet diese Publikation in der Deutschen
Nationalbibliografie; detaillierte bibliografische Daten sind im Internet über
http: //dnb.d-nb.de abrufbar.

Umschlaggestaltung: Evelyn Ziegler, München

Gedruckt auf umweltfreundlichem, chlorfrei gebleichtem
und alterungsbeständigem Papier ⊗ ISO 9706

© 2008 Ferdinand Schöningh, Paderborn
(Verlag Ferdinand Schöningh GmbH & Co. KG, Jühenplatz 1, D-33098 Paderborn)

Internet: www.schoeningh.de

Printed in Germany. Herstellung: Ferdinand Schöningh, Paderborn

ISBN 978-3-506-76546-8

INHALTSVERZEICHNIS

Geleitwort von Hans-Jochen Vogel 7

Vorwort von Konrad H. Jarausch 9

Erster Teil: Einführung 11

Konrad H. Jarausch/Klaus Jochen Arnold
Hinweise zur Edition 13
    1. Charakter der Überlieferung 14
    2. Transkription und Auswahl 15
    3. Textpräsentation und Kommentierung 16
    4. Bedeutung der Edition 18

Konrad H. Jarausch
Vatersuche. Annäherungen an ein problematisches Erbe 20
    1. Nationale Bildung 22
    2. Reformatorischer Religionspädagoge 25
    3. Vom Mittäter zum Mitleidenden 32
        a) Briefe als Texte 32
        b) Erfahrungen im Militär 34
        c) Haltung zum Krieg 36
        d) Räume des Rückzugs 38
        e) Kritische Wendung 40
    4. Ein schwieriges Vermächtnis 42

Klaus Jochen Arnold
Soldat im Osten. Konrad Jarausch und der Gang des Krieges 54
    1. Der militärische Werdegang 57
    2. Im Polenfeldzug 60
    3. Als Ausbilder in Polen und im Deutschen Reich 64
    4. Beim Dulag 203 69
    5. Das Massensterben im Winter 1941/42 71
    6. Konrad Jarausch, das Massensterben und die Verbrechen
       an Juden 82
    7. Fleckfieber in der Wehrmacht 88
    8. Fazit 89

ZWEITER TEIL: BRIEFE

1. »Der Atem des Krieges« (September 1939 – Januar 1940)   95
2. »Die Wacht im Osten« (Januar 1940 – August 1940) 167
3. »Eifer und Strammheit markieren« (September 1940 – Juli 1941) 233
4. »Ein furchtbares Elend« (August 1941 – Januar 1942) 284

Ausgewählte Schriften von Konrad Jarausch 371

Literaturverzeichnis 373

Ortsregister 385

***

Bildteil I: Familie   46

Bildteil II: In Polen 162

Bildteil III: In Russland 268

***

Bildnachweis 387

Hans-Jochen Vogel

GELEITWORT

Es ist eine interessante Frage, was die Millionen deutscher Soldaten im Zweiten Weltkrieg in ihren Feldpostbriefen eigentlich nach Hause geschrieben haben. Ob sie sich darin nur mit ihren eigenen Erlebnissen, mit ihren Nöten und Hoffnungen, mit ihrer Sorge auch um die zu Hause ihrer harrenden Familie beschäftigten, oder ob und inwieweit sie sich auch über den Krieg als solchen, über die anfänglichen Siege und über die seit dem Winter 1941 einsetzenden Niederlagen oder gar über ihre Einstellung zu dem damaligen Regime äußerten. Meines Wissens gibt es dazu bisher nur einzelne Veröffentlichungen. Und auch individuell sind solche Briefsammlungen, soweit sie in den Familien noch existieren, wohl nur gelegentlich zu einem Gesprächsthema unter den Nachkommen geworden. Die Briefschreiber selber sind überdies in der großen Mehrzahl bereits tot, wenn sie denn den Krieg überhaupt überlebt haben.

Das sind Lücken in der Erinnerung und im Bewusstsein der heutigen Generation. Denn die Nachgeborenen könnten aus diesen Briefen sehr vieles lernen, und das anschaulicher und individueller als aus allgemeineren Kriegsdarstellungen. Etwa das ganze Grauen des Krieges. Oder auch die Gründe, aus denen sich sehr viele bis in die letzten Phasen des Krieges hinein dem übermächtigen Einfluss der NS-Agitation und -Propaganda nicht zu entziehen vermochten. Nicht zu vergessen der Zwang, dem sie sich ausgesetzt fühlten und in erheblichem Ausmaß – man denke nur an die Zensur und die brutale Kriegsgerichtsbarkeit – auch ausgesetzt waren. Wer solche Briefe liest, wird im Einzelfall verständnisvoller urteilen. Er wird aber auch eine klarere Vorstellung vom Ausmaß der vom NS-Regime zu verantwortenden Verbrechen und davon erlangen, was das Regime gerade auch Millionen eigener Soldaten angetan hat. Und er wird sich eher dafür einsetzen, dass sich das Geschehene nie wiederholen darf und dass Warnzeichen rechtzeitig erkannt werden.

Die vorliegende Sammlung von Feldpostbriefen von Konrad Jarausch aus den Jahren 1939 bis 1942 schließt diese Lücke, von der ich sprach, in einem eher untypischen Fall. Untypisch deswegen, weil der Schreiber, als der Krieg begann, schon 39 Jahre alt war und sich in seinem Beruf als Studienrat und Religionspädagoge bereits bewährt hatte. Und auch, weil er nicht an der Front, sondern erst in Polen und dann in Russland als Unteroffizier im Hinterland eingesetzt war; zuletzt als Verantwortlicher für die Küche eines Durchgangslagers für sowjetische Kriegsgefangene. Seine Briefe enthalten Alltägliches und ganz Persönliches. Sie zeigen die engen Beziehungen zu seiner Frau und die Freude über die Geburt seines Sohnes. Ebenso seine – enttäuschten – Hoffnungen auf eine Beförderung zum Offizier oder doch um eine Uk-Stellung, die ihm die Rückkehr in die Heimat und in seinen Beruf ermöglicht hätte. Es fehlt auch nicht an kritischen Bemerkungen über seine Kameraden. Vergleichbares würde man wohl in anderen Feldpostbriefen auch finden.

Ganz ungewöhnlich ist aber zumeist der anspruchsvolle Stil seiner Briefe, die Intensität, mit der er die Landschaft schildert, in der er sich jeweils befindet, und wie mitfühlend er auf die Lebenssituation der dortigen Menschen, insbesondere aber auf das grausame Leiden und das massenhafte Sterben eingeht, das die sowjetischen Gefangenen in seinem Durchgangslager erleiden mussten. Ja er fühlt nicht nur mit ihnen, sondern er lernt sogar ihre Sprache, um ihnen besser helfen zu können. Die Briefe lassen auf diesem Hintergrund auch Veränderungen in seinem Verhältnis zum NS-Regime erkennen. Anfangs eher von der Notwendigkeit des Krieges und des Gehorsams gegen die Obrigkeit erfüllt, bereitet es ihm später zunehmend Schwierigkeiten, seinen evangelischen Glauben mit dem, was er erlebt, in Einklang zu bringen. Bis zu seinem plötzlichen Tod infolge einer Fleckfiebererkrankung wird er nicht zum offenen Gegner des Regimes. Aber angesichts der strengen Zensur und der Gefahren, die sich daraus ergeben können, ist es schon bemerkenswert und auch mutig, dass er unter anderem schreibt, die SS räume furchtbar auf, es werde rücksichtslos ausgemerzt und was er erlebe, sei mehr Mord als Krieg.

Der Sammlung sind – verfasst von seinem Sohn, dem renommierten Zeithistoriker Konrad Jarausch – biographische Stichworte und unter dem Titel »Vatersuche. Annäherungen an ein problematisches Erbe« eine Auseinandersetzung mit dem Werdegang des Vaters, seinen Verhaltensnormen und der Art und Weise, wie er sein Leben bewältigt hat, vorangestellt. Ebenso ein Text, in dem Dr. Klaus Jochen Arnold, ein jüngerer Zeithistoriker, die Kriegsverläufe skizziert, die für das Verständnis der Briefe bedeutsam sind.

Gerade als einer, der selbst noch zwei Jahre am Krieg teilnehmen musste und in dieser Zeit eine ganze Anzahl leider verlorengegangener Feldpostbriefe geschrieben hat, wünsche ich dem Sammelband Aufmerksamkeit und weite Verbreitung.

München, im Winter 2007/8

VORWORT

Nach Beendung meines Engagements am Zentrum für Zeithistorische Forschung habe ich mich dazu durchgerungen, mich dem schwierigen Erbe meines in Russland 1942 gestorbenen Vaters zu stellen. Gewappnet durch die in langer Beschäftigung mit deutscher Geschichte erworbene Distanz, erfülle ich endlich den Wunsch meiner Mutter nach der Veröffentlichung seiner Kriegsbriefe, die schon Mitte der 50er Jahre mit einem ersten Versuch gescheitert war. Ansporn zur Beschäftigung mit dieser ambivalenten Hinterlassenschaft waren das erneute Interesse am Zweiten Weltkrieg sowie die Diskussion über nationalsozialistische Verbrechen aufgrund der kontroversen Wehrmachtsausstellung. Einerseits scheint der lobenswerte Eifer bei der Aufklärung von Verbrechen manchmal in allzu pauschalen Anklagen zu enden und den Mythos von der »sauberen Wehrmacht« in sein Gegenteil zu verkehren. Andererseits läuft auch das Schönreden der Rolle eigener Familienmitglieder Gefahr, die Widersprüchlichkeit des Verhaltens der Vorfahren und ihre Verstrickung in verbrecherische Politik zu vereinfachen.

Bei dieser schwierigen Gratwanderung erwies sich Klaus Jochen Arnold als eine große Hilfe. Als ausgewiesener Kenner der Ostfront konnte er den historischen Quellenwert der Briefe besser als ich beurteilen. Da er von den dichten Beschreibungen der Behandlung der polnischen und russischen Gefangenen sowie den zunehmend kritischen Reflexionen über den Kriegsverlauf beeindruckt war, haben wir uns für eine gemeinsame Herausgabe der Feldpostbriefe entschieden. Die Arbeit haben wir je nach Kompetenz aufgeteilt. Während ich die Persönlichkeit des Briefschreibers einführe, diskutiert Klaus Jochen Arnold die militärgeschichtlichen Zusammenhänge. Die Einleitung der Edition sowie die Auswahl der Dokumente haben wir gemeinsam vorgenommen, wobei Klaus Jochen Arnold für die Transkription und Kommentierung hauptsächlich verantwortlich war. Für die finanzielle Unterstützung dieser Edition möchten wir der Gerda Henkel Stiftung, der Ertomis-Stiftung sowie der Lurcy Foundation danken. Ebenso sind wir Michael Werner vom Verlag Ferdinand Schöningh für sein persönliches Interesse und Engagement zu Dank verpflichtet. Schließlich möchten wir Daniel Jost und Carina Notzke vom Bundesarchiv-Militärarchiv, Freiburg/Br., sowie Dr. Arnim Lang und Bernd Nogli von der Schriftleitung des Militärgeschichtlichen Forschungsamtes, Potsdam, für ihren Einsatz und die wertvolle Hilfe danken.

Wir wollen mit dieser Briefausgabe den lebensgeschichtlichen und geistigen Kontext sowie die facettenreichen Umstände verdeutlichen, die zu einer Verstrickung »anständiger Bildungsbürger« in NS-Verbrechen führen konnten. Gleichzeitig zeigt der vorliegende Fall auch exemplarisch die Möglichkeit einer Entwicklung vom Mittäter zum Mitleidenden, der durch schockierende Erlebnisse die menschliche Solidarität mit den gefangenen Feinden zunehmend in den Vordergrund seines Denkens und Handelns stellt. Da in vielen Familien ähnliche Aufzeichnungen schlummern, möchte diese Edition zu einer Auseinandersetzung mit den darin beschriebenen Kriegsereignissen anregen, um durch ein größeres

Verständnis für menschliche Extremsituationen die Blockade im Verhältnis zu den eigenen Vorfahren abzubauen. Ich möchte dieses Buch meinem in den USA heranwachsenden Enkel Tyson in der Hoffnung widmen, dass ihm durch dezidiertere Verteidigung von Menschenrechten ähnliche schreckliche Erfahrungen erspart bleiben.

Berlin, im Winter 2007/8   *Konrad H. Jarausch*

Erster Teil:
EINFÜHRUNG

Konrad H. Jarausch und Klaus Jochen Arnold

HINWEISE ZUR EDITION

Die Entdeckung eines Bündels alter Briefe ist eine Sternstunde für jeden Historiker.[1] Aus den verblichenen Schriftzügen spricht plötzlich eine Stimme aus der Vergangenheit im unverfälschten Originalton, ohne wissenschaftliche oder publizistische Zusätze. Solche vergilbten Seiten können die ganze Palette menschlicher Mitteilungen, von Alltagssorgen bis zu Sinnfragen des Lebens behandeln und dadurch längst vergessene Beziehungen zu neuem Leben erwecken. Allerdings ist eine Korrespondenz nicht unproblematisch, denn sie ist gewöhnlich unvollständig, oft fehlen die Antworten der Adressaten und ihre Mitteilungen sind nur schwer zu verifizieren. Auch sind Brieftexte durch die schriftliche Fixierung von Erlebnissen Teil einer bewussten Verarbeitung und bieten keineswegs ein authentisches Abbild des Geschehens. Daher ist ihre Interpretation beileibe keine Selbstverständlichkeit, eine systematische Quellenkritik vielmehr unerläßlich.

Ein Bearbeiter, der solche Dokumente herausgeben will, muss sich zwischen zwei unterschiedlichen Formen der Edition entscheiden – der vollständigen Wiedergabe des Originals oder der Auswahl von besonders bedeutungsvollen Passagen. Dabei bevorzugen Wissenschaftler gewöhnlich die erste Variante, da diese die Integrität des Textes respektiert und eine detaillierte Kommentierung ermöglicht.[2] Allerdings ist die kommentierte Volledition für den allgemein interessierten Leser eher ermüdend, denn sie enthält viel Beiwerk, das ausschließlich Spezialisten interessiert. Deshalb ziehen Schriftsteller wie Walter Kempowski eine Auswahledition vor, denn die Konzentration auf Kernaussagen bietet mehr Freiheit in der Gestaltung eines eigenen »Mosaiks« der Vergangenheit.[3] Ein selektives Vorgehen schafft aber gleichzeitig Probleme, weil es Zusammenhänge zerreißt und Kontexte nicht berücksichtigt.

Für die Edition der Kriegsbriefe von Konrad Jarausch haben wir uns für einen Mittelweg der kommentierten Auswahledition entschieden, der die Vorteile der Varianten zu verbinden sucht, ohne sich ihre Nachteile einzuhandeln. Der Kern der Beobachtungen und Reflexionen soll einem breiteren Publikum zugänglich gemacht werden, ohne durch Wiederholungen und Petitessen zu langweilen, die in der privaten Korrespondenz dieser Art unvermeidlich sind. Die Kommentie-

---

[1] Z.B. Günter Hauthal: Erinnerung und Mahnung. Ein nicht alltäglicher Fund, Altenburg 2006. Vgl. Waltraud Seidel: »Möge er bald ein Ende finden«, Neues Deutschland, 24. 2. 2007.

[2] Vgl. etwa Jörg Echternkamp (Hrsg.): Kriegsschauplatz Deutschland 1945. Leben in Angst – Hoffnung auf Frieden: Feldpost aus der Heimat und von der Front, Paderborn, 2006. Zu diesen Problemen siehe Wissenschaftliche Briefeditionen und ihre Probleme. Editionswissenschaftliches Symposion, hrsg. von Hans-Gert Roloff. Berliner Beiträge zur Editionswissenschaft Band 2, Berlin 1998.

[3] Walter Kempowski: Das Echolot. Ein kollektives Tagebuch in vier Bänden, München 1999 bis 2005.

rung ist daher knapp gehalten und erklärt wichtige, nicht allgemein bekannte Sachverhalte, gibt aber keine weitere Auskunft über generelle Fragen des Krieges. Durch diese Form der Textauswahl und Kommentierung wird eine fortlaufende Erzählung in Briefform ermöglicht, welche die Integrität der authentischen Stimme bewahrt und durch Ausschaltung der unnötigen Nebengeräusche erst hörbar macht.

1. Charakter der Überlieferung

Die etwa 350 Feldpostbriefe und Postkarten, die hier bearbeitet wurden, überlebten die Wirren des Krieges und der Nachkriegszeit in einem braunen Lederkoffer mit anderen Familiendokumenten und einigen Fotographien. Bei den Kriegsbriefen befanden sich etwa sechzig Schriftstücke aus den Anfangsjahren der Beziehung der Eheleute sowie aus kürzeren Trennungen in den dreißiger Jahren, die in der Einführung ausgewertet wurden. Die Ausbombung der Magdeburger Wohnung sowie die Umzüge Charlotte Jarauschs nach Niederbayern, Oberfranken und ins Rheinland bewirkten eine negative Auswahl, da nur die wichtigsten Schriftstücke gerettet wurden. Mit der Aufbewahrung eines Teils der Korrespondenz wollte die Witwe die Erinnerung an einen außergewöhnlichen Ehemann, Vater und Religionspädagogen aufrechterhalten, die wenigstens in einigen Schriftzeugnissen weiterleben sollte.[4] Leider sind deswegen ihre eigenen Antworten auf die Briefe nicht mehr erhalten.

Mitte der Fünfziger Jahre versuchte Charlotte Jarausch vergeblich, die Kriegsbriefe ihres Mannes zu veröffentlichen. Schon während des Krieges hatte Pfarrer Oskar Ziegner einige Auszüge aus der Korrespondenz angefertigt und diese in vervielfältigter Form an die Mitglieder des Tiling-Kreises evangelischer Religionserzieher verteilt, um einer eindrucksvollen Persönlichkeit zu gedenken.[5] Da die Witwe durch ihren Unterricht am Ricarda-Huch Lyzeum in Krefeld zu angespannt war, rekrutierte sie Pastor Nast, den sie bei Ferien auf Hallig Hooge kennen gelernt hatte, um eine maschinenschriftliche Transkription anzufertigen.[6] Ihre eigene Vorauswahl war jedoch allzu sprunghaft, ließ erhebliche Passagen aus und vermengte Stellen aus verschiedenen Briefen, so dass sich dieser Versuch als wissenschaftlich unbrauchbar erwies. Wegen des allgemeinen Bestrebens, die furchtbaren Kriegserlebnisse so bald wie möglich zu vergessen, konnte sie zudem keinen interessierten Verlag finden und musste das Vorhaben aufgeben.

Die gegenwärtige Edition ist ein völliger Neuansatz, der auf einer breiten Quellenbasis beruht. Für die Einleitung wurden zur Erhellung des persönlichen Hintergrundes alle Briefe berücksichtigt, die sich im Nachlass fanden und die Entwicklung der Beziehung zwischen den Eheleuten betreffen. Außerdem wurde auf die »Familiennachricht« von Bruno Jarausch zurückgegriffen, die er Mitte der

---

[4] Die gesamten Unterlagen befinden sich gegenwärtig im Besitz von Konrad H. Jarausch.
[5] Oskar Ziegner: Aus Briefen von Dr. K. Jarausch und 2. Folge von Auszügen aus den Briefen von Konrad Jarausch, o.D.
[6] Lotte Jarausch an Pastor Nast, [...]1954. Vgl. die Bearbeitungsnotizen auf den Originalbriefen sowie den maschinengeschriebenen Durchschlag der ersten Auswahl.

Sechziger Jahre aufgrund persönlicher Erinnerungen an seinen jüngeren Bruder mit Hilfe offizieller Dokumente sowie durch Rückgriff auf die eigene Korrespondenz niederschrieb.[7] Daneben wurden Schriftstücke aus dem Nachlass von Magdalene von Tiling, der beruflich-theologischen Mentorin, sowie das veröffentlichte wissenschaftliche Oeuvre von Konrad Jarausch ausgewertet.[8] Schließlich beruht die Edition u.a. auf Recherchen im Bundesarchiv-Militärarchiv Freiburg, im Landeshauptarchiv Sachsen-Anhalt, Abteilung Magdeburg und den Ermittlungsakten gegen Angehörige des Dulag 203 im Hauptstaatsarchiv Hannover, welche die Hintergründe der Kriegsereignisse erhellen.[9]

2. Transkription und Auswahl

Die erste Aufgabe war die Herstellung eines zuverlässigen, transkribierten Gesamtkorpus der Korrespondenz aus den Kriegsjahren. Dazu mussten alle erhaltenen Schriftstücke in eine chronologische Sequenz gebracht werden, was durch den unzulänglichen Ordnungsversuch von Lotte Jarausch erschwert wurde. Wo Orts- und Zeitangaben fehlten, erfolgte die Datierung sowie Zuordnung einzelner Blätter nach formalen Kriterien wie der Ähnlichkeit der Tinte, der Gleichheit oder Faltung des Papiers sowie des Poststempels auf dem Briefumschlag. Inhaltliche Gesichtspunkte wurden außerdem berücksichtigt, etwa Hinweise auf andere Briefe sowie erwähnte Wochentage oder kirchliche Feiertage. Zwar war die in Sütterlin geschriebene Handschrift generell sauber und gut lesbar, aber die Kriegsumstände erzwangen manchmal eine hastige Aufzeichnung auf Papierfetzen mit Bleistiftstummeln, was die Entzifferung erschwerte. Alle strittigen Passagen und Stücke konnten jedoch eindeutig zugeordnet werden.

Eine weitere Herausforderung war die Herstellung einer repräsentativen Auswahl des erhaltenen Schriftwechsels, die schwierige Entscheidungen verlangte. Als Hauptkriterium diente dabei der Wunsch, ein möglichst nuanciertes Bild der Kriegserlebnisse und ihrer Verarbeitung durch Konrad Jarausch zu bieten. Dazu gehören vor allem Bemerkungen über seine Erfahrungen bei der Bewachung von Kriegsgefangenen sowie der Ausbildung von Reservisten, an die sich Gedanken an die Wechselfälle des Kriegsgeschehens knüpfen. Ebenso wichtig erschienen Schilderungen vom besetzten Land und den Menschen, die nationalistische Stereotype des Ostens hinterfragen oder aufweisen. Noch aufschlussreicher sind Berichte über Grausamkeiten und Verbrechen der Wehrmacht, die auch seine wachsenden Zweifel am Sinn des Krieges dokumentieren. Die Fokussierung auf den Dienst in der Etappe in Polen und Russland – im Gegensatz zu der Ausbildungsroutine in der Heimat – soll dabei interessante Einsichten in kontrovers

---

[7]   Bruno Jarausch: Erinnerungen einer schlesisch-märkischen Familie, unveröffentlichtes Manuskript, Berlin um 1965 (»Familiennachricht«).

[8]   Siehe evangelisches Landeskirchenarchiv Hannover, Nachlass Magdalene von Tiling, Nr. 11 und 17. Siehe auch das Schriftenverzeichnis von Konrad Jarausch im Anhang.

[9]   Zu Konrad Jarausch wurden zudem Auskünfte bei der Deutschen Dienststelle in Berlin eingeholt. Wir danken außerdem Hans-Jürgen Höötmann für Hinweise zum im Archiv des Landschaftsverbands Westfalen-Lippe befindlichen Nachlaß von Franz Petri.

diskutierte Aspekte des nationalsozialistischen Vernichtungskrieges ermöglichen.

Um die Edition auf diese Themen zu konzentrieren, wurde ein Drittel des transkribierten Konvolutes aussortiert. Als Ausschlusskriterium fungierte insbesondere die Notwendigkeit einer Kürzung um Redundanzen und der für die Kriegserlebnisse peripheren Passagen. Etwa einhundert Briefe, die belanglose Alltäglichkeiten enthielten, frühere Berichte wiederholten oder den Routinebetrieb der Ausbildung betrafen, wurden nicht berücksichtigt. Außerdem wurden die aufgenommenen Briefe systematisch gekürzt. So wurden vor allem die gleichbleibenden Gruß- und Schlussformeln der Briefe an Charlotte Jarausch gestrichen, soweit ihre Veränderung keine weiteren Aufschlüsse gab. Auch wurden persönliche Kleinigkeiten wie Bitten um neue Socken usw. nur dann aufgenommen, wenn sie für die Situation der Truppe erhellend waren. Ebenso wurden die Reaktionen auf belletristische Lektüre, theologische Spekulationen und Hoffnungen auf eine Weiterführung der pädagogischen Arbeit reduziert, weil sie mit den Kriegserlebnissen nur wenig zu tun hatten.[10]

Das Resultat dieses doppelten Auswahlprozesses ist eine straffe, gleichwohl umfassende Wiedergabe der zentralen Beobachtungen und Reflexionen von Konrad Jarausch. Im Zentrum stehen die 193 Briefe und elf Feldpostkarten an seine Frau, mit der er nahezu täglich korrespondierte, um die Gemeinsamkeit ihres Lebens über die räumliche Trennung hinweg aufrecht zu erhalten. Daneben wurden elf Briefe an seinen Schwager, den umstrittenen Westforscher Franz Petri und dessen Frau Lene aufgenommen, weil sie oft politische Grundsatzfragen ansprechen. Als persönlichere Zeugnisse enthält die Edition außerdem neun Briefe an seine Mutter, seinen Bruder und dessen Frau, die jeweilige Befindlichkeiten ausgesprochen gut ausdrücken. Den beruflichen Wirkungskreis illustrieren zudem zwanzig Schreiben an Kollegen, Freunde und Schüler, die das intellektuelle Umfeld rekonstruieren. Besonders interessant sind zehn Essays, die seine Eindrücke aus Polen und Russland zusammenfassen und den Briefen an seine Frau angefügt waren. Schließlich betreffen drei nicht von Konrad Jarausch stammende Stücke die Umstände seines Todes.[11]

3. Textpräsentation und Kommentierung

Oberstes Gebot für die Präsentation der Texte war die authentische Wiedergabe, die gleichzeitig lesbar und verständlich sein sollte. Zur leichteren Identifizierung wurden die Briefe deshalb chronologisch geordnet und nummeriert. Um den historischen Charakter ihrer Sprache zu bewahren, ist auch die alte Rechtschreibung beibehalten worden. Jedes Schreiben ist, soweit vorhanden, durch

---

[10] Diese schwierigen Editionsentscheidungen wurden von den Herausgebern gemeinsam getroffen und berücksichtigen sozial- und militärgeschichtliche Gesichtspunkte.

[11] Neben den dem ersten Editionsversuch zugrunde liegenden Briefen wurden auch zahlreiche darin nicht berücksichtigte Schreiben aufgenommen. Außerdem neun in der »Familiennachricht« an die Mutter und den Bruder gerichtete Briefe sowie zwei aus dem Nachlass Tiling stammende Schreiben.

Angabe des Ortes und Datums identifiziert, Adressaten werden nur angegeben, wenn es sich nicht um Charlotte Jarausch handelt. Alle Hervorhebungen im Original sowie Fremdwörter wurden im Text kursiv gekennzeichnet. Um den Stil zu verdeutlichen, sind die ersten Briefe vollständig abgedruckt, die Kürzungen setzen sukzessive ein. Bei den notwendigen Reduzierungen wurde allerdings der Sinnzusammenhang durch die Aufnahme ganzer Abschnitte gewahrt, die Eingriffe erfolgten so sparsam und behutsam wie möglich.[12] Auslassungen wurden durch eckige Klammern und drei Punkte […] kenntlich gemacht. Erläuterungen oder Hinzufügungen durch die Herausgeber – wie z.B. ein indirekt erschlossenes Briefdatum – wurden gleichfalls durch eckige Klammern gekennzeichnet. Offensichtliche Fehler sind entweder stillschweigend korrigiert worden oder durch [sic!] hervorgehoben. Zur besseren Lesbarkeit wurden zudem Anpassungen vorgenommen, etwa Fragezeichen angefügt, die Konrad Jarausch selbst kaum nutzte. Alle Zahlen unter Zwanzig und Maßeinheiten u.ä. wurden ausgeschrieben. In einem über zwei Tage geschriebenen Brief wurde der jeweilige Text durch eine Freizeile abgesetzt. Schließlich wurden die Briefe durch Zwischenüberschriften in zeitlich getrennte Sinnkomplexe gegliedert.

Die Kommentierung ist knapp gehalten, denn sie soll für das Verständnis des Inhalts erforderliche Erläuterungen liefern, ohne vom Text selbst abzulenken. Die Anmerkungen beziehen sich vor allem auf drei Bereiche: Erstens wurde versucht, soweit wie möglich erwähnte Personen aus dem privaten oder wissenschaftlichen Umfeld zu identifizieren, um die Bedeutung von Anspielungen zu klären. Auf nähere Erläuterungen zu den Kameraden wurde verzichtet, soweit es sich nicht um militärische Persönlichkeiten handelt. Diese Aufgabe wurde durch die Familiennachricht von Bruno Jarausch und die Inhaltverzeichnisse der Zeitschrift »Schule und Evangelium« erheblich erleichtert.[13] Zweitens wurden historische und militärische Ereignisse sowie polnische oder russische Ortsnamen nur erklärt, wenn eine allgemeine Bekanntheit nicht vorausgesetzt werden konnte.[14] Drittens

---

[12] Vgl. Bodo Plachta: Editionswissenschaft. Eine Einführung in Methode und Praxis der Edition neuerer Texte, Stuttgart 1997.

[13] Die Familiennachricht enthält die Namen der Freunde und Bekannten, während das Imprimatur sowie das Inhaltsverzeichnis der Zeitschrift eine Reihe weiterer Personen auffindbar machte.

[14] Genutzt wurden u.a.: Amtliches Gemeinde- und Ortsnamenverzeichnis der Deutschen Ostgebiete unter fremder Verwaltung. Bearbeitet und hrsg. von der Bundesanstalt für Landeskunde, Bd. 1: Amtliches Gemeindeverzeichnis der Deutschen Ostgebiete unter fremder Verwaltung nach dem Gebietsstand am 1.9.1939; Bd. 2: Alphabetisches Ortsnamenverzeichnis, 3. Aufl., Remagen 1955; Ortschaftsverzeichnis für die Provinz Posen enthaltend die sämtlichen Wohnplätze, welche einen offiziellen (d.h. Allerhöchsten Orts oder von den zuständigen Verwaltungsbehörden genehmigten) Ortsnamen tragen. Zusammengestellt aufgrund amtlicher Unterlagen und hrsg. von Hermann Piesinski, Bromberg 1890; Ortsverzeichnis für alle vom Deutschen Reich auf Grund des Versailler Vertrages vom 28. Juni 1919 abgetretenen Gebiete (einschließlich Elsaß-Lothringen). Bearbeitet in der Plankammer des Preußischen Statistischen Landesamts, Berlin 1926; Polnische Umbenennungen der Ortschaften jenseits Oder-Neisse. Teil A: deutsch-polnisch. Erweiterte und verbesserte Auflage bearbeitet von Max Karl Czerny, Frankfurt am Main 1949; Reihe historischer Ortschaftsverzeichnisse für ehemals zu Deutschland gehörige Gebiete 1914-1945. Band VIII: Wartheland (Teil 1: Regierungsbezirk Posen; Teil 3: Regierungsbezirk Kalisch/Litzmannstadt), bearbeitet und hrsg. vom Bundesamt für Kartographie und Geodäsie im Auftrag des Bundesministeriums des Innern unter der Leitung von Karl-A. Wegener, Frankfurt am Main 1998; Statistik des Deutschen Reiches. Hrsg. vom Kaiserlichen Statistischen Amte, Bd. 240: Die Volkszählung im Deutschen Reiche am 1.

wurden die durch Bibliothekskataloge verifizierbaren Titel der erwähnten Literatur sowie auch Hinweise auf weiterführende Sekundärliteratur in die Anmerkungen aufgenommen.

Die beiden unterschiedlichen Einführungen bieten eigenständige aber komplementäre Einstiege in die edierten Texte. Die biographische Skizze schildert den familiären Hintergrund, geistigen Horizont und die menschlichen Beziehungen von Konrad Jarausch aus der sowohl persönlichen wie wissenschaftlichen Perspektive seines Historikersohnes. Diese Bemerkungen informieren vor allem über jene Charakteristika des Briefschreibers, die für eine Beurteilung seiner Beobachtungen und Bewertungen unerlässlich sind. Die militärhistorische Einleitung untersucht dagegen die geschilderten Alltagserfahrungen in der kampfnahen Etappe auf ihre Verallgemeinerbarkeit hin und bettet die individuellen Erlebnisse eines Oberfeldwebels in den Zusammenhang des größeren Kriegsgeschehens ein. Erst der Vergleich der schonungslosen Beschreibungen und klarsichtigen Reflexionen mit ähnlichen überlieferten Zeugnissen erlaubt es, ihre Originalität und ihren Quellenwert einzuschätzen.[15]

4. Bedeutung der Edition

Das Produkt dieser editorischen Entscheidungen ist eine Art von Tagebuch in Briefform, das die Erfahrungen eines protestantischen Bildungsbürgers während der ersten Hälfte des Zweiten Weltkriegs widerspiegelt. Die erstaunliche Dichte der Briefe, die durch eine nicht unmittelbare Beteiligung an Kampfhandlungen möglich wurde, bietet fast tägliche Aufzeichnungen über den Alltag der Truppe in Polen und Russland. Auch zwei Generationen danach sind die Frische des Stils, die Genauigkeit der Beschreibungen und die Ehrlichkeit der Reflexionen beeindruckend. Im Gegensatz zu vielen Feldposteditionen, die einen Querschnitt verschiedener, unbekannter Briefschreiber bieten, soll die Dokumentation der Briefe eines einzelnen Korrespondenten, über dessen Persönlichkeit mehr bekannt ist, die Chance des tieferen Einblicks in eine schrittweise Entwicklung von anfänglicher Zustimmung zu späterer Kritik eröffnen.[16] Auf diese Weise soll diese Edition einen weiteren Baustein zu dem Mosaik einer soziokulturellen Erfahrungs-

---

Dezember 1910, Berlin 1915; Schlesisches Städtebuch. Hrsg. im Institut für vergleichende Städtegeschichte an der Universität Münster von Heinz Stoob und Peter Johanek. Bearbeitet von Waldemar Gosch u.a., Stuttgart u.a. 1995.

[15] Siehe eine derartige Synthese bei Christian Hartmann: Massensterben oder Massenvernichtung? Sowjetische Kriegsgefangene im Unternehmen ‚Barbarossa'. Aus dem Tagebuch eines deutschen Lagerkommandanten, in: Vierteljahrshefte für Zeitgeschichte 48 (2001), S. 97-158.

[16] Siehe die ähnlichen Dokumentationen von Wilm Hosenfeld: »Ich versuche jeden zu retten«. Das Leben eines deutschen Offiziers in Briefen und Tagebüchern, München 2004; »Erschießen will ich nicht!« Als Offizier und Christ im Totalen Krieg. Das Kriegstagebuch des Dr. August Töpperwien 3. September 1939 bis 6. Mai 1945, hrsg. von Hubert Orlowski und Thomas F. Schneider, Düsseldorf 2006. Als Beispiel für die Korrespondenz von Eheleuten: Karl Reddemann: Zwischen Front und Heimat. Der Briefwechsel des münsterischen Ehepaares Agnes und Albert Neuhaus 1940-1944, Münster 1996. In letzter Zeit auch Ingo Stadler (Hrsg.): Ihr daheim und wir hier draußen. Ein Briefwechsel zwischen Ostfront und Heimat Juni 1941-März 1943, Köln 2006; Walter Frank: Verführt, verheizt... Auszüge aus den Feldpostbriefen meines Bruders Albert, Kassel 2006. Zur biogra-

geschichte des Zweiten Weltkriegs liefern.[17] Trotz ihrer individuellen Begrenztheit erlauben diese Briefzeugnisse durch ihre Reflexionen über allgemeine Probleme auch vielsagende Rückschlüsse auf generellere Reaktionsmuster. Zweifellos war Konrad Jarausch ein komplizierter Beobachter, der zwischen Vereinzelung und Anschluss an die Kameraden, Verärgerung über die Dummheit des Kommisses und Stolz auf die erledigten Aufgaben, der Bejahung einer Vergrößerung des Deutschen Reiches und Zweifeln über das verursachte Leid schwankte. Gerade deswegen bieten seine Texte über seine Person hinaus erschreckende Einblicke in die Verführbarkeit der im Ersten Weltkrieg aufgewachsenen und der Weimarer Republik fremd gebliebenen Generation, welche auf eine völkische Erneuerung hoffte und zu Mittätern im nationalsozialistischen Vernichtungskrieg wurde.[18] Die selbst-reflexiven Briefe geben zahlreiche Hinweise darauf, warum »anständige« Individuen an dem sich auftuenden Zwiespalt zwischen Dienst am Volk und christlichem Gewissen notwendigerweise scheitern mussten.[19]

---

phischen Perspektive jetzt Christian Hartmann (Hrsg.): Von Feldherren und Gefreiten. Zur biographischen Dimension des Zweiten Weltkrieges, München 2008.

[17] Zur Bedeutung von Feldpostbriefen etwa Katrin A. Kilian: Kriegsstimmungen. Emotionen einfacher Soldaten in Feldpostbriefen, in: Das Deutsche Reich und der Zweite Weltkrieg, Band 9/2: Die deutsche Kriegsgesellschaft 1939 bis 1945: Ausbeutung, Deutungen, Ausgrenzung, im Auftrag des MGFA hrsg. von Jörg Echternkamp, München 2005, S. 251-288; Martin Humburg: Das Gesicht des Krieges: Feldpostbriefe von Wehrmachtssoldaten aus der Sowjetunion 1941-1944, Opladen/Wiesbaden 1998; Klaus Latzel: Deutsche Soldaten – nationalsozialistischer Krieg? Kriegserlebnis-Kriegserfahrung 1939-1945, Paderborn u. a. 1998. Hierzu auch das Internetprojekt des Museums für Kommunikation Berlin unter www.feldpost-archiv.de mit zahlreichen Literaturhinweisen.

[18] Etwa Detlef Bald: Der deutsche Offizier. Sozial- und Bildungsgeschichte des deutschen Offizierskorps im 20. Jahrhundert, München 1982; Michael Wildt: Generation des Unbedingten. Das Führungskorps des Reichssicherheitshauptamtes, Hamburg 2003. Für die ältere Generation Johannes Hürter: Kriegserfahrung als Schlüsselerlebnis? Der Erste Weltkrieg in der Biographie von Wehrmachtsgeneralen, in: Bruno Thoß/Hans-Erich Volkmann (Hrsg.): Erster Weltkrieg – Zweiter Weltkrieg. Ein Vergleich, Paderborn 2002, S. 759-771.

[19] Vgl. Konrad H. Jarausch: The Conundrum of Complicity: German Professionals and the Final Solution, Joseph and Rebecca Meyerhoff annual lecture, US Holocaust Memorial Museum, Washington 2002.

Konrad H. Jarausch

VATERSUCHE.
ANNÄHERUNGEN AN EIN PROBLEMATISCHES
ERBE

Der in Russland gefallene Vater schwebte wie ein Phantom über meiner gesamten Kindheit. Da er drei Tage vor meiner Geburt im August 1941 in Magdeburg zurück an die Ostfront beordert wurde und am 27. Januar 1942 im Lazarett von Roslawl starb, hat er seinen einzigen Sohn nie gesehen. Daher konnte ich auch die Widersprüche zwischen der Fotographie eines schmalen, bebrillten Akademikers in Uniform und dem Lob meiner Mutter für seine intellektuelle Brillanz, pädagogische Ausstrahlung und persönliche Bescheidenheit nicht auflösen. Für eine junge Witwe von Anfang Vierzig war ein solcher, durch Kontakte mit dem früheren Kollegen-, Schüler- und Freundeskreis gepflegter Totenkult wohl eine psychologische Notwendigkeit, da sie keine neue Bindung mehr finden konnte. Aber für einen kleinen, unterernährten Jungen erwies sich die unverständliche Tragik dieses frühen Todes als eine Bürde, denn wer könnte dem Vorbild eines virtuellen Übervaters je genügen?

Obwohl Tausende von Altersgenossen auch als Halbwaise aufwuchsen, hatte das Fehlen des Vaters drastische Folgen für meine darauf folgende Lebensgeschichte. Im Gegensatz zu Kindern von Kriegsgefangenen gab es keine Chance der Heimkehr, war also das Fehlen des Vaters eine dauerhafte Grundbedingung. Aus dieser elementaren Leerstelle folgte eine starke Hinwendung zur Mutter, weil sie die einzige erwachsene Bezugsperson war und umgekehrt auch den Sohn als Gesprächspartner über seine Jahre hinaus in Anspruch nahm. Die beiden vorhandenen »Ersatzväter« waren ganz gegensätzlich, jeder auf seine Weise kompliziert: Der Bruder der Mutter, der kontroverse Westforscher Franz Petri, war als Professor in Münster und Bonn fordernd, der bescheidene Bruder des Vaters, der Diplom-Handelslehrer Bruno in Berlin, war dagegen eher fördernd.[20] Aus dem Tode des Vaters ergab sich auch eine materielle Verarmung und geographische Entwurzelung über Bayern ins Rheinland, bis der Mutter der Wiedereinstieg in den öffentlichen Schuldienst als Studienrätin in Krefeld gelang.

Die Auseinandersetzung mit dem Schatten des Vaters während des Heranwachsens gestaltete sich ungemein schwierig, denn einerseits wollte ich in seine Fußstapfen treten, aber anderseits auch meinen eigenen Weg gehen. Schon die gleiche Namensgebung mitten im Kriege deutet auf den verständlichen Wunsch hin, dass der Sohn im Falle eines Unglücks das Werk des Vaters fortsetzen solle. Diese

---

[20] Karl Ditt: Die Kulturraumforschung zwischen Wissenschaft und Politik. Das Beispiel Franz Petri (1903-1993), in: Westfälische Forschungen 46 (1996), S. 73-176 und Peter Schöttler: Die historische Westforschung zwischen »Abwehrkampf« und territorialer Offensive, in: Ders. (Hrsg.): Geschichtswissenschaft als Legitimationswissenschaft 1918-1945, Frankfurt am Main 1999, S. 204-263.

Hoffnung wurde bei Besuchen von Mitgliedern seines Wirkungskreises wie meiner Patentante Madgalene von Tiling, einer konservativen preußischen Landtagsabgeordneten, auch deutlich ausgesprochen.[21] Für eine Weile schien sie sich in meiner altsprachlichen Schulbildung, historischem Interesse und religiösen Sensibilität, weshalb ich sogar zwei Jahre Hebräisch betrieb, zu bewahrheiten. Aber gegen Ende der Oberstufe führten diese Traditionserwartungen zu einer Krise, in der ich mich durch einen Sprung in die kulturelle Moderne freizumachen versuchte. Die völkisch-protestantischen Anliegen meines Vaters erschienen mir nun als Teil der Ursachen der nationalsozialistischen Katastrophe, mit denen ich durch Studium in den USA nichts mehr zu tun haben wollte.

Erst im Zusammenhang mit meiner wissenschaftlichen Ausbildung als Historiker wurde mir langsam bewusst, dass ich dieses Schicksal mit Millionen anderer Kriegskinder teilte. Dabei reagierten einige Söhne der Täter wie Niklas Frank noch heftiger, indem sie ihre Väter mit tiefem Haß anklagten und für alle persönlichen Fehlschläge verantwortlich machten.[22] Andere Altersgenossen unterdrückten ihre Ressentiments dagegen, suchten ihre Benachteiligung in Verwaisung, Ausbombung oder Flucht und Vertreibung durch harte Arbeit zu kompensieren und machten sich erst im Ruhestand Gedanken über die sich daraus ergebenden psychischen Belastungen. Mittlerweile ist eine eigene Forschungsliteratur entstanden, die versucht die verdeckten Traumata von Geburt und Kindheit während Krieg und Nachkriegszeit aufzudecken und ihre langfristigen Auswirkungen zu erfassen.[23] Eine erneute Auseinandersetzung mit den verstorbenen Vätern verlangt daher persönliche Reife und methodische Abgeklärtheit, die die eigenen emotionalen Reaktionen reflektiert, um ihrem positiven Wirken wie negativen Verstrickungen Gerechtigkeit widerfahren zu lassen.

Diese verspätete Vatersuche, die sich als stellvertretend für viele ähnliche Fälle versteht, kann auf eine unvollständige, aber dennoch hinreichende Quellenbasis zurückgreifen. Zwar sind bis auf einen Anruf und einen Brief von früheren Schülern alle Mitlebenden, die über Konrad Jarausch Auskunft geben könnten, selbst schon verstorben. Aber sein älterer Bruder hat in den 1960er Jahren eine ausführliche Familiennachricht geschrieben, die auch als posthume Erinnerung an den jüngeren gedacht war. Außerdem hat dieser selbst zwei Bücher mit herausgegeben und in der religionspädagogischen Zeitschrift Schule und Evangelium zahlreiche Aufsätze vor und während des Dritten Reichs veröffentlicht, die seine politischen Ansichten spiegeln. Schließlich hat Elisabeth Charlotte Jarausch einige Familiendokumente wie den Wehrpass, viele Fotos und seine Feldpostbriefe aufbewahrt, die mit anderen archivierten Fragmenten die Basis dieser Edition bilden.[24] Die sich

---

[21] Gury Schneider-Ludorff: Magdalene von Tiling. Odnungstheologie und Geschlechterbeziehungen, Göttingen 2001; Claudia Koonz: The Nazi Conscience, Cambridge, MA, 2003.

[22] Niklas Frank: Der Vater. Eine Abrechnung, München 1987.

[23] Detlef Mittag: Kriegskinder `45. Zehn Überlebensgeschichten, Berlin 1995; Sabine Bode: Die vergessene Generation. Die Kriegskinder brechen ihr Schweigen, Stuttgart 2004 und Hermann Schulz/ Hartmut Radebold/Jürgen Reulecke: Söhne ohne Väter. Erfahrungen einer Kriegsgeneration, Berlin 2004, S. 7-13.

[24] Bruno Jarausch: Erinnerungen in einer schlesisch-märkischen Familie, Manuskript, Berlin um 1965 (»Familiennachricht«). Weiteres Material befindet sich im Nachlass Magdalene von Tiling im Landeskirchenarchiv Hannover sowie in seiner Personalakte im Landeshauptarchiv Sachsen-Anhalt,

daraus ergebenden Eindrücke sind typisch für weite Teile des protestantischen Bildungsbürgertums, das sich aufgrund seines Nationalismus auf den Teufelspakt mit Hitler einließ, der die Nation zugrunde richten sollte.

1. Nationale Bildung

Mein Vater Konrad Jarausch stammte aus einer schlesisch-märkischen Familie. Da sein eigener Vater Wilhelm Hugo als dritter Spross einer Bauernfamilie in Misselwitz bei Brieg den Hof nicht erben konnte, war er in die kaufmännische Lehre gegangen und im Jahre 1891 wie andere aufstrebende Schlesier in die Reichshauptstadt Berlin gezogen. Fünf Jahre später heiratete er Anna Grenz, eine zierliche, kleine Schönheit und kaufte ein Kolonialwaren- und Delikatessengeschäft in der Nollendorfstrasse am westlichen Rand von Schöneberg. Da ihre Eltern nur wenig zu dem stattlichen Kaufpreis von 2200.- RM beisteuern konnten, lebte das junge Paar in bescheidenen Verhältnissen, immer in Sorge die Zinsen bezahlen zu können. Die Familienverbindung nach Schlesien blieb bis zum Verkauf des Hofes 1908 bestehen, aber auch nach der Anstellung einer Haushaltshilfe konnten nur Sparsamkeit und Verzicht einen kleinbürgerlichen Lebensstandard garantierten.[25]

Geboren wurde mein Vater am 12. Dezember 1900 morgens um halb sieben zu Schöneberg als zweiter Sohn namens August Wilhelm Hugo *Konrad*. Sein drei Jahre älterer Bruder Bruno erinnerte: »Wir Brüder haben uns gut vertragen und selten einmal gezankt«. Der Jüngere war anfangs ziemlich lebhaft und teilte sich die wenigen Spielsachen mit seinem Bruder. Allerdings ging das elterliche Geschäft nicht gut und musste im Jahre 1902 mit 400 RM Verlust verkauft werden. Nach längerer Suche fand der Vater in Moabit in der Oldenburgstrasse einen neuen Laden mit mehr Kundschaft, den er zunächst mietete. Wegen des kostspieligen Umzugs war Konrads dritter Geburtstag »sehr bescheiden; er bekam nur eine Tüte Bonbons«. Zu Ostern 1907 wurde er in der Vorschule des Friedrich-Werderschen Gymnasiums eingeschult, einer der besten klassischen Anstalten Berlins. Da er zum Erstaunen des Lehrers bereits mit seinem Bruder Lesen gelernt hatte, konnte er mit sommerlichem Nachhilfeunterricht im Schreiben eine Vorschulklasse überspringen. Schon früh war er ein hervorragender Schüler: »Konrad saß immer auf dem ersten oder zweiten Platz« in seiner Klasse.[26]

Als das neue Geschäft nun etwas besser lief, heiterte sich die Kindheit der Brüder materiell langsam auf. Zwar waren nach dem Urteil einer Bekannten die Brüder »brav wie selten Berliner Jungen«, denn sie mussten im Laden mithelfen

---

Abteilung Magdeburg (LHASA, MD), Rep. C 23, Dom- und Klostergymnasium Magdeburg, Nr. 93.

[25] Die folgende Darstellung basiert auf obiger Familiennachricht, S. 9-13, 38-44, auf dem knappen Lebenslauf in seiner Dissertation und der Personalakte.

[26] Familiennachricht, S. 46-50. Das Schulgeld kostete 70 RM pro Halbjahr.

und durften keine Arbeit verursachen. Aber »stolz waren wir Jungen in diesen Jahren auf unsere echten Kieler Matrosenanzüge«, weil die Marinebegeisterung des Kaisers weit in die Bevölkerung ausstrahlte. Weihnachten bekam der Jüngere »eine Festung« mit Schilderhaus mit Posten und Bleifiguren des Herrscherpaares, später auch einen Ankersteinbaukasten. Im Sommer ging es in den Ferien ab 1910 an die Ostsee, in den folgenden Jahren nach Rügen, wo große Strandburgen gebaut wurden. Das knappe Taschengeld besserte sich Konrad durch Privatstunden, auch bei jüdischen Familien und sogar dem Hause des Maler Lovis Corinth auf. Konfirmiert wurde er am 11. März 1915 in der Heilandskirche in Moabit, wo er ein Bibelkränzchen besuchte. Ein Schulfreund schrieb später, beide hätten aufgrund ihrer Unterhaltungen über religiöse Fragen »eine Weltanschauung erworben, die tief im Christentum wurzelte«.[27]

Der Erste Weltkrieg war auch für die Familie Jarausch »eine schwere Zeit«. Einerseits verschlechterte sich aufgrund der Lebensmittelzuteilung der Umsatz, so dass Vater Wilhelm ins Büro der Brotversorgung des Magistrats wechseln musste. Andererseits wurde Bruno als Funker eingezogen und Konrad legte am 20. Oktober 1917 eine Notreifeprüfung ab, bei der er eine »eins« in Betragen, eine »zwei« in Religion, Deutsch, Latein, Griechisch, Geschichte und Erdkunde, Physik und Schrift, jedoch eine »drei« in Französisch, Englisch und Turnen erhielt. »Auf seine Arbeiten verwandt er sehr großen Fleiß«. Der Freundeskreis von Hans Hempel, Johannes Dietrich, Günter Roß und Theodor Dorn, der den *Großdeutschen Blättern* des Admiral von Throta nahe stand, gab sich patriotisch. Der »Vaterländische Hilfsdienst« verhinderte zunächst die Aufnahme des Studiums und im Juni 1918 wurde Konrad in Thorn zur Feldartillerie eingezogen. Da ihm das Reiten, die Betreuung der Pferde und »der rüde Kommißton« der Kameraden nicht besonders zusagten, müssen es »schwere Wochen für ihn gewesen sein«. Nur der Ausbruch der Novemberrevolution und der folgende Waffenstillstand bewahrten ihn noch vor dem Fronteinsatz.[28]

Studiert hat Konrad Jarausch vor allem in Berlin vom Wintersemester 1918/19 bis 1923/4, unterbrochen von einem kurzen Abstecher nach Freiburg im Sommer 1920. Inspiriert von den Romanen Felix Dahns wählte er als Hauptfächer Deutsch und Geschichte, die er bei Professoren wie Dietrich Schäfer, Georg von Below, Gustaf Kossinna und Eduard Spranger hörte. Im Nebenfach studierte er evangelische Theologie, wobei er sich besonders für »die geistige Welt des germanischen Altertums« interessierte.[29] Am 25. Februar 1925 wurde er bei Gustav Neckel und Gustav Roethe mit einer Arbeit über »Der Volksglaube der Isländersagas« mit dem Prädikat »magna cum laude« promoviert. Es ging ihm dabei um die Erkun-

[27] Ebenda, S. 50-54.

[28] Abiturzeugnis in Familiennachricht, S. 60-66 und »Lebenslauf« in der Dissertation. Befreundet war Konrad damals auch mit dem späteren Schriftsteller Bogislaw von Selchow, der das bekannte Buch Der Glaube in der deutschen Ichzeit, Leipzig 1933, geschrieben hat.

[29] »Mit Begeisterung« verschlang er in den letzten Schuljahren die Erzählungen von Felix Dahn: »Ich habe mir damals als Schüler vorgenommen, als Student mir nun wirklich ein möglichst lebendiges Bild von der germanischen Zeit zu verschaffen und habe dann auch deutsche Vorgeschichte und nordische Sprachen besonders studiert, um die altisländische Literatur im Urtext lesen zu können.« Konrad Jarausch an Hans-Lothar Dietze, 13. März 1940.

dung der »Summe von Einzelvorstellungen«, die dem heidnischen Germanentum als Handlungsrichtschnur zugrunde lagen, der »letzten großen Schöpfung jener versinkenden Zeit« vor dem Christentum. Ende Oktober 1925 bestand er die Prüfung zum höheren Lehramt »mit Auszeichnung« und im Januar 1927 noch eine Erweiterungsprüfung in Religion. Sein Bruder hielt ihn für einen »äußerst gewissenhaften Arbeiter, der Ergebnisse erst dann aufstellte, wenn es für ihn keine Zweifel an ihrer Richtigkeit mehr gab«.[30]

Während dieses anstrengenden Studiums blieb nur wenig Zeit für soziale Kontakte und Zerstreuung. Da die Eltern ihn finanzierten, »war Konrad während der Studienzeit sehr bescheiden; unseres Vaters Geld sollte so viel wie möglich geschont werden«. Deswegen konnte er auch nicht nach Island fahren, um das Land seiner Doktorarbeit zu erkunden, und musste die Mutter seinen abgetragenen Anzug stopfen. Während des Freiburger Semesters unternahm er mit seinem Bruder eine Schwarzwaldwanderung, auf der beide u. a. von Haferflocken und Kakao lebten. Um etwas Anschluss zu haben, trat er in die vom früheren Reichskanzler Michaelis geleitete Deutsch-Christliche Studenten Vereinigung (DCSV) ein, die sich dem Bibelstudium widmete und nationale wie soziale Fragen in der Zeitschrift *Die Furche* diskutierte. Ehemalige Mitschüler und neue Bekannte bildeten einen »Lethe« (griechische Mythologie: Vergessen, Name des Grenzflusses zum Elysion) genannten Freundeskreis, zu dem auch Franz Petri stieß, mit dem er im Winterhalbjahr 1925/26 im Ungarischen Institut in Wien zusammen arbeitete. Ebenso wie in den Studieninteressen war in diesen gesellschaftlichen Verbindungen von Einflüssen der linken und modernistischen Weimarer Kultur kaum etwas zu spüren.[31]

Der Bildungsweg von Konrad Jarausch wies wie der der Mehrheit seiner Alterskohorte in eine national-protestantische Richtung, die sich vom Staat zum Volke hin ausweitete. Die kleinbürgerliche Kindheit im Kaiserreich lebte in der unhinterfragten Akklamation der Monarchie sowie Kolonial- und Flottenbegeisterung. Das eigene Bewusstwerden im Ersten Weltkrieg fand auf dem Höhepunkt nationalistischer Propaganda statt, die die Heldentaten der deutschen Waffen durch Reden, Paraden und Fähnchen auf der Landkarte feierte. Um so härter traf die Niederlage Jugendliche, deren Vorstellungen vom Krieg nicht durch eigenes Fronterleben demystifiziert waren. »Es ging uns ja 1918/19, dem furchtbaren Zusammenbruch der Welt unserer Kindheit und Jugend so, daß wir uns mit leidenschaftlicher Kraft an den Glauben klammerten, das alles müsse schöner und reiner wieder erstehen.« Nach dem Kollaps traditioneller Ordnungen suchten viele Altergenossen im Volke halt, einem Mythos der kulturellen und sozialen Gemeinschaft, der das gespaltene Deutschland vereinen und zu neuer Größe

---

[30] Familiennachricht, S. 68-70, mit Wiedergabe der Prüfungszeugnisse. Vgl. auch Konrad Jarausch: Der Volksglaube der Isländersagas. Inauguraldissertation zur Erlangung der Doktorwürde genehmigt von der philosophischen Fakultät der Friedrich-Wilhelms-Universität zu Berlin, Manuskript, Berlin 1925, S. 1ff, 414 ff.

[31] Familiennachricht, S. 68-70. Nach einem Artikel über den Theologen Karl Heim war die DCSV eine Vereinigung, »die sich die persönliche Entscheidung für Christus, die Bereitschaft zur Nachfolge Jesu und die lebendige Mitarbeit bei der Ausbreitung des Reiches Gottes zum Ziel gesetzt hatte«. Tagesspiegel, 20. Januar 1974.

führen sollte. Nur die Lektüre der Klassiker und ein persönliches Christentum wirkten noch als Gegenmittel, indem sie ein alternatives Verständnis von Humanität lieferten.[32]

2. REFORMATORISCHER RELIGIONSPÄDAGOGE

Trotz der sich verschlechternden wirtschaftlichen Lage gegen Ende der Zwanziger Jahre gelang es Konrad Jarausch, eine Anstellung im preußischen Schuldienst zu erreichen. Seine Referendarzeit leistete er u. a. am Gymnasium in Friedenau von Ostern 1926 bis 1927 und am Arndt-Gymnasium in Dahlem im folgenden Jahre ab. Das Zeugnis der praktischen Vorbereitungszeit und der abschließenden Prüfung am 14. März 1928 wies nur ein »gut bestanden« aus, war aber noch erfolgreich genug, um ihm seine Ernennung als Studienassessor am 1. April zu ermöglichen. Nach erfolgreicher Absolvierung seiner Probezeit wurde ihm eine »heiß ersehnte« Stelle am Reformrealgymnasium in Schwedt an der Oder übertragen, einem wachsenden Garnisonsstädtchen von etwa 10000 Einwohnern. In dem aus eigenartigen Charakteren bestehenden Kollegium wurde er freundlich aufgenommen und freundete sich vor allem mit dem Kunsterzieher und Maler Fritz Merwart an, dessen postimpressionistische Landschaftsgemälde von einigem Talent zeugten. Die Freude über die berufliche Etablierung wurde nur dadurch getrübt, dass sein opferbereiter aber strenger Vater im Januar 1929 plötzlich verstarb, so dass das Geschäft zwei Jahre später verkauft werden musste.[33]

Um seine wissenschaftlichen Interessen mit praktischer Schularbeit zu verbinden, engagierte er sich vor allem im Bereich der Religionspädagogik. 1929 veröffentlichte er seine Examensarbeit über die »Behandlung des Markusevangeliums in Untertertia« in der Zeitschrift des evangelischen Religionslehrerverbandes Schule und Evangelium. Im Gegensatz zur Theologie von Barth und Bultmann ging es ihm in Übereinstimmung mit Gogarten darum, «den Glauben selbst in der Arbeit der Schule in seiner Reinheit zu entfalten«. Dabei folgte er der »Kritik an dem liberalen Jesusbild« und verstand die Evangelien nicht als »geschichtliche Urkunden, sondern [als] Zeugnisse vom Glauben«, also trotz wissenschaftlicher Analyse als »Stimme Gottes«. Dieses existentielle Glaubensverständnis stellte dem Lehrer die Aufgabe, »die Worte des Textes so zum Reden zu bringen, dass die Schüler diese Botschaft von der Herrschaft Gottes und dem Christus, der sie verkündet, aus ihnen vernehmen.« Zwischen idealistischem »Kulturprotestantismus« und schwärmerischem Pietismus suchte er nach einer volksnahen »Päda-

---

[32] Brief vom 1. März 1940 in der zweiten Folge der Auszüge von Oskar Ziegner, schon im Kriege mimeographiert. Siehe den bahnbrechenden Aufsatz von Peter Loewenberg: The Psychohistorical Origins of the Nazi Youth Cohort, in: American Historical Review 76 (1971), S. 1457-1502.

[33] Prüfungszeugnis in Familiennachricht, S. 70-71, 79-80. Konrad Jarausch an Lotte Petri, 16. Januar 1929 und 13. Mai 1931.

gogik auf reformatorischer Grundlage«.[34] Dadurch wurde er Mitarbeiter der neulutherischen DNVP-Landtagsabgeordneten Magdalene von Tiling und siedelte als »wissenschaftlicher Hilfsarbeiter« der Evangelischen Schulvereinigung im Herbst 1930 nach Berlin über.[35]

Weltanschaulich blieb Konrad Jarausch in der Endphase der Weimarer Republik auf der Suche nach festen Bezugspunkten einer durch »Glauben an die Schöpfung« inspirierten Neuordnung der Gesellschaft. Da er weder die pietistische Innerlichkeit noch die lutherische Sozialfürsorge für ausreichend hielt, rang er mit der Frage »wie dieses ungeheure Wirrnis des modernen Lebens noch einmal bezwungen und zu sinnvoller Ordnung gebändigt werden kann«. Als Neulutheraner glaubte er jedoch, »dass es solche Ordnung gibt, dass also z.B. das Verhältnis von Lehrer und Schüler unter ewigem Gesetz steht, das objektiv erkannt und erfüllt werden muss«.[36] Deshalb fürchtete er die Verbreitung des »isolierten Einzelnen«, der »heute kaum noch eine andere Zukunft vor sich sieht, als den Untergang in der verknechteten faschistischen oder kommunistischen Masse«. Als Preuße lehnte er den »hemmungslosen Individualismus« wie den marxistischen Kollektivismus prinzipiell ab, aber seine Vorstellungen eines ständisch-organischen Neuaufbaus des Staates in »Volksgebundenheit« blieben seltsam vage. Deswegen formulierte er seine Absage an die »rationale Demokratie« klarer als seine jungkonservative Alternative der organischen »Lebensordnungen des Volkes«.[37]

Ende der zwanziger Jahre lernte er Franz Petris ältere Schwester Elisabeth Charlotte kennen und verliebte sich in sie. Die temperamentvolle Lotte war 1901 in Wolfenbüttel geboren worden, ihr Vater, Bibliothekar an der Georg August Bibliothek, war früh verstorben, die Mutter, eine Gemeindeschwester, starb auch schon 1919. Der aus dieser Verwaisung resultierende Widerspruch zwischen bildungsbürgerlichen Ambitionen und bitterer Armut prägte ihre Jugend. 1922 machte sie schließlich in Berlin ihr Abitur – eine für eine mittellose junge Frau ganz ungewöhnliche Leistung. Als Werkstudentin studierte sie Französisch, Religion und

---

[34] Konrad Jarausch: Die Behandlung des Markusevangeliums in der Untertertia, in: Schule und Evangelium 4 (1929/30), S. 80-85, 99-106, 123-131, 152-159, 180-186., 210-215, 231-236; ders.: Was versteht man heute unter evangelischer Pädagogik? undatiertes Vortragsmanuskript im Nachlass von Magdalene von Tiling, Landeskirchenarchiv Hannover (LKAH), Nr. 17. Bei Gogarten zogen ihn seine Kritik an der bürgerlichen Moderne, Ablehnung der Weimarer Parteien, Frustration mit der Volkskirche und der Glauben an eine Schöpfungstheologie an. Vgl. Friedrich Wilhelm Graf; Friedrich Gogartens Deutung der Moderne. Ein theologiegeschichtlicher Rückblick, in: Zeitschrift für Kirchengeschichte 100 (1989), S. 169-230.

[35] Konrad Jarausch an Lotte Petri, 14. Juli 1929 (»Ich selbst bin, wie Sie wissen, ja jetzt bei Gogarten und suche nun von hier aus die Linien nach der Schule hin auszuführen«.), 5. September 1930, und o.D. [von Ende 1930] über die Auseinandersetzungen unter den evangelischen Religionspädagogen, in denen Magdalene von Tiling eine konservativere Richtung der Zeitschrift durchsetzen wollte.

[36] Konrad Jarausch an Franz Petri, 12. Oktober 1930; ders.: Schuld und Aufgabe der evangelischen Christenheit, in: Schule und Evangelium 4 (1929/30), S. 133-138; ders.: Volksnot, ebenda, 5 (1930/31), S. 244; ders.: Literatur zur Schulgestaltung, ebenda, 6 (1931/32), S. 51-53; ders.: Staat und Mensch. Ein Bericht, ebenda, 7 (1932/33), S. 140-150ff. und ders.: Staatsbürgerliche Erziehung, ebenda, S. 208-220.

[37] Konrad Jarausch: Was versteht man heute unter evangelischer Pädagogik? und Thesen für die Arbeitsgemeinschaft christlicher Philologen in Berlin am 1. Februar 1931, LKAH, Nachlass Tiling, Nr. 11; und ders. an Lotte Petri, 14. Juli 1929 sowie Ende 1930 (»Sie wissen ja wohl, dass ich in meinem Volksgefühl eigentlich mehr Preuße als Deutscher bin....«)

Geschichte in München, Berlin (1925-26) und Marburg, wo sie bei dem Luther-
forscher Karl Holl eine Staatsarbeit »Über den Einfluss des Pietismus auf das Sozialleben in Deutschland« vorlegte, die mit »sehr gut« bewertet wurde. Nach einem
Genfer Aufenthalt zur Verbesserung ihrer Sprachkenntnisse legte sie ihr Referen-
dariat in Beuthen und Gleiwitz in Oberschlesien ab und war dann am Oberlyzeum
der Armen Schulschwestern in Leobschütz tätig. Aus der gemeinsamen Arbeit
entwickelte sich eine rege Korrespondenz, in der er ihre Anfangsschwierigkeiten
mit viel Sympathie und Aufmunterungen wie »Kopf hoch« begleitete.[38]

Nach langem Überlegen gab sich Konrad Jarausch am 19. März 1931 den Ruck,
per Brief die entscheidende Frage zu stellen: »Haben Sie wohl schon einmal daran
gedacht, ob wir miteinander durchs Leben gehen könnten?« Statt eines leiden-
schaftlichen Plädoyers für die gemeinsame Zukunft, führte er eher Bedenken an:
»Sie werden es mit mir nicht ganz leicht haben«, da die Arbeit ihn ganz in Beschlag
nehmen werde. »Sie müssen an meiner Seite mit der Möglichkeit rechnen, Ihr
Leben als Studienratsfrau in einer ostdeutschen Kleinstadt zu verbringen.« Trotz
weiterer gesundheitlicher Sorgen schloss er: »Ihr ja würde mich sehr, sehr froh
machen.« In von Emotion fast unleserlicher Handschrift antwortete Lotte Petri
sofort: »Ihr Brief hat mich nicht überrascht, denn auch ich habe mir dieselbe
Frage innerlich vorgelegt. Da möchte ich schon darum aus freudigem Herzen ein
volles ‚Ja' sagen.« Dabei half ihr das feste Vertrauen auf die Gotteskraft, »die auch
meiner Schwachheit zu Hilfe kommen wird«, sowie der Umstand, »dass ich von
Kindheit auf größte Einfachheit gewohnt bin.« Die ähnliche Arbeit, lange Korrespondenz und einige wenige Treffen brachten den schüchternen Intellektuellen
und eine impulsive Frau dazu, ihre jeweilige Einsamkeit zu überwinden.[39]

Bei allem Kontrast der Temperamente bildeten gemeinsame Überzeugungen
und Interessen eine solide Grundlage für den Eheschluß. Lotte war eine spontane,
gefühlsbetonte, auf andere Menschen zugehende Person, während Konrad eher
spröde wirkte, bis er bei intellektuellen Fragen Feuer fing. Die Kommunikation
so unterschiedlicher Charaktere war nicht einfach, aber »das schlichte gegenseitige
Vertrauen« löste manche Verkrampfungen. Beide waren im protestantischen Mi-
lieu aufgewachsen, so daß der christliche Glaube das Fundament ihres Zusammenlebens bildete. Beide waren historisch interessiert, aber Lottes Beschäftigung
mit französischer Kultur führte Konrad über die Enge des deutschen Geistes-
lebens hinaus. Beide kamen aus beschränkten materiellen Verhältnissen, hatten
also gelernt, dass Bildung wichtiger als Besitz war. Wegen unterschiedlicher
Arbeitsorte konnten sie sich zunächst nur in den Ferien treffen. Erst nach Ab-
schluss ihrer Ausbildung und nach Klärung seiner beruflichen Zukunft wagten
sie am 28. Dezember 1933 den Schritt in die Ehe. Die weihnachtliche Trauung
im Familienkreise stand unter dem biblischen Motto: »Wer da kärglich säet, der

---

[38] Lebenslauf von Elisabeth Charlotte Jarausch, in Familiennachricht, S. 81-82; sowie Über den Einfluss des Pietismus auf das Sozialleben in Deutschland, Manuskript. Marburg 1929. Konrad Jarausch
an Lotte Petri 23. Dezember 1928, o.D. [Mai 1930], 24. Mai (»Wie schön, wenn es Ihnen gelingen
würde, etwas französisches Feuer in unseren barbarischen Osten hineinzutragen«), 3. Juni und 18.
September 1930.

[39] Konrad Jarausch an Lotte Petri, 19. März 1931 und Antwortentwurf vom 20. Von einer öffentlichen
Verlobung nahmen sie zunächst noch Abstand.

wird auch kärglich ernten, und wer da säet im Segen, der wird auch ernten im Segen«.[40]

Die Auflösung der Weimarer Republik verstärkte die Ablehnung des parlamentarischen Systems wegen seiner Unfähigkeit, der jungen Generation eine Perspektive zu bieten. So fiel Konrad Jarauschs Arbeit bei der Evangelischen Schulvereinigung Querelen zum Opfer, bei denen die Mehrheit ihre Zeitschrift als neutrale Plattform des Meinungsaustauschs sah, die Minderheit um Gogarten und Tiling aber eine konservative Linie durchsetzen wollte.[41] Ein halbes Dutzend anschließender Versuche, an Berliner Oberschulen Fuß zu fassen, misslangen, denn die Finanznöte der Weltwirtschaftskrise erforderten Personalabbau. Unter arbeitslosen Assessoren herrschte »gereizte Erbitterung«, denn »wie resigniert sprechen heute viele vom Selbstmord als dem Tor, das immer und vielleicht bald allein noch offen bleibt«. Dagegen musste er nur im Mai 1933 nach Schwedt zurückkehren. Die Parteien schienen unfähig, die Lage zu bessern: »Manchmal denke ich ob nicht aus dieser großen Schicksalsgemeinschaft der Proletarisierten etwas Neues heranwachsen muss«. Die »immer hemmungslosere Agitation« der Wahlkämpfe wirkte eher abstoßend. Wie desillusionierte Jungkonservative fragte er sich, ob man zur Verhinderung von Revolution nicht daran denken solle, »dem Nationalsozialismus in einer künftigen Rechtsdiktatur die Führung aus der Hand zu nehmen«.[42]

Die NS-Machtergreifung stellte den Kreis neulutherischer Pädagogen vor ein fundamentales Dilemma. Einerseits hofften sie, »die großen Möglichkeiten zu erfassen, die der Nationalsozialismus unserer Arbeit bietet«, andererseits wollten sie alle Bestrebungen abwehren, »die das Evangelium zu verfälschen oder zu vernichten drohen«. Privat stellte Konrad Jarausch fest, »dass ein Übertritt zu den Deutschen Christen für mich nicht möglich ist«, weil diese sich mit unlauteren Methoden durchgesetzt und die Fehler des Liberalismus fortgesetzt hätten.[43] Öffentlich proklamierte er jedoch in dem von ihm mitherausgegebenen Band über »Grundfragen pädagogischen Handelns« »das Ende des pädagogischen Individualismus«, also den Bruch mit dem Humanitätsglauben der Moderne. Im Gegensatz zur »Zersetzung« der Autorität des Lehrers, sah er den Nationalsozialismus als eine Rückkehr zum »echten Staat«, der »den Menschen in das Volk hineinstellt« und auch zu einer Erneuerung der Kirche führen werde. Bei dem Bemüh-

---

[40] Konrad Jarausch an Lotte Petri, 4. August 1931; Familiennachricht, S. 82.

[41] Konrad Jarausch an Lotte Petri, 3. Dezember 1930, 30. Mai und 5. Juni 1931. Er wurde aus der Schulvereinigung »moralisch hinausgeworfen«, da er »zum feindlichen Lager gehöre«. Ders.: Die Tagung der Evangelischen Schulvereinigung und der ihr angeschlossenen Verbände in Bethel am 2. und 3. Oktober, in: Schule und Evangelium 5 (1930/31), S. 210-214.

[42] Konrad Jarausch an Lotte Petri, 10., 25. und 28. August, 11. und 15. September 1931 und 3. November 1932, und ders. an Franz Petri, 12. Oktober 1930. Vgl. Konrad H. Jarausch: Die Not der geistigen Arbeiter. Akademiker in der Berufskrise 1918-1933, in: Werner Abelshauser (Hrsg.): Die Weimarer Republik als Wohlfahrtsstaat, Wiesbaden 1987, S. 280-299.

[43] Gerda Mielke: Tagung der Ortsgruppenleiterinnen des Verbandes für evangelischen Religionsunterricht und Pädagogik in Potsdam am 7. und 8. Oktober 1933, in: Schule und Evangelium 8 (1933/34), S. 204-205; Konrad Jarausch an Magdalene von Tiling, 6. September 1933, LKAH, Nachlass von Tiling, Nr. 17. Obwohl er Mitglied des NSLB, der NSV und des RLB wurde, trat er nicht in die Partei ein. »Politische Betätigung« in Ergänzung der Personalakten, 25. August 1937, LHASA, MD, Rep. 23, Nr. 93.

en um »Aufgaben und Wege einer volkhafte Erziehung« könne »man vielleicht in Einzelheiten anderer Meinung sein, grundsätzlich aber darf und muss jede Kritik schweigen«. Als Grenze der NS-Durchdringung der Schule hielt er am »Anspruch der Offenbarung« fest, der »der Gebundenheit an Raum, Rasse und Volk« übergeordnet blieb.[44]

Das Dritte Reich kostete zwar Lotte aufgrund des Verbots des Doppelverdienens ihre Stelle, brachte aber Konrad einen nicht untypischen Karrieresprung aufgrund seiner publizistischen Unterstützung des Neuaufbaus der völkischen Erziehung.[45] Zu Ostern 1935 übertrug die evangelische Kirche ihm »die Leitung des Heims für Studienreferendare am Kloster Unser Lieben Frauen in Magdeburg.[46] Als Theologe und Germanist war es seine Aufgabe, den Referendaren, die sämtlich Religionsfakultas hatten, eine besonders eingehende religionsmethodische Ausbildung zu geben«. Dabei setzte er sich das Ziel, »das reformatorische Verständnis des Evangeliums neu und tief zu erfassen«, aber gleichzeitig auch »die völkische Erneuerung« angemessen zu berücksichtigen. Die Ausbildung der nächsten Generation der Religionslehrer war ein schwieriger Drahtseilakt, vor allem durch die »ständige Auseinandersetzung mit Nationalsozialismus, Rasse, Ludendorff usw., wo man jedes Wort so abwägen muss.«[47] Der Direktor des Domgymnasiums schätzte daher einerseits seine »geistige Arbeit« mit den Referendaren, denn er sei »seinem Grundwesen nach mehr Gelehrter als Lehrer«; andererseits bedauerte er jedoch »gewisse Hemmungen«, die seine Durchsetzung bei den Schülern erschwerten. Dennoch wurde er im Januar 1937 zum Studienrat ernannt.[48]

Seine wissenschaftlichen Ambitionen kanalisierte Konrad Jarausch weiterhin in die Zeitschrift Schule und Evangelium, in der er 1931 zum Mitherausgeber aufgestiegen war. Dieses Organ wurde von einem kleinen, an Gogarten orientierten »Arbeitsbund für wissenschaftliche Pädagogik auf reformatorischer Grundlage« sowie einem größeren, mehr didaktisch ausgerichteten »Verband für evangelischen

---

[44] Konrad Jarausch in ders. und Magdalene von Tiling (Hrsg.): Grundfragen pädagogischen Handelns. Beiträge zur neuen Erziehung, Stuttgart 1934, S. 1-21, 149-175, 198-227. Vgl. Konrad Jarausch: Volk und Volksschule, in: Schule und Evangelium 8 (1933/34), S. 33-37; ders.: Die Umgestaltung des Oberprimajahres, ebenda, S. 161-165 und Die Schriftleitung: Am Ende des achten Jahrgangs. An unsere Leser, ebenda, S. 281f.

[45] Zur Situation der Lehrer anfangs des Dritten Reiches siehe Konrad H. Jarausch: The Unfree Professions. German Lawyers, Teachers and Engineers, 1900-1950, New York 1990, S. 115 ff.

[46] Siehe Vereinigtes Dom- und Klostergymnasium Magdeburg 1675-1950. Gedenkschrift (erweiterte Neuausgabe) aus Anlaß des 4. Treffens ehemaliger Lehrer und Schüler der beiden früheren Lehranstalten am 20./21. Mai 1967 in Hannover, bearbeitet von Alfred Laeger, Frankfurt am Main 1967. Zu Geschichte, Finanzierung, Ausbau und Tätigkeit des Schülerheims (Alumnat) des Klosters Unser lieben Frauen 1932-1936 siehe LHASA, Rep. A 4f. Anhang Nr. 6 und 9.

[47] Liebe Lotte, Karte und Brief o.D., Poststempel 14. Mai 1935, sowie Brief vom 26. Juni 1935. Vgl. Familiennachricht, S. 83.

[48] Vgl. Konrad Jarausch: Bericht über das Referendarheim am K.U. L. F. in Magdeburg, LHASA, MD, Rep. A 4 f Anhang, Nr. 10 sowie Gutachten über den Studienassessor Dr. Jarausch, 14. September 1936, LHASA, MD, Rep. C 23, Nr. 93: »Jarausch steht mit gleicher Entschlossenheit auf dem Boden des nationalsozialistischen Staates, wie er von dem Ewigkeitswert des Evangeliums durchdrungen ist«.

Religionsunterricht und Pädagogik« getragen.[49] Als de facto Schriftführer war er für die Planung der Hefte sowie theologische und pädagogische Sachentscheidungen zuständig und veröffentlichte selbst zahlreiche Aufsätze. Da er in Briefen über die »Verwüstung der Kirche« durch die Deutschen Christen sowie den »planmäßigen Widerstand« gegen den Religionsunterricht klagte, blieb die Haltung der Schriftleitung gegenüber der »nationalsozialistischen Revolution« ambivalent.[50] Einerseits plädierte sie für eine freiwillige Mitarbeit der Kirche. »So ist also das, was von ihr gefordert wird, nicht eine ihr von außen aufgezwungene Gleichschaltung, sondern es ergibt sich notwendig aus ihrem eigenen Wesen«. Andererseits polemisierte sie gegen die »romantische Schwärmerei« einer Wiederbelebung germanischer Religion, die sie als »Sonderfall des Heidentums« verstand.[51]

Die großbürgerliche Wohnung von Lotte und Konrad in der Magdeburger Regierungsstrasse wurde zum Mittelpunkt eines lebhaften Bekanntenkreises. Dazu gehörte zunächst die Familie, der Bruder Bruno und »die kleine Mutter« nun aus Hennigsdorf, Franz Petri und seine Frau Lene aus Köln sowie die weitere Verwandtschaft, z.B. die Travertinwerkbesitzer Teichs aus Kehlheim. Daneben gab es das eher intellektuell orientierte Netzwerk der Mitarbeiter an der Zeitschrift, wie Pfarrer Karl Cramer aus Gotha, Studienrätin Irmgard Feußner aus Frankfurt, Studienrätin Marga Walther aus Breslau, oder Lehrerin Oda Hoffmann aus Pirna, die an der Festschrift für Magdalene von Tiling 1937 beteiligt waren. Ebenso intensiv war der Kontakt mit den Magdeburger Kollegen wie Domprediger Walther Ruff, Studienrätin Ruth Schneider und Studienrätin Madgalene Caspar, die sich alle zwei Wochen bei Jarauschs trafen. Schließlich waren die Gespräche mit den Referendaren wie Arnold Nüßle anregend, besonders auf Freizeiten und gemeinsamen Wanderungen. Lotte hatte alle Hände voll zu tun, um ihren Mann in der doppelten menschlichen und intellektuellen Aufgabe zu unterstützen.[52]

In der weiteren Entwicklung verschärfte sich die Spannung zwischen dem »Verständnis des Evangeliums« und dem »gemeinsamen deutschen Leben« im Dritten Reich. Im Arbeitsplan für die Referendarausbildung standen Neugestaltung der Religionspädagogik und »Einführung in das Geschichtsbild des Nationalsozialismus« noch auf gleicher Stufe. Aber als die »Not der Kirche« und das »Wissen um ihren Existenzkampf« immer deutlicher wurden, ließ sich die »Bedrängnis« des Nationalsozialismus nicht mehr leugnen.[53] Im Oktober 1938 warnte Konrad

---

[49] Gury Schneider-Ludorff: Arbeitsbund für wissenschaftliche Pädagogik auf reformatorischer Grundlage, in: Metzlers Lexikon christlicher Denker, hrsg. von Markus Vinzent, Stuttgart 2000, S. 52-53 und Verband für evangelischen Religionsunterricht und Pädagogik, ebenda, S. 2166.

[50] Konrad Jarausch an Magdalene von Tiling, 19. Januar 1937, o.D. (4/38), o.D. [Anfang 39] und 6. Juli 1939, LKAH, Nachlass von Tiling, Nr. 17 und 11.

[51] Konrad Jarausch: Die germanische Religion als Gegenstand des Religionsunterrichts, in: Schule und Evangelium 9 (1934/35), S. 25-37; ders.: Die Kirche im Volk, ebenda, S. 186-189; ders.: Richtlinien für die Behandlung der germanischen Religion, ebenda, 10 (1935/36), S. 109ff.

[52] Familiennachricht, S. 83; K. Cramer/I. Feußner/K. Jarausch/M. Walther (Hrsg.): Evangelischer Religionsunterricht in der Gegenwart, Stuttgart 1937. Nach Abzug der Krisenkürzug verblieben ihm im Februar 485,98 RM als Gehalt. Schreiben des Oberpräsidiums der Provinz Sachsen an Studienrat Konrad Jarausch, 6. Februar 1937, LHASA, MD, Rep. C 33, Nr. 93.

[53] Konrad Jarausch: Luthers Weg zur Reformation in der Kirche im kirchengeschichtlichen Unterricht, in: Schule und Evangelium 11 (1936/37), S. 181-190; Die Herausgeber: Ein Wort an unsere Leser, ebenda, 12 (1937/38), S. 1f. und Konrad Jarausch: Vorwort, Evangelischer Religionsunter-

Jarausch daher indirekt vor der »größten Gefahr« eines falschen Weges der Kirche, »wenn wir uns davon gefangen nehmen lassen, dass diese Weltanschauung nun wirklich bis ins Letzte hinein und so, wie ihre Verfechter es wollen, unter uns selbstverständlich ist«. Statt »das kirchliche Dogma zu revidieren oder in irgendeiner Weise der heutigen Weltanschauung anzugleichen«, hielt er an der Priorität der christlichen Botschaft fest. Dennoch wollte er auch weiterhin an der völkischen Erneuerung des Landes mitarbeiten, schon um die Verbindung zur nazifizierten Jugend zu erhalten. »Das letzte Ernstmachen mit dem, was heute im volklichen Dasein uns begegnet an Verantwortung und verpflichtender Aussage« war ihm ebenso wichtig wie »wieder ernst[zu]machen mit der Fülle der kirchlichen Verkündigung«.[54]

Für die pädagogische Praxis hatte die Tatsache, »dass der ,christliche Staat' in Deutschland mit dem Jahre 1933 endgültig zu Grabe getragen« wurde immer problematischere Folgen. Auf einer Tagung evangelischer Religionslehrer im Sommer 1939 zog Konrad Jarausch eine vernichtende Bilanz, indem er »ein Bild eines vollkommenen Trümmerfeldes« zeichnete. »Die Isolierung des Religionsunterrichts innerhalb der Gesamterziehung« hätte zu einer erschreckenden Marginalisierung geführt; »die Stundenverkürzung« auf eine Wochenstunde erschwere eine regelmäßige Unterweisung; und die »Umbiegung des Inhaltes« trage fremde Stoffe in den Unterricht hinein. »Unmöglich« geworden sei daher die notwendige, »umfassende Auseinandersetzung des christlichen Glaubens mit der Zeit.« Während er weiterhin hoffte, dass der NS-Staat imstande sei, »die zerrüttete Ordnung unseres Volkslebens neu zu begründen«, verlangte er, »dass der Staat der Kirche nun auch ihrerseits die Freiheit gibt, ihren Auftrag am Volk dem Gebot Gottes gemäß auszurichten«. Die ideologischen Ansprüche und diktatorischen Methoden des Dritten Reichs zwangen »Religionslehrer in einen Kampf hinein«, der eine klare Stellungnahme erforderte. »Denn hier kann es nur das Nein gegen die Vergöttlichung des Volkes geben«.[55]

In den letzten Friedensjahren war Konrad Jarausch von einem »stillen, schüchternen jungen Mann« zu einer eindrucksvollen aber komplizierten Persönlichkeit gereift. In seinem schmalen Intellektuellenkörper, der sich nur durch Spaziergänge entspannte, steckte viel nervöse Energie. Da er bereit war, sich der »menschlichen Begegnung« mit Jugendlichen auszusetzen, wirkte sein pädagogischer Eros inspirierend auf seine Schüler. Auch die jüdischen Mitglieder seiner Klassen behandel-

richt, S. 7f. Vgl. ders.: Entwurf eines Planes für die theoretische Arbeit und das Gemeinschaftsleben im Konvikt unser Lieben Frauen, LHASA, MD, Rep. A 4 f, Anhang Nr. 10.

[54]   Konrad Jarausch: Wie ist Christus heute zu verkündigen? Manuskript eines Vortrags vom 12. Oktober 1938 in Dünne, LKAH, Nachlass von Tiling, Nr. 11. Vgl. ders.: ›Ich glaube, dass Christus‹ sei ›wahrhaftiger Gott‹, in: Schule und Evangelium 13 (1938/39), S. 64-76, 88-98.

[55]   Konrad Jarausch: Notizen zu einem Vortrag vor evangelischen Religionspädagogen, datiert vom 8./9. August 1939 durch Anmerkung von Magdalene von Tiling sowie ders.: Evangelischer Religionsunterricht heute, Fahnenabzug, o.D., LKAH, Nachlass von Tiling, Nr. 11. Vgl. ders.: Die Kirche im neutestamentlichen Unterricht, Evangelischer Religionsunterricht, S. 127-157; der.: Der Epheserbrief im Unterricht, in: Schule und Evangelium 12 (1937/38), S. 73-85; ders.: Nerthus und Balder, ein Lehrbeispiel, ebenda, S. 198-202.

te er mit großer Anständigkeit.[56] Die Kollegen dagegen waren von seinem kritischen Geist, nationalem wie religiösem Idealismus, sowie seiner wissenschaftlichen Akribie beeindruckt. Sich selbst gegenüber war er unerbittlich in den Anforderungen an seine Intelligenz und Arbeitskraft. Das Resultat war im Frühjahr 1938 eine psychosomatische Krise, die seinen Schwager Franz Petri veranlasste zu fordern, »entweder Du begibst Dich so bald wie möglich…in die Hand eines erfahrenen Arztes, oder Du mußt…Lotte freigeben«. Die Untersuchung in Schallstadt am Rande des Schwarzwaldes ergab »wieder völlige organische Gesundheit«, nur der Blutdruck war zu niedrig. Die »analysierenden Gespräche«, eine längere Kur und die Reduzierung der Arbeit brachten Ehe und Gesundheit wieder ins Lot.[57]

3. Vom Mittäter zum Mitleidenden

Mit dem Ausbruch des Zweiten Weltkrieges entlud sich die steigende Spannung im Sommer 1939 schließlich doch wie befürchtet. Noch im Juli wanderten Bruno und Konrad in Kärnten und schrieben von spektakulären Gipfelbesteigungen, während ihre Mutter und Lotte in Bad Steben zur Kur weilten. In der dritten Augustwoche häuften sich in Magdeburg jedoch die Luftschutzübungen. Lotte schrieb besorgt an ihre Schwiegermutter: »Hoffentlich löst sich noch einmal alles Verwickelte ohne eine Katastrophe«. Aber ihre düstere Vorahnung wurde am 26. bestätigt: »Konrad haben sie heute früh geholt«. Anfangs machte die Einberufung noch keinen großen Unterschied, denn die Einheit blieb in Magdeburg und der Kommandant war der Vater eines seiner Schüler. Nach der Einkleidung sah er »sehr schneidig aus« und arbeitete zunächst als persönliche Ordonnanz beim Kompanieführer. »Der Major kümmert sich so freundlich um mich als Lehrer seiner Söhne«. Aber am 8. September erfasste der Ernst des Krieges auch ihn, denn die Landesschützen wurden nach Polen verlegt.[58]

a) Briefe als Texte

Schon am nächsten Tag verfasste Konrad Jarausch eine erste Karte und einen Brief, der den Stil der vorigen Feriennachrichten weiter entwickelte. Als Historiker war

---

[56] Kondolenzbrief von I. H. und weitere Beurteilungen, in der 2. Folge der Auszüge von Oskar Ziegner. Konrad Jarausch: Wie steht es heute mit der Methode in unserm Unterricht?, in: Schule und Evangelium 13 (1938/39), S. 48-55. Aussagen in einem Brief und einem Telefonat von zwei ehemaligen Schülern vor einigen Jahren.

[57] Franz Petri an Konrad Jarausch, 21. März 1938; Konrad an Lotte Jarausch, 3. April, 11. April (»Habt ihr am Sonnabend die Führerrede gehört? Sie war wenig erbaulich.«) und weitere Briefe bis zum 2. Mai 1938 (einen Mitpatienten, einen badischen Lehrer, hatte »die Partei auf dem Gewissen«).

[58] Ferienbriefe von Konrad an Lotte Jarausch, 14. Juli bis 1. August 1939, teils im Original, teils in der Familiennachricht, S. 87-95.

er sich des potentiellen Interesses der Nachwelt bewusst, agierte also in der Tradition früherer Kriegsberichterstatter.[59] Bei der Schilderung seiner Eindrücke des militärischen Geschehens sowie fremder Länder und Leute ging es ihm gleichzeitig um die geistige Verarbeitung des Gesehenen. Briefe waren auch ein Ersatz für ein Gespräch, das eine psychologische Verbindung mit den Lieben in der Heimat aufrechterhalten sollte: »Wir zehren von dem, was wir von Haus mitgebracht haben, und weiter von dem, was wir aus der Heimat hören« Die Feldpost war für ihn ebenso ein Vehikel zur Übermittlung kleinerer Bitten um Nahrungsmittel, Kleidungsstücke oder Lektürematerial, wie zur Danksagung für erhaltene Nachrichten oder Pakete. Manchmal war das Schreiben auch nur ein Zeitvertreib, wenn das Lesen zu anstrengend war oder ein Gespräch mit Kameraden nicht in Gang kam. Weil Feldpost als inoffizielle Quelle von Nachrichten weitergereicht wurde, bat er um Aufbewahrung seiner Briefe.[60]

Da die älteren Jahrgänge nicht direkt an der Front eingesetzt wurden, konnte er nur aus der Perspektive einer nicht an Kampfhandlungen teilnehmenden Etappe schreiben. Trotzdem war »der Atem des Krieges« in seinen Berichten direkt spürbar. Aufgrund seiner Aufgabenstellung als Landesschütze stellte er die Behandlung der Kriegsgefangenen in Polen und dann auch in der Sowjetunion anschaulich dar und illustrierte damit die menschlichen Konsequenzen von in den Akten überlieferten Befehlen. In den anderthalb Jahren zwischen diesen Feldzügen beschrieb er wegen seines weiteren Dienstes bei der Feld-Rekruten-Kompanie, Schützen-Feldersatzkompanie und dem Infanterie-Ersatz-Bataillon viele Details der alltäglichen Ausbildungspraxis von älteren und jüngeren Rekruten. Gleichzeitig gab er durch dichte Beschreibungen von Land und Leuten atmosphärische Einblicke in die komplexen Interaktionen zwischen Besatzern und Besetzten in den Ostgebieten. Schließlich streute er immer wieder allgemeine, meist skeptische Reflexionen über den Fortgang des Krieges ein.[61] Im Vergleich zur Formelhaftigkeit der Kriegsbriefe vieler Kameraden,[62] bemühte sich Konrad Jarausch vor allem um Genauigkeit der Beschreibungen. »Ich habe absichtlich ganz sachlich erzählt, damit der Brief auch in Deine Hand kommt«.[63] Manchmal schlichen sich Ausdrücke der *Lingua Tertii Imperii* ein, aber generell war seine Sprache unemotional und klinisch, denn die Beobachtungen versuchten Eindrücke festzuhalten, bevor sie Urteile aussprachen. Mit seinen anschaulichen Schilderungen, die von Dienstabläufen bis zu Natureindrücken reichten, war er

---

[59] Konrad an Lotte Jarausch, 4. Oktober 1939 mit Anspielung auf »Die Kriegserlebnisse des Grenadiers Rudolf Koch«, Leipzig 1934.
[60] Konrad an Lotte Jarausch, 9. September 1939; ders. an Magdalene Caspar, 11. Januar 1942. Einige Briefe sollten an seinen Bruder und die Mutter weitergegeben werden, aber bei einer Schilderung des Lagers von Kochanowo bat er ausdrücklich darum, dies nicht zu tun.
[61] Konrad an Lotte Jarausch, 15. August 1941. Vgl. Martin Humburg: Feldpostbriefe aus dem Zweiten Weltkrieg. Werkstattbericht zu einer Inhaltsanalyse: http://hsozkult.geschichte.hu-berlin.de/beitrag/essays/feld.htm.
[62] So z.B. Echternkamp, Kriegsschauplatz, S. 111 ff.
[63] Die Mitteilungen und Reflexionen in den Briefen sind erstaunlich offen und nutzen kaum verharmlosende Umschreibungen. Die Zensur wird nur im Zusammenhang mit dem Verbot der Ortsangabe erwähnt, aber manchmal übte er eine gewisse Selbstzensur, um die Korrespondenten wie seine Frau zu schonen.

bemüht, seine Erlebnisse zu kommunizieren und Erfahrungen festzuhalten. Seine eingehenden Beschreibungen von Land und Leuten, deren Bedeutung er durch Gespräche oder historische Lektüre zu entschlüsseln versuchte, demonstrierten große geistige Offenheit. Relativ selten bediente er klischeehafte Feindbilder, und gegenüber Schauergeschichten bewies er eine gesunde Skepsis.[64] Auch der Versuch Polnisch sowie Russisch zu lernen zeigte ein ungewöhnliches Eingehen auf den Gegner. Dazwischen suchte er in reflektierenden Passagen, die Zusammenhänge festzustellen und den Sinn des Vorgefallenen zu ergründen.

Bei den Adressaten der 256 ausgewählten Briefe stand seine Frau Lotte mit 204 Sendungen im Mittelpunkt, weil beide als Intellektuelle einen regen geistigen Austausch gewöhnt waren. Die Bandbreite der Themen reichte von religiösen Fragen und Eindrücken der Lektüre bis zu den praktischen Sorgen des Alltags. Neben dem jeweiligen Befinden ging es um Erlebnisse, Stimmungen und Urteile, also um den Versuch der Aufrechterhaltung eines gemeinsamen Lebens in Briefform. Dabei blieb die Sprache auffällig zurückhaltend und emotionale Passagen waren bis auf die Schilderung eines Blumentraumes oder eines eigenen Frühlingsgedichts eher selten.[65] Sieben Briefe waren an die eigene Mutter, zwei an den Bruder und elf an den Schwager gerichtet, der dem Krieg positiver als er selbst gegenüberstand. Zweiundzwanzig weitere Briefe gingen an Freunde, Magdeburger Kollegen sowie Mitarbeiter der Zeitschrift, um auf gemeinsame Interessen Bezug zu nehmen. Die NS-Grußformel »Heil Hitler« benutzte er nur in einer Handvoll halböffentlichen Fällen. Zehn weitere Essays über einzelne Themen waren an ein allgemeines Publikum gerichtet, wurden aber nie publiziert.[66]

b) Erfahrungen im Militär

Die Erfahrungen mit dem Militärdienst, die sich in dieser Korrespondenz spiegeln, waren durchaus widersprüchlich. Einerseits konnte sich Konrad Jarausch der Faszination des Kriegsabenteuers, der Genugtuung über die »raschen Siege über Polen und Frankreich«, der Erweiterung der politischen Horizonte durch die »ungeheuerlichen Aufgaben« im Osten nicht ganz entziehen. Auch die militärische Zucht, die physische Anstrengung und die »schöne Kameradschaft« konnten als Bestätigung der Männlichkeit sowie eine Realisierung der Volksgemeinschaft in Uniform gewertet werden.[67] Andererseits fühlte er sich von dem vielen «Grüßen, Melden, Stillstehen«, dem Geschimpfe und Gebrüll beim Exerzieren der Rekruten, und der ungerechtfertigten Kritik von Vorgesetzten immer wieder

---

64   Konrad an Lotte Jarausch, 12. September 1939.
65   Konrad an Lotte Jarausch, 21. Oktober 1939, 17. März 1940. Trotzdem lassen die Frequenz der Korrespondenz sowie die Intensität der gegenseitigen Anteilnahme wie z.B. bei der Geburt des Sohnes auf eine starke emotionale Bindung schließen.
66   So Konrad Jarausch an Hans-Lothar Dietze, 31. Januar 1940, 13. März 1940, 15. August 1941 und an den Martin-Lutherbund, 1. September 1941 sowie 25. November 1941.
67   Konrad Jarausch an Konrad Korth, 1./2. November 1941; ders. an Joachim Müller, 12. November 1939 und an Lotte Jarausch, 8. Januar 1940.

abgestoßen. Auch »das ganze Geschwätz« belangloser Unterhaltungen, die »Weibergeschichten« der Kameraden und die alkoholselige Geselligkeit der Kameradschaftsabende fand er schwer erträglich. Nur wenn der »Dienst« durch »erzieherische Aufgaben« sinnvoll zu sein schien, konnte er sich mit dem Kommißbetrieb identifizieren und damit zusammenhängende Opfer willig tragen.[68]

Aus diesem Grunde blieb auch seine Haltung gegenüber einer möglichen Offizierslaufbahn zutiefst ambivalent. Natürlich freute er sich über die Beförderungen zum Korporal und Offizieranwärter mit glänzenden »Tressen«, weil sein Einsatz und seine Führungsfähigkeit dadurch anerkannt wurden. Verbunden damit waren aber auch eine schärfere Beobachtung seiner Leistung, Teilnahme an anstrengenden Kursen und überraschende Prüfungen, auf die er unzureichend vorbereitet wurde.[69] Dem Wettbewerb mit den jüngeren, robusteren Kameraden fühlte sich der schon Vierzigjährige nicht immer gewachsen, und es fehlte ihm der martialische Schneid, die laute Stimme mit dem »Kommandoton«, der Vorgesetzte beeindruckte. Zwar war er durchaus willens, sich militärisch fortzubilden und z.B. die Bedienung eines schweren Maschinengewehrs zu lernen, um einen entsprechenden Zug zu führen. Aber als er sich im Herbst 1940 durch einen Sturz am Knie verletzte und im April 1941 aus der Anwärterliste gestrichen wurde, protestierte er kaum, obwohl er damit die Erwartungen seiner Frau enttäuschte. Statt dessen begann er sich, jedoch letztlich ohne Erfolg, auf eine Uk-Stellung hin zu orientieren.[70]

Ein erhebliches Handicap in Uniform war auch Konrad Jarauschs etwas anfällige Gesundheit. Sein Körper war eher schmal, nur mittelgroß, durch viele geistige Arbeit wenig athletisch und nur durch periodische Wanderungen trainiert. »Ein bißchen Husten und Schnupfen« konnte er gut aushalten. Auch waren gelegentliche Verdauungsprobleme wie etwas »Durchfall« ziemlich harmlos. Aber die andauernden Klagen über seine »körperliche Müdigkeit«, das Bedürfnis nach viel Schlaf und das frühe Zubettgehen deuten auf Probleme der Verarbeitung der ungewohnten, teils frustrierenden, teils erschütternden Erlebnisse hin, eine »seelische Belastung«, die sich auch auf die Gesundheit auswirkte.[71] Sein Herz war schon zu Friedenszeiten anfällig, zwar nicht genug um ihm vor dem Militärdienst zu bewahren, aber die immer wieder auftauchenden Schmerzen zwangen ihn dazu, Militärärzte zu konsultieren. Diese konnten nur eine leichte Erweiterung feststellen, verschrieben daher Baldrian und Ruhe, was wiederum auf eine psychosomatische Anspannung hindeutet.[72] Trotz einiger Phasen, in denen er sich gut in Schuß fühlte, blieb seine Herzschwäche eine weitere Behinderung beim Militär.

Zur Beruhigung von Frau und Freunden betonte er in vielen Briefen daher den wachsenden Erfolg seiner Überlebensstrategien im Dienst. So beschrieb er den Schutz vor dem jeweiligen Wetter, die generell reichliche Ernährung, die Möglich-

---

[68] Konrad an Lotte Jarausch, 22. September 1939, 14. Oktober 1940;
[69] Konrad an Lotte Jarausch, 9. Januar 1940, 11. Februar 1940, 10. März, 1940 usw.
[70] Konrad an Lotte Jarausch, 8. Februar, 26. April 1940, 5. Juli 1940, 18. Juni 1941, 1. Juli 1941, 7. Oktober 1941. Siehe auch die Einführung von Klaus Jochen Arnold.
[71] Konrad an Lotte Jarausch, 7. Oktober 1939; 18. April, 1940, 24. Juni 1940, 14. November 1941, 11. Januar 1942.
[72] Konrad an Lotte Jarausch, 20. Juli 1939, 19. April 1940, 26. April 1940, 4. August 1940.

keiten des Ausspannens und Schlafens und relativierte seine kleineren Unpäßlich-
keiten. Positiv schilderte er auch menschliche Begegnungen mit Vorgesetzten,
Gleichrangigen und Untergebenen, wenn sie ein echtes Gespräch erlaubten. Ebenso hielt er romantisierende Impressionen der Natur fest, die für ihn eine Art von
neutralem Grund waren, der eine momentane Flucht in eine friedliche Gegenwelt
ermöglichte. Schließlich kommentierte er seine ausgedehnte Lektüre als Informie-
rung sowie Ablenkung und rechtfertigte seine hartnäckigen Versuche der Fortführung von wissenschaftlicher Arbeit als Versuch »den Verstand zu behalten«.[73]
Mit der Zeit wurde er daher besser mit der gleichzeitig permanenten geistigen
Unter- wie körperlichen Überforderung fertig.

c) Haltung zum Krieg

Auch ohne Anflüge von Hurrapatriotismus billigte Konrad Jarausch in seinen
Briefen den Krieg grundsätzlich, denn er teilte seine nationalen Ziele. Wegen der
Befreiung der Volksdeutschen und der Gewinnung von Lebensraum verschloß er
sich »auch der Notwendigkeit nicht, daß *dieser* polnische Staat zerschlagen werden mußte.[74] Im Glauben, »der Traum vom Reich ist auch unser Traum«, verstand
er Deutschland als eine über den eigenen Nationalstaat hinaus wirkende Ordnungsmacht in Mitteleuropa, für die der Feldzug ein breiteres Fundament legen
sollte. »Kampfwille, Liebe und Tod sind unser Leben.« Allerdings dachte er eher
in kontinentalen historischen Kategorien des christlichen Europas, denn »das
Ausgreifen nach dem Osten konnte ja immer noch im Zusammenhang kontinental begrenzter, an die Überlieferung anknüpfender Reichsgedanken verstanden
werden«. Jedoch stand er darüber hinausgehenden Weltmachtfantasien eher skeptisch gegenüber und sah den Angriff auf Norwegen als Zäsur: «Jetzt aber nimmt
Deutschland den Kampf um die Weltherrschaft auf. Es zeigt sich dabei zugleich
die merkwürdige geschichtliche Gebundenheit des Nationalsozialismus auch in
dieser außenpolitischen Beziehung. Der Imperialismus lebt auf.«[75]
   Den Kriegsverlauf beurteilte er illusionslos, da er vor der Kampfkraft der Feinde
durchaus Respekt hatte. Schon anfangs warnte er, »der polnische Sieg ist uns im
ganzen wohl zu schnell in den Schoß gefallen« und riet zur Mäßigung, »damit
unser Volk nicht im Siege erstickt«. Die fehlende Entscheidung im Westen empfand er als aufreibenden »Angriff auf die Nerven.«[76] Zwar schürte die »Waffen-
ruhe in Frankreich« Hoffnungen auf Frieden, aber die englischen Luftangriffe auf

---

[73]   Konrad an Lotte Jarausch, 5. September 1941.
[74]   Konrad an Lotte Jarausch, 5. September, 22. Oktober 1939; 17. Januar 1940 und an Franz Petri, 14.
       Januar 1940.
[75]   Konrad an Lotte Jarausch, 8./9. November 1939 und 28. April 1940. Vgl. ders. an Franz Petri, 16.
       Februar 1941: »Ich selbst wäre innerlich ruhiger, wenn sich diese Aufgabe auf den europäischen
       Mittelraum beschränken ließe.« Allerdings war er fasziniert davon, »daß heute ein Mann seine
       ganze Kraft des Volkes dranwagt, ihm entweder den Weg zur Weltherrschaft oder den Untergang
       zu bereiten«. Brief vom 1. März 1940 in der 2. Folge der Auszüge von Oskar Ziegner.
[76]   Konrad an Lotte Jarausch, 22. Oktober, 12. November 1939. Dabei betonte er die Verantwortung
       für Polen und die Gestaltung des Friedens. Briefe vom 23. Januar und 11. Februar 1940 in der 2.
       Folge der Auszüge von Oskar Ziegner.

Berlin machten ihn erneut besorgt. Den Einfall in die Sowjetunion quittierte er mit Anweisungen an seine Frau für den Notfall und dem Ausdruck von Sorge an den Schwager: »Aber man selbst darf wohl bangen vor der militärischen und politischen Aufgabe, die immer mehr ins Riesenhafte wächst. Daß der Landser zunächst enttäuscht feststellt, daß der Krieg nun wieder verlängert ist, wird man ihm nicht übelnehmen können.« Die Kriegserklärung an die Vereinigten Staaten kommentierte er klarsichtig, »daß nun erst recht kein Ende abzusehen ist. Ich fürchte, daß auch die phantastischen Anfangserfolge der Japaner die Wirkung haben werden, den Amerikanern klarzumachen, wie ernstlich sie bedroht sind, und also die Lage nur verschärfen.«[77]

Seine Haltung gegenüber den besiegten Feinden war eine Mischung von Überlegenheitsgefühl, Neugier und Mitleid. In den Beschreibungen des »ewigen Ostens« kontrastierte er deutsche Sitte, Ordnung und Sauberkeit mit dem »Erbärmlich-Zurückgebliebenen« polnischer Städte, betonte das »Elend der polnischen Bauern« und die Eintönigkeit der Landschaft. Jedoch interessierte er sich auch für die katholische Kirche und versuchte die fremde Mentalität durch Sprachstudium und historische Lektüre zu verstehen.[78] Bei den Schilderungen der Juden erwähnte er ihre »dürftige Kümmerlichkeit«, die Ghettos der Städte wie Lodz schienen durch »Armut und Elend« geprägt. Dennoch war er von den »einzelnen, schmalen und brennenden Gesichtern der Intelligenz« beeindruckt, beschrieb die Brandschatzung einer Synagoge als ungewünscht und erwähnt die Austreibung: »Es versteht sich von selbst, daß das nicht ohne Opfer abgeht«.[79] Die Beschreibungen der Sowjetunion zeigen einen ähnlichen Zwiespalt der Kritik an dem Resultat kommunistischer Modernisierung, den Stalinschen Verbrechen und der Unterdrückung von Religion. Gleichzeitig zeigen sie auch viel Sympathie für das unendliche Leiden des russischen Volkes und die schwermütige Weite der Landschaft.[80]

Aufgrund seines ausgeprägten Pflichtgefühls regten sich nur langsam moralische Zweifel an der Berechtigung des deutschen Angriffs, die bei einem kritischen Geist zu erwarten waren. Natürlich blieb auch Konrad Jarausch von dem Ausmaß der Zerstörungen der Städte, der Grausamkeit der Kriegsführung und dem Leiden der Flüchtlinge und Verwundeten nicht unbeeindruckt.[81] Regelrecht schockiert war er aber von seinen Eindrücken in Lodz: »Was wir da gesehen haben, werden wir alle nicht sobald vergessen. Was für eine Dürftigkeit und Erbärmlichkeit des Menschen in seiner äußeren Erscheinung«. Das Elend im Judenviertel erschütterte ihn besonders: »In Lodz hängen – warum weiß ich nicht – auf öffentlichem Platz drei Juden«.[82] Ebenso schlimm war für ihn der grundsätzlich verfehlte Kurs der Nationalsozialisten. »Wir leben auf Kosten dieser Völker und saugen sie bis aufs Letzte aus. Wie soll dadurch etwa anderes entstehen als Verbitterung und der Wunsch, diese

---

[77] Konrad an Lotte Jarausch, 22. und 27. Juni 1940, 22. Juni 1941 und 10. Dezember 1941

[78] Konrad an Lotte Jarausch, 14. und 16. September, 24. Dezember 1939.

[79] Konrad an Lotte Jarausch, 30. September, 22. Oktober, 22. Dezember 1939.

[80] Konrad an Lotte Jarausch, 15. August 1941; Essays über »Russische Frauen«, »Kirchen in Minsk« und »Das Lager Kochanowo« im August 1941.

[81] Konrad an Lotte Jarausch, 14. September 1939 und Schilderung der »Fahrt nach Osten«, nach dem 22. September 1939.

[82] Konrad an Lotte Jarausch, 22. Oktober und 10. November 1939.

Fremdherrschaft loszuwerden?« Daher wurde ihm der Krieg auch wegen der falschen politischen Methoden fragwürdig: »Ich verstehe nicht, wie man von der Zukunft unter diesen Umständen etwas Gutes erwarten kann«[83]

d) Räume des Rückzugs

Zur Bewahrung des seelischen Gleichgewichts bemühte sich Konrad Jarausch unablässig darum, sein geistiges Leben trotz widriger Umstände aufrecht zu erhalten. Als bevorzugte Informationsquelle diente die »Frankfurter Zeitung«, die auch nach Einschwenken auf die NS-Linie »eine ganze Menge interessanter Nachrichten« enthielt, während ihm das »ewige Radiogetön« mit seinem »endlosen Kitsch« auf die Nerven ging.[84] Die Lektüre griechischer Klassiker wie Plato oder Aristoteles im Original war ein weiterer Versuch der Überwindung »dieser geistigen Einsamkeit«, da an ihnen »der ganze Wissenschafts- und Persönlichkeitsgedanke des Abendlandes hängt«.[85] Weniger anstrengend war die Beschäftigung mit den Meisterwerken deutscher Belletristik, wie dem »alten Goethe«, dessen Ästhetik ihn »im tiefsten unchristlich« anmutete, oder mit europäischen Autoren wie Shakespeare.[86] Daneben las er auch völkisches Schrifttum wie Edwin Dwinger oder Hans Grimm und setzte sich intensiv mit der befreundeten Schriftstellerin historischer Romane Hanna Stephan auseinander.[87] Ebenso bat er um Bücher über Polen wie die »Bauern« von Reymont und historische Werke über Rußland, um seine Eindrücke hinterfragen zu können.[88]

Dem gleichen Zweck diente die Fortführung der eigenen wissenschaftlichen und pädagogischen Mitarbeit an der Zeitschrift, nun »Unterweisung und Glaube« genannt. »Ich überlege, wie ich Frau von Tiling bei ihrer schwierigen Arbeit, die Zeitschrift über den Krieg zu halten, helfen kann.« Dazu gehörte zunächst die Auseinandersetzung mit führenden Theologen wie dem dem Dritten Reich nahestehenden Friedrich Gogarten oder der »schönen Schrift« des Mitglieds des Widerstandes Dietrich Bonhoeffer.[89] Gleichzeitig versuchte er aber auch im Felde noch eigenständige Aufsätze und Rezensionen zu verfassen wie eine lange Abhandlung über »Johannes der Täufer«, zu deren Ausarbeitung er auch die Hilfe

---

[83]   Konrad an Lotte Jarausch, 16. September 1941.
[84]   Konrad an Lotte Jarausch, 10. und 27. Oktober, 3. November, 3. Dezember 1939. Vgl. Thomas Pegelow: Linguistic Violence. Language, Power and Separation in the Fate of Germans of Jewish Ancestry, 1928-1948, Diss. Chapel Hill 2004.
[85]   Konrad an Lotte Jarausch, 15. Dezember 1940, 26. Juni, 5. September, 21. November, 10. Dezember 1941. Vgl. auch das Nachlassfragment »Humanistische Bildung heute«, das für das humanistische Gymnasium plädierte, so »dass den Führenden im Volk das Wissen um das Menschliche bleibt«. LKAH, Nachlass von Tiling, Nr. 17.
[86]   Konrad an Lotte Jarausch, 21. Oktober, 15. November 1939, 25. und 26. Juni 1941 und an Ruth Schneider, 5. Januar 1942.
[87]   Konrad an Lotte Jarausch, 17. September, 2. Oktober, 8./9. November 1939, 29. März, 2. April 1940.
[88]   Konrad Jarausch an Franz Petri, 14. Januar 1940, an Lotte Jarausch 14. April, 13. Mai 1940 und 15. September 1941.
[89]   Brief ohne Datum, wohl aus dem Herbst 1939, in den Fragmenten von Oskar Ziegner; Konrad an Lotte Jarausch, 29. Juni, 1940 und an Magdalene Caspar, 11. Januar 1942.

seiner Frau benötigte.[90] Deswegen korrespondierte er eifrig mit Herausgebern sowie Mitarbeitern, obwohl er an den Entscheidungen aus der Ferne nicht mehr teilnehmen konnte. Der »Rückgang« des Interesses am Religionsunterricht verringerte die Dringlichkeit der Thematik, so daß das Erscheinen der bereits reduzierten Ausgabe im Mai 1941 eingestellt wurde. »Gleichgültig lässt es mich nicht, wenn ich sehe, wie die Kameraden auch jetzt noch mit Illustrierten und seichtesten Romanen überschwemmt werden«.[91]

Ein weiteres Refugium war sein tiefer, persönlicher Christusglauben, der ihm Geborgenheit und innere Ruhe vermittelte. Bestätigung durch Gemeinschaft suchte er immer wieder in der Teilnahme am Gottesdienst, die ihn aber, wenn eine »zackige« Predigt zu sehr »Soldatenberuf und Christenglaube« gleichsetzte, eher verunsicherte.[92] Dagegen war das tägliche Lesen der Bibel nach dem Plan von Hans Asmuss, »der die Bibel auf ein Jahr aufteilt«, eine unerschöpfliche Quelle der Tröstung. »Ich habe heute Vormittag viel in der Bibel gelesen und große Freude daran gehabt«.[93] Die Spannung zwischen der »modernen Weltanschauung« und dem Glauben löste er dadurch, daß erstere nur »in engen Grenzen ein Recht hat, daß darüber hinaus aber jene ‚Anstöße' Hinweise auf eine innerlich tiefere Weltsicht sind«, die nur durch eine persönliche Begegnung mit Christus zu erschließen war. Sein existentielles Verständnis des Glaubens beruhte auf jener »Unruhe des Herzens« die eine persönliche »Antwort Gottes erwartet«. Durch »das Vertrauen, daß Gott weiter helfen und führen wird«, konnte er sich behütet fühlen und sich einem ungewissen Schicksal ergeben.[94]

Ernste Sorge machte ihm dagegen der schrumpfende Wirkungskreis der Kirche. Nach dem Sieg über Frankreich hatte er noch auf einen Unterricht gehofft, »der mitten in der gemeinsamen Wirklichkeit unseres Lebens in Volk und Reich« stünde, aber trotzdem »um das Evangelium kreist«. In den Briefen notierte er jedoch bestürzt die wachsende Verachtung der Religion durch die »jüngere nationalsozialistische Generation,« die abfällige Bemerkungen über die »Pfaffen« machte und sich weigerte, zum Gottesdienst zu gehen. »Die Nachricht von dem Ausfall des Religionsunterrichts hat auch mich sehr bewegt«, denn diese Maßnahme gefährdete seine eigene berufliche Zukunft.[95] Weil der Krieg »noch wieder unendlich viel religiöse *Sitte*« zerstörte, schwebte ihm »eine kleine Schar« vor, die sich »in einem schlichten Privatraum sammelt, um dort das Evangelium zu hören

---

[90]   Konrad an Lotte Jarausch, 31. Juli, 2. August, 23. Oktober 1940; Magdalene von Tiling an Konrad Jarausch, 6, Oktober und ders. an Magdalene von Tiling, 8. Oktober, 1940, LKAH, Nachlass von Tiling, Nr. 17. Vgl. ders.: Johannes der Täufer, in: Unterweisung und Glaube 15 (1940/41), S. 60-66, 72-77, 83-88. Die Niederschrift einer »Religionspädagogik« ließ sich nicht mehr verwirklichen.

[91]   Konrad an Lotte Jarausch, 4. Oktober, 15. November 1939, 1. Mai, 23. und 27. Juli, 19. August 1940; an Karl Korth, 1./2. November 1941; an Magdalene von Tiling, 16. Juni 1941, LKAH, Nachlass von Tiling, Nr. 17 und Mitteilung des Verlags und der Herausgeber, in: Unterweisung und Glaube 16 (1941/2), S. 26.

[92]   Konrad an Lotte Jarausch, 5. und 26./7. November, 26. Dezember 1939, 7. April, 15. Oktober 1940. In Rußland gab es kaum Möglichkeit mehr, Feldgottesdienste zu besuchen.

[93]   Konrad an Lotte Jarausch, 22. November 1939, 4. Februar, 20. Juli 1940.

[94]   Konrad an Lotte Jarausch, 20. Juli 1940, 26. August 1941; an Hans-Lothar Dietze, 30. Juli 1940; an Siegfried, 21. September 1941.

[95]   Konrad Jarausch: Aufgaben des Friedens, in: Unterweisung und Glaube 15 (1940/41), S. 36-40; an Lotte Jarausch, 14. April 1940, 29. Dezember 1941.

und zu beten für Kirche *und Welt*«. Da er weiterhin »gegen das Sichanpassen« und gegen christliche Selbstzufriedenheit war, hoffte er: »So wird nach seinem Ende vermutlich das Feld für eine radikale Beschränkung der Kirche auf ihre religiöse Aufgabe frei sein«. Diese institutionelle Rückführung auf den Kern des Glaubens suchte er durch Gespräche mit Kameraden in geistiger Not vorzubereiten.[96]

e) Kritische Wendung

Das »namenlose Elend« des Rußlandfeldzugs im Herbst 1941 verstärkte Konrad Jarauschs Zweifel an der Berechtigung des Krieges. Da er im Dulag 203 für die Verpflegung verantwortlich war, erlebte er hautnah die Folgen der unzureichenden Ernährung für die Hunderttausende an Gefangenen der Kesselschlachten: »Wenn sie erstarrt vor Frost – wir haben heute etwa minus zehn, gestern minus fünfzehn Grad am Tage gehabt – zum Essen kommen, taumeln sie, fallen um, sterben zu unseren Füßen. Heute ist wieder ein Fall von Kannibalismus festgestellt worden. Dabei sind diese Leichen, wenn sie nackt zu den Gräbern getragen werden, dürr wie ein spätgotischer Schmerzensmann, starrgefroren.« Zwar wurde die Belegschaft auf 2000 reduziert, »aber davon sterben täglich 25. In den großen Lagern weiter nach Westen, in denen sich Zehntausende befinden, sind es entsprechend Hunderte«. Dieses Massensterben der Gefangenen, das die Genfer Konvention verletzte, erschütterte ihn bis in seine Grundfesten: »Wenn man nicht auf der anderen Seite immer erneut von den Russen hören würde, was sie unter dem Bolschewismus gelitten haben, könnte man an dem Sinn des Ganzen verzweifeln. Dazwischen ist man nun geworfen, ohne etwas tun zu können als das bißchen Pflicht.«[97]

Das »große Sterben in den Lagern« weckte sein christliches Verantwortungsgefühl. Zunächst wurde ihm die elementare Bedeutung der Speisungsgeschichte lebendig: »Es gehört wirklich zu den Wundern, die Gott allein tun kann, daß die Hungrigen satt werden. Wenn den Männern hier die Tränen in die Augen kommen, weil ein Kamerad, der mit ihnen das bißchen Suppe teilen sollte, ihnen durchgegangen ist, begreift man, daß die Erfüllung des Jenseits auch diese Not überwinden muß«. Helfen zu wollen, ohne es wirklich zu können war eine seelische Belastung, der er nur durch metaphysische Überhöhung standhalten konnte. »Ich muß immer an den Grünewaldschen Leib Christi denken und halte mich an den Glauben, daß auch dieses Sterben in einer wenn auch für uns nicht faßlichen Weise in das Sterben Jesu hineingezogen ist.« Diese Unmenschlichkeit war für einen gläubigen Christen weder moralisch noch politisch zu rechtfertigen: »Dabei kann ich nach allem, was ich gesehen habe, in den breiten Millionenschichten des russischen Volkes keinen

---

[96] Konrad Jarausch an Hans-Lothar Dietze, 30. Juli 1940; an Magdalene Caspar, 5. Januar 1942. Für seine Stellung zwischen den Fronten der kirchenpolitischen Auseinandersetzung zwischen Bekennender Kirche und Deutschen Christen, siehe ders. an Magdalene von Tiling, 13. Januar 1941, LKAH, Nachlass von Tiling, Nr. 127. Vgl. Doris Bergen: Twisted Cross: The German Christian Movement in the Third Reich, Chapel Hill 1996.
[97] Konrad Jarausch an Konrad Korth, 1./2. November 1941; an Lotte Jarausch, 14. November 1941 und zahlreiche weitere Beschreibungen. Vg. auch Hartmann, Massensterben, S. 98 ff.

Feind sehen. Es sind zum größten Teil die unglücklichen Opfer einer wahnsinnigen Politik, deren Wurzeln allerdings tief in die russische Vergangenheit hineinreichen.«[98] Das viele »Elend und Sterben« inspirierte Konrad Jarausch zu tätigen, aber inadäquaten Versuchen der christlichen Nächstenliebe. Um »doch einiges Unheil ab[zu]wenden« bemühte er sich unablässig, »den Menschen wenigstens das nötigste an Essen zu schaffen«. Einerseits ging es darum, die unzureichenden Vorräte zu vergrößern. »Es gibt einen ständigen Kampf um das, was sie erhalten sollen, mit den Inspektoren und Zahlmeistern, die die Vorräte heranschaffen müssen – unter den größten Schwierigkeiten«. Andererseits mußte er für eine gerechte Verteilung sorgen: »Ich hatte an manchen Tagen 16-18000 Mann satt zu machen, soweit das überhaupt möglich war. Dabei waren wir fünf Deutsche in Verwaltung und Küche und acht Posten. Daß da geprügelt und geschossen werden mußte, kannst Du Dir denken. Die Küchenleitung hat in solchen Zeiten nichts, was an zivile Vorstellungen erinnern könnte. Man prügelt und schießt, um rings um die Küche Ordnung zu schaffen. Man betreut die Kranken, damit sie nicht verhungern. Spielt den Richter, wenn Vorräte gestohlen werden usw.« Der Versuch, auch die Schwachen und Kranken zu versorgen, verlangte einen täglichen Kampf: »Meine rechte Hand ist dick von den Faustschlägen, die ich austeile.«[99]

Die Erkenntnis der gemeinsamen Menschlichkeit führte schließlich auch zu einer Solidarisierung mit den Gefangenen, aus der emotionale Beziehungen erwuchsen. »Das Beste war noch, daß wir uns mit einigen reifen und klugen Russen zu gemeinsamer Arbeit zusammengefunden haben.« Auch aus den Russischstunden ergaben sich intensive Gespräche, so daß er »wieder manches aus dem riesigen Bereich der Sowjets hören und sehen« konnte. Um ihm »ein paar Stunden der Entspannung nach dem übermäßigen Dienst zu bereiten«, sang zum Beispiel ein Moskauer Opernsänger »russische Volkslieder«, »Revolutionslieder« und »auf meine Bitte liturgische Stücke, die auch die Russen lange nicht gehört hatten«. Inmitten des Grauens waren es »zwei Stunden echtester menschlicher Verbundenheit, nachdem wir uns vorher bei so anderer Arbeit kennen gelernt hatten und wußten, was wir voneinander zu halten hatten«. Ein anderes Mal »ist ein gut gelungenes Bild von mir fertig geworden, das ein Moskauer Maler von mir mit Kohle und Farbstift angefertigt hat«.[100] Solch genuine Dankbarkeit für seinen persönlichen Einsatz schuf Bindungen zwischen Individuen, die gegenseitige Feindbilder überwanden.

Anfang Januar 1942 steckte sich Konrad Jarausch durch solche Kontakte an Flecktyphus an und erlitt selbst das »stille Sterben vor Erschöpfung und Krankheit«. Während der Weihnachtsfeier mit den russischen Köchen hatte er noch darauf hingewiesen, daß Gottes Sohn »schließlich selbst Gefangener geworden«

[98] Konrad an Lotte Jarausch, 25. Oktober und 1.November 1941; an Siegfried, 25. November 1941.

[99] Ebenda; an Lotte Jarausch, 23. Oktober 1941, 8. Januar 1942; an Werner Haß, 25. November 1941 (»sie gehen zu Tausenden ein«); und an Muttchen, 10. Januar 1942. Dieser Einsatz verschaffte ihm Respekt von Kameraden, die bei ihm moralische Orientierung suchten.

[100] Konrad an Lotte Jarausch, 28. Oktober und 9. November 1941; an Magdalene von Tiling, 6. November 1941; an Bruno Jarausch, 7. November 1941; an Lene Petri, 20. November 1941. Konrad Jarausch war sich durchaus der Anbiederungsversuche von Gefangenen bewußt, die versuchten ein Stück Brot zu ergattern. Aber diese Begegnungen stufte er als echt ein. Vgl. auch den undatierten Zettel auf Russisch von »Alexander«, der die Krankheit von »Konrad Hugovitsch« bedauert.

war und »wir Deutschen keinen Haß gegen das russische Volk empfänden«. Als dann Fälle von Flecktyphus im Lager auftauchten, bat er seinen Freund Werner Haß, seine Frau nicht damit zu beunruhigen: »Und selbstverständlich kann man sich nicht davor schützen, daß einen gelegentlich eine Laus ankriecht«.[101] Am 11. Januar erkrankte er und schrieb zwei Tage später eine Art Abschiedsgruß an Lotte: »Ich empfinde warm und dankbar alle herzliche Liebe«, die aus ihren Briefen sprach. »Möchte Gott alle unsere Wünsche für die Zukunft segnen. Es liegt ja alles in seiner Hand.« Als er fünf Tage später ins Lazarett in Roslawl eingeliefert wurde, war er schon so benommen, daß ihm die Schwere der Erkrankung nicht mehr bewußt war. »Die fortschreitende allgemeine Herzschwäche« führte ohne wirksame Medizin am 27. Januar zu einem »allmählichen Hinübergleiten in die schmerzfreie Erlösung.«[102]

Die überraschten Hinterbliebenen übten sich in Sinngebung seines sinnlosen Todes. Der Kommandeur seines Gefangenenlagers Major von Stietencron griff auf Floskeln vom »treuen Glauben an seinen Herrgott« und »der sicheren Gewißheit des großdeutschen Endsieges« zurück, fügte aber dann noch ein Lob an, er sei ein »vorbildlicher Kamerad und tüchtiger Soldat« gewesen. Der Direktor des Magdeburger Domgymnasiums fand einen persönlicheren Ton, indem er das militärische Pflichtbewußtsein erwähnte, das eine Uk-Stellung verhinderte und die »pädagogische Berufung« betonte, die eine wissenschaftliche Laufbahn ausschlug. Pfarrer Oskar Ziegner klagte, »wie furchtbar hart ist dies Leben zu Ende gegangen« in Folge eines Lebensgesetzes des »sich vollenden [Wollens] durch Entsagung und selbstlosen Dienst, unter Verzicht auf jeden äußeren Glanz«. Seine Kollegen und Schüler waren »erschüttert« von dem Verlust und priesen seinen vorbildlichen Charakter: »Wenn es ein christliches Heldentum gibt, dann haben wir es hier sehen dürfen«. Auch seine Frau suchte Trost in der Überzeugung: »Ich meine, daß Konrad in eine Vollendung eingegangen ist, an die wir nicht mit unseren Klagen rühren sollten«.[103]

4. EIN SCHWIERIGES VERMÄCHTNIS

Wie ist das »geistig-seelische Vermächtnis« einer solchen »verantwortlich gelebten christlich-deutschen Überzeugung« zwei Generationen später einzuschätzen?

---

[101] Konrad an Lotte Jarausch, 23. Oktober, 25 Dezember 1941; an Werner Haß, 4. Januar 1942.
[102] Konrad an Lotte Jarausch, 13. Januar 1942; Stabsarzt Starck an Lotte Jarausch, 28. Januar 1942. Ohne Penicillin war der Flecktyphus für Menschen über vierzig, besonders mit vorheriger Herzschwäche, meist tödlich. Bestattet wurde er unter einem schlichten Birkenkreuz in einem deutschen Soldatenfriedhof bei Roslawl. Siehe auch die Einführung von Klaus Jochen Arnold.
[103] Major von Stietencron an Charlotte Jarausch, 28. Januar 1942; Hermann Lohrisch: Gedenkworte an Konrad Jarausch, Magdeburg o.D.; Zitate aus sechzehn Kondolenzbriefen in Oskar Ziegner, 2. Folge von Auszügen, S. 7-10; Lotte Jarausch an Bruno Jarausch, 24. Februar und 6. März 1942, Familiennachricht, S. 134-137.

Der Stein des Anstoßes ist die Komplizenschaft mit dem Nationalsozialismus, die für die Illusionen weiter Kreise des protestantischen Bürgertums typisch war. Noch im Anblick des »namenlosen Elends« wollte Konrad Jarausch an der Synthese von Volk und Glauben festhalten: »Es ist für mich eines der stärksten Erlebnisse dieses Krieges gewesen, daß ich angesichts von so viel Hunger, Verwahrlosung, Krankheit und Sterben nichts von dem zurückzunehmen brauchte, was ich als Deutscher und als Christ gelebt habe«. Jedoch auch er spürte, dass sich ein moralischer Abgrund auftat: »Aber nun die Zukunft. Wir brauchen eine Erziehung von europäischer Weite in allen geistigen Dingen: Sprachen, Geschichte, Länderkunde. Aber was wird dem die menschliche Gründung geben?« Das unermeßliche Leiden stieß ihn auf die Kernfrage, auf welchen Werten eine bessere Ordnung aufbauen könne.[104] Als Antwort schlug er vor, »das Rätsel des Menschseins, im Licht der Offenbarung immer tiefer zu durchdringen, bis sich in Leben und Lehre Jesus Christus als der Weg zeigt, der mitten durch *unsere* Welt und *unsere* Zeit zu Gott führt«. Aber genau in dem Fehlen von Menschenrechten in dem Glauben lag das Problem.[105]

Die Unterstützung des Krieges aus völkisch-nationalen Motiven verstrickte auch ehrenwerte Persönlichkeiten wie Konrad Jarausch in eine Mitwisserschaft von und Mittäterschaft an NS-Verbrechen. »Die SS räumt furchtbar auf« deutete er im Oktober 1941 an und wurde wenige Tage später noch expliziter: »Das Eigentlich-Bolschewistische wird rücksichtslos ausgemerzt, wo es in unsere Hände fällt. Ebenso das jüdische Element.« Diese Mitteilungen belegen, daß Truppen in der Etappe von der Umsetzung des Kommissarbefehls und der Judenvernichtung wußten, auch wenn sie nicht selbst daran teilnahmen.[106] Im Massensterben der Kriegsgefangenen waren sie jedoch persönlich involviert, obwohl Einzelne wie Konrad Jarausch versuchten, »das Nötigste an Verpflegung für die Gefangenen herauszuholen«. Ein Inspektor gab auf seine Skrupel die zynische Antwort: »Auf solche Stellen gehören eben robuste Naturen, denen es nicht darauf ankommt, wenn einige hundert Gefangene sterben.« Ihre Verantwortung für das Verhungern der schutzlosen, frierenden Soldaten und Zivilisten war unzweifelhaft. Dazu kam das noch schlimmere Schicksal der Juden: «Da ist es wirklich das Barmherzigste, wenn sie in den Wald geführt und dort umgelegt werden, wie der Fachausdruck lautet. Aber das Ganze ist schon mehr Mord als Krieg.«[107]

---

[104] Franz Petri an Anna Jarausch, 4. Mai 1942; Konrad Jarausch an Konrad Korth, 1./2. November 1941; an Lene Petri, 20. November 1942. Noch suchte er sein Gewissen zu beschwichtigen: »Daß das bolschewistische System zerbrechen wird, rechtfertigt die Opfer, jedenfalls wenn eine erträgliche Neuordnung gelingt.«

[105] Konrad Jarausch: Aufgaben des Friedens, in: Unterweisung und Glaube 15 (1940/41), S. 39. Vgl. die Betrachtungen seines Referendars Arnold Nüßle über die Entfremdung der Soldaten von der Kirche: Der Soldat und das Christentum, in: Unterweisung und Glaube 15 (1940/41), S. 109-113.

[106] Die Mitwisserschaft ist eindeutig, aber das Ausmaß der Beteiligung bleibt umstritten. Vgl. Peter Longerich: »Davon haben wir nichts gewußt". Die Deutschen und die Judenverfolgung 1933-1945, München 2006 versus Omer Bartov: The Eastern Front, 1941-1945. German Troops and the Barbarization of Warfare, New York 2001; Christian Gerlach: Kalkulierte Morde. Die deutsche Wirtschafts- und Vernichtungspolitik in Weißrußland 1941 bis 1944, Hamburg 1999.

[107] Konrad an Lotte Jarausch, 12. Oktober, 1./2. November 1941; an Magdalene von Tiling, 6. November 1941.

Die Brutalität des weltanschaulichen Vernichtungskrieges zwang Konrad Jarausch schließlich dazu, sich vom nationalsozialistischen Hegemonialprojekt zu distanzieren. Von der NS-Weltanschauung war er nie begeistert gewesen, da er Rosenberg für »viel konfuser und verworrener« als Hegel hielt. Ebenso warnte er vor blinder Unterordnung unter Hitlers Sendungsanspruch, denn die Deutschen würden nur dem Krieg »ihre Kraft opfern können, wenn ihr Glaube an den Führer und seine Einsicht ein irdisch begrenzter bleibt.«[108] Vor allem bedrückte ihn die Zurückdrängung der Kirche und die geistige Leere der nazifizierten Offiziersanwärter: »Bei den jüngeren ist dann die ganz andere Haltung herrschend, die Intoleranz in jeder Beziehung – zur Kirche, den Juden gegenüber«. Entscheidend für den Bruch war jedoch die Erfahrung der Unmenschlichkeit des Massensterbens. »Wir haben in manchen Wochen Hunderte von Toten in unseren Lagern gehabt. Aber gerade hier habe ich wieder gelernt, daß nicht der Krampf der Zerknirschung, auch nicht die echte und ehrliche Reue des Sittlich-Ernsthaften in der Mitte unseres Glaubens stehen, sondern allein das grundlose Erbarmen, das alles Leid und alle Schuld überstrahlt.« Ob ihn diese Rückbesinnung auf christliche Humanität in den Widerstand geführt hätte, ist aufgrund seines frühen Todes eine unbeantwortbare Frage.[109]

Die bleibende Botschaft dieses abgebrochenen Lebens ist daher die Notwendigkeit einer Überwindung von ideologischen Feindbildern durch Menschlichkeit aus christlicher Verantwortung. Zwar machte er sich auch politische Sorgen darüber, daß die deutschen Verbrechen, »wenn der Jude ausgeschaltet ist«, in Zukunft auf ihre Urheber zurückschlagen könnten: »Ich erschrecke oft vor dem Gedanken, daß sich alle diese Völker, die wir doch schwer treffen und demütigen mußten, einmal zu einer Revanche zusammenschließen könnten«. Aber entscheidender war für ihn die Erkenntnis einer gemeinsamen Humanität jenseits aller ideologischen Feindschaft zum kommunistischen Rußland: »Diese Menschen sind noch Menschen wie wir. Darum tut der Umgang mit ihnen gut und weckt Empfindungen und Gefühle, die zuletzt doch immer zu Dir und dem Kind zurückkehren«. In der Hölle des Dulag 203 realisierte er kurz vor seinem Tode: »Aber auf die echte Menschlichkeit kommt es auch hier zwischen Völkern und Rassen an, wenn aus dem Übermaß von Blut und Zerstörung eine bessere Welt aufsteigen soll.«[110] Diese Einsicht in die Gemeinsamkeit einer frontenüberschreitenden Menschlichkeit bleibt auch eine für spätere Generationen zu beherzigende Lehre.

So konnte meine Vatersuche nicht zu einer unkritischen Verherrlichung, wohl aber zu einer kritischen Würdigung führen. Seine Briefe strahlen eine Liebe zu seinem nie gesehen Sohn aus, die mich nicht unberührt lässt. »So wollen wir uns

---

[108] Briefe vom Oktober 1939 und vom 1. März 1940 in der 2. Folge von Oskar Ziegners Auszügen und in seinen Fragmenten. Auch war ihm der »SS-Geist« zuwider, der eine menschliche Behandlung der Gefangenen verbot: »Daß einer im grauen Rock für einen Polen eintritt, dulde ich als SS-Mann nicht.« Konrad an Lotte Jarausch, 24. Dezember 1939, 31. März 1940.

[109] Konrad an Lotte Jarausch, 9. Oktober, 23. November 1939, 7. April 1940; an Ruth Schneider, 5. Januar 1942. Vgl. Theodore S. Hamerow: On the Road to the Wolf's Lair. German Resistance to Hitler, Cambridge MA 1997.

[110] Konrad an Bruno Jarausch, 13. September 1941; an Lotte Jarausch, 28. Oktober 1941; an Geheimrat, 9. November 1941.

auch am Heiligabend in dem Dank für das zusammenfinden, was Gott uns mit dem Kind geschenkt hat. Das überstrahlt doch alles andere.« Dennoch konnte ich die von Madgalene von Tiling in einer Buchwidmung angedeutete Aufgabe der Weiterführung der national-protestantischen Arbeit meines Vaters nicht annehmen, sondern mußte sie aus transnational-demokratischer Sicht in eine kritische Auseinandersetzung mit den Verfehlungen seiner Generation verwandeln.[111] Gerade wegen seiner Bildung und seines Glaubens bleiben die Komplizenschaft mit der Hitler-Diktatur, der Einsatz im Weltkrieg und die Beteiligung an den NS-Verbrechen für mich erschreckend. Aber die Beschäftigung mit seinem Leben lehrt auch Respekt vor dem Bemühen, in solchen Umständen Humanität zu bewahren und sich durch Nächstenliebe aus der Verstrickung zu befreien.[112] Statt einer gutgemeinten, aber pauschalen Verdammung, kann daher nur ein erneuter Versuch des Dialogs mit den Vorfahren die deutsche Gesellschaft von dem Schatten ihrer Toten befreien.

---

[111] Konrad an Lotte Jarausch, 24. Dezember 1941. Vgl. Madgalene von Tiling: Der Mensch vor Gott, Berlin 1950, S. 5: »Konrad Jarausch zum 14. August 1950 in dankbarer Erinnerung an seinen Vater von der Verfasserin«.
[112] Jürgen Reulecke: Vaterlose Söhne in einer ‚vaterlosen Gesellschaft‘, in: Hermann Schulz/Hartmut Radebold/Jürgen Reulecke: Söhne ohne Väter. Erfahrungen einer Kriegsgeneration, Berlin 2004, S. 144-159.

1 | Wilhelm und Anna Jarausch um 1896

2 | Bruno und Konrad Jarausch um 1904

3 | Soldat im Ersten Weltkrieg 1918

4 | Mit Kameraden 1918

5 | Als Student Anfang der zwanziger Jahre

6 | Mit Schülern um 1930

7 | Charlotte und Konrad Jarausch 1936

8 | Das Domgymnasium

9 | Mit Referendaren um 1935

10 | Als Studienrat 1938

11 | Als Pädagoge um 1938

12/13 | Auf Urlaub mit seiner Frau – Teufelsmauer Blankenburg, 18. Mai 1941

14 | Mit der Mutter am 6. Juli 1941

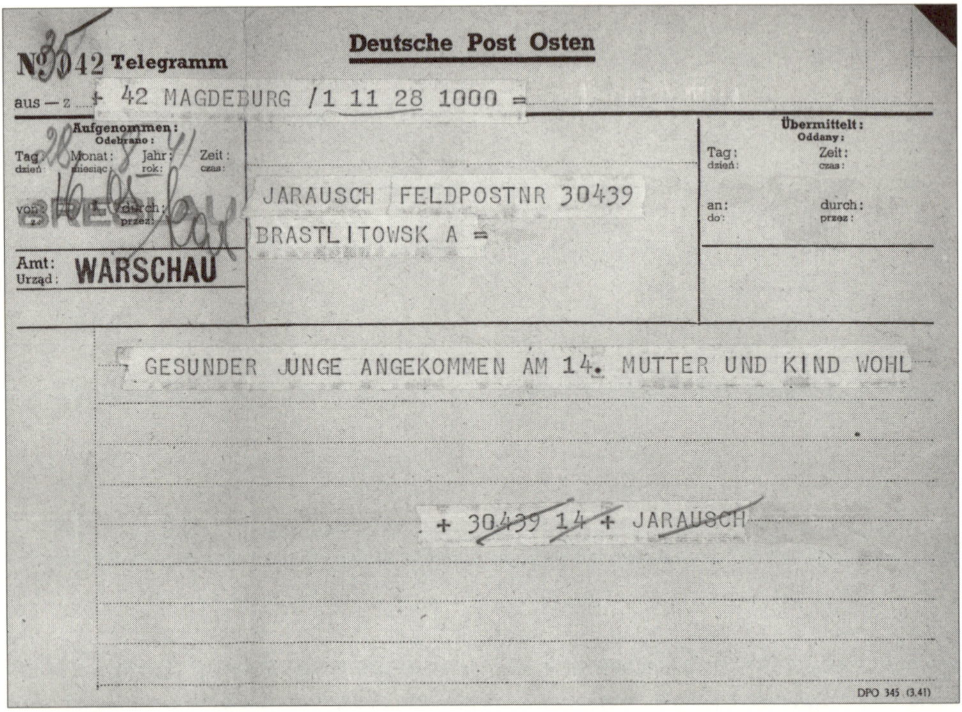

No 3042 Telegramm   **Deutsche Post Osten**

aus — z ÷ 42 MAGDEBURG /1 11 28 1000 =

Aufgenommen: / Oddrano :

Tag / dzień : Monat / miesiąc : Jahr / rok : Zeit / czas :

von / przez : durch / przez :

JARAUSCH FELDPOSTNR 30439

BRASTLITOWSK A =

Amt : / Urząd : **WARSCHAU**

Übermittelt : / Oddany :

Tag / dzień : Zeit / czas :

an / do : durch / przez :

GESUNDER JUNGE ANGEKOMMEN AM 14. MUTTER UND KIND WOHL

+ 30439 14 + JARAUSCH

DPO 345 (3.41)

15 | Telegramm über die Geburt des Sohnes

16 | Zeichnung eines russischen Künstlers zur Geburt des Sohnes – Dezember 1941

17 | Grabstätte von Konrad Jarausch, Soldatenfriedhof bei Roslawl

KLAUS JOCHEN ARNOLD

SOLDAT IM OSTEN: KONRAD JARAUSCH UND DER GANG DES KRIEGES

In den ersten sechs Monaten des deutsch-sowjetischen Krieges brachte die Wehrmacht über drei Millionen sowjetische Kriegsgefangene ein, von denen allein im Winter 1941/42 über eine Million an Hunger und Erschöpfung, durch Seuchen oder Erschießung starben.[113] Obwohl es sich um das größte Massensterben in unmittelbarer Verantwortung der Wehrmacht handelt, erregt das Schicksal der Rotarmisten in den Debatten um die Geschichte des Dritten Reiches vergleichsweise wenig Aufmerksamkeit.[114] Im Mittelpunkt der Auseinandersetzungen um die Defizite der »Wehrmachtsausstellung« des Hamburger Instituts für Sozialforschung seit Mitte der neunziger Jahre standen die missdeutende Verwendung von Bildmaterial, am Rande auch die Beteiligung der Wehrmacht an der Ermordung der Juden und das Vorgehen bei der Partisanenbekämpfung.[115] Mittlerweile beschäftigt sich die wissenschaftliche Forschung jedoch zunehmend mit dem Massensterben der sowjetischen Kriegsgefangenen in deutscher Hand. Ursprung des Interesses ist die Erkenntnis, dass die zentrale Frage nach der Bedeutung von »Ideologie und Situation« bei Verbrechen von Wehrmachteinheiten anhand der Behandlung der gefangenen Rotarmisten im Zweiten Weltkrieg gut zu untersuchen ist.[116] Um den Hintergründen, nicht zuletzt den Elementen einer zielgerich-

---

[113] Über die Zahl der Gefangenen und die Höhe der Opfer besteht immer noch Unklarheit. Vgl. Gefangene in deutschem und sowjetischem Gewahrsam 1941-1956. Dimensionen und Definitionen. Hrsg. von Manfred Zeidler und Ute Schmidt, Berichte und Studien des Hannah-Arendt-Institut für Totalitarismusforschung, Dresden 1999, S. 29-38; Rüdiger Overmans: Die Kriegsgefangenenpolitik des Deutschen Reiches 1939 bis 1945, in: Das Deutsche Reich und der Zweite Weltkrieg, Band 9/2, S. 729-875.

[114] Siehe Peter Jahn: Blinder Fleck. Das Schicksal sowjetischer Kriegsgefangener in der deutschen Erinnerung, in: »Ich werde es nie vergessen.« Briefe sowjetischer Kriegsgefangener 2004-2006, Berlin 2007, S. 30-35; Jörg Osterloh: Verdrängt, vergessen, verleugnet. Die Geschichte der sowjetischen Kriegsgefangenen in der historischen Forschung in der Bundesrepublik und der DDR, in: Geschichte in Wissenschaft und Unterricht 47 (1996), S. 608-619. Ein Forschungsüberblick bei Rüdiger Overmans: Ein Silberstreif am Forscherhorizont? Veröffentlichungen zur Geschichte der Kriegsgefangenschaft, in: ders. (Hrsg.): In der Hand des Feindes. Kriegsgefangenschaft von der Antike bis zum Zweiten Weltkrieg, Köln 1999, S. 483-551. Jüngst Günter Bischof/Stefan Karner/Barbara Stelzl-Marx (Hrsg.): Kriegsgefangene des Zweiten Weltkrieges. Gefangennahme-Lagerleben-Rückkehr, Wien/München 2005.

[115] Vgl. die Kataloge: Hannes Heer/Klaus Naumann (Hrsg.): Vernichtungskrieg. Verbrechen der Wehrmacht 1941-1944, Hamburg 1995; Verbrechen der Wehrmacht. Dimensionen des Vernichtungskrieges 1941-1945, Hamburg 2002 [Katalog]. Siehe die Literaturübersicht bei Müller, Rolf-Dieter/Ueberschär, Gerd R.: Hitlers Krieg im Osten 1941-1945. Ein Forschungsbericht, Darmstadt 2000.

[116] Vgl. Timm C. Richter (Hrsg.): Krieg und Verbrechen. Situation und Intention: Fallbeispiele, München 2006; Hartmann, Christian/Jureit, Ulrike (Hrsg.): Verbrechen der Wehrmacht. Bilanz einer Debatte, München 2005.

teten Politik, auf die Spur zu kommen, wird die Rolle der Wehrmacht in der nationalsozialistischen Besatzungspolitik untersucht und den Sicherungs- und Ordnungstruppen besondere Aufmerksamkeit gewidmet, die in den rückwärtigen Gebieten für den Abtransport von Kriegsgefangenen, die Verwaltung der besetzten Gebiete, die Partisanenbekämpfung, Ernährung der Bevölkerung oder für Maßnahmen gegen Juden zuständig waren.[117] Eine große Zahl dieser Formationen war unmittelbar oder in logistischer Funktion an Verbrechen beteiligt, und Angehörige solcher Einheiten wurden auch mit Massenmorden von SS- und Polizeiverbänden konfrontiert.[118]

Allerdings sind zeitgenössische Berichte von Angehörigen rückwärtiger Einheiten über das Massensterben kaum überliefert, genutzt werden überwiegend Augenzeugenberichte und Aussagen, die nach dem Krieg für Gerichtsverfahren angefertigt worden sind. Deshalb handelt es sich bei den vorliegenden Briefen um authentische Quellen von außerordentlichem Rang, die sowohl einen tiefen Einblick in die deutsche Kriegsgefangenenpolitik als auch mitfühlende Beschreibungen des Leidens der Opfer bieten. In Kombination mit dem auszugsweise publizierten Tagebuch des Kommandanten des Durchgangslagers 203 (Dulag), bieten die Briefe eine einmalig dichte Überlieferung zum vernachlässigten Aspekt der Behandlung sowjetischer Kriegsgefangener in den rückwärtigen Gebieten der Ostfront.[119] Dabei unterscheidet sich dieses Konvolut erheblich von der Masse der überlieferten Feldpostbriefe, in denen Privates und Beschreibungen von Land und Leuten dominieren.[120] Konrad Jarausch berichtet ungewöhnlich ausführlich und kritisch reflektierend über den Feldzug gegen Polen 1939 (Flüchtlingselend, Morde in Bromberg, Alltag der Truppe), den Dienst bei den Sicherungsverbänden in Polen 1939/40 (Behandlung von Kriegsgefangenen, Stimmung der Truppe, Einstellung zum Nationalsozialismus, zur Kirche, zur polnischen Bevölkerung und zu den Juden sowie zum Verhältnis zur SS), zum Ausbildungsbetrieb bei Ersatzeinheiten in Polen und dem Deutschen Reich (Ablauf und Organisation, Stimmung der Truppe) sowie den Feldzug gegen die Sowjetunion im Jahr 1941 und seinen Dienst als Küchenleiter eines Teillagers des Dulags (Massensterben der Kriegsgefangenen, Lageralltag, Beschreibungen von

---

[117] Etwa Jörn Hasenclever: Die Befehlshaber der rückwärtigen Heeresgebiete und der Mord an den sowjetischen Juden, in: Richter, Situation und Intention, S. 207-218; Manfred Oldenburg: Ideologie und militärisches Kalkül. Die Besatzungspolitik der Wehrmacht in der Sowjetunion 1942, Köln 2004; Norbert Kunz: Die Krim unter deutscher Herrschaft 1941-1944. Germanisierungsutopie und Besatzungsrealität, Darmstadt 2005. Jetzt Dieter Pohl: Die Herrschaft der Wehrmacht. Deutsche Militärbesatzung und einheimische Bevölkerung in der Sowjetunion 1941-1944, München 2008.

[118] Vgl. am Beispiel Peter Lieb: Täter aus Überzeugung? Oberst Carl von Andrian und die Judenmorde der 707. Infanteriedivision 1941/42. Das Tagebuch eines Regimentskommandeurs: En neuer Zugang zu einer berüchtigten Wehrmachtsdivision, in: VfZG 50 (2002), S. 523-557.

[119] Vgl. Hartmann: Massensterben, S. 100f. Dort ist das Tagebuch auszugsweise veröffentlicht. In der Dokumentation sind wichtige Einträge nicht aufgenommen worden, die hier anhand der Originalquelle im BA-MA belegt werden. Tagebuch Major Gutschmidt. MSg1-257. Soweit nicht anders angegeben, beziehen sich die Signaturen auf das BA-MA.

[120] Vgl. Kilian, Kriegsstimmungen; Eva Brücker/David Crew/Harald Dehne u.a. (Hrsg.): Feldpostbriefe-Grüße von der Front, Werkstatt Geschichte, Bd. 22, Hamburg 1999; Humburg, Feldpostbriefe; Latzel, Kriegserlebnis-Kriegserfahrung.

Land und Menschen). Deshalb sind die Briefe an seine Frau Charlotte, Verwandte, Freunde und Kollegen für die Erforschung der deutschen Besatzungspolitik
in Polen und der Sowjetunion von großem Wert. Sie tragen nicht zuletzt zur
Klärung einer jetzt neuerlich diskutierten Frage bei:[121] Gab es eine zielgerichtet
betriebene Mordpolitik gegenüber den sowjetischen Kriegsgefangenen? Während Christian Streit in seiner verdienstvollen Studie 1978 dies in der Tendenz
und nicht frei von Widersprüchen bejahte, präsentierte Christian Gerlach 1999
das Massensterben im Winter 1941/42 als Ergebnis eines systematisch verfolgten
»Hungerplans« u.a. »der Wehrmacht«.[122] Für die Forschung zur Wehrmacht
spielt dabei die Frage nach den Handlungsspielräumen Einzelner eine immer
wichtigere Rolle, wozu die Briefe ebenfalls interessante Hinweise liefern.[123] In
dieser Einführung sollen die zentralen und für die Debatten um die Rolle der
Wehrmacht im nationalsozialistischen Vernichtungskrieg wesentlichen Themen
der Briefe aufgenommen und anhand der Militärakten sowie der Fachliteratur in
den zeitgenössischen Zusammenhang eingeordnet und erläutert werden. Zahlreiche wichtige Aspekte zum Dienst in der Etappe u.ä., die zumeist lediglich am
Rande Erwähnung finden, konnten dabei allerdings nicht systematisch berücksichtigt werden.[124] Sie bieten reiches Material für sozialgeschichtliche oder all-
tagsgeschichtliche Fragestellungen, etwa zum Verhältnis zwischen »Heimat und
Front« oder zur Stimmung innerhalb der Truppe.

---

[121] Die Frage wurde bereits in den achtziger Jahren diskutiert. Vgl. Christian Streit: Keine Kameraden.
Die Wehrmacht und die sowjetischen Kriegsgefangenen 1941-1945, Neuausgabe, Bonn 1997; Alfred
Streim: Die Behandlung sowjetischer Kriegsgefangener im »Fall Barbarossa«. Eine Dokumentation.
Unter Berücksichtigung der Unterlagen deutscher Strafverfolgungsbehörden und der Materialien
der Zentralen Stelle der Landesjustizverwaltungen zur Aufklärung von NS-Verbrechen, Heidel-
berg/Karlsruhe 1981; Joachim Hoffmann Die Geschichte der Wlassow-Armee, 2. Auflage, Freiburg
1986; Jörg Osterloh: Sowjetische Kriegsgefangene 1941-1945 im Spiegel nationaler und internationaler Untersuchungen. Forschungsüberblick und Biographie. Berichte und Studien Nr. 3 des Hannah-Arendt-Instituts für Totalitarismusforschung, Dresden 1995.

[122] Vgl. Streit, Keine Kameraden, S. 25 ff., 67-82 und 187-190; Gerlach, Kalkulierte Morde, S. 783 f.,
800 und 1133 sowie Kritik bei Hartmann, Massensterben, S. 126f. und 135. Zum Vorschlag, die
Bezeichnung »Hungerkalkül« zu wählen, vgl. Johannes Hürter: Hitlers Heerführer. Die deutschen
Oberbefehlshaber im Krieg gegen die Sowjetunion 1941/42, München 2006, S. 491. Jüngst stellte
Alex J. Kay die These von weitgehender Übereinstimmung zwischen den beteiligten Institutionen
– auch bei der Wehrmacht – beim geplanten Massenmord auf: Exploitation, Resettlement, Mass Murder.
Political and Economic Planning for German Occupation Policy in the Soviet Union, 1940-1941,
New York 2006, S. 209. Dazu Klaus Jochen Arnold/Gert C. Lübbers: The Meeting of the Staatsse-
kretäre on 2 May 1941 and the Wehrmacht. A Document up for Discussion, in: Journal of Contemporary History 42 (Oktober 2007), S. 613-626.

[123] Vgl. jüngst dazu Florian Dierl: Gewalterfahrung – Handlungsspielräume – Rationalität: Richard
Sand und der Partisanenkrieg in Kreta 1941-1945, in: Richter, Situation und Intention, S. 41-51. Die
2. Wehrmachtsausstellung präsentierte einen Teil »Handlungsspielräume«. Vgl. Katalog, S. 579-627.
Christian Streit (Keine Kameraden, S. 141) stellte die These auf, daß sich untere Dienststellen wegen
der »selbst aus der NS-Rassenlehre gezogenen Folgerungen« über Befehle hinweggesetzt und ge-
mordet hätten.

[124] Eine systematische Auswertung am Beispiel jüngst von Astrid Irrgang: Leutnant der Wehrmacht
Peter Stölten in seinen Feldpostbriefen. Vom richtigen Leben im falschen, Freiburg u.a. 2007.

1. DER MILITÄRISCHE WERDEGANG

Konrad Jarausch war ab dem September 1939 zunächst bei den Landesschützen in Polen, 1940/41 als Ausbilder bei Ersatzeinheiten in Polen und dem Deutschen Reich sowie vom 10. August 1941 bis zum Januar 1942 beim Kriegsgefangenen-Durchgangslager 203 im Mittelabschnitt der Ostfront u.a. als Küchenleiter eingesetzt.[125] Sein militärischer Werdegang weist neben einigen Besonderheiten überaus typische Elemente für den Dienst in deutschen Sicherungs- und Ordnungstruppen auf. Dieses, zumeist mit persönlichen Hoffnungen oder Befürchtungen erläuterte Thema taucht regelmäßig in den Briefen an seine Frau auf, und eine einordnende Darstellung vor dem Hintergrund der Personalpolitik der Wehrmacht 1939-1941 liefert wichtige Hinweise zum Verständnis der Zusammenhänge.

Mit dem 21. Juni 1918 wurde Konrad Jarausch als Angehöriger des letzten einberufenen Jahrgangs junger Männer zum Feldartillerieregiment Nr. 81 in Thorn kommandiert. Ohne zum Kriegseinsatz gekommen zu sein, endete seine Dienstzeit mit der Entlassung durch das Infanterieregiment 61 im Dezember des Jahres.[126] Im Februar 1938 wurde er aufgrund seines fortgeschrittenen Alters in die Landwehr überführt und im Zuge der Mobilmachung am 1. September 1939 zum Landesschützenbataillon V/XI eingezogen und vereidigt. Mit dem 1. Oktober 1939 zum Obergefreiten befördert, avancierte er bereits am 1. Januar 1940 zum Unteroffizier. Per 9. März wurde er außerdem als Reserve-Offiziersanwärter (ROA) angenommen und bereits am 1. Mai 1940 zum Feldwebel befördert. Ein erstaunlich rascher Aufstieg des im Soldatenberuf unerfahrenen Lehrers, der sich in wenigen Monaten vollzog und beispielhaft für eine Welle von Beförderungen steht, die der schnelle Aufwuchs der Wehrmacht aufgrund der einschneidenden Engpässe bei ausgebildetem Fachpersonal und dem Offiziersersatz mit Kriegsbeginn nach sich zog.[127] Seit der Entfesselung des Krieges verfügte die Wehrmacht »zwar über ausreichende Reserven der Altersgruppe 35 bis 45 Jahre und damit für die rückwärtigen Dienste, Landesschützen und Sicherungsverbände. Für die fechtende Truppe stand hingegen ein nennenswerter Ersatz aus der Altersgruppe der 18- bis 35jährigen nicht zur Verfügung.«[128] Tatsächlich wurde auch das Lan-

---

[125]   Schreiben der Deutschen Dienststelle Berlin an den Autor vom 7. Mai 2007.

[126]   So die Einträge im Wehrpass (Im Besitz von Konrad H. Jarausch) und Angaben des Personalblatts im LHASA, MD, Rep. C 23, Nr. 93. Zum »verpaßten Kriegseinsatz« die Einführung von Konrad H. Jarausch.

[127]   Zu den Personalengpässen, dem Mangel an Unterführern und Offizieren vgl. Bernhard R. Kroener: Die personellen Ressourcen des Dritten Reiches im Spannungsfeld zwischen Wirtschaft, Bürokratie und Kriegswirtschaft 1939-1942, in: Das Deutsche Reich und der Zweite Weltkrieg Band 5/1: Kriegsverwaltung, Wirtschaft und personelle Ressourcen 1939-1941, Stuttgart 1988, S. 693-1001, hier S. 726-739 und 822f. Zu den eigentlich für Beförderungen erforderlichen Dienstzeiten: Rudolf Absolon: Wehrgesetz und Wehrdienst 1935-1945. Das Personalwesen in der Wehrmacht, Boppard 1960, S. 226. Offizieranwärter konnten überplanmäßig zum Feldwebel ernannt werden. Ebenda, S. 224. Vgl. Dirk Richhardt: Auswahl und Ausbildung junger Offiziere 1930-1945. Zur sozialen Genese des deutschen Offizierkorps, Diss.masch., Marburg 2002, S. 118-127.

[128]   Kroener, Ressourcen, S. 729.

desschützenbataillon von Konrad Jarausch aufgewertet und übernahm als Ersatz-bataillon sogar die Ausbildung von Infanterie im Feldheer. In seinem Fall waren für die rasche Beförderung zwei Faktoren vorteilhaft, nämlich die für die Tätigkeit als Ausbilder von Rekruten geeignete Vorbildung und das gute Verhältnis zu den Vorgesetzten.[129] Hier endete jedoch sein Aufstieg wegen gesundheitlicher Probleme, wohl auch aufgrund mangelnder »Straffheit« im Dienst. Ein Herzleiden und seine nicht sehr robuste physische Konstitution mündeten in Erkrankungen und Revieraufenthalten, ein Unfall führte schließlich zu einem mehrmonatigem Lazarettaufenthalt. Am 28. April 1941 wurde er – mit einer Versetzung nach Blankenburg – als Reserveoffizieranwärter gestrichen. Durch die Truppe sind ihm allerdings weiterhin verantwortungsvolle Aufgaben übertragen worden, die auf seine Konstitution Rücksicht nahmen und auch Respekt vor seiner charakter-lichen Veranlagung und den pädagogischen Fähigkeiten dokumentieren.

Einer Karriere als Offizier dürften – neben dem fortgeschrittenen Alter von vierzig Jahren – außerdem seine Bemühungen um die »Unabkömmlich-Stel-lung«, eine Entlassung oder Versetzung zu den Landesschützen wenig förderlich gewesen sein. Konrad Jarausch war dabei kein Einzelfall, was zahlreiche Befehle und Anordnungen der Wehrmacht zur Entlassung oder Uk-Stellung belegen.[130] Gegen die verbreiteten Klagen der älteren Jahrgänge wandte sich im Januar 1940 der Oberbefehlshaber Ost (Oberost), Generaloberst Blaskowitz, ausdrücklich in einem Tagesbefehl. Es wurde wenig später außerdem darauf hingewiesen, »dass es *unstatthaft* ist, die gesamten Unterlagen für die Entlassungs- und Urlaubsan-träge dem betreffenden Gesuchsteller zu zeigen oder ihm sogar auszuhändi-gen.«[131] Ein deutlicher Hinweis auf das im Gegensatz zu der tönenden Propaganda stehende verbreitete Bedürfnis älterer Einberufener, das Militär möglichst rasch zu verlassen und das gewohnte Leben wieder aufnehmen zu können.[132] Vielleicht ist die oszillierende Haltung Konrad Jarausch' zum Dienst in der Wehr-macht in dieser Hinsicht paradigmatisch für viele ältere Männer. Während seiner Dienstzeit bemühte er sich in unterschiedlicher Intensität um die »Uk-Stellung«:

---

[129] Briefe vom 21. Oktober 1939, 19. Januar 1940, 22. Februar 1940, 1. März 1940, 11. März 1940. Die Beurteilung seines Regimentskommandeurs fiel aber nicht durchweg positiv aus: Brief vom 21. Juni 1941.

[130] Siehe die Ausnahmeregelungen in RH15-224 sowie OKW/AHA, Unabkömmlichkeit während des Krieges, 27. September 1939. RH15-217, Bl. 28; OKH/Chef Heeresrüstung und BdE/AHA, Aus-zug aus den Bestimmungen für Unabkömmlichstellung bei besonderem Einsatz (D3/14), 5. De-zember 1940. RH15-221, Bl. 37ff. Vor dem Angriff auf die Sowjetunion erging am 21. Mai 1941 eine allgemeine Sperre: Der Chef des OKW/WFSt/L(II), Maßnahmen zur Deckung des Ersatzbedarfes. RH15-224, Bl. 73. Vgl. zur Uk-Stellung Rudolf Absolon: Die Wehrmacht im Dritten Reich. Band V: 1. September 1939 bis 18. Dezember 1941, Boppard 1988, S. 347f.

[131] »Bei Ablehnungen ergeben sich Unzuträglichkeiten, weil der Soldat bzw. seine Angehörigen sich immer beschwerdeführend an die Stelle wenden, die den Antrag abgelehnt hat.« Oberbefehlshaber Ost/IIa, Stabsbefehl Nr. 5, 28. Mai 1940. RH53-23/26, Bl. 134; ders., Tagesbefehl 26. Januar 1940. RH53-23/98, Bl. 40f.

[132] Konrad Jarausch hoffte trotz der Sperre weiter auf die Uk-Stellung. Brief vom 21. Dezember 1941. Ihm ging es nicht zuletzt darum, seiner Frau diese Hoffnung nicht zu nehmen. Siehe den Brief vom 27. November 1941. Charlotte Jarausch schrieb zur Unterstützung an den Leiter des Gymnasiums: »Die Aufgaben dieser Stellen werden mit dem russischen Feldzug erledigt sein. Wie schön wäre es, wenn der Antrag durchginge.« 28. Oktober 1941 [?]. LHASA, MD, Rep. C 23, Nr. 93.

Anfangs zurückhaltend und voll spürbarem Drang, seine »Pflicht« in diesem Krieg zu erfüllen; später intensiver und enttäuscht über den stumpfen Kommiss und die mangelnden Entfaltungsmöglichkeiten im Dienst. Jedoch waren seine Anstrengungen weiter überschattet von Zweifeln, und ihnen mangelte es auch deswegen an der erforderlichen Hartnäckigkeit. Mit einer Uk-Stellung konnte er trotz seines Alters eigentlich kaum rechnen, da er keinen »Mangelberuf«, Postbeamter, Schlosser, Landwirt u.ä. erlernt hatte und trotz gesundheitlicher Probleme für den Dienst in Landesschützenverbänden, der Verwaltung etc. durchaus geeignet war. Die ersten Versuche wurden nicht zuletzt dadurch behindert, dass die Landesschützenbataillone beim Oberost in Polen 1939/40 hinsichtlich der Beurlaubung, Entlassung sowie der Uk-Stellung nicht zum Ersatzheer, sondern zum Feldheer gerechnet wurden, eine erfolgreiche Antragsstellung deshalb höhere Hürden zu bewältigen hatte.[133] Zwar sollten auch Angehörige der Jahrgänge 1900 entlassen werden, jedoch nur, sofern sie die geforderten Mangelberufe ausübten.[134]

Die Geburt seines Sohnes am 14. August 1941 stellte auch in dieser Beziehung einen Wendepunkt dar. Daß er seine vor der Niederkunft stehende Frau wegen der überraschenden Kommandierung an die Ostfront verlassen musste und die Geburt um drei Tage versäumte, hinterließ spürbare Verbitterung.[135] Er nahm in den folgenden Monaten weniger Anteil am Kriegsgeschehen und hoffte auf eine Uk-Stellung oder auf eine Versetzung. Als im August 1941 die Abteilung für höheres Schulwesen beim Oberpräsident der Provinz Sachsen seine ausgefüllten Uk-Karten beim Domgymnasium anforderte, geschah dies offenbar in der Annahme, dass er weiterhin im Deutschen Reich Dienst tue.[136] Aufgrund der allgemeinen Sperre für den Angriff auf die Sowjetunion seit Mai 1941 sah man jedoch Ende des Monats von der Einreichung eines Antrags ab. Eine neuerliche Bitte um Reklamation durch den Leiter des Domgymnasiums, Hermann Lohrisch, wurde im Oktober 1941 unter Verweis auf die bis zum 30. Dezember 1941 bestehende Sperre ebenfalls abschlägig beschieden. Daß einem Antrag auf Uk-Stellung seit der allgemeinen Sperre kaum Erfolgsaussichten beschieden waren, scheint auch Konrad Jarausch bewusst gewesen zu sein. Die in den Briefen dokumentierten Spekulationen über eine Entlassung, Uk-Stellung oder Beförderung sind offenbar zu einem nicht geringen Teil mit dem Ziel geschrieben worden, die Sorgen und Wünsche seiner Frau zu berücksichtigen und sie nicht unnötig zu beunruhigen.[137]

---

[133] OKH/Chef Heeresrüstung und BdE/AHA, Bestimmungen für Landesschützenbataillone, 22. Dezember 1939. RH38-77. Vgl. zur Uk-Stellung Kroener, Ressourcen, S. 759-766 und 943-948.

[134] OKH/Chef Heeresrüstung und BdE/AHA/IaVIII, Durchführungsbestimmungen für Auflösung von Verbänden und Einheiten, 12.7.1940. Anlage 1. Mangelberufsliste. Stand 8. Juli 1940. RH53-7/976, Bl. 26-29 sowie Bl. 62.

[135] Brief vom 15. August 1941.

[136] Personalakte. LHASA, MD, Rep. C 23, Nr. 93. Siehe auch die Einführung von Konrad H. Jarausch.

[137] Zu solchen Motiven bei der Verfassung von Feldpostbriefen vgl. Kilian, Kriegsstimmungen, S. 259-265.

2. Im Polenfeldzug

Nach der Entfesselung des Angriffes auf Polen in den Morgenstunden des 1. Septembers 1939 wurden sukzessive zahlreiche Landesschützenbataillone den vorrückenden Armeen für Sicherungsaufgaben unterstellt.[138] Am 12. September 1939 erhielt die Heeresgruppe Süd wegen der besorgniserregenden Zahl von »Heckenschützen« in den rückwärtigen Gebieten Landesschützenbataillone zugewiesen, auch für den Raum Kempen-Schildberg.[139] Sie sollten zur Durchkämmung von Waldstücken, zur Sicherung von Ortschaften oder Bewachung von Kriegsgefangenen verwandt werden. Das Landesschützenbataillon V/XI, in dem Konrad Jarausch diente, war nach der Ausladung im Raum Groß-Wartenberg und dem Weitertransport nach Kempen in der ehemaligen preußischen Provinz Posen (ab Februar 1940 als Wartheland bezeichnet) bei Durchkämmungen, zur Objektsicherung und in der Bewachung von polnischen Kriegsgefangenen eingesetzt.[140] In den ersten Tagen des Feldzuges war für Konrad Jarausch die große Zahl von Flüchtlingen besonders eindrucksvoll, auch die zahllosen Gerüchte über polnische Grausamkeiten an Deutschen spiegeln sich in den Briefen.[141] Neben detaillierten Beschreibungen der Städte und Landschaften erregten vor allem diese Aspekte des »Volkstumskampfes« seine Aufmerksamkeit, die Stimmung und das Verhalten von Volksdeutschen, Polen und Juden. In der Nacht vom 11. auf den 12. November 1939 brannte etwa die Synagoge in Zgierz, die von »ansässigen Volksdeutschen – sehr gegen den Willen der Militärstellen, die vor vierzehn Tagen einen ersten Versuch unterdrückt« hätten, angezündet worden sei.[142] Auch die Umsiedlungen von Volksdeutschen aus Osteuropa in den Warthegau werden

---

[138] Die Unterstellung ist dokumentiert für die Armeen der Heeresgruppe Süd in RH19-I/191. Vgl. zum Aufbau und Zusammensetzung von Sicherungsverbänden Klaus Jochen Arnold: Die Wehrmacht und die Besatzungspolitik in den besetzten Gebieten der Sowjetunion. Kriegführung und Radikalisierung im »Unternehmen Barbarossa«, Berlin 2005, S. 415-424.
[139] OKH/GenStdH/GenQu, Fernschreiben, 12. September 1939. RH19-I/191. Unterlagen dieser Formationen sind nur in marginalem Umfang erhalten. Siehe den Bestand RH38 im BA-MA. Angesichts der großen Zahl von Meldungen über Angriffe aus dem Hinterhalt, erscheinen jüngste Interpretationen, dass es sich lediglich um einen »Wahn« der Truppen gehandelt habe, simplifizierend. Siehe etwa Jochen Böhler: Auftakt zum Vernichtungskrieg. Die Wehrmacht in Polen 1939, Frankfurt am Main 2006.
[140] Gen.Kdo. VIII/Ia, Landesschützenbataillone, 5. September 1939. RH19-I/191. Vgl. Shmuel Krakowski: The Fate of Jewish Prisoner of War in the September 1939 Campaign, in: Yad Vashem Studies 12 (1977), S. 297-333; ders.: The Fate of the Jewish Prisoners of War of the Soviet and Polish Armies, in: Asher Cohen/Yehoyakim Cochavi/Yoav Gelber (Hrsg.): The Shoah and the War, New York 1992, S. 216-231.
[141] Briefe vom 14. und 16. September 1939. Unter anderem über Morde an Deutschen im Raum von Bromberg.
[142] Brief vom 12. November 1939 an Joachim Müller. »Die Aufgaben, die hier uns Deutschen gestellt sind, wenn es zu einer wirklichen Befriedung kommen soll, sind ungeheuerlich. In der Nacht ist hier der Judentempel aufgeflammt. Heute brennt das Bethaus. In Lodz hängen Juden und Polen auf den offenen Plätzen, weil sie antideutsche Plakate angeschlagen haben. [...] Aber was steckt alles dahinter an menschlichem und völkischem Schicksal.« Brief vom 12. November 1939 an Lene Petri. Vgl. zu Verbrechen der volksdeutschen Formationen Christian Jansen/Arno Weckbecker: Der »Volksdeutsche Selbstschutz« in Polen 1939/40, München 1992.

ausführlich behandelt.[143] Er berichtet außerdem über die Unterbringung der polnischen Kriegsgefangenen und die Selektion nach Volkszugehörigkeit, denn zum polnischen Heer waren Tausende Volksdeutsche einberufen worden, die nun bevorzugt behandelt und entlassen werden sollten.[144] Am 3. November 1939 hatte das Oberkommando der Wehrmacht die Entlassung aller gefangengenommenen »Zivilisten, polnischer Kriegsgefangener aus Gebieten, die nun dem Deutschen Reich angegliedert wurden [...], alle Juden« sowie der Volksdeutschen angeordnet.[145] Konrad Jarausch war vor allem bei der Bewachung und Entlassung der Kriegsgefangenen eingesetzt und berichtet empathisch über ihre Lage.[146] In welchem Umfang die Wehrmacht bei diesen Selektionen mit der Volksdeutschen Mittelstelle und anderen Organen des Reichskommissars für die Festigung des deutschen Volkstums, Heinrich Himmler, kooperierte, ist bislang nicht systematisch untersucht worden, und auch die Briefe bieten dazu keine Hinweise. Jarauschs Erfahrungen und akademische Bildung führten jedoch dazu, daß er im Frühjahr 1941 beim Ersatzbataillon in Blankenburg die Instruktion von »polnischen Rekruten« übernahm, denen »gezeigt werden soll, dass sie Volksdeutsche sind.«[147] So bieten die Briefe interessante Hinweise zu diesem bislang kaum behandelten Kapitel der deutsch-polnischen Geschichte, dem Dienst Hunderttausender Polen in der Wehrmacht.[148] Sie dokumentieren dabei eindrucksvoll die herausragende Bedeutung der Wahrnehmung des deutsch-polnischen Krieges als Resultat einer langen Auseinandersetzung zwischen polnisch- und deutschstämmiger Bevölkerung seit dem Ersten Weltkrieg. Die deutsche Politik in Polen hatte Hitler früh im internen Kreis verkündet und auf die Formel gebracht, zu »verhindern, dass polnische Intelligenz sich zu neuer Führerschicht aufwirft. Niederer Lebensstandard soll erhalten bleiben. Billige Sklaven. Aus deutschem Gebiet muß alles Ge-

---

[143] Volksdeutsche aus Wolynien und Warschau sowie den »Randstaaten«, Polen und Juden aus Westpreußen und Posen sowie Juden aus Lodz sollten umgesiedelt werden. Heeresgruppe Süd/Ou2, Aufzeichnungen für KTB 10.-20. Oktober 1939. RH19-I/179. Vgl. Stephan Döring: Die Umsiedlung der Wolhyniendeutschen in den Jahren 1939 bis 1940. Militärhistorische Untersuchungen hrsg. von Merith Niehuss, Bd. 3, Frankfurt am Main 2001; Markus Leniger: Nationalsozialistische »Volkstumsarbeit« und Umsiedlungspolitik 1933-1945. Von der Minderheitenbetreuung zur Siedlerauslese, Berlin 2006; Diemut Majer: »Fremdvölkische« im Dritten Reich. Ein Beitrag zur nationalsozialistischen Rechtssetzung und Rechtspraxis in Verwaltung und Justiz unter besonderer Berücksichtigung der eingegliederten Ostgebiete und des Generalgouvernements, Boppard 1981; Isabel Heinemann: »Rasse, Siedlung, deutsches Blut«. Das Rasse- und Siedlungshauptamt der SS und die rassepolitische Neuordnung Europas, Göttingen 2003.

[144] Franz Halder. Kriegstagebuch. Tägliche Aufzeichnungen des Chefs des Generalstabes des Heeres 1939-1942. Bearbeitet von Hans-Adolf Jacobsen, Bd. 1, Stuttgart 1962, S. 84 (25. September 1939).

[145] Overmans, Kriegsgefangenenpolitik, S. 746.

[146] Zu einem Streit, weil Konrad Jarausch für Gefangene eintrat, siehe den Brief vom 24. Dezember 1939: »Ich mußte zwischen einen Gefreiten, der im Zivil SS-Mann ist, und den Handwerker treten, der die beiden polnischen Gefangenen in der Schneiderstube beaufsichtigt: »Daß einer im grauen Rock für einen Polen eintritt, dulde ich als SS-Mann nicht.«

[147] Briefe vom 2. und 13. Mai 1941.

[148] Vgl. Jerzy Kochanowski: Polen in die Wehrmacht? Zu einem wenig erforschten Aspekt der nationalsozialistischen Besatzungspolitik 1939-1945. Eine Problemskizze, in: Forum für osteuropäische Ideen und Zeitgeschichte 6 (2002), S. 59-81.

sindel heraus.«[149] Angesichts solcher Absichten und der brutalen Methoden der Nationalsozialisten naive Vorstellungen von einer konstruktiven »Neuordnung« Europas schlagen sich gleichwohl in dem Austausch mit seinem Schwager nieder, dem bei der deutschen Militärverwaltung für Belgien und Nordfrankreich tätigen Westforscher und späteren Professor Franz Petri.[150] Über die Besatzungspolitik in den besetzten polnischen Gebieten gab sich Konrad Jarausch – wie viele andere – Illusionen hin. Zwar rechnete er mit einer schlechten Behandlung von Juden und Polen, wurde jedoch durch das Ausmaß der Ausbeutung und Morde bereits in den ersten Monaten der Besatzung überrascht. Erste Zweifel an dem Sinn des Krieges fanden hier Anstöße.[151] Er begrüßte gleichwohl die Eingliederung der nach dem Ersten Weltkrieg an Polen abgetretenen Gebiete und empfand die aus dem Krieg resultierende Neuordnung als Herausforderung für die politische Gestaltungskraft des Deutschen Reiches in Europa. Gleichzeitig verknüpfte er damit Bedenken über den Fortgang des Krieges und spürte im Frühjahr 1940, dass dies zu einem guten Ende kaum führen konnte.[152]

Die Wehrmacht bildete keinen »monolithischen Block« außerhalb einer gleichgeschalteten »nationalsozialistischen Gesellschaft«, in ihr leisteten Millionen Parteimitglieder und auch SS-Angehörige Dienst. Dieser Aspekt trifft inzwischen auf ein verstärktes Interesse der Forschung, und die Briefe von Konrad Jarausch bieten nicht zuletzt interessante Einblicke in die daraus entspringenden Konflikte innerhalb der Truppe. Seine Ablehnung der SS und höherer NSDAP-Funktionäre – die man auf den Kirchenkampf im Nationalsozialismus seit den dreißiger Jahren zurückführen kann[153] – wird deutlich, wenn er ausdrücklich die Angehörigkeit von Kameraden hervorhebt und damit gegenüber seiner Frau eine bestimmte Haltung impliziert. In einem seiner ersten Briefe beschreibt er die »Nervosität« von SS-Leuten angesichts von nächtlichen Schüssen, »Kameraden« in Anfüh-

---

[149] Halder, KTB, S. 107 (18. Oktober 1939). Die später dominierenden Konflikte über die Besatzungspolitik zwischen NS-Führung und Wehrmacht lassen sich bereits in Polen feststellen. Der Oberbefehlshaber, von Rundstedt, drohte dem designierten Minister Hans Frank, dass er »zwar eine strenge aber keine Willkürherrschaft gegen die Zivilbevölkerung dulden werde...«. Oberst i.G. Crüwell/OQu OB Ost, Bericht über bisherige Zusammenarbeit, 18. Oktober 1939. RH19-I/179. Zur Besatzungspolitik vgl. Czeslaw Madajczyk: Die Okkupationspolitik Nazideutschlands in Polen, Berlin 1987; Marek Jan Chodakiewicz: Between Nazis and Soviets. A Case Study of Occupation. Politics in Poland 1939-1947, Lanham 2004.

[150] Siehe die Briefe vom 28. Dezember 1939, 14. Januar, 6. und 8. Februar, 5. April, [16.] Juni und 2. Juli 1940, 16. Februar, 23. Juni und 2. Dezember 1941 sowie die Einführung von Konrad H. Jarausch.

[151] »Die Lebensmittel werden knapp, und man weiß nicht, wie die Bevölkerung durch den Winter kommen soll ohne ganz einschneidende Maßnahmen. Vielleicht hilft die Dürftigkeit der Lebensführung dabei. Man rechnet damit, daß in kurzer Zeit vieles aus dem Reich hierher geschafft werden muß.« Brief vom 22. Oktober 1939.

[152] Am 9. April 1940 schrieb er: »Persönlich hat mich die erste Nachricht [Angriff auf Norwegen und Dänemark] tief getroffen. Damit ist nun das alte Europa (»Europa oder die Christenheit«) endgültig zu Ende gegangen. Das Ausgreifen nach dem Osten konnte ja immer noch im Zusammenhang kontinental begrenzter, an die Überlieferung anknüpfender Reichsgedanken verstanden werden. Jetzt aber nimmt Deutschland den Kampf um die Weltherrschaft auf. Es zeigt sich dabei zugleich die merkwürdige geschichtliche Gebundenheit des Nationalsozialismus auch in dieser außenpolitischen Beziehung. Der Imperialismus lebt auf.«

[153] Vgl. die Einführung von Konrad H. Jarausch.

rungszeichen.[154] Am 31. März 1940 legte er seine Auffassung zum Ausbildungsbetrieb ausführlich dar, die in der Schlussfolgerung mündete: »Hier läuft die altpreußische Linie – christlich entleert – in den SS-Geist über.«[155] Häufig wird auch
die Lage der jüdischen Zivilbevölkerung beschrieben, wobei sowohl zeitgenössische Vorurteile anklingen als auch Anteilnahme an ihrem Leiden unter der Besatzung festzustellen ist.[156] Sein Besuch im Ghetto von Lodz dokumentiert verbreitete Eindrücke deutscher Soldaten in osteuropäischen Ländern, die von den
ärmlichen Lebensbedingungen und der als schmutzig und chaotisch empfundenen
Umwelt dominiert wurden.[157] Bei ihm erscheinen sie jedoch nicht in Form vermeintlich bestätigter Vorurteile über »polnische Städte«, sondern verbunden mit
einer empathischen Haltung und der Frage nach den Ursachen:

> »... auf den engen Bürgersteigen schob die Masse sich an uns vorbei. Soweit es sich
> um Juden handelte, fast durchweg scheu, mit einem Seitenblick auf unsere Uni-
> formen. In den Seitenstrassen standen sie dann in Gruppen beieinander, so wie
> früher bei uns in der Münz- und Hirtenstrasse, aber doch noch in einer ganz
> anderen Unmittelbarkeit ihres Daseins. Dazwischen dann die einzelnen, schmalen
> und brennenden Gesichter der Intelligenz. Ebenso vereinzelt die Eleganz der
> Avancierten. Im ganzen doch Armut und Elend aufgeprägt. Wenige von der ru-
> higen Gelassenheit, die bei diesem Volk wohl noch mehr als anderswo allein aus
> dem Glauben kommen kann.«[158]

Im Gegensatz zu vielen Zeitgenossen erkannte er den Zusammenhang von rück-
sichtsloser »Austreibung« und Armseligkeit der Menschen: »Das Eigentlich-
Lähmende sind hier die Menschen, jedenfalls in der Stadt, wo das Judentum
zwangsweise durch die Ausweisungen aus dem Westgebiet verdoppelt ist und in
entsetzlichem Schmutz und Elend haust.«[159] Dieser Teufelskreis von Diskrimi-
nierung, Ghettoisierung und Verwahrlosung mündete schließlich in einer wach-

---

[154] Brief vom 17. Oktober 1939. Er selbst war Mitglied im NS-Lehrerbund (15. Mai 1933), der Volkswohlfahrt (1. August 1934) und dem Reichsluftschutzbund. LHASA, MD, Rep. C 23, Nr. 93.

[155] Brief vom 31. März 1940. »Es sind zwei Lehrer und ein Handelsschuldirektor dabei. Dazu ein SS-
Mann (Zeichner in einer Flugzeugfabrik) und ein etwas älterer Werkmeister. Es ist nun ganz der
Typ des neuen Mittelstandes. Nationalsozialistisch bis auf die Knochen; soweit sie sich äußern,
gottgläubig.«

[156] Zum zumeist geringen Gewicht des Themas vgl. Martin Humburg: Feldpostbriefe aus dem zweiten
Weltkrieg – zur möglichen Bedeutung im aktuellen Meinungsstreit unter besonderer Berücksichti-
gung des Themas »Antisemitismus«, in: MGM 58 (1999), S. 321-343, hier S. 341f. und Beispiele bei
Latzel, S. 201-205.

[157] Vgl. Latzel, S. 145-156 und 166-171; Sven Oliver Müller: Nationalismus in der deutschen Kriegsgesellschaft, in: Das Deutsche Reich und der Zweite Weltkrieg, Band 9/2, S. 9-92, hier S. 74-89. Vgl.
zum Ghetto Andrea Löw: Juden im Ghetto Litzmannstadt. Lebensbedingungen, Selbstwahrnehmung, Verhalten, Göttingen 2006.

[158] Brief vom 22. Oktober 1939. »In Lodz hängen – warum weiß ich nicht – auf öffentlichem Platz drei
Juden.« Brief vom 10. November 1939. »Wie erbärmlich sie selbst in ihrer dürftigen Körperlichkeit.
Über solche halb-ästhetischen Urteile hinaus wage ich nichts zu sagen.« Fahrt nach Osten, Septem-
ber 1939.

[159] Brief vom 5. April 1940. »Ich werde die Bewegung nicht sobald vergessen, mit der auf dem Postamt
ein Mann seinen etwa achtjährigen Jungen an sich preßte, als er sah, wie ich hinter ihn trat. Ich
bemerkte erst dann, daß er die Judenbinde trug. Wie mag es in fünf oder zehn Jahren in Warschau
aussehen?« Brief vom 7. Juni 1940.

senden Unterstützung des durch die SS zielgerichtet betriebenen Mordes an den Juden durch deutsche Dienststellen aufgrund vermeintlicher Seuchengefahr oder als »unnütze Esser«.[160] Im Generalgouvernement wurde bereits am 26. Oktober 1939 der allgemeine Arbeitszwang für die jüdische Zivilbevölkerung angeordnet, die zuvor schon durch Wehrmachtseinheiten für verschiedene Arbeiten herangezogen worden waren. In den Briefen finden sich Hinweise zum Einsatz von Juden zur Reinigung von Straßen oder der Wehrmachtsquartiere, denen Konrad Jarausch »ab und zu ein paar Groschen« schenkte.[161] Bezeichnend ist dabei seine auf intensive Beobachtungen gestützte Feststellung, dass sich vor allem jüngere Soldaten durch eine »Intoleranz in jeder Beziehung – zur Kirche, den Juden gegenüber« auszeichneten, die bei den »einfachen« Soldaten noch nicht feststellbar sei.[162] Hier zeigten sich sowohl die ersten Erfolge des nationalsozialistischen Regimes in der Erziehung der Jugend als auch die weltanschauliche Polarisierung zwischen Land und Stadt, die 1945 beim Kriegseinsatz der im Dritten Reich sozialisierten Jugend blutige Konsequenzen zeigen sollte. Ausschreitungen gegen Juden und die Plünderungen jüdischer Wohnungen durch Soldaten 1939/40 dürften nicht zuletzt in der Überheblichkeit und antisemitischen Indoktrinierung junger Rekruten, einen wichtigen Ursprung gehabt haben, wogegen die zuständigen Wehrmachtsdienststellen in unterschiedlicher Intensität und Entschiedenheit einschritten.[163]

3. Als Ausbilder in Polen und im Deutschen Reich

Der Ausbildungsbetrieb des Ersatzheeres wurde Ende 1939 teilweise nach Polen verlagert, womit man gleichzeitig die Sicherung der besetzten Ostgebiete während

---

[160] Vgl. Michael Alberti: Die Verfolgung und Vernichtung der Juden im Reichsgau Wartheland 1939-1945, Wiesbaden 2006; Frank Golczewski: Polen, in: Dimensionen des Völkermords. Die Zahl der jüdischen Opfer des Nationalsozialismus, hrsg. von Wolfgang Benz, München 1991, S. 411-497; Jacek Andrzej Mlynarczyk: Judenmord in Zentralpolen. Der Distrikt Radom im Generalgouvernement 1939-1945, Darmstadt 2007; Bogdan Musial: Deutsche Zivilverwaltung und Judenverfolgung im Generalgouvernement. Eine Fallstudie zum Distrikt Lublin 1939-1944, Wiesbaden 1999; Dieter Pohl: Von der »Judenpolitik« zum Judenmord. Der Distrikt Lublin des Generalgouvernements 1939-1944, Frankfurt/M. 1993 und ders., Nationalsozialistische Judenverfolgung in Ostgalizien 1941-1944. Organisation und Durchführung eines staatlichen Massenverbrechens, München 1996.

[161] Siehe die Briefe vom 15. November 1939, 24. Dezember 1939, 1. und 19. Januar, 18. und 31. März 1940.

[162] Brief vom 7. April 1940. »Die Rekruten waren betroffen. Anders unsere Offizieranwärter.« 31. März 1940. Zu dem Offiziersnachwuchs vgl. Kroener, Ressourcen, S. 738f.

[163] Vgl. Böhler, Vernichtungskrieg, S. 181-200. Andererseits wurde befohlen: »Mehreren Juden wurden auf der Straße bzw. in ihrer Wohnung durch Plünderung Geldbeträge und Wertsachen abgenommen. Die Täter wurden zu Gefängnisstrafen von 9 Monaten, 1 Jahr, 1 Jahr 3 Monate und 1 Jahr 6 Monate verurteilt…« Militärbereich Oberschlesien/IIa, Abschnittstagesbefehl Nr. 10, 14. Oktober 1939. RH53-23/12, Bl. 91.

des bevorstehenden Angriffs im Westen stärken konnte.[164] Mit Befehl vom 20. Dezember 1939 ordnete der Chef der Heeresrüstung und Befehlshaber des Ersatzheeres eine Erhöhung der Kampfkraft der Truppen des Oberost an.[165] Die Landesschützenkompanien erhielten daraufhin leichte Maschinengewehre, und den Divisionen wurden Infanteriegeschütze oder Feldkanonen zugeteilt, jedem Bataillon zudem ein schwerer Maschinengewehr-Zug.[166] Eine leichte Maschinengewehrgruppe übernahm Konrad Jarausch im Oktober 1939. Bei den Divisionen der 3. Welle wurden Feldrekrutenbataillone gebildet, bei den Landesschützenregimentern jeweils eine Kompanie.[167] Außerdem wurden zur Bildung der Feldrekruteneinheiten 1000 Reserve-Offiziersanwärter zugewiesen. Die Rekruten wurden durch die Kommandeure der Ersatztruppen angefordert, und das OKH verteilte die Gestellungsanforderungen auf die einzelnen Wehrkreise. Damit war die landsmannschaftliche Bindung der Truppe in Form der Ersatzgestellung durch bestimmte Wehrkreise aufgehoben, und Konrad Jarausch bildete in der Folge auch Bayern oder Westfalen aus.[168] Sein Bataillon wurde im Zuge weiterer Umbildungen bei den Landesschützenverbänden und der Aufstellung der 9. Welle im März 1940 zum III. Bataillon des Infanterieregiments 660 der neu gebildeten 393. Landesschützendivision, die wenig später aufgelöst und deren Stab in die Oberfeldkommandantur 393 überführt wurde.[169] Das OKH gab am 30. April 1940 einen Befehl zur entsprechenden Neugliederung der Ersatztruppen heraus, der auch eine Zusammenfassung der Feldrekruteneinheiten der »Landwehr-Divisionen« anordnete.[170] Der Bedarf an Unteroffizieren und Mannschaften sollte aus den verbleibenden Feldrekruteneinheiten gedeckt werden. In den Ausbildungseinheiten des Ersatzheeres und insbesondere bei den älteren Landesschützen mangelte es jedoch an erfahrenem Personal, und »wirklich erfahrene Ausbilder waren

---

[164] Halder, Kriegstagebuch, S. 103 (10. Oktober 1939).

[165] OKH/Chef Heeresrüstung und BdE, Erhöhung der Kampfkraft, 20. Dezember 1939. RH53-7/732b, Bl. 82. »Die Feldrekruteneinheiten werden mit Ausbildungspersonal aus den Divisionen 3. Welle beziehungsweise Landesschützenbataillonen des Bereiches Oberost besetzt. Die Rekruten werden aufgrund von Sonderbefehlen aus dem Bereich des Chef H Rüst und BdE zugewiesen.« Ebenda, Bl. 83. Der Austausch der Mannschaften erfolgte nicht mehr durch die Heimatwehrkreise, Ebenda, Bl. 84f.

[166] OKH/Chef Heeresrüstung und BdE, 6. Januar 1940. RH53-7/732b, Bl. 90.

[167] Zunächst sollten die Bataillone einen Ausbildungszug aufstellen, das wurde mit einem Fernschreiben vom 8. Januar 1940 abgeändert in die Bildung einer Feldrekrutenkompanie bei jedem Landesschützenregiment. RH53-7/732b, Bl. 91. Zu den Divisionen des Ersatzheeres und den Aufstellungswellen vgl. Georg Tessin: Verbände und Truppen der deutschen Wehrmacht und Waffen-SS im Zweiten Weltkrieg 1939-1945, Band 1, Osnabrück 1977, S. 43-50; Burkhart Müller-Hillebrand: Das Heer 1933-1945. Entwicklung des organisatorischen Aufbaues, Bd. 1: Das Heer bis zum Kriegsbeginn, Darmstadt 1954.

[168] Briefe vom 8. Februar und 5. April 1940.

[169] Stammtafel des Infanterieregiments 660. RH26-393/1; Oberbefehlshaber Ost/Ia, Zusammenfassung der Landesschützendivisionen, 23. Februar 1940. RH53-23/16, Bl. 127. Dort Gliederungen u.a. der 393. Infanteriedivision. OKH/Chef Heeresrüstung und BdE/AHA, Erhöhung der Kampfkraft der Truppen Oberost, 1. Februar 1940. RH15-79, Bl. 82-87. Siehe Georg Tessin, Bd. 10, Osnabrück 1975, S. 67f.

[170] OKH/Chef Heeresrüstung und BdE/AHA, Neugliederung der Ersatzverbände Oberost, 30. April 1940. RH53-23/25 sowie Ergänzungen für Landesschützendivisionen, 3. Mai 1940. RH15-82, Bl. 20f.

bis auf die wenigen in den Landwehrdivisionen vorhandenen ,Ausbildungsleiter (L)' zu Beginn der Ausbildungstätigkeit (November 1939) *überhaupt nicht* vorhanden.«[171] Dabei sollte insbesondere auf eine »straffe Handhabung« der Ausbildung geachtet werden, im Mittelpunkt standen das Schießen mit scharfer Munition sowie die Gefechts- und Formalausbildung; »Exerziermarsch und Griffe« waren hingegen ausdrücklich untersagt.[172] Diese Ansichten vertrat auch General von Schenckendorff, der Jarauschs Einheit am 9. März 1940 besuchte und diese Grundsätze auch später – im Frühjahr 1941 vor dem Angriff auf die Sowjetunion – seinen Verbänden zu vermitteln suchte.[173] Diese Anweisungen spiegeln sich in den Berichten Konrad Jarauschs, der wie viele andere von der Intensität des Ausbildungsbetriebes angesichts der vermeintlich günstigen politischen Lage nach dem Sieg über Polen überrascht war. Man hoffte auf eine rasche Beendigung des Krieges, und unter diesen Bedingungen empfanden viele Soldaten die Anforderungen der harten Ausbildung als übertrieben.[174] In seinem Essay »Bei der Feldrekrutenkompanie« aus dem Februar 1940 beschreibt er den Drill mit ironischem Unterton, der seine innere Distanz zu dieser Art Exerzierbetrieb beispielhaft vor Augen führt. Ging es in Gefechtsübungen »hinaus«, schildert er das intensive Naturerlebnis hingegen poetisch, ein Empfinden für die Verbundenheit in der Gruppe gegenüber »schicksalhaften Kräften« mag hier mitschwingen, wenn der Wind, »der lebendige Atem dieses Landes, der auch unseren Leib in seinen Rhythmus hineinzwingt und ihn so in Hingabe und leidenschaftlichem Ankämpfen mit zum Gliede des von ihm durchpulsten Lebens macht.«[175] In diesen Stunden fühlte er sich mit den Kameraden und der »Aufgabe« verbunden, was allerdings nicht lange anhielt und in analysierenden Beschreibungen des Ausbildungsbetriebes mündete, die sich sowohl aus seinen pädagogischen wie weltanschaulichen Überzeugungen speisten:

> *„Das Ganze beruht etwa darauf, daß man die Menschen ständig überfordert, ihre eigene Initiative auf diese Weise ausrottet, sie so ganz in die Hand bekommt, sie zu hohen Leistungen auf der Grundlage eines blinden Gehorsams bringt und ihnen erst dann ein genau begrenztes Maß von Freiheit läßt, wenn ihnen die ur-*

---

[171] Oberbefehlshaber Ost/Ia, Vortrag beim OBdH, 8. Februar 1940. RH53-23/98, Bl. 5. »Die Ausbildung der Rekruten bei den Divisionen der 3. Welle erfolgt vier Wochen bei den Feldrekruteneinheiten und anschießend vier Wochen bei den Feldeinheiten. Die Ausbildung der Rekruten für Landesschützen dauert nur vier Wochen bei den Landesschützen-Feldrekrutenkompanien.« Ebenda, Bl. 7. Siehe Oberbefehlshaber Ost/Ia, Feldrekruten, 26. Januar 1940. RH53-23/98, Bl. 3-39 und die HDv140, Richtlinien für die Ausbildung im Ersatzheer, 1. März 1938. Ebenda, Bl. 43-133; Oberbefehlshaber Ost/Ib, Landesschützendivisionen, 4. April 1940. RH53-23/15.

[172] OKH/Ausb.Abt.(IIa)GenStdH, Ausbildung der Landesschützenverbände, 18. September 1939. RH19-I/191.

[173] Bei der Besichtigung lies er sich aber lediglich das Exerzieren vorführen und verzichtete auf die Gefechtsübung. »Und nun sollten sich die Übungen nach festgelegtem Plan abrollen. Aber der General kehrte sich nicht daran.« Brief vom 9. März 1940. Vgl. Arnold, Besatzungspolitik, S. 424f.

[174] Briefe vom 20. November 1939, 8. Januar und 27. Juli 1940. Zur Ausbildung auch Oberstleutnant Fritz Kühlwein. Unterführer-Merkbuch für die Schützen- und Maschinengewehr-Kompanie. Neubearbeitet von Major von Alberti, 9. Auflage, Berlin 1939.

[175] Bei der Feldrekrutenkompanie, Februar 1940.

sprünglich aufgezwungene Haltung zur zweiten Natur geworden ist. Zu den Methoden dieser Erziehung gehört z.B. dies, daß man die Forderungen willkürlich ändert, so daß der Mann nie dem Vorgesetzten in der Sicherheit der eigenen Leistung entgegentreten kann. Er hat immer Unrecht und macht es immer falsch. Das Ergebnis ist eine außerordentliche Höhe der durchschnittlichen Leistung. Andererseits die zersetzende Schlamperei, wo der Druck von oben aufhört, jetzt genau wie 1918. Mir scheint, daß diese Erziehung nur möglich war, wo dahinter der Glaube an den unzerstörbaren jenseitigen Kern alles Menschlichen stand. Da war das Eigentliche des Menschen in seiner Freiheit trotz allem gesichert – auch wenn man den sonntäglichen Kirchgang in 900 von 1000 Fällen zu einem neuen Mittel der Knechtung entwürdigt hat. Aber, wo der Mensch ganz diesseitig wird, wird diese Erziehung unheimlich. Und davor graut mir.«[176]

Mit Befehl vom 3. Juli 1940 wurde der Abtransport der 393. Landesschützendivision nach Deutschland angeordnet.[177] Jarausch' Kompanie wurde zunächst am 24. Juli 1940 nach Radzymin, am 6. August dann von Polen in den Raum Ibbenbüren – zwischen Osnabrück und Rheine – verlegt; er selbst mit Kameraden in Püsselbüren bei Privatleuten einquartiert.[178] Nach einigen Wochen untätigen Wartens und der sukzessiven Auflösung der Einheit wurde Konrad Jarausch schließlich – nachdem er einige Wochen Urlaub verleben konnte – ab dem 9. Oktober 1940 zum Infanterieersatzbataillon 497 in Bernburg versetzt.[179] Dort übernahm er neuerlich die Ausbildung von Rekruten, diesmal allerdings von deutlich jüngeren Männern. Der anstrengende Dienst als Ausbilder und offensichtliche Probleme, sich einzugewöhnen, bereiteten ihm nun in wachsendem Maße Schwierigkeiten. Immer seltener wurden die Gelegenheiten, sich zum Lesen oder Schreiben zurückzuziehen, gleichzeitig konnte er den hohen Ansprüchen an die körperliche Leistungsfähigkeit im Ausbildungsbetrieb nur mit größter Anstrengung gerecht werden, zumal nach langen Märschen und stundenlangem Exerzieren wenig Zeit für die Regeneration blieb. Daß er dabei auch Erfahrungen im Kampf oder Auszeichnungen nicht vorzuweisen hatte, war zweifellos ein kaum zu unterschätzender Aspekt beim Umgang mit den Rekruten, die sich begierig gaben, ihren Teil zum Sieg des »Großdeutschen Reiches« beizutragen. Trotz aller Mühen um eine Anpassung an den harschen Ton im Ausbildungsbetrieb, konnte er seine anleitende Art der »leisen Töne« nicht ganz unterdrücken,[180] was in der siegreichen Wehr-

---

[176] Brief vom 31. März 1940.

[177] Oberbefehlshaber Ost/Ia, Abtransport von Truppenteilen, 3. Juli 1940. RH53-23/26, Bl. 60.

[178] Militärbefehlshaber im Generalgouvernement/Ia, Meldung 24. Juli 1940. RH53-23/26, Bl. 185, 234 und 238.

[179] Gemäß der Verfügung des Wehrkreiskommandant VI Ib Org. Abt. 142 Nr. 2678/40geh. vom 8. August 1940 als ROA zum Wehrbezirkskommando Magdeburg I entlassen. Zu den Feldpostnummern der Einheiten vgl. Norbert Kannapin: Die deutsche Feldpostübersicht 1939-1945. Vollständiges Verzeichnis der Feldpostnummern in numerischer Folge und deren Aufschlüsselung. Bearbeitet nach den im Bundesarchiv-Militärarchiv verwahrten Unterlagen des Heeresfeldpostmeisters, Band 1 und 2, Osnabrück 1980f.

[180] Er war sich bewusst, dass die Rekruten auf diese Weise »nicht ganz so zackig sind oder werden sollten«. Brief vom 6. Februar 1940. »Heute sagte mir der Kompanieführer, daß meine Stimme noch nicht kräftig und mein Kommandoton nicht energisch genug sei.« Brief vom 8. Februar 1941. In einem Gutachten über den Studienassessor vom 14. September 1936 hieß es: »....aber gewisse Hem-

macht vor den Augen mancher bramarbasierenden Vorgesetzten kaum als Ausweis von Zackigkeit erschien.

Ein Unfall am 30. Oktober 1940, bei dem er sich unglücklich das Knie verletzte, mündete in einem mehrmonatigem Lazarettaufenthalt in Wernigerode und beendete seine militärische Laufbahn endgültig. Nach dem Wiederantritt zum Dienst im Februar 1941 konnte er in dem dynamischen Betrieb nicht mehr mithalten und spürte seine Defizite auch am zunehmend distanzierten Verhalten der Kameraden und Vorgesetzten.[181] Insbesondere nach der Versetzung zum Infanterieersatzbataillon 467 in Blankenburg Anfang Mai 1941, wo er das »Mißfallen des Regimentskommandeurs« erregte und entschied, »mit dieser Art Dienst Schluß zu machen. Sosehr es mir um die erzieherische Aufgabe leid tut.« Als das Regiment zu einer Übung ausrücken sollte, brach es aus ihm heraus: »Das kann ich nicht mehr. Einmal hat auch alle Zähigkeit ihre Grenze.«[182] Einem weiteren Versetzungsgesuch wurden keine Hindernisse in den Weg gelegt, und nach »leichterem Dienst«[183] wurde er Anfang Juni zum Stalag 204 in Amiens (Frankreich) versetzt. Dort sollte er in der Verwaltung Verwendung finden, was ihm jedoch nicht behagte, weil es mit dem »Soldatsein nichts mehr zu tun« hatte: »Ich sehe noch nicht, wie ich mich in kurzer Zeit bei der Unzahl der Bestimmungen einarbeiten soll und habe darüber auch heute mit dem Adjutanten offen gesprochen. Es war Unsinn, dass man mich hierher geschickt hat.«[184] Offenbar hatte man beim Stalag 204 keine Verwendung für den »Ausbilder« und schickte ihn daraufhin mit seinem Einverständnis nach Deutschland zurück; eine in der Rückschau fatale Entscheidung, hätte er andernfalls den Krieg doch mit einiger Sicherheit überstanden. Unmittelbar nach seiner Rückkehr wurde ihm wegen einer Nagelbettentzündung an den Füssen zwei Nägel entfernt. Im Einvernehmen mit seinen Vorgesetzten betrieb Konrad Jarausch nun verstärkt die Versetzung zu den Landesschützen. Zwischen dem 11. Juni und dem 9. August 1941 blieb er noch dem Infanterieersatzbataillon unterstellt; am 11. oder 12. August 1941 wurde er schließlich zum Kriegsgefangenen-Durchgangslager (Dulag) 203 im mittleren Bereich der Ostfront in Marsch gesetzt, wo er am 15. August eintraf.[185] Seit dem 22. Juni 1941 tobte dort ein erbarmungsloser Vernichtungskrieg zwischen antagonistischen Weltanschauungen, der in seiner Grausamkeit und der Zahl der Opfer geradezu apokalyptische Dimensionen erreichte.

---

mungen wird er, da er seinem Grundwesen nach mehr Gelehrter als Lehrer ist, wohl nie ganz überwinden können. Fortreißendes, von selbst zwingendes Führertum ist ihm wegen seiner geringen vitalen Energie nicht gegeben...« LHASA, MD, Rep. C 23, Nr. 93.

[181] »Ich bin mal fast gar nicht aufgefallen. Dann macht es auch wieder Freude.« Brief vom 2. April. »Aber ich kann einfach nicht mehr Kraft aufbringen.« 21. April. Siehe auch die Briefe vom 24. Mai, 1. und 24. Juli 1941.

[182] Briefe vom [24.] Mai und 21. Juni 1941.

[183] Brief vom 28. Mai 1941.

[184] Briefe vom 5. und 7. Juni 1941.

[185] Er wurde ab dem 10. August 1941 als Angehöriger der Einheit geführt: Dulag 203, Veränderungsliste zum Erkennungsmarkenverzeichnis. Hautstaatsarchiv Hannover, NDS. 721 Acc. 90/99, Nr. 124/15.

4. Beim Dulag 203

Die deutschen Kriegsgefangenen-Durchgangslager (Dulag) bestanden aus älteren Soldaten und erhielten als Bewachungsmannschaften Landesschützeneinheiten zugewiesen.[186] Wie die Bezeichnung »Durchgangslager« bereits nahelegt, waren sie zur vorübergehenden Aufnahme von Kriegsgefangenen und männlichen Zivilisten sowie ihrer Weiterleitung in rückwärtige Gebiete oder an die Gefangenenorganisation des OKW vorgesehen. Von der Fronttruppe und den Armeegefangenensammelstellen wurden ihnen Gefangene zugeführt, die dort erstmals systematisch aufgenommen wurden.[187] Die Dulags sollten deshalb in der Regel der Truppe möglichst dicht folgen, was sich aber angesichts der großen Entfernungen und der mangelhaften Motorisierung dieser Einheiten als illusorisch erwies.[188] Insbesondere die weit vorstoßenden Panzerverbände hatten im Sommer 1941 mit großen Problemen aufgrund Hunderttausender Gefangener zu kämpfen, für die keine Kräfte zur Bewachung und Versorgung verfügbar waren. Durch den »überschlagenden Einsatz« und die raschen Ortswechsel mutierten manche Lager zu provisorischen Abfertigungsmaschinen, ohne feste Einrichtungen aufbauen zu können – vor allem mangelte es an wetterfesten Unterkünften und einer ausreichenden Zahl von Küchen. Andere Lager glichen stationären Gefangenenlagern klassischen Zuschnitts, die sich nebenbei intensiv mit dem Aufbau von Saunen oder Freizeiteinrichtungen beschäftigten. Schließlich gab es Einheiten – das Dulag 203 war 1941 zweimal von derartigen Phasen betroffen – die wochenlang untätig auf neue Befehle warteten.

Das Dulag 203 war für den Angriff auf die Sowjetunion am 22. Juni 1941 vorübergehend dem Kommandanten des Rückwärtigen Armeegebiets 580 der 2. Armee unterstellt,[189] wurde vom 8.(3.) Juli bis zum 17. September 1941 neuerlich der 286. Sicherungsdivision zugewiesen und von dieser zum Einsatz in Kochanowo in Weißrußland befohlen.[190] Hier stand es außerdem unter der fachlichen Aufsicht des Kriegsgefangenen-Bezirkskommandanten J des Befehlshabers des Rückwärtigen Heeresgebiets Mitte, Oberst Marschall.[191] Zwischen dem 18. September und dem 9. Dezember unterstand die Einheit der 221. Sicherungsdivision unmittelbar, die unter dem Befehlshaber des Rückwärtigen Heeresgebiets Mitte zur Sicherung

---

[186] Konrad Jarausch liefert eine treffende Beschreibung der Aufgaben des Dulags 203: Essay vom August 1941.

[187] Zur Registrierung vgl. Rolf Keller/Reinhard Otto: Das Massensterben der sowjetischen Kriegsgefangenen und die Wehrmachtbürokratie. Unterlagen zur Registrierung der sowjetischen Kriegsgefangenen 1941-1945 in deutschen und russischen Institutionen, in: MGM 57 (1998), S. 149-180 sowie die H.Dv. 38/4. Dienstanweisung für den Kommandanten eines Kriegsgefangenen-Durchgangslagers. 22.5.1939. RHD4, S. 11f.

[188] »Schneller Abschub der Lagerinsassen muß das ‚Dulag’ stets aufnahmebereit für neue Zugänge halten.« Ebenda, S. 7. Vgl. zum Mangel an Transportmitteln Arnold, Besatzungspolitik, S. 390, 402, 405 und 407ff.

[189] Korück 580, KTB Nr. 5. RH23-170. Vom 12. Juni bis zum 2. Juli 1941. Dulag 203/Ia, Veränderungsmeldung zur Stammtafel, 11. Juli 1941. RH49-9, Bl. 13.

[190] 286. Sich.Div./Ia, KTB. RH26-286/2 sowie Stammtafeln des Dulag 203. RH49/9. Die Angaben weichen ab.

[191] Otto Marschall (geb. 1893), 1941/42 Bezirkskommandant J. Vgl. Hartmann, Massensterben, S. 151.

eingesetzt war.[192] Am 11. September 1941 erhielt das Dulag 203 den Befehl, ab dem 16. in den Raum Roslawl-Prepoisk vorzurücken, um einen Platz für ein Gefangenenlager in der Nähe der Rollbahn zu erkunden.[193] Bei dem verantwortlichen Bezirkskommandanten erregte die Einheit dabei mehrmals Unwillen und Kritik, u.a. weil das Vorkommando »erst am Abend zuvor in Kritschew angekommen [war], obwohl der Abmarschbefehl bereits seit vier Tagen vorlag.«[194] Am 24. September wurde dem Kommandeur des Dulag 203, Major Johannes Gutschmidt,[195] in Bobruisk durch den Ib-Offizier der 221. Sicherungsdivision die Vorziehung aus Churawitschi nach Kritschew befohlen, um dort ein Lager zur Aufnahme von 30000 Mann vorzubereiten.[196] Das Dulag 203 war dort u.a. mit der Aufstellung von Pioniergruppen aus gefangenen Pionier-Soldaten der Roten Armee und einer Reiterhundertschaft zum Einsatz in den rückwärtigen Gebieten gegen Partisanen beauftragt.[197] Diese Aufgaben schlagen sich jedoch aufgrund der Dienststellung Konrad Jarauschs als Leiter der Kücheneinrichtungen eines Teillagers in den Briefen nicht nieder. Am 10. November 1941 kam das Dulag zurück zur 286. Sicherungsdivision, unter deren Ägide es schließlich bis 1943 verblieb.[198]

Konrad Jarausch berichtete kurz nach seinem Eintreffen in Kochanowo am 15. August 1941 von Erzählungen der Kameraden über »einige kritische Lagen«. Damit war vor allem die Teilnahme – viele Angehörigen der Einheit meldeten sich offenbar freiwillig – an einem Gefecht am Stadtrand von Orscha am 16. Juli 1941 gemeint. Bei diesem Einsatz zur Verteidigung einer überraschend attackierten Flakbatterie wurde ein Soldat getötet, sieben verwundet.[199] Völlig ungewöhnlich für derartige Formationen, stellte dieser Kampfeinsatz ohne Zweifel eine Zäsur für die Truppe dar. Hinzukommende Soldaten standen fortan unter »Bewährung«

---

[192] Zum Abtransport wurde das Dulag der Division einsatzmäßig unterstellt. 221. Sich.Div./Ib, 12. Oktober 1941. RH26-221/14. Zur Division vgl. Ben Shepherd: War in the Wild East. The German Army and Soviet Partisans, Cambridge 2004.

[193] Kgf.-Bezirkskdt. J, Besichtigungen am 10./11. September 1941. RH22-251.

[194] Kgf.-Bezirkskdt. J, Besichtigungen, 30. September 1941. RH22-251.

[195] Johannes Gutschmidt, geb. am 6. Oktober 1876 in Berlin-Schöneberg, Teilnahme am Ersten Weltkrieg als Offizier der Artillerie, am 20. Mai 1940 als Major wieder eingetreten, vom 2. Juli bis 10. September 1940 Bezirkskommandant in Frankreich, bis zum 7. Dezember 1940 Kommandant des Frontstalags 127, dann des Dulag 203, am 27. November 1941 versetzt zum Dulag 231. Vgl. Hartmann, Massensterben, S. 105-110.

[196] 221. Sich.Div./Ib, KTB, 24. und 30. September 1941. RH26-221/83.

[197] Dulag 203/Ia, Aufstellung einer Kosaken-Hundertschaft, 25. Oktober 1941. RH26-221/84. 165 Kosaken wurden ärztlich untersucht und »abwehrmäßig überprüft«. Aufstellung in RH26-221/14. 221. Sich.Div./Arzt, an Dulag 220 und 203, Aufstellung von Pionier-Gruppen, 16. Oktober 1941. RH26-221/84.

[198] 221. Sich.Div./Ib, KTB, 9. November 1941. RH26-221/83. Das vermerkte man offenbar mit Erleichterung, die Gefangenenzahlen für den 9. November wurden gar nicht mehr angeführt. Es steht im Widerspruch zu den Stammtafeln, die erst für den 10. Dezember den Wechsel verzeichnen. Eventuell handelt es sich um einen Irrtum in Bezug auf den Monat des Wechsels (November-Dezember). Stammtafeln des Dulag 203. RH49/9.

[199] Brief vom 16. August 1941; Dulag 203, Gefecht bei Orscha, 17. Juli 1941. RH26-286/3 und der Divisionsbefehl vom 15. Juli 1941. Ebenda; 286. Sich.Div./IIa, an OKH/Personalabteilung, Vorschläge für Verleihungen, 17. August 1941. RH26-286/4; Hartmann, Massensterben, S. 145 (16. Juli 1941). Konrad Jarausch betonte, dass er sich weit hinter der Frontlinie befand und wollte seine Frau nicht beunruhigen.

und mussten sich gegenüber der »kampferprobten« Solidarität der »alten« Kameraden beweisen. Diese Konstellation lässt sich in einigen Briefen erahnen und wird erst im Dezember 1941 aufgelöst, als sich Konrad Jarausch durch den umsichtigen Umgang mit den hungernden Kriegsgefangenen Respekt erworben hatte und von Vorgesetzten sogar ausdrücklich um Rat gefragt wurde. Der Hauptfeldwebel erwog nun Vorträge, Offiziere und Kameraden besuchten ihn an den Feiertagen, um Ablenkung zu finden und intensive Gespräche zu führen.[200] Seine Auffassungen wurden nicht zuletzt vom Kommandanten geteilt, ein konservativer Offizier, der ebenfalls durch christliche Wurzeln geprägt und einem »traditionellen soldatischen Selbstverständnis«[201] verpflichtet war. In Bezug auf den Nationalsozialismus und die im Krieg notwendigen »Methoden« war das Lagerpersonal allerdings gespalten, der Kommandant stritt mit dem Arzt, einem »Hallunke[n], der sich mit der Partei brüstet«.[202] Überraschend kam für Konrad Jarausch im Januar 1942 der Vorwurf eines »SS-Kameraden«, »versagt« zu haben:

> »Ich hätte bei meiner Begabung den ganzen Betrieb [des Lagers] in die Hand nehmen müssen [...]. Und zwar gerade auch religiös. Es kam das ganze Elend zum Vorschein: der Großvater Superintendent, er SS, kirchlich getraut, aber der Junge nicht getauft. Seine noch ganz junge Frau keine Kirchgängerin, aber täglich in der Bibel lesend. Ich müßte ihnen einfach befehlen, was sie zu glauben hätten. Es würden viel mehr auf mich hören, als ich dächte.«[203]

Abgesehen davon, dass Jarausch bei Männern des »Totenkopfordens« mit einer solchen »Offenheit« gegenüber religiösen Fragen kaum gerechnet haben dürfte, bestätigte sich offenbar für ihn – trotz aller Bierseeligkeit – auch seine Ansicht über die Notwendigkeit und das verbreitete Bedürfnis nach religiöser Erneuerung und weltanschaulicher Führerschaft durch die Kirche. Man rückte zu Weihnachten 1941/42 ohnehin näher zusammen, und es scheint fast so, als wenn sich mancher auch unbestimmter Schuldgefühle stärker bewusst wurde und erkannte, daß Konrad Jarausch in den katastrophalen Wochen des Massensterbens eine vorbildliche Haltung gezeigt hatte.

5. DAS MASSENSTERBEN IM WINTER 1941/42

Die Briefe über die Zustände in den Lagern des Dulags 203 in Kritschew im Winter 1941/42 gehören zu den eindrucksvollsten Berichten zum Massensterben

---

[200] Briefe vom 25. Dezember 1941 sowie vom Januar 1942.
[201] Hartmann, Massensterben, S. 116.
[202] Tagebuch Major Gutschmidt. MSg1-257 (31. Juli 1941).
[203] Brief vom 2. Januar 1942. »Gestern habe ich mit zweien, darunter einem SS-Mann, bis halb ein Uhr beim Glühwein gesessen und über die religiöse Lage und das, was christlicher Glaube eigentlich ist, gesprochen.« Brief vom 4. Januar 1942. Wie wichtig Konrad Jarausch diese »Bekenntnisse« des SS-Manns nahm, zeigt der mehrmalige Bericht darüber. Briefe vom 5. und 11. Januar 1942.

der Kriegsgefangenen, die überliefert sind. Weder in Dienstakten noch in anderen Quellen sind derart mitfühlende Beschreibungen des Elends und Sterbens zahlloser Rotarmisten und Berichte zur oft verzweifelten Hilflosigkeit deutscher Bewacher auf uns gekommen. Auch das Tagebuch des Kommandanten ist bei der Beschreibung des Sterbens vergleichsweise zurückhaltend, was viele Gründe haben und darauf zurückgehen mag, dass er zwar Besichtigungen vor- und Meldungen entgegennahm, aber dem alltäglichen Kampf ums Überleben nicht dauerhaft ausgesetzt war.[204] Die Briefe von Konrad Jarausch liefern demgegenüber ein dichtes Bild zum Umfang und den Ursachen des Massensterbens im Herbst 1941, das anhand der überlieferten Akten verifiziert und ergänzt werden kann. Er stritt mit den für die Zuteilung von Lebensmitteln verantwortlichen Intendanten und »Inspektoren« um eine ausreichende Versorgung der Kriegsgefangenen, die denkbar negativ beschrieben und für den Mangel verantwortlich gemacht werden:[205] »Glücklicherweise haben die alten Offiziere noch die Menschlichkeit der alten Art, so daß man an ihnen einen Rückhalt hat und manches – wie die zweimalige Verpflegung gegen den Willen der »Beamten« – durchsetzen kann, auch gegen die Verständnislosigkeit mancher Kameraden.«[206] In der Tat stellt sich die Frage, ob – neben den katastrophalen Wetter- und Transportbedingungen in Rußland – die an Berechnungen zur Vorratsbildung orientierte Mentalität der Verwaltungsbeamten nicht als wichtige Ursache für das Massensterben und die mangelnde Flexibilität bei der Zuteilung von Mitteln jeder Art an die Lager begriffen werden kann.[207] Dabei muß allerdings berücksichtigt werden, dass die Beamten im Winter 1941/42 eine Versorgung der deutschen Truppen unter schwierigsten Bedingungen aufrechtzuerhalten hatten, in dieser Frage erheblich unter Druck standen und mit zahllosen Vorwürfen zu kämpfen hatten. Nach dem Gegenangriff der Roten Armee ab dem 5. Dezember 1941 wurden überall die Erinnerungen an den napoleonischen Feldzug von 1812 wach, und Stalin plante seinen Sieg über Hitlerdeutschland bereits für das Jahr 1942. Ein Dulagkommandant berichtete nach dem Krieg über seine verzweifelten Bitten bei Wehrmachtsstellen um Lebensmittel für die Kriegsgefangenen und die stets gleiche Antwort, dass »dies uninteressant und unwichtig sei, wichtig sei zu diesem Zeitpunkt lediglich der Nachschub von Munition und Treibstoff an die Front.«[208]

---

[204] Naheliegend ist angesichts der aus den Eintragungen hervorgehenden Haltung zudem, dass das Sterben von Gutschmidt als Ausweis des eigenen Scheiterns begriffen wurde, das nicht en detail dokumentiert werden sollte.

[205] Konrad Jarausch schreibt von »Inspektoren«, womit die von den Bezirkskommandanten eingesetzten Vertreter gemeint sein können, jedoch auch die Beamten der Divisions-Versorgungsdienste. Auch das Dulag selbst war »weltanschaulich« gespalten.

[206] Brief vom 25. Oktober 1941.

[207] Vgl. Arnold, Besatzungspolitik, S. 407ff. »Von verschiedenen Zahlmeistern [...] wurden Klagen über ihr Verhältnis zum Kommandeur geführt und besonders darüber [...], dass [...] vielfach die Dienstanweisung für Zahlmeistereien [...] nicht beachtet werde.« Korück 559/Int., Tätigkeitsbericht, 10. November 1941. RH23-127.

[208] Aussage Franz W. bei der Staatsanwaltschaft Wien, 4. Oktober 1972, nach Hartmann, Massensterben, S. 128.

Die Katastrophe im Winter 1941/42 wurde nachträglich verkleinert und beschönigt, weil sich die mit dem Transport, der Bewachung und Versorgung der Rotarmisten beauftragten Stellen ihres Versagens bewusst waren. Allerdings wurde das Massensterben nicht auf mangelnden Einsatz, absichtliche Vernachlässigung etc., sondern auf die widrigen Umstände und den Mangel an Unterstützung durch vorgesetzte Stellen zurückgeführt. Zahlreiche Meldungen über katastrophale Zustände bei der Unterbringung und Versorgung von Kriegsgefangenen finden sich erstmals beim Massenanfall von Rotarmisten aus der Kesselschlacht bei Minsk-Bialystok im Juli 1941. Die hier eingesetzte 286. Sicherungsdivision stellte fest, dass die »sich aus dem plötzlichen Anfall sehr großer Gefangenenmengen (in Minsk waren gleichzeitig bis 90000 Gefangene zu betreuen) ergebenden Schwierigkeiten« »in jedem Falle gemeistert werden« konnten.[209] Damit wurde auf die Kritik des Befehlshabers des rückwärtigen Heeresgebiets Mitte reagiert, der dem Verband schon im Sommer 1941 »Versagen« vorgeworfen hatte. General von Schenckendorff hatte sich über die Zustände in den Lagern und auf den Transporten empört und seine Verbänden strengstens angewiesen, alles für eine »ordentliche« Behandlung der Rotarmisten vorzubereiten.[210] Bei dieser Division musste man gleichwohl zum Jahresende melden, dass seit Anfang August [sic!] »die Verpflegung der Kriegsgefangenen besondere Schwierigkeiten« bereite: »Es gelingt nicht, die Verpflegung für die ungeheuren Gefangenenzahlen in dem benötigtem Umfange dem Lande zu entnehmen. Nachschubbestände werden nur im dringendsten Notfalle freigegeben. Es fehlt auch an Essgeschirren für die Gefangenen.«[211] Ein vermeintlich nebensächliches Problem wie die Ausstattung der Rotarmisten mit Behältnissen zur Nahrungsaufnahme gewann unter diesen Umständen gravierende Bedeutung. Schon die Verpflegungsausgabe bereitete nicht selten aufgrund des völligen Fehlens jeglicher Ausrüstung bei den Gefangenen wie der deutschen Organisation unüberwindliche Schwierigkeiten. Konrad Jarausch berichtet beispielsweise über Soldaten, die das Essen aus Mangel an geeigneten Gefäßen in Mützen entgegennehmen mussten.[212]

Am 2. Oktober 1941 begann der deutsche Angriff auf Moskau, die Operation »Taifun«.[213] In einer letzten Anstrengung sollte die Rote Armee noch vor Einbruch des Winters vernichtend geschlagen und die Hauptstadt der Sowjetunion erobert werden. Für den Abtransport der erwarteten Massen an Kriegsgefangenen bestimmte das OKH deshalb Ende September, alle »westlich der Linie Dnjepr-Witebsk in den Raum des Wehrmachtbefehlshaber Ostland (nicht nach Ostpreussen und Generalgouvernement) abzuschieben.«[214] Auf einer Besprechung von Vertretern des Oberkommandos der Wehrmacht, des OKH, Kriegsgefangenen-

---

[209] 286. Sich.Div./Ib/Qu, Bericht über die Versorgungslage seit Beginn der Operationen, 3. August 1941. RH26-286/3. Zu Minsk vgl. Gerlach, Kalkulierte Morde, S. 373 und 790ff.; Arnold, Besatzungspolitik, S. 384-389.

[210] Vgl. Ebenda, S. 386 f.

[211] 286. Sich.Div./IVa, Tätigkeitsbericht 21. Juli – 31. Dezember 1941. RH26-286/15.

[212] Brief vom 18./19. August 1941.

[213] Vgl. Klaus Reinhardt: Die Wende vor Moskau. Das Scheitern der Strategie Hitlers im Winter 1941/42, Stuttgart 1972.

[214] Berück Mitte an Sich.Div. 221, 28. September 1941. RH26-221/84.

kommandeurs Ostlands und des Bevollmächtigten Transportoffiziers am 4. Oktober 1941 in Mohilew ergingen daraufhin eingehende Anweisungen. Ein wichtiges Ziel dieser Besprechung und der sukzessive ergangenen Befehle war die Vermeidung der schrecklichen Zustände, die sich beim Massenanfall Hunderttausender in Minsk ereignet und für Aufsehen gesorgt hatten. Für die Sicherungsdivisionen galten zu diesem Zeitpunkt die allgemeinen Bestimmungen zur Versorgung von Kriegsgefangenen.[215] Vor dem Anfall der Massen aus der Oktoberschlacht, erließ der Berück Mitte weitere Befehle und machte die Divisionen explizit für die »rechtzeitige und ausreichende Bevorratung der Dulag« verantwortlich.[216] Die 221. Sicherungsdivision gab am 19. Oktober 1941 einen entsprechenden Befehl zum Abtransport von Gefangenen von Kritschew nach Mohilew zum Dulag 185. Täglich sollten 2000 Männer mit der Bahn unter Bewachung der 2. Kompanie des Landesschützenbataillons 432 abtransportiert werden,[217] außerdem am 20. Oktober 8000 Mann per Fußmarsch durch den Divisionsnachschubführer, dem Bewachungsmannschaften, eine Feldküche und Fahrzeuge zugeteilt werden sollten. Die Eisenbahnstrecke Kritschew-Mohilew sollte zudem für diese Transporte wieder in Betrieb gesetzt werden.[218]

Unter welchen Bedingungen die Vorbereitungen auf den Massenanfall im Herbst 1941 jedoch tatsächlich erfolgten, dokumentieren zahlreiche Quellen, darunter auch vielsagende Berichte zur Einrichtung des Dulags 203 in Kritschew. Die gesamte Nachschuborganisation war schon bei Beginn des Angriffs Anfang Oktober 1941 vom völligen Zusammenbruch bedroht. Der Oberquartiermeister der 4. Armee, der eine Versorgung der eigenen Truppe aufgrund der Straßenverhältnisse nicht mehr sicherstellen konnte, empfahl vorsorglich den Aufbau eines Relaissystems mit Panjefahrzeugen, um das Material an der Rollbahn abzuholen, das unter äußerster Anspannung der Eisenbahnstrecken angefahren werden sollte.[219] Konrad Jarausch schrieb seiner Frau zu dieser Zeit noch von ruhigen Tagen, weil bislang nur wenige Gefangene im Lager eingetroffen waren. Schwierigkeiten gab es zuvor jedoch bereits beim Abtransport der Gefangenen, wie der Lagerkommandant in seinem Tagebuch verzeichnete:

---

[215] 286. Sich.Div./IVa, Beiträge zu Besonderen Anordnungen für die Versorgung, 5. August 1941. RH26-286/16.

[216] Berück Mitte/Qu, Sonderbefehl über Abschub der Kriegsgefangenen, 8. Oktober 1941. RH26-221/84. Vgl. Arnold, Besatzungspolitik, S. 223 und 286. »Plötzlich kam der Befehl, dass alle Kommandanten und die Beamten, die die Verpflegung der Gefangenen bearbeiten, morgen zu einer großen Besprechung um 11 Uhr in Orscha sein müssen.« Tagebuch Gutschmidt. MSG1/257 (9. Oktober 1941).

[217] 221. Sich.Div./Ib, Abtransport von Gefangenen von Dulag 203 nach Mohilew, 19. Oktober 1941. RH26-221/84. Weil die Bahn nur 2000 bewältigen konnte. 221. Sich.Div./Ib, KTB, 19. Oktober 1941. RH26-221/83. Das Bataillon bestand aus 230 Mann. Eintrag vom 14. Oktober 1941. Ebenda.

[218] 221. Sich.Div./Ia, Inbetriebnahme der Strecke Kritschew-Mohilew, 14. Oktober 1941. RH26-221/14; Berück Mitte/Qu, KTB, 11. Oktober 1941. RH22-247. Siehe die Unterlagen der Feldeisenbahndirektion 2 zu den Strecken Roslawl-Kritschew und Kritschew-Unetscha aus dem September 1941. RH4-501. Der Ausbau konnte demnach wegen fehlender Kräfte des Oberbaustabes erst ab Mitte Oktober erfolge.

[219] AOK4/OQu, 20. Oktober 1941. RH20-4/886.

»Die Gefangenen waren in Minsk nicht abgenommen worden. So mussten sie vier Tage und Nächte auf offenen Güterwagen fahren und hatten nur Verpflegung bis Minsk von uns mitbekommen. [...] Unterwegs sind durch Kälte, Hunger und Erschöpfung 14 Mann gestorben und der Rest war so erledigt, dass die Gefangenen kaum von den Waggons herunterklettern konnten. Auch die Wachmannschaften waren stark mitgenommen. Ich lasse daher niemand mit der Bahn abtransportieren...«[220]

Die notdürftig vorbereiteten Unterkünfte in Kritschew eigneten sich keineswegs für die Aufnahme großer Gefangenenmassen, wie Konrad Jarausch in seinem Brief vom 15. Oktober 1941 berichtete: »Alles ist weit auseinandergezogen an verschiedenen Stellen. Man trabt hin und her. Niemand ist da, der eine Übersicht über das Ganze besäße und die Kräfte entsprechend ansetzte. Es muß immerzu notdürftig improvisiert werden.« Kurz zuvor waren der Kriegsgefangenenbezirkskommandant und die zuständige 221. Sicherungsdivision noch zu dem Ergebnis gelangt:

»Das [...] in Aussicht genommene Gelände liegt in der Nähe des Bahnhofs. Ein totes Gleis, das mitten durch das Lager führt, könnte für den Abtransport in Betrieb genommen werden. Die Rollbahn 1 liegt vier Kilometer entfernt. Wasser ist ausreichend vorhanden. [...] Einige größere Schuppen sind für die Unterbringung der Gefangenen gut geeignet. [...] Ein Sägewerk ist in der Nähe [...]. Auch Stacheldraht ist in genügender Menge vorhanden.«[221]

Wenige Tage später wurde jedoch anlässlich einer weiteren Besichtigung festgestellt, dass der Standort für eine Unterbringung von Kriegsgefangenen in dem erwartet harten Winter nicht geeignet sei: »Das Dulag ist in drei Teile zerlegt und zwar wie folgt: Zementfabrik, Schuppen mit Industriegleis und in zwei Kasernenbauten. Neben einer ortsfesten Küche werden beigetriebene Spiritusfässer als Kochkessel eingebaut.«[222] Eine spätere Anfrage des Dulags zur Belieferung mit Kochkesseln wurde durch den Bezirkskommandanten abschlägig beschieden, der Bedarf für die »Höchstbelegung« mit 30000 Gefangenen sei aus dem Lande zu decken.[223] Das zeitigte gravierende Folgen, führte doch der Quartiermeister des Berück Mitte die mangelnde Versorgung in der Rückschau u.a. auf die fehlenden Kochgelegenheiten zurück.[224] Immerhin bestand zwischenzeitlich in Kritschew

---

[220] Tagebuch Gutschmidt. MSG1/257 (10. September 1941).
[221] Kgf.-Bezirkskdt. J, Besichtigung, 30. September 1941. RH22-251.
[222] »Im Lager befinden sich zur Zeit nur 600 Kriegsgefangene. Das Dulag ist für Winterdulag nicht günstig, jedoch als Versorgungsstützpunkt [zur Zwischenverpflegung und Weiterleitung von Gefangenen] von großem Vorteil.« Kgf.-Bezirkskdt. J, Besichtigung, 9. Oktober 1941. RH22-251. Auch bei einer neuerlichen Besichtigung fielen die Nachteile ins Auge: »Dulag 203 in Kritschew ist wesentlich ungünstiger und schlechter in seinen Anlagen. Weiterer Ausbau des Lagers ist erforderlich. [...] Das Lager ist höchstens mit 12500 Mann zu belegen.« 221. Sich.Div./Ib, Übergabe des abgetretenen Raumes, 15. November 1941. RH26-221/15.
[223] 221. Sich.Div./Ib,, Bedarf an Kochkesseln, 29. September 1941. RH26-221/84 sowie 221. Sich. Div./Ib, KTB, 28. September 1941. RH26-221/83. Da 650 Kessel gemeldet waren, sollte der Bedarf durch Beschlagnahme erfolgen. Daß es hierbei jedoch wiederum zu Verzögerungen etc. kam, ist unschwer vorstellbar.
[224] Berück Mitte/Qu, Bericht für November, 8. Dezember 1941. RH22-247. »Allein die Heranschaffung der für die tägliche Versorgung notwendigen Verpflegungsmittel ist den Dulag wegen Trans-

eine Verpflegungs-Ausgabestelle der Division, später eine der 221. Sicherungs-division; ab dem 3. Oktober 1941 war zudem die Quartiermeister-Abteilung der Division dort stationiert, die permanent Laderaum zum Transport von Verpfle-gung nach Kritschew stellte.[225] Das änderte aber nichts an dem einschneiden-den Mangel. Insbesondere waren die für den Transport vorgesehenen Eisenbahn-strecken nach Kritschew durch Brückensprengungen oft tagelang unterbrochen, auf der Strecke Kritschew-Mohilew stand nur eine Lokomotive zur Verfügung, die noch dazu durch mehrfachen Pleuellagerbruch ausfiel.[226]

Zwar hatte sich das Dulag 203 in der ersten Oktoberwoche 1941 in fieberhafter Anstrengung provisorisch eingerichtet, doch der Massenanfall an Gefangenen ab Mitte des Monats – in der Kesselschlacht bei Wjasma-Brjansk wurden bis zum 20. Oktober 1941 662 000 Gefangene eingebracht – sollte alle Planungen ad absur-dum führen und offenbaren, dass diese defizitären Anstrengungen den Bedin-gungen in keiner Weise gewachsen waren.[227] Alle Improvisation konnte nicht die Voraussetzungen für eine dauerhafte Versorgung Zehntausender schaffen, und trotz der gravierenden Schwierigkeiten mußte das Dulag 203 die für die Beteilig-ten schwindelerregende Zahl von 30 000 Rotarmisten aufnehmen, die man in Erd-höhlen unterbringen wollte, die man nur mit Hilfe gesammelter Sägen und Spaten benachbarter deutscher Einheiten errichten konnte.[228] Wegen des eklatanten Man-gels an Versorgungs- und Unterkunftsmöglichkeiten waren die Lager in Front-nähe sukzessive gezwungen, Zehntausende Gefangene nach rückwärts abzuschie-ben. Deshalb mussten Fußmärsche unter katastrophalen Bedingungen vorgenommen werden, da die Gefangenen in dem kalten Winter sonst auf offenem Feld verhungert wären.[229] Die Dienstvorschrift für die Kommandanten von

---

portmangel nicht möglich. Die Beanspruchung der Truppe und von Transportkolonnen hierfür ist nicht möglich, da jeder verfügbare Laderaum zur Winterbevorratung der Truppe benötigt wird.«

[225] 286. Sich.Div./IVa, Tätigkeitsbericht 21. Juli – 31. Dezember 1941. RH26-286/15; 286. Sich.Div./Qu, KTB, 25. August 1941. RH26-285/10. Die Division setzte alle KfZ zum Kartoffeltransport ein. 221. Sich.Div./Ib, KTB, Einträge vom 3./6./7./10. Oktober 1941. RH26-221/83.

[226] 221. Sich.Div./Ib, KTB, 20. Oktober 1941. RH26-221/83. »Gestern Abend kamen noch 2000 Ge-fangene, geführt von drei Mann. [...] Wir können auch nur eine Mahlzeit am Tage ausgeben. Da unsere Bahn nach Mogilew täglich nur 1500 Gefangene abtransportieren kann, wird die Sache schlimm werden.« Tagebuch Gutschmidt. MSG1/257 (16. Oktober 1941).

[227] Siehe demgegenüber die detaillierten Anweisungen in der H.Dv.38/12. Dienstanweisung über Raumbedarf, Bau und Einrichtung eines Kriegsgefangenenlagers. 14. März 1939. RHD4.

[228] »Der Ib [Versorgungsoffizier] bespricht mit dem Kommandeur Dulag 203 in Kritschew die Unter-bringung von 30 000 Kriegsgefangenen, da bisher nur 10 000 Kriegsgefangene untergebracht werden konnten. Es werden Erdunterkünfte ausgehoben, mit Baumriegel und Erdreich zur Wärmehaltung abgedeckt. Sägen und Spaten werden leihweise durch Einheiten zur Verfügung gestellt.« 221. Sich. Div./Ib, KTB, 17. Oktober 1941. RH26-221/83. »Wir hatten lange Besprechungen mit der Division [...]. Sie erklärt, wir hätten eben alles für 30 000 vorbereiten müssen! Schlau!« Hartmann, Massen-sterben, S. 151 (17. Oktober 1941). Eine Vorbereitung für »Höchstbelegung« war zuvor bereits angeordnet worden.

[229] Schon im Sommer notierte der Kommandant: »Die Nichtverwundeten liegen zu 7000 auch Nachts auf der nassen Erde. Sie können einem leid tun. Ich weiß nicht, wie ich sie abschieben soll. Kolon-nen kommen nicht vorbei. Zum nächsten Sammellager sind es vier Tagesmärsche. Ich kann nicht soviel Bewachung mitgeben und meine Lebensmittel gehen zu Ende. Die Russen haben bei ihrem Abzuge alle Lebensmittel verbrannt. Ich habe nur noch wenig Mehl und nur verschimmelte Brote. Unser Benzin geht auch zu Ende. Die Russen haben alles Benzin verbrannt und der Nachschub fehlt.« Tagebuch Gutschmidt. MSG1/257 (24. Juli 1941).

Durchgangslagern bestimmte zwar, durchschnittlich einen Wachsoldaten auf zehn Gefangene zu stellen;[230] das erwies sich aber als vollkommen unmöglich, hätte man in der angespannten Situation des Angriffs auf Moskau doch ganze Divisionen für den Transport einsetzen müssen. Beim Dulag 203 trafen deshalb Zehntausende Erschöpfte ein, die durch die anstrengenden Märsche und die anhaltende Mangelernährung völlig entkräftet waren: »Da auf dem Fußmarsch von 20000 Kriegsgefangenen etwa 9000 [...] nicht eingetroffen sind, wird gemeldet, solche Gefangenenmaßen nicht mit ungenügender Bewachung und Verpflegung in Zukunft in Marsch setzen zu lassen.«[231]

Die 221. Sicherungsdivision meldete am 30. Oktober 1941, dass plötzliches Schneewetter den Fußmarsch von Roslawl in das 100 Kilometer entfernte Kritschew weiter erschwert hätte und von 6000 Gefangenen »sehr viel« »ausgefallen« seien: »Requirierte Panjefahrzeuge schleppen die Fußkranken nach. Entgegengesandtes Verpflegungskommando aus Dulag 203 hilft mit Ausgabe von Brot. Nach Rücksprache mit den Kommandeuren Dulag 130 und 203 werden in Zukunft bei kaltem Wetter größere Fußmärsche von den Kriegsgefangenen kaum bewältigt werden können, da diese bereits zu entkräftet aus den Kampfgebieten in den Auffanglagern eingeliefert werden.«[232] Vom Dulag 130 in Marsch gesetzte Gefangene waren ebenfalls völlig ausgehungert, da die am 6. August 1941 festgesetzten Rationssätze »bei der geschilderten Verpflegungslage nicht beachtet« werden konnten, die ohnedies viel zu niedrig seien.[233] Der zuständige Kommandant des rückwärtigen Armeegebietes befahl, »alles nur Mögliche zur Verpflegung der Gefangenen« zu unternehmen, etwa eine »rechtzeitige ausreichende Bereitstellung von Wasser und Holz sowie derjenigen Verpflegung, die [...] den Gefangenen zusteht. Wenn diese Verpflegungssätze tatsächlich [...] verabfolgt werden, so ist die Verpflegung ausreichend.«[234] Derartige Meldungen über vermeintlich ausreichende Sätze finden sich häufig, wobei jedoch die eigentlichen Probleme übergangen wurden: zwar reichten die Sätze in der Theorie, um Mangelerscheinungen vorzubeugen, jedoch nicht zur »Aufpäppelung« der entkräftet in Gefangenschaft geratenen Rotarmisten; außerdem konnten sie nur ausnahmsweise in der verlangten Zusammensetzung ausgegeben werden, besonders Fett stand kaum zur Verfügung. Oberst Marschall besuchte am 1. November das Dulag in Kritschew und stellte fest, dass Fußmarsch nur von »körperlich kräftigen Leuten« verlangt

---

[230] H.Dv. 38/4. Dienstanweisung für den Kommandanten eines Kriegsgefangenen-Durchgangslagers. 22. Mai 1939. RHD4, S. 10. 6000 Gefangene waren »volle Belegung«, zwei Landesschützenbataillone sollten als Bewachung verfügbar sein. Das Dulag 203 hatte nur eine Kompanie zur Verfügung.

[231] 221. Sich.Div./Ib, KTB, 21. Oktober 1941. RH26-221/83. Bis zu 6000 Mann »scheinen unterwegs geflohen zu sein. Es war ja so gut wie gar keine Bewachung bei dem riesigen Transport. Der Leutnant, der ihn führte, kam mit einem Auto, meldete mir, dass der Transport unterwegs sei und fuhr sofort wieder zu seiner Division zurück. Er hatte gar keine Ahnung wie viele er bringen sollte.« Tagebuch Gutschmidt. MSG1/257 (20. Oktober 1941).

[232] 221. Sich.Div./Ib, KTB, 30. Oktober 1941. RH26-221/83.

[233] Das Dulag 130 sollte zur Aufnahme von 30000 vorbereitet werden, Kochkessel konnten beschafft werden. Korück 550/Intendant, Tätigkeitsbericht, 19. Oktober 1941. RH23-127. Zu den Rationssätzen vom 6. August 1941 vgl. Streit, Keine Kameraden, S. 138; Arnold, Besatzungspolitik, S. 382f.

[234] Korück 559/Qu, Befehl, 30. Oktober 1941. RH23-126, Bl. 84.

werden könne.[235] Am 17. November gab er folgenden Bericht über die Zustände:

> *»Die Gefangenen schlafen in einer Holzbaracke und in einer mit Mörtel abgeputzten Holzbaracke. Holz und Stroh sind nicht vorhanden. Die Betonhalle ist nicht mehr belegt abgesehen von einigen wenigen Gefangenen und einer Wache. Die Gefangenen sollen bis auf einen Bestand von 6000 abgeschoben werden, der aber des Nachts auf Holz zu liegen kommen muß, damit die Sterblichkeit herabgedrückt wird. Das Dulag hat Aussicht, größere Mengen guten Roggen zum Brotbacken zu bekommen. An mehreren Stellen muß noch Stacheldraht gezogen werden. Die Gefangenen verlangten bei der Begehung des Lagers im Chor nach Brot.«[236]*

Dazu kommentierte der Lagerkommandant lediglich trocken: »Er war lange im Lager 3 und verlangte unbedingt Pritschen für die Gefangenen.«[237] Aus Sicht des Dulags handelte es sich um völlig illusorische Forderungen, die Verbitterung und Ärger hervorrufen mussten, denn irgendwelche Mittel konnte der Bezirkskommandant nicht in Aussicht stellen, ganz abgesehen von einer Besserung beim vom völligen Zusammenbruch bedrohten Abtransport mit der Eisenbahn. Der Quartiermeister des Berück Mitte meldete in rechtfertigender Manier an die vorgesetzten Stellen, dass sich die Kriegsgefangenen »durchweg im Zustand großer Erschöpfung, der vielfach zum Tode führte« befänden, die »*schlechte Körperverfassung* der Kriegsgefangenen ist auf chronische Unterernährung durch langandauernde mangelhafte Ernährung, Kriegsstrapazen und Kälte zurückzuführen. Es ist daher auch erklärlich, dass die *Sterbeziffer* erheblich anstieg.«[238] Vor allem auf den Märschen von Roslawl nach Kritschew sind Tausende geflohen, vor Erschöpfung gestorben oder erschossen worden. Daran konnte auch das Verbot des Dulag-Kommandanten, auf Gefangene bei den Märschen zu schießen, nichts ändern.[239]

Diese knappen Einträge zum Tod Tausender auf den Märschen zeigen allerdings eindringlich, dass Konrad Jarausch in der Zementfabrik Kritschew bereits mit zu Tode erschöpften Gefangenen konfrontiert wurde, von denen einige unter den

---

[235] 221. Sich.Div./Ib, KTB, 1. November 1941. RH26-221/83. »Heute früh hatten wir wieder eine lange Besprechung mit Oberst Marschall. Dann besichtigte er das Lazarett und Lager 1 und 2. [...] wir fuhren dann zum Lager 3. Da war nicht viel in Ordnung und Hauptmann Dresler war nicht da. Das Mittagessen erschien ihm wichtiger als die Besichtigung.« Tagebuch Gutschmidt. MSG1/257 (1. November 1941).

[236] Kgf.-Bezirkskdt. J, Besichtigung, 22. November 1941. RH22-251. Es wurde festgestellt: »Die am 17.11.41 anläßlich der Besichtigung des Lagers bemängelten stacheldrahtfreien Stellen der Umzäunung sind mit Stacheldraht versehen worden. [...] Die Kartoffelzufuhr ist gut, an Nährmitteln ist Mangel. Mühle und Bäckerei sind in Betrieb. Die Bäckerei leistet zur Zeit mehr, als Brot gebraucht wird. Fleisch wird in gefrorenem Zustand in verhältnismäßig großen Mengen gelagert. Der Holzvorrat reicht für zwei Wochen, die laufende weitere Anfuhr ist sichergestellt.«

[237] Tagebuch Gutschmidt. MSG1/257 (17. November 1941).

[238] Berück Mitte/Qu, Bericht für Oktober/November 1941. RH22-247.

[239] Hartmann, Massensterben, S. 152 (19. Oktober 1941). 1942 ließ Gutschmidt – erfolglos – einen Tatbericht gegen Soldaten einreichen, die erschöpfte Gefangene erschossen hatten. Vgl. ebenda, S. 120.

herrschenden Bedingungen kaum noch Chancen auf ein Überleben hatten.[240] Weniger der Mangel an Verpflegung, vielmehr die vor der Kälte kaum Schutz bietenden
Unterkünfte scheinen im Lager selbst den Tod Hunderter verursacht zu haben, die
angesichts ihrer physischen Konstitution in Revierbehandlung hätten genommen
werden müssen. Glücksfälle, wie die Einweisung in das Lazarett oder eine Arbeits-
stelle im Lager, bestimmten im Winter 1941/42 über Leben oder Tod, eine mit der
alltäglichen Situation in den Konzentrationslagern durchaus vergleichbare Entwicklung, wenngleich sie im Fall der Gefangenenlager nicht als systematisch betriebene »Politik« begriffen werden kann. Der Kommandant des Dulags 203 notierte
in seinem Tagebuch regelmäßig die Zahl der im Lager verstorbenen Gefangenen.[241]
Können diese Angaben zwar keineswegs als umfassend gelten (es muß davon aus-
gegangen werden, dass an anderen Tagen ebenfalls Gefangene gestorben sind), so
bieten sie gleichwohl einen Überblick zur Entwicklung der Sterblichkeit:

Datum	Todesfälle
20.8.1941	7
21.8.1941	1
5.9.1941	1
8.9.1941	3
12.9.1941	9
Verlegung nach Kritschew	
22.10.1941	16
23.10.1941	18
28.10.1941	18
3.11.1941	2
5.11.1941	33
14.11.1941	78
20.11.1941	43
26.11.1941	28
1.12.1941	7

Deutlich wird die vergleichsweise geringe Sterblichkeit von Gefangenen im Sommer 1941 und die exorbitante Zunahme von Todesfällen ab November desselben

---

[240] Auch wenn täglich zweimal warmes Essen und einmal Brot ausgegeben wurden. Hartmann, Massensterben, S. 153 (27. Oktober 1941) sowie Briefe vom 15. Oktober und 1. November 1941. »Die
Leute sind doch stark abgemagert, trotzdem sie bei uns genug zu essen bekommen.« Ebenda (28.
Oktober 1941). »Es sterben viele Gefangene trotz reichlicher Ernährung. Die Unterbringung ist zu
schlecht, und sie sind schon völlig erschöpft hier angekommen.« Ebenda (13. November 1941). Zu
diesem Umstand auch Hartmann, Massensterben, S. 130ff. sowie zu ähnlichen Zusammenhängen
beim Massensterben deutscher Stalingradgefangener Rüdiger Overmans: Das andere Gesicht des
Krieges: Leben und Sterben der 6. Armee, in: Jürgen Förster (Hrsg.): Stalingrad. Ereignis – Wirkung
– Symbol, München/Zürich 1992, S. 419-455, hier S. 438.
[241] Zur Wichtigkeit der Frage: Hartmann, Massensterben, S. 152 (18. Oktober 1941) und S. 123.

Jahres.[242] Anhand der Meldungen des Bezirkskommandanten kann diesem Bild eine Übersicht mit den Belegungszahlen in der Krisenzeit, Oktober und November 1941, gegenübergestellt werden:

Datum	Kriegsgefangene[1]
12.10.1941	629
13.10.1941	2659
14.10.1941	2711
16.10.1941	7386
17.10.1941	9089
18.10.1941	13965
19.10.1941	31234
21.10.1941	23279
24.10.1941	19326
25.10.1941	15280
26.10.1941	12545
30.10.1941	11253
3.11.1941	14915
5.11.1941	11384

Bemerkenswert ist der enorme Anstieg der Gefangenenzahlen in der Nacht vom 18. auf den 19. Oktober 1941 auf 20000, während 11000 an diesem Tag nach rückwärts abgeschoben worden sind.[243] Auffällig ist zudem, dass die Todesfälle im Lager erst zu einer Zeit anwuchsen, als die Belegungszahl bereits drastisch reduziert worden war, nämlich ab dem November 1941.[244] Trotz der besseren Ernährung starben nun mehr Gefangene als in den Wochen zuvor, wenngleich die tägliche Rate anderer Lager noch sehr viel höher war.[245] Insgesamt lag die Sterblichkeit beim Dulag 203 unter der anderer Lager, etwa des Dulags 231 in Wjasma, wo wegen der hohen Sterblichkeit eine kriegsgerichtliche Untersuchung angeordnet wurde. Der Kommandant, Hartwig von Stietencron, wurde wegen

---

[242] Dazu auch die Aussage eines Kriegsgefangenen, dass im Winter täglich 80-100 Gefangene gestorben seien. Aussage vom 28. Januar 1975. Hautstaatsarchiv Hannover, NDS. 721 Acc. 90/99, Nr. 124/2. Diese und andere Aussagen wurden 1977 der deutschen Botschaft in Moskau überreicht und an die Zentrale Stelle geleitet.

[243] »Ich habe heute Nacht weit über 30000 Mann in den drei Lagern.« Hartmann, Massensterben, S. 152 (19. Oktober 1941). Konrad Jarausch war derart beschäftigt, dass er in der Woche nur einen kurzen Gruß sandte.

[244] Nur noch Hunderte im Lager von Konrad Jarausch (Zementfabrik), noch einmal 10000, dann nur 2000. Briefe vom 7., 11. und 14. November 1941.

[245] »In der Zementfabrik sind nur etwas über 2000 Mann. [...] Aber davon sterben täglich 25.« Brief vom 14. November 1941. Zu den Todeszahlen vgl. Gerlach, Kalkulierte Morde, S. 821f., 831f. und 856.

vermeintlichen Versagens im November 1941 durch den Kommandanten des Dulags 203, Major Gutschmidt, ersetzt.[246]

Die Gefangenen trafen im Lager ein, »erstarrt vor Frost – wir haben heute etwa minus zehn, gestern minus fünfzehn Grad am Tage gehabt – zum Essen kommen, taumeln sie, fallen um, sterben zu unseren Füßen.«[247] Konrad Jarausch berichtet über »Bilder des Elends« »wie noch nie in meinem Leben. Einzelheiten will ich nicht ausmalen. Es war oft entsetzlich. Dazu mußten wir die härtesten Mittel anwenden, um – ein Dutzend Deutscher – 20000 Russen in Ordnung und Zucht zu bekommen. Ich möchte wünschen, daß sich Ähnliches nicht wiederholt. [...] Jetzt ist es für uns ein Kinderspiel, wenn auch das Elend noch immer zum Himmel schreit.«[248] Schrieb er über die Anwendung »härtester Mittel«, bezog sich das auch auf seine eigene Rolle bei der Ausgabe von Nahrungsmitteln. Um die hungrigen Massen abzuhalten und einen Essensempfang überhaupt zu ermöglichen, schlug er Gefangene »mit dem Gummiknüppel zu Boden« oder ließ sogar gezielt auf sie schießen.[249] Ein ehemaliger Kriegsgefangener beschrieb 1972 den Alltag in der Zementfabrik folgendermaßen:

> »Misshandlungen von Kriegsgefangenen waren im Lager an der Tagesordnung. Das begann schon täglich bei der Ausgabe der sogenannten Balanda. [...] Der Koch [...] achtete dabei nicht [darauf], ob diese Suppe in das Essgeschirr oder daneben ging. Gewöhnlich bekamen die Gefangenen auf diese Weise nur die Hälfte der Portion [,] und es war verboten, einen Nachschlag zu erbitten. Bei den kleinsten Fehlern, den die Kriegsgefangenen während der Balanda-Ausgabe machten, schlugen die Deutschen, die die Essensausgabe beobachteten, grausam mit Stöcken auf die Gefangenen ein.«[250]

---

[246] Generalleutnant von Unruh an General von Schenckendorff, 9. November 1941. RH23-126, Bl. 116. »Ihm [Stietencron] ist seine Versetzung mit einem sehr groben Briefe des Befehlshabers [...] angezeigt, weil in seinem Lager in Wjasma 4000 Todesfälle vorgekommen sind.« Hartmann, Massensterben, S. 155 (5.12.1941). Vgl. Arnold, Besatzungspolitik, S. 399 und 404-408. Zu von Stietencron konnten keine Personalunterlagen ermittelt werden. Vgl. Hartmann, Massensterben, S. 155. Marschall soll den Kommandanten des Dulags 126 »nach Hause« geschickt haben und es bestand ein »Krach zwischen der Division und unserm Bezirkskommandanten [...] Letzterer hat [...] den Befehl erwirkt, das wir nach Kritschew zu gehen haben.« Tagebuch Gutschmidt. MSG1/257 (30. September/3. Oktober 1941). In diesem Zusammenhang ist der Bericht über den neuen Kommandanten aufschlussreich, von »einer würdigen [Weihnachts]Ansprache des neuen Majors«, »die in der Aufforderung gipfelte, ein stilles Vaterunser gemeinsam zu beten«. Brief vom 25. Dezember 1941. Diese ostentative Aufforderung des Majors stieß dann bei Kameraden auf Kritik. Brief vom 29. Dezember 1941.

[247] Brief vom 14. November 1941.

[248] Brief an Bruno und Trude vom 25. Oktober 1941.

[249] Brief vom 25. Oktober 1941. »Dabei waren wir fünf Deutsche in Verwaltung und Küche und acht Posten. Daß da geprügelt und geschossen werden mußte, kannst Du Dir denken. Die Küchenleitung hat in solchen Zeiten nichts, was an zivile Vorstellungen erinnern könnte. Man prügelt und schießt, um rings um die Küche Ordnung zu schaffen. Man betreut die Kranken, damit sie nicht verhungern. Spielt den Richter, wenn Vorräte gestohlen werden usw.« 25. November 1941. Dem steht entgegen, dass der Kommandant den Schusswaffengebrauch untersagt hatte. »Man hört Schüsse. Da ich aber verboten habe, unterwegs auf Gefangene zu schießen, nehme ich an, dass es nur Warnschüsse waren.« Hartmann, Massensterben, S. 152 (17. Oktober 1941). »Früh um 7 war ich in der Zementfabrik. Die Schüsse sind nur in die Erde abgegeben worden.« Ebenda (18. Oktober 1941).

[250] Aussage vom 28. Januar 1975. Hautstaatsarchiv Hannover, NDS. 721 Acc. 90/99, Nr. 124/2.

Diese Quellen vermitteln eine Ahnung von den Zuständen an den Küchen des Lagers. Was dies für die Gefangenen bedeuteten, was sie auch Konrad Jarausch abverlangten, lässt sich aus heutiger Sicht allerdings schwer nachvollziehen. Waren die Schüsse auf vor Hunger Irrsinnige unumgänglich? Hätte man dies mit mehr Personal verhindern können? Der Leser mag den Versuch wagen, sich in diese Situation zu versetzen – wenn das überhaupt möglich ist – und die Handlungsmöglichkeiten unter diesen Umständen annähernd abzuwägen. Allein auf diese Weise kommt man auch der zeitlos wesentlichen Frage nahe, wie »normale Männer« unter den radikalen Bedingungen des deutsch-sowjetischen Krieges im Winter 1941/42 zu einem Teil dieses unmenschlichen Systems avancieren konnten. In diesem Zusammenhang sind zudem vergleichende Untersuchungen zur Behandlung der Kriegsgefangenen durch die Wehrmacht wie anderer Staaten weiter erforderlich, die auch eine systematische Analyse des Verhältnisses zwischen SS, Wehrmacht und anderen Stellen in den verschiedenen Gebieten umfassen.[251]

6. KONRAD JARAUSCH, DAS MASSENSTERBEN UND DIE VERBRECHEN AN JUDEN

Angesichts der schwierigen Transportlage im mittleren Bereich der Ostfront sind die Berichte über den zu Weihnachten 1941 organisierten Überfluss an Lebens- und Genussmitteln vielsagend.[252] Konrad Jarausch hatte zuvor über die mangelnde Verbindung in die Heimat geklagt, denn die Postsendungen benötigten häufig über vier Wochen, um den Empfänger zu erreichen.[253] Dabei handelte es sich um ein verbreitetes Phänomen, das auf die schwierigen Transportverbindungen von den Verteilungszentren zu den Einheiten zurückging, im Fall des Dulag 203 noch durch die zeitweise unklare Zuordnung zum Divisionspostamt verschärft wurde.[254] Der – im Kontrast zu den vorangegangenen Wochen – Überfluss an Alkohol und Lebensmitteln sowie die reichhaltig eintreffenden Postsendungen lassen sich auf den zielgerichteten Versuch zur Hebung der Stimmung zurückführen, da die Truppe wider Erwarten und im Gegensatz zur tönenden Propaganda in Russland überwintern musste. Das Dulag 203 befand sich in der Etappe und Kritschew war aufgrund des Gleisanschlusses nach Mohilew erreichbar, insofern erklärt sich auch

---

[251] Dazu S.P. MacKenzie: The Treatment of Prisoners of War in World War II, in: Journal of Modern History 66 (1994), S. 487-520; Arnold, Klaus Jochen: Der Vergleich als Instrument zur Erforschung der Verbrechen von Wehrmachteinheiten. Perspektiven und Probleme, in: Richter, Situation und Intention, S. 75-85.

[252] Vgl. Klaus Schüler: Logistik im Rußlandfeldzug. Die Rolle der Eisenbahn bei Planung, Vorbereitung und Durchführung des deutschen Angriffes auf die Sowjetunion bis zur Krise vor Moskau im Winter 1941/42, Frankfurt/Bern/New York/Paris 1987.

[253] Briefe vom »Unsere Post ist sehr unregelmäßig und sehr langsam. Briefe aus Berlin brauchen zwischen 10 und 23 Tage.« Tagebuch Gutschmidt. MSG1/257 (31. August 1941).

[254] Insbesondere die stark beanspruchte Linie Brest-Minsk konnte den Postverkehr nicht bewältigen. 221. Sich.Div./Ib, Besondere Anordnungen für die Versorgung Nr. 151, 25. Oktober 1941. RH26-221/84.

die vergleichsweise gute Versorgung der deutschen Soldaten im Winter 1941/42. Für die Gestaltung der Weihnachtsfeiern waren vom Oberkommando des Heeres für jeden Mann 500 Gramm Printen oder Gebäck zugestanden worden, außerdem 125 Gramm Keks, Süßwaren sowie 250 Gramm Äpfel und eine Flasche Wein. Diese Zuteilungen wurden im Fall des Dulags noch durch weitere Zuwendungen der 286. Sicherungsdivision übertroffen, die jedem Angehörigen einen Stollen im Gewicht von ca. 600 Gramm, eine Bockwurst, einen Liter Rotwein, 24 Zigaretten, drei Zigarren und Rasierklingen zukommen lassen wollte.[255] Die auf diese Weise versorgten Soldaten scheinen gleichwohl nicht auf den Gedanken gekommen zu sein, einen Teil dieser Lebensmittel an die Kriegsgefangenen weiterzuleiten.

Auch Konrad Jarausch wirft diese naheliegende Frage in seinen Briefen nicht auf, wenngleich er selbst den ihm unterstehenden Rotarmisten »Geschenke«, etwa Zigaretten, zukommen ließ.[256] Zwar lässt sich dies vor allem auf die zur Ernährung Zehntausender völlig unbedeutende Menge zurückführen, die aus den Mitteln der Lagermannschaft hätten abgezweigt werden können, jedoch legt das aus heutiger Sicht verstörende Fehlen jedweder Erwägungen in diese Richtung immerhin nahe, dass eine solche konzertierte Aktion anders als im Sommer 1941 außerhalb jeder Vorstellung stand.[257] Konrad Jarausch hielt es nicht für erforderlich, den im krassen Gegensatz zum Hunger der Gefangenen stehenden Berichten über die gut versorgte Truppe, die allerdings mit Rücksicht auf seine besorgte Frau verfasst worden sind, eine Erklärung anzufügen. Diese fatalistische Fügung in das vermeintlich Unumgängliche im »Kampf der Weltanschauungen« gab es zu dieser – noch von Siegen der Wehrmacht dominierten – Zeit nur im Osten und unter den Bedingungen eines mörderischen Kampfes, sie wäre bei der Behandlung französischer Gefangener im Sommer 1940 wohl undenkbar gewesen. Liefert also diese Konstellation einen eindrucksvollen Beleg für die herausragende Bedeutung der herrschenden Bedingungen, ist sie gleichzeitig verbunden mit der seit den Erfahrungen des Ersten Weltkrieges verbreiteten Wahrnehmung Polens und Russlands als »asiatische« oder »östliche« Länder. Selbst der religiöse Intellektuelle, der das Individuum im Chaos suchte, war insofern Zeitgenosse und trotz aller Bemühungen, ein unabhängiges Denken zu bewahren, in erheblichem Maße auch Opfer der seit 1918 fortschreitenden »nationalen Verblendung«.[258] Dabei gilt es allerdings zu berücksichtigen, dass über die wesentlichen Dinge zumeist nicht offen geschrieben wurde, Andeutungen nicht selten mit der Wendung beendet wurden, man habe »viel zu erzählen«.[259] Über die wirklichen Gedanken, Beweggründe für Taten oder Unterlassungen, kann man zumeist nur spekulieren. Das gilt auch für die vermeintlich gut dokumentierte Haltung Konrad Jarauschs. Selbst diese dichte Überlieferung lässt es nicht zu, belegbare Aussagen über die Hintergründe für

---

[255] 286. Sich.Div./IVa, Beitrag zu den Besonderen Anordnungen für die Versorgung, 16. November 1941; Abt. IVa an Ib/Qu, Beitrag, 10. Dezember 1941. RH26-286/16.

[256] Briefe vom 7. November und 25. Dezember 1941.

[257] Im August hatte das Dulag sogar an die Bevölkerung Lebensmittel abgegeben. Hartmann, Massensterben, S. 148 (15. August 1941).

[258] Vgl. Müller, Nationalismus, passim.

[259] Brief vom 5. November 1941. Zu Gründen für die »Schere im Kopf« vgl. Irrgang, Stölten, S. 48-52.

die Art seiner Berichterstattung und die gewählten Formulierungen zu treffen. Man trifft auf eine eigentümliche Mischung aus überraschender Offenheit und der spürbaren Rücksichtnahme auf die Zensur durch die Feldpostprüfstellen.[260] Die Geschichtswissenschaft stößt insofern bei der Beschreibung der Motive Einzelner notwendig auf eine Grenze, die nur abwägend dargestellt und keinesfalls im Stile »letzter Gewissheiten« präsentiert werden können.[261]

Auch die sich im Lager entwickelnde Günstlingswirtschaft lässt sich anhand der Berichte verfolgen. So kümmerte sich Konrad Jarausch besonders intensiv um die ihm unterstellten kriegsgefangenen Köche und Soldaten, die immer mehr als Teil des »Stammpersonals« betrachtet und bei Verlegungen mitgenommen wurden.[262] In allen Belangen unmittelbarer Zuständigkeit trat sowohl die eigene »dienstliche« wie persönliche Verantwortung in den Vordergrund, mitsamt des eng umgrenzten Feldes alltäglicher Handlungsfreiheit, die über das Verschenken eines Brotes oder von Zigaretten an ausgewähltes Funktionspersonal und einen »menschlichen Ton« letztlich kaum hinausreichte.[263] Die Grenzen entsprangen insofern weniger dem »Ermessensspielraum und der persönlichen Initiative des Lagerkommandanten«,[264] vielmehr dem allseits herrschenden Mangel: Waren die Mittel vorhanden, hielt man sich beim Dulag 203 nicht an die Vorgaben und teilte zusätzliche Lebensmittel aus, was allerdings unter den katastrophalen Bedingungen im Herbst 1941 kaum möglich war.[265] Hier zeigt sich eine an den Umständen und Notwendigkeiten orientierte systematische Umgehung der Befehlslage, nach der etwa die Ausgabe von Truppenverpflegung an Gefangene möglichst unterbunden werden sollte, die auch bei anderen Einheiten festzustellen ist und in Konflikten mündete, die sich noch im »Führerhauptquartier« niederschlugen.[266] Was waren aber die Auslöser dieser Mentalität in einem Krieg, in dem Mitleid und Nachsicht keinen Platz finden sollten?

In den ersten Wochen des deutsch-sowjetischen Krieges wurden die Gefangenen beim Dulag als Individuen wahrgenommen und auch so behandelt. Der La-

---

[260] Vgl. dazu etwa Latzel, S. 25-31; Irrgang, Stölten, S. 44-52.

[261] Siehe die Debatte um die Männer des 20. Juli 1944: Johannes Hürter: Auf dem Weg zur Militäropposition. Tresckow, Gersdorff, der Vernichtungskrieg und der Judenmord. Neue Dokumente über das Verhältnis der Heeresgruppe Mitte zur Einsatzgruppe B im Jahr 1941, in: VfZ 52 (2004), S. 527-562; Hermann Graml: Massenmord und Militäropposition. Zur jüngsten Diskussion über den Widerstand im Stab der Heeresgruppe Mitte, in: VfZ 1 (2006), S. 1-24.

[262] »Kriegsgefangene, die Spezialisten sind (Schuhmacher, Bauhandwerker, Autoschlosser usw.) können als ständige Hilfsmannschaften eingestellt und bei Verlegung mitgeführt werden.« 286. Sich. Div.:/Ia, Befehl Nr. 65, 14. November 1941. RH26-286/4.

[263] »In der Zementfabrik konnte ich den menschlichen Ton bestimmen, und das ist doch die Hauptsache. Die Sache ist dabei nicht zu kurz gekommen, soweit Kräfte und Mittel reichten. Aber schließlich ist gerade den Russen gegenüber, die dafür so empfänglich sind, ein freundliches Wort wichtiger als ein glänzendes Rezept.« Brief vom 7. November 1941.

[264] Hartmann, Massensterben, S. 128.

[265] »Wir sind mit unserer Verpflegung meist über die Sätze hinausgegangen. Bis jetzt hat noch niemand Einspruch erhoben.« Brief vom 26.8.1941. Auch Hartmann, Massensterben, S. 151 (16. Oktober 1941). Oberst Marschall hatte etwa bei der Besichtigung einer Gefangenen-Sammelstelle Einspruch gegen die Ausgabe von Truppenverpflegung erhoben. Vgl. Arnold, Besatzungspolitik, S. 403, FN 447.

[266] Vgl. zur Versorgung der Gefangenen und den Auseinandersetzungen ebenda, S. 378-397.

gerkommandant kümmerte sich besonders um die verwundeten Rotarmisten. Er ließ am 30. Juni 1941 vermeintlich Todgeweihte unter Morphium setzen und besuchte einen Überlebenden im Lazarett, dem der Kiefer weggeschossen worden war.[267] Im Laufe des Sommers 1941 veränderte sich die Perspektive aufgrund des Massenanfalls dann spürbar. Die Gefangenen wurden nun als gravierendes Problem wahrgenommen, das Leiden Einzelner trat angesichts der katastrophalen Zustände zurück und wurde verdrängt: »Man konnte sich um die Einzelnen nicht kümmern.«[268] Es ging allein um die Bewältigung der »Aufgabe«, bei der jedes empathische Gefühl als Hindernis oder Ablenkung vom Wesentlichen und als kaum zu ertragende Belastung empfunden wurde. Dieser Eindruck entsteht auch bei der Lektüre der Briefe Jarauschs, der umso intensiver den Kontakt zum unterstellten Funktionspersonal, dem Sprachlehrer oder Künstler suchte, wie das Ausmaß des Sterbens im Oktober 1941 anwuchs und die eigene Hilflosigkeit unabweisbar wurde. Dies hatte zweifellos eine kompensatorische Funktion. Auf einem anderen Gebiet zeigt sich die Machtlosigkeit des Lagerpersonals zudem ausgesprochen deutlich.

Mit den Befehlen Reinhard Heydrichs vom 17. Juli und 29. Oktober 1941 waren die Einsatzgruppen der Sicherheitspolizei und des SD ermächtigt, Selektionen in den Kriegsgefangenenlagern vorzunehmen.[269] Nur einmal, im Herbst 1941, deutet Konrad Jarausch die Verbrechen mit ausdrücklichem Bezug auf die SS in einem Brief an, die er in vielsagender Weise mit der »Ruhe« im Hinterland der Front in Verbindung bringt.[270] Hier offenbart sich eine verbreitet zwiespältige Wahrnehmung der Verbrechen von SS- und Polizeiverbänden durch die Truppe, die einerseits das brutale Vorgehen und die Morde kritisierte, andererseits aber implizit deren Anerkennung beinhaltete, weil sie die wirksame Herstellung von »Ruhe und Ordnung« auf diese »radikalen« Methoden zurückführte.[271] Da Konrad Jarausch alle »politischen Ereignisse« in seiner Umgebung genau verfolgte, scheint sein Wissen über die Massenmorde an Juden im Hinterland der Ostfront auf Erzählungen von Kameraden und das Erlebnis von Selektionen durch die Einsatzgruppen der Sicherheitspolizei und des SD im November 1941 beschränkt gewesen zu sein. Vielleicht wollte er aber auch seiner Frau nichts darüber schreiben und lieber im Gespräch berichten. Seine neugierige Haltung gegenüber der Bevölkerung war frei von Rassismus und Nationalismus, weil er »in den breiten

[267] Vgl. Hartmann, Massensterben, S. 143 (30. Juni 1941); auch 23. Juli und 3. August 1941, ebenda, S. 146f.
[268] Brief an den Lutherbund vom 25. November 1941.
[269] Vgl. Reinhard Otto: Die Zusammenarbeit von Wehrmacht und Stapo bei der »Aussonderung« sowjetischer Kriegsgefangener im Reich, in: Die Wehrmacht. Mythos und Realität. Im Auftrag des Militärgeschichtlichen Forschungsamtes hrsg. von Rolf-Dieter Müller und Hans-Erich Volkmann, München 1999, S. 754-782.
[270] »Die SS räumt furchtbar auf.« Brief vom 12. Oktober 1941.
[271] Zum Verhältnis vgl. Helmut Krausnick: Hitlers Einsatzgruppen. Die Truppe des Weltanschauungskrieges 1938-1942, durchgesehene Ausgabe, Frankfurt am Main 1993, S. 179-245. Übergreifende Untersuchungen, die die Waffen-SS einbeziehen, fehlen. Vgl. Sönke Neitzel: Des Forschens noch wert? Anmerkungen zur Operationsgeschichte der Waffen-SS, in: MGZ 61 (2002), S. 403-429. Am Beispiel Andrej Angrick: Besatzungspolitik und Massenmord. Die Einsatzgruppe D in der südlichen Sowjetunion 1941-1943, Hamburg 2003.

Millionenschichten des russischen Volkes keinen Feind sehen« konnte: »Es sind zum größten Teil die unglücklichen Opfer einer wahnsinnigen Politik, deren Wurzeln allerdings tief in die russische Vergangenheit hineinreichen.«[272] Hatte er zuvor geschrieben, die »eigentlich kommunistischen Elemente« würden »völlig ausgemerzt, ehe die Transporte bis zu uns kommen«,[273] wurde er aber im Herbst 1941 unmittelbar mit den Verbrechen der Einsatzgruppen konfrontiert.

Ein Trupp des Einsatzkommandos 8 der Sicherheitspolizei und des SD war seit Anfang des Monats in Kritschew stationiert und meldete die Ermordung von 1213 Juden.[274] Offenbar selektierte und ermordete das Kommando auch im Dulag 203 in Kritschew in der ersten Novemberhälfte Juden, darunter eingelieferte Zivilisten. Auch Konrad Jarauschs Lehrer, der ihn in Russisch unterrichtete und dessen jüdische Abstammung festgestellt worden war, scheint den Selektionen zum Opfer gefallen zu sein.[275] Zeugen berichteten nach dem Krieg von Erschießungen im Keller der Zementfabrik, die vor allem Juden betroffen haben sollen, wobei – neben dem Einsatzkommando 8 – auch die Geheime Feldpolizei oder der Ic-Offizier des Lagers beteiligt gewesen sein könnten.[276] Was Jarausch von diesen Ereignissen mitbekommen hat, bleibt allerdings unbestimmt. Am 6. November 1941 deutete er Magdalene von Tiling das Geschehen an: »Das Eigentlich-Bolschewistische wird rücksichtslos ausgemerzt, wo es in unsere Hände fällt. Ebenso das jüdische Element. Gerade heute stehe ich stark unter dem Eindruck derartiger Vorgänge. Auch das mag die Kürze entschuldigen.«[277] Einen Tag später berichtete er über

---

[272] Brief an Siegfried vom 25. November 1941.
[273] Brief vom 25. November 1941.
[274] Vgl. Krausnick Einsatzgruppen, S. 158; Wolfgang Curilla: Die deutsche Ordnungspolizei und der Holocaust im Baltikum und in Weißrußland, Paderborn 2006, S. 443; Gerlach, Kalkulierte Morde, S. 600.
[275] Brief vom 7. November 1941. In diesen Tagen führte ein Trupp des Einsatzkommandos 8 der Sipo und des SD Selektionen im Lager durch. Zur Behandlung der jüdischen Rotarmisten vgl. Streit, Keine Kameraden, S. 109-127. Allerdings war noch im Dezember ein »Halbjude« als Dolmetscher tätig. Brief vom 7. Dezember 1941.
[276] In dem Ermittlungsverfahren der Staatsanwaltschaft Hannover gab es zahlreiche Aussagen über Erschießungen durch SS oder die GFP. Ob das Lager selbst Kommissare ermordet hat, konnte nicht einwandfrei festgestellt werden. Auch die Briefe liefern dafür keine Hinweise. Der Kommandant stand dem Morden ablehnend gegenüber, was gegen eine Beteiligung spricht. Vgl. Hartmann, Massensterben, S. 117f. und 121ff. Mehrere Aussagen betreffen systematische Erschießungen von Juden und Gefangenen in der Zementfabrik. In welchem Umfang solche Morde erfolgten und ob Konrad Jarausch Zeuge wurde, ist nicht verifizierbar: Staatsanwaltschaft Hannover, 2 Js 608/70, 17.4.1972, Aussage Alexander Scheffler. Hautstaatsarchiv Hannover, NDS. 721 Acc. 90/99, Nr. 124/2; Protokoll der Außerordentlichen Untersuchungskommission der Sowjetunion vom 20. November 1944. Bundesbeauftragter für die Unterlagen der Staatssicherheitsdienstes der ehemaligen DDR Berlin. ZUV 9-19, Bl. 90-102. In der 2. Wehrmachtsausstellung wird das Lager angeführt und einige Aussagen zitiert: Katalog, S. 234-238.
[277] Brief vom 6. November 1941. Die Selektionen dürften den meisten Soldaten des Dulags kaum entgangen sein, die zweifellos Informationen über das Schicksal der Opfer erhielten. Siehe die Aussagen in den Unterlagen der Staatsanwaltschaft Hannover: Hautstaatsarchiv Hannover, NDS. 721 Acc. 90/99, Nr. 124/4. Der Kommandant notierte im Sommer: »In Bielsk hat die Geheime Feldpolizei unter fadenscheiniger Begründung 30 Juden erschossen und in Minsk sogar 100. Es ist unerhört, wie die Polizei wütet. Wir bemühen uns, gut zu den Russen zu sein, und die Polizei tat das Gegenteil Sie behauptet, die Juden hätten Sabotage getrieben. Dabei ist kein einziger Fall von Sabotage vorgekommen.« Hartmann, Massensterben, S. 144 (9. Juli 1941). Die »Begründung« für

die katastrophale Lage der Gefangenen – »Juden barfuß im Schnee« – und am 14. November 1941 beschrieb er unmissverständlich:

> *»Die Soldaten haben noch etwas Haltung durch die Uniform. Zivilisten haben wir dabei, die bis aufs Hemd ausgezogen sind, vor allem Juden. Da ist es wirklich das Barmherzigste, wenn sie in den Wald geführt und dort umgelegt werden, wie der Fachausdruck lautet. Aber das Ganze ist schon mehr Mord als Krieg. Wenn man nicht auf der anderen Seite immer erneut von den Russen hören würde, was sie unter dem Bolschewismus gelitten haben, könnte man an dem Sinn des Ganzen verzweifeln. Dazwischen ist man nun geworfen, ohne etwas tun zu können als das bißchen Pflicht.«*[278]

Durch diese Verbrechen stellte sich ihm die Frage nach dem »Sinn des Ganzen«, nicht zuletzt nach der eigenen Rolle und Handlungsmöglichkeiten. Wie bei vielen Offizieren und Soldaten zeigen sich hier auch typische Muster der Verarbeitung von Berichten über Verbrechen oder selbst erlebter Morde. Zunächst werden die Erzählungen oder Erlebnisse angesichts der entgrenzten Kriegssituation und des Kampfes um das eigene Überleben in einen vermeintlich »barmherzigen« Zusammenhang gestellt, weil die Menschen unter diesen Bedingungen keine Chance auf ein Überleben gehabt hätten. Hiermit wird dem Geschehen der Charakter des Zwangsläufigen gegeben, an dem man ohnehin nichts hätte ändern können. Außerdem wird ein »Sinn« der Morde wegen der Berichte russischer Opfer des Stalinismus suggeriert, womit gleichzeitig die Anerkennung des im Ostheer verbreiteten Vorurteils von der »Schuld« der Juden an den stalinistischen Verbrechen verbunden war. Weil dies keineswegs überzeugend schien, blieb Konrad Jarausch noch der Rückzug auf »das bißchen Pflicht«, das ihm selbst in wachsendem Maße nur noch hohl – nicht an die Prinzipien der menschlichen Existenz im christlichen Sinne gebunden – erschien. In einem übermächtigen Apparat gefangen und in eine als ausweglos wahrgenommene Situation gestellt, konzentrierte er sich auf das Naheliegende – den eigenen Aufgabenbereich. Diese fatalistische Haltung kann als übergreifendes Merkmal bei vielen Offizieren und Soldaten festgestellt werden, die mit den Folgen der nationalsozialistischen Besatzungspolitik konfrontiert wurden und die eigene Rolle als kleines Rad im Getriebe eines Zwangsregimes erkannten. Kontrastiert wurde dies anhand des Verweises auf den Mißbrauch von Traditionen durch »SS-Schergen« und die Pervertierung aller Werte in einem grausamen »Überlebenskampf« gegen den Bolschewismus und die angelsächsischen Demokratien.[279] Den nächsten Schritt, von Resistenz und Ablehnung zu

---

die durch die Einsatzgruppe B vorgenommene Erschießung in Bielsk lautete: »Diese Personen haben sich nachweislich unter der Sowjetherrschaft kommunistisch betätigt und auch nach der Besetzung der Stadt Bielsk versucht, die Bevölkerung [...] aufzuhetzen. Außerdem haben die zur Verantwortung gezogenen 30 Juden versucht, die weißrussische und polnische Bevölkerung durch Wucher und Drohungen zu terrorisieren und sich durch Plünderung zu bereichern.« Befehlshaber der Sipo und des SD, Bekanntmachung. RH22-224, K-4. Siehe die Ereignismeldung vom 5. Juli 1941. BA Berlin, R58-214, Bl. 78.

[278] Briefe vom 7. und 14. November 1941.

[279] Offenbar suchte Konrad Jarausch in diesen Tagen derartige Berichte: »So habe ich gestern und heute noch zum Abschied ein paar Gespräche gesucht. Zum Teil sehr aufschlußreich für das russische Leben und so, daß man den Krieg unbedingt bejahen muß...« »Gestern abend habe ich

offenem Protest und Konfrontation unter Inkaufnahme der Konsequenzen, wagten jedoch – angesichts Zehntausender Wehrmachtssoldaten, die diese Zusammenhänge durchschauten – allzu wenige. Dabei war die Chance – das läßt sich aus dem Verlauf mutiger Aktionen ableiten -, auf diesem Weg Menschen vor der Ermordung zu retten, verschwindend gering. Erfolgreicher waren hingegen Bemühungen, dem Regime im Geheimen entgegenzuarbeiten, Deportationen und Morde zu verzögern, Menschen zu verstecken oder zur Flucht zu verhelfen.[280]

7. FLECKFIEBER IN DER WEHRMACHT

Als Konrad Jarausch am 13. Januar 1942 die letzte Feldpostkarte an seine Frau Charlotte schrieb, war er – ohne es zu wissen – bereits an Fleckfieber erkrankt.[281] Die Inkubationszeit beträgt in der Regel zwölf bis vierzehn Tage, und die Krankheit beginnt mit Kopf-, Glieder- und Muskelschmerzen, begleitet von allgemeiner Unruhe und unbestimmter Ängstlichkeit:[282]

> *Die zweite Sorge im Krankheitsgeschehen bildet der hochgradige körperliche Verfall. Er wird verursacht durch das langdauernde hohe Fieber und die damit oft verbundene Somnolenz. Die Kranken essen und trinken nicht selbstständig und ausreichend, nehmen deshalb ab und trocknen aus [...]. Dauernde sorgfältige Pflege ist notwendig – vermag aber trotzdem nicht, einen hochgradigen Verfall zu verhindern.*[283]

Noch für die Zeit vom November 1941 bis Januar 1942 hatte der Beratende Internist für den Bereich der 4. Armee nur 260 Erkrankungen gemeldet, bei den ersten 200 Betroffenen waren zudem insgesamt lediglich zwei Männer gestorben.[284] In dem als Seuchenlazarett eingerichteten Kriegslazarett 4/605 in Roslawl,

---

wieder einmal lange bei einigen deutschsprechenden Russen gesessen und mir von ihrem schweren Leben unter der bolschewistischen Herrschaft erzählen lassen.« Briefe vom 7. November 1941. Merkwürdig bleibt, dass er, der über den Mangel an Gottesdiensten klagte, über einen am 17. nicht berichtete, den nur fünf Mann besuchten. Tagebuch Gutschmidt. MSG1/257 (17. November 1941).

[280] Zur Ermordung jüdischer Kinder in Belaja Zerkow vgl. Arnold, Besatzungspolitik, S. 521ff. Vgl. Beate Kosmala/Claudia Schoppmann (Hrsg.): Überleben im Untergrund. Hilfe für Juden in Deutschland 1941-1945. Solidarität und Hilfe für Juden während der NS-Zeit, Bd. 5, Berlin 2002; Wolfram Wette (Hrsg.): Retter in Uniform. Handlungsspielräume im Vernichtungskrieg der Wehrmacht, Frankfurt am Main 2003.

[281] Bei der Einlieferung am 17. Januar zeigte er bereits die typischen Symptome der zweiten Krankheitswoche.

[282] Armeearzt 18, Fleckfieber, 28. Januar 1942. RH12-23/360.

[283] Kriegslazarett 1/637(mot.)/Assistenzarzt, Behandlungsvorschlag mit Novalgin, 1. Juli 1942. RH12-23/360. Novalgin sollte eine Stabilisierung der Fieberkurve bewirken und die Nahrungsaufnahme ermöglichen.

[284] 4. Armee, Beratender Internist Prof. Sylla, Erfahrungsbericht November 1941-Januar 1942. RH12-23/305.

in dem Konrad Jarausch starb, verzeichnete man zwar im Februar 1942 bereits Hunderte Fälle, jedoch mit geringer Letalität.[285] In der Folgezeit kam es jedoch zu einer Epidemie, insgesamt rund 3300 Fälle allein bei der 4. Armee, allerdings starben nur 6,5% der Erkrankten im Armeebereich an der Seuche.[286] Bei dem behandelnden Arzt handelte es sich um den Chefarzt Dr. Starck des als »Seuchenlazarett« eingesetzten Kriegslazarettes 4/605, der bereits Erfahrungen in der Behandlung des Fleckfiebers aufweisen konnte.[287] Auffällig war die Erkrankungshäufigkeit der Jahrgänge 1896-1910 (80%), was wegen des auslösenden engen Kontaktes zu Kriegsgefangenen auch als »Lagertyphus« bezeichnet wurde.[288] Die hohe Sterblichkeit bei den Landesschützenbataillonen wurde außerdem damit erklärt, dass »auch die jüngeren Jahrgänge […] nicht volle militärische Tauglichkeit besitzen – sonst wären sie nicht in diesen Einheiten -, also von vornherein nicht als gesund gelten können. Unter diesen dürften Soldaten mit Kreislaufschäden von vornherein besonders gefährdet sein.«[289] Konrad Jarausch kämpfte um sein Leben, er verstarb erst am 16. Tag seiner Erkrankung, durchschnittlich trat der Tod bei Fleckfieber bereits innerhalb von zehn Tagen ein. In der katastrophalen Lage an der Front im Winter 1941/42 konnte er jedoch, durch seine Herzschwäche und die Anstrengungen bereits in angegriffener physischer Verfassung, wie viele andere und insbesondere die sowjetischen Kriegsgefangenen in deutschen Lagern auf intensive Pflege nicht hoffen.

8. FAZIT

Die sowjetischen Kriegsgefangenen wurden durch das Deutsche Reich im Gegensatz zu den Gefangenen anderer Nationen von vornherein nicht im Einklang mit dem Völkerrecht behandelt.[290] Zunächst vermeintlich geringfügige Abweichungen

---

[285] 4. Armee, Beratender Internist Prof. Sylla, Tagebuch Fleckfieber, Februar 1942. RH12-12/305; Beratender Internist Versorgungsbezirk Dnjepr/Prof. Brinkmann, Kriegslazarett 4/605, 5. Januar 1942. RH12-23/38, Bl. 2.

[286] 4. Armee, Beratender Internist Prof. Skylla, Erfahrungsbericht 1. Februar-30. April 1941. RH12-23/305. Vgl. Karl-Heinz Leven: Fleckfieber beim deutschen Heer während des Krieges gegen die Sowjetunion 1941-1945, in: Sanitätswesen im Zweiten Weltkrieg. Vorträge zur Militärgeschichte hrsg. vom Militärgeschichtlichen Forschungsamt, Bd. 11, Herford/Bonn 1990, S. 127-165, hier S. 132f. Insgesamt betrug die Letalität durchschnittlich 16,5%. Nach ebenda, S. 50.

[287] Ihm wird in einer Ausarbeitung Prof. Skyllas für seine Mitarbeit gedankt: Fleckfieberbeobachtungen [wohl 1942]. RH12-23/360.

[288] Zentralarchiv für Wehrmedizin/Sondergruppe Oberarzt Dr. Koller, Die Fleckfieberepidemie im Winter 1941/42 nach den ersten 1055 Krankenblättern, 13. Mai 1942. RH12-23/360. Angesichts der hohen Zahl an Todesfällen (633 von 1055) handelte es sich bei den vorliegenden Blättern vor allem um schwere Fälle.

[289] Beratender Internist Kauffmann, Warschau, Erfahrungsbericht 14. April 1942. RH12-23/304.

[290] Vgl. Alfred Streim: Das Völkerrecht und die sowjetischen Kriegsgefangenen, in: Bernd Wegner (Hrsg.): Zwei Wege nach Moskau. Vom Hitler-Stalin-Pakt zum »Unternehmen Barbarossa«, München/Zürich 1991, S. 291-308; Christian Streit: Die Behandlung der sowjetischen Kriegsgefangenen

von den Vorgaben mündeten in Mangelernährung und Ausbeutung der Arbeitskraft im Deutschen Reich, die zum Tod Hunderttausender führte.[291] Der Umgang
mit den Rotarmisten im Frontgebiet wurde jedoch von anderen Faktoren bestimmt: nicht ideologisch begründete »Hungerpläne«, sondern der allseits domi-
nierende Mangel an Ressourcen mündete im Winter 1941/42 in einer Katastrophe.
Das Massensterben im Winter 1941/42 ist auf ein Konglomerat von Ursachen
zurückzuführen, die mit dem von Alfred Streim geprägten Begriff des »Not-
stands« treffend beschrieben werden:[292] der widrige Verlauf des Feldzuges und das
Scheitern des Angriffs auf Moskau im Dezember 1941; die erfolgreiche sowjetische Politik der »Verbrannten Erde« und die dadurch gravierend verschärften
Transport- und Versorgungsschwierigkeiten; die schwierigen klimatischen Bedingungen im Winter. Mit Blick auf die Dulags ist der eklatante Mangel an Bewa-
chungskräften, die Unbeweglichkeit eines bürokratisch organisierten logistischen
Systems und die damit verbundene Abwälzung der Verantwortung auf andere
Stellen hervorzuheben. Die Entwicklung beim Dulag 203 widerlegt dabei eindrucksvoll die These eines zielgerichteten Mordplanes an den Rotarmisten. Die
Bezeichnung der Lager als absichtsvoll eingerichtete »Vernichtungsmaschinen«[293]
übergeht die komplexen Hintergründe der katastrophalen Entwicklung im Win-
ter 1941/42. Die Lager waren einer »Befehlslage« unterworfen und insofern auch
Teil eines Vernichtungskrieges, den Hitler entworfen hatte und der durch die
Wehrmachtführung in Befehle überführt worden war. Sie unterbanden – aus vie-
len Gründen – nur in Ausnahmefällen und nicht selten aus Unkenntnis geltender
Befehle den Zugriff auf Kommissare oder Juden durch die Einsatzgruppen der
Sicherheitspolizei und des SD.[294] Hier zeigt sich die Macht der ausgegebenen
Befehle in ihrer herausragenden Bedeutung: obwohl Konrad Jarausch und sein
Kommandant diese Befehle ablehnten, standen sie der Umsetzung hilflos gegen-
über. Jeder Einspruch schien nur dilatorische Auswirkungen zu haben und drohte
zugleich, ohnehin schwelende Auseinandersetzungen in der Truppe weiter zu
verschärfen, mit allen Nachteilen, die das zur Folge haben konnte.

Konrad Jarauschs Briefe bieten aufgrund seiner kritischen Distanz zum Krieg
eine besonders aussagekräftige Perspektive auf zentrale Aspekte der deutschen
Besatzungspolitik. Ereignisse werden in ihrer verwundenen Komplexität beschrieben, und sie präsentieren keine »leichten« Antworten auf häufig gestellte
Fragen. Er hatte den Krieg nicht gewollt und versuchte ebenso wie der Lagerkommandant, im Rahmen der Möglichkeiten menschlich zu handeln. Insofern liefert
er ein Beispiel für das Verhalten vieler Wehrmachtsangehöriger im Zweiten Weltkrieg, die mit einem brutalen deutsch-sowjetischen Vernichtungskrieg und ver-

---

und völkerrechtliche Probleme des Krieges gegen die Sowjetunion, in: Gerd R. Ueberschär/Wolf-
ram Wette (Hrsg.), Der deutsche Überfall auf die Sowjetunion. »Unternehmen Barbarossa« 1941,
Neuausgabe, Frankfurt am Main 1997, S. 159-183; Dieter Fleck (Hrsg.): Handbuch des humanitären
Völkerrechts in bewaffneten Konflikten, München 1994, S. 260-300.

[291] Siehe Reinhard Otto: Wehrmacht, Gestapo und sowjetische Kriegsgefangene im deutschen Reichsgebiet 1941/42, München 1998.

[292] Streim, S. 164 und 188f.

[293] Gerlach, Kalkulierte Morde, S. 858.

[294] Vgl. Krausnick, Einsatzgruppen, S. 221-224; Streit, Keine Kameraden, S. 87-105.

brecherischen Befehlen konfrontiert wurden. Schrieb Konrad Jarausch einerseits als Beteiligter, bemühte er sich zugleich, Abstand von den schrecklichen Ereignissen zu gewinnen und objektiv zu berichten. Fühlte er sich fehl am Platze, haderte er gleichzeitig mit sich und wollte mittun. Der Leser folgt einer Wandlung, er wird Zeuge der Zweifel und Bedenken, gleichzeitig wird er mit der grausamen Realität des Krieges konfrontiert, hineingezogen und zum Nachdenken angeregt. Derartige Zeugnisse sind selten und von bewegender Eindringlichkeit. Sie zeigen eindrucksvoll, dass eine abwägende Einordnung des Verhaltens in der Diktatur unter Berücksichtigung der Umstände, der Handlungsspielräume und des zeitgenössischen Ereignis- und Wahrnehmungshorizontes erfolgen muß. Nur auf diese Weise wird man zu ausgewogenen Bewertungen gelangen.

Zweiter Teil:

BRIEFE

1. »DER ATEM DES KRIEGES«
(SEPTEMBER 1939 – JANUAR 1940)

[1.]
[Karte]
9. September 1939

Liebste Lotte,
Nach 18-stündiger Fahrt sind wir heute morgen in einer ganz ländlich-friedlichen Gegend dicht an der Reichsgrenze bei Gross-Wartenberg[1] ausgeladen worden. Die Fahrt war erträglich. Jetzt haben wir sieben Kilometer Marsch vor uns. Wohin es dann geht, weiß niemand. Jedenfalls ist es nun doch der Osten geworden. Es ging über die bekannte Strecke, die ich erst vor zwei Monaten gefahren bin und dann über Oels[2] weiter. Nun ruhe Dich erst richtig aus und mache Dir keine unnötigen Sorgen. Ich habe ja bis jetzt alles gesundheitlich überstanden, was von uns verlangt worden ist, und Kriegsgefahr besteht hier nicht. Laß es Dir nun recht gut gehen. Ich denke immer an Dich.
    Dein Konrad

[2.]
9. September 1939

Liebste Lotte,
Nun geht es wieder weiter. Wir sitzen bequem und gemütlich im 3. Klasse-Abteil. Die Sonne scheint auf das friedliche, stille Land. Nur ein deutscher Flieger surrt einmal über das Land. Ich hatte eine interessante Nacht. Ich war zur Telephon-wache abkommandiert, es war ein Irrtum; aber ich hatte dafür eine herrliche Nachtstunde zum ersten Mal auf Posten in einem dichtbelaubten Gutspark bei prachtvollem Sternschein und vorher eine Plauderviertelstunde mit der Hausdame in einem Gutshaus. Heute ist es noch richtige ostdeutsche Landschaft mit allem, was dazu gehört. Grosse Güter mit Herrenhäusern, Park und Festhäusern. Weite Schläge. Wald dazwischen, Rehe und Hasen. Ein erster behelfsmäßiger Flugplatz dazwischen. Auf den Straßen ständig Transporte, Lastwagen. Einzelne Geschütze. Sanitätswagen. 158 km bis Lodz steht an der Wegkreuzung. Für uns beginnt nun ein Zigeunerdasein. Heute hier, morgen dort.[3] Die Sachen läßt man möglichst zusammen. Die alten Feldsoldaten zeigen uns, wie man sich alles neben seinem Stroh aufbaut. Ich habe unter meinem Mantel gut bis zum Hellwerden geschlafen. Dann heißt es ohnehin bald aus den »Federn«. Im großen Saal der Gastwirtschaft, wo wir einquartiert waren, lagen über hundert Mann. Wir haben doch immer eine

---

[1]   Kreisstadt im Regierungsbezirk Breslau (Syców).
[2]   Kreisstadt in Niederschlesien (Oleśnica).
[3]   Eingefügte Bemerkung: »Schon wieder überholt.«

kleine Erleichterung in diesen äußeren Dingen. Da ich erst um halb zwölf in die Unterkunft zurückkam, habe ich mir ein Plätzchen ganz für mich gesucht.

Auch die Bahnfahrt hatte mindestens ihre Zigeunerart, vor allem während der Nacht. Ich bin gleich hinter Magdeburg fest eingeschlafen und erst hinter Roßlau wieder aufgewacht. Dann habe ich immer wieder abwechselnd an der Tür gestanden und gegessen. Es war sehr schön, daß Du mich so gut vor allem mit Obst versorgt hattest. Es gab kaum etwas zu trinken. Die Fahrt ging bis auf die eigentlichen Nachtstunden rasch hintereinander durch, zeitweise war es ganz dunkel im Wagen. Dann hörte man kein Wort, nur das Rattern des Wagens und das Klirren des vielen Eisens. Als es dunkel wurde, stand ich mit einem Kameraden an der Tür und sah nach dem Mars, der groß und leuchtend am Südhimmel stand. Es waren eigentlich die ersten Stunden der Besinnung seit fast vierzehn Tagen. Dann habe ich wieder nach Möglichkeit geschlafen. Als wir durch die Breslauer Vororte fuhren, begann es hell zu werden und damit war die Nacht wieder vorbei. Man gewöhnt sich verhältnismäßig rasch an den wenigen Schlaf, jedenfalls wenn man dann am Tage nichts zu tun hat.

Jetzt fahren wir durch das befreite Gebiet.[4] Erste, aber ganz vereinzelte Spuren des Krieges. An den Häusern vielfach Hakenkreuzfahnen. Über den Straßen und über der Bahn, die seit 1920 unterbrochen war und nun schon wieder mehrere Tage im Betrieb ist, Ehrenpforten. Die Leute sind bei der Arbeit auf den Feldern. Viele grüßen mit erhobener Rechten oder winken dem Zug zu. Wir sind froh, daß gerade diese Gebiete so gut wie nicht gelitten haben.

Nun scheint es, als sollten wir mehr sehen und erleben, als wir anfangs dachten. Aber es handelt sich ja nur um Unbequemlichkeiten, nicht um ernste Gefahr. Und diese Unbequemlichkeiten wollen wir gerne auf uns nehmen.

Mit heute Mittag beginnt ein neuer Abschnitt. Ich gehe auch in ihn in herzlichem Gedenken an Dich. Wann werden wir nun einmal etwas von [zu] Haus hören? Aber warte bitte, bis ich die Feldpostnummer schreibe.

Leb wohl

Heb den Brief bitte auf und schicke ihn gelegentlich nach Berlin[5] mit. Besorge bitte gelegentlich einen kleinen Metoula-Sprachführer für Polnisch, damit Du ihn schicken kannst, wenn es soweit ist. Ich schicke den Brief ab bereits aus fast rein polnischem – vor allem auch gesinnungsmäßig polnischem Gebiet.

10. September 1939

Sonntagmorgen in einem polnischen Eisenbahnerwohnhaus. Die Bewohner sind natürlich geflüchtet. Die Möbel sind an die Wände gerückt. In den Zimmern ist Stroh ausgebreitet. Darüber hängen noch die Bilder an den Wänden. Jeder nimmt, was er im Augenblick braucht, nach dem guten Recht des Soldaten. Zerstört wird mutwillig nichts. Aber natürlich wird alles abgenutzt und verbraucht, wenn an den polierten Möbeln die Gewehre lehnen oder der Kaffee auf die Polsterstühle tropft – typisch Etappe. Auf dem Hof sind die Küchen mit ihren Proviantwagen aufgefahren. Gegenüber steht der einzige Brunnen, an dem ein paar

---

[4]   Gemäß den Bestimmungen des Versailler Vertrages 1919/20 war die Provinz Posen nach dem Ersten Weltkrieg an Polen gefallen.

[5]   Damit sind seine in Berlin lebende Mutter und sein Bruder gemeint.

hundert Soldaten (auch Kameraden von Niederdonau[6]) ihre Morgenwäsche verrichten. Jetzt ist er wieder versiegt. Ich schreibe in der weinberankten Laube eines Schrebergartens. Die Sonnenblumen blühen. Vom Ort her läuten Glocken. Sonntagmorgen.

[3.]
12. September 1939

Inzwischen haben wir nun Gelegenheit gehabt, den Ort, auf dessen Bahnhof wir liegen, ein bißchen kennen zu lernen.[7] Es ist doch alles sehr dürftig hier, auch noch im Vergleich mit Schwedt etwa. Industrie fehlt noch fast ganz. Nur eine größere Mühle ist da, deren Besitzer uns sein Auto zur Verfügung stellen mußte. Es gab da eine interessante Verhandlung. Der Kompanieführer gab sich alle Mühe, höflich zu sein. Und am Schluß unterschrieb der Jan schon [als] Johann. Auch eine Molkerei liegt hier am Bahnhof, die in deutscher Hand ist und in der es jetzt noch schöne Sahne und Butter zu kaufen gibt. Sonst sind die Geschäfte recht dürftig hier. Aber auch da kann man feine Beobachtungen machen. In der Bäckerei, wo ich meinen Sonntagsschinken gekauft habe, hing eine Photographie von einem Konditorenlehrgang in Dresden in der Vorkriegszeit, und die Bäckersfrau sprach ihr Deutsch sehr gewandt. Sonst macht nur der weite, viereckige rynek-Ring einen stattlicheren Eindruck. Selbst in der Marschall-Pilsudskistraße[8] sind die Häuser ganz ungleichmäßig hoch. Fast nirgends sind die Fensterkreuze gestrichen. Die Gardinen sind schmutzig und voller Löcher. In allen Winkeln hängen die Spinnweben. Der einzig schöne Bau ist die katholische Kirche, ein schlichter Barockbau zwischen viel Grün. Den ganzen Bezirk haben wir gestern intensiv dienstlich kennen gelernt, ich leider nur von außen, da ich mit geladenem, unter den Arm geklemmten Gewehr vor dem Dom Katolicki, dem katholischen Vereinshaus, Posten stehen mußte. Ich hatte Zeit genug, mir meine Gedanken über diese neue Bestätigung der alten Begriffe von deutsch = evangelisch und katholisch = polnisch zu machen.[9] Leider kam ich mit den Gedanken nie sehr weit, da der Stahlhelm noch immer drückt, wenn man ihn ein paar Stunden hintereinander trägt. Der evangelische Geistliche ist bezeichnenderweise kommissarischer Bürgermeister des Ortes geworden, und die Gegend um die evangelische Kirche herum ist die einzige, in der die Hakenkreuzfahnen etwas dichter hängen. Auch die Bevöl-

6 Bezeichnung für Niederösterreich zur Zeit des Nationalsozialismus.
7 Es handelt sich um die Kreisstadt Kempen (Kępno) im südlichen Zipfel Posens.
8 Jozef Klemens Pilsudski (1867-1935), polnischer Marschall und berühmter Politiker.
9 1910 waren in Posen von 1000 Einwohnern 307,9 evangelischen, 677,3 katholischen und 12,6 jüdischen Glaubens. Im Regierungsbezirk Groß-Wartenberg waren von 100 Angehörigen der beiden Konfessionen 58,2 Evangelische und 41,8 Katholiken. In Kempen lebten 1910 6400 Menschen. Statistik des Deutschen Reiches. Hrsg. vom Kaiserlichen Statistischen Amte, Bd. 240: Die Volkszählung im Deutschen Reiche am 1. Dezember 1910, Berlin 1915, S. 135, 139, Karte Nr. 5: Die evangelische und katholische Bevölkerung am 1.12.1910 sowie der Anhang: Gemeinden und Wohnplätze, S. 8. Vgl. Kazimierz Smigiel: Die katholische Kirche im Reichsgau Wartheland: 1939–1945, Dortmund 1984; Paul Gürtler: Nationalsozialismus und evangelische Kirchen im Warthegau: Trennung von Staat und Kirche im nationalsozialistischen Weltanschauungsstaat, Göttingen 1958; Eduard Kneifel: Die Evangelische Kirche im Wartheland-Ost (Lodz), ihr Aufbau und ihre Auseinandersetzung mit dem Nationalsozialismus 1939-1945, Vierkirchen 1976.

kerung macht keinen sehr sympathischen Eindruck. Die Mädchen sind wirklich nur hübsch, solange sie noch ganz jung sind. Die Frauen haben vielfach zerfallene und verbrauchte Gesichter, und die Mischung von dürftiger Eleganz und Schlamperei kehrt in allen Abstufungen wieder. Im ganzen ist doch die Dürftigkeit erschreckend groß. Auch bei den Männern, die sich mehr zurückhalten und erst in der Dämmerung zahlreicher auf den Straßen auftauchen. – In der Dunkelheit muß übrigens die gesamte Zivilbevölkerung von den Straßen verschwunden sein. – Gestern waren ziemlich viel Bauernfuhrwerke in der Stadt. Einfache Wagen mit den kleinen Pferden, die Bauern auf einer Schütte Stroh im Wagen sitzend. Von ihnen haben viele gegrüßt. In der Umgebung soll noch etwa ein drittel der Bevölkerung deutsch sein. Die Stadt ist fast rein polnisch geworden.

Allmählich kommt der Bahnverkehr mehr und mehr in Gang. Gestern sind die ersten durchgehenden Züge von und nach Breslau gefahren, natürlich noch nicht für den Zivilverkehr. Unsere Leute sind zum Teil auf die kleinen Stationen verteilt. So werden die nächtlichen Schießereien wohl auch allmählich aufhören. Es laufen hier viel Schauergeschichten ein. Es wird hier in Zukunft wieder genau so schwer sein, die Wahrheit festzustellen wie anno 1914 in Belgien.[10] Mir haben diese Dinge bisher nur eine schöne Nachtfahrt im Auto zwischen zwei und drei Uhr eingebracht, die auch mehr romantisch war mit Stahlhelm und geladenem Gewehr als gefährlich. Wenn nicht gestern abend von Westen her die ernsten Nachrichten gekommen wären, könnten wir hier den Krieg fast vergessen. Die Gefangenentransporte sind noch immer wenig zahlreich. Viele Volksdeutsche und Ukrainer sind dabei, die von den Polen getrennt wurden. Ab und zu kommen Feldtruppen durch, völlig verstaubt und schon jetzt mit den angestrengten Gesichtern und den brennenden, übermüdeten Augen, alles natürlich motorisiert.

Ich mache den Kompaniedienst mit, habe den Vorteil, den regelmäßigen Wachdienst nicht mitmachen zu brauchen, und muß dafür gelegentlich andere Dinge erledigen, wenn die anderen hier sind. Heute habe ich zum erstenmal richtig von halb zehn bis fünf in Ruhe geschlafen. Aber es scheint ja, als ob wir hier zunächst bleiben und dann mehr und mehr »verbürgern« und in Ordnung kommen, bis uns eine neue Welle vorwärtstreibt.

Ich habe absichtlich ganz sachlich erzählt, damit der Brief auch in Deine Hand kommt. [...]

[4.]
14. September 1939

nun werden wir hier allmählich seßhaft. Es ist zunächst auch ganz gut. Denn in der Nacht ist das bisher so prachtvolle Wetter umgeschlagen. Es hat tüchtig geregnet. Hoffentlich kommt nun nicht sofort der polnische Herbst mit seinem Schlamm und seiner Nässe. Aber ich habe ja immer noch die Schreibstube als Rückendeckung, die sich ganz behaglich eingerichtet hat und in der ich mich

---

10   Im Ersten Weltkrieg geriet die kaiserliche Armee 1914 in Belgien unter Beschuß von Milizen, worauf brutale Repressalien ergriffen worden sind, die wiederum eine wirkungsvolle Greuelpropaganda gegen das Deutsche Reich auslösten. Vgl. John N. Horne/Alan Kramer (Hrsg.): German Atrocities 1914. A History of Denial, New Haven 2001.

immer aufhalten kann. Dienst ist gestern kaum gewesen für uns. Vormittags waren wir zum Brausen in dem überraschend schönen Städtischen Freibad. Das Schwimmbecken wurde noch gereinigt und sollte heute Nachmittag eigentlich zum erstenmal von uns benutzt werden. Hoffentlich kommt die Sonne im Laufe des Vormittags durch. Allmählich festigen sich die Eindrücke von Land und Leuten und runden sich zugleich. Wenn man hier von der Stadt aus fährt, wird der Eindruck von Weite und Leere immer großartiger. Da der Großgrundbesitz noch immer über viel Land verfügt, liegen die Dörfer weit auseinander. Gehölze, Baumriesen und -gruppen sind häufig genug, um die kleinen Gehöfte zu verdecken. Dabei sieht manches aus, als ob es erst durch die Siedlung der letzten Jahrzehnte entstanden ist. Ziegelbauten sind die Regel, manche tragen noch ein Strohdach. Aber die richtigen Lehmkaten sind hier doch schon im Verschwinden. Wir haben an unserem Weg nur ganz wenige getroffen. Dafür einen großen, halbfertigen Schulneubau und eine fast fertige neue Kirche. Der Eindruck des Erbärmlich-Zurückgebliebenen entsteht eher in den Städten, von denen wir eine mit ein paar Tausend Einwohnern vorgestern – leider zu flüchtig – gesehen haben.

Was hier den Krieg am stärksten fühlen läßt, ist das Elend der Flüchtlinge.[11] Sie ziehen hier die Straßen entlang, im guten Fall mit Pferd und Wagen, Bündeln und Stroh, mit Kindern und Kühen. Die Ärmsten nur mit der Ziege am Strick und dem Bündel auf dem Rücken. Sie sind zum Teil freiwillig, zum Teil auch gezwungen abgewandert. Die Kameraden behaupten, manche hätten erzählt, die Pfaffen von den Kanzeln hätten gesagt: »Die Deutschen schneiden den Frauen die Brüste ab usw.« So wächst hier im Osten die Abneigung gegen alles, was Kirche heißt. Die Leute sind Hunderte von Kilometern ostwärts gezogen. Jetzt wandern sie zurück. Die deutsche Truppe nimmt sich ihrer an, wo es nötig ist. Gestern sprachen wir eine Familie aus Kattowitz.[12] Die Frau brach in Tränen aus, als sie uns ihren kranken Säugling zeigte. Das arme Volk, so sagen die Einheimischen, ist ganz zufrieden, daß die Deutschen wieder da sind. Nur die großen Bauern und die Beamten fluchen. Daß die katholische Kirche in dasselbe Horn stößt, wundert mich nicht weiter, erschwert aber die Lage noch mehr. Hoffentlich geht es hier im Osten rasch zu Ende. Sonst werden die Opfer des polnischen Volkes riesig sein. Die große Einkreisungsschlacht fordert gewiß auf der Gegenseite sehr viel Blut. Die Juden flüchten weiter nach Osten vor den vordringenden Truppen.

Auch hier in der Stadt ist viel Elend. Die Geschäfte sind zum großen Teil geschlossen. Einige sind mit ihren Warenvorräten für die Heeresversorgung beschlagnahmt. Ich war dieser Tage in den Hinterräumen eines großen Kolonialwarengeschäfts. Vorn wurden die Leute schubweise hineingelassen. Heute wird wohl

---

[11] Zu diesem verbreiteten Eindruck vgl. etwa Generalfeldmarschall Fedor von Bock: Zwischen Pflicht und Verweigerung. Das Kriegstagebuch, hrsg. von Klaus Gerbet, München/Berlin 1995, S. 46. Vgl. Hans Umbreit: Deutsche Militärverwaltungen. Die militärische Besetzung der Tschechoslowakei und Polens, Stuttgart 1977, S. 215f. Vor allem die jüdische Bevölkerung flüchtete vor der einziehenden Wehrmacht. Vgl. Götz Aly: »Endlösung«. Völkerverschiebung und der Mord an den europäischen Juden, Sonderausgabe, Frankfurt am Main 1999; Peter Longerich: Politik der Vernichtung. Eine Gesamtdarstellung der nationalsozialistischen Judenverfolgung, München/Zürich 1998, S. 243-272.
[12] Kattowitz (Katowice) ist die größte Stadt im oberschlesischen Industriegebiet.

auch dort alles leer sein. Streichhölzer, Taschenlampen, Batterien usw. sind nicht mehr zu haben. Auch alle Rauchwaren. Mittags stehen lange Reihen vor der NSV[13] auf dem Ring, um Mittag zu empfangen. Auch vor unserer Unterkunft wird ständig gebettelt von zerlumpten Kindern.

Für uns ist die große Gefahr die »Etappe« mit dem, was dazu gehört. Es hat gestern einen so kräftigen Auftakt dazu gegeben, daß ich hoffe, es wird ein bißchen energisch vorgebaut. So erlebt man die vielfältigsten Dinge: vorgestern stundenlang auf der Landstraße Auto repariert, gestern betrunkene Leute rausgeschmissen bzw. ins Bett gebracht. Man lernt in humanis manches dazu.[…]

[5.]
16. September 1939, Sonnabend mittag

ich sitze in der Küche von Frau Kasprzikowie, oder wie sie sonst heißt, auf einem Stuhl aus ihrem Speisezimmer und denke an Dich und an zu Haus. Der Schieß-unteroffizier[14] hantiert an der Gasflamme über einem Gewehr. Ein anderer frühstückt; aber trotzdem ist es still hier, und man kann seine Gedanken wenigstens ein bißchen sammeln. Wir hatten gestern noch wieder einen herrlichen Nachsommertag, aber seit der Nacht regnet es stark. Unser Hof ist ein See, und alles drängt sich in den engen Quartieren zusammen. Man ruht sich aus, erzählt, spielt Karten oder schläft. Es ist alles so, wie es im Kriege an solchen Tagen wohl immer gewesen ist. Anders können die Wallensteiner[15] auch nicht im Stroh gelegen haben.

Die letzten Tage haben manche starken Eindrücke und auch Anstrengungen gebracht. Zu dem Elend der polnischen Bauern, die von Osten heimkehren, nun das der deutschen Flüchtlinge. Wir waren vorgestern abend von einer Besichtigung der auf die Bahnhöfe verteilten Posten zurückgekommen, und ich saß mit dem Chauffeur in der Gaststube des deutschen Hotels am Ring. Am Nachbartisch führte jemand, den ich nicht sehen konnte, in aufgeregter, wenig angenehmen Weise das Wort in der Unterhaltung. Mit einmal unterbrach er sich selbst mit der Frage: »Ja, wovon sollen wir auch sonst reden? Sollen wir denn wieder von dem Dreck sprechen, aus dem wir herkommen?« Ich weiß nicht, ob das den Anlaß gab, jedenfalls ging das Gespräch nun von Tisch zu Tisch hinüber. Es waren sechs Männer verschiedenen Alters und auch Standes. Fast alle hatten sie die merkwürdig geöffneten Gesichter und die großen Augen, die an jedem auffallen, der von »vorn« kommt und den die Müdigkeit nicht ganz stumpf gemacht hat. Was sie erzählten, will ich nicht alles wiedergeben. Vielleicht habt Ihr es auch schon längst in der Zeitung gelesen. Es waren Bromberger[16], die den Marsch über Thorn[17] (bis dahin zu zweien an den Händen zusammengefesselt) nach Lowicz[18] mitgemacht hatten. Bei denen, die Wort führten, war ein grenzenloser Haß das Ergebnis. »Das

13 Nationalsozialistische Volkswohlfahrt. Wohlfahrtsorganisation, die auch in den Feldzügen zum Einsatz kam. Vgl. Herwart Vorländer: Die NSV. Darstellung und Dokumentation einer nationalsozialistischen Organisation, Boppard am Rhein 1988.
14 Zuständig für Waffen und Munition.
15 Albrecht Wenzel Eusebius von Wallenstein (1583-1634), Feldherr im dreißigjährigen Krieg.
16 Stadt in Pommern (Bydgoszcz).
17 Thorn (Torun) an der Weichsel.
18 Ort südlich von Warschau an der Bzura (Lowitsch).

sind keine Bestien, der Name ist für sie zu schade.« Und die Schuld: »Die Pfaffen und die Juden.« Sie hatten in Lowicz mit 5000 anderen schon an der langen Kirchhofsmauer gestanden. Die Maschinengewehre waren aufgebaut. Da schlugen die ersten Granaten ein. Die deutschen Truppen wußten von dem Schicksal der Leute und hatten den Sturm einen Tag vorgelegt.[19] »Es war kein Zufall, unser Herrgott hatte ein Einsehen.« Zu den Opfern dieses Zuges, bei dem jeder niedergeschossen wurde, der aus irgendeinem Grund zurückblieb oder aus der Reihe trat, gehört auch der Bromberger Superintendent.

Am anderen Morgen war ich früh dienstlich in der Stadt. Da sah ich, wie aus der evangelischen Kirche ein langer Zug deutscher Flüchtlinge herauskam, die dort übernachtet hatten. Es war ein Bild, das alle Schilderungen wahrmachte, die man je von solchem Elend gelesen hat. Die Leute waren geordnet nach ihrer Heimat. Kleine mit Hakenkreuzfähnchen geschmückte Tafeln wurden den einzelnen Gruppen vorangetragen. Das westpreußische Strasburg[20] – ein merkwürdiger Eindruck – machte den Anfang. Dann folgten all die Namen Thorn, Graudenz, Hohensalza, Schwetz, Briesen usw.[21] Auch hier hat es keinen Zweck einzelne Bilder der Qual zu schildern. Es waren auch junge Leute darunter, zum Teil noch in polnischen Uniformstücken. Alles suchte sich zusammenzureißen und bei dem Zug durch die polnische Bevölkerung Kempens Stolz und Haltung zu zeigen. Ich glaube, ich bin noch nie mit so leuchtenden Augen mit dem Hitlergruß gegrüßt worden, der nun eben hier das Zeichen für alles ist, was sich zum Deutschtum bekennt. Immer wieder kam auch ein Lied auf, als die Leute sich zum Bahnhof schleppten; eigentlich nur immer: »Wir sehen uns wieder am Weichselstrand.« Die Leute wußten ja alle noch nicht, wie es den Zurückgebliebenen oder anderswohin Verschleppten ergangen ist. Es ist nur gut, daß der Krieg so rasch über das Land hinweggegangen ist.

Ich soll in den nächsten Tagen einmal mit nach Lodz und bin gespannt, welche Bilder sich dort zeigen werden.

Gestern sind wir bei dem schönen warmen Wetter stundenlang draußen gewesen. Nach Westen ziehen sich Hügel in runden Kuppen und langen Wellen hin. Es wird Moränenlandschaft sein wie in der Uckermark. Ostwärts liegen dann tiefere Mulden, Sandflächen mit Wäldern. Äcker, auf denen noch Lupinen und Buchweizen blühen. Der Wald, den wir meilenweit durchzogen haben, war abwechselungsreich und gut gepflegt. Die Hasen sprangen auf, und die Häher schimpften, weil wir den tiefen Frieden störten. *Uns* hat niemand gestört, nur die Füße brannten uns allen, als wir auf unsere Lastautos warteten, die uns »nach Hause« brachten.

---

[19] In Bromberg kam es Anfang September 1939 zu Morden an Deutschen, die durch die nationalsozialistische Propaganda übertrieben dargestellt und verbreitet wurden. Die Zahl der Opfer ist umstritten. Das polnische Institut für Nationales Gedenken geht von 100 bis 300 Ermordeten aus (Vgl. Böhler, Vernichtungskrieg, S. 136). Insgesamt sollen im September 1939 zwischen 4500 und 10000 Deutsche ermordet worden sein. Vgl. Hugo Rasmus: Pommerellen, Westpreußen 1919-1939, München/Berlin 1988; Wlodzimierz Jastrzebski: Der Bromberger Blutsonntag – Legende und Wirklichkeit, Poznan 1990.

[20] Kreisstadt in Westpreußen, die seit 1920 zu Polen gehörte.

[21] Städte in den 1920 nach dem Versailler Bestimmungen an Polen abgetretenen Gebieten.

So gewöhnt man sich allmählich an Gewehr, Stahlhelm und Stiefel. Wenn ich einmal mit dem Koppel ohne Patronentaschen und sechzig Schuß Munition ausgehe, komme ich mir schon ganz frei vor, obwohl das Seitengewehr sonst genug gezogen hat. Auch Schlafen tue ich gut, wenn ich nicht nachts dienstlich hinaus muß. Aber anderseits gehören die nächtlichen Gänge und Fahrten doch zum Schönsten, was wir hier haben.

Heute hat der Oberleutnant nun Jordan mit auf die Fahrt genommen, damit ich mich ganz ausruhen kann. Ich sollte auch gestern eigentlich zu Haus bleiben. Aber das Land und der Wald lockten zu sehr, so daß ich freiwillig mitgegangen bin. Ich war heute morgen ein paar mal dienstlich in der Stadt. Es sind immer zwanzig Minuten bis zum Ring. Seitdem habe ich etwas auf der Schreibstube geschrieben. Heute nachmittag gehe ich vielleicht mit in die Stadt, um mich nach ein paar gelegentlichen polnischen Sprachstunden zu erkundigen für den Fall, daß es weiter nach Osten geht. Sonst wird an den Sachen und am Gewehr geputzt und vielleicht mal ein paar Karten geschrieben. So wird auch der Sonntag hoffentlich in Ruhe vergehen.

Inzwischen habe ich meinen Schlag weiße Bohnen gegessen. Sie schmeckten gut, waren aber zu salzig. Ich habe ihnen einen großen Apfel folgen lassen und bin nun richtig reif für den Mittagsschlaf.

Auch das ist nun vorbei, ich habe mein Gewehr geputzt und bin dann noch einmal in die Stadt geschickt worden, um die Zutaten für den Fasanenbraten einzukaufen, der heute abend bei den Offizieren steigen soll. Glücklicherweise traf ich den Burschen, dem ich den Zettel in die Hand drücken konnte. An sich ist das nicht meine Sache, aber es war sonst niemand da. Morgen essen wir alle Gänsebraten. So leben wir.

Wenn es jetzt kühler wird, werde ich mir auch Butter besorgen. Das Pfund kostet 90 Pfennig.[22] Heute mittag bin ich noch umgezogen. In der neuen Stube liegen wir zu acht, Sanitäter und Unteroffiziere. In der anderen waren zwanzig; aber meist waren nicht alle da. Jetzt habe ich meine Sachen im Buffet untergebracht. […]

[6.]
21. September 1939

leider ist auch heute noch keine Post gekommen. Heute ist nun schon die zweite Woche vorbei, seit wir aus Magdeburg fortgefahren sind. Morgen oder übermorgen ist unsere Zeit endgültig vorbei. Dann trifft die Truppe ein, die uns hier ablösen soll. Wir haben es hier immer noch sehr gut gehabt: trockene Quartiere ohne Ungeziefer, genügend Stroh, ordentliche Verpflegung, die Möglichkeit, etwas dazu zu kaufen. So sind wir gespannt, wie es weiter nach Osten zu sein wird, wo das Land zerstört ist. Die anderen Kompanien des Bataillons[23] haben schon viel mehr Unbequemlichkeiten zu ertragen gehabt. Anscheinend weiß man auch in Magdeburg davon. Du brauchst Dich darum nicht zu beunruhigen, wenn Du davon hören solltest. Mir geht es gesundheitlich weiter gut. Ich bin darum auch

---

[22] Im Original wurde das Pfennigzeichen »d« verwandt.
[23] Ein Bataillon bestand in der Regel aus drei bis vier Kompanien.

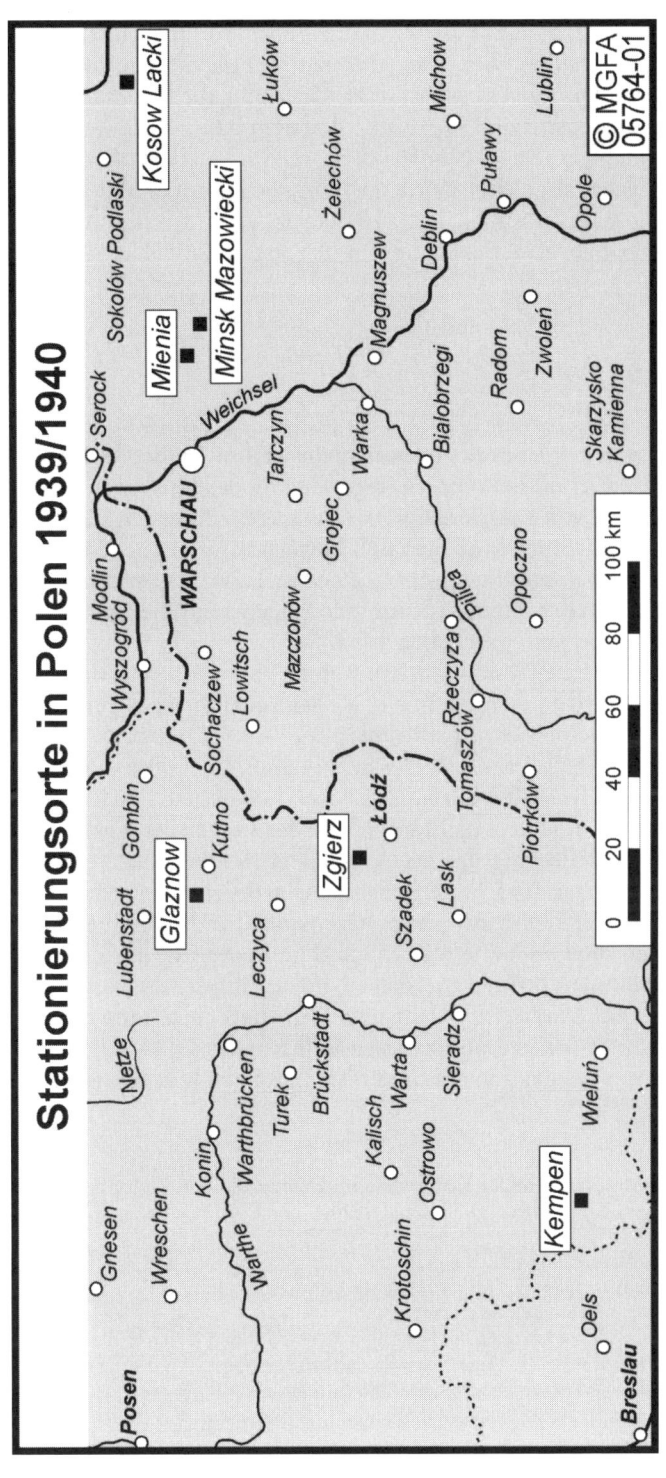

Stationierungsorte in Polen 1939/1940

wegen des Aufbruchs nicht weiter beunruhigt. Hoffentlich ist bei Euch alles in Ordnung. Hast Du den Dienst im Alumnat[24] schon aufgenommen, oder hat man Dich sonst herangezogen? Hier ist jetzt alles ruhig, die Depots und Baukommandos des Arbeitsdienstes sind abgerückt. Auf dem Bahnhof verkehren fast nur noch die fahrplanmäßigen Züge. Nur heute morgen kam ein großer Verwundetenzug durch, der hierher abgeleitet worden ist, um die Hauptstrecke zu entlasten. Hoffentlich ist die Bahn schon bis Lodz in Betrieb, wenn wir abtransportiert werden. Die große Warthebrücke bei Sieradz[25] war zerstört, so daß die Züge nur bis dorthin kamen.[…]

[7.]
22. September 1939

wieder ist ein Tag vorbei. Das Warten auf die Ablösung macht uns allmählich müde. Hoffentlich gibt es dort etwas mehr zu tun. In der letzten Woche haben wir sosehr das Gefühl bekommen, eigentlich überflüssig geworden zu sein, daß wir das Fernsein von [zu] Haus schwer ertragen. Aber ich denke, daß sich das rasch ändern wird. Sonst muß man sich Mittel und Wege suchen, wie man wenigstens einige Stunden am Tage richtig arbeiten kann. Es wird hier unendlich geschwätzt und geredet. Heute ist nun der Gegenstand die Erklärung Daladiers[26] und die Frage, was jetzt geschehen wird.

Ich kann das ganze Geschwätz kaum noch anhören. Aber man muß eben aushalten, und es wird auch auf dem einen oder anderen Wege gehen.

Gestern habe ich einem Postbeamten, der nach Oels fuhr, ein Päckchen mit nicht ganz anderthalb Pfund Butter mitgegeben. Er wollte es heute auf die Post geben. Hoffentlich erhältst Du es. Das Pfund kostet hier 0,90 Mark. Da wollte ich es versuchen.[27] Wenn Du es nicht kriegst, ist der Verlust nicht groß. Die Eier haben hier vier bis fünf Pfennig das Stück gekostet. Sonntag hat jeder hier für seine Portion Gänsebraten 0,15 Mark bezahlt. Allmählich ziehen die Preise an. Kolonialwaren, Streichhölzer usw. gibt es kaum noch für die Zivilbevölkerung. Andererseits öffnen die Geschäfte allmählich. Die Leute stellen sich auf deutsch um. Die älteren Männer erzählen alle, daß sie Frontkämpfer im deutschen Heer gewesen sind. Es sind lehrreiche Erfahrungen für die Beurteilung der Völkerkämpfe und der Zugehörigkeit zu bestimmtem Volkstum.

Wenn Du nur wieder ganz gesund bist! Laß Dich herzlich grüßen und küssen

---

[24] Bezeichnung für das Heim für Referendare am Domgymnasium, die zu evangelischen Religionslehrern ausgebildet wurden. Vgl. Vereinigtes Dom- und Klostergymnasium Magdeburg 1675-1950. Gedenkschrift.

[25] Stadt an der Warthe südwestlich von Lodz.

[26] Éduard Daladier (1884-1970), französischer Ministerpräsident. Am 3. September 1939 erklärte Frankreich dem Deutschen Reich den Krieg.

[27] In der Provinz Posen kosteten im September 1939 ein Pfund Butter 2 Zloty, im November 1939 wurde 1,10 Reichsmark als Verbraucherhöchstpreis festgesetzt. Verordnungsblätter Nr. 1, 5 und 7 des Chefs der Zivilverwaltung beim Militärbefehlshaber Posen und des Reichsstatthalters im Warthegau vom 21. September, 21. Oktober und 18. November 1939. Vgl. Umbreit, Militärverwaltungen, S. 222-272.

Ich überlege viel, in welcher Weise nach dieser Zeit das künftige Leben und Arbeiten weitergehen soll. Aber bei der ständigen leichten Unruhe, die trotz allen fehlenden Dienstes bleibt, kommt man zu keinem Ergebnis.

[8.]
30. September 1939, westlich Kutno[28]

Lieber Franz und liebe Lene,[29]
wenigstens einen kurzen Gruß möchte ich Euch einmal senden. Wir sind jetzt mitten in Kongreßpolen in einem schönen Gutshaus einquartiert. Die massiven Stallgebäude beherbergen noch 1700 Gefangene meist aus den ehemals preußischen Gebieten. Unsere Aufgabe ist es, aus ihnen die »Volksdeutschen« herauszufinden, damit diese bevorzugt entlassen werden können. Da ergeben sich interessante Einblicke in das Hin- und Herschwanken zwischen Sprachen und Völkern. Jetzt will natürlich alles deutsch sein.

Auch vom polnischen Land habe ich auf weiten Wagenfahrten bereits einen gewissen Eindruck erhalten. Das hilft über die großen Anstrengungen etwas hinweg. Es ist sicher schon aus diesem Grund gut, wenn Du in die Erntearbeit gehst. Du gewöhnst Dich wieder etwas an die körperliche Anspannung und die Unbequemlichkeiten, die auf unsereinem doch ganz anders lasten als auf den primitiveren Kameraden. Nimm Dir doch einige kleine Hausmittel für Deine empfindlichen Punkte mit, an die Du gewöhnt bist. Die ärztliche Versorgung ist bei uns schlecht, die Sanitäter nachlässig und ohne Aktivität.

Hoffentlich geht es Lotte schon wieder ganz gut. Die Nachricht traf mich doch sehr schwer.[30] Ich würde mich sehr freuen, wenn Lene ein paar Tage zu ihr fahren könnte. Laßt bitte von Euch kurz hören, wenn Franz fortgeht. Man möchte doch wenigstens ungefähr wissen, wo Ihr steckt und wie es geht. Es hilft über manches hinweg, wenn man seine Gedanken auf klare Ziele richten kann. […]

[9.]
[Karte]
30. September 1939

Fünf Wochen! Ich habe Schonung, gestern habe ich den ganzen Tag auf meinem Sofa gelegen, von den Kameraden gut betreut. (Nicht aus der Schreibstube, die ist reichlich egoistisch). Heute habe ich den Vormittag dazu benutzt, den beiliegenden Bericht aufzuschreiben. Heb ihn mir bitte auf. Ich habe sonst immer auf Stroh geschlafen, mit dem Ausziehen war es nicht immer einfach. Wenn es irgend ging, habe ich es gemacht und auch den Schlafanzug angezogen. Die Wäsche haben wir gestern wieder von einem Kriegsgefangenen waschen lassen. Strümpfe? Ich brau-

---

28 Kreisstadt in der Woiwodschaft Lodz.
29 Franz Petri, der kontroverse Westforscher, war der Bruder von Lotte Jarausch, Lene war seine Frau. Vgl. Hans Derks: Deutsche Westforschung. Ideologie und Praxis im 20. Jahrhundert, Leipzig 2001; Burkhard Dietz/Helmut Gabel/Ulrich Tiedau (Hrsg.): Griff nach dem Westen. Die ‚Westforschung‘ der völkisch-nationalen Wissenschaften zum nordwesteuropäischen Raum (1919–1960). Münster 2003.
30 Bezugnahme auf eine Fehlgeburt seiner Frau im August 1939. Siehe Familiennachricht, 95a.

che schwarzes Stopfgarn und erinnere an Nagelschere und Leibbinde, wenn Du wieder bei Kräften bist. Wenn die Leibbinde zu schwer ist, müßtest Du sie in zwei Stücken schicken.

Mit der Kameradschaft ist das so eine Sache. Gerade die Gebildeteren sind auch die für sich Anspruchsvolleren. Ihre freie Zeit ist damit ausgefüllt, für sich zu sorgen und sich das Dasein leidlich erträglich zu machen. Dazu kommt, daß ich eigentlich in der Luft hänge, zu niemand ganz gehöre. Und soldatische Kameradschaft geht über die Gruppe.[…]

[10.]
Fahrt nach Osten[31]

Als ich am Sonntagmorgen gegen vier Uhr dreißig nach wenig Schlaf und zu kurzer Nacht aus dem Hause trete, überrascht mich ein erstaunliches Bild: In den dunklen Nachthimmel ist von Osten her eine Lücke gerissen. Scharf umgrenzt und in kristallklarer Farbigkeit bricht ein Stück Morgen in breitem Streifen in die Nacht hinein. Es ist das grüne Blau der Frühe, das immer an Meer und unendliche Weite des Alls gemahnt. Geht die Kühle, die mich erschauern läßt, nicht vielmehr von ihm und seinem kalten Glanz aus als von dem bergenden Dunkel der Nacht? Licht aus dem Osten – Aufglanz zu unserer Fahrt.

Um sieben Uhr sitzt alles bequem im Zug und freut sich, daß die Kempener Langeweile ein Ende haben soll. Bald darauf rollen wir langsam, aber ohne Stokkung an den Orten unserer Heldentaten vorbei: Hanulin = Birkenfelde,[32] dann der schöne Wald um Domalin,[33] den wir einst durchsucht haben, in dem die Waldfee mit dem Karabiner gespukt hat und den die Legende noch in späten Zeiten als den Ort der »Schlacht von D.« feiern wird. Forst Wanda heißt er übrigens auf der Karte. Gibt es nicht eine polnische Sage von der schönen Königstochter Wanda?[34] Dann hätten wir nur zu den alten Sagen eine neue gefügt. Wo wir in den ersten aufgeregten Tagen und Nächten unsere Kameraden oder auch uns selbst mit durchgeschnittener Kehle vorgefunden träumten,[35] liegt alles in der unberührten Stille des herbstlichen Sonntagmorgens. »Ein schöner Tag, so wahr ich Leben atme, ein Tag von Gott, dem hohen Herrn der Welt, gemacht zu süßerm Ding als sich zu schlagen.«[36]

---

[31] An einigen Stellen fügte Konrad Jarausch zusammenhängende Erlebnisberichte ein. Siehe die Hinweise zur Edition.

[32] Polnischer und deutscher Name einer Stadt im Kreis Kempen.

[33] Es handelt sich wohl um Domanin (Vgl. den Brief vom 17. Oktober 1939): Reihe historischer Ortschaftsverzeichnisse für ehemals zu Deutschland gehörige Gebiete 1914-1945. Band VIII: Wartheland (Teil 3: Regierungsbezirk Kalisch/Litzmannstadt), bearbeitet und hrsg. vom Bundesamt für Kartographie und Geodäsie im Auftrag des Bundesministeriums des Innern unter der Leitung von Karl-A. Wegener, Frankfurt am Main 1998, S. 44.

[34] Nach dieser Sage stürzte sich die Königstochter lieber in die Weichsel, als einen deutschen Fürsten zu heiraten.

[35] Konrad Jarausch erkannte die »Freischärlerpsychose«, die deutsche Verbände im September 1939 ergriff. Siehe auch seinen Bericht vom 17. Oktober 1939. Vgl. Böhler, Vernichtungskrieg; Alexander B. Rossino: Hitler Strikes Poland. Blitzkrieg, Ideology, and Atrocity, Kansas City 2003.

[36] Zitat aus »Prinz von Homburg« von Heinrich von Kleist.

Schildberg[37] taucht auf. Ein freundliches Bild zwischen dem Grün seiner Gärten und Äcker. Aber auch ein paar Zeugen älterer Kultur: ein geborstener Backstein-turm, eine Kloster- oder Kirchenanlage mit bescheidenen Barockgiebeln. Schön, daß die Tage von Ostrzeszow, wie die Polen den Ort genannt haben, vorbei sind.

Jetzt fahren wir durch die großen Wälder, die dem Fürsten Radziwill[38] gehören: Antonin,[39] Hirschteich. Mischwald, Kiefern, Birken, einzelne prachtvolle Eichen am Rand. Gepflegte Bahnhöfe mit blühenden Dahlien, einmal eine halbmaurische Kapelle, dann ein Sägewerk. So zeichnet sich das typische Bild des feudalen Wald-guts ab.

Ostrowo[40]: Drei Stunden Aufenthalt. Selbstverständlich dürfen wir den Bahn-steig nicht verlassen. So läßt sich nur wenig erhaschen. Anscheinend ist der Ort in polnischer Zeit als wichtiger Eisenbahnknotenpunkt aufgeblüht. Es ist viel neugebaut worden. Einfamilienhäuser links der Bahn, eine fast fertige Kirche rechts nach der Stadt zu, angesichts derer die Feindschaft gegen die Pfaffen wieder ausbricht.

Nun geht es weiter auf der großen Strecke, die über Kalisch[41] und Sieradz nach Lodz führt. Alles drängt an die Fenster. Denn draußen wird jetzt der Krieg sicht-bar. Zwar das Land rechts und links von der Bahn liegt auch jetzt in unberührtem Frieden da. Gegenstand des Kampfes waren die Bahn selbst und die parallel zu ihr laufende Chaussee. Die Polen haben beide auf ihrem Rückzug zu zerstören ge-sucht. Wir fahren über gesprengte Brücken, die von unseren Pionieren behelfsmä-ßig hergerichtet sind. Es ist als ob der Zug über dem Wasser schwebt, da alles Tragende und Stützende wie weggewischt erscheint. Drüben ist das Gleis zudem durch einen Zug gesperrt. Die Polen haben die Lokomotiven an die gesprengte Brücke herangeführt. Dort ist sie halb umgestürzt. Die Wagen sind ausgebrannt. Die Telegraphenstangen sind teilweise abgesägt. Die Drähte hängen wirr durch-einander. Schützengräben und Drahtverhau ziehen zur Straße hinüber, wo wieder beiseite geräumte Tankfallen die polnische Tätigkeit bezeugen. Auf der anderen Seite zeigen ausgebrannte Bahnhofshallen, Speicher und Fabrikanlagen die Wir-kung der deutschen Luftangriffe. So geht es langsam vorwärts. Der Zug benutzt bald das linke, bald das rechte Gleis. Bei Skalmiercz[42] überschreiten wir die alte deutsch-russische Grenze. Große Rangierbahnhöfe mit verrosteten Gleisen und öden Hallen hüben und drüben. Seit fünfundzwanzig Jahren langsam verfallen! Der deutsche Grenzbahnhof in zierlicher Backsteingotik mit reichem Ziegel-schmuck, fast schon ein historisches Denkmal. Auf den etwas größeren Bahnhöfen deutsche Posten. Arbeitsdienstmänner. Im ganzen aber verschwinden diese Zei-chen deutscher Herrschaft in dem weiten Land. Nur Kalisch weist ein stärkeres Leben auf. Hier laufen Gefangenen- und Transportzüge aus und ein. Deutsche Soldaten. Flüchtlinge hocken auf ihrem Gepäck und warten auf eine Verbindung.

---

37   Ostrzeszow in Westpommern.
38   Litauisch-polnisch-preußisches Adelsgeschlecht.
39   Ein nach Plänen von Karl Friedrich Schinkel erbautes Jagdschloss.
40   Kreisstadt (Ostrów Wielkopolski).
41   Kreisstadt (Kalisz).
42   Skalbmierz in der Woiwodschaft Lodz.

Je weiter wir nach Sieradz kommen, um so häufiger werden die Zeichen intensiver Arbeit an der Strecke. Bauzüge. Materialzüge. Die Arbeit selbst ruht bereits. Es geht ja schon auf den Abend zu. Als wir endlich in Sieradz einfahren, dämmert es schon.

Was wird die Nacht bringen, das ist die allgemeine Frage. Der Oberleutnant, der mit dem Auto vorausgefahren ist, hat uns viel früher erwartet. Die große Warthebrücke ist noch nicht wieder befahrbar. So hat er jenseits einen Zug bereitstellen lassen, der uns weiterbringen soll. Dazwischen liegen acht Kilometer Weg, die überwunden werden müssen. So werden die Bagagewagen von den Loren heruntergeholt, die Pferde angeschirrt. In die Nacht hinein setzen sie sich in Bewegung. Inzwischen hat es zu regnen begonnen, kräftig und anhaltend. Wir stehen unter dem vorhängenden Dach der Güterhalle leidlich geschützt. Trotzdem sind wir müde und frieren. Je nach dem Temperament entlädt sich die Stimmung.

Auf der Chaussee stehen die Offiziere mit einem Melder im Regen, um Fahrzeuge anzuhalten. Allmählich gelingt es, einige Kraftwagen aufzubringen. Gruppe nach Gruppe rollt ab. Ich werde schließlich in das Auto des Oberleutnants gesteckt und mache mir dort mühsam Platz zwischen Gewehren, Stahlhelmen und Gepäckstücken. Alles ist feucht, nichts recht zu erkennen. Als letzte fahren wir ab. Rechts und links erleuchtete Mannschaftsquartiere. Dann geht es auf die Warthebrücke zu. Eine weite Flußaue, Brücke hinter Brücke. Deutsche Posten vor dem Geländer. Dahinter das Wasser groß und weit.

Nun haben wir die Verladestelle erreicht. Ein gepflasterter Feldweg biegt ins Dunkel hinein. Auf ihm ein lebhaftes Hin und Her. Aber die Nachrichten, die uns erwarten, sind wenig ermutigend. Auf dem schmalen Weg ist ein Wagen in ein Loch geraten und droht umzustürzen. Die Mannschaften haben sich im Dunkel anscheinend trotz der aufgestellten Posten verfahren und sind erst zum Teil eingetroffen. Die Verladerampe ist viel zu steil. Welche Anstrengung, Wagen und Feldküche auf die Loren zu bringen.

Der Oberleutnant greift ein. Allmählich kommt größere Ordnung in die Bemühungen. Der gefährdete Wagen wird zum Teil entladen. Dann wird Fahrzeug um Fahrzeug auf seinen Platz gebracht und festgemacht. Die Pferde verschwinden in den geschlossenen Güterwagen. Auch die Mannschaften können nun zugweise in den Loren verschwinden. Und während ich hinter dem Oberleutnant hertrabe, kann ich jetzt auch den eigenartigen Reiz dieser Nacht auf mich wirken lassen. Wir sind mitten auf freiem Feld. Der Regen hört allmählich auf. Mondlicht bricht durch die Wolken. An der Strecke steht eine mächtige Windmühle schattenhaft und unbeweglich. Zu ihren Füßen das Treiben unserer Leute. Taschenlampen und Stallaternen. Schwere Pferdeleiber. Hochbepackte Wagen. Seitwärts der Zug.

Mitternacht. Die Arbeit ist geschafft. Alles ist verladen. Alles hat sich zusammengefunden. Wir klettern in unsere Wagen. Todmüde, durchgefroren. Ganz eng rücken wir aneinander. Der Zug rattert und stößt. Die Augen fallen zu, der Kopf sinkt vornüber.

Immer noch das gleichmäßige, rasche Stoßen. Wir kommen gut vorwärts. Ich sitze in der äußersten Ecke des Waggons auf meinem Tornister, zu meiner Rechten Leutnant Schulze, links der Oberleutnant auf Handgranatenkisten. So wärmen wir uns gegenseitig. Von der Stallaterne dringt nur ein schwacher Schein herüber. In ihm taucht dann und wann der Leib eines der drei Pferde auf, die den hinteren Wagenteil ausfüllen und deren dampfende Wärme uns die Nacht etwas erleichtern soll. Ab und zu schlägt eins gegen den hohlen Boden, daß es dröhnt. Das Geschirr klirrt. Ein Kamerad bewegt sich. Aber kein Wort. Welch eine Stunde! Aber die Gedanken wollen sich nicht festhalten lassen. Der Oberleutnant legt sich fest gegen mich in tiefem Schlaf. Ich sinke über ihn hin. Der Zug rattert weiter.

Der Morgen. Leczyza[43], unser Ziel. Der Lokführer, der seit drei Uhr mit dem Zug auf uns gewartet hat, ist auf der für ihn völlig fremden Strecke zu weit gefahren und hat uns dann zurückgeschoben. Kalte, müde Stunden des Wartens. Dann marschieren wir die Strecke vom Bahnhof zur Stadt. Der Kopf hängt herab. Endlich im Quartier. In einem Schulneubau, in dem Granaten eingeschlagen haben, das große Gefangenenlager. In einen Nebengebäude und benachbarten Privathäusern unsere Kameraden. Ich suche Dienst zu machen, begleite den Oberleutnant in die Häuser, sehe den Kummer der Leute: eine Frau steht weinend an den Eingang ihres Hauses gelehnt, in das eben die neue – wievielte? – Einquartierung eingezogen ist. Denen wird es zu viel. Ich schleiche mich ins Quartier, werfe mich ins Stroh. Schlafen, Ruhen, Wärme. Dazwischen der erste Feldpostbrief von zu Haus…

Ich liege im Halbschlaf im Stroh, mit dem Mantel zugedeckt, den Kopf auf dem Wäschebeutel. Stimmen, Geräusche sind um mich her. Die Kameraden richten sich ein. Kriegsgefangene helfen. Meine Gedanken sind weit fort. Fieberwellen. Schüttelfrost. Ich schlafe wieder.

Am anderen Morgen, als wir auf den Arzt warten, hören wir, daß wir Mittags wieder aufbrechen müssen. Das verschriebene Rizinusöl wird nun nicht genommen werden. »Sehen Sie zu, wie Sie mit Ihrer Kompanie mitkommen«, hat der Arzt gesagt. Jetzt sitze ich auf einem kümmerlichen Panjewagen und suche, während die Eingeweide von den harten Stößen des holprigen Pflasters schmerzen, wenigstens noch einen gewissen Eindruck der Stadt zu empfangen. »Eine polnische Stadt gibt es jenseits der alten preußischen Grenze nicht.« Der Rahmen ist der ostdeutsche: ein weiter Ring, grade Zufahrtsstraßen. Gefüllt aber haben ihn die Juden in ihrer dürftigen Kümmerlichkeit. Wie elend und erbärmlich ist das alles. Wie erbärmlich sie selbst in ihrer dürftigen Körperlichkeit. Über solche halb-ästhetischen Urteile hinaus wage ich nichts zu sagen. Vielleicht bringt die Zukunft bestimmtere Eindrücke. In einer solchen Umgebung sind dann Kirchen und Klöster noch in einer ganz anderen Weise als bei uns Inseln des Geistes, Sinnbilder einer höheren Welt. Wenn man in Polen nicht Gutsherr ist, kann man wohl nur Priester sein.

Oder Bauer. Denn nun sind wir glücklich vor den Toren. Eine weite, sumpfige Niederung wird von der Landstraße durchschnitten. Geschichtete Torfhaufen, vollgelaufene Torfstiche zeugen von der Beschaffenheit des Bodens. Am Straßenrand aber liegen die frischen Gräber. Ein kleiner Haufen schwarzer Torferde. Ein dürftiges Kreuz aus ein paar Bretterstückchen und frische Blumen. Flüchtlinge ziehen neben uns her: ein jungverheiratetes Paar, die Frau hat das Kleine ins Tuch

---

43 Leczyca (Lentschütz) in Mittelpolen nördlich von Lodz.

geschlagen und trägt es an der Brust. So schreiten sie tapfer vorwärts und kommen fast ebenso rasch voran wie wir selbst.

Polnische Dörfer. Die Gehöfte auseinandergezogen, das Dorf ohne Form, ohne Geschlossenheit. Einzelne Familien sind ein bißchen aneinandergerückt; aber ihre eigentliche Lebenseinheit hat sich noch nicht über den eigenen Hof hinaus erweitert – so scheint es wenigstens, wenn man langsam wie wir durchs Land fährt. Die Gehöfte sind zum Schutz gegen das Wetter rings umpflanzt. Pappeln sind bevorzugt. Ihr Grün begleitet den Stamm in schmalen Streifen und entfaltet sich erst nach oben zu breiteren Kronen. Unten legt sich dichtes, wild-wachsendes Gestrüpp an den Zaun oder erfaßt ihn ganz. So verschwindet das Gehöft als menschliche Anlage fast in der Natur. Das vertraute Bild des Dorfes mit Kirchturm und Ziegeldächern fehlt. Dafür ist das Land mit solchen grünen Inseln übersät. Pappeln und Weiden an den Wegen schließen die noch bleibenden Lücken.

Wo größere Güter liegen, treten die Bäume zurück, dehnen sich die Felder weiter, tritt die gewollte Mitte des Ganzen, der Gutshof mit Wirtschaftsgebäuden und Park stärker hervor. Wenn man so Stunde um Stunde durch das Land zieht, drängt sich einem überwältigend auf, in welchem Maß dieses Land noch Bauern-land ist und wie sehr diese Menschen noch immer das sind, als was sie in die Geschichte eingetreten sind: poljane, Menschen der Felder, der Ebenen, des weit sich erstreckenden Ackerlandes. Was hätte der junge Nationalstaat hier für Auf-gaben zu erfüllen gehabt. Man fühlt sich auf solcher Fahrt den Anfängen der völkischen Bewegung merkwürdig nahe: Herder! Hier ist tragende, mütterliche Erde. Geborgenheit in der umfassenden schützenden Natur wird handgreiflich. Aber statt hier anzusetzen und weiterzuführen hat sich das völkische Denken hier wie überall verkehrt. Der junge Nationalstaat hat seinen Ehrgeiz darin gesehen, in den Kreisstädten große Krankenhäuser und Schulen zu errichten und nach außen Machtpolitik zu treiben. Das Ergebnis: Das Land wird zum Objekt plan-mäßiger wirtschaftlicher Ausnutzung im Rahmen des Vierjahresplanes werden. Eine ihm jetzt noch fremde landwirtschaftliche Maschinenkultur wird den Boden »erschließen«. Und seine Söhne werden als Arbeiter in die Ferne ziehen, wurzel-los und heimatlos, glücklich wenn sie in zwei Generationen im fremden Volkstum einen neuen Boden finden.[44]

Abend in Krosniewice[45]. Regen. Kälte. Notquartiere im Eisenbahnwagen auf einer Schütte Stroh. Schlafen.

Am Morgen ein kurzer, wohltuender Marsch auf der großen Betonstraße, die Posen mit Warschau verbindet. Dann ein Stück Feldweg. Wir sind an unserem Ziel für diesmal. Gut Glaznow[46]. Ein neuer Abschnitt beginnt.

---

[44] Hier finden sich Aspekte der nationalsozialistischen »Blut und Boden« – Theorie. Vgl. Anna Bram-well: Blood and Soil. Richard Walther Darré and Hitler's ›Green Party‹, Abbotbrook 1985. Zur wirtschaftlichen Ausbeutung Polens vgl. Umbreit, Militärverwaltungen, S. 222-272 sowie zur Aus-beutung der Arbeitskraft etwa Robert Seidel: Deutsche Besatzungspolitik in Polen. Der Distrikt Radom 1939-1945, Paderborn 2006, S. 87-169.
[45] Krośniewice in der Woiwodschaft Lodz bei Kutno.
[46] Rund drei Kilometer von Krośniewice entfernt.

[11.]
2. Oktober 1939

es war gestern eine große Freude, als an dem müden und öden Sonntagabend noch Post kam. Wir hatten reichlich zu tun gehabt. Plagemann[47] und ich hatten am Vormittag jeder über 80 Gefangene herausgesucht, die entlassen werden sollen. Bei jedem hatten wir gefragt nach Heimat, Beruf, usw. und uns ein Bild von seinen deutschen Sprachkenntnissen zu verschaffen gesucht. Zwischendurch waren wir gegen Typhus geimpft worden. – Der Magdeburger Zahnarzt Rusche machte es rücksichtsvoll und anständig – an Folgen habe ich noch kaum etwas gespürt. Nachmittags habe ich dann die Ausweise ausgeschrieben, die die Leute mitbekommen. So war der Tag vergangen. Übrigens ein ganz herrlich warmer und klarer Herbsttag. Um mittags war ich ein Weilchen im Gutspark gewesen und hatte mich an den Dahlien und den aufplatzenden Kastanien gefreut. Vom Sonntag war nichts zu spüren gewesen. Nur abends hatten wir im Radio Bruchstücke einer schönen englischen Andacht gehört mit Choral und Psalmgesang. […]

Man sieht es Deinem Brief ordentlich an, wieviel besser es Dir schon geht, und das ist doch für mich die größte Freude. Bleib nur in Wernigerode, bis Du ganz wiederhergestellt bist. Du versäumst in M[agdeburg] ja nichts. Wegen des Geldes habe ich keine Sorgen. Ich brauche ja nichts hier. Bei uns ist es nicht ganz so gemütlich. Zwar sind wir mit unserer Schreibstube im Arbeitszimmer des Besitzers. Aber was hängt und steht hier alles herum. Und unsere schönen Schlafgelegenheiten haben wir auch wieder durch den Besuch fremder Offiziere eingebüßt. Aber draußen vor den Fenstern liegt der schöne Park, und zwischen den Bäumen geht der Blick zum Städtchen hin.

Ich habe heute wegen der Bücher an Ahrbeck geschrieben, auch an Dr. Schmidt,[48] damit ich mal von den Referendaren höre und ihren Arbeiten. Deine Post kommt ja nun regelmäßig. Das gibt wieder ein ganz anderes Gefühl ins Herz und eine ganz andere Sicherheit den Verhältnissen gegenüber. Heute ist ein toller Betrieb hier von Truppenteilen, die auf der großen Straße von Warschau her zurückströmen. Da wimmelt es von Offizieren. Wir haben heute als neuen Offizier Leutnant Sachse bekommen. Das ist der Studienrat von der Viktoriaschule[49], der auch – und seine Frau – sich zu Ruff[50] hält. Wir hatten heute schon ein langes Gespräch miteinander.[…]

Ich sitze an einem Mahagonitischchen auf einem Schemel. Für den Anblick der polnischen Kriegsgefangenen, die in langen braunen Reihen vor mir angetreten stehen, rahmen mich zwei weiße dorische Säulen ein, die den Stalleingang flankieren. Ich ziehe immer einmal den Mantel über die Knie. Es ist kalt heute, und auch die Gefangenen frieren bei dem langen Stehen. Kamerad Plagemann stellt seine Fragen heute besonders eingehend. Ich kann die ängstlichen und verlegenen Gesichter gut studieren. Manch einer schwitzt sicher, wenn er in dem ungewohnten Deutsch antworten soll; und mühsam werden die Ausdrücke zusammenge-

---

[47] Magdeburger Kollege.
[48] Evangelische Religionspädagogen.
[49] Höhere Mädchenschule in Magdeburg, heute Hegel-Gymnasium.
[50] Dompredigerer Walther Ruff in Magdeburg.

sucht: rolnik = Bauer das ist das große Stichwort. Wieviel Morgen, wieviel Kühe, Pferde, verheiratet, Kinder? Ist der Vater im Weltkrieg gewesen? Hast Du die deutsche Schule besucht? In diesem Umkreis bewegen sich die Fragen. Mancher, der sich die wichtigsten Antworten eingelernt hat, stolpert an dem Wort Beruf und muß abtreten. Wer die Sperre passiert hat, tritt zu mir heran und nennt Name und Heimat, damit er dann morgen seinen Schein beziehen kann.[51]

Inzwischen geht das Leben auf den großen Höfen zur Seite weiter. Es ist dem Besitzer zum Verhängnis geworden, daß er so ausgedehnte massive Gebäude zu stehen hat. Hier liegen die Gefangenen nachts eng gedrängt auf ihrem Stroh. Tags liegen sie auf den Höfen herum, die in großen Rechtecken zwischen Ställen und Scheunen liegen. Hier stehen auch die Feldküchen und der immer umlagerte Brunnen, dessen Umgebung sich längst in einen Sumpf verwandelt hätte, wenn der deutsche Lagerkommandant, ein tüchtiger Unteroffizier, nicht für Ordnung sorgen würde. Selbstverständlich müssen die Gefangenen die Arbeit selbst verrichten, und sie werden auch sonst zu allerhand Arbeit herangezogen. Aber ihr Los ist erträglich. Der Gesundheitszustand bisher gut. Gefangene polnische Ärzte betreuen die Leute. Volksdeutsche führen die einzelnen Kompanien und Gruppen, in die sie geteilt sind. So verläuft das Leben leidlich geordnet für Gefangene und Wachhabende. Am ersten Tage erschienen einige Unteroffiziere mit kühnen Peitschen. Aber sie sind längst verschwunden. Und wenn man an Dwingers »Armee hinter Stacheldraht«[52] denkt, sieht man, was deutsche Gründlichkeit und Gutmütigkeit ist. Unser Oberleutnant ist ein lebendiges Beispiel für beides.

[12.]
Markttag in Krošniewice

Die Felddienstübung ist vorbei. Wir sind für eine halbe Stunde weggetreten. Mit dem Gewehr über dem Rücken wende ich mich dem Markt zu. Krosniewice hat heute seinen großen Tag. Panjewagen auf -wagen ist in der Morgenfrühe auf den Straßen zum Markt gerollt. Und daneben sind vor allem die Frauen hereingezogen. Das große, oft leuchtend bunte Tuch um Kopf und Schulter geschlagen – wenn der Ostwind bläst, weiß man gut, warum. Unter den Armen sieht of genug eine von den bunten Enten hervor, wie sie hier üblich sind, lebendig natürlich. Dann ist gleich der Anknüpfungspunkt gegeben für ein Scherzwort der Soldaten, die auf den Straßen herumstehen. Und die Bianka, oder wie sie sonst heißt, nimmt den völkischen Gegensatz nicht so tragisch und lacht gern zurück.

Jetzt ist Wagen neben Wagen auf dem weiten Raum vor der häßlichen, gotisch angehauchten Kirche aufgefahren. Die Pferdchen, ausgespannt, knabbern an dem

---

[51] Es ging offenbar um die Feststellung von Volksdeutschen unter den Kriegsgefangenen, die entlassen werden sollten. Vgl. Jansen/Weckbecker, »Volksdeutscher Selbstschutz«; Maike Sach: Die »Volksdeutschen« in Polen, Frankreich, Ungarn und der Tschechoslowakei. Mythos und Realität, Osnabrück 2006. Zum Schicksal der polnischen Kriegsgefangenen: Overmans, Kriegsgefangenenpolitik, S. 743-755; Edmund Nowak: Polnische Kriegsgefangene im »Dritten Reich«, in: Bischof/Karner/Stelzl-Marx, S. 506-517.
[52] Edwin Erich Dwinger (1898-1981), Schriftsteller. In dem Buch »Armee hinter Stacheldraht. Das sibirische Tagebuch« (Jena 1929) beschreibt er Erlebnisse in russischer Gefangenschaft im Ersten Weltkrieg.

Stroh, auf dem der Bauer und seine matka[53] vorhin gesessen haben. Auf der anderen Seite des Marktes drängen sich die Bauern und die Frauen um die lächerlich dürftigen Stände. Ein bißchen Gebäck, ein paar Pfefferkuchen, ein Haufen Bonbons, hier. Dort – und diese Stände sind besonders umdrängt – ein Haufen wollenes Zeug, aus dem die Frauen einen Schlüpfer, einen Schal oder einen Pullover herauswühlen. Gegen den Straßenrand hin drängen sich die Bauern mit den Enten zusammen. Natürlich sind auch Hühner und Gänse vertreten. Die weißen Flaumfedern fliegen nur so herum. Die Soldaten, die sich in das Gewühl gewagt haben und entsprechend respektiert werden, suchen nach Butter. Sie ist nicht mehr zu sehen. Aber wer seine Leute kennt und vor allem auch ein paar Groschen Aufschlag zahlt, lockt noch ein Stück heraus.

Rings um den Markt ziehen sich die bescheidenen Häuser herum, in denen das geschäftliche Leben des Ortes pulsiert. In eines der stattlichsten hat eine Granate geschlagen. Aber schon klettert auf dem Dach der Dachdecker, der den Rest der Ziegel zu retten versucht, und in dem Kellergeschäft, das unversehrt geblieben ist, geht der Betrieb weiter. Überhaupt, wie voll sind die schmalen, dürftigen Geschäfte rings. Mit Ausnahme der stattlichen Apotheke sind es enge Löcher; vielfach sind die Scheiben zersprungen. Die vorgelegten Läden machen den Raum erst recht dunkel. Es gibt da nicht viel, was uns verlocken könnte. Ein Glas Tee? Ein Stück Seife? Aber der Tee ist schlecht, und für die Seife werden bereits viel zu hohe Preise gefordert.

So wende ich mich ab und mustere die Häuser. Drüben am Markt liegt noch ein echtes Blockhaus. Die Schmiede an der Hauptstraße ist noch mit Ziegeln gedeckt. Was ein bißchen Form hat, ist von einem bescheidenen Klassizismus angehaucht. Wie lange mag diese Periode hier gedauert haben? Es schließt sich anscheinend unvermittelt ein scheußlicher Jugendstil an. Dann folgt die Ära Pilsudski, die auch hier durch die große, schlichtgehaltene Volksschule verkörpert wird, die den Namen des Marschalls trägt. Welches mag die nächste Ära sein, die einmal in den Bauten dieses Ortes ihren Ausdruck finden wird?

[13.]
Glaznow, den 4. Oktober 1939

[…] Bei uns läuft das Leben fast gleichmäßig dahin; immer ein schlechtes Zeichen beim Kommiß. Morgens stehen wir um halb sieben auf. Eine Stunde später beginnt etwa die Arbeit, wie ich sie Dir neulich geschildert habe. Heute hatte ich fast nur Schreibarbeit zu erledigen. Vormittags wurden fünfundzwanzig Gefangene vernommen, die Auskunft über das Schicksal von angeblich niedergemetzelten Verwundeten geben sollten, aber natürlich alle nichts wußten. Ich mußte das Protokoll schreiben. Nachmittags kam der Major zur Besichtigung des Lagers, freundlich wie immer. Ich habe zwischendurch ein schönes Bad genommen und dann wieder Schreibmaschine geschrieben. Jetzt abends gab es ein schönes warmes Abendessen, das der polnische Koch bereitet hat. Die Schreibstube ist groß darin, solche Extragenüsse ausfindig zu machen, vor allem Jordan, zumal alles ja verhältnismäßig billig ist, was an Lebensmitteln zu haben ist. Jetzt geht das Radio: Berichte von Warschau[54] und nun die

---

53 Polnische Bezeichnung für Frau.
54 Am 28. September 1939 hatte die Stadt kapituliert.

Nachrichten. Es ist warm, leidlich gemütlich, und wir haben nichts zu klagen, – abgesehen davon, daß wir nicht zu Hause sind. Es ist das doch das tägliche Gespräch. Ich weiß nicht, ob das so recht ist. Vorgestern erinnerte Leutnant Sachse an die Kriegserinnerungen von Rudolf Koch.[55] Man sollte also wohl noch fester und tapferer sein. Aber es ist wohl auch natürlich, daß wir bei unserer Schreibarbeit das Gefühl haben, zu Haus nützlichere Arbeit tun zu können. Immerhin brauchst Du nicht zu denken, daß wir den Kopf hängen lassen. Wenn wir unsere Arbeit haben, vergeht die Zeit. Und Tag um Tag geht dahin. Sollte es hier ruhig bleiben, wäre ich für ein bißchen Lektüre dankbar. Wenn Du jetzt nicht zu Haus bist, schick doch bitte einmal ein Reklamheft, wie es sie ja wohl auch in Wernigerode gibt. Es kann ruhig einmal ein klassisches ausländisches Werk sein, das man eines Abends auslesen kann. Auf Novellen habe ich wenig Appetit. Rein Gedankliches ist wohl zu schwer. Vielleicht findest Du ein paar geeignete Hefte. Schicke sie bitte einzeln, jeden Tag oder jeden zweiten Tag eins, solange wir noch hier sind.

Heute kam ein Gruß von Frau von Tiling mit ein paar Nachrichten über die Zeitschrift[56] (monatlich acht Seiten!) und herzlichen Wünschen. Ich habe übrigens Frau Osterloh[57] um ein paar Hilfsmittel für Kreislauf, Erkältung und Verdauung gebeten. Außerdem kam ein Päckchen mit Konfekt von Franz und Lene mit einer netten, warmherzigen Begleitkarte von Franz. Es ist doch sehr gut, daß er vorläufig noch an seinen drängenden wissenschaftlichen Arbeiten weiterschaffen kann. Der Kommiß in der Heimat oder der Etappe würde ihn gewiß nicht befriedigen, und er würde sich in Sehnsucht nach seinem Werk verzehren.[...]

[14.]
[Karte]
7. Oktober 1939

bevor die Post heute weggeht, will ich Dir noch einen Gruß senden. Wir haben ruhige Tage hinter uns. Das Leben verläuft gleichmäßig wie in einem Friedensbetrieb. Gesundheitlich geht es leidlich. Ein bißchen Husten und Schnupfen wird man wohl nicht loswerden. Das Wetter ist seit gestern wieder rauer, nachdem wir noch herrliche Tage gehabt haben. Gestern haben wir die Führerrede[58] gehört. Wir waren enttäuscht, insofern sie noch keine Entscheidung gebracht hat. Aber sie läßt ja noch eine friedliche Zukunft offen.[...]

[15.]
Glaznow, den 9. Oktober 1939

[...] Ich freue mich sehr, daß Du jetzt die Harzberge wieder richtig genießen kannst. Wenn ich hier morgens in den Park gehe, dann ist das Bild jedes Mal ein

55   Die Kriegserlebnisse des Grenadiers Rudolf Koch, Leipzig 1934.
56   Magdalene von Tiling (1877-1974), Religionspädagogin, Frauenpolitikerin, DNVP-Landtagsabgeordnete und Herausgeberin der Zeitschrift »Schule und Evangelium«. Vgl. Gury Schneider-Ludorff, Magdalene von Tiling.
57   Offenbar eine Apothekerin oder Ärztin.
58   Hitlers Reichstagsrede am 6. Oktober 1939 in: Max Domarus: Hitler. Reden und Proklamationen 1932-1945, Teil II, Bd. 3, 4. Aufl. Leonberg 1988, S. 1377-1393.

anderes. Heute war ein milder Regentag. Aber wir haben auch schon Nachtfrost gehabt. Die Dahlien und die Tomaten sind bereits völlig hin. Selbst die Winterastern vor unseren Fenstern haben schon gelitten. Aber es blüht immer noch da und dort um uns. Die Kastanien sind noch erstaunlich grün. Inzwischen wirst Du ja auch die Nachrichten von hier erhalten haben und Dir wieder ein Bild von unserem Leben machen können. Ich arbeite den ganzen Tag auf der Schreibstube. Wir haben Doppelfenster und einen großen Kachelofen; von fünf Uhr an kommt das elektrische Licht. Alle Arbeit wird von einem Kriegsgefangenen geleistet: Schuheputzen, Wäscheholen, Geschirreinigen, Heizen, so daß wir es verhältnismäßig gut haben. Mit den Leuten von der Schreibstube habe ich jetzt gut zusammengearbeitet. An dem vielen Fleisch- und Geflügelessen beteilige ich mich nicht. Dagegen nehme ich sonst gern manche Verbesserung der Kost mit in Kauf. Wenn man z.B. durchgefroren von draußen kommt, ist ein Becher Bohnenkaffee und Tee nicht zu verachten. Auch ein bißchen Kuchen oder Gebäck ist nicht zu verachten. Wir haben schon manches ernsthafte Gespräch in den letzten Tagen miteinander gehabt. Leider ist Plagemann ganz rabiater NS-Weltanschauungsmann.

Gestern hatte ich grade keinen schönen Sonntag. Wir sind vormittags zum zweiten Mal geimpft worden, und das hat mich mächtig hingehauen. Ich habe den ganzen Nachmittag fiebernd gelegen und die Nacht kaum geschlafen. Der Stabsarzt erklärte, das sei ein gutes Zeichen, wenn der Körper soviel Fieberkräfte aufbringt. Aber für einen selbst ist das immer eine ziemlich anstrengende Geschichte. Heute war ich mächtig schlapp, habe aber die wichtigste Arbeit gemacht. Wir haben achtzig Gefangene herausgesucht, und nachmittags habe ich dann die Ausweise geschrieben. So ist der Tag wieder vergangen. Leider sind unsere Tage hier gezählt. Wir werden dann nach dem benachbarten Städtchen verlegt werden, wo es mit der Unterkunft sehr beengt ist. Es wird natürlich jetzt viel über die Heimfahrt gesprochen. Aber das ist alles Gerede. Plagemann ist angefordert worden von seiner Behörde, aber die Sache ist noch nicht entschieden. […]

[16.]
Glaznow, den 10. Oktober 1939

ich will heute den ruhigen Abend dazu benutzen, gleich noch auf Deine lieben Grüße zu antworten, die heute so reichlich eingetroffen sind. Ich habe heute die Karte vom Erntedanksonntag und die beiden Päckchen mit den Strümpfen und der Leibbinde sowie dem Stopfgarn bekommen. Beides werde ich gut gebrauchen können, denn nach allem, was uns hier erreicht, auch nach der heutigen Führerrede[59] ist die Hoffnung auf den Frieden im Westen bei uns ganz schwach geworden. Und das wird praktisch für uns bedeuten: Winter in Polen. Daß wir nach dem Westen kommen, ist *ganz* unwahrscheinlich. Vielmehr werden diejenigen Offiziere und Unteroffiziere herausgesucht werden, die man allenfalls noch brauchen kann. Die anderen werden hier weiter Wachdienst tun, bei Gefangenen oder einfach als Besatzung des Landes. Die aktiven Truppen rollen weiter auf der großen Warschau-Posener Chaussee westwärts. Wenn wir in den nächsten Tagen

---

[59]   Hitler hielt am 10. Oktober 1939 eine Rede zur Eröffnung des Winterhilfswerkes im Berliner Sportpalast mit Attacken auf England. Abgedruckt ebenda, S. 1395-1399.

aufbrechen, wird es wohl um etwa 30 km nordwärts gehen. Hoffentlich bessert sich das Wetter bis dahin etwas. Wir haben heute den ersten Schneeklatsch. Eigentlich ganz unerwartet, da die Bäume noch fast grün sind. Eher hätte man weitere Nachtfröste und wärmere Tage erwartet. Aber nun sind alle Wege grundlos. Der große Hof des Gutes ist, soweit er nicht gepflastert ist, ein Morast. Die Gefangenen hocken in den natürlich nicht heizbaren Scheunen und Ställen. Wir beschleunigen die Entlassung der deutschsprechenden Gefangenen möglichst – doppelte Arbeit für mich an der Schreibmaschine. Der Rest wird dann in das Städtchen überführt werden, wohin wir ja auch zu kommen hofften.

Im Hegel habe ich schon ein bißchen gelesen. Er wird wohl auf Monate reichen. Ein bißchen anderes zwischendurch würde nichts schaden. Hannis Buch[60] wird wohl zu schwer an Gramm sein. Du müßtest dann schon das ungebundene Stück opfern und zerteilen, wenn Du Ersatz hast. Aber das alles hat noch Zeit, bis ich übersehe, wie die neuen Quartiere sind, ob sie einigermaßen ruhige und warme Abende möglich machen. Der V[ölkische] B[eobachter] ist heute schon gekommen. Die Schreibstube freut sich, ihn regelmäßig zu erhalten. Für die Frankfurter [Zeitung] war ich sehr dankbar. Sie enthielt eine ganze Menge interessanter Nachrichten. Kauf doch öfter die Sonntagsausgabe und schicke, wenn Du sie gelesen hast, die interessierenden Seiten. Sonst habe ich aber gar keine Wünsche. Das Essen reicht aus, wenn man auch alles Frische sehr vermißt. Aber gerade das läßt sich ja nicht herbeizaubern, auch nicht durch noch so viel Liebe und Fürsorge. Hier hatten wir auch immer noch täglich unsere Becher heiße Milch.

Von Deiner englischen Lektüre schreib mir mehr, wenn Du sie fortsetzt. Hier warne ich immer davor, die englischen Möglichkeiten zu unterschätzen. Man klammert sich an die Unterlegenheit der englischen Luftwaffe und an die Oppositionserscheinungen in den Dominions.[61]

Ich muß abbrechen, weil wir – nach dem Hören der Zehn-Uhr-Nachrichten – schlafen gehen wollen.[…]

[17.]
Zgierz[62], 17. Oktober 1939

[…] Wir haben nun gestern einen erträglichen Umzug gehabt. Wir sind den ganzen Tag auf den Beinen gewesen mit dem üblichen Warten. Aber wir brauchten nicht viel zu marschieren, und es war ein schöner, milder Herbsttag. Auf der Fahrt hierher konnte ich nur immer einen schmalen Ausschnitt durch die Tür des Viehwagens sehen. Und als wir dann in Czorkow[63] aus der Kleinbahn in die elektrische

---

[60] Hanna Stephan war eine befreundete Schriftstellerin, die historische Romane schrieb. Gemeint ist wahrscheinlich »König ohne Reich«, München 1939.
[61] In der »Luftschlacht um England« im Herbst 1940 stellte die englische Luftwaffe ihre Qualität unter Beweis und brachte den deutschen Verbänden empfindliche Verluste bei. Bei der Überschätzung der Differenzen innerhalb der Anti-Hitler-Koalition handelte es sich um ein – keineswegs nur durch Propaganda – verbreitetes Phänomen. Hitler befahl in diesem Irrglauben noch im Dezember 1944 einen Angriff im Westen. Vgl. Hermann Jung: Die Ardennen-Offensive 1944/45. Ein Beispiel für die Kriegführung Hitlers, Zürich/Frankfurt am Main 1971.
[62] Kreisstadt in der Woiwodschaft Lodz im Bzuratal (Görnau).
[63] Czortkow in der Woiwodschaft Tarnopol (Tschortkiw).

Überlandbahn stiegen, war es schon dunkel. Wir sind hier in einer ganz modernen Schule untergebracht: Doppelfenster, elektrisch Licht, Zentralheizung. Wir haben eiserne Bettstellen und sollen heute noch Strohsäcke und Stroh bekommen. Die letzte Nacht haben wir auf den Brettern wie die Toten geschlafen und nichts gehört von nächtlichem Besuch auf der Schreibstube. Von unserem Fenster geht der Blick über kleine Häuser, Gärten und Felder zum Waldrand, der nach allen Seiten den Blick abschließt. Die Stadt gilt als der schönste Vorort von Lodz. Villen habe ich noch nicht entdeckt. Wohl aber viel Gärten und Parks. Fabriken und Schornsteine fehlen nicht ganz, treten aber zurück. Nach den Erfahrungen der letzten Zeit sind wir sehr skeptisch, ob wir länger hier bleiben werden. So unter den Augen des Majors tritt das Kommißige wieder stark hervor. Kein Mensch darf die Kaserne verlassen usw.[…]

Ich habe nun nachträglich erst den Heeresbefehl über die Offizieranwärter gelesen. Danach glaube ich an keine Einberufung (Es sollen möglichst Leute im zweiten Jahr sein, die sich im Felde bewährt haben.).[64]

In der letzten Nacht in Glaznow – ein Teil der Kompanie war schon fort – hatten wir übrigens noch ein kleines Abenteuer. Gegen neun – ich sprach gerade mit dem Feldwebel von dem Leiden eines schönen Reitpferdes, das sich vor einiger Zeit das Bein gebrochen hatte und nun zitternd und schweißbedeckt mit unsagbar traurigen Augen im Stall stand; es mußte sofort geschlachtet werden – fielen plötzlich eine Reihe Gewehrschüsse. Sofort Alarm. Ich hatte mir gerade die Füße gewaschen und keine Strümpfe an. Also so hinein in die Schuhe. Und nun ging es in die Nacht hinaus. Eine Streife zu den Teichen vor dem Gut blieb erfolglos, obwohl wir in die Nacht hineingelauscht haben wie Winnetou. Also hinüber zum Nachbargut, wo SS lag. Leutnant Sachse, ein Unteroffizier und drei Mann, darunter ich. Stahlhelm, geladenes Gewehr. Wir sind eben hinter dem Gutspark. Da, wieder ein Schuß. Dann völlige Ruhe. Allmählich gewöhnt sich das Auge an die Dunkelheit. Aber mehr als die Bäume am Wegrand und die dunkle Masse des Parks ist doch nicht zu erkennen. Jetzt links ein Wäldchen und dann rechts geduckte, aber massive Kate; eine Wegbiegung, die schimmernde Fläche eines Teichs. Immer dichtere Wipfel von Kastanien über uns; immer völligere Finsternis um uns. Da, ein Gitter, das den Weg abschneidet. Rechts regt sich etwas, ein Schilderhaus ist zu erkennen. Der Gutsnachtwächter. Als wir ihm in die relative Helligkeit der großen Rasenfläche vor dem niedrighingestreckten Gutshaus folgen, wird eine tressengeschmückte Uniform und ein regelrechter Zweispitz [sichtbar]. Welch ein Bild in dieser Nachtstunde. Welche geschichtlichen Träumereien könnten angesichts der schwacherleuchteten Fenster des Herrenhauses lebendig werden. Aber es ist keine Zeit zum Träumen. Schon sind die »Kameraden« von der SS da. Eine merkwürdige Begegnung mindestens insofern, als man nun zum ersten Mal von einem SS-Mann mit Kamerad angeredet wird. Wir erhalten bereitwillig Auskunft: Drei Mann liegen in dem verhältnismäßig abseitigen Gutshaus. Sie haben ihre

---

64 Es könnte die Heeresdienstvorschrift 75: Bestimmungen für die Erhaltung des Heeres im Kriegszustand vom 15. September 1939 gemeint sein, die eine bevorzugte Beförderung für verdiente Offiziere festlegte. Vgl. Absolon, Personalwesen, S. 236. Außerdem erging am 20. September eine Verfügung des OKH zur »Offiziersergänzung während des Krieges und bei besonderem Einsatz«. Allgemeine Heeresmitteilungen hrsg. vom OKH, 6. Jg., 7. November 1939, Nr. 786, S. 342.

abendliche Streife gemacht und dabei ein verdächtiges Husten gehört. Darauf die Schüsse. Einer hat dann zwei Gestalten aufspringen sehen. -- Darum die Aufregung! Aber selbstverständlich wird der Wald jetzt noch einmal abgesucht. Wir bleiben zurück. Der Schein der Taschenlampe entfernt sich in dem hochwaldähnlichen Park. Zigaretten werden geraucht, das übliche Kommißgespräch kommt auf. Da, mit einmal ein neuer Schuß. Diesmal hell, scharf: Revolver. Wir knien nieder, gespannt horchen wir in die Nacht. Unsere Leute kommen zurück. Von ihnen ist der Schuß nicht abgegeben worden: ein Rätsel. Aber glücklicherweise behält Leutnant Sachse die Nerven. (Daß auch wir völlig ruhig sind, brauche ich wohl nicht zu betonen. Wovor sollten wir auch Angst haben?) So lassen wir das Rätsel ungelöst und marschieren heim. Immer heller wird die Nacht für das Auge. Rechts haben wir jetzt die hellen Lichter von Krosniewice. Es ist kaum anders, als wenn wir früher etwas Sonntags abends von Rosenthal oder von Senzig zur Bahn gingen. Ich denke vor allem an die Kriegsjahre, in denen wir Sonntags so oft den Weg nach Niederschönhausen[65] gemacht haben. Auch damals dieselbe Nacht, dieselben Sterne. – Ohne weiteren Zwischenfall erreichen wir Glaznow. Hier ist alles in höchster Aufregung. Alle Mann sind zu Posten und Feldwachen eingeteilt. Ein alter Kriegsunteroffizier mit EK I[66] hat die Schüsse durch den Park peitschen hören. Leider müssen wir ihn durch unseren Bericht enttäuschen. Eine letzte Streife ums Gut, an der ich wieder teilnehme. Dann werden die verstärkten Posten eingezogen. Wir dürfen schlafen gehen. Die Nacht ist ohnehin verkürzt.

Die 4. Kompanie Landesschützenbataillon V/XI aber hat zu ihren Ruhmeskränzen einen neuen erworben. Zu den Schlachten von Domanin genannt Mondamin und Hanolin–Sanolin ist die Schlacht von Glaznow-Bielice gekommen.[67] Hoffentlich laufen alle weiteren ähnlich aus.

Und die ungeklärten Schüsse? Vermutlich haben Posten von uns losgeknallt und dann Angst gehabt, es zu gestehen.

Nach diesem militärischen Intermezzo noch das Neuste – ob's stimmt, weiß ich nicht. In der nächsten Zeit übernehmen die Landesschützenbataillone, zu Regimentern und Divisionen zusammengezogen, endgültig die Wachaufgaben in Polen als Besatzungstruppe. Der Bereich unserer Division erstreckt sich in der Mitte des Landes bis zum Bug. Also werden wir *vielleicht* nächstens die Weichsel sehen. *Why not*..[…]

[18.]
Zgierz, den 21. Oktober 1939

Es ist Sonnabend abend. Draußen klappert der Regen auf den Fensterblechen. Sonst ist es leidlich still. Jedenfalls bei uns im Zimmer. Nur Specht ist da und liest Hegel. Die anderen sind zu einem Abendschoppen in der Stadt. Nur von nebenan quäkt ein Harmonium etwas hilflos, und auf dem Flur schmettert glücklicherweise in einiger Entfernung ein Lautsprecher. Aber wir sind schon dankbar für

---

[65] Berliner Vororte.
[66] Eisernes Kreuz 1. Klasse, militärische Auszeichnung.
[67] Ironische Bezugnahme auf vorherige Stationierungsorte. Mondamin: populäre Maisstärke der Mondamin GmbH. Bielice – Bielendorf/Bleichen im Warteland.

die verhältnismäßig große Ruhe. Die Tage sind doch lang mit dem ständigen Hin und Her auf der Schreibstube. Und gerade dann, wenn der eigentliche Dienst nicht so anstrengend ist und einen nicht dauernd in Spannung hält, wie es gestern und heute der Fall war, empfindet man es doppelt. Es ist nun richtiger Kasernenbetrieb hier. Einige Wachen müssen gestellt werden, Fahrer und Abkommandierte sind unterwegs; aber der Rest hat Exerzieren, Unterricht, Waffen- und Sachenreinigen und dergl. So fehlt im Augenblick der lebendige Anreiz, den die Begegnung mit den Polen in Glaznow immer bot. Umso willkommener waren mir die beiden Shakespeare-Hefte als Gegengewicht. Ich bin wieder einmal hingerissen, so weit das bei dem stückweisen, immer wieder gestörten Lesen möglich ist. Vor allem der Richard II. hat es mir angetan. Ich werde versuchen, meinen Eindruck wiederzugeben. Aber ich glaube, es klingt doch banal, was man so schreibt. Dankbar wäre ich, wenn ich den »Sturm« gelegentlich bekommen könnte.

Eben kam Leutnant Sachse noch herein, um ein theologisch-philosophisches Gespräch zu führen. So muß ich jetzt abbrechen, damit es nicht spät wird. Nur eins noch. Ich hatte neulich vor dem Einschlafen ein schönes Erlebnis. Gewöhnlich flimmert es einem doch unbestimmt vor den Augen. An diesem Abend aber hatte ich ein wunderschönes helles Blau vor meinen Augen. Mit einemmal verwandelte sich dieses Blau in eine herrliche Wiese voller Vergißmeinnicht. Eine unglaubliche Fülle von Blüten, wie sie sich wohl um einen Bachrand drängen, aber unendlich viel reicher und üppiger. Mit einmal aber warst Du zwischen den Blüten in einem hellen Sommerkleid und mit Deinem großen Strohhut und pflücktest die Blüten. Dein weißes Kleid und Dein Hut leuchteten zwischen dem Blau. Nur Dein Gesicht konnte ich nicht erkennen, da Du Dich allzu sehr herunterbeugtest. Und dann verging alles. Nur das Blau leuchtete weiter in meine Träume hinein.

Und [an] das Vergißmeinnicht will ich mich halten, auch wenn es nur ein geträumtes war.[…]

[19.]
Zgierz, den 22. Oktober 1939

dieser Sonntagabend ist sehr viel ruhiger als der gestrige, und so will ich Dir gleich auf Deine reichen, frohen Grüße antworten.[…] Die jüngeren Jahrgänge werden nun doch eingezogen.[68] Was für ein Krieg ist das; wie teuflisch ist im Grunde dieser Angriff auf die Nerven, während die Geschütze schweigen oder nur da in Tätigkeit treten, wo das Selbstgefühl und die Weltgeltung des Feindes getroffen werden kann. Aus Schmidts Brief: »wir leben von der Hand in den Mund und warten auf entscheidendes Geschehen, das immer wieder ausbleibt und zermürbt.« […]

Ich hatte heute einen richtigen Soldatensonntag. Morgens Feldgottesdienst auf dem Marktplatz im Stahlhelm und vor den aufgestellten Gewehrpyramiden. Für beide Konfessionen gemeinsam. Die Gottgläubigen[69] durften zu Haus bleiben,

---

[68] Vgl. die Übersicht zur Einberufung der Geburtsjahrgänge bis 1929 in Kroener, Ressourcen, S. 727.
[69] Im Nationalsozialismus Bezeichnung für Gläubige, die keiner anerkannten Religionsgemeinschaft angehörten.

obwohl die »Morgenfeier« – so von dem Geistlichen selbst bezeichnet – eigentlich ihnen am meisten entsprochen hätte. Unsere Moralisten wie der Feldwebel, der Kompanieführer, waren begeistert, weil so viel von Soldatentugenden und -pflichten die Rede war. Ich fror innerlich ebenso wie äußerlich dabei – wir waren ¾ Stunde zu früh hinbestellt worden und hatten solange in Feuchtigkeit und Kälte gestanden – Text von der guten Ritterschaft, dem Glauben und guten Gewissen. Dann zwei Stunden Arbeit an der Schreibmaschine, ein sonntägliches Mittagbrot: Rinderbraten und Mohrrüben, Kartoffeln, ein bißchen Ausruhen auf dem Bett und dann das große Ereignis des Tages: mit fünfzehn Kameraden unter Führung eines Gefreiten in Lodz für ein paar Stunden. Was wir da gesehen haben, werden wir alle nicht sobald vergessen. Was für eine Dürftigkeit und Erbärmlichkeit des Menschen in seiner äußeren Erscheinung. Nach Zgierz zu, wo unsere Überlandbahn endet, liegt das Judenviertel.[70] Kein Ghetto, aber Laden bei Laden künden die Schilder von Abraham und Chil, Lajb und Szeml. Die Geschäfte waren natürlich geschlossen. Aber auf den engen Bürgersteigen schob die Masse sich an uns vorbei. Soweit es sich um Juden handelte, fast durchweg scheu, mit einem Seitenblick auf unsere Uniformen. In den Seitenstrassen standen sie dann in Gruppen beieinander, so wie früher bei uns in der Münz- und Hirtenstrasse, aber doch noch in einer ganz anderen Unmittelbarkeit ihres Daseins. Dazwischen dann die einzelnen, schmalen und brennenden Gesichter der Intelligenz. Ebenso vereinzelt die Eleganz der Avancierten. Im ganzen doch Armut und Elend aufgeprägt. Wenige von der ruhigen Gelassenheit, die bei diesem Volk wohl noch mehr als anderswo allein aus dem Glauben kommen kann. Lodz hat noch keine Kanalisation. So war man zwischen den Dunst geklemmt, der hier aus den Hauseingängen und dort aus dem faulenden Wasser der tiefen Rinnsteige kam. Und welch ein Bild erst, als der frühe Abend hereinbrach und die bodenlose Häßlichkeit der ungleichmäßigen Häuserblöcke sich in dem Nebeldunst ins Groteske verwandelte. Dabei noch immer das ruhelose Drängen und Schieben auf den Straßen. Das einzig Leuchtende waren da die gar nicht seltenen Hakenkreuzfahnen an den Häusern der zahlreichen Volksdeutschen. Sie wehen von den Villen und Geschäftshäusern der deutschen Industriellen ebenso wie von den einstöckigen Häusern der deutschen Arbeiter und Handwerker. Die in einem gleichmäßig ausgeformten Siedlungstyp längs der Vorstadtstraßen stehen – in Zgierz übrigens, das eine planmäßige Anlage aus der ersten Hälfte des vorigen Jahrhunderts sein muß, mit säulenflankiertem Eingang – alles natürlich in Holz.

Lodz hat natürlich auch seine Geschäftsstraßen von europäischem Zuschnitt. Sie sind jetzt das Ziel der Offiziere und Mannschaften, die jetzt ähnlich wie in Österreich und Sudetenland alles auskaufen. Im Vordergrund stehen hier die Textilwaren, die zum Teil außerordentlich gut sein sollen. Aber auch Seife und dgl. wird aufgekauft. Wer dienstlich in Lodz zu tun hat, nutzt das aus. Wir haben heute wenigstens in einem anständigen Café Kaffee getrunken mit Schlagsahne und ein paar Tortenstückchen. Im ganzen gehen die Preise trotz strenger Vorschriften in die Höhe. Die Lebensmittel werden knapp, und man weiß nicht, wie

---

[70] 1940 wurde in Lodz (Litzmannstadt) dann ein großes Ghetto eingerichtet. Vgl. Löw, Litzmannstadt.

die Bevölkerung durch den Winter kommen soll ohne ganz einschneidende Maßnahmen. Vielleicht hilft die Dürftigkeit der Lebensführung dabei. Man rechnet
damit, daß in kurzer Zeit vieles aus dem Reich hierher geschafft werden muß.[71]
Sehr würdig ist diese Kauferei ja nicht. Viele lassen sich extra Geld von zu Haus
schicken. Von uns kommen nur ganz wenige alltags in die Stadt hinein, und das
ist auch ganz gut. Die Leute stellen sich hier morgens um vier nach Brot an.

Ob wir den nächsten Sonntag noch hier erleben? Niemand glaubt daran. Wir
sind ja nun an das Packen gewöhnt. Ich glaube, wenn wir zurückkommen, werden
wir erst einmal das Bedürfnis nach großer Ruhe und Stille haben.[…]

[20.]
27. Oktober 1939

[…] Das Wetter ist hier nach kurzer Aufheiterung auch wieder grau, neblig, reg-
nerisch. Leider fällt dadurch der Außendienst oft aus. Und sonst komme ich ja
selten hinaus. Die Wälder und Hügel um den Ort sind fast immer im Grau verschwunden, und in unserer Nähe ist fast alles schon kahl. So ist auch bisher noch
nichts aus dem Reiten geworden, das wir beginnen sollten.[72] Nur ein schönes
Reitpferd hatte ich vor ein paar Tagen eine ganze Zeit zu halten, als der Major zu
einer Besichtigung da war. Schade, daß Du das Waltraut Müller nicht erzählen
kannst. Es gehört das immer zu den kleinen Überraschungen des Dienstes, daß
man in solchem Fall zuspringen muß und sich nicht lange überlegen darf, ob man
eigentlich Traute hat oder nicht.

An Schmidts habe ich damals gleich geschrieben und mich bedankt für das
Päckchen und die Leibbinde. Jetzt habe ich auch länger nichts gehört, bin aber
auch mit dem Schreiben dran. Ich komme gar nicht dazu, alles zu erledigen. Ich
möchte gern mal an die Klasse schreiben, auch an die Referendare und die Assessoren (Polit[ik] usw.), aber es bleibt immer wieder [liegen].

Von Lene kam heute auch wieder ein Päckchen mit etwas Gebäck und Bonbons.
Ich habe ihr heute etwas Butter geschickt. Leider konnte ich sie wieder nicht
richtig verpacken. Für Euch in Hennigsdorf hatte ich heute den schönen festen
Karton, für dessen Inhalt ich Dir herzlich danke. Es war ganz ausgezeichnetes,
gediegenes Konfekt, nicht das süße Schleckerzeug, wie man es sonst manchmal
hat. Ob das vorletzte Butterpäckchen überhaupt angekommen ist? Auch die
Sonntagsausgabe der Frankfurter ist heut gekommen. Lene schrieb gestern sehr
lieb und eingehend. Auch Franz schrieb von seiner jetzigen Arbeit. Wie mag es
Bruno[73] jetzt beruflich ergehen? Ob man ihn schon für sonstige Tätigkeit heran-

---

[71] Hitler fasste seine Absichten bezüglich des Generalgouvernements so zusammen: »In dem Gebiet
      solle eine ‚polnische Wirtschaft‘ herrschen; Korruption und Seuchen würden an der Tagesordnung
      sein. Er brauche von dort nur Arbeitssklaven für Deutschland.« Die eingegliederten Gebiete Posen
      und Westpreußen sollten hingegen »blühendes deutsches Land« werden. Aufzeichnung über die
      von Hitler geplante Besatzungspolitik, in: Helmut Groscurth: Tagebücher eines Abwehroffiziers
      1938-1940. Mit weiteren Dokumenten zur Militäropposition gegen Hitler. Hrsg. von Helmut
      Krausnick und Harold C. Deutsch unter Mitarbeit von Hildegard von Kotze, Stuttgart 1970, S.
      381.
[72] Zum Einsatz von Pferden siehe auch den Brief vom 12. Dezember 1939 an Joachim Müller.
[73] Bruno Jarausch war der drei Jahre ältere Bruder, Diplom-Handelslehrer in Henningsdorf.

geholt hat? NSV oder so etwas. Ich lege ein paar polnische Marken bei, die einzige Beute, die ich gemacht habe. Wenn Bruno *gute* Verwendung dafür hat, soll er sie verschenken. Sonst hebt sie für mich auf.

Schließlich füge ich noch das Programm unseres gestrigen Bataillonsabends und das dabei gesungene Lied bei.[74] So ganz wörtlich ist das nicht alles zu nehmen, jedenfalls in Nr. 1 und 2 nicht, wenn auch die Polenmädchen nicht gerade zurückhaltend sind.

Der Abend war netter, als man erwartet hatte. Mich haben besonders die Volksdeutschen vom Gesangsverein interessiert. Wie seltsam hier Lebensformen des 19. Jahrhundert fortleben. Es war alles vertreten, was nur auf Bürgerlichkeit Anspruch erheben kann: Handwerksmeister, Kaufleute und die wenigen Akademiker. Leider war ein Gespräch nicht möglich, da sie am Tisch des Majors und der Stabsoffiziere saßen. Bei der Gelegenheit ist nun auch unsere Beförderung herausgekommen. Unser Feldwebel ist auch zwei Stufen hinaufgekommen. Bei uns Gefreiten war es ein ganzes Rudel, also für den Einzelnen keine überwältigende Auszeichnung. Aber das dicke Ende kam für mich erst heute morgen nach. Der Oberleutnant hat mir die Führung eines leichten Maschinengewehr-Trupps übertragen.[75] Mir blieb erst die Sprache weg, so daß ich mein »Hier!« gar nicht herausbekam. Inzwischen habe ich mich mit dem Gedanken abgefunden, obwohl ich ja vom Maschinengewehr soviel verstehe wie ein Neger vom Automobil. Aber man kann das ja lernen. Schwerer fällt es mir, aus der Schreibstube und ihrem anständigen Umgangston auszuscheiden. Ich habe den Umzug noch bis morgen hinausgezögert, damit ich heute noch in Ruhe etwas schreiben kann. Morgen muß dann das Neue beginnen. Kommandiert habe ich die Gruppe heute schon eine Weile beim Exerzieren. Die Termine für den Offizierkursus sind ja zunächst einmal vorbei, so daß wir damit vorläufig Ruhe haben werden. So kann ich mich noch ein bißchen in den Betrieb eingewöhnen, auch was die kleinen Aufgaben der Führung bei Wachen und im Gelände angeht. Der Maschinengewehr-Truppführer hat die Verantwortung für den Einsatz von zwölf Leuten im Gelände. Darin liegt der Reiz, wenn exerziert wird. Ich gehöre damit in dienstlicher Hinsicht zu den Unteroffizieren, trete bei ihnen an usw. Ich weiß zwar nicht, wieweit Dich diese militärischen Einzelheiten interessieren. Aber ich muß mich ja nun damit energisch beschäftigen. Außer mir ist noch einer von den Neubeförderten zum Gruppenführer ernannt worden, ein etwas älterer Frontkämpfer. Ich habe mich heute abend bei dem Oberleutnant für das Vertrauen bedankt und um etwas Nachsicht für den Anfang gebeten. Es hat ihn wohl gefreut, daß ich es gemacht habe: »Wem Gott ein Amt gibt, gibt er auch den Verstand«, sagte er am Schluß. Damit will ich mich auch trösten. Wenn Du den Brief bekommst, werde ich mich schon wieder ein bißchen eingewöhnt haben. So ist das jetzt. Man lebt doch immer ein Stück hinterher hinter dem anderen.

Die Rede von Ribbentrop haben wir neulich von Anfang bis zu Ende gehört.[76] Danach hatten wir gedacht, es würde jetzt rasch und entschieden gegen England

---

[74] Lied der Landesschützen V/XI.

[75] Leichter-Maschinengewehr-Trupp der Kompanie mit etwa zwölf Soldaten. Es handelte sich um eine Beförderung, die Vertrauen der Vorgesetzten dokumentiert.

[76] Joachim von Ribbentrop (1893-1946), deutscher Außenminister, hielt am 24. Oktober 1939 in Danzig eine Rede unter Betonung der vermeintlichen Kriegsschuld Englands. Vgl. zu Joachim von Ribbentrop die Studie von Michael Bloch: Ribbentrop, London 2003.

losgehen. Statt dessen wieder die merkwürdige Stille. Die Frankfurter Zeitung orientiert über manches. Im ganzen verstärkt sich der Eindruck, daß es keine rasche Entscheidung gibt. In Polen zieht nun der Zivilgouverneur ein.[77] In Lodz treffen immer mehr Feldgendarmen, SS-Leute und dgl. ein; so werden wir hier überflüssig. Wohin ist die Frage. Aber sie beschäftigt uns nicht mehr so wie sonst. Wir sind an den Wechsel zu sehr schon gewöhnt.[…]

Viele herzliche Grüße für Muttchen und Bruno. Laßt wieder einmal richtig von Euch hören. Und Du, liebes Muttchen, mach Dir nicht zuviel Sorgen. Ich beiße mich schon durch, und allmählich wird man sogar ein richtiger Soldat. Das wird für die Zukunft in vieler Beziehung auch kein Schade[n] sein. Hoffentlich habt Ihr eine recht schöne Zeit miteinander. Macht Euch nur richtige Ferien, soweit es möglich ist. Ich möchte Euch doch alle recht frisch und munter antreffen, wenn ich auf Urlaub komme.

[21.]
Sonntag, den 29. Oktober 1939

[…] Als wir gestern unseren Vormittagsdienst hinter uns hatten und uns auf das ruhige Wochenende freuten, kam plötzlich der Befehl, die Wache in dem Gefangenenlager des Ortes abzulösen. Sie war mit den Polen nicht mehr recht fertig geworden. Hatte auch zuviel davonlaufen lassen. So wurde rasch gepackt und schnell noch einmal gebadet. Dann ging es hinaus an den Stadtrand, wo die Polen dabei waren, für ein Panzerregiment einen großen Kasernenkomplex anzulegen, als der Krieg ausbrach. Dort lagen etwa 1500 Gefangene, die wir mit fünfzig Mann zur Räson bringen sollten. Es war dann aber ganz harmlos. Wir mußten allerdings mächtig heran. Ich war nicht eingeteilt, bin aber für einen kranken Kameraden meiner Gruppe eingesprungen und habe dann in der Zeit von neun Uhr abends bis halb zehn früh sieben Stunden Posten gestanden. Dann aber waren die meisten Gefangenen aus dem Lager heraus, und wir haben jetzt leidliche Ruhe. Alle sechs Stunden komme ich für zwei Stunden heran. Ich sitze dann in einem geschlossenen Wagen hinter einem Tisch, auf dem das Maschinengewehr aufgebaut ist, und könnte also im Ernstfall den ganzen Hof bestreichen. Aber wir haben nur noch 250 Mann hier, die die völlig verlauste Kaserne notdürftig säubern. Sie werden keinen Unfug mehr anrichten.

Es war in der Nacht eine merkwürdige Geschichte. Ich stand am Eingang. Vor mir eine frische, anfangs trockene Nacht. Erst gegen Morgen wurde es immer feuchter und nebliger. Den rechteckigen Platz vor mir umsäumt der schwarze Streifen niedrigen Kiefernwaldes. Darüber stehen ein paar charaktervolle Schattenrisse mächtiger hochstämmiger Kiefern und die weicheren Umrisse von ein paar Birken. Das könnte alles in Rehfelde oder in Möser[78] genau ebenso sein. Wenn ich

---

[77] Hans Michael Frank (1900-1946), Generalgouverneur von Polen, wurde am 12. Oktober 1939 von Hitler ernannt. Er war an der brutalen Ausbeutung Polens und der Verschleppung Hunderttausender in das Deutsche Reich beteiligt und wurde 1946 hingerichtet. Vgl. Werner Präg/Wolfgang Jacobmeyer (Hrsg.): Das Diensttagebuch des deutschen Generalgouverneurs in Polen 1939-1945, Stuttgart 1975; Martyn Housden: Hans Frank. Lebensraum and the Holocaust, New York 2003.
[78] Rehfelde liegt östlich von Berlin und Möser im Jerichower Land.

mich zur Tür zurückwende, schlägt mir ein beklemmender Dunst entgegen. Was mag erst in den Räumen oben für eine Luft sein, wo die Hunderte zusammenge-pfercht sind. Die Tür nach oben steht die ganze Nacht nicht still. Immerzu kommt einer, um die Latrine aufzusuchen. Niemand darf im Rock oder Mantel hinaus damit das Hemd leuchtet – jenseits des Stacheldrahtes liegt ja unmittelbar die dichte Schonung. Das ist nun meine Hauptarbeit. Immer wieder liegt ein Rock, ein Mantel oder eine Strickjacke vor mir auf der Erde. Nicht jedes Hemd leuchtet mehr. Viele starren vor Schmutz, das schlimmste ist der Gestank, der manchen anhaftet. Es würgt einen oft in der Kehle. Aber es sind auch manche unter den Gefangenen, die sich erstaunlich sauber gehalten haben unter den schwierigen Verhältnissen. Wenn sie kommen, kann ich ihnen jedesmal einen Augenblick ins Gesicht sehen. Es sind viel abgezehrte und müde darunter. Einige quatschen mich auch vergnügt auf polnisch an und sind immer noch guter Laune. Vom anderen Eingang her höre ich ab und zu Gebrüll. Dort werden auch Kolbenstöße ausgeteilt. Ich komme auch ohne das aus, ohne mir und meinem Auftrag etwas zu vergeben.

Und dann der Morgen. 1200 etwa sind auf dem Hof eingeteilt angetreten. Kaffee, Brot und etwas Schmalz werden für die Bahnfahrt ausgegeben. Fast alle frieren, trampeln durcheinander. Auch hier kann man wieder beobachten, wie verschieden die einzelnen ihr Schicksal aufnehmen. Es sind hier ja auch alle Jahrgänge durch-einandergewürfelt. Junge Burschen prügeln sich zum Spaß. Ein Familienvater hat ein kleines Album mit Photographien gerettet und zeigt es seinen Kameraden – die allermeisten haben ja ihr Gepäck beim Rückzug eingebüßt und sind darum so abgerissen. Trotzdem bringt es da und dort noch einer fertig, seine Schuhe zu putzen für die Fahrt nach Deutschland. Als dann das Essen kommt, ist doch für die meisten alles andere vergessen. Es geht nicht ohne Streit ab, wenn eine Schmalz-büchse in zehn Teile geteilt werden soll. Auch sonst macht die Not auch mißtrau-isch und sicher nicht ohne Grund. In der Nacht haben einige ihre ganze Habe: Mantel, Brotbeutel und Feldflasche oder Kochgeschirr mitgebracht und lieber meinem Schutz anvertraut, als sie unter den Kameraden – »Kollegen« sagt der Pole – zurückzulassen. Aber die Kameradschaft ist doch auch nicht totzumachen. Mehr als einmal beobachte ich, wie eine Zigarette von Mund zu Mund wandert.

Ein paar Stunden später steht eine große bläuliche Rauchwolke über dem Platz und verdeckt die Kiefern. Das schmutzige Stroh wird verbrannt. An den Fenstern hängen die zurückgebliebenen Gefangenen und putzen die Scheiben. Ein paar Tage noch, und auch das Lager »Panzerkaserne« gehört der Vergangenheit an. Vom Dienstag ab ist die 4. Kompanie marschbereit. Was ist das Ziel: Die Gegend von Thorn, der Weichselbogen? Beides wird gemunkelt. Niemand weiß es.[...]

Tiere haben wir nicht. Ich habe hier ein bißchen Angst. Wir liegen im Erdge-schoß unter den verschmutzten Männern, und eine Berührung ist nicht immer zu vermeiden. Nun es wird sich ja rasch herausstellen.[...]

[22.]
Zgierz, den 1. November 1939

Du siehst, ich schreibe noch wieder aus Zgierz. Es geht alles nicht so schnell, wie es vorgestern aussah. Ich habe mich vorgestern ins Bockshorn jagen lassen, als ein

Kamerad von der Kompanie ins Lager hinaus kam und im Vertrauen die aufregenden Schreckensnachrichten weitergab. Hoffentlich habe ich Euch nicht beunruhigt. Es ist nun so – nach dem, was hier erzählt wird; also mit Vorbehalt aufzunehmen – daß die Gegend um Lodz zum Reich kommt, Regierungsbezirk Kalisch[79] – ich kann es noch nicht glauben. Das Land soll nun ganz und gar unter Zivilverwaltung kommen, und wir werden ins »Protektorat Polen«[80] abgeschoben. Blaskowitz[81] hat als Oberbefehlshaber Ost einen Aufruf[82] an die Truppe erlassen, daß die Soldaten nun ganz wieder ihren militärischen Aufgaben zugeführt werden sollen. Tatsache ist weiter, daß unser Bataillon aus dem Regimentsverband herausgelöst wird und als »Feldtruppe« verwendet werden soll – was nicht mit Fronttruppe zu verwechseln ist. Die militärische Leistungsfähigkeit soll gesteigert werden. Daraufhin hatten wir heute gleich Schießen. Es war ein schöner Vormittag. In der Nacht hatte es leicht gefroren, und etwas leichter Schnee lag auf den Bäumen des hübschen, hügeligen Mischwaldes, in dem der Schießplatz liegt. Wir haben stehend freihändig 100 Meter geschossen, und ich habe mit drei Treffern auf der Kopfscheibe mit am besten abgeschnitten bei fünf Schuß. Ich habe mich sehr gefreut, weil natürlich wegen unserer Beförderung viel geredet worden ist. Ein großer Teil der Kompanie hat fünf »Fahrkarten«[83] erzielt. Das Ergebnis war sehr schlecht. Das sind nun unsere Sorgen. Gestern vormittag haben wir das Gefangenenlager geräumt und mittags an unsere Ablösung übergeben. Ich gehörte natürlich zum Nachkommando, natürlich, weil ich jetzt anscheinend wieder zu Sonderaufträgen ständig herangezogen werde. Heute Vormittag habe ich auf dem Schießstand anzeigen müssen[84] und konnte mich ein bißchen an das Krachen und Einschlagen der Patronen gewöhnen. Aber seit halb fünf bin ich jetzt dienstfrei. So gut habe ich es lange nicht gehabt. Gestern war es ebenso. Ich bin dann auch schon um halb neun schlafen gegangen. Trotzdem habe ich heute schmerzlich empfunden, wie der Verstand allmählich einschrumpft. Von Frl. Stephan kam heute der letzte Teil ihrer Buchsendung mit einem sehr freundlichen und gehalt-

---

79 Mit Wirkung vom 28. Oktober 1939 entstand der Reichsgau Posen, ab dem 9. Januar 1940 als »Warthegau« bezeichnet. Neben den 1920 an Polen abgetretenen Gebieten kamen polnische Gebiete hinzu, darunter die Kreise Kalisch und Litzmannstadt. Vgl. Reihe historischer Ortschaftsverzeichnisse für ehemals zu Deutschland gehörige Gebiete 1914-1945. Band VIII, S. 5.

80 Seit dem 26. Oktober 1941 als »Generalgouvernement« bezeichnete Gebiete unter einer Zivilverwaltung. Erlaß über die Überleitung der Verwaltung im Generalgouvernement auf den Generalgouverneur vom 19. Oktober 1939, in: »Führererlasse« 1939-1945. Edition sämtlicher überlieferter, nicht im Reichsgesetzblatt abgedruckter, von Hitler während des Zweiten Weltkrieges schriftlich erteilter Direktiven aus den Bereichen Staat, Partei, Wirtschaft, Besatzungspolitik und Militärverwaltung, zusammengestellt und erläutert von Martin Moll, Stuttgart 1997, S. 103f.

81 Johannes Albrecht Blaskowitz (1883-1948) Generaloberst und Oberbefehlshaber Ost, abgelöst wegen seiner Proteste gegen Verbrechen von SS-Einheiten in Polen. Vgl. Richard J. Giziowski: The Enigma of General Blaskowitz, London/New York 1997.

82 Tagesbefehl vom 26. Oktober 1939: »Mit dem heutigen Tage hat das Ostheer rein soldatische Aufgaben zu erfüllen, von Verwaltungsaufgaben oder solchen der Innenpolitik wird es befreit.« Oberbefehlshaber Ost, vom 26.10.1939. BA-MA, RH 36-65.

83 Fehlschüsse.

84 Dabei hält sich der Soldat in der Regel einem geschützten Unterstand unter den Scheiben und vor dem dahinter befindlichen Sandwall auf. Nach Abgabe der Schüsse prüft er den Erfolg und gibt die Ergebnisse an die schießende Gruppe weiter.

vollen Brief. Aber ich habe beim ersten Lesen nichts davon aufgenommen. Über das Buch bin ich sehr froh. Die Shakespearehefte habe ich mit immer gleichbleibender Freude gelesen. Sie lassen sich so schön in der Tasche mitnehmen und dann bei passender Gelegenheit hervorziehen.

Schon wird das 10. Wunschkonzert[85] mit einem meiner liebsten Lieder eröffnet: »Wer in die Ferne will wanderen, der muß mit der Liebsten gehen.«[86] […]

[23.]
3. November [1939]

[…] Deine Briefe haben mich sehr ernst gestimmt. Vor allem die Nachricht von Englers Tod hat mich tief getroffen. Es ist doch schwer, wenn ein Mensch so im Anfang seines Wirkens und seines Familienlebens dahingerafft wird. Was er für mich in der Arbeit bedeutet hat, weißt Du ja am besten. Ich habe heute an seine Frau geschrieben. Hoffentlich bekommt sie den Brief, da ich ja auch die Adresse nicht weiß. Auch was Du von Schulze und Ruff geschrieben hast, hat mich sehr beschäftigt. Die Verhältnisse sind hier doch sehr anders. Gerade jetzt auf der Unteroffizierstube lastet das Geschwätz, zum Teil ziemlich fragwürdigen Inhalts, und das ewige Radiogetön sehr auf mir. Auch die politischen Nachrichten, die die schwedischen Ausschnitte enthielten, waren nicht aufmunternd. Aber ich will darüber nicht viel Worte machen. Wir müssen nun aushalten, zumal auch dienstlich neue Anforderungen kommen. Übermorgen bin ich zum erstenmal »Unteroffizier vom Dienst«.

Wegen des Wetters braucht Ihr Euch nicht zu beunruhigen. An solchen Tagen machen wir den Dienst eben in der Kaserne. Auch schlafen tue ich weiter leidlich bequem auf einem Strohsack in der Feldbettstelle. Die Wäsche wäscht eine saubere deutsche Frau. Sie kommt in die Kaserne, so daß wir es ganz bequem haben. Heute sind wir auch wieder schwimmen gewesen. Wahrscheinlich bleiben wir zunächst doch noch hier, was ja in vieler Beziehung (Quartier!) gut wäre. Im übrigen laufen die widersprechendsten Gerüchte um über unsere Zukunft.

Heute habe ich die Decke für Trudchen[87] bekommen. Es ist Ukrainer Handweberei. Wenn sie nicht zu schwer ist, schicke ich sie – und zwar an Eure Adresse, weil das Porto ja noch bezahlt werden muß und ich auch die Hausnummer nicht weiß. Das Bunte darf Euch nicht stören. Dafür ist es echt Osteuropa. Wenn sie zu schwer ist, muß sie liegen bleiben, bis ich einmal auf Urlaub komme.

Das ist nun eine schwierige Geschichte. An sich käme ich als Dienstjüngster »Unteroffizier« erst im März dran. Der Feldwebel hat nun auf meine Anfrage geantwortet, sie würden mich dazwischen schicken. Ich müßte dann einen triftigen Grund – etwa Krankheit der Frau – oder so angeben. Das läßt sich natürlich zu Weihnachten schwer machen. Aber ich kann sehr gut verstehen, daß die beiden nicht länger warten möchten – man weiß ja auch nicht, was noch mit Bruno wird. Sicher möchte Bruno auch seine Weihnachtsferien ausnutzen. Nun weiß ja auch

---

85 Populäre Radiosendung für die Wehrmacht.
86 Nach Joseph von Eichendorffs »Aus dem Leben eines Taugenichts«. Richtig muß es heißen: Wer in die Fremde will wanderen...
87 Gertrud war die zukünftige Frau des Bruders.

niemand, wo wir um diese Zeit stecken. Darum möchte ich vorschlagen, die beiden nehmen auf mich gar keine Rücksicht. Und ich sehe dann zu, was sich machen
läßt. Besprich es doch bitte so mit Bruno und Trudchen. […]

[24.]
Zgierz, den 5. November 1939

der Sonntagabend soll doch nicht vorübergehen, ohne daß ich einen Gruß an Dich
schicke. Auch wenn ich nicht ganz aus der leisen Spannung herauskomme, die der
ungewohnte Dienst heute mit sich bringt. Ich war als UvD[88] heute Nachmittag
natürlich an die Kaserne gebunden. Aber das Wetter war heute auch ohnehin so
unfreundlich, daß man sich eben höchstens in eine Kneipe in der Stadt hätte setzen
können. Was schon darum nicht lockt, weil die Leute keine Kohlen zum Heizen
haben und ganz Polen friert, soweit es nicht Holz zur Verfügung hat. Da ist es in
der Kasernenstube noch gemütlicher, so daß wir heute abend sogar die nötigen
(für einen Alarm) 36 Mann im Hause haben, wie ich eben durch einen Rundgang
auf den Stuben feststellen mußte. Dafür war ich heute vormittag im deutschen
Gottesdienst. Die deutsche evangelische Kirche – ein Bau in klassizistischen Formen anscheinend aus der Zeit, als die deutschen Siedler hier zu einigem Wohlstand
gekommen waren – ist durch eine Fliegerbombe schwer beschädigt worden. Der
Gottesdienst fand in dem baptistischen Betsaal statt. Es waren etwa 200 Leute da.
Der Pfarrer klagte über die schlechte Teilnahme an dem Reformationsgottes-
dienst. Er war übrigens auch verschleppt worden. Der Gottesdienst entsprach
etwa dem bei einem frommen deutschen Christen. Dank dafür, daß man sich nun
wieder zu dem deutschen Luther bekennen dürfe und Mahnung, an seinem Erbe
festzuhalten. Dann sprach der Feldgeistliche, warm, zackig, mit viel Sprüchen.
Nach dem Gottesdienst stand er vor der Tür und gab jedem herzlich die Hand.
    Zgierz ist nun eine Stadt des Deutschen Reiches, wie man hier jedenfalls sagt.
Landrat und Bürgermeister sind da. In die Panzerkaserne zieht ein Bataillon
Jahrgang 1918 ein, das hier ausgebildet wird. Die Gerüchte treten immer bestimmter auf, daß wir in einigen Wochen in die Heimat zurückkommen werden. Ich
gebe sie weiter, ohne irgend darüber urteilen zu können. Angeblich sollen dann
die Jahrgänge 94/95 und die noch älteren entlassen werden. So leben wir in einer
merkwürdigen Ungewißheit. Der Dienst geht in derselben Richtung weiter, verliert aber immer mehr seinen Ernst. Geschossen haben wir erst gestern wieder.
Stehend freihändig 100 Meter. Drei Schuß in 30 Zentimeter. Ich hatte wieder drei
Treffer. In der nächsten Woche beginnt das Schießen auf Ringscheibe.
    Mein Lesen hat sich auf die Frankfurter Zeitung und den immer wieder unter-
brochenen Heinrich VI. beschränkt. Für alles andere fehlt die Möglichkeit der
Konzentration. Im übrigen »stört« auch andere Lektüre »die Volksgemeinschaft«.
Lesen geht ja nun einmal nicht ohne Absonderung.
    Das Paket für Trudchen ist heute an Deine Anschrift nach Hennigsdorf abge-
gangen. Ebenso ein Päckchen mit etwas Seife. Butter ist nur noch für die zu erreichen, die »Beziehungen« angeknüpft haben, die typischen Geschäftemacher

---

[88] Unteroffizier vom Dienst.

und ihre Freunde. Und Freunde habe ich nicht allzu viele. Dadurch daß ich gleich herausgehoben wurde, fehlt mir der selbstverständliche Rückhalt an einem bestimmten Kameradenkreis.[…]

Ob Ihr einen netten, lebendigen Sonntag hattet? Wenn Ihr doch noch bestimmte Wünsche wegen Wäsche und dgl. haben solltet, schreib bitte. Gern beteilige ich mich an dem allgemeinen Geschäftemachen ja nicht. Frottiertücher, Taschentücher (recht bunt, polnische Eleganz), Damenstrümpfe, aber auch Anzugstoffe werden mit Vorliebe gekauft und entweder geschickt oder Urlaubern mitgegeben. Auch unser Oberleutnant ist zur Zeit auf Urlaub, nachdem er schon lange kaum zu sehen war. Er hat wohl auch geschäftliche Schwierigkeiten, die ihn oft lähmen.[89] Vorgestern hat er uns noch eine ganz nette Filmvorführung seitens eines hiesigen Fabrikbesitzers vermittelt: selbstaufgenommene Schmalfilme vom zerstörten Warschau, von der Lowiczer Fronleichnamsprozession – einem Höhepunkt polnischen Volkslebens – und vom polnischen Nationalfeiertag am 3. Mai.[90]

Wenn man jetzt hier durch die Straßen geht, hat man wirklich schon das Gefühl verloren, im eben bekämpften Feindland zu sein. Gewiß, man spricht polnisch. Das Judentum tritt stark in Erscheinung.[91] Aber die ganze Organisation ist so fest in deutscher Hand, die deutschen Truppen und die Baubataillone, die Hakenkreuzfahnen, HJ-Armbinden bestimmen das Stadtbild stark. Die Industrie wird in den deutschen Arbeitsgang eingeschaltet.[92] So liegt unser Schießstand, auf dem wir jetzt schießen, auf dem Gelände einer chemischen Fabrik, weil sie schon jetzt vorbildlich angelegt ist mit Sportplätzen, Schwimmbad usw. Das Urteil ist jetzt bei unseren Leuten allgemein dies: Die Polen hatten gute Anfänge in ihrem jungen Staat.

Zum Schluß möchte ich nicht verhehlen, daß ich selbst wenn wir nach Deutschland kommen sollten, nicht an Entlassung und friedliches Zusammensein glaube. Die allgemeinpolitische Lage ist anscheinend so, daß erbittert diplomatisch gerungen wird, um eine Entscheidung über die endgültigen Frontstellungen herbeizuführen. Noch ist nicht endgültig sicher, wo eigentlich überhaupt gekämpft werden wird. Darum auch das militärische Zögern. Wird man in solcher Lage auf eben notdürftig zusammengeschweißte Truppen verzichten. Ich glaube es nicht.[93]

Lebt alle wohl. Je ungewisser das Künftige ist, um so inniger wollen wir aneinander denken.[…]

---

[89] Der Großteil des Offizierskorps der Landesschützenverbände bestand aus reaktivierten Offizieren mit Zivilberuf, in diesem Fall offenbar kaufmännischer Art.

[90] Feiertag anlässlich der ersten polnischen Verfassung vom 3. Mai 1791.

[91] In Zgierz lebten Anfang 1942 noch rund 2600 Juden. Nach Golczewski, Polen, S. 449.

[92] Vgl. dazu grundlegend Hans Umbreit: Auf dem Weg zur Kontinentalherrschaft, in: Das Deutsche Reich und der Zweite Weltkrieg, Bd. 5/1: Kriegsverwaltung, Wirtschaft und personelle Ressourcen 1939-1941, Stuttgart 1988, S. 3-345, hier S. 210-264.

[93] Zu dieser Zeit plante Hitler bereits den Angriff im Westen, der dann jedoch erst am 10. Mai 1940 erfolgte. Bei Kriegsbeginn befanden sich rund 1.200000 Angehörige der Jahrgänge bis 1900 bei der Truppe. Vom OKH war eine sukzessive »Verjüngung« befohlen, die wegen des Personalmangels nur langsam erfolgen konnte. Zur Frage der Entlassung, die die älteren Soldaten immer wieder beschäftigte, vgl. Kroener, Ressourcen, S. 824f.

[25.]
Ohne Datum [8./9. November 1939?]

Dein Brief vom 4. November hat mich so beschäftigt, daß ich gleich darauf antworten möchte. Ich weiß zwar nicht, ob ich nicht zu spät komme, und es ist ja auch mißlich, sich so aus der Ferne da einschalten zu wollen. Aber ich finde H[anna] St[ephan] eigentlich zu schade dafür, daß sie sich in eine Konkurrenzrolle zu der Bäumer[94] hineindrängen läßt. Ich finde das Angebot des Verlages in betreff des Frauenbuches nicht sehr verlockend. Fräulein St[ephan] sollte doch in diesen Dingen ganz ihren Weg gehen. Ich halte die Vermischung von wissenschaftlicher und dichterischer Produktion für verwirrend in jeder Weise – für die Autorin wie für die Leser. Die Autorin muß bei allem Horchen auf die vergangenen Dinge Gegenwart schreiben, wenn sie Dichtung formen will. Der kritische Leser wird von der Dichtung ergriffen, weil sie das Bleibend-Menschliche ausspricht. Der Traum vom Reich ist auch unser Traum. Ehrgeiz, Kampfwille, Liebe und Tod sind unser Leben. Eine wissenschaftliche Schilderung der Frauengestalten fragt gerade mit letzter Hingabe nach dem, was nicht unser Leben ist. Sie hat ihren Wert darin, daß sie das jenseits unseres eigenen Lebens Stehende ahnen läßt. Gerade in der Sachlichkeit der wissenschaftlichen Darstellung liegt das, was das Unzugänglich-Fremde der Vergangenheit bannt. Halbe Wissenschaft aber ist nichts als ein Zugeständnis an die Masse, die die Dichtung nicht erträgt, weil sie ihr an das eigene Innere rührt, da wo der Mensch ganz »er-selbst« ist. Die aber auch die Wissenschaft nicht erträgt, weil auch sie – indem sie das Fremde, Unbegreifliche umschreibt – auf diesem Umweg das Letzte Eigene anrührt. Dazwischen steht der Brei, der nicht Dichtung und nicht Wissenschaft ist. Gerade darum gestattet er dem Leser das Ausweichen. Er wird hier nicht gestellt, sondern nur beschäftigt. So wie unser Radio den ganzen Tag begleitet, ohne einmal etwas zu sagen, so Kino, Zeitung, Illustrierte. Ich kenn das jetzt wirklich aus Anschauung. Wer sollte sich noch wehren, in diesen Strudel hineingerissen zu werden, wenn wir es nicht tun.

Ich bin jetzt zu den Hadburg-Kapiteln[95] gekommen. Sie haben mich, wie Du Dir längst denken kannst, besonders getroffen. Ich sehe noch nicht, wie weit sie sich entfalten. Aber es scheint mir, als stecke hier der Ansatz zu dem ersten großen deutschen Epos des Ostens, so wie von anderer Seite her A. Miegels[96] Fahrt der sieben Ordensritter einen Ansatz bildet. Stifters Witiko[97] stellt die Fragen. Das ist natürlich viel zu »wissenschaftlich« gesagt – von ganz anderer Ebene: katholisch-universal, natürlich halbsäkularisiert. In den wenigen Kapiteln, die ich bisher davon gelesen habe, ist vieles angerührt, von dem, was uns hier auf Schritt und Tritt begegnet. Und eben nicht als Frage, sondern als Gestalt beschworen. Bedarf das Ganze – »Frau Oda«[98], »Der König ohne Krone« – nicht des Abschlusses in

---

[94] Wohl Gertrud Bäumer, liberale Frauenrechtlerin, die aber auch im Dritten Reich tätig war.
[95] Hadburg ist ein alter weiblicher Vorname. Wahrscheinlich handelt es sich um eine Anspielung auf ein Kapitel von Hanna Stephan.
[96] Geschichte um Ordensbrüder am Hofe eines preußischen Fürsten um 1300 von Agnes Miegel (1879-1964), Erzieherin und Dichterin. Erschienen in Jena 1933.
[97] Adalbert Stifter (1805-1868), bekannter österreichischer Schriftsteller.
[98] Roman von Hanna Stephan, Berlin 1937.

einem Buch der Erfüllung? Der Osten, das Reich, die Einheit der Stämme, das Kreuz. Und gehört dazu nicht eine volle, ungeteilte Kraft?[…]

[26.]
Zgierz, den 10. November 1939

wir stehen alle noch unter dem erschütternden Eindruck des Münchener Anschlags.[99] Es ist heute stiller bei uns auf der Stube als je. Jeder spürt etwas davon, daß hier irdische und ewige Gewalten am Werke waren, die sich selbst dem angespanntesten Willen entziehen. Im Augenblick ist wohl jedem deutlich geworden, wie unberechenbar alles menschliche Schicksal ist. Und nun läuft eine solche Botschaft heutzutage im Nu um die ganze Welt. Auch hier glauben wir überall das dumpfe Echo zu vernehmen. Die erhöhte Spannung trifft mit dem längst aufmerksam erwarteten polnischen Nationalfeiertag zusammen, dem Freiheitstag von 1918.[100] Heute abend liegen wir in einer gewissen Alarmbereitschaft. Seit fünf sind die Straßen leer. Zahlreiche Streifen sind für die Nacht eingesetzt. Wir glauben nicht, daß etwas Schreckliches geschieht: Einige Demonstrationen sind zu erwarten. Plakate sind polnischerseits an den Litfaßsäulen angeschlagen worden. Aber die Täter sind bereits verhaftet. In Lodz hängen – warum weiß ich nicht – auf öffentlichem Platz drei Juden.

Persönlich geht es mir weiter gut. Wir machen bei schönem, mildem Wetter viel Außendienst. Jetzt gehen wir zu kleinen Felddienstübungen über. Auch geritten bin ich nun schon stolz wie ein Spanier durch die Stadt. Unsere Gäule wußten glücklicherweise, was sie der Kompanie schuldig waren, und haben uns keine Schwierigkeiten gemacht. Vorher auf dem Übungsplatz waren sie bockig genug. Sonst gab es noch einen Offiziersvortrag gestern abend, zu dem wir kommandiert waren. Der Major sprach über die Schlacht bei Brzeziny vom November 1914.[101] Wir hörten im Nebenraum zu. Nach dem Vortrag gingen wir, weil der Raum beschränkt war.[…]

Die Träume von baldiger Entlassung haben sich hier aufgelöst. Allerdings setzen jetzt die Reklamationen ein, besonders von Polte.[102] Im übrigen hat der Major gestern abend wieder die Parole »nach Osten bzw. Südosten« ausgegeben. Aber sie regen uns jetzt nicht mehr auf, und ich freue mich, daß Ihr alle auch die Ruhe bewahrt.[…]

---

[99] Am 8. November 1939 explodierte im Münchner Bürgerbräukeller eine von dem Schreiner Georg Elser versteckte Bombe. Hitler entging dem Anschlag nur knapp. Vgl. Helmut G. Haasis: »Den Hitler jag' ich in die Luft«. Der Attentäter Georg Elser. Eine Biographie, München 2001 sowie den Brief vom 23. November 1939.

[100] 11. November 1918, Tag der Unabhängigkeit.

[101] Es handelte sich um einen erfolgreichen Durchbruch deutscher Verbände unter General Karl Litzmann in der Gegend von Lodz. Siehe Hitlers diesbezügliche Bemerkung in der Reichstagsrede vom 6. Oktober 1939: Domarus, Bd. 3, S. 1379.

[102] Munitionsfabrik Polte OHG, in Magdeburg ansässig. Rüstungsbetriebe verlangten die Freistellung von Facharbeitern vom Wehrdienst. Zum Betrieb vgl. Frank Baranowski: Der Duderstädter Rüstungsbetrieb Polte von 1938 bis 1945, Göttingen 1993. Zur Uk-Stellung von Facharbeitern vgl. Kroener, Ressourcen, S. 759–766 und 943–948.

[27.]
Zgierz, den 12. November 1939

Liebe Lene,
von Lotte erfuhr ich gestern, daß Franz seit dem Anfang des Monats eingezogen ist »zur besonderen Verwendung«. Ich möchte Euch beiden wünschen, daß diese besondere Verwendung Franzens Kenntnissen und Tätigkeiten wirklich entspricht. Denn für uns in unserem Alter ist der Dienst als einfacher Muschkote[103] doch nur dann wirklich erträglich, wenn er an der Front selbst geschieht, wo das unmittelbare Gefühl der Notwendigkeit alle anderen Empfindungen verschlingt und wo wohl auch die elementarsten Dinge des Lebens und der Selbstbehauptung so im Vordergrund stehen, daß alles Sonstige absinkt. Hoffentlich schreibt Lotte bald von befriedigender Tätigkeit. Es gibt dergleichen ja: so ist z.B. gerade heute ein Magdeburger Regierungsrat, der sich bisher auf der hiesigen Ortskommandantur mit Polen und Juden herumschlagen mußte, nach Posen an eine zentrale Behörde abkommandiert worden. Und wie mag es Dir nun alleine zu Haus gehen? Solange Franz noch in erreichbarer Nähe ist, wirst Du ja wohl in Köln bleiben.
   Wir hier befinden uns in einer unklaren Zwischenstellung. Auf der einen Seite wird ständig an uns herumgezerrt. Alle paar Tage müssen neue Trupps innerhalb der Kompanie gebildet werden: Leichte und schwere Maschinengewehre, Granatwerfer, Reiter, Radfahrer und was weiß ich sonst, sollen zur Verfügung stehen. Alles Dinge, die sich nur bei viel Ruhe einspielen können. Dabei ist ein großer Teil der Kompanie ständig von Wachdienst und Streifen beansprucht. Andererseits schwebt über uns seit langem die Abkommandierung aus dem Reichsgebiet (das jetzt bis über Lodz reicht) ins polnische Protektorat. Wir sind jetzt eine Kompanie »zur besonderen Verwendung« geworden. Das wird wohl heißen, daß wir ein ziemlich mobiles Leben führen sollen. Auch mein »Unteroffiziersdienst« leidet unter diesen Verhältnissen. Mein Maschinengewehrtrupp ist immer auseinandergerissen, nie zur Ausbildung beisammen, und für mich persönlich fehlt in diesen Verhältnissen jeder Anreiz, mich mit der Waffe näher vertraut zu machen.
   Das sind nun sehr militärische Dinge; aber vielleicht verstehst Du als Soldatenfrau nun auch, daß sie einen großen Teil unseres Lebens bestimmen. Daneben habe ich mit Zähigkeit meinen persönlichen Raum behauptet – auch gegen die Anzapfungen und die Verständnislosigkeit der Kameraden. (Ich liege jetzt auf der Unteroffizierstube). Um meinen Tornister zu entlasten, falls es nach der am Mittwoch stattfindenden Besichtigung durch den General[104] wirklich losgehen sollte, habe ich gestern und heute das Polenbuch gelesen – ich konnte ohnehin nicht in die Stadt, die sich anläßlich des polnischen Freiheitstages (11.11.1918!)[105] unter Aus-

---

[103] Abwertender Begriff für den einfachen Soldaten, abgeleitet von Muskete/Musketier.
[104] Wohl Friedrich Wilhelm von Rothkirch und Panthen, (1884-1953), 1902 Fahnenjunker im Dragonerregiment 8, 1903 Leutnant, 1910 Regimentsadjutant, 1914 Generalstab, 1914 Rittmeister, 1918 Generalstab des Feldheeres, 1933 als Major reaktiviert, 1937 Oberst und Kommandeur Infanterieregiment 49, 1939 Generalmajor und seit dem 1. November 1939 Kommandeur der 13. Division. BA-MA, MSg109/10851.
[105] Mit dieser Hervorhebung betonte Konrad Jarausch die Deutung der deutschen Niederlage als Befreiung Polens.

nahmebestimmungen befindet. Es ist wirklich eine erschütternde Verurteilung der herrschenden polnischen Schicht. Nach dem, was die Volksdeutschen zu Anfang des Feldzuges erlebt haben, kann man an den Tatsachen nicht zweifeln. Ich finde, daß auch der »große Marschall«, dessen Bild selbst heute noch auf unserem Korridor hängt, nicht sehr gut wegkommt. Nun möchte man wohl vieles noch genauer wissen. Jedenfalls wird die sowjetrussische Politik danach viel verständlicher. Die Aufgaben, die hier uns Deutschen gestellt sind, wenn es zu einer wirklichen Befriedung kommen soll, sind ungeheuerlich. In der Nacht ist hier der Judentempel aufgeflammt. Heute brennt das Bethaus. In Lodz hängen Juden und Polen auf den offenen Plätzen, weil sie antideutsche Plakate angeschlagen haben. Andererseits rechnet man bereits mit der Ankunft wolhynischer Deutscher.[106] Das sind nur ein paar zufällige Ausschnitte. Aber was steckt alles dahinter an menschlichem und völkischem Schicksal.[...]

[28.]
Zgierz, den 12. November 1939

Lieber Joachim Müller,[107]

[...] Ich möchte wünschen, daß Euch die Wernigeroder Arbeit und die Wernigeroder Heimat erhalten bleibt. Ich weiß wohl, daß Ihr jeden Weg im Glauben gehen werdet. Aber wir dürfen doch wohl auch in den äußeren Dingen Gott darum bitten, daß er uns und andere nicht immer den äußersten Weg führt. Es geht ja vielen so, daß sie heute aus der Sicherheit ihres Daseins hinausmüssen. Wenn sie nur auch alle um die Kraft wüßten, die bei solcher Lage hilft. Vom Fenster aus sehe ich, wenn ich den Blick nach links wende, eine Brandsäule über der Stadt stehen. Das jüdische Badehaus steht in Flammen, nachdem in der Nacht die Synagoge vorangegangen ist. Brandstiftung der ansässigen Volksdeutschen – sehr gegen den Willen der Militärstellen, die vor vierzehn Tagen einen ersten Versuch unterdrückt haben.

So berührt uns alle immer neu das Seltsam-Aufgewühlte unserer Zeit. Allerdings wundere ich mich oft darüber, wie achtlos die allermeisten daran vorbeigehen und wie billige Argumente genügen, alle Organe zu verschließen. Die Kameraden tun fast alle noch immer so, als wäre unser eigenes Schicksal nichts als ein Versehen: man hätte doch die jüngeren Jahrgänge einziehen und uns zu Haus lassen sollen. Der polnische Sieg ist uns im ganzen wohl zu schnell in den Schoß gefallen. Nur wenige wie unsere 13. Division z.B. haben den Polen als ernsthaften Gegner kennen gelernt.[108] So wird erst allmählich deutlich werden, welche unge-

---

[106] Aufgrund des Hitler-Stalin-Paktes vom 23. August 1939 wurden u.a. die deutschstämmigen Einwohner der zwischen der Ukraine und Polen 1921 geteilten Gebiete mit deutscher Minderheit umgesiedelt. In Zgierz befanden sich die »Einsatzführung Zgierz« und mehrere Sammellager der Volksdeutschen Mittelstelle für über 10000 Menschen aus den baltischen Staaten und Wolhynien. Vgl. Döring, Wolhyniendeutsche, S. 359f.; Leniger, S. 99 und 230 sowie Meir Buchsweiler: Volksdeutsche in der Ukraine am Vorabend und Beginn des Zweiten Weltkriegs – ein Fall doppelter Loyalität? Gerlingen 1984.
[107] Joachim Müller war Kollege und Mitarbeiter der Zeitschrift.
[108] Im Polenfeldzug hatte die Division 84 Gefallene, 226 Verwundete und 121 Vermißte zu verzeichnen. Dieter Hoffmann: Die Magdeburger Division – Zur Geschichte der 13. Infanterie- und 13. Panzer-

heuerlichen Aufgaben die neue Ostpolitik uns stellt – von Rußland ganz zu schweigen. Jetzt hat wohl der Münchener Anschlag vorübergehend die verdeckten Hintergründe unseres Daseins spürbar gemacht. Das Gerede von der raschen Heimkehr ist bei uns in den letzten Tagen still geworden. Es ist mit uns Landesschützen hier überhaupt so, daß wir zur Zeit in einer großen Vorbereitung stehen. Wir schlüpfen ganz allmählich in den grauen Rock wirklich hinein, den wir bald ein Vierteljahr tragen. Es stellt sich nun heraus, wer dazu nicht mehr imstande ist. Die letzten Wochen haben uns fast heimatmäßigen Garnisonsdienst gebracht: Schießen, Exerzieren – allmählich auch gefechtsmäßiges Reiten. Die starken Eindrücke der ersten polnischen Wochen sind darüber zurückgetreten. Wir leben ja auch in einer Stadt des Reiches, das sich nun über Lodz hinaus erstreckt. Die äußere Eindeutschung, die an den hier ja verhältnismäßig zahlreichen Volksdeutschen einen Rückhalt findet – vorigen Sonntag war ich zum deutschen evangelischen Gottesdienst hier – läßt fast vergessen, wie groß auch hier die Unruhe ist.[109] Gestern war der polnische Freiheitstag – 11. November 1918! – Die Garnison hatte ihre Streifen und Posten verstärkt – Plakate waren angeschlagen, in Lodz gab es öffentliche Hinrichtungen. Aber im ganzen unterdrückt die Energie unseres politischen Willens doch alle feindlichen Regungen. Es ist, als wäre alles vorbei, und wir könnten wirklich die Tage zählen, bis es zu Familie und Beruf zurückgeht. Tatsächlich werden wir in der nächsten Woche voraussichtlich in das »Protektorat« Polen abrücken. Heute ist ein ganzes Regiment junger Westdeutscher hier eingerückt: Rekruten, die uns ablösen.

So muß unser Jahrgang 1900 nun weiter das nachholen, was uns 1918 erspart geblieben ist, und auch die 99/98er und 97er, die wir bei uns haben, müssen ihre fehlenden Kriegsjahre nachexerzieren. Vielleicht hätten wir es heute in vieler Beziehung leichter, wenn wir noch 1918 im Politisch-Soldatischen aktiver gewesen wären. Wir haben wohl geglaubt, alles zu sehr vom Geistigen her in Bewegung zu setzen. Jetzt ist es nicht ganz leicht noch einmal von unten anzufangen und im Grunde von aller Verantwortung ausgeschaltet zu sein. Und mit Recht – denn ich kann als Führer eines Leichten-Maschinengewehr-Trupps nicht einmal mit dem Ding richtig umgehen. Und um *alles* mit Schwung nachzuholen, fehlt oft die Kraft. Noch ist auch bei uns das Soldatische noch nicht zwingend genug, um alle zivilen Gedanken auszuschließen. Und wenn ich daran denke, wie schwer es viele Heimkehrer im Winter 1918/19 hatten, in die geistige Tätigkeit zurückzukehren, möchte man auch die Brücken nicht abbrechen. So greift man doch in der freien Zeit lieber zu einem Buch als zu einer Ausbildungsvorschrift.

Division 1935-1945, Hamburg/Berlin/Bonn 2001, S. 83.

[109] Zur »Volkstumspolitik« und »Eindeutschung« vgl. Heinemann, Rasse- und Siedlungshauptamt, S. 187-303; Valdis O. Lumans: Himmler's Auxiliaries. The Volksdeutsche Mittelstelle and the German National Minorities of Europe, 1933-1945, Chapel Hill/London 1993; Gerhard Wolf: Rassistische Utopien und ökonomische Zwänge. Die rassistischen Selektionen polnischer Arbeitskräfte durch die SS in den Lagern der Umwandererzentrale, in: Akim Jah u.a. (Hrsg.): Nationalsozialistische Lager. Neue Beiträge zur NS-Verfolgungs- und Vernichtungspolitik und zur Gedenkstättenpädagogik, Münster 2006, S. 125-148.

Und nun zum Schluß noch einen herzlichen Dank für das gesandte Gedruckte. Dein Aufsatz[110] hat mich gefesselt und an vieles erinnert, was noch längst nicht geklärt ist für mich. Von den Gebeten habe ich nämlich auf Maschinengewehr-Posten im Gefangenenlager einige auswendig gelernt, damit ich sie festhalten kann, auch wenn das Heft bei einem unserer vielen Umzüge verloren geht.[…]

[29.]
Zgierz, den 13. November 1939

heute schreibe ich den Brief zur Abwechselung wieder einmal im Wachtlokal. Der Wachtdienst wird nun auch für mich regelmäßig den Kompaniedienst unterbrechen. Es ist kaum eine Freude, als Wachthabender 24 Stunden so gut wie fest in einem Raum gebannt zu sein – höchstens daß man seine Posten mal revidieren[111] kann, wie ich es eben getan habe. Ich war zum Mittwoch eingeteilt als Wachthabender und wollte vorher gern den hiesigen Betrieb erst einmal als Posten kennenlernen. Aber dann mußte der Wachthabende abgelöst werden, und es muß auch heute schon gehen. Am Mittwoch kommt ein General zur Besichtigung, da müssen wir unser Maschinengewehrschießen vorführen. Da ich nicht mit dem leichten Maschinengewehr schießen kann als Linksschütze[112], kann ich nicht mit präsentiert werden und hoffe so, dem »Auffallen« zu entgehen. Das sind also unsere neusten »Sorgen«. Sie werden Euch nun auch allmählich langweilen.

Der Oberleutnant ist nun wieder da. Er hat mir eine nette Karte von Albrecht Schultze[113] mitgebracht und auch ein paar freundliche Worte beim Exerzieren zu mir gesagt. Er hat seinen Kopf voll mit dem Rückgang seines Geschäfts. Der Major ist auch plötzlich zusammengeklappt (Nierenkolik und Herzschwäche) und ins Lazarett nach Lodz gekommen. Vielleicht hat ihn die Spannung der letzten Tage zu sehr mitgenommen. Die Polen waren leidlich ruhig. Nur die Volksdeutschen haben in der Nacht zum Sonntag die Synagoge und gestern mittag das anschließende Bethaus angezündet sehr gegen den Willen der militärischen Stellen, die nicht mehr wissen, wohin mit den Menschen – es sind hier jetzt bereits zwölf Kompanien und auch wolhynische Deutsche noch zu erwarten – und daraufhin mit den Räumen gerechnet haben. Um fünf mußten die Zivilpersonen in den letzten Tagen zu Haus sein. Unsere Wachen und Streifen sind immer noch verdoppelt. So habe ich in dieser Nacht zwölf Mann zu betreuen.

Heute Vormittag hatten wir wieder herrliches Wetter beim Exerzieren im Gelände. Es ist nun rauher. Aber Luft und Land waren von einer unglaublichen Zartheit. Es war eine Freude über das Stoppelfeld vorzugehen in so unmittelbarer Berührung mit dem Acker. Gestern hatte ich viel Ruhe und konnte so meine müden Knochen auffrischen. Ich habe das Polenbuch gelesen, das Franz und Lene geschickt hatten und auch an Lene auf Franzens Einberufung hin geschrieben.

---

[110] Möglicherweise Joachim Müller, Gott schweigt nicht, Wernigerode 1939.
[111] Kontrollieren.
[112] Dafür konnte es, je nach Waffe, verschiedene Gründe geben: Wegen der Führung des Munitionsgurtes durch einen weiteren Soldaten von der rechten Seite, der Eigenarten des Hülsenauswurfs oder die Visier- bzw. Anordnung anderer Bedienelemente.
[113] Magdeburger Bekannter.

Heute kam Dein lieber Brief vom letzten Montag und das Ausbildungsbuch. Herzlichen Dank dafür. Und dann vor allem das nette Päckchen, aus dem ich auch den Kameraden gleich anbieten konnte. Hier sitzt man nun ganz eng miteinander zusammen. Es gibt da auch mal ein ernsteres Gespräch über die Heimat und die Frauen zu Haus. Jetzt nickt schon alles ein und fängt an zu schnarchen. Wir haben nur drei Pritschen für die acht Leute. Ich kann mich ohnehin kaum hinlegen. Da darfst Du es nicht übel nehmen, wenn der Brief nicht weiter geistreich ist.

Ob Du heute von mir träumst, wenn ich so zu nachtschlafender Zeit an Dich denke?

Nun ist es Morgen. Die Wache ist so ziemlich überstanden. Eine Stunde habe ich noch geschlafen. Einen Mann habe ich gemeldet, weil er ohne Urlaub um zwei nach Haus kam: Er war bei seiner »Braut« eingeschlafen. Das sind so Gewissenskonflikte: soll man den Mann aus Kameradschaft durchschlüpfen lassen oder nicht.

[30.]
15. November 1939

ich danke Dir sehr herzlich für Deinen letzten Brief vom 9. mit seinem reichen Inhalt und freue mich, daß Du in Berlin doch Deine Zeit ein bißchen hast ausnutzen können. Ob ich nun recht tue, daß ich diese Zeilen nach Magdeburg schicke und ob sie Dich dort erreichen? Ich hätte da gleich noch ein paar Wünsche: 1. Geh doch bitte zu Holtermann[114] und bezahle dort, was etwa an Lieferungen des Kommentarwerkes oder sonst zu begleichen ist. Ich habe auch eine Exerzierordnung bestellt, die noch zu bezahlen wäre. Geld bekommst Du ja auf der Bank. Frag dort doch bitte, wie hoch das Gehalt jetzt ist und wie hoch die Summe, die jetzt auf der Bank ist. Nimm Dir aber für Dich reichlich, auch im Hinblick auf die Hochzeit. Aber würdest Du dann vorher noch wieder hinüberfahren? 2. Schick mir doch bitte gleich das geographische Buch über Polen (2. Regal von der Wand. 2 Reihe von oben.). Wenn Du dort auch eine Geschichte Polens im Natur- und Geistesweltbändchen findest, nimm sie bitte mit nach Berlin. Ich bitte Dich dann zu gegebener Zeit um die Zusendung. Unser Hiersein ist so unbestimmt, daß ich die sich täglich widersprechenden Gerüchte gar nicht mehr schreibe. So möchte ich nicht soviel ansammeln, was ich doch nicht gleich lesen kann. Zeitschriften und dergleichen schicke außer »Unterweisung und Glaube«[115] bitte nicht. Dafür bietet die Frankfurter genug. Und ich lese dann lieber etwas Ordentliches. Auf den Racine[116] freue ich mich schon.[…]

Bei uns gibt es nichts Neues. Der General kommt erst morgen. So war heute eine Felddienstübung angesetzt. Aber als wir eine halbe Stunde fort waren, kam die Nachricht, daß wir zurückmüßten: Alarm. Es war nur eine Probe. So hatten wir heute wenig Dienst, und ich konnte die Bücher, die ich zum Fortschicken fertig gemacht habe, noch einmal durchblättern. Auf der Unteroffizierstube lebe ich mich jetzt auch etwas ein. Es ist eine fabelhafte Reinlichkeit um uns. Jüdische Mädchen und Frauen

---

[114] Magdeburger Dom-Buchhandlung.
[115] Mit dem 14. Jahrgang wechselte die Zeitschrift »Schule und Evangelium« den Titel zu »Unterweisung und Glaube«.
[116] Jean Racine (1639-1699), französischer Dichter.

mußten die Kaserne scheuern und die Fenster putzen. Es waren viele darunter, die sicher aus wohlhabenden Familien stammten. Die Kameraden haben sich leidlich verhalten. Die Rassengesetzgebung kann sich vielleicht praktisch auch als Schutz der jüdischen Frau auswirken. Mit den Polinnen ist es hier ganz schlimm.[…]

[31.]
Zgierz, den 17. November 1939

ehe dieser Novembertag für uns zu Ende geht, möchte ich noch ein bißchen mit Dir plaudern. Es war heute ganz so, wie wir uns den polnischen Herbst gedacht hatten. Schwere graue Wolken über den plumpen Vorstadthäusern, die seltsam vereinzelt und voneinander abgelöst nebeneinander standen, wie auf manchen Bildern der letzten Jahre vor 1933. Und dann ein Regen, der alles aufgelöst hat. Die Kameraden – ich hatte wieder die Kasernenwache – standen unter den Zeltplanen, und wenn sie in die Wachstube traten, waren Stahlhelm und Bajonett von Tropfen übersät. Der Nachmittag ist dann nach den 24 Stunden Wache ja immer dienstfrei. Ich habe noch etwas Seife geholt. Aber mit dem Stoff wird es wohl nichts werden. Wir brechen endgültig auf, und zwar in das Protektorat östlich Warschaus. Der Regimentsstab kommt nach Minsk[117] östlich Warschaus (nicht mit dem russischen größeren Ort gleichen Namens zu verwechseln). Über Sonntag hoffen wir noch in Ruhe hier zu bleiben. Ich will dann Hanni Stephans Buch zu Ende lesen. Vielleicht muß ich es doch auch noch nach Haus schicken, obwohl ich es gern hier behalten hätte. Das Literaturblatt der Frankfurter brachte am letzten Sonntag die beiliegende Besprechung von Reinhold Schneider.[118] Sie geht ja nun an dem Christlichen vorbei. Aber sonst finde ich sie gut und sorgfältig. Wenn ich in den nächsten Tagen die nötige Ruhe finde, schreibe ich ausführlicher.

Ich bin sehr gespannt auf die Fahrt nach Osten. Hoffentlich sehen wir Warschau und die Weichsel auf der Durchfahrt am Tage. Wir denken, daß wir weit auseinandergezogen werden und den Winter über auf kleinen Posten hausen werden. Aber vielleicht greifen auch diese Phantasien in die Irre. Es läßt sich, ehe wir nicht an Ort und Stelle sind, auch noch nichts über den Urlaub sagen. Ich reiche ein Gesuch wegen der Hochzeit ein.[119] Krankheit vorschieben will ich nicht. Wird es nicht genehmigt, dann komme ich eben Anfang des nächsten Jahres. Hab vielen Dank für Deine Berichte von der Verlobungsfeier und den Beratungen. Ich habe den Eindruck, daß es ganz die richtige Welt für Bruno ist, in der er sich heimisch fühlen und aufleben kann. Auch die Zigaretten sind gut angekommen. Die teueren hebe ich für einen Festabend oder dgl. auf. Eigentlich müßte das Urlaubsgesuch ja genehmigt werden, da ich immerzu Dienst mache: morgen zum ersten Mal einen Vortrag über die politische Entwicklung Polens seit dem Weltkrieg. Ich habe das Thema vorgeschlagen, weil ich eben das Buch von Oertzen[120] über Polen gelesen habe. So konnte ich sofort einspringen.[…]

---

[117] Minsk Mazowiecki in der Woiwodschaft Masowien bei Warschau.
[118] Religiös bewegter Schriftsteller der inneren Emigration.
[119] Es handelt sich um die Hochzeit seines älteren Bruders Bruno im Dezember 1939. Zur Beurlaubung vgl. allgemein Absolon, Wehrmacht, S. 303.
[120] Friedrich Wilhelm von Oertzen, Das ist Polen, München 1932.

[32.]
Zgierz, 19. November 1939

[...] Mein Vortrag gestern vor der Kompanie hat großen Beifall gefunden. Ich soll ähnliche Vorträge öfter halten und mich jetzt schon nach dem nächsten Thema umsehen. Denk also bitte an die Polenbücher.

Aber ich darf mich ja auch nicht zu sehr in das Lesen verlieren. Ich hätte gestern und heute eigentlich auch einmal Griffe üben müssen.[121] Auch müßte ich wohl einmal mit den Kameraden in die Stadt gehen. Ich sitze Abend für Abend auf der Stube hinter Büchern und Briefen. Das hat nun durch den gestrigen Vortrag eine gewisse Rechtfertigung erfahren, aber ich will es nicht übertreiben. Den Aufsatz über Lodz im VB habe ich nicht gelesen. Ich habe einen guten aus der Frankfurter an Bruno mitgeschickt. Jetzt tragen alle Juden im Regierungsbezirk Kalisch gelbe Armbinden,[122] und Lodz ist überschwemmt damit. Andererseits sollen uns hier in der Schule bereits wolhynische Siedler als Insassen folgen.

Im ganzen wirst Du wohl aus meinen Briefen gespürt haben, daß wir hier ein ganz bürgerlich-geregeltes Leben geführt haben. Die großen unmittelbaren Eindrücke haben in den letzten Wochen gefehlt. Vielleicht habe ich mich dem zu stark hingegeben. Es ist eben immer wieder die Frage, in welchem Sinn wir überhaupt Soldaten sind oder sein können. Sie wird von allen leidenschaftlich gestellt und immer wieder erörtert. Im ganzen gilt unser Bataillon als stramm und ist ja eben darum auch jetzt der Reservedivision angegliedert worden.[123] Wir sind nun also nicht mehr »Landsturm«, haben jetzt auch Schwere Maschinengewehre bekommen und bekommen in der nächsten Woche selbst Infanteriegeschütze angegliedert. Nun gilt unsere Kompanie aber als die schlappste im Bataillon. Das liegt zum Teil an der Zusammensetzung – in der 1. [Kompanie] z.B. befinden sich viel mehr Frontkämpfer; andererseits aber geht von unseren Vorgesetzten keine besonders zwingende soldatische Kraft aus. Der Oberleutnant hat sich z.B. seit Wochen vom Dienst fast ganz ferngehalten. Der Feldwebel kommt aus der Schreibstube nicht heraus. Er ist im Grunde Beamter. Bei den Kameraden überwiegt die Sehnsucht nach Heimat und Beruf im Gefühl der militärischen Unzulänglichkeit und Überflüssigkeit immer mehr. Unter diesem Gesichtspunkt ist das Zusammensein mit den Kameraden in den langen Stunden des Wachdienstes fast eine Qual. Der Gedanke an die vielen Jüngeren, die zu Hause sind, und das Warten auf entscheidende Ereignisse verschärft die Mißstimmung. Vielleicht muß ich mich in solcher Lage doch noch positiver für den Dienst einsetzen, nicht als ob ich etwas ändern könnte. Aber wir dürfen wohl nicht den Eindruck erwecken, als wollten wir uns in anderer Weise ebenso dem Druck des Dienstes entziehen. Darum bitte ich Dich – von den Polenbüchern abgesehen, die ja auch ihrerseits wieder Dienst vorbereiten sollen, zunächst nichts weiter an Lektüre zu schicken. Ich will nun auch erst

---

121 Für das Exerzieren oder zur Bedienung von Waffen erforderlich.
122 Seit dem 14. November 1939 galt in Kalisz die Kennzeichnungspflicht für die jüdische Bevölkerung, ab dem 1. Dezember dann für das Generalgouvernement. Enzyklopädie des Holocaust: die Verfolgung und Ermordung der europäischen Juden. Hrsg. von Eberhard Jäckel, Peter Longerich und Julius H. Schoeps, Berlin 1993, Bd. 2, S. 750.
123 Siehe dazu die Einführung von Klaus Jochen Arnold.

abwarten, wie der Dienst in oder bei Minsk ausfällt. Ich will die freie Zeit dann doch zum Teil dazu verwenden, mit der Dienstvorschrift und den neuen Waffen vertrauter zu werden. Du wirst das verstehen.

Dazu kommt das Andere, daß eine wirklich starke Wirkung der Lektüre bei unserem Zustand oft unmöglich ist. Ich habe das selbst den Shakespeareheften gegenüber empfunden. Es ist kein Wunder, wenn man ihn zwischen drei und vier des Nachts liest, um sich wachzuhalten. Aber dazu ist er eigentlich zu schade.

Nebenbei: auf der letzten Wache hatte einer »Die Fahrt der sieben Ordensbrü-der« mit, wohl eine Liebesgabe seiner Firma, und heute bot mir einer unserer jüngeren, den ich wohl durch das Referat gestern gewonnen habe, den »Wanderer zwischen beiden Welten« als Sonntagslektüre an.

Vielleicht sind das alles wieder viel zu schwankende Stimmungen. Ihren Grund mögen sie in der Einsamkeit haben, in der ich lebe. Leutnant Sachse, der eben nach längerer Abwesenheit nach Zgierz zurückgekommen ist, sagte heute Mittag bei freundlicher Begrüßung: »Wie geht's? Ich meine körperlich. Denn moralisch ist ja selbstverständlich.« So ganz selbstverständlich ist es eben nicht. Und das sicher Ruhen in Gottes Hut schließt auch hier die Unsicherheit in dem, was zu tun und zu lassen ist, und vor allem das Müdewerden an Leib und Seele nicht aus. Und beides kommt in so relativer Ruhe, wie sie hier ist, stärker als sonst zur Geltung.

Vielleicht sollte ich mich stärker auf die [Heilige] Schrift konzentrieren. Aber gerade sie bedarf der Sammlung, der Ruhe.

Hoffentlich macht Dich das Letzte nicht traurig. Ich mußte es einmal aussprechen. Dann wird einem wieder leichter ums Herz, und man kann dann sicherer in die neue Woche hineingehen, die ja ganz im Zeichen des Aufbruchs und der Vorbereitungen zu ihm stehen wird.[…]

[33.]
Zgierz, den 20. November 1939

[…] Am Sonnabend habe ich vor der Kompanie den ersten Schulungsvortrag gehalten. Ich bitte Dich, weil ich die Reihe fortsetzen soll, außer den genannten Polenbüchern noch das von Brackmann herausgegebene über Polen und Deutschland zu schicken. Auch wenn Du im Adelsblatt etwas Interessantes findest, schneide es bitte aus.

Plagemann ist nun freigegeben; aber die Leute hier halten ihn noch fest. Ich würde ihn bitten, Dich einmal zu treffen. Aber er ist so skeptisch-negierend in seinem Urteil über unser hiesiges Dasein, daß ich gar keine Lust habe. Ich sträube mich innerlich gegen sein Urteil, daß alles Unsinn ist, was wir hier machen und daß vor allem unsere ganze Existenz hier sinnlos ist. Auch er ist der Überzeugung, daß wir ohne den privaten Ehrgeiz des Regimentskommandeurs längst in Blankenburg oder vielleicht auch schon entlassen wären.[…]

Hast Du die Karte[124] von gestern abend bekommen? Ich hatte Dir gerade einen philosophischen Brief über Kameradschaft und Einsamkeit geschrieben und

---

[124] Konrad Jarausch und Kameraden an Lotte Jarausch am 20. November 1939.

brachte ihn zur Schreibstube hinauf, als ich dort eine feuchtfröhliche Gesellschaft traf, die mich festhielt. Es fanden sich dazu allmählich fast alle Unteroffiziere. Ich habe dann mit verschiedenen Brüderschaft getrunken, mindestens fünf verschiedene Schnäpse getrunken, bin aber ganz nüchtern geblieben. Zwischendurch wurde dann an die Frauen geschrieben. So war die Frage gelöst, um die ich mir den Kopf zerbrochen hatte.

Nun grüß unser Magdeburger Heim und alle Freunde.

Es küsst Dich herzlich

Unser Aufbruch von hier hängt nur davon ab, wann die Eisenbahnwagen zur Verfügung stehen. Unser Regimentskommandeur hat eben das Eiserne Kreuz bekommen für den Einsatz unseres und eines anderen Bataillons.

Eben tönt es aus dem Radio: Der Wind hat mir ein Lied erzählt.[125] Alle Eingeweide drehen sich um.

[34.]
Zgierz, den 23. November 1939

[…] Mit unserem Aufbruch wird es fast lächerlich. Jetzt sind die Quartiere so schlecht an unserem Bestimmungsort (zwölf Kilometer hinter Minsk), daß erst ein Handwerkerkommando heute abgegangen ist, um sie einigermaßen in Ordnung zu bringen. Das erhöht die Stimmung natürlich nicht gerade. Überhaupt sind diese Übergangstage nicht sehr schön. Viel Dienst wird nicht gemacht. Die Zeit wird totgeschlagen. Heute Vormittag hatten wir einen Ausmarsch nach Schloß und Kloster Lawiyniki.[126] Das Kloster ein schlichter, formschöner Barockbau. Auch im Innern verhältnismäßig einfache Barockausstattung. Auf dem Hauptaltar ein kostbar vergoldetes Bild des heiligen Antonius und im Kreuzarm eine Nachbildung der Schwarzen Maria in Silber und Gold, »Königin unter der polnischen Krone« stand auf der Altardecke. Ähnliches war uns schon in Glaznow begegnet: Maria durch die ganze Geschichte hindurch Schutzherrin Polens. In der Gruft unter der Kirche ein paar mumienähnliche Leichen und ein Prior aus dem 18. Jahrhundert, der heiliggesprochen werden soll, weil er Wunder tut. Ein freundlicher Laienbruder als Führer. Unsere Soldaten auffällig manierlich in ihrer Haltung.

Das Schloß ein protziger Renaissancebau von 1899. Schön am Waldrand über einem romantischen Teich. Auch innen die Ausstattung nachgeahmte Renaissance, reich und geschmacklos. Vieles ausgeraubt und im Verfall. Aber überall Handwerker an der Arbeit. Es sollte für Minister Frank[127] bewohnbar gemacht werden. Jetzt spricht man von Schulungsburg. Ein reich gewordener Industriebaron hatte es sich bauen lassen. Nun ist die ganze Herrlichkeit schon wieder vorbei.

Im ganzen eine willkommen Abwechselung, aber nicht gerade erhebend. Das Schönste war noch die Landschaft. Wir haben jetzt gleichmäßigen Frost. Im Süden

---

[125] Berühmter Schlager von Zarah Leander.
[126] Lagiewniki – Franziskanerkloster aus der ersten Hälfte des 18. Jahrhunderts bei Lodz mit einem Bildnis des Heiligen Antonius und dem Grab des Paters Rafael Chyliński, der 1991 seliggesprochen wurde.
[127] Hans Frank war der Generalgouverneur von Polen. Vgl. FN 77.

lag ein grauer Sternhimmel. Von Norden her wurde es klar, und dort standen Hügel und Wälder ungewöhnlich scharf abgesetzt im klaren Licht.

Ich benutze die ruhigen Tage, um etwas Polnisch sprechen zu lernen. Gestern bin ich zur evangelischen deutschen Schule gegangen. Der Schuldiener und Küster führte mich zu einer deutschen Lehrerfamilie. Da traf ich den stattlichen Vater mit drei erwachsenen Söhnen, die alle Medizin studieren. Der jüngste wird mir nun ein paar Stunden geben, solang wir noch hier sind. Rührend ist die Einfachheit, in der diese Menschen hier gelebt haben. Ich habe die ganze Familie in die Wohnküche vertrieben. Sie haben wohl nur ein Zimmer zur Verfügung.[…]

Was Du von Beyerhaus[128] erzählst, verstehe ich sehr gut. Es deckt sich ganz mit dem, was ich hier beobachte. Ich weiß, daß man die Eindrücke nicht verallgemeinern darf. Aber für Magdeburg ist das doch sehr lehrreich, was man hier sieht. Ein ganz naiver praktischer Materialismus. Naiv insofern er gar keine anderen Möglichkeiten mehr sieht. Im übrigen in Angriff und Abwehr seiner völlig bewußt. Und durch alle öffentlichen Mächte: Zeitung, Rundfunk immer wieder gefestigt. Wenn Du fragst, ob ich Furtwängler gehört habe, verkennst Du doch unsere Situation. Wir hören kaum noch die Nachrichten, nur die leichte Musik, die in irgendeinem Sender immer zu haben ist. So ist auch der gestrige Bußtag völlig verdeckt worden. Daß die Kirche da als Volkskirche noch einmal durchbrechen kann, ist menschlich ausgeschlossen. Ich will sehen, was die Lehrersleute hier sagen. Ich lege einen Brief von P[astor] Cramer[129] bei, der heute gekommen ist. Das Urteil über Polen beschäftigt mich ebenso wie das über die Balten. Ist das nun nur Cramers Galligkeit oder mehr. Schicke mir den Brief doch bitte zurück. – Auch von Fräulein Janzen[130] kam heute ein Brief mit dem letzten Eckartheft. Danke ihr bitte von mir, wenn Du sie siehst. Ich mag im Augenblick nicht schreiben. Erst müssen wir wieder etwas konkreter leben. Sonst verliert man sich in Stimmungen.

Das Politische bedrückt mich auch. Die Aufklärung des Münchener Attentats schafft neue Rätsel. Wer sind die Freunde Strassers?[131] Hängt die militärische beklemmende Stille doch mit dem Ereignis zusammen? Man kann nur vermuten, und gerade das lähmt.

Hoffentlich löst sich das alles bald.

[35.]
25. November 1939

Nun ist Sonnabendabend. Morgen sind wir ein Vierteljahr Soldat. Eine lange Zeit, wenn wir an das denken, was die drei Monate alles in sich enthalten und doch wohl erst ein Auftakt zu den großen politischen Entscheidungen. Bei der Vorbereitung auf meinen heutigen Bericht über die deutsche Seekriegsführung ist mir

---

128 Magdeburger Bekannter.
129 Pastor Dr. Karl Cramer aus Gotha war ein Mitherausgeber der Zeitschrift.
130 Magdeburger Bekannte.
131 Attentat vom 8. November 1939 im Münchner Bürgerbräukeller (Vgl. FN 99). Die NS-Propaganda bezichtigte englische Agenten und Otto Strasser (1897-1974, nationalsozialistischer Politiker, 1930 aus der NSDAP ausgetreten und 1933 nach Österreich emigriert.) als Drahtzieher des Anschlags.

die Eigenart dieses Krieges, die auch unser persönliches Schicksal bestimmt, wieder ganz deutlich geworden. Inzwischen ändert sich die Zusammensetzung unserer Kompanie durch zahlreiche Reklamationen ganz erheblich. Wenn es neuen Ersatz aus der Heimat gibt, werden wir dem doch wohl anders gegenüberstehen – als die Wissenden, Erfahrenen. Aber auch für uns gibt es noch sehr viel zu lernen. Heute habe ich aus dem Schweren Maschinengewehr die ersten Schüsse hinausgejagt. Eigentlich müßte ich jetzt theoretisch die Waffe studieren. Aber ich bin müde. Nicht nur vom Dienst, sondern auch von dem gestrigen Abend. Wir waren die Unteroffiziere, dann die Gefreiten, die Unteroffiziersdienst machen und schließlich die Offiziere. Das Essen war ausgezeichnet. Getrunken wurde mäßig. Einzelne haben glänzend derben Soldatenhumor zum besten gegeben, ganz köstliche Geschichten. So war alles befriedigt. In acht Tagen soll ein Kompanieabend stattfinden. Ihr seht, wir haben jetzt Zeit und Kraft zum Feiern. In Mienia[132] dreizehn Kilometer östlich Minsk werden erst die Baracken für unser Winterquartier gebaut, wie wir gestern hörten. So gibt es hier immer wieder eine Galgenfrist. Vielleicht kann ich sogar noch von hier aus auf Urlaub fahren. Ich rechne bestimmt damit, wenn nichts Besonderes dazwischen kommt, daß ich zur Hochzeit dasein kann. Dieser Tage fährt Leutnant Sachse auf Urlaub nach Magdeburg. Leider kommt er nicht zu unserer Kompanie zurück. Gestern haben wir wieder ein paar Worte miteinander gesprochen. Sonst habe ich ja jetzt niemand, mit dem ich vernünftig reden kann. Dafür freue ich mich, daß es allgemein mit den Kameraden glatt geht. Die Vorträge interessieren die meisten, auch heute wieder war es so. Gestern gab es für jeden einen kleinen Vers. Meiner schloß: »unser tüchtigster Gefreiter.« Mit dem Offizierkurs wird es wohl kaum etwas werden; denn unseren Dienst hier wird man ja nicht als Frontbewährung ansehen.[133] Ich bin ganz zufrieden. Das Land östlich Warschaus soll sehr schön sein, ausgedehnte Wälder, viel Schnee. Also brauchen wir uns nicht zu fürchten.

Nur leicht erkauft ist das alles nicht. Ich bin froh, daß wir nun wenigstens auf ein paar Tage zusammensein können. Überlege bitte auch, wie wir es einrichten wollen: Berlin, Magdeburg? Endgültige Pläne können wir ja noch nicht machen. Aber doch ein bißchen daran denken. Wenn Du den Brief erhältst, sind es ja nur noch 14 Tage.[…]

[36.]
26./27. November, Totensonntag 1939

heute kam Deine Buchsendung aus Magdeburg vom Donnerstag bereits. — Bloß mit dem Brief bin ich nicht weiter gekommen gestern. Heute abend will ich auch nur noch einen kurzen Gruß anfügen. Denn wir hatten sehr viel Dienst, und außerdem will ich die Gelegenheit benutzen, nun wirklich bei meinem Studenten noch etwas Polnisch zu lernen. Gestern Nachmittag war ich zwei Stunden da; für morgen habe ich mich auch wieder angemeldet und habe darum heute etwas gelernt. Die Formenlehre ist doch sehr fremdartig, und man ist nach der vielen Bewegung am Tage auch müde.

---

[132] Es handelt sich um ein Dorf an der Eisenbahn nach Brest östlich von Minsk.
[133] Verdiente Frontkämpfer wurden bevorzugt befördert.

Wir haben heute wieder mit dem Maschinengewehr geschossen; leider fing es dann an zu regnen. Morgen ist wieder Gewehrschießen. Durch den Unterricht am Maschinengewehr habe ich auch Arbeit. Ich zeichne die Quer- und Längsschnitte der einzelnen Teile farbig an die Tafel, damit die Leute etwas von dem Unterricht haben. Aber nun sollen wir schon wieder ein Maschinengewehr abgeben. So kommen wir nie zu planmäßigem Aufbau. Unser Oberstleutnant ist nach dem Westen versetzt. Der Major soll angeblich Regimentskommandeur werden. Bei uns wird es auch noch sehr viele Änderungen geben. Jetzt sollen auch die Jahrgänge bis 1896 entlassen werden. Auch unsere neuen Quartiere sind noch ganz unsicher. Die Optimisten hoffen, daß es schließlich doch noch Deutschland wird. Wenn Ihr nun noch wünscht, daß ich etwas besorge, schickt doch bitte noch 100 Mark. Das Stoffverkaufen ist jetzt ganz geregelt, so daß man sich kein Gewissen zu machen braucht. Möchte Bruno irgendeinen bestimmten Anzugstoff haben? Farbe? Es sind ja jetzt Pakete möglich. Nur müßtet Ihr dann rasch handeln, da unser Hiersein ja ganz unsicher ist.

Gestern Vormittag war ich in einem schönen Gottesdienst hier. Er fing an mit »Mitten wir im Leben sind«. Bei den Gebeten, die die Strophen abschließen, stand die Gemeinde jedes Mal auf. Auch die Liturgie war sehr reich mit schönen Wechselsprüchen. Die Predigt war allerdings etwas sehr auf das Gefühl abgestellt. Wenn ich mehr Zeit hätte, würde ich den Pfarrer gern mal aufsuchen.

[37.]
29. November [1939]

Das Land rings ist bei uns in den Stimmungen doch immer sehr ähnlich, wie Du es schilderst. Die klimatischen Unterschiede sind anscheinend noch gering. Osteuropa geht auch wohl erst richtig jenseits des Bugs los. Da hat dann Rußland wohl wirklich im ganzen seine natürliche Grenze. Auch bei uns war es in den Tagen vor dem Totensonntag kälter, und es gab Schnee. Aber im Laufe des Sonntags ist es umgeschlagen. Und jetzt sind wieder mildere Tage. Heute hatten wir wieder einen schönen Ausmarsch. Leider konnte ich mich nicht so umschauen, da ich zwar nicht ein Kamel, wohl aber ein Pferd am Halfterband durch die Gegend führen mußte. Ich war Führer der Gefechtsbagage und hatte drei Maschinengewehrkarren in bestimmtem Abstand hinter der vorgehenden Kompanie vorwärts zubringen. Dabei mußte man beim Halten immer hinter Häusern und nachher im Wald verschwinden, um nicht »in das feindliche Feuer zu kommen«. Es war ein richtig nettes Spiel, zumal die Pferde ja dann auch noch immer ihren Willen haben. Doch sind wir glücklich nach Haus gekommen. Einer wollte mal reiten, flog aber im hohen Bogen hinunter. Das war mal wieder ein netter Vormittag. Nachdem es gestern weniger schön gewesen war. Betrunkene Kameraden, Krach vom Oberleutnant, daß die Unteroffiziere ihren Dienst nicht ernster nähmen, ein Fehler beim Schnellschießen. Das war genug für einmal. Heute ist ein Kamerad aus Mienia zurückgekommen, der hier einen reklamierten Gefreiten ablösen soll. Was er erzählt, ist so, daß weiter noch alles unsicher bleibt. Merkwürdig die Tatsache, daß wieder zahlreiche Truppen an der Demarkationslinie zusammengezogen werden. Wir verfolgen gespannt die Entwicklung der Dinge in Finnland.[134] Der Major ist wieder hier, und bei ihm wird ja wohl die Hauptentscheidung über unsere nächste Zukunft liegen. Alle leidlichen Gebäude werden dort im Osten wieder mit Stäben belegt. Daher die Schwierigkeiten für uns, eine geeignete Unterkunft zu finden.[…]

Auch Dein lieber Brief vom 25. kam mit der heutigen Post. Da hast Du Dich ja gleich tüchtig um die »Vorgesetzten« bekümmert. Schulze kann ich gut verstehen. Es ist da ebenso wie mit unserem ewig verzögerten Fortkommen. Gut ist es, daß man doch immer die Intelligenz herausfindet und für solche Aufgaben einsetzt. Mit dem Proviant mag es nicht immer leicht sein nach unseren hiesigen Erfahrungen. Ich ärgere mich immer, wenn die Leute (d.h. die Unteroffiziere) schimpfen, wenn es kein Fleisch gibt. Wahrscheinlich wird doch noch sehr gespart werden müssen. Vielleicht ist auch die Art unserer Propaganda nicht ohne Schuld daran: »Wir haben alles usw. Uns kann es nicht schlecht gehen.«[135] Wenn die Leute das hören, wollen sie es auch in ihrem eigenen Kochgeschirr sehen.[…]

Daß Du beim Kompaniefrauenabend helfen willst, ist nett. Im übrigen ist es schon so, wie ich immer schrieb, daß Du Dich vor dem Gerede hüten mußt. Wenn Frau Plagemann so etwas sagt, ist es ja schwer, recht zu verstehen, was sie meint. Wenn sie meint, daß ich viele Dinge hier (z.B. betrunkene Unteroffiziere, viele Reden, die polnischen Frauen als Kameradenbräute und dgl.) sehr schmerzlich empfinde, ist das richtig. Richtig ist auch, daß ich oft abgespannt und müde bin, wenn der Dienst vorbei ist. Aber sonst bin ich noch immer der Meinung, daß ich hierher gehöre. Es ist für uns die ganzen Jahre hindurch eine Schwierigkeit gewesen, daß wir 1900er nicht mehr den Weltkrieg richtig erlebt haben. Wer heute an dem Erleben nicht teilnimmt, gehört endgültig der Generation an, die in Zukunft nicht mehr entscheidend mitzureden hat. Man sieht es ja auch an der Haltung der Jungen. Ich habe gerade in diesen Tagen einige Post bekommen von Jungen, die das erkennen läßt. Wenn Du noch einmal mit Frau Schulze oder Frau Leopold[136] sprichst, kannst Du das bei passender Gelegenheit mit einfließen lassen. Ebenso auch, daß ich die Fürsorge der Vorgesetzten dankbar empfinde. Ich möchte nicht den Unglücklich-Undankbaren spielen. Dazu habe ich keine Veranlassung.

[38.]
1. Dezember 1939

Heute kam die Frankfurter mit einem ernsten Aufsatz, der manches ausspricht, was ich in den letzten Wochen beim Zeitunglesen empfunden habe. Nun geht es auch an der finnischen Grenze in einer für uns so beschämenden Weise los. Wer

---

[134] Am 30. November 1939 griff die Sowjetunion Finnland an. Bei den Truppenverschiebungen handelte es sich um den Austausch von Verbänden für einen Angriff im Westen. Ein Angriff der Roten Armee wurde nicht befürchtet. Vgl. Niederschrift über Ansprache Hitlers an die Oberbefehlshaber am 23. November 1939, in: Groscurth, S. 414-418. Zum Angriff im Westen siehe Karl-Heinz Frieser: Die Blitzkrieg-Legende. Der Westfeldzug 1940, München 1995.

[135] Vgl. hierzu Gustavo Corni/Horst Gies: Brot – Butter – Kanonen. Die Ernährungswirtschaft in Deutschland unter der Diktatur Hitlers, Berlin 1997.

[136] Frauen von Vorgesetzten.

weiß, welche Kreise gerade dieses Unternehmen zieht. Mindestens in moralischer Beziehung.[137]

Eben erzählt ein Kamerad in erschütternder Weise von dem heutigen Warschau, wo die Leute aus den Zimmern der fast durchweg zerstörten Häuser herauszuwühlen suchen, was noch irgend brauchbar ist. Auf den Alleen und in den Anlagen liegt Grab an Grab von Zivilisten. Durch die Straßen treibt der Wind den Leichengeruch. Die Überlebenden drängen sich an die Soldaten heran, um ein Geschäft mit ihnen zu machen und die Frauen bieten sich an, weil sie nichts zu essen haben. Es ist ein sehr ernster Advent, in den wir hineingehen. Und noch haben viele das Gefühl, als sei alles noch nicht so schlimm und sie brauchten für sich persönlich keine Rücksicht darauf zu nehmen. Es ist in der persönlichen Haltung sehr vieles wieder wie 1914 und in den folgenden Jahren. Wenn der Frauenabend sein sollte, halte Dich bitte nicht nur zu [sic] den tonangebenden. Unter den anderen sind sehr viele, die es nicht leicht haben und beruflich schwerer arbeiten müssen als die Männer hier. Aber das wirst Du ja sowieso nicht machen.

Hier ist die neuste Parole: Granatwerfer[138]. Ich habe heute den entsprechenden Schnellkursus begonnen. Es ist das eine Waffe, die mir nicht sehr sympathisch ist. Aber ich muß doch überall dabeisein; es geht nicht ohne mich, wie es scheint. Ich bin sehr gespannt auf das erste Scharfschießen.[…]

[39.]

3. Dezember [1939]

an diesem höchst unfestlichen 1. Advent brennt nun doch eine von Deinen roten Kerzen vor mir. Wie seltsam ist das alles im Grunde. Die Unordnung auf unserer Stube, die von gestern abend noch immer halb verkaterten Kameraden, die Radiomusik mit ihrem endlosen Kitsch, und doch: Wie soll ich Dich empfangen! Wie arm sind diese Menschen alle; ich kann niemand mehr eigentlich moralisch be- oder verurteilen, wenn sie morgens um halb zehn halb im Rausch nach Haus kommen, nur sehr bemitleiden – obwohl das kein schönes Wort ist, es hat solchen falschen Beiklang. Es waren eine ganze Menge Menschen da. Volksdeutsche. Ich habe viel mit einer Volksdeutschen, Mädelschaftsführerin[139], getanzt. Von acht bis elf keinen Tanz ausgelassen, dann war mit einmal ihr Freund da, und ich habe die Jugend sich selbst überlassen, noch ein bißchen mit den Kameraden erzählt, ein paar Pfannkuchen gegessen und bin dann um dreiviertel eins nach Haus gegangen. Dabei habe ich

---

[137] Der Angriff der Sowjetunion auf Finnland rief international Empörung hervor. Eine deutsche Intervention stand nicht allein aufgrund des deutsch-sowjetischen Nichtangriffspaktes vom 23. August 1939 außer Frage, sondern wegen Hitlers weiterer Kriegsplanung. Seine Haltung wurde folgendemaßen widergegeben: »Der Konflikt der Russen mit Finnland sei von uns nur zu begrüßen. Man hoffe, daß die Finnen erheblichen Widerstand leisteten, da sich jede Zeitverzögerung für die Russen uns gegenüber nur günstig auswirke.« BA-MA, Wirtschaftsrüstungsamt/Chef, Abschrift, Aktennotiz vom 4. Dezember 1939. RW19-185, Bl. 167. Vgl. Gert R. Ueberschär: Hitler und Finnland 1939-1941. Die deutsch-finnischen Beziehungen während des Hitler-Stalin-Paktes, Wiesbaden 1978.

[138] Auch Minenwerfer – Waffe zum Abschuß von Steilfeuergeschossen durch die Infanterie. Zur Erhöhung der Kampfkraft der Landesschützenverbände vgl. die Einführung von Klaus Jochen Arnold.

[139] Dienststellung beim Bund Deutscher Mädel (BDM).

dann noch den angetrunkenen Kameraden nach Haus gebracht, den ich seinerzeit in Kempen rausgeworfen habe, als er noch ein bißchen mehr geladen hatte, und wir haben uns laut und weithin vernehmlich in der stillen Nacht unterhalten. Andere haben bis halb sechs ausgehalten und sind dann gleich noch weitergegangen. So stand der heutige Tag im Zeichen des Katers. Vormittags wurde er ein Stück ausgeführt. Nachmittags war ich zwei Stunden bei meinem Studenten. Ein bißchen glatter geht das Lesen schon. Zwischendurch habe ich ein bißchen mit dem Feldwebel gesprochen und ihm noch einmal meine Urlaubswünsche vorgetragen. Es kam nämlich heute ein Brief, daß der Hochzeitstag noch nicht festgelegt sei. Ich sollte erst schreiben, wann ich dasein könnte. Ich habe nun Folgendes dem Feldwebel vorgetragen und auch nach Hennigsdorf geschrieben: 10. Abfahrt von hier. 11. nachts früh in Magdeburg. 12.-16. die fünf Tage. 16. die Hochzeit. 17. Abfahrt gleich von Berlin. 18. Ankunft hier. Nun muß der Oberleutnant morgen zustimmen. Hoffentlich tut er es. Die Leute (Feldwebel und Oberleutnant) hängen immer viel zu viel Herz und Überlegtheit in die Beziehungen zu mir hinein. Der Feldwebel empfing mich heute wieder mit Komplimenten, statt einfach ja und nein zu sagen.

Ich denke, wenn es so klappen würde, hätten wir doch ein paar Tage für uns in Magdeburg und könnten vielleicht am 15. nach Berlin fahren. Ich schreibe sofort noch einmal, wenn ich Bescheid habe. Du könntest ja dann zum 12. einige Gäste einladen, wenn Du willst. Ich würde alle äußeren Dinge möglichst beschränken. Ich bitte Dich vor allem, auch gar keine Arbeit mit dem Essen zu machen. Ein paar leichte Sachen, die wir hier nicht bekommen, Gemüse und dgl. Aber keine Künstlichkeiten und Braten, und was Dich sonst aufhält. Lieber gehen wir mal vormittags in den Kreuzforst, wenn das Wetter es erlaubt. Wenn ein ganz schönes Konzert (Kammermusik oder geistl[iche] Musik) ist, besorg bitte Karten, ebenso mit dem Theater.

Nun will ich lieber schließen. Kameraden kommen, die heute aus dem Schnee nicht hinausgekommen sind. So ist es mit dem schwachen Hauch von Stimmung schon wieder vorbei.[…]

[40.]
4. Dezember 1939

ich habe nun die Zusage, daß ich am 10. fahren kann. Auch der Major hat mich heute darauf angesprochen, als er uns bei den Granatwerfern besuchte. Sein Junge habe ihm geschrieben, daß Du mich so sehr, sehr gern einmal sehen möchtest. Die Hauptsache ist ja nun, daß es soweit ist. In den Tagen um den 13. herum soll die Kompanie dann auch fort von hier, und zwar nun doch wieder nach Minsk. Es wäre ja bequem für mich, wenn ich auf diese Weise um den Umzug herumkäme. Aber das sind ja alles Nebensachen.

Ich schicke noch ein oder zwei Bücherpakte voraus, damit ich nicht soviel zu tragen habe. Sonst erwarte nicht viel an Mitgebrachtem. Es gibt jetzt gar nichts mehr hier zu kaufen. Und ich bitte Dich noch einmal: richte gar nichts weiter her, damit wir Zeit und Ruhe füreinander haben.

Ich mach es heute ganz kurz, damit noch etwas zum Erzählen bleibt.

Urlaub zur Hochzeit des Bruders (vom 10. bis 18. Dezember 1939)

[41.]
Unvollständig, [18./19 Dezember 1939]

Wie magst Du nun nach Köln[140] gekommen sein? Als ich heute früh in Breslau den Betrieb vor und in dem Wiener D-Zug sah, ist mir doch unheimlich zumute gewesen. Ein beispielloses Drängen an den Türen und durch die Fenster hinein und hinaus. Ob Du Dich nun schon einigermaßen erholt hast in der Stille der Pernigiusstraße? Ich habe da noch Glück gehabt. Zwar auf [dem] Bahnhof Charlottenburg gab es auch erst eine kleine Aufregung. Der Urlauberzug, der mir genannt worden war, fuhr gar nicht. Dafür bin ich dann in einen Eilzug nach Breslau gestiegen und habe dort noch einen molligen Eckplatz bekommen. Der Zug war bis auf den letzten Platz besetzt mit schlesischen Weihnachtsurlaubern. Er fuhr leidlich pünktlich. In Breslau kam dann ein Dresdener D-Zug nach Warschau, der anfangs leer war. Nachher kamen dann Zivilisten hinein, aber auch da hatte ich meinen schönen, warmen Eckplatz. In Lodz habe ich dann erst auf der Kommandantur gefragt, ob die Kompanie noch da ist, und dann noch eine Decke für Trudchen geholt. Hundertprozentig gefällt sie mir zwar auch nicht. Aber ich denke, sie wird mehr Eindruck machen. Dann kannst Du die bunte ja mal bei uns im Wohnzimmer probieren. Hier wurde ich mit derselben Unsicherheit empfangen, in der ich losgefahren war. Geht es morgen los oder noch Neujahr? Das Wetter hier war wieder ähnlich wie zu Haus. Heute ein scharfer Wind und Gestöber. Aber viel Schnee gibt es auch noch nicht.[…]

Hier ist anscheinend sehr gemütlicher Betrieb, so wie ich es mir vorgestellt habe. Ich will sehen, daß ich tüchtig lesen kann, um meine Bücherbestände zu verkleinern. So werden die Tage bis Neujahr vergehen. Dann beginnt das neue Leben. Es ist doch schön, daß ich nun die Erinnerung an die Urlaubstage mit in das Fest hineinnehme. Sie wird mich noch lange begleiten. Hoffentlich gibt es dann auch wieder strammeren Dienst hier.[…]

[42.]
22. Dezember 1939

nun will ich sehen, ob ich heute einen vernünftigeren Brief zusammen bekomme als vorgestern. Allerdings wird das nicht leicht sein, denn die Unruhe auf der Stube hat heute ihren Höhepunkt erreicht. Morgen geht es los. Wir werden dann nach 18-stündiger Fahrt am Heiligabend in Minsk eintreffen. Ihr könnt Euch denken, was darüber geschimpft worden ist. Was an Weihnachten für die Leute Behaglichkeit und reichliches Essen und Trinken bringen sollte, ist zum guten Teil in die Binsen gegangen. Die Pakete mußten aufgefuttert, die Flaschen leergetrunken werden. Auf diese Weise haben wir gestern abend schon mit einem volksdeutschen Ehepaar auf der Stube »Weihnachten gefeiert«. Meine Flasche ist noch in eine der Kisten gerettet worden, auch meine Bücher habe ich zum großen Teil abwälzen können. Ein Päckchen mit zwei Büchern, einem Stück Seife usw. ist heute noch nach Magdeburg abgegangen, etwas Waschseife nach Hennigsdorf.

---

[140] Anspielung auf den Besuch von Charlotte Jarausch bei ihrem Bruder und ihrer Schwägerin in Köln.

Ich hatte nur Jüngers »Marmorklippen«[141] als Weihnachtslektüre mitgenommen. Als ich aber am ersten Abend hörte, wie unsicher unser Hiersein war, habe ich es gleich auf einen Zug ausgelesen. Es ist herrlich in Sprache und Gestalt. Vielleicht ist es Dir zu kraß in manchem. Aber lies es doch einmal, wenn Du wieder in Magdeburg bist.

Als ich am Mittwoch mit noch anderen Urlaubern beim Oberleutnant meinen Antrittsbesuch machte, forderte er mich auf, doch noch mit einem Leutnant der 2. Kompanie zusammen zu einem Glas Tee dazubleiben. Dabei wurde mir aus dem Gespräch sehr deutlich, wie der Kampf mit dem Bataillon wieder im vollen Gange war. Unser Aufbruch von hier ist die Quittung für sein Zögern in Kempen[142]: So stellen sich die Dinge aus einer gewissen Froschperspektive heraus dar. Aber es ist auch möglich, daß höhere Stellen einfach die Vereinigung der Truppe gewünscht haben. Wie es werden wird morgen, steht noch dahin. Vorläufig haben wir zwar unser Gepäck im ganzen fertig. Aber es war noch nicht möglich, mit dem Einladen der großen Bagage zu beginnen. Dabei waren heute morgen zwölf Grad [minus], und der Schnee stöbert. Jedenfalls wird es ein Weihnachten werden, bei dem alles davon abhängen wird, ob es dem einzelnen noch mehr bedeutet als Essen und Trinken, bzw. ein bißchen Stimmung.

Die Fahrt hat wenig an Eindrücken gebracht. Schön waren die aus den Ufern getretenen Flüsse, die Oder und dann die Warthe im Mondschein. Sonst war das Land ganz in sich verschlossen und ohne jedes Leben. So wird es nun auch sein, wenn wir weiterfahren. Durch Lodz bin ich dann zu Fuß gegangen. Die Stadt ist nach dem Kalischer Bahnhof zu gediegener, aber kaum weniger ungeformt. Fabriken wechseln mit Wohnhäusern und Direktorenvillen in der Gegend, durch die man auf dem Wege zur Innenstadt kommt. Inzwischen ist nun die gelbe Armbinde der Juden durch einen gelben Stern ersetzt worden, der auf der rechten Brust und ebenso auf dem Rücken getragen werden muß.[143]

Im ganzen scheint die Stimmung gespannter geworden zu sein. Strenge Befehle verbieten den Soldaten jeden Verkehr mit den Polen. In den Gaststätten darf die Waffe nicht abgelegt werden usw. Die Evakuierung verschärft die Lage. Da die wolhynischen Siedler im Laufe des Winters aufgenommen werden müssen, werden die Juden in großer Zahl ausgetrieben. Ein Konzentrationslager an der Straße Lodz-Zgierz faßt 5000 Juden jeden Alters. Auf den Straßen sieht man die Fahrzeuge, die davonziehen. Es versteht sich von selbst, daß das nicht ohne Opfer abgeht. Daran knüpfen sich Gerüchte, die wir nicht nachprüfen können: Eingreifen der USA. Große Sammelaktionen dort.[144] Ein Offizier sagte uns neulich, daß nach amtlichen Feststellungen in Warschau 300000 Zivilpersonen und 60000

---

[141] Ernst Jünger (1985-1998), Schriftsteller. »Auf den Marmorklippen« erschien erstmals 1939. Die dort beschriebene verrohende Gesellschaft und Etablierung einer neuen Ordnung durch »Gelichter« unter Führung eines »Oberförsters« wurde als Kritik am Dritten Reich verstanden.

[142] Offensichtlich wurde zwischen den Kompanien um die Verlegung gestritten.

[143] Die unterschiedlichen Formen der Kennzeichnung wurden nun einheitlich festgelegt (Vgl. FN 122).

[144] Von der »Austreibung« waren neben jüdischen auch christliche Polen betroffen. Juden wurden in Ghettos gesperrt und auch über die Demarkationslinie in sowjetisches Gebiet getrieben, wobei es zahlreiche Opfer gab. Im Warthegau lebten 1939 385000 Juden, die fast alle ermordet wurden. Vgl. Enzyklopädie des Holocaust, S. 1559; Golczewski, Polen, S. 423-432; Alberti, Wartheland. Zur

Soldaten gefallen sind.[145] So ist es verständlich, daß die Stadt gemieden werden muß. Verständlich auch, daß das Gefühl der Unruhe wächst. Ob es begründet ist, weiß natürlich niemand von uns.

Zuletzt wird ja doch alles auf den Westen und den Seekrieg ankommen. Wenn Du dort in Köln etwas hörst, was sich darauf bezieht, schreibe es bitte. Die langen Abende lassen Zeit genug zum Nachdenken. Und für Lesen und dgl. wird in den beschränkteren Verhältnissen vielleicht noch weniger Ruhe sein. Von Holtermann kam bereits der Asmussensche Leseplan[146], der die ganze Bibel auf ein Jahr aufteilt. Ich will sehen, ob ich mich nicht an ihn halten kann, wenn ich auch sehr oft nicht alles werde lesen können. Frau von Tiling hatte mir von einem Gespräch mit dem Kronstädter Stadtpfarrer Mörkel erzählt, der sie kürzlich aufgesucht hatte. Er hatte ihr davon gesagt [erzählt], wie viel persönliche Förderung er seiner Zugehörigkeit zu der Michaelsbruderschaft[147] verdanke. So war bei ihr die Frage der kirchlichen Gemeinschaft sosehr lebendig geworden, zumal ihre eigenen Erfahrungen seit der Auflösung der Verbände sie die immer größere Isolierung so stark empfinden lassen. Ich will sie nun einmal auf diese Lesung hinweisen, da wir uns in der Ablehnung aller »Stil«- und aller theologischen Richtungsprinzipien in einer solchen Gemeinschaft ganz einig waren. Vielleicht könnte dadurch ein neues Band um die auseinanderbrechenden Einzelnen geschlungen werden, wenn man sich zu gleichmäßiger Schriftlesung verbünden würde und dann ab und an bestimmte Texte miteinander durcharbeiten würde.

Eben sitzt bei uns ein junger Unteroffizier, der vom Westwall erzählt. Er will uns hier aus der Kaserne hinauswerfen. Aber unsere Wagen sind immer noch nicht da. So bleibt unsicher, was wird.[…]

[43.]
Minsk in Masowien, den 24. Dezember 1939

es ist Heiligabend zwischen fünf und sechs Uhr. Die Gedanken gehen zu Dir. Ich bin froh, daß Du bei Franz und Lene bist. So wirst Du hoffentlich nicht zu traurig sein, daß ich nicht bei Dir sein kann. Hier ist es ja äußerlich alles andere als einsam. Ich habe mich zwar in einen verhältnismäßig ruhigen Winkel zurückgezogen. Aber es ist nun hier die ganze Kompanie in einer Baracke beisammen. Je 24 in einem der Teile, die durch große offene Türen miteinander verbunden sind. Und im Herzen dürfen wir doch, auch wenn wir einsam sind, die ganze volle Weihnachtsfreude empfinden. Als gestern die Stallaterne in unserem Abteil angezündet wurde und wir unsere nassen Füße in dem Stroh bargen, das am Boden lag, mußte ich immerzu denken: Stall und Stroh, wie in Bethlehem. Er kommt in die Armut, auch [in] die Armseligkeit [des] Leibes und der Seele, in der wir au-

---

amerikanischen Politik etwa Günter Schubert: Der Fleck auf Uncle Sams Weste. Amerika und die jüdischen Flüchtlinge 1938-1945, Frankfurt am Main 2003.

[145]   Nach der Enzyklopädie des Holocaust, S. 1525 starben im September 1939 20000 Menschen sowie weitere 32000 durch Erschießungen.

[146]   Hans Asmussen (1898-1968) war evangelischer Theologe und führendes Mitglied der Bekennenden Kirche.

[147]   Aus dem Berneuchener Kreis 1931 entstandene, hauptsächlich evangelische Gemeinschaft.

genblicklich leben. Das ist unsere Weihnachtsfreude, die uns keine noch so trübe oder auch laute Umgebung nehmen kann.

Als wir gestern früh aufstanden, mußten wir feststellen, daß das Wetter heftig und radikal umgeschlagen war. Es taute, und Regen wechselte mit Schneeklatsch. Wir mußten nun laden und immer wieder laden. Erst gegen Mittag konnten die letzten Wagen und wir mit ihnen die Kaserne verlassen. Auf dem Bahnhof gab es Schnee. Dann wurde wieder gewartet, aber jetzt im Zug. Ich war unter den Letzten, die aus der Kaserne abgerückt waren. So mußte ich mit einem Platz auf einem Holzschemel in dem 2. Klasse Abteil der Unteroffiziere zufrieden sein. Aber ich habe mich in meine Decke gewickelt. Und so habe ich die lange Zeit leidlich angenehm verbracht, obwohl das Abteil kaum geheizt war. Gesehen haben wir nichts. Einmal viele Lichter: Warschau! Ich hätte über die schlafenden Kameraden steigen müssen, wenn ich ans Fenster kommen wollte. Und meist habe ich auch ein bißchen genickt. Gegen fünf waren wir an Ort und Stelle; aber wir haben dann noch bis sieben geschlafen, ehe wir hinausstiegen und erste Umschau hielten. Für die Fahrt war wieder Wodka ausgegeben worden. Viele hatten sich auch sonst Rum besorgt. So waren einige auch in unserem Abteil völlig betrunken. Laute Heiterkeit wechselte mit Unwohlsein und Schlafen. Gerade einige der Unteroffiziere haben sich wieder völlig gehen lassen. Bei der 2. Kompanie, die mit uns verladen wurde, aber nun noch ein Stück weiter in das Waldquartier gekommen ist, war es noch schlimmer. Da war vor allem der eine Offizier in einem bösen Zustand. Selbstverständlich fielen die Betreffenden auch für den Dienst aus, und die anderen haben dann das Gefühl, daß sie die Dummen sind, die für die anderen mitarbeiten müssen. In Minsk mußte dann erst wieder ausgeladen und auf die Wagen aufgeladen werden. Dann ging es durch den Ort zur Kaserne. Es war ein trüber Tag. Tauwetter auch hier. Schneeklatsch und Nässe. Die Häuser zum großen Teil einstöckig aus Holz. Die Läden dürftig zum großen Teil bereits mit jenen mit bunten Bildern bemalten Schildern, die das Analphabetentum zeigen, das hier wohl schon stärker verbreitet ist. Die Juden beim Reinigen der Straßen eingesetzt.[148] Von der stattlichen zweitürmigen Kirche kommt die polnische Bevölkerung in dichten Scharen und mustert uns etwas spöttisch, wozu sie wohl auch einigen Grund hat. Das Kasernengelände liegt am anderen Ende des Ortes. Junge massive Gebäude, in denen Generäle, Stäbe und Offiziere liegen. Dann die Reihe der Baracken. Von außen richtige Blockhäuser noch aus der russischen Zeit.[149] Im Innern haben unsere Kommandos tüchtige Arbeit geleistet. Alles ist frisch gestrichen. Die Böden neu gedielt. Holzbettstellen, in die wir unsere mitgebrachten Strohsäcke packen, Tische und Bänke sind aus rohen Brettern zusammengeschlagen. Große Öfen heizen gut. Auch elektrisches Licht ist da, wenn auch recht dürftig. Nur das Wasser ist knapp und unbequem heranzuholen. Unsere Wäsche werden wir wohl immer schicken müssen.

Als wir die Baracken betraten, grüßte uns überall Tannengrün. Auch sonst waren wir angenehm überrascht, daß alles so frisch und sauber aussah. Schließlich

---

[148] Am 26. Oktober 1939 war der Arbeitszwang für die jüdische Bevölkerung angeordnet worden.
[149] Nach dem Friedensvertrag von Riga 1921 mit der Sowjetunion wurde Polens Ostgrenze verschoben.

waren wir ja auch leidlich früh zur Ruhe gekommen. Aber dann kam noch eine
wenig erfreuliche Überraschung: Leutnant Graf und seinem Burschen war unterwegs ein Teil seines Gepäcks gestohlen worden, und nun wurde das Quartier
durchsucht, natürlich ohne Ergebnis. Das hat das bißchen Stimmung, das eben
aufkommen wollte, wieder ganz zerstört. So wird nichts übrigbleiben als eine
kurze Ansprache des Oberleutnants beim brennenden Baum: dann soll die Post
ausgegeben werden und dann wird wieder getrunken werden.

Unser Bezirk hier ist ein richtiges Militärgeländes mit Ställen, Exerzierplätzen,
Reithalle, Schießständen und was man sonst sich wünschen kann. Von hier aus
werden wir also unsere Herrschaft über die doch schon sehr, sehr fremdartige
Stadt ausüben. Hoffentlich bleibt es nicht bei den niederdrückenden Bildern dieses Heiligabends. Aber ich fühle, ich werde die betrunkenen, lärmenden Soldaten
zwischen den Polen und Juden, unter denen sich auch Evakuierte mit ihren Hab-
seligkeiten befanden, nicht so bald vergessen. Das falsche Weihnachtspathos des
Rundfunks jedenfalls ist nicht dazu angetan, die Erinnerung auszutilgen. Und
trotzdem: Heilige Nacht!

Und nun erster Feiertag abend. Es ist alles so ziemlich gegangen, wie ich es mir
gedacht hatte. Die kleine Feier hat gar keinen Anklang gefunden. Bei den Liedern
haben wir uns mühsam durchgeschleppt. Dann Lärm und Trinken. Heute habe
ich vormittags in dem Brackmannbuch[150] in leidlicher Ruhe gelesen. Auch Braems
Predigt[151] – ich werde ihm noch mal danken. Dann habe ich einen kleinen Spaziergang durch den Ort gemacht. Dabei hat der Ort in dem in der Nacht gefalle-
nen Schnee einen freundlicheren Eindruck gemacht als gestern. Ein Stück der
Hauptstraße, durch das wir gestern nicht gekommen sind, ist auch etwas stattli-
cher mit massiven Häusern und gepflegten Gärten. Ein stattliches Schloß aus dem
vorigen Jahrhundert im verschneiten Park an einem vereisten Flüsschen gehört
auch zu den Glanzpunkten des Ortes. Als ich zurückging, dämmerte der Abend
bereits. Es ist die Zeit, in der diese Landschaft ihre eigentümliche Größe gewinnt.
Dann steht der Himmel voll dunklen Geheimnissen über dem Land, das Men-
schenwerk verschwindet. Es bleibt nur das Elementar-Ursprüngliche. Auf der
breiten Straße, die vom Osten kommt, trabte ein niedriges Pferd heran. Der klein-
wüchsige Kerl, der neben ihm herlief, verschwand fast hinter ihm. Was man von
ihm erkennen konnte, das dunkle, struppige Haar, die Lumpen, die gedrungene
Gestalt, das alles weckte ein Gefühl, als sei der ewige Osten wieder einmal im
Aufbruch.

In der Baracke ging es hoch her. Ich flüchtete wieder mit dem polnischen Le-
sebuch in eine stillere Ecke, konnte aber meinem Schicksal nicht ganz entgehen.
Ich mußte zwischen einen Gefreiten, der im Zivil SS-Mann ist, und den Handwerker treten, der die beiden polnischen Gefangenen in der Schneiderstube be-

---

[150] Albert Brackmann (1871-1952), ein führender »Ostforscher« im Dritten Reich. Gemeint ist wohl
der Band Deutschland und Polen. Beiträge zu ihren geschichtlichen Beziehungen, München 1933.
Vgl. Ingo Haar: Osteuropaforschung und ‚Ostforschung‘ im Paradigmenstreit. Otto Hoetzsch,
Albert Brackmann und die deutsche Geschichtswissenschaft, in: Dittmar Dahlmann (Hrsg.): Hundert Jahre osteuropäische Geschichte. Vergangenheit, Gegenwart und Zukunft, Stuttgart 2005, S.
37-54.

[151] Dr. Braem, Domprediger und Konsistorialrat in Magdeburg.

aufsichtigt: »Daß einer im grauen Rock für einen Polen eintritt, dulde ich als SS-Mann nicht.« Dann holte mich Kluge – Du erinnerst Dich an die Scheidungs- geschichten und die elternlosen Kinder – damit ich Gedichte anhörte, die er mit seinen Freunden ausgetauscht hatte. Ich mußte ihm erklären, was ein Sonnett ist, aber er war zu betrunken, um es zu begreifen. Trotzdem habe ich mich mit allen gut vertragen. Es war ein Gemisch von verzweifeltem Betrunkensein und krakee- lerischer Gereiztheit den Vorgesetzten gegenüber. Die innere Sinnleere bricht dann erschütternd heraus. Man kann aber in solchen Augenblicken nichts anderes tun, als den Leuten ein bißchen gut zureden und sich friedlich zu ihnen setzen.

26. [Dezember] Heute war ich als einziger aus der Kompanie zum Gottesdienst in der Pfarrkirche. Es war beschämend leer, wenn nicht eine Reihe volksdeutscher Familien dabei gewesen wären, wäre es noch kümmerlicher gewesen. Die Predigt war herzhaft, nicht ausweichend. Aber es lähmt doch, wenn alles um einen so leer ist. Ich saß zu Füßen einer Murilloschen Himmelskönigin[152]. In der Ecke war die Krippe aufgebaut. Draußen stand die polnische Bevölkerung dicht gedrängt und sah sich das beschämende Schauspiel an. Das einzig Positive ist, daß sich bei den verständigen Unteroffizieren eine kräftige Empörung geregt hat. Wir sehen, wo- hin dieser Betrieb führt und wie sehr sich die Zucht lockert. Aber es wird sehr schwer sein, anderen als Arbeitsdienst durchzuführen, denn wir schneien jetzt immer stärker ein. Glücklicherweise ist es mäßig kalt und windstill dabei. Morgen soll die Kompanie erst ihre richtige Weihnachtsfeier haben. Wir haben etwas Angst davor ebenso wie vor dem Silvesterabend. Die Kriegsteilnehmer unter den Un- teroffizieren sagen, daß sie solchen Trunk nie erlebt haben. Sie schieben es auf das Schwinden jeder Dienstauffassung, auf die zu hohe Löhnung und die zu reiche Unterstützung der Frauen.

Nun will ich aufhören. Du wirst den Brief recht verstehen. Wir wollen ja doch alle diese Schwierigkeiten gemeinsam tragen. Daß ich deswegen nicht verzweif- le, wirst Du hoffentlich gemerkt haben. Nun sammle in Köln noch recht viel Kraft und Wärme in Dich auf. […]Geh bitte mit dem Brief vorsichtig um. Die Dinge dürfen nicht in den Magdeburger Klatsch hineinkommen.[…]

[44.]
28. Dezember 1939

Lieber Franz,
ich habe Gelegenheit, einen Brief mit einem Urlauber mitzugeben, und so will ich gleich noch ein paar Zeilen schreiben. Lotte bitte ich, sie auch an sich gerichtet zu betrachten. Wir hatten gestern einen Kompanieabend, an dem auch wieder soviel getrunken wurde, daß heute abend alles still ist. Besser kann man es eigentlich zum Schreiben nicht haben; aber auch ich bin müde von der seelischen Anspan- nung der letzten Tage und von dem Ausmarsch heute morgen. Immerhin blieb ein bißchen Zeit zum Lesen. Ich habe jetzt das Brackmannsche Buch mit großem Interesse gelesen. Was mich daran beschäftigt, ist vor allem der Versuch, die pol- nische Entwicklung innerlich anzuerkennen, ohne den deutschen Ansprüchen

---

[152] Bartolomé Esteban Murillo (1618-1682), spanischer Heiligenmaler des Barock.

etwas zu vergeben. Aus den Aufsätzen, die sich mit dem 19. Jahrhundert beschäftigen, wird deutlich, wie darin beste geistige Überlieferung fortlebt und wie demgegenüber die heutige Politik außerordentlich schwach in der Vergangenheit verwurzelt ist. Der geschichtliche Einschnitt, den das Jahr 1933 darstellt, wird darin außerordentlich deutlich. Man stößt immer wieder auf dieselbe Tatsache, daß diese geistige Tradition zu schwach gewesen ist, das deutsche Schicksal noch einmal zu formen. Hat sie für die Zukunft noch eine Aufgabe? Ich rätsele hier daran herum wie nur je zu Haus in den letzten Jahren. »Adler auf Brust ist gut, aber Adler auf Binde am Arm ist schlimm«[153], sagen die Leute hierzulande. Manches aus der älteren Geschichte klärt eigene Beobachtungen in willkommener Weise. Noch immer bilden die großen Stromtäler zur Winterzeit die erschwerenden Hemmnisse. Weit dehnt sich der große viereckige rynek[154] von Minsk, und in den Aufschriften der Handwerker kann man den deutschen Spracheinfluß hier wieder studieren, da sie hier ja nicht eingedeutscht werden. Aber es ist schwer, darüber hinaus hier Beobachtungen im einzelnen zu machen. Die volksdeutsche Vermittlung fehlt. Aus der Stadt dürfen wir nicht hinaus. Von den Dörfern sehen wir also nur, was auf den Ausmärschen erfaßt werden kann. Auch da fallen typische Einzelheiten sofort auf: Die eigenartige Abseitigkeit der Dörfer von den Straßen, die eigenartige Aufreihung der Höfe, die ihr Gesicht von der Dorfstraße zum Teil abkehren. An den Rändern der Stadt die ganz primitive Neusiedlung, wo nun ganz rohe Ziegelhäuser, oft mit flachem Dach, die herkömmlichen Blockhäuser verdrängen. An einem Bahnhof der Strecke nach Brest-Litowsk Spuren Warschauer Grundstücksspekulation: Kleinbürgerliche Ansiedlung, Grundstücke zu verkaufen. Eigenartig die Hofanlage mit Stall und Scheune in einem Winkelbau verschiedener Stellung und dem Wohnhaus für sich.[…]

Unser eigenes Leben wird dienstlich dadurch bestimmt, daß wir 25 Mann Ersatz bekommen haben, zum Teil junge Leute, die aber vielfach körperlich stark behindert sind, so daß man sich wundern muß, wie man sie hinausschicken konnte.[155] Sie sind in der heiligen Nacht hier eingetroffen und sind heute in die Gruppen eingegliedert worden. So gab es wieder großes Umräumen. Wir sind in einen abgeschlossenen Raum in einer anderen Baracke übergesiedelt, der nicht so stark belegt ist, so daß ich heute einen wohltuend ruhigen Nachmittag hatte, zumal die Kameraden zu einer Bauerntheatervorstellung waren. Ich bin nun Gruppenführer der drei Granatwerfertrupps geworden, so daß ich jetzt acht Mann »befehlige«. Der Dienst scheint etwas anzuziehen. Doch kann natürlich draußen nun ein paar Stunden exerziert oder marschiert werden. Der Schnee friert immer härter zusammen. Tage und Nächte sind meist klar. Jetzt funkeln die Sterne, um allmählich vor dem aufsteigenden Mond immer mehr zu verblassen. Am Tage kommen Krähen, Spatzen und Meisen dicht an unsere Türen. Aber Wölfe haben wir noch nicht gehört.[…]

---

[153] Wehrmachtssoldaten trugen den Adler auf der Brust, SS-Verbände am Arm. Eventuell ist auch der Volksdeutsche Selbstschutz gemeint, der Binden am Arm trug und für viele Morde an Polen verantwortlich war.

[154] Polnisch für Markt.

[155] Das Einberufungsalter und die Tauglichkeitskriterien waren bereits in der Mobilmachungsphase herabgesetzt worden. Vgl. Kroener, Ressourcen, S. 729.

[45.]
Neujahr 1940

der Postempfang der Kompanie war heute sehr bescheiden; aber Deine beiden Weihnachtsbriefe vom 24. und 26. Dezember waren darunter. Sie haben mich sehr bewegt. Strahlen sie doch soviel herzliche Liebe und soviel Heimat aus, daß das Herz weichwerden muß. Aber ich freue mich zugleich, daß Du selbst das Fest nun so ganz geborgen und umhütet von Liebe und Hingabe verbracht hast. Deine schönen Weihnachtsstrophen möchte ich gern noch lernen, soweit es nötig ist, auch wenn das Fest vorbei ist. Die Rede von Brauchitsch[156] habe ich auch gehört, aber nur so privat zwischen Auspacken und Einrichten. Was ich auch heute Vormittag von den Aufrufen gehört habe, war doch sachlich und ohne falsche Töne.[157] Überhaupt habe ich mich in der letzten Woche ein bißchen mit dem Rundfunk ausgesöhnt. Er hat sich etwas von dem Schlager auf der einen Seite, der unechten Kindlichkeit auf der anderen abgelöst, und auch das Christliche war nicht ganz verbannt. So haben wir heute morgen schöne Orgelmusik gehört, auch Choräle darunter. Heute Nachmittag, als ich allein auf der Stube war, hat mich Schuberts Winterreise mit dem starken, aber echten Gefühlsausdruck gepackt.[…]

Um Euren Gang durch den Wald möchte ich Euch auch beneiden. Wir sind hier doch wirklich ein bißchen wie Gefangene, da die Stadt keine Möglichkeiten bietet außer dem Kino und ein paar von Soldaten überfüllten Gastwirtschaften. Dafür haben wir den Winter rings um uns her. Die Kälte schwankt. Heute Mittag war es fast, als ob es tauen wollte. Jetzt ist es wieder bitter kalt draußen. Wird es milder, dann fängt es an zu schneien. Die Sperlinge und die Krähen kommen an Fenster und Türen; auch ein paar Haubenlerchen und Meisen sind darunter. So will alles mit von uns leben, auch die Polenkinder, die jeden Mittag zahlreicher kommen, und die Juden, die den Vormittag bei uns gearbeitet haben.

Die letzten Tage haben uns den Umzug in die zweite Baracke gebracht, die wir zur Hälfte bewohnen. Da haben die Unteroffiziere einen abgeschlossenen Raum für sich. Es ist doch ruhiger hier, und man hat etwas mehr Raum, sich einzurichten. Allerdings ist man auch wieder ganz an die Gemeinschaft gebunden. Am 30. wurde wieder gezecht; Stempel, der bisherige Waffenunteroffizier, ist Feldwebel geworden und hatte den Stoff gestiftet. Gestern waren die meisten recht müde und haben viel geschlafen. Um neun sind wir zu den Kameraden in die andere Baracke gegangen. Die Ecke, in der meine Leute mitsaßen, war verhältnismäßig still, und wir haben uns nett unterhalten. Unter den neuen sind ein paar ganz nachdenkliche. Im ganzen waren die einen sehr still und weich. Weicher fast als

---

156 Walther von Brauchitsch (1881-1948), Oberbefehlshaber des Heeres 1938-1941. Er hielt eine Weihnachtsansprache an der Westfront und erlies einen Aufruf zum neuen Jahr 1940. In seiner Ansprache meinte er u.a.: »Wie im Weltkriege empfinden wir in diesen Tagen unsere Kameradschaft als ein starkes und großes Erlebnis. [...] Einst wird kommen der Tag, an dem das von unserem Führer geschaffene Großdeutsche Reich und der Lebensraum eines 86-Millionen-Volkes gesichert ist. Darum sind wir auch fest überzeugt, dass das Recht auf unserer Seite ist.« Deutschland im Kampf. Hrsg. von A.J. Berndt und Oberstleutnant von Wedel, 2. Dezember-Lieferung, Berlin 1939, S. 15f.

157 Gemeint sind wohl die verschiedenen Aufrufe zum Jahreswechsel, u.a. von Hitler, Göring und Himmler. Vgl. Deutschland im Kampf, Januar-Lieferung, Berlin 1940, S. 32-39.

zu Weihnachten. Um Mitternacht liefen manchen die Tränen. Einzelne lagen auf ihren Betten und wollten nicht aufstehen. Die Mehrzahl war laut und betrunken, hielt sich aber leidlich. Um Mitternacht gab es viel Händeschütteln und herzliche Geständnisse. Der Feldwebel hielt mir wieder eine lange Lobrede (Vorbild für die Kompanie, liebster Kamerad usw.). Ich ging dann schlafen, kam aber lange noch nicht zur Ruhe, weil wir immer noch Besuch auf der Stube hatten. So war ich heute vormittag auch müde. Ich habe die letzten Tage dazu benutzt, das Buch des Schwagers von Frau von Tiling: »Heimat als Grundlage der menschlichen Existenz« zu lesen.[158] Darauf habe ich heute an den Verfasser geschrieben, weil mich Frau von Tiling darum gebeten hatte. Es ist ein sehr klares, kluges Buch, das ganz aus kurischem Heimatbewußtsein herausgewachsen ist. In allen menschlichen Dingen sehr ehrenhaft und anständig. Ich verstehe danach den Zusammenbruch Stavenhagens gut. Ich habe ihm geschrieben, daß es ganz entscheidend wichtig ist, daß seine Gedanken in den Aufbau des neuen Ostens mithineingenommen werden und daß, wenn den Balten gelingen würde, sie zur Geltung zu bringen, ihr Opfer nicht umsonst sein würde.[159] Einen kleinen Vortrag soll ich auch wieder halten. Vielleicht wähle ich die »Wirtschaft Polens«. Ende der Woche werde ich dann eine Reihe von Büchern nach Magdeburg zurückschicken.[...]

[46.]
Minsk, den 5. Januar 1940

[...] Ich habe immer meine Freude, wenn Du von den reichen Eindrücken von Landschaft, Kunst und Menschen dort im Westen erzählst. Hier ist das wechselnde Bild, das der Winter uns schafft, das einzige, das für uns bereit ist und alle Tage sich erneuert. Heute war ein ganz starker Rauhreif über Bäume und Sträucher ausgebreitet. Sie standen wie in einem neuen Blätterkleide da. Es war ein richtiges Aufblühen, nicht jenes zarte Unterstreichen und Sichtbarmachen der Konturen. Dienstlich spüren wir heute schon wieder, daß der Major mit seiner Kritik an der Vierten [Kompanie] seit gestern aus dem Urlaub zurück ist. Das hat doch etwas Bedrückendes und lähmt die Freude am Dienst. Beim Vortrag habe ich heute versucht, ein Gespräch zustande zu bringen, aber es ist nicht recht gelungen. Der Major war mit der Ordnung in den Quartieren nicht zufrieden. Aber es ist auch schwer, in unserer Primitivität Ordnung zu halten. Gut ist es, daß wir gestern ins Brausebad gehen konnten. Meine Wäsche habe ich weggegeben, aber die Frau kann kein Wort deutsch, und es gelingt nicht immer, die eigene Wäsche zurückzubekommen. Ich wäre sehr dankbar für zwanzig Wäschebuchstaben KJ [Konrad Jarausch], damit ich dann alles zeichnen kann.

Es ist jetzt eine neue Regelung des Paketversands herausgekommen. Wir dürfen im Monat nur 1 kg schicken, gleich was. Da können wir die Wäsche gar nicht nach

---

[158] Kurt Stavenhagen (1884-1951), Professor für Philosophie aus Lettland, Heimat als Grundlage menschlicher Existenz erschien in Göttingen 1939.
[159] Hiermit ist die Umsiedlung der Baltendeutschen 1939/40 in den Warthegau gemeint, da das Baltikum im deutsch-sowjetischen Nichtangriffspakt 1939 als »sowjetische Interessensphäre« deklariert worden war. Vgl. Lars Bosse: Vom Baltikum in den Reichsgau Wartheland, in: Deutschbalten, Weimarer Republik und Drittes Reich. Bd. 1, hrsg. im Auftrag der Karl Ernst von Baer-Stiftung in Verbindung mit der Historischen Kommission von Michael Garleff, Köln u.a. 2001, S. 297-387.

Haus schicken. Wenn ich jetzt die über Weihnachten und Neujahr gelesenen Bücher nach Haus schicke, ist mein Gewicht verbraucht. Auf das Buch, das Franz für mich bestellt hat, bin ich schon gespannt.

Im übrigen sind ja auch die Preise hier so hoch, daß man sich schwer zum Kaufen entschließt. In Warschau liegt z.B. die Butter mit sieben Mark das Kilo im Fenster, Stoffe das Meter 30 Mark. Im übrigen spüren wir an manchen Dingen doch stark den Haß, der hier lebendig ist. Kürzlich sind zwei Feldwebel in der Nähe erschossen worden, als sie in einer Gastwirtschaft krakeelten. Hoffentlich wird das neue Jahr für unser Volk nicht allzu schwer.[…]

[47.]
Minsk, den 8. Januar 1940

ich bin Dir sehr dankbar für die lebendigen Berichte vom 1. und 2. Vor allem danke ich Dir auch, daß Du so verständnisvoll mitgehst, wenn ich weiter das Gefühl habe, daß wir hier aushalten müssen, auch wenn der Dienst oft sinnlos erscheint. Wenn Du von Euren Gesprächen und von Eurem gemeinsamen Lesen schreibst und ich es mit dem vergleiche, womit ich hier meine Zeit verbringe, drängt sich immer wieder der Gedanke auf, daß die Monate nutzlos vertan sind und daß sie aus dem Leben gestrichen werden müssen. Aber das ist doch eine törichte Versuchung. Und ich bin Dir und in zweiter Linie auch Franz und Lene dankbar, daß Ihr das mitbejaht. Das hilft mir dann auch wieder. Gerade gestern stand ich wieder vor der Frage, ob ich den Nachmittag mit Lesen und Schreiben verbringen oder mit den Unteroffizieren einer Einladung der Panzerabwehrkompanie in Mienia folgen sollte. Ich wäre gern geblieben, aber da der Feldwebel die Sache dienstlich nahm (nicht der Hauptfeldwebel[160], sondern einer der Ende Oktober beförderten), habe ich nicht auf meinem guten Recht bestanden und bin mitgefahren. Es gab dann in der Hauptsache ein sinnloses Trinken, das von schlechten Witzen unterbrochen wurde, worauf alle erklärten, sie hätten eine solche schöne Kameradschaft noch nie erlebt. Ich wurde auch vom Hauptfeldwebel um meine Meinung gefragt und habe sie auch klar gesagt. Möglichkeiten des Verstehens bestehen hier bei den allermeisten nicht. Es kam wieder zum Ausdruck, daß es die innere Leere ist, die zu solchem Treiben führt. Was für unendliche positive Aufgaben hätte hier z.B. die HJ. Denn mit dem Sichselbsteinzuschalten und Disziplinwahren ist es ja nicht getan. An dieser Stelle müßte man eben auch selbst ganz anders imstande sein, Anregungen zu geben und Formen zu zeigen.

Es ist nicht ausgeschlossen, daß ich im kleinen Rahmen bald Gelegenheit habe, da aktiver zu werden, und dann noch weiter auf das Lesen und Schreiben verzichten muß. Unsere Kompanie wird aufgelöst und auf die anderen verteilt. Je zehn Unteroffiziere und Gefreite etwa sollen eine neue Ersatzkompanie zur Ausbildung übernehmen, die aus Neueingezogenen vom Jahrgang 1906 gebildet wird.[161] Aber es ist noch unsicher, welche Offiziere usw. dazu ausgesucht werden, auch

---

[160] Seit 1938 wurde so der wichtigste Portepee-Unteroffizier bezeichnet, umgangsprachlich auch »Spieß«, der die Personalangelegenheiten und innendienstlichen Belange der Truppe regelte.
[161] Der Jahrgang wurde ab dem 5. Oktober 1939 eingezogen. Vgl. Kroener, Ressourcen, S. 727.

ob Leopold[162] die Führung bekommt. Sicher ist nur, daß wir auseinanderkommen. So ist wirklich alles augenblicklich beunruhigt.

Wenn ich dabeisein sollte – worüber ich mich sehr freuen würde, weil wir dann eine richtige Aufgabe hätten – würde ich auch nach Mienia kommen. Das ist ein Dorf an der Eisenbahn nach Brest vierzehn km östlich mit Gut, Sägewerk, einem St. Josefs-Hospital, in dem augenblicklich die 2. Kompanie liegt und in das wir dann hineinkämen, und auf der entgegengesetzten Seite ein kleines Stück in den Wald hinein dem ehemaligen Kindererholungsheim, in dem jetzt die Panzerab-wehrkompanie liegt, bei der wir gestern zu Gast waren. Wir sind mit dem Auto hinübergefahren. Es war bitter kalt und ein schneidender Ostwind. Dabei war der Himmel grau verhangen, und so war der Frost ganz ohne jeden Glanz. Die Bäu-me standen in einer unheimlichen Leblosigkeit zu beiden Seiten des Weges, auf dem der Schnee wie Fels so hart gefroren war, und auf der freien Bachniederung, die wir kreuzen mußten, legten sich Kälte und Wind wie ein immer mehr sich verengender Panzer um die Brust. Das ist ein Winter, dem alles Fröhliche, Laute abgeht, der wirklich das Leben in die letzten Schlupflöcher zurücktreibt. Als wir zurückfuhren, blieb der Lastwagen in Schneewehen stecken und mußte erst hin-ausgeschoben werden.

In solchen Lagen wird man dankbar für die Fortschritte der Technik, die uns doch immer noch eine warme, helle Stube ermöglichen. In der Nacht sind an ungeschützten Stellen 31 Grad minus gewesen. Heute ist es strahlend hell und klar. Wir haben aber nur einen kleinen Spaziergang von einer halben Stunde ge-macht und müssen nachmittags als Offizieranwärter an einem Schauexerzieren teilnehmen, an dem die Veränderungen der Ausbildungsvorschrift vorgeführt werden sollen. Ich selbst habe auch jetzt noch keinen Schaden genommen und bin auch nicht erkältet. Sollten wir wirklich nach Mienia kommen, schreibe ich viel-leicht noch nach dem Pullover, weil wir dann mehr draußen sein müssen. Bis jetzt reiche ich gut mit allem aus. Auch die Verpflegung ist hier reichlicher. Auch da habe ich sogar dank der Weihnachtspäckchen einige Vorräte angesammelt: ein Pfund Kunsthonig, eine Büchse Leberwurst liegen noch unangebrochen da. Mar-melade ist reichlich vorhanden. Am 6. kamen zugleich drei weihnachtliche Päck-chen aus Köln, eins davon von Lene, eins vom 24. Die Stolle [sic] ist noch sehr schön. Ich esse die Südfrüchte allmählich als zweites Frühstück. Aber vorläufig ist es nun auch genug mit Süßigkeiten.[…]

[48.]
9. Januar 1940

ein frischbeförderter preußischer Korporal stellt sich vor. Die Tressen glänzen. Der zweite Schritt ist getan.[163] Leider fällt diese Beförderung – zwei andere sind außerdem an die Reihe gekommen – in eine Zeit der gedrückten Spannung hinein. Die bevorstehenden Veränderungen wühlen die ganze Problematik unseres Da-seins auf. Die Stellung Leopolds, dessen Versetzung zu der Ausbildungskompanie noch ganz unsicher ist, unser ganzer soldatischer oder unsoldatischer Zuschnitt

---

[162] Der Kompaniechef Oberleutnant Leopold.
[163] Von den Mannschaften zum Unteroffizierskorps.

und alles sonst. Leopold bemüht sich sehr, jetzt zu retten, was früher versäumt worden ist. Aber alles ist noch unsicher. Heute Vormittag sind wir Unteroffizie- re und Gefreite dem Major vorgestellt worden. Er war zufrieden und mit den Vorschlägen Leopolds einverstanden. Aber nun ist ja noch der General da und wer weiß sonst noch. Bleibt es dabei, dann sollen wir den Januar über noch unse- rerseits geschliffen werden. Am 1. Februar etwa soll der Ersatz eintreffen. Nun werden wir erst einmal wieder feiern müssen, ohne daß ich mich irgendwie dazu in Stimmung fühle. […]

[49.]
Minsk, den 11. Januar 1940

[…] Heute ist zum erstenmal infolge der Kälte der Postzug nicht herangekommen. Wir hatten in der letzten Nacht 38 Grad minus. Dabei scheint die große Kälte selbst den Sternen den Glanz zu nehmen. Die Nächte sind merkwürdig schwarz. Dafür treten die großen Sternbilder um so mächtiger vor. Der Orion vor allem wandert als der königliche Herrscher durch unsere Nächte. Die Tage sind strah- lend klar und schön. Doch sind wir dienstlich höchstens dreiviertel Stunden draußen, weil sich viele die Ohren erfroren haben. Auf die Brillengläser legt sich beim Ausmarsch ein feiner Kranz von mattem Eis. Und Wimpern und Brauen färben sich bei längerem Draußensein weiß. Sonst wird nun stramm und planmä- ßig versucht, die militärische Ausbildung mit uns zu wiederholen. Wir üben vormittags mit der Kompanie Haltung, Wendungen usw., und nachmittags wer- den Unteroffiziere und Ausbildungsgefreite zusammengenommen und üben ein Stück weiter voraus, alles in unseren Baracken. So haben wir wenigstens zu tun. Auch sonst werden alle Zügel angezogen. Abends habe ich das interessante, au- ßerordentlich inhaltsreiche Buch von Franz [geschenkte] angefangen. Es ist eine unterhaltsame und dabei wenig anstrengende Lektüre. Die wiedergegebenen Vor- stellungen von Deutschen, wie sie in polnischen Volksüberlieferungen und in der polnischen Dichtung gelebt haben, erklären vieles an den Ausschreitungen zu Kriegsbeginn. Ich habe mir nun noch die Kirchengeschichte Polens von Völker[164] bestellt, und werde dann diese Art Lektüre vorläufig abschließen, um erst wieder etwas Zeit für die Sprache zu haben. Allerdings werden wir immer strenger von jeder Berührung mit den Polen abgeschnitten.[165] Jetzt dürfen wir auch keine Wä- sche mehr an polnische Frauen geben.[…]
Es ist seltsam, wie sehr hier die politischen Fragen immer mehr absinken. Man liest kaum noch Zeitungen, die ja auch unregelmäßig kommen. Es ist, als ob uns das Schicksal jetzt noch unmittelbarer stellt als früher. Der Dienst, Essen und Trinken, Kartenspielen, Bier und Schnaps, dann am Rand der Urlaub – die Ur- lauber fahren jetzt weit über 24 Stunden – das ist nun unsere Welt. Wie reich und bunt war im Vergleich dazu noch die Welt in Zgierz. Aber nun müssen wir erst recht die Zähne zusammenbeißen. […]

---

[164] Karl Völker (1886-1937), evangelischer Kirchenhistoriker, 1930 erschien seine Kirchengeschichte Polens.
[165] Es ergingen mehrmals Anweisungen, die den Kontakt mit der polnischen Zivilbevölkerung auf ein Mindestmaß zu beschränken bestrebt waren. Vgl. Umbreit, Militärverwaltungen, S. 72, 155 und 198.

[50]
14. Januar 1940

Lieber Franz,

[…] Das Buch von Lück[166] lese ich mit großem Interesse. Es ist mir sehr sympathisch in seiner grundsätzlichen Auffassung. Das Zusammenleben im gleichen Raume wird auch in Zukunft nicht aufhören, wenn auch die Lage sich von Grund auf verändert hat. Es ist etwas Großes, wenn sich jemand angesichts der Flut des Hasses nicht verbittern läßt und immer wieder darauf hinweist, daß wenigstens die volkstümlichen Urteile nicht aus einer letzten, metaphysischen Ablehnung erfolgen, sondern auch aus einer konkreten Kampflage. Darin liegt der dankenswerte Realismus des Buches. Vielleicht hätten für die ältere Zeit – vor allem das Mittelalter – die Kräfte noch stärker bestimmt werden können, die das volkstümliche Urteil geformt haben. Ich vermisse etwas – hypothetisch, ohne eigene Kenntnis – eine klare Darstellung der Bedeutung des Adels für die Ausformung des Urteils. Für die Zeit seitdem treten Geistlichkeit und sie in gewissen Grade ablösend – Dichtung, bildende Kunst und Wissenschaft als die die öffentliche Meinung beherrschenden Mächte sehr klar hervor. Und da hast Du allerdings sehr recht, wenn Du schreibst, daß die Rolle des Gelehrten in einem eigenartigen Licht erscheint. Ich bin Dir dankbar für Deine Nachrichten über die Stellung Brackmanns. Das Zitat aus dem Brackmannschen Aufsatz hat besonders für uns, die wir die menschliche Seite dieses Zusammenbruchs dinglich vor Augen haben, etwas Erfrischendes. Ich verschließe mich auch der Notwendigkeit nicht, daß *dieser* polnische Staat zerschlagen werden mußte. Es handelt sich nur für mich um die Zukunft, und da hast Du gewiß recht, daß die Entscheidung im Westen erfolgt. Was Du dann über die Aufgabe unseres Volkes schreibst, würde auch ich sehr gern von Dir persönlich ausgeführt hören. Solche Dinge entziehen sich ja fast der hinreichend deutlichen, vor Mißverständnissen geschützten schriftlichen Festlegung. Sollten wir noch länger hiersein, würde ich Euch um Reymonts Bauern[167] bitten. Aber schickt es nicht, bevor ich danach schreibe. In unserem Zigeunerdasein muß ich meine »Bücherei« so klein wie möglich halten. Meine Bücher liegen rings um das »Kopfkissen«, alias Wäschebeutel herum in unserer Bettenkiste, in der wir schlafen und die der Strohsack glücklicherweise nicht ganz ausfüllt.[…]

Allmählich kommt einem nun erst richtig zum Bewußtsein was es heißt, daß dieses Jahr 1940 ganz im Zeichen des Kampfes stehen wird. Was wird an seinem Ende von den Aufgaben und Verhältnissen, aus denen es mich herausgerissen hat, noch übrig sein? Werde ich noch einmal an anderer Stelle neu anfangen müssen, oder werde ich endgültig in die normale Studienratslaufbahn einschwenken müssen? Das ist eine Frage, die mich bei der voraussichtlich längeren Kriegsdauer immer stärker beängstigt. Doch habe ich noch keinen greifbaren Punkt, wo ich ansetzen könnte, um der Zukunft eine bestimmte Richtung zu geben. Sollte man hier versuchen, auf ein bestimmtes literarisches Ziel vorbereitend hinzuarbeiten, müßte man es doch wohl mit dem Verzicht auf die tägliche Bewährung bezahlen.

---

[166] Kurt Lück: Der Mythos vom Deutschen in der polnischen Volksüberlieferung und Literatur, Posen 1938.
[167] Wladislaw Stanislaw Reymont: Die polnischen Bauern, Jena 1912, Nobelpreis für Literatur 1924.

So muß ich mich mit meinen Unteroffizierstressen darüber trösten, daß wieder Monat um Monat vergeht, ohne die Grundlagen für einen Schritt vorwärts *in literaris* zu bringen. Inzwischen kommen die Jüngeren und schreiben das Buch, das die Stunde erfordert, und mir bleiben die kritischen Anmerkungen und das Gefühl daß ich es besser gemacht hätte, wenn ich es geschrieben hätte.[…]

[51.]

[…] 16. Januar mittags. Wir spüren es handgreiflich, wie wir hier an der Grenze zweier Welten liegen. Die geographische Wissenschaft setzt die Grenze zwischen Ost- und Mitteleuropa an den Bug[168]. «Bis dahin reichen die Einflüsse des Seeklimas.» Das Thermometer ist in den letzten vier Tagen von minus 37 Grad auf 9 Grad gestern gestiegen. Es war eine schauerliche Nässe in dem tauenden Schnee. Überall taute es, während gleichzeitig aus kälteren Schichten noch Schnee herabkam. Heute morgen nun wieder starrender Frost. Der Ostwind hat sich durchgesetzt. Es sind vorn minus 30 Grad. Zwischen den Baracken ist es windgeschützt. Da geht es an. Aber auf den Exerzierplätzen war der Ostwind so scharf, daß ein Versuch zum Exerzieren sofort abgebrochen werden mußte, weil einer nach dem anderen weiße Nasenspitzen bekam. Der General war heute in den Quartieren und mit Ordnung und Sauberkeit sehr zufrieden. Hoffentlich gelingt es Leopold noch, sich als Führer der Ausbildungskompanie zu behaupten. Es geht ihm schrecklich nahe. Heute Nachmittag hat er mich zu sich bestellt, um mit mir über weitere Vortragsthemen zu sprechen. Gesundheitlich geht es wieder, nachdem ich eine allgemeine Störung (Margen-Darm-Erkältung) hinter mir habe. Das Tamalbin[169] hat sich gut bewährt, und ich esse jetzt reichlich Feigen und Datteln zum Morgen.[…]

[52.]
Minsk, den 17. Januar 1940

[…] Gestern nachmittag war ich dreieinhalb Stunden beim Oberleutnant. Wir haben über Politik und Kirche gesprochen. Zwischendurch kam der Feldwebel und berichtete von den laufenden Dingen. Die Entscheidung über die Besetzung der Offiziersstellen ist noch immer nicht gefallen. Leopold schmerzt das sehr. Er meint – gewiß mit Recht – daß eine bestimmte mögliche Besetzung der Stelle auch für mich nicht angenehm sein würde. Er möchte mich dann am liebsten mitnehmen, wenn er woanders hin käme. Aber das sind natürlich nur Stimmungen, die nicht ganz in unsere Situation passen. In der Auffassung der Lage neigt er zu Vermittlungen aus seinem guten Herzen heraus. Am Sonnabend werden wir dann ja auch darüber Klarheit haben. Ein bißchen Grauen vor dem Umzug bei dem Wetter haben wir auch. Leopold fährt wohl in der nächsten Woche auf Urlaub. Er sprach auch davon, ob er mich zu dem Frauenabend schicken sollte auf Urlaub, damit ich dort sprechen sollte. Aber ich habe es abgelehnt, da das doch jeder als Bevorzugung empfinden müßte.

---

[168] Fluß, der die deutsch-sowjetische Interessengrenze 1939-1941 markierte.
[169] Medikament gegen Durchfall.

Daß Cysarz[170] einen so lebendigen Eindruck auf Dich gemacht hat, freut mich sehr. Und es war nett, daß Du es ihm auch gesagt hast. Ich habe damals in Wien bei ihm einzelne Vorlesungen über die Literatur des ausgehenden Mittelalters gehört. Denselben Gegenstand hatte Hübener[171] in Berlin auch behandelt. Aber während es bei Hübener eine trockene Beschreibung der einzelnen Werke gewesen war, wurde man bei Cysarz in ein leidenschaftliches Ringen um die letzten Lebensfragen hereingeführt. Ich erinnere mich, daß er auch damals gerade von den apokalyptischen Bedrängnissen der Zeit sprach. Er ist Weltkriegskämpfer, schwer verwundet. Vielleicht kann ich später einmal sein Schillerbuch[172] lesen. Überhaupt sehne ich mich jetzt oft nach einer umfassenden geistigen und künstlerischen Beschäftigung in der Zukunft. Es gibt so viele schöne und große Dinge, an denen man nicht vorbeigehen sollte. Aber ich fürchte, es wird auch in Zukunft bei der Sehnsucht bleiben. Denn wir werden doch wohl froh sein müssen, wenn wir unsere Kräfte leidlich unvermindert nach Haus bringen. Vielleicht überschätzt Du auch unseren Dienst hier. Es bleiben immer zuviel menschliche Möglichkeiten ungenutzt.

Auf die Predigt von Braem freue ich mich. Hier ist alles still vor weiteren Feldgottesdiensten. Und in Mienia wird uns erst recht nichts derart erreichen. Leopold erzählte von ganz ähnlichen Erlebnissen, wie Du es von Dr. Voigt andeutest. Mich hat unter diesem Gesichtspunkt das, was ich von dem »Zerrbild« des Deutschen in der polnischen Literatur in dem von Franz geschenkten Buch gelesen habe, sehr beunruhigt. Es ist, als ob es nun (nachträglich?) doch als Wahrheit erwiesen werden könnte. Merkwürdig hat es mich berührt, in einem Gespräch feststellen zu müssen, daß die Kameraden doch von den größeren Zusammenhängen des polnischen Feldzuges kaum etwas spüren. Daß es um den Lebensraum für zukünftige Jahrzehnte geht, wird immer wieder vergessen. Der Blick geht auch von hier noch immerzu nach dem Westen und selbst übers Meer.[…]

[53.]
19. Januar 1940

nun ist unser nächstes Schicksal entschieden. Wir verlieren unseren lieben, kleinen Oberleutnant. An seine Stelle tritt Leutnant Herrmann, der bisher Adjutant des Majors gewesen ist. Er ist sehr scharf in den Kleinigkeiten des Dienstes, also nicht mein Typ. Aber wir werden uns schon durchfinden. Morgen will Leopold uns noch einen Abschiedsabend geben. Der Ersatz, der zu Weihnachten zu uns gekommen war, verläßt uns auch wieder. Die Besichtigung durch den General wird wegen des Wetters wohl ausfallen. Statt dessen werden wir packen.[…]

Daß wir Leopold verlieren, tut mir sehr leid. Es ist seltsam, daß ich nun auch noch in die Hände eines solchen alten Soldaten fallen muß. So muß ich mich wieder zusammenreißen, und Stillstand gibt es nicht. Da werde ich wohl nicht mehr viel zum Lesen kommen. Nett ist es, daß Leutnant Sachse zur Kompanie

---

170 Herbert Cysarz (1896-1985), österreichischer Germanist, unterstützte an der Universität Prag den sudetendeutschen »Freiheitskampf«, 1922-1927 an der Universität Wien.
171 Arthur Hübener (1885-1937), Germanist, 1927-1937 in Berlin.
172 Herbert Cysarz: Schiller, Halle 1934.

zurückkommt. Dazu kriegen wir noch eine Reihe von Unteroffiziersaspiranten dazu, wohl Unteroffiziere und Feldwebel. Leopold kommt zur besonderen Verwendung zum höheren Stab. Er wird wohl erst auf Urlaub gehen und dann bald Hauptmann werden.[…]

Wenn ich dann an die Bekannten nicht mehr so viel schreiben kann, wird es auch gehen. Meine polnische Lektüre möchte ich nicht ganz abbrechen. Die Lesebuchstücke sind interessant und vielseitig. Vorläufig habe ich an dem ersten Band noch lange zu tun. Gestern habe ich eine kleine allegorische Erzählung von Sienkewicz[173] gelesen: Das Schiff Polen, das in höchste Gefahr kommt, aber dann doch gerettet wird, weil die Mannschaft sich besinnt und »auf den Grund« geht, um dort die Arbeit aufzunehmen.

Kürzlich ist hier wieder ein Bauer wegen verbotenen Waffenbesitzes erschossen worden. Von anderswo hört man von Waffendiebstählen. Es gärt also weiter.

Daß wir hier wegkommen, wird wohl bloß den beiden Juden Leid tun, die uns immer die Kohlen gebracht haben und denen ich ab und zu ein paar Groschen geschenkt habe. Es sind arme Kerle, die früher Säcke in einer jetzt abgebrannten Fabrik getragen haben. Auch sie haben aber bei dem Brand, der eine Ecke der Stadt vernichtet hat, viel verloren. Wir haben uns immer gut vertragen.

Eben war ich noch in der Stadt. Es war eine Wohltat, sich einmal frei zwischen Zivilisten zu bewegen. Alles ist nun tief in Schnee gehüllt. Die Schlitten fahren. Es ist vielleicht alles gedämpfter als sonst, aber doch schön. Die Bauern haben einfach ihre Wagenkästen auf ein oder zwei Kufengestelle einfachster Art gesetzt. Oben kommt reichlich Stroh hinein, und so geht es los. Unter den hohen, steilen Holzkummeten, die mit einem breiten Lederstreifen umwunden sind, sehen die Panjepferde noch einmal so lustig aus. Ich habe eine sehr anständige Buchhandlung entdeckt und mir dort allerhand Karten gekauft, die zum Teil ganz charakteristisch sind. Schade, daß ich keinen Photoapparat habe.[…]

---

[173] Henryk Sienkiewicz (1846-1916), Schriftsteller und Nobelpreisträger für Literatur.

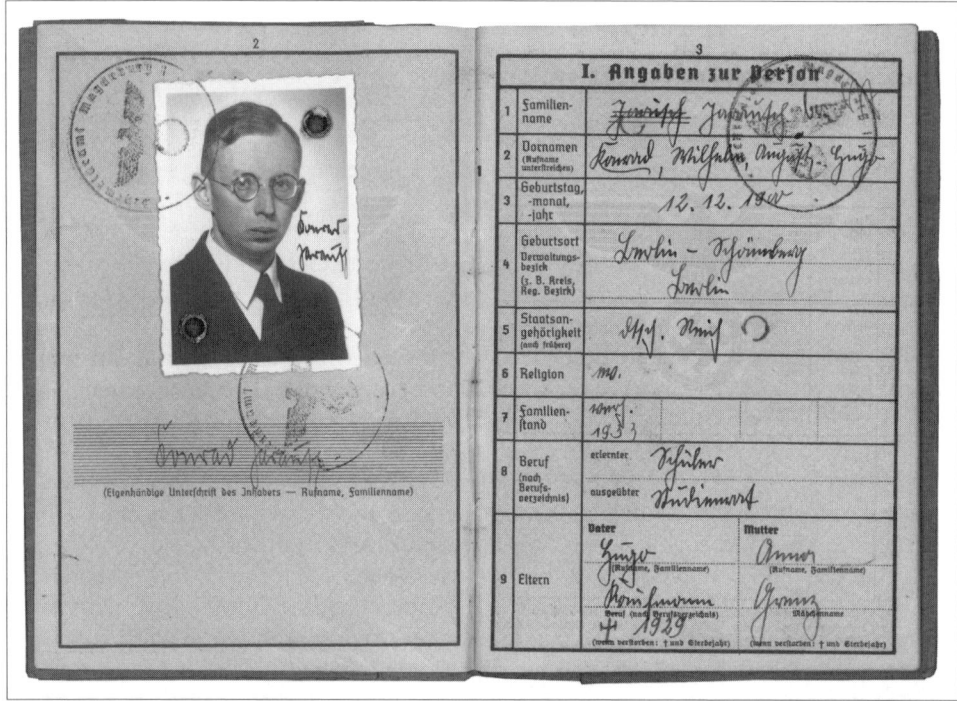

18 | Wehrpass von Konrad Jarausch

19 | Beförderte, 28. Oktober 1939

Lied der Landesschützen V/XI.

◁ ○ ▷

1. Gefällt Dir meine graue Tracht
Du Mädel mit rosigen Wangen
Ich seh's an Deiner Augenpracht
Dein Herz hat Feuer gefangen.
Ich gebe Dir, was ich geben kann
Der Liebe lachenden Lohn
... Horrido, ich bin ein Landesschütz vom V. Batl. ...

2. Die Büchse kracht, es blitzt der Schuss
Getroffen hab' ich heute
Dreimal ins Schwarze, wie es muss,
Das war fürwahr 'ne Freude;
Der Herr Major, der gibt uns dann
Ein Fässchen Bier zum Lohn.
... Horrido..........

3. Und brandet gegen Deutschland auf
Des Hasses rote Welle
Dem Feinde zeigen wir die Faust
Wir melden uns zur Stelle
Und unserm Führer folgen wir
Zum Schutze der Nation.
... Horrido..........

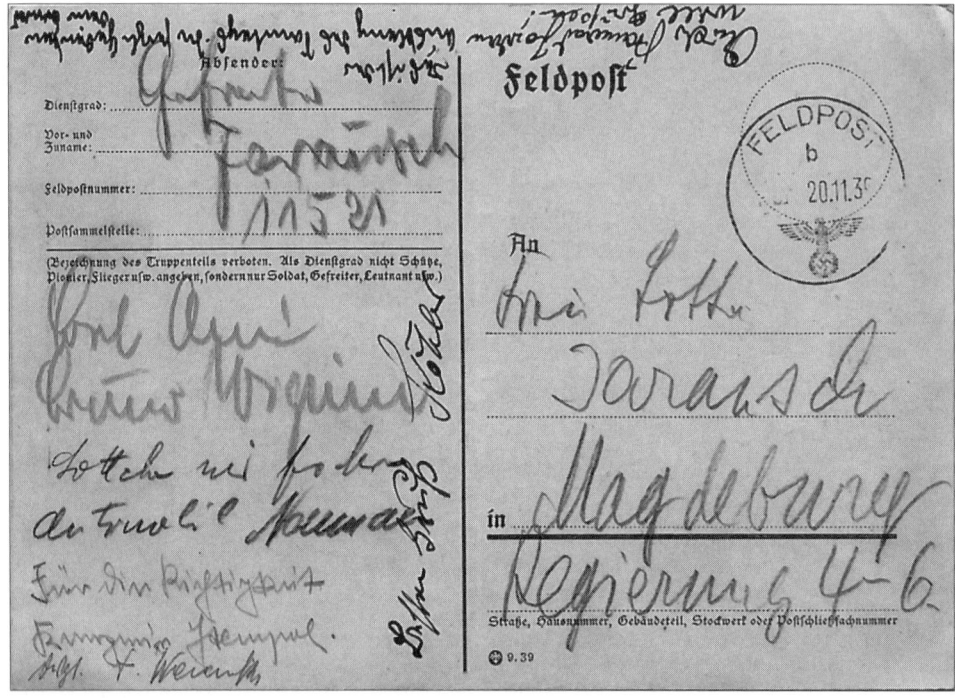

21 | Feldpostkarte mit Kameraden, 20. November 1939

22 | Postkarte von Minsk Mazowiecki

23 | Mienia, 18. Februar 1940

24 | Landschaft in Polen

25 | Ausbildungsbetrieb in Kosów 1940

[handschriftlich oben rechts, unleserlich]

W e i h n a c h t s f e i e r der Abt. 3

des Reserve Lazartües Wernigerode .

Kriegsweihnachten 194o.

1. Es ist ein Ros' entsprungen   Gem. Gesang

2. Vorspruch von Fritz Nötzoldt   Kam. Nötzoldt

3. Joseph lieber Joseph mein   Schw. Traute
   Lautenlied

4. Bekenntnis von Will Vesper   Kam. Nötzoldt

5. O du fröhliche , o du selige   Gem. Gesang

6. Die Flucht von Dwinger   Kam. Jarausch

7. Christkindleins Wiegenlied
   Volksweise aus d.18. Jahrh.   Schwesternchor
   Cello   San.Gefr. Götz

8. Herrgott zwischen Dich unddie Erde   Helferin H. Bunge
   von Hans Baumann

9. Stille Nacht ,heilige Nacht .   Gem. Gesang

Es ist ein Ros entsprungen aus einer Wurzel zart .
Wie uns die Alten sungen aus Jesse kam die Art
Und hat ein Blümlein bracht mitten imkkalten Winter
Wohl zu der halben Nacht .

Das Blümelein so kleine das duftet uns so süß .
Mit seinem hellen Scheinen vertreibts die Finsternis .
Wahr'r Mensch und wahrer Gott , holfts und aus allen Leiden
Rettet von Sünd und Tod .

O du fröhliche , o du selige gnadenbringende Weihnachtszeit .
Welt ging verloren Christ ward geboren :
Fre ue freue dich o Christenheit .

O du fröhliche o du selige gnadenbringende Weihnachtszeit .
Christ ist erschienen uns zu versühnen
Freue freue dich o Christenheit .

O du fröhliche ,o du selige gnadnnbringende Weihnachtszeit .
Himmlschen Heere jauchzen dir Ehre :
Freue freue dich o Christenheit .

W e n d e n !

2. »DIE WACHT IM OSTEN«
(JANUAR – AUGUST 1940)

[54.]
Mienia, den 22. Januar 1940

Nun haben wir richtig die Wacht im Osten bezogen. So abgeschnitten von allen Ansätzen zu westeuropäisch-bürgerlichem Wesen sind wir noch nicht gewesen. Im Grunde ist es sehr, sehr schade, daß wir innerlich nicht frei genug sind, um uns der Welt, die uns umgibt, ganz zu öffnen. Denn eigentlich ist es wie im Ferientraum. Rings umgibt uns ländliche Stille in einer Weise, wie wir sie doch nur ganz selten einmal erlebt haben. Schnee und noch einmal Schnee. Als Kulisse der schweigende Wald und im Vordergrund nach rechts hin der große Gutshof mit seinen langen Ställen und Scheunen. Uns gegenüber das saubere, rote Ziegelhaus, aus dem die Schwestern zu uns in die Kapelle kommen mit ihren großen Flügelhauben. Zur Linken ein großer Garten und dann das Haus des Arztes. Weit verstreut die Häuser des Dorfes und dann wieder Schnee, Schnee. Unser Haus stammt aus der napoleonischen Zeit. Man hat dann umgebaut bis unmittelbar vor Kriegsausbruch. Und so ist eine malerische Gebäudegruppe um den großen Hof mit seinen Bäumen entstanden. Alle Nebenräume sind reichlich groß und gut imstande (Küche, Kammer usw.). Mit der Unterbringung unserer Leute aber wird es etwas schwierig werden. Vielleicht müssen wir die Nonnen noch ausquartieren. Wir selbst liegen zur Zeit zu Sieben auf einer dreifenstrigen Eckstube. Wir haben Doppelfenster, elektrisch Licht und einen schönen Kachelofen, der Wärme speit. Es gibt auch Wasser und Wasserklosetts auf dem Flur. Nur ist alles reichlich winklig durch die Anbauten. Auch schiebt sich die Kapelle mitten in das Haus, so daß sich die Flure winklig herumlegen müssen. Nun haben die Handwerker noch reichlich Arbeit, damit die Rekruten es leidlich vorfinden. Regale und dgl. müssen noch gebaut werden, damit leidlich Ordnung gehalten werden kann. Heute Vormittag haben wir den Hof von dem dicksten Schnee befreit und ein bißchen unsere Sachen geordnet. Wir durften auch bis acht schlafen. Es war eben gestern wieder reichlich für uns gewesen.

Der Tag hatte sich ganz nett angelassen. Es war ein schöner, klarer Tag. Wir bekamen unsere Sachen rasch auf die Wagen, die sie zur Bahn brachten. Um zwölf marschierten wir zum Bahnhof ab durch die Stadt. Die Kameraden hatten auch dort flott geschafft. Es war alles fertig zum Einsteigen in die Güterwagen. Aber nun begann das quälende Warten. Der Warschauer Zug, hinter dem wir fahren sollten, hatte endlos Verspätung. Nach einer Stunde Stehens in den eiskalten Loren durften wir in den Warteraum. Endlich kam auch der Warschauer Zug – maßlos überfüllt. Soldaten, Juden, Polen, alles drängte hinein, verzweifelt um den Platz kämpfend. Es dauerte wohl zehn Minuten bis der letzte Jude mit seinem Bündel hineingeschoben war und es weitergehen konnte. Ob es daheim viel anders ist? Nun konnten wir flott hinterdrein. In Mienia türmten sich bald Tornister und

Kisten am Bahndamm auf. Es ging rasch, da jeder zufaßte, und wir konnten abrücken. Die Wagen waren eben noch nicht zur Stelle. Wir richteten uns notdürftig ein und warteten. Es wurde dunkel, noch immer waren die Wagen nicht zur
Stelle. Nun mußten wir hinaus, um wenigstens die Tornister zu holen. Endlich
traf auch die Bagage ein. Sie hatte sich in vier langen, mühseligen Stunden durch
den Schnee hindurcharbeiten müssen von Minsk her, obwohl die Wagen ja leer
waren, waren sie immer wieder stecken geblieben. Jetzt mußten sie gleich wieder
zur Bahn; wieder wurde geladen und gepackt. Ich glaube, ich habe den Winter
noch nie so erlebt wie in diesen Abendstunden. Inzwischen hatte der Ostwind
auch wieder eisigen, feinkörnigen Schnee mitgebracht. Es ist ja nicht so, als wenn
man seinen winterlichen Spaziergang macht. Da kann man abbrechen, wenn es
einem zuviel wird. Hier muß man aushalten und ist froh, wenn man nicht gerade
den Wind ins Gesicht bekommt. Ich bin schließlich alleine zum Quartier mit einem Auftrag zurückgeschickt worden. Diese Viertelstunde Weg werde ich lange
in Erinnerung behalten. Man stapft und stolpert. Rings ist nichts als das fahle Weiß
mit den wenigen schwarzen Flecken und den Lichtern, die die Richtung bestimmen. Was für eine unglaubliche Lebendigkeit gewinnt da der Baum am Wege,
dessen organische Gewachsenheit nun ganz alleine übriggeblieben zu sein scheint
in der wirklich überwältigenden, tötenden Öde. Wie ragt das Kreuz am Weg in
die schneidende Nacht. Dabei ist alle Kraft in Anspruch genommen von der Notwendigkeit, sich gegen die Kälte zu behaupten. Das Gesicht glüht, gepeitscht von
den Eiskristallen, soweit der Kopfschützer es freiläßt. Wir waren alle todmüde,
als wir fertig waren.

   Eben haben wir nun den Plan für die Ausbildung erfahren. Es gibt von sieben
Uhr morgens bis sieben Uhr abends Dienst. In vier Wochen soll die Ausbildung
soweit sein, daß die Leute ans Feldheer abgegeben werden können. D.h. so stimmt
es nicht ganz, da wir nun auch zum Feldheer gehören (Feldrekrutenkompanie).
Angeblich sind wir die einzige Landesschützenformation in der Armee, die die
Rekrutenausbildung bekommen hat.[174] […]

[55.]
Mienia, den 25. Januar 1940

der Brief kommt später, als es sonst der Fall war. Aber wir mußten gestern abend
noch mit dem Auto nach Minsk zum Theater hinüber, und so ist es gestern nicht
zum Schreiben gekommen. Zunächst danke ich Dir für die letzten Sendungen:
Rasierklingen, [Wäsche]Namen, Marmelade, alles ist gut, wenn auch langsam
angekommen. Sag bitte auch Frl. Caspar[175] meinen Dank für die Datteln und
grüße Sie zugleich herzlich. Es ist doch ein Unterschied, ob man um fünf oder um
sieben mit dem Dienst fertig ist und dann eigentlich immer noch in den Ausbil-
dungsbüchern lesen müßte. Wir nehmen jetzt planmäßig noch einmal alles vor:
von der Grundstellung angefangen, auch Gewehr, Maschinengewehr bis in alle
Einzelheiten hinein. Heute abend hat sich Leopold verabschiedet, nachdem er die

---

174 Zu den Umbildungen der Landesschützenformationen siehe die Einführung von Klaus Jochen
     Arnold.
175 Magdalene Caspar, Katechetin und Religionspädagogin aus Magdeburg.

letzten Tage schon so ziemlich unsichtbar war. Morgen wird die Kompanie an Leutnant Herrmann übergeben. Über unsere Zukunft sind zur Zeit wieder so viele sich widersprechende Gerüchte im Umlauf, daß man damit allein ein paar Seiten füllen könnte. Aber das ist ja zwecklos. Während wir Unteroffiziere und Gefreiten so vorgenommen werden, müssen die anderen weiter Betten und Regale bauen. Gut, daß ich darüber nun hinaus bin. Auf unserer Stube herrscht ein ziemlicher Lerneifer, und ich bin froh, daß ich von denen getrennt bin, die über alles immer zu meckern hatten.[...]

Die nächste Nachbarschaft haben wir in freien Zwischenstunden schon abgestreift. Ich kann in das Klagelied über die polnische Wirtschaft hier nicht ohne weiteres einstimmen. Aber das liegt wohl daran, daß ich dem »Fortschritt« zu fremd gegenüber stehe. So erscheinen mir die Holzhäuser mit den Strohdächern als das natürliche Ergebnis der Landschaft und das dämmernde Nichtstun der Leute in diesen winterlichen Verhältnissen nur zu verständlich. Wenn es überhaupt so schlimm damit ist. Denn mit ihren Schlitten sind die Leute immerzu unterwegs. Und diese Schlitten sind immer wieder meine Freude, wenn die Pferdchen mit ihrem weißbereiften Fell unter dem steilen Kummet angetrabt kommen.

Ich lege Dir eine Übersetzungsprobe aus meiner neuen polnischen Lektüre bei, dem »Herrn Thaddäus« von Mickiewicz. Es ist sicher einiges ungenau, und zum »dichterischen« Feilen am Wort fehlt jede Muße. Aber vom Land ist in den wenigen Zeilen viel. Schade, daß die Zeit zum Lesen jetzt so knapp ist. [...]

[56.]
Mienia, den 27. Januar 1940

es ist Sonnabendabend. Die Kameraden sind zum Teil in Minsk zum Varieté, zum Teil zum Biertrinken in der eine halbe Stunde entfernten Unterkunft der Panzerabwehrkompanie. Da ist es schön ruhig – nur einer ist noch auf der Stube. Und wir haben eben soviel von zuhause erzählt, daß ich nun doch auch mit Dir ein bißchen plaudern muß, so dürftig dieser Ersatz auch ist. Dazu habe ich Dir für Deinen lieben, langen Brief aus Halle zu danken. Es war ein bewegter Wochenschluß heute. Der neue Kompanieführer ist da und hat uns heute mit der selbstverständlichen Sicherheit eines Menschen vorgenommen, der zwölf Jahre auf dem Kasernenhof gestanden und auch seither noch an Übungen teilgenommen hat. Das hat sein Befreiendes im Vergleich mit der gewohnten Unsicherheit, geht uns doch aber auch ziemlich an die Nieren. Es fing mit einem Alarm heute früh an. Dann kam Unterricht am Gewehr, d.h. wir sollten zeigen, wie wir vor Rekruten unterrichten wollten. Ich kam auch an die Reihe und habe leidlich abgeschnitten. Nun soll es jetzt wieder alles mal straffer und geradliniger vor sich gehen, als wir es mit Leutnant Sachse geübt hatten. Da hatte es auf wirkliches Begreifen jedes Vorganges und selbständige geistige Mitarbeit ankommen sollen. Jetzt ist die rasche und sichere Aneignung des Technischen Trumpf. Auf den Unterricht folgte Exerzieren mit Marsch-Marsch, Freiübungen mit Gewehr und ähnlichen Scherzen. Alles zu ertragen und ohne Schikanen, aber doch eine fühlbare Belastung. Nun sollen wir für den Montag neue Unterrichtsaufgaben vorbereiten, und darum war der Nachmittag fast dienstfrei. Wir haben geschlafen, Namen in die Wäsche genäht, den Dienst vorbereitet und etwas gelesen.

Ich habe jetzt angefangen, ganz langsam den Entwurf zu meiner Religionspädagogik zu skizzieren, um einmal einen Überblick zu gewinnen. Der Abstand komm dem zustatten; aber es wird eigentlich nicht mehr als ein Notieren der durchzuarbeitenden Punkte in ganz rohen Umrissen. Immerhin bindet es an die Heimat und lenkt von den Nöten und Sorgen hier ab. Denn es ist nicht zu vermeiden, daß wir Gegenwart und nächste Zukunft oft erwägen. Warum gerade wir als Landesschützen vor so ungewöhnliche Aufgaben gestellt werden, bleibt die oft wiederholte Frage. Wenn wir gesundheitlich durchhalten, werden diese Wochen für uns eine sehr wertvolle Schule bedeuten. Wir werden uns dann wirklich als Soldaten fühlen dürfen. Ob die Bewährung des Ernstes unter diesen Umständen ausbleibt, ist die Frage, die im Hintergrund die Jüngeren von uns ständig begleitet.[...]

[57.]
29. Januar 1940

ich bin Dir sehr dankbar für Deinen lieben Brief aus Halle mit den Einlagen. Es ist immer schön zu hören von solcher christlichen Gemeinschaft, wie Du sie aus Halle schilderst. Hoffentlich kannst Du bald ausführlicher davon schreiben. Betrübt hat mich der Dünner Brief.[176] Eine solche christliche Naivität erinnert an die schlimmsten Fehler der Kirche im Weltkrieg. Wie die geistigen Leute von Dünne dazu kommen, begreife ich nicht. Wir hätten doch alle Veranlassung, mit der Buße bei uns anzufangen und dann ganz bescheiden nach den anderen hinüberzusehen. Aber vielleicht sind wir hier auch zu müde, um gerecht urteilen zu können. Der Dienst zehrt jetzt die Kraft ganz auf. Wir haben heute wieder wie die Rekruten exerziert. Und das Bedrückende dabei ist, daß wir es dann selbstverständlich doch nicht richtig machen. Woher sollen wir es auch können. Es ist nicht ganz leicht, mit alledem fertig zu werden. Dazu kommt fast völlige Urlaubssperre, obwohl wir immer noch Leute haben, die nicht zu Haus waren, und sonst Merkwürdigkeiten bei der Behandlung einzelner. So ist die Stimmung recht gedrückt.[...]

[58.]
Mienia, den 31. Januar 1940

Lieber Hans-Lothar [Diezel][177],
heute ist nun schon der letzte Tag im Januar, und ich komme erst jetzt dazu, Dir für Deine freundlichen Neujahrswünsche zu danken. Bis jetzt hat sich das Jahr 1940 ganz leidlich angelassen. Wir sind gut durch die Kälte gekommen, und das ist jetzt erst einmal das Wichtigste. Immerhin ist der Winter noch immer nicht vorbei für uns. Wir haben heute wieder [minus] 25-30 Grad draußen. Aber wir sind doch schon soweit daran gewöhnt, daß wir auch heute wenigstens eine Stunde draußen exerzieren konnten, ohne daß wir eigentlich gefroren haben. Es geht

---

[176] Gemeint ist Dünne-Dorf in der Nähe von Bünde, wo eine evangelische Schule war.
[177] Einer seiner Schüler im Dom- und Klostergymnasium Magdeburg.

dann immer durch den Schnee, und dabei kommt man schon ins Schwitzen, wenn der Zug- oder der Kompanieführer einige Marsch-Marsch [Kommandos] einschalten. Wir sind im Augenblick alle sehr gespannt. Unsere Kompanie ist nämlich Feldrekrutenkompanie geworden. Wir sollen in den nächsten Tagen 120 »Rekruten« bekommen, die aber auch schon 33 Jahre alt sind. Aus denen sollen wir in vier Wochen brauchbare Soldaten machen. Da müssen wir erst mal selber sehr auf Draht sein. Denn schließlich fehlt uns selber doch auch der friedensmäßige Garnisondrill, da wir alle Kriegssoldaten sind. So werde ich also bald Rekruten statt Euch jungen Herren zu erziehen haben. Und ich bin neugierig, wie die sich anstellen werden und ob wir in den vier Wochen etwas schaffen. Über Langeweile können wir uns jetzt nicht mehr beklagen. Die Tage sind von früh bis spät besetzt.

Ich lege Dir eine Postkarte von dem zwölf Kilometer entfernten Polenstädtchen bei, in dem wir bis vor zehn Tagen gelegen haben. Da kannst Du Deine kunstgeschichtlichen Studien fortsetzen, wenigstens an der Kirche. Es war auch das einzige Gebäude des Ortes, das von »Kunst« berührt war. Leider habe ich die Karte ein bißchen in der Manteltasche verdrückt. Es ist die Warschauer Straße mit Kirche. Das polnische Wort für Kirche (kościół) Warszawska Ulica z kościółem stammt übrigens vom lateinischen castellum.[178] Es ist das ein sehr merkwürdiger Wandel der Bedeutung. Man glaubt, weil die ersten Kirchen in den Burgen errichtet worden sind, hätten sie diesen Namen bekommen. So freut man sich als alter Humanist, selbst hier östlich der Weichsel noch eine Spur der Römer zu finden. Sonst sind wir hier wirklich jetzt von aller westeuropäischen Kultur entfernt. Nur das elektrische Licht ist auch hier eine sehr willkommene Errungenschaft. Und wenn wir beim Exerzieren den Lokomotivendampf von der Bahnstrecke aufsteigen sehen, freuen wir uns, daß es noch eine Verbindung mit der Heimat gibt.[…]

Nun wünsche ich Dir alles Gute für die Arbeiten, die sich jetzt ja bei Euch gewiß drängen werden. Was für ein Bild habt Ihr denn neulich im Klassenaufsatz beschreiben oder bedichten müssen?

Mit herzlichen Grüßen
und Heil Hitler

[59.]
Mienia, den 2. Februar 1940

ich danke Dir herzlich für die beiden gestern angekommenen Sendungen, der Zwieback und die Vaseline. Nur mußt Du alles in Zukunft noch fester einpacken. Der Zwieback war von der Post neuverpackt, und die Vaseline hing nur noch in einigen Fetzen des Umschlags. Es ist ja schade, wenn so etwas nicht ankommt. Verzeih darum bitte die Monierung Deinem Rekrutenunteroffizier. Achtzig Mann sind nun bereits eingetroffen. Nur unsere Leute, die zum 3. Zug kommen sollen, fehlen noch. Sie werden wohl heute abend oder in der Nacht eintreffen. Ebenso fehlen die Offizieranwärter noch, durch die das Ausbildungspersonal ergänzt

---

[178] Siehe die Postkarte im Bildteil.

werden soll. Dann kann das Schicksal seinen Lauf nehmen. Zunächst gibt es natürlich noch Untersuchung und Einrichten. Aber für die gestern Angekommenen
beginnt morgen bereits das Exerzieren: drei Stunden vormittags. Hoffentlich wird
es nicht mehr so kalt. Heute morgen waren es minus 15 Grad. Da ging das Exerzieren an. Aber gestern bei minus 25 war es wirklich schwer zu ertragen. Zwei der
Ausbildungsleute haben sich schon fortgemeldet, der eine Gefreite, mit dem ich
zusammen auf der Schreibstube war, und der eine, der mit mir zusammen Unteroffizier geworden ist. Ich denke als Gefreiten den Bierfahrer zu bekommen, mit
dem ich schon zusammen bei den Granatwerfern war. Das ist ein tüchtiger, ruhiger Mensch. Und dann müssen wir sehen, wie es geht. Hier sind jetzt überall
Rekruten eingetroffen, und zwar sollen sie ausgebildet werden, um dann die
Kriegsteilnehmer abzulösen, wenn sie einen vollwertigen Ersatz bieten. So heißt
es in einem heute verlesenen Befehl.[...]
  Heute hab ich den Boris Godunow von Puschkin gelesen. Leutnant Sachse hat
ihn mir gegeben; er war jetzt auch ein paar Tage krank und nicht beim Dienst. Der
Boris ist eine lose Szenenfolge von erstaunlicher Dichte der Atmosphäre, wohl
auch ganz russisch im Problem: Macht und Sittlichkeit. Der verbrechenbedeckte
Herrscher, der von Gewissensqualen gepeitscht sich in seiner Macht nicht behaupten kann, und den die Strafe durch einen ereilt, der auch seinerseits durch Lüge
zur Herrschaft gekommen ist und den die Nemesis schon bedroht. Was für ein
düsteres Bild von den Mächtigen dieser Welt. [...]

[60.]
Mienia, den 4. Februar 1940 (Esto mihi!)[179]

nun sind unsere Leute heute gekommen nach 100-stündiger Fahrt von Kempten
im Allgäu. Ich hatte fast den ganzen Nachmittag mit ihnen zu tun. Jetzt um halb
zehn liegen sie im Bett, und wir haben Ruhe. Der Tag morgen ist so mit Dienst
belegt, daß ich nicht weiß, wie die übermüdeten Leute es aushalten sollen. Hab
vielen Dank für die lieben Briefe vom Dienstag und Mittwoch. Ich schicke ein
paar Photographien mit, die Specht gemacht hat.
  Gestern abend haben wir noch bis halb eins gewartet. Glücklicherweise hatten
wir den Vormittag heute dienstfrei. So hatten wir doch eine kleine Ausspannung.
Denk viel an mich in diesen Wochen, damit ich durchhalte. Es war an sich nett
mit den wilden bayerischen Männern. Sie kommen ja zum großen Teil aus der
Stadt (München, Augsburg, Lindau, Wertach) und es sind meist Handwerker und
dann Kaufleute. Aber sie sind doch ein recht derber Schlag. Hoffentlich finde ich
die rechte Mischung von Exaktheit und Kameradschaftlichkeit. Auf der Stube
liegen 22 Mann. Durch die an den Betten hängenden Sachen ist den unten liegenden die Luft wie abgesperrt. Wenn Du ein Waschmittel oder Putzmittel schicken
kannst, wäre es gut. Sonst habe ich alles. Die Äpfel erfrieren ja.
  Daß Leopold so rasch angerufen hat, freut mich sehr. Wie mag es Freitag abend
gewesen sein? Daß die alten Leute wieder so leiden, verstehe ich gut, wenn ich an
1917 und 18 denke, wie die alten Verwandten von Mutter damals immer zu uns

---

[179] Bezeichnung für einen Sonntag der Vorfastenzeit.

kamen.[180] Wie mag es erst im Frühjahr werden. Wenn Du ihnen öfter einmal eine Freude machen kannst, tu es doch. Es ist doch auch selbstverständlich, daß Du Schmidts Kohlen abgibst. Für die Bilder danke ich sehr.

Wie mag es heute bei Caspars gewesen sein? Ich habe heute Vormittag viel in der Bibel gelesen und große Freude daran gehabt.[…]

[61.]
Mienia, den 6. Februar 1940

eben, um halb acht, sind wir vom Baden aus der Unterkunft der Pak[181] zurückgekommen. Es war ein schöner Weg durch die Nacht, und auch die Leute haben es als eine Wohltat empfunden. Aber Du kannst Dir denken, daß wir alle todmüde sind. Um sechs wird jetzt geweckt. Von halb acht bis viertel neun ist dann der erste Unterricht, an dem wir bisher noch nicht teilzunehmen brauchten – die einzige Erleichterung; und dann kommen drei Stunden Exerzieren, allerdings mit einer Pause. Gestern konnten wir nur eine Stunde draußen sein. Als wir zurückkamen, hätte ich heulen können vor Schmerzen in den Fingern. Solange man mitexerziert, wird man ja warm. Aber wenn man vor der Front steht und sich wenig bewegt, ist das anders. Dazu kam das fast ununterbrochene laute Sprechen, bzw. Schreien, bei dem soviel kalte Luft einströmt. Heute waren es nur um minus zehn Grad. Da haben wir die drei Stunden nicht mehr als kalt empfunden. Mittags bleibt höchstens eine halbe Stunde zum Hinlegen. Nachmittags sind wieder eindreiviertel Stunden Exerzieren draußen und dann Gewehrexerzieren und Putz- und Flickstunde, die aber auch noch mit anderen Dingen ausgefüllt wird, weil wir sonst nicht durchkommen. Trotzdem macht es mir Freude. Es ist doch ein bißchen wie im Beruf. Man kann wieder Lehren und Erziehen. Ich habe auch schon persönlichen Kontakt und mache es so – im Ton und in der ganzen Art des Umgangs mit den Leuten – wie ich es für richtig halte. Auch wenn sie dann in manchem nicht ganz so zackig sind oder werden sollten. Manche sind schon recht verarbeitet und haben krumme Glieder, die erst mit den vielen Freiübungen gelockert werden müssen. Aber sie sind alle willig und geben sich Mühe. Was ist das doch für ein Unterschied gegenüber den Weltkriegsjahren. Welcher Wandel in der inneren Haltung und welche Erziehungsarbeit, die zu ihm geführt hat. Wenn das Ganze doch nicht auf eine allzu schwere Probe gestellt zu werden brauchte. Franz schrieb heute sehr aufgewühlt von den bevorstehenden weltpolitischen Entscheidungen. Ich bin ihm sehr dankbar für diesen Hinweis auf das Kommende, das wir doch immer leicht mehr aus der persönlichen Perspektive sehen.

Bei uns wird viel davon geredet, daß einer unserer Vorgesetzten unsere militärischen Aufgaben weit überspannt habe. Unsere ganze Ausrichtung mit schweren Maschinengewehren, Granatwerfern, Reiterzug usw. sei einem Landesschützenbataillon nicht zugekommen. Ebenso, daß wir »Feldeinheit« geworden sind. All das soll angeblich rückgängig gemacht werden. Tatsächlich sind bereits Änderun-

---

[180] Zwischen 1916 und 1918 starben über 800000 Menschen an Unterernährung, vor allem die Stadtbevölkerung war betroffen. Enzyklopädie Erster Weltkrieg. Hrsg. von Gerhard Hirschfeld/Gerd Krumeich/Irina Renz in Verbindung mit Markus Pöhlmann, Paderborn 2003, S. 565ff.
[181] Unterkunft der Panzerabwehrkompanie.

gen in dieser Richtung getroffen worden. Wir fragen uns, was dann aus unserer »Feldrekrutenkompanie« wird. Es könnte sein, daß auch das wieder nicht von längerer Dauer ist. Aber sprich davon nicht in Magdeburg, auch nicht zu Leopolds. Ich selbst bin froh, daß wir nicht nur den elenden Wachdienst und das faule Etappenleben gehabt haben. Ich denke, auch jetzt durchzuhalten. Auch wenn ich keine militärischen Lorbeeren mehr gewinne, kann ich den Leuten doch ein bißchen menschliche Wärme in ihre ersten Soldatenwochen hineintun. Da unsere Offizieranwärter noch nicht da sind, bin ich für die ganze Stube mit zwanzig Mann der verantwortliche Unteroffizier und brauche das Feld mit niemand zu teilen – vorläufig. Die Leute sind zum Teil Münchener, zum Teil stammen sie aus dem Allgäu. Einer ist Olympiakämpfer (Eishockey), einer Musiker aus einem großen Hotel in Garmisch, andere wieder Landarbeiter und Handwerker. Das gibt einen größeren Horizont als immer nur Neustadt und Krakau[182] und ist auch mal nett.[…]

[62.]
Mienia, 8. Februar 1940

Lieber Franz,
ich danke Dir sehr herzlich für Deinen Brief vom 31. 1. Er hat mir die Spannung dieser Monate wieder in einer Weise lebendig gemacht, die für uns durch die kleinen privaten Sorgen völlig verdeckt wird. Augenblicklich sind wir alle sehr, sehr müde. Seit vierzehn Tagen machen wir strammsten Garnisondienst. Zunächst sind wir selbst überholt worden, und seit Ende voriger Woche haben wir »Rekruten« vom Jahrgang 1906 hier. Ich habe Bayern in meiner Gruppe. Sie sind Sonntag mittag nach 100 Stunden Fahrt hier eingetroffen und dann sofort sehr scharf herangenommen worden. Wir haben fast fünf Stunden Außendienst täglich. Als Kasernenhof dient der benachbarte Gutshof. Zwischen Scheunen und Ställen treiben wir die Leute im Schnee herum. Dazu kommt der Unterricht und das Einrichten der Quartiere. So sind die Leute noch kaum zur Besinnung gekommen. Aber er ist erstaunlich, was wir bereits erreicht haben. Nur sind wir nach dieser Anspannung auch eben sehr mitgenommen.

Was Du über die Rebellion gegen das Ordnungsdenken schreibst, bewegt mich sehr. Vor allem dann auch die Frage, woher die ersehnte Neugestaltung ihre innere Bindungen nimmt, die sie doch ebenso braucht, wie der Westen sich auf humanistisches Christentum stützt. Es tut mir auch heute noch sehr leid, daß ich seinerzeit nicht nach Oxford auf die Kirchenkonferenz gekommen bin. Das, was ich damals an vorbereitender englischer und französischer Literatur gesehen habe, ließ die »westliche« Begründung sehr deutlich hervortreten. Dagegen war es nicht möglich, die deutsche Gegenposition ähnlich überzeugend zu umreißen.[…]

[63.]
[12. Februar 1940]

[…] Auch der heutige Dienst ist vorbei. Es war nicht ganz so kalt – am Morgen minus 24 Grad, im Lauf des Tages stieg das Thermometer auf dreizehn Grad. Aber

---

[182] Stadtteile Magdeburgs.

es war ein scharfer, häßlicher Wind. Wäre man rechtzeitig ins Bett gekommen, wäre das ganze zu ertragen gewesen. So war es eine richtige Qual. Es ist immer dasselbe. Der Dienst ist gar nicht das eigentlich Ermüdende. Viel mehr strengt das ständige Zusammensein im Zimmer an, dem man nicht entfliehen kann. Dabei geht es bei uns noch immer. Bei der Pak werden die Unteroffiziere nachts aus den Betten geholt, wenn der Feldwebel es für gut befindet, daß noch getrunken wird. Anderseits macht sich bei uns das Fehlen jedes Gemeinschaftsraumes so störend bemerkbar. Die Folge ist, daß sich alles auf den Stuben abspielt. Heute ist nun alles müde. Einer hat sich heute drei Zähne ziehen lassen. Aber auch die anderen sind verstimmt und ohne Lust.

Hab herzlichen Dank für Deine Briefe mit dem Bericht von dem Kränzchen. Es ist seltsam. Hier hat mir noch niemand offiziell gesagt, daß ich Offizieranwärter sei, und ich habe auch mit den Offizieren kaum mehr Berührung als jeder andere auch. Hoffentlich ist es nicht nötig, jemals die Vermittlung einer der Damen in Anspruch zu nehmen. Ein Versuch würde auch bei dem Kompanieführer eher die entgegengesetzte Wirkung haben. Trotzdem freue ich mich natürlich, daß Du auch dort nette Menschen gefunden hast. Hier müssen erst die zweieinhalb Wochen der ersten Ausbildung ablaufen. Dann wird sich ja herausstellen, ob H[errmann]. mich hier behalten will beziehungsweise ob ich es aushalte oder ob ich zu einer anderen Kompanie versetzt werde. Es ist eines wie das andere. Hier die viele Anstrengung und dort das völlige Fremdsein. […]

[64.]
[im Februar 1940]

Lieber Franz,
zu Deinem Geburtstag grüsse ich Dich von ganzem Herzen.[183] […] Wir selbst sind noch immer bei unserem pädagogischen Geschäft. Wir dürfen uns sagen, daß wir in vierzehn Tagen eine Menge erreicht haben. Daß es nicht leicht ist, weißt Du. Es gehört für mich zum Exerzieren, wie es jetzt von uns gefordert wird, immer eine gewisse Überwindung, weil ich jenes Maß soldatischer Exaktheit selbst nicht besitze. So ergeben sich selbst hier nachdenkliche Fragen, die an die Grundlagen unserer soldatischen Auffassung rühren. Mit einem Wort gesagt: Der Wert des Drills für den Ernstfall. Andererseits habe ich unter meinen Bayern auch einen der mir offen erklärt hat: Ich bin Pazifist, wie ich es immer gewesen bin und der durch Lässigkeit und selbst Disziplinlosigkeit auffällt. Allerdings weniger mir gegenüber (er hat wohl Vertrauen zu mir) als den Stubengefährten. Da regen sich in kleinsten Sachen wieder die grundsätzlichen Probleme unserer Generation. Aber sie kommen nie zur Aussprache. In dieser Beziehung bin ich weiter ganz allein. Auf unserer Unteroffiziersstube herrscht ein merkwürdiger Ton ständigen Witzelns. Man schafft sich gewissermaßen eine künstliche Welt des Spiels und der Ironie, weil man von der wirklichen genug hat. Aber der Witz ist recht stumpf und fällt längst auf die Nerven. Eher kann man mit den einfachen Kameraden vernünftig reden. Aber es bleibt natürlich alles in ganz engen Grenzen. Da ich regelmäßig um ¼-1/2 10 Uhr schlafen gehe, um

---

[183] Franz Petri hatte am 22. Februar Geburtstag.

gesundheitlich durchzuhalten, bleibt zum Lesen sehr wenig Zeit. Gerade darum aber schätze ich die Frankfurter ganz besonders.

Nun habe ich wohl genug von mir erzählt. Und Allgemeines, Bedeutsames erreicht uns zur Zeit nicht. Im Hintergrund steht für uns immer die Frage, wie weit wir durch die ganze Handhabung des Dienstes und die Ausrüstung mit den Waffen eigentlich bereits über den Charakter als Landesschützen hinausgewachsen und für anderen Einsatz bereit geworden sind. Die Gerüchte darüber verstummen nicht. Vielleicht werden wir tatsächlich noch manche Abenteuer erleben. Falls sich die Kriegsschauplätze doch noch erweitern sollten. Aber dazu besteht ja wohl glücklicherweise wenig Aussicht.

So halten wir hier Tag für Tag weiter aus. Mal geht es ganz leidlich. Dann kommen wieder Tage, an denen einem vom Aufstehen an alles schwer und drückend wird. Das Geschwätz der Kameraden, die halbe Stube krank, das immer neue Wiederholen derselben Vergnügungen und die angespannte Kontrolle der Ausführung, die körperliche Anstrengung bei dem Laufen in knietiefem Schnee und beim Kommandieren in der kalten Luft. Aber es ist bisher gegangen, und Gott wird weiterhelfen.[…]

[65.]
Mienia, am Abend von Reminiscere [18. Februar 1940]

Sonntagabend. Die Kameraden sind noch beim Bier bei der Pak. Ich bin allein auf dem Zimmer, und nur vom Flur her und von den Nachbarstuben erreichen mich kriegerische und friedliche Geräusche. Schwere Soldatentritte, eine Mundharmonika. Das letzte, was mich eben erreicht hat, war, daß ein Soldat aus meiner Gruppe – das schwarze Schaf, das immer wegen Nachlässigkeit und Disziplinlosigkeit auffällt – an mich herantrat mit den Worten: »Herr Unteroffizier, auf der Stube ist der Wunsch lautgeworden: wir müßten alle ein Bild von Ihnen haben!« Ich war heute Nachmittag wieder mit ihnen in der Pak. Vorher aber sind wir mehr als anderthalb Stunden durch den verschneiten Wald gestampft. Ich war mit dem Gefreiten etwas zurück, und ich habe ihm von unserer Studentenzeit erzählt. Er ist Leiter einer Jugendgruppe der deutschen Turnerschaft gewesen, und so versteht er manches. Vorigen Sonntag hat er mir – halb betrunken – immer wieder erzählt, wie schwer es ihm falle, daß er seinem Jungen gerade jetzt in furchtbarster Zeit nicht seine eigenen Idealen einpflanzen kann. Ich schreibe das nicht, um ihn schlecht zu machen. Aber so ist unser Dasein. Dann bei der Pak habe ich mich bemüht, jedem von den Rekruten etwas gerecht zu werden. Sie sind voller Fragen über den Krieg, über Polen; auch auf das Religiöse sind wir gekommen. Der Steifste und Ungelenkste meiner Gruppe erzählte, daß sein Freund und Altersgenosse, ein Priester, jetzt auch mit der Waffe diene. Ein anderer erzählte von den eindrucksvollen Gottesdiensten, die sein Bruder am Westwall[184] hatte. Die Offiziere hätten diese Gottesdienste gewünscht, nachdem sie anfangs – hier zögerte er – gewissermaßen verboten gewesen seien.[185] Ein paar

---

184 Verteidigungsanlage an der Grenze zu Frankreich.
185 Gemäß dem »Merkblatt über die Feldseelsorge« des OKH vom 21. August 1939 waren Gottesdienste ein wichtiges Mittel zur Stärkung der Kampfkraft, zur Teilnahme sollte »stets Gelegenheit« gegeben werden. Der Oberbefehlshaber der Heeresgruppe A an der Westfront befahl am 31. Ok-

Tische weiter saßen unsere Unteroffiziere ohne ihre Gruppen mit dem Kompanieführer der Pak zusammen. Sie werden nun wieder Vorwürfe erheben, daß ich nicht
zu ihnen gekommen sei. Aber wie viel fruchtbarer war unser Gespräch als die ge-
schwollenen Bierreden. Zuhaus fand ich den Eckart[186] vor und einen ganz abseitig-
tiefen Brief von P[astor] Stöckigt,[187] den längsten und inhaltsreichsten, den ich je von
ihm bekommen [habe]. Ich habe ihn nicht entfernt verdient. Dann schicke ich ihn
Dir einmal. Er treibt Leibniz um seiner Vorbildlichkeit für die Gegenwart willen.
Aber ich kann eigentlich nur weiterschreiben, wenn ich den Inhalt ganz zu vergessen
suche. – Einer aus meiner Gruppe hat heute abend die – schon Tag um Tag ersehnte
– Nachricht mit der ersten Heimatpost erhalten, daß er Vater eines Jungen geworden
ist. Er ist ganz glücklich.[…]

Auch gestern hat mein militärisches Selbstgefühl einen kleinen Stoß erhalten.
Wir wurden gegen Mittag nach Minsk bestellt, und dort, als wir völlig erfroren
ankamen – ich erzähle gleich noch davon – mit zehn anderen einer schriftlichen
Prüfung unterzogen. Wir saßen wie die Schuljungen an Einzeltischen und kauten
an unseren Aufgaben. »Wenn Sie noch einmal sprechen, muß ich Ihnen die Arbeit
wegnehmen.« Wir beiden von der 4. Kompanie waren völlig überrascht, während
die von den anderen Bescheid wußten und auch am Tag vorher – vielleicht auch
sonst schon – an Offiziersbesprechungen teilgenommen hatten. Jedenfalls werden
wir beide keine Lorbeeren gewonnen haben. Es handelte sich darum, daß wir
unsere soldatischen Kenntnisse für die Bestätigung als Offizieranwärter nachwei-
sen sollten. Damit findet zugleich Deine Frage aus einem Deiner letzten Briefe
ihre Antwort: wir sind also erst vorgeschlagen, aber nicht bestätigt. Wenn diese
Bestätigung ausbleibt, bin ich nicht traurig. Gerade der Eindruck gestern von dem
ganzen Gehabe war wenig überzeugend. Aber sprich darüber nicht in Magdeburg.
Der Major war *nicht* da. […]

Möchtet Ihr mit der Hoffnung auf einen läuternden Sieg recht behalten. Die
Entscheidung kann auch in innerer Beziehung nur von kämpfende[r] Truppe
kommen. Wir können nicht mehr als halten, stützen, bewahren. Schön, daß die
Arbeit mit den Schülern und Schülerinnen so flott weitergeht. So werden Dir die
Wochen bis Palmsonntag rasch vergehen. (Übrigens für Klaus H. käme vielleicht
noch Kotzdes »Burg im Osten«[188] in Frage, da es anständig, nicht teuer und statt-
lich ist.) […]

Schlittenfahrt
Wie fahl und grau ist alles um uns. Kein Lichtschein am Himmel verrät die Sonne.
Gleichmäßig matt wölbt er sich über uns; gleichmäßig licht und farblos dehnen

---

tober 1939: »Pflicht der Truppenführer ist es, den Dienst der Feldseelsorge als Mittel zur Aufrecht-
erhaltung und Steigerung der inneren Kampfkraft und Zucht der Truppe und der rückwärtigen
Dienste zu fördern und die Feldseelsorge zu unterstützen.« Absolon, Wehrmacht, S. 287f. Vgl. dazu
Johannes Güsgen: Die Bedeutung der Katholischen Militärseelsorge in Deutschland 1933-1945, in:
Die Wehrmacht. Mythos und Realität, S. 503-524.

[186] Literaturzeitschrift der inneren Emigration.

[187] Johannes Stöckigt, evangelischer Pfarrer aus Seebach und Mitarbeiter der Tiling-Festschrift.

[188] Klaus H. ist anscheinend ein Schüler Konrad Jarausch'. Wilhelm Kotzde (1878-1948), Burg im
Osten, Stuttgart 1925. Es handelte sich um völkische Literatur mit Beschreibungen des Kampfes
des Ritterordens gegen »asiatische Horden«.

sich die Schneeflächen um uns. Auch die Wälder und Häuser am Horizont vermögen den Bann nicht zu brechen. Auch ihre Farben sind aufgesogen und verloschen. Ab und an streicht ein Rabe auf den Weg nieder, den wir eben passiert haben. Sein Schwarz allein widersteht der zersetzenden, lösenden Dumpfheit, die uns umgibt. In unserem Schlitten kommt kein Gespräch auf, das über das Allernotwendigste hinausginge, so wie Weg und Pferde es erfordern. Eben haben sich die Tiere, bis im Bauch im Schnee versunken, durch eine Wehe hindurchgekämpft. Jetzt sind wir im Wald. Die Bahn ist unbehindert. Aber am Zaumzeug, das, ohne Liebe behandelt, dürftig zusammengeflickt ist, hat sich ein Knoten gelöst. Wir halten. Der Kutscher sucht fluchend nach Draht zum Flicken. Sonst ist alles still.

Erst jetzt kommt mir zum Bewußtsein, daß da ringsum etwas Lebendiges ist, lebendig und doch in einer ungeheuerlichen Erstarrung. Da steht es schwarzgrün und sieht unter der Schneelast hervor. Sieht ohne Augen und greift ohne Hände. Aber was da sieht und greift ist ja gar nicht der Wald und noch weniger die zufälligen Fichten und Birken, die rechts und links vom Wege stehen. Es ist das Schicksal selbst, das da ist.

Was soll man darüber reden, wie es begreiflich machen? Der Schlitten fährt an. Bäume und Häuser gleiten vorüber. Die große Straße. Polen schieben den Schnee beiseite und sehen mit großen Augen nach uns und mit Gesichtern, die nichts verraten. Die Kälte sitzt längst bei uns im Schlitten. Sie läßt das Gesicht aufglühen, sie packt nach den Knien. Aber vor allem ist sie in den Füßen mittendrin. Ja, es ist als wären diese gar nicht mehr da. Es ist nur die tierische, sinnlose Kälte, der gegenüber es keine Hilfe gibt. Aussteigen, aussteigen, trampeln, schlagen. Ein warmes Zimmer, ganz gleich wo, bei wem.

Es ist milder geworden zum Abend. Der Tag geht hin. Da ist kein leuchtendes Sterben, nichts von Schwung und Größe. Es ist ein unmerklicher Übergang. Das Grau wird in sich immer lichtloser. Jetzt bauen sich noch aus dunkleren Flächen und hellerem Rechteck verschneite Häuser auf. Dann vergehen auch sie. Schatten, nichts als Schatten. Aber auch das trifft es nicht recht. Denn Schatten lebt vom Licht. Aber wo wäre das hier?

Wir sitzen auf den langen Seitenbrettern des Panjeschlittens, der uns mitgenommen hat. Kein bequemer Sitz, aber es geht. Die Beine stoßen gegen die Säcke mit der Feldpost, Kaffeekannen und Kehrbleche klappen aneinander. Wieder ist das Gespräch längst erstorben. Jeder denkt, döst für sich, auf eigene Rechnung. Sonnabendabend. Abend vor Reminiscere[189]. Wie ist diese Stunde immer etwas Besonderes gewesen? In langer Reihe gehen sie an mir vorüber. In der Kindheit: Großmutter ist da, wir werden abgeseift. B[ibel] K[reis] am Sonnabend. Die langen Gespräche mit Martin Hatje[190]; und so geht es weiter. Einmal – 1918 – um Pfingsten ein Sonnabend in Flinsberg[191]. Die bevorstehende Einberufung, ein einsamer Gang am Berghang. Wo anfangen, wo enden, wo Ursprung, wo Ziel? Wie ordnet sich das Erlebnis des Tages hinein? Was war das Wesentliche, was das Nichtige: Die Schlittenfahrt, die Frage des Offizierberufs?

---

[189] Bezeichnung für den 2. Fastensonntag.
[190] Ein Schulfreund von Konrad Jarausch.
[191] Gemeint ist wohl Bad Flinsberg im Isergebirge.

Inzwischen hat sich das Bild gewandelt. Über uns ist Licht, zum erstenmal heute. Die Wolken sind in Bewegung geraten. Der halbe Mond steht vor uns. Wie ein Tor öffnet sich die Lücke des Waldes. Wir sind vom Schlitten gestiegen. Vor mir stapft der Kamerad im langen weißen Pelz hinter dem Fahrzeug her. Rechts und links von ihm die Pferdeleiber. Neue Verzauberung. Aber jetzt ist alles frei und los. Jetzt ist Märchen um uns. Verschneite Fichten. Der gleitende Schlitten mit seinem mattscheinenden Kram zwischen dem Stroh. Der Mann im Pelz. So kommt Nikolaus durch den Winterwald.

Aber dann ist wieder die Kälte da. Wir sind aus dem Wald heraus. Der Wind schlägt uns entgegen und dringt durch alles. Wieder die erstarrte Hilflosigkeit. Wieder der Kampf gegen den Schmerz. Wann ist das einmal zu Ende?[…]

[66.]
Mienia, den 20. Februar 1940

wenn Du den Brief bekommst, wird es ein halbes Jahr sein, daß wir von [zu] Haus fort sind. Wie lang erscheint die Zeit in der Erinnerung, wie lang schon die zwei Monate seit dem Urlaub. Dabei schrieb Stöckigt in seinem Brief, er habe 52 Monate aushalten müssen. Man begreift jetzt erst wieder, was der Weltkrieg eigentlich gewesen ist, und wie wenig sich dieses erste Kriegshalbjahr mit ihm vergleichen läßt. Dabei sind bei uns augenblicklich die Nerven bereits stark angespannt. Es gibt viel unnötige Reibereien. Auch ich hatte am Sonntag abend, während ich an dem Brief für Dich schrieb, einen heftigen Zusammenstoß. D.h. heftig war er auf der anderen Seite. Der Anlaß war unverständlich nichtig. Aber so geht es nun. Es fehlt jede Möglichkeit der Ablenkung und des Ausspannens für die meisten. Kein Rundfunk, kein Kino. Zeitungen und Post kommen unregelmäßig (Deine Briefe sind leidlich regelmäßig gekommen). Wer nicht imstande ist, sich geistig zu beschäftigen, reibt sich immer an denselben Dingen (Verpflegung, Bier, Zigaretten). Die angespannte Arbeit kommt dazu. Jetzt ist auch der Kompanieführer krank. Er hat sich Ende der vorigen Woche drei Zähne ziehen lassen und ist dann in die Kälte hinausgegangen. Nun hat er Fieber, und die Möglichkeit von Komplikationen ist noch nicht ausgeschlossen. Auch der Major ist leicht erkrankt. Von den Rekruten haben sich heute zehn neu krank gemeldet. Da bin ich Dir besonders dankbar für die Sendungen. Gestern sind die Hustenpillen und die Reklamhefte gekommen. Von den Pillen habe ich der Gruppe heute gegeben. Es ist an sich milder (um minus zehn Grad). Aber der Nordost war heute besonders scharf. Er hat den Schnee neu aufgewirbelt, daß die Augen ganz verklebten. Ich habe den Luserke[192] schon mit Spannung gelesen. Aus dem Päckchen, das ich Sonntag schicken wollte, mußte ich etwas hinausnehmen, weil es zu schwer war. Ich werde nun noch ein zweites fertigmachen und unter dem Namen eines Rekruten schicken.

Der Dienst macht mir Freude. Nur muß ich eben um neun – halb zehn Uhr schlafen gehen. Das Essen schiebe ich zum Teil zurück. Ich faste manchmal ein bißchen. Die Südfrüchte sind darum sehr schön. Es kommt ja jetzt die Zeit, wo dergleichen am meisten angebracht ist. […]

---

[192] Martin Luserke (1880-1968), Reformpädagoge.

[67.]
Mienia, den 22. Februar 1940

ich danke Dir sehr herzlich für Deine viele Mühe. Ich habe gestern die Sendung bekommen, die Oberleutnant Leopold mitgebracht hat, und dann das Buch von Asmussen. Da hatte ich viel zu lesen. Es ist im Augenblick anders als vor Weihnachten. Damals hatte ich Zeit zu zusammenhängendem Lesen. Andererseits waren auch die gewöhnlichen Berufsfragen einem so nahe, daß man von ihnen nichts hören mochte. Jetzt ist die Zeit für Bücher zu knapp. Und man sehnt sich jetzt schon eher wieder danach, von dem und jenem zu hören. Vor allem danke ich Dir für die Berichte aus Halle, die ich nun lesen konnte. Mich haben vor allem die chinesischen Dinge sehr gefesselt. Daß die japanfreundlichen Kreise die Konservativen sind, war mir neu. Vor allem wird einem dabei die menschliche Aussichtslosigkeit der Missionsarbeit in einer erschütternden Weise deutlich. Die Vorschläge, die christliche Ordnung ganz in die Familie hineinzubauen, erinnern ja ganz an Gutmann.[193] Auch das »Luthertum« hat mich wenigstens in dem Elertschen[194] Beitrag sehr interessiert. Die Frage, in welchem Sinne die Kirche den Krieg als Gericht Gottes hinstellen darf, ist doch sehr wichtig, und sie wird von Elert in überzeugender Klarheit beantwortet. In dem Eckartheft hat mich persönlich am meisten der kleine Bericht über die frühchristliche Kunst in Südfrankreich angesprochen. Pestalozzi und Bismarck sind etwas abgegriffen. Aber das, was Gerke[195] da von den südfranzösischen Trümmerstätten erzählt, ist seltsam ergreifend, weil es zeigt, wie auch damals die vielen namenlosen Gemeindemitglieder ganz persönlich von dem lebendigen Christus überwältigt worden sind. [...]
Hoffentlich kann ich bald einmal wieder gesammelter Schreiben. Heute bin ich sehr müde. Ich mußte mit meiner Gruppe heute längst einer Hecke vorgehen, und da lag der Schnee so tief aufgeweht, daß wir bis in den Bauch einsanken und uns auf kurze Strecken hin überhaupt nur noch kriechend vorschieben konnten. Nun müssen wir selbst am Sonntag noch einen Gruppenmarsch mit Schießen im Rahmen eines Bataillonsfestes machen. Ich habe zwar dem Hauptfeldwebel erklärt, ich lehnte es ab, mich freiwillig zu melden, da ich den Sonntag zur Ruhe brauchte. Aber er hat mich dann kommandiert, obwohl Leutnant Sachse, der zufällig zugegen war, mir lebhaft zustimmte. Es ist eben überall derselbe Ehrgeiz, den höheren Stellen zu gefallen. Aber ich werde es schon überstehen. Ich habe den Leuten meiner Gruppe gleich gesagt, ich hätte nicht den Ehrgeiz, den ersten Preis zu gewinnen mit ihnen. Ich hätte lieber mit den Leuten wieder den üblichen Spaziergang gemacht. – Auf der Stube hat sich in dieser Woche alles sehr zusammengenommen, so daß sich wieder ein mögliches Verhältnis ergeben hat. Ich will nun schlafen gehen. Es ist gleich neun.[...]

---

[193] Möglicherweise Karl A. Gutmann, bayerischer Religionspädagoge, Reformationshistoriker und Germanist (Zur Erinnerung an den Konfirmandenunterricht, Berlin 1892).
[194] Werner Elert (1885-1954), evangelisch-lutherischer Theologe.
[195] Friedrich Gerke (1900-1966), Professor für Christliche Archäologie und Kirchliche Kunst an der FriedrichWilhelms-Universität Berlin.

[68.]
Bei der Feldrekrutenkompanie, Mienia, Februar 1940

Diese erste Stunde Dienst am Morgen ist die anstrengendste. Auf dem langen Flur des Seitenflügels stehen mit zwanzig Schritt Abstand zwei Gruppen in Linie zu einem Gliede aufgebaut. Aber auch aus dem Hauptgebäude schallen die Kommandos in eintöniger Folge herüber. Es ist überall das Gleiche. »Nehmen Sie Ihre linke Schulter etwas tiefer!« »Den Abzug eine Kleinigkeit nach außen!« »Schieben Sie Ihre rechte Fußspitze etwas vor! – Nicht soviel! – Ja so!« »Rührt Euch!« »Stillgestanden!« »Augen rechts!« »Abzählen!« »Rechts – um!« So tönt es endlos von überallher. Dort drüben gibt es einmal eine kleine Pause. Gefreiter Stusken sagt seinen Bayern einmal wieder, daß er zwar außer Dienst jeden Spaß vertrage – hier aber müsse pariert werden. Da taucht der Stabsfeldwebel an der Ecke auf. Und schon folgen die Kommandos häufiger aufeinander. Die flache Hand knallt gegen das Gewehr. Aber – »Haas, Sie müssen natürlich wieder eine halbe Stunde späterkommen!« Der Stabsfeldwebel greift ein: »Fassen Sie schärfer zu: Sie haben doch Kraft genug im Arm! Übrigens, wann haben Sie sich zum letzten Mal rasiert?«...„Natürlich wieder Müller. Unteroffizier Jarausch, Müller exerziert heute eine halbe Stunde nach mit dem Gefreiten Quade.« Dann verzieht sich auch diese Wolke. Die nächste Gruppe lenkt die Aufmerksamkeit des Herrn Zugführers auf sich. Ein Blick auf die Uhr. Noch eine Viertelstunde. Immerhin – Land in Sicht.

Eine Stunde später exerzieren die Gruppen ihren Gefechtsdienst einzeln für sich durch. Es ist das berühmte »Gelände nördlich der Unterkunft«, das so Tag für Tag auf dem Dienstzettel erscheint. Wir kennen nun schon jede Bewegung der weiten Fläche, wissen, wo sie sich neigt und wo sie ansteigt, wissen, wo der Schnee noch einigermaßen passierbar ist, wo er über den oberen Stiefelrand hinüberreicht und wo man hoffnungslos in ihm versinkt. Alle erdenklichen Abwandlungen der verhältnismäßig wenigen Grundbewegungen haben sich hundertmal wiederholt. Die Schützenreihe mit drei und die mit acht Schritt Abstand, die Schützenkette rechts und die links, der Stellungswechsel, das Aufnehmen und das Stopfen[196] des Feuers. Wie oft hat der Kugelbaum halblinks – »Daumenbreit links davon Waldlücke« – und wie oft das südliche Ende des Wäldchens – »Rechts davon einzelne hohe Bäume« – als Richtungspunkt gedient. Und doch kommt hier etwas hinzu, was das Bild von Tag zu Tag ändert – und nicht nur dem Auge, sondern dem ganzen Körper einen spürbar wechselnden Eindruck vermittelt. Das ist es: Hier umgibt uns auch in ihrer winterlichen Starrheit noch bewegte Natur, hier schieben wir nicht über die abgenutzten Dielen und starren nicht auf eine öde, fleckige Wand. Immer neu und oft ganz überraschend anders stapft sich der Schnee, je nachdem wie seine Oberfläche gefroren ist, seine tieferen Schichten sich ballen oder trocken auseinanderfallen. Immer anders aber umsingt uns vor allem der Wind, der lebendige Atem dieses Landes, der auch unseren Leib in seinen Rhythmus hineinzwingt und ihn so in Hingabe und leidenschaftlichem Ankämpfen mit zum Gliede des von ihm durchpulsten Lebens macht. Heute peitscht er von

---

[196] Einstellen des Feuers.

Nordost aus jener Waldlücke hervor und wirbelt den Schnee auf, der uns stiebend umkreist. »Kehrtmachen, Kehrtmachen, zur Straße, zur Unterkunft«, hämmert jeder Pulsschlag im Gehirn. Und dazwischen brüllt der Mund das Kommando, das sich gegen sein Spiel auflehnt: »Richtung Waldlücke, Schützenkette!« Heute kommt er vom Süden her, mit einer eisigen Nässe, die sich in alle Glieder einfrißt. Und heute ist er ganz zur Ruhe gegangen. Die Sonne strahlt, der Schnee leuchtet. Wir aber reißen alle Kraft zusammen zum Einbruch in die feindliche Stellung, die die hohen Schneewälle längs der heimwärtsführenden Straße markieren. »Auf marsch, marsch – Hurra!« Wir versinken zwar in den Wehen längs des Walles. Aber ein Griff nach der Krone des jungen Obstbaumes, die eben hervorragt, rettet uns. Wir sind auf der Straße. Der Vormittagsdienst ist beendet. Es geht nach Haus.[…]

[69.]
Mienia, den 25. Februar 1940

[…] Heute ist zum erstenmal seit vier Wochen ein ganz ruhiger Sonntag. Er tat auch not. Eigentlich sollte ja in Minsk heute das Sportfest sein, und ich war kommandiert, einen Spähtrupp bei der Konkurrenz zu führen. Zur Probe mußten wir am Freitag eine ähnliche Aufgabe lösen. Da mußten wir auch am Nachmittag noch einmal fast bis zur Erschöpfung durch den Schnee im Wald stapfen. Der ausgefahrene Weg durfte nicht benutzt werden, weil er »unter Feuer« lag. Ich habe den Bogen durch den Wald reichlich groß genommen, weil die vor uns »vorgegangenen« Spähtrupps in das durch Platzpatronen markierte Feuer hineinkamen. Und die Folge war eben die maßlose Ermüdung. Ich hätte am liebsten abgebrochen und wäre umgekehrt, wenn ich nicht eben doch bis zu dem Punkt hätte vorgehen müssen, an dem der kontrollierende Feldwebel stand, um den Weg überhaupt wieder zu erreichen. So habe ich die Aufgabe dann noch gelöst und die Leute wieder nach Haus gebracht, wenn auch in viel zu langer Zeit. Das Furchtbare war in den beiden letzten Tagen, daß der von oben in die Stiefel reingerutschte Schnee jetzt taut und alles – Strümpfe, Fußlappen, Unterhosen, Hosen – dann völlig durchnäßt. Aber es ging dann wieder alles besser, als ich gedacht hatte. Keine Erkältung, keine Herzschmerzen. Und so ist es doch wohl eine gute Schule, die wir hier durchmachen.

Gestern waren wir zweieinhalb Stunden im Schnee. Dann wurde geimpft, das Revier gereinigt, im Sägewerk gebadet – dort ein interessantes Gespräch mit einem aus dem Posenschen ausgewiesenen Arbeiter, der es dort bis zu einem Einfamilienhaus gebracht hatte und jetzt hier im Elend sitzt – gedienter deutscher Soldat, Weltkriegsteilnehmer, an der Ausweisung »natürlich ganz unschuldig«. Ein anderer Arbeiter polnischer Kommunist. Die Leute verdienen drei bis 4,50 Zloty täglich, dazu die furchtbare Teuerung.[197] »Wenn die Rußkis acht Tage hier wären, wäre alles gut.« Abends Fahrt auf dem Lastwagen zum Theater nach Minsk. Vor einem Jahr hätte ich geschimpft, daß man den Leuten statt der verlogenen Mache dieses »lustigen Volksstücks« nichts Echteres geboten hat. Es war »Bühne Ober-

---

[197] Siehe Verordnungsblatt des Reichsstatthalters im Reichsgau Wartheland Nr. 8 vom 9. Dezember 1939.

land«, also bayrisches Dorf, ein Schurke von reichem Bauern, der den jungen, tüchtigen Nachbarn zwingen will, seinen Hof aufzugeben oder seine beschränkte Tochter zu heiraten. 150-prozentiges *happy end*; der Sünder braucht sich nicht einmal aufzuhängen, sondern zieht in die Stadt und wird dem Gericht Gottes überlassen. Gestern habe ich mich mittreiben lassen und über die Witze mitgelacht. Bezeichnend übrigens, offener, lauter Beifall, als das Wort fällt: du ein Betrüger? Er ist doch der christlichste Mann im ganzen Dorf und geht alle vier Wochen zur Beichte. [...]

In diesen Tagen sind in Minsk wieder drei Todesurteile[198] gefällt worden. Bei zweien ist es Ausschreitung im Rausch. Schrecklich. Der eine ist Vater von drei Kindern. Der Major hat ein Gnadengesuch eingereicht. Aber das Leben ist doch verpfuscht. Die Stimmung in Minsk bei der Truppe ist gedrückt. Man wirft den Vorgesetzten die Behandlung der Urlaubsfrage vor und daß keine rechte Möglichkeit zu Geselligkeit und Ablenkung geschaffen wird. So endet eben alles immer im Alkohol. Aber sprich hiervon nichts zu den Offiziersfrauen. Die Offiziere wissen es ohnehin.[...]

[70.]
Mienia, den 27. Februar 1940

[...] Wir werden nun wohl etwa 70 km weiter in der Richtung nach Brest-Litwosk kommen. Die Kompanien werden gestreut in der Gegend von Luków.[199] Vielleicht findest Du es bei Fräulein Caspar auf dem Atlas. Wir bleiben Rekrutenkompanie. Um den 17. soll der zweite Schub kommen. Daraufhin will der Kompanieführer unsere Leute noch acht Tage länger hierbehalten. Sie haben schon darüber geklagt, daß ihre Gemeinschaft untereinander und mit uns nun bald wieder zerrissen wird. Dabei werden sie weiter genug geplagt. Heute waren wir wieder drei Stunden im Schnee auf den Feldern. Der Major war gestern und heute hier. Morgen kommt er wieder. Er ist jedes Mal lange dabei und hat seine Freude an unserem Betrieb. Heute sagte der Kompanieführer zu mir, jetzt werden wir erst alle Männer; bisher seien die Landesschützen lauter Weiber gewesen. Was ja nach den verschiedensten Richtungen hin sehr schmeichelhaft war.

Heute sind in Minsk die beiden Kameraden erschossen worden. Morgen kommt einer von unseren Kameraden vors Kriegsgericht, weil er den Urlaub um vier Tage überschritten hat und dann in Magdeburg verhaftet worden ist.

Auch bei uns wird es jetzt Frühling. Wir haben zwar nachts noch minus zwölf Grad, aber morgens geht die Sonne in wundervoller Farbigkeit auf und strahlt dann tagsüber so kräftig, daß der Schnee oben taut. Vor allem aber ist der Himmel ganz unglaublich weich und mild, ganz anders als an den Wintertagen, und auch hier regen sich die Vögel schon. Auf dem Gutshof haben wir ganze Scharen von Wintergästen. Ich warte immer darauf, wann sie verschwunden sein mögen. Ob sie nach Finnland hinauffliegen, wo der Bolschewismus nun doch sein Ziel zu erreichen scheint, -- oder noch weiter in die großen Wälder Nordrußlands? Wir könnten auch gar nicht hierbleiben, wenn es taut. Die Äcker können wir dann ja

---

[198] Gegen deutsche Soldaten des Bataillons.
[199] Luków in der Woiwodschaft Lublin.

nicht mehr betreten, und die Wiesen im Tal werden sich wohl in einen See verwandeln. Wir werden von Tag zu Tag brauner. Und da unsere Mützen doch schief
auf der Stirn sitzen, sieht das lustig aus. Ich sehe mir alle Tage meine Rekruten an,
wie sich ihre Gesichter verändert haben: fast alle sind angespannt ein bißchen
müde, aber auch schärfer und härter geworden. Und so, im rein soldatischen Sinn
wird der Kompanieführer schon recht haben. Etwas anderes kennt er ja auch
nicht.[…]
    Sehr dankbar bin ich Dir für die Wiedergabe des Inhalts von Ruffs Predigt. Ich
hatte schon am Sonntag daran gedacht, daß nun wieder die Improperien[200] im Dom
gesungen werden. Daß auch wir einmal aus dem »Dienst[hause]«[201] geführt werden, dürfen wir doch auch im leiblichen Sinn verstehen. Hier bei uns erfährt man
das, was Ruff gesagt hat – daß auch die Anstrengung des Politischen gegen den
Satan in ihrer bitteren Notwendigkeit im Zeichen seiner Herrschaft geschieht –
mit seltener Eindringlichkeit. Ich begreife das, was Du über Ruff schreibst, sehr
gut. Solltest Du ihn einmal sehen, grüße ihn herzlich von mir..[…]

[71.]
Mienia, den 1. März 1940

[…] Auch heute gab es wieder eine nette, kleinere Übung: ein Angriff im Zugver-
band. Du siehst, unser Exerzieren sieht wenig nach Wachdienst aus. B[oehter]-
S[chulze][202] steht sicher weiter auf dem Standpunkt, daß zum Soldaten auch das
scharfe Schießen gehört. Aber es hängt ja nicht von ihm und von uns ab, ob er
sein durch die Rekruten verjüngtes Bataillon noch einmal ins Feuer führen
wird.
    Vorgestern war er beim Schießen bei uns und hat dann zur Kompanie über die
kriegsgerichtlichen Urteile gesprochen. Daß das in seinem Bataillon geschehen
ist, hat ihn sehr mitgenommen. Wir sollen auch darüber nichts schreiben. Doch
ist die Anweisung zu spät gekommen. Jedenfalls äußere darüber nichts von Dir
aus zu den Offiziersfrauen. Er hat dann den einen anderen Unteroffizier und mich
mit nach Minsk genommen und dort am Nachmittag eine Stunde Unterricht für
die Offizieranwärter*aspiranten* (!) abgehalten. Unsere schriftlichen Arbeiten haben ihm nicht gefallen. Er war auch zu uns beiden sehr kurz, und nachher hat uns
Leutnant H[errmann], mit dem wir zusammen nach Mienia zurückfahren sollten,
zwei Stunden auf der Straße warten lassen, ohne uns Nachricht zu geben. So wird
diese ganze Angelegenheit für uns beide zu einer recht unerfreulichen Belastung.
Sprich aber bitte auch darüber nicht zu den Frauen. Es würde gar nichts nutzen,
sondern unsere Stellung nur erschweren.
    In Minsk war gerade großer Markt. Eine zahllose Menge von Panjeschlitten
füllte den weiten Platz und die Straßen. Wir sind beide ziemlich müde hindurch-
geschlichen. Gerade, daß ich die beiliegenden Karten ziemlich wahllos herausge-
griffen habe.[…]

---

[200] Klagelieder, die am Karfreitag gesungen werden.
[201] Jer. 34.13: »So spricht der Herr, der Gott Israels: Ich habe mit euren Vätern einen Bund gemacht
    am Tage, da ich sie aus Ägyptenland, aus dem Diensthause, führte...«
[202] Der Bataillonskommandeur.

[72.]
Mienia, am Sonntag Lätare[203] [3. März 1940]

Lätare: Winteraustreiben, aber draußen wirbelt der Schnee, wenn auch die Sonne halb durch die Wolken blinzelt. Aber Lätare ist ja mehr. Freue Dich mit Jerusalem! Der große Ausblick auf die Zukunft und den Trost, den sie bringen wird. Wie schön, daß er mitten in diesem winterlichen Märztag steht, der uns wieder die Aussicht auf eine harte, angespannte Woche öffnet.[…]
Über das Geld wundere ich mich nicht. Diese festen Ausgaben haben bei uns immer einen großen Teil des Gehaltes verschlungen. Aber es hängt doch die Art unseres Lebens an ihnen. Und so ist schwer einzusparen. Hier habe ich manche Ausgaben mit Bierlagen für die Gruppe und dgl., so daß das Geld auch regelmäßig fort ist. Ich glaube, als Offizier würde ich überhaupt nicht mit dem Gehalt reichen. Aber wahrscheinlich ist darauf nur dann zu rechnen, wenn der Krieg sehr, sehr lange dauert. Also wünschen wir es uns lieber nicht. Ich kann mich auch immer wieder über eine bestimmte Art Überheblichkeit ärgern, die den Leuten genauso wie früher in den Knochen sitzt; nur daß sie heute noch weniger berechtigt ist als früher, wo Offizierkorps, Adel usw. noch eine bestimmte soziale und politische Aufgabe hatten, die ihnen heute entzogen ist. Heute betont man den Abstand um der militärischen Autorität willen. Und eben dieser militärische Begriff der Autorität ist mir durchaus fraglich, weil er innerhalb der »Volksgemeinschaft«, wie wir sie doch heute haben als politisches Ideal, keinen inneren Rückhalt mehr hat. Zwischen politischer und militärischer Organisation klafft ein nicht gelöster Widerspruch. Ich könnte da Einzelheiten nennen, die klar zeigen, daß man gewissermaßen für die Dauer des Wehrdienstes die »Volksordnung« (Zugehörigkeit zur Partei und Verbänden) außer Kraft setzt. Aber das geht auf die Dauer kaum. Entweder der Offizierstand übernimmt wieder die »politische« Verantwortung, was nicht »Diktatur der Generäle« heißt, oder die Armee muß sich anpassen.[204] So müßte man auch diesen Weg – und welchen nicht? – eigentlich in positiver, helfender, aufbauender Kritik gehen. Aber gerade das ist das Unerwünschte. Erwünscht ist das selbstverständliche Sicheinfügen in alle Sitten und Eigenarten. Das ist das alte Thema so unendlich vieler Schicksale und Dichtungen seit zweihundert Jahren. Fast jeder sträubt sich und wird dann doch hineingezogen. Gestern machte mir Leutnant Schulze – leicht angetrunken – wieder Komplimente. Daß ich mich so gut in alles hineinfinde. In dieser Woche müssen wir

---

[203] Lätare bezeichnet den 3. Sonntag vor Ostern.
[204] Die »Gleichschaltung« der Wehrmacht war im Nationalsozialismus umstritten, erst nach dem Attentat am 20. Juli 1944 wurde die Institution des »Nationalsozialistischen Führungsoffiziers« geschaffen und der Hitler-Gruß eingeführt. Konrad Jarausch spricht hier das Ideal der »Volksgemeinschaft« an, das eine Versschmelzung von Partei und Offizierkorps im Geist der »neuen Zeit« zur Voraussetzung hatte. Im Ersten Weltkrieg hatten Generale (vor allem die 3. Oberste Heeresleitung unter Hindenburg und Ludendorff) die Koordination der Kriegführung weitgehend gesteuert. Vgl. etwa Klaus Jürgen Müller: Das Heer und Hitler. Armee und nationalsozialistisches Regime 1933-1940, Stuttgart 1969; Manfred Messerschmidt: Die Wehrmacht im NS-Staat. Zeit der Indoktrination, Hamburg 1969; Armin Nolzen: Die NSDAP, der Krieg und die deutsche Gesellschaft, in: Das Deutsche Reich und der Zweite Weltkrieg, Band 9/1: Die deutsche Kriegsgesellschaft 1939 bis 1945: Politisierung, Vernichtung, Überleben, im Auftrag des MGFA hrsg. von Jörg Echternkamp, München 2004, S. 99-193.

wegen der am Sonnabend stattfindenden Besichtigung alles unter verstärkten Druck setzen. Gesundheitlich geht es weiter. Heute bin ich mal etwas erkältet.

Auch dieser Tag vergeht wieder mit allerhand Kleinkram. Ich muß mich etwas mit Kartenkunde beschäftigen für den Unterricht bei B[oether]-S[chulze]. Für das Photographieren muß man doch auch etwas Lehrgeld bezahlen. Heute habe ich wieder ein paar Gruppenaufnahmen gemacht. Dann mußte ich mich um die Sachen der Leute für den Appell bekümmern, und so schwindet der Tag dahin. Auch im Asmussen habe ich weitergelesen. Ich möchte ihn doch genauer durchsehen. Schicke doch bitte jetzt nichts zum Lesen. Ich möchte gern ein bißchen genauere, persönliche Anschauungen und Wünsche für die Zukunft der Kirche mit nach Hause bringen. Und dazu ist der Asmussen ein guter Anreger. Er bezieht – wohl zu unmittelbar – das neue Testament auf die gegenwärtige Lage der Kirche. Aber gerade darum bietet er zwar keine besonders tiefe Erkenntnis, wohl aber manche Anregung. Wenn ich daneben noch etwas Polnisch lese und die Frankfurter Sonntagsausgabe, so reicht das.[...]

Urlaub wird es vielleicht im Juni geben. Frühestens vielleicht im Mai. Wenn wir Rekruten hier haben, darf keiner fahren. Jetzt im März sollen einige vom Ausbildungspersonal fahren, die im Oktober in M. waren. Bei einem ist auch Einsegnung.[...]

[73.]
5. März 1940

heute kamen Deine Briefe vom Freitag und vom Sonntag. Ich bin sehr froh, daß die Post so schnell geht. So ist doch der Austausch lebendiger und unmittelbarer. Heute habe ich die Möglichkeit, den Brief mit Bauerhorst mitzugeben. Da wird er ja auch bald bei Dir sein. Daß Du an der Musik wieder solche Freude hattest, ist für mich auch ein Grund zum Mitfreuen. Auch daß Du nicht allein dabei zu sein brauchtest. Aber es geht mir ebenso wie Dir. Die innere Unruhe und die Sehnsucht wachsen immer mehr. Es ist zum Teil gewiß einfach das Unbehagen und der Druck der ständigen Unruhe und der gespannten Anforderungen, der einem das Leben schwer macht. Aber doch nicht allein. Von Woche zu Woche empfinde ich mehr, wie unwiederholbare Möglichkeiten des Zusammenseins dahinschwinden, unwiederbringlich weil wir soviel nachzuholen haben. Und man kann sich kaum mit der Zukunft trösten, weil sie mir wenigstens sehr, sehr unberechenbar erscheint. Ich habe bisher immer in dem Ernstnehmen des Dienstes hier den Sinn oder vielmehr den Weg zu dem Sinn dieser Monate gesucht. Aber auch das wird mir fraglich, wenn ich sehe, daß dieser Dienst uns jetzt in einer Weise beansprucht, die nur dann zu rechtfertigen wäre, wenn es für uns alle doch noch wirklich ins Feld ginge. Ich möchte gern noch diese Woche durchhalten und dann sehen, ob ich in größerer Ruhe zu einem klaren Entschluß komme. Für den Sonnabend ist Blaskowitz mit seinem Stabe angemeldet. Du kannst Dir denken, welcher Druck nun hinter alles gestellt wird. Man hat das Gefühl, daß man jetzt erst zu ahnen beginnt, was Soldatsein heißt. Wer am Sonnabend abfällt, soll von hier abgeschoben werden. Und in jedem sagt eine Stimme, daß einem eigentlich nichts Besseres widerfahren kann. Und dann reißt sich jeder doch zusammen und bemüht sich zu bestehen. Dazu kommt neuer Schnee bei Temperaturen um null Grad. Heute Vormittag war es wirklich einmal unmöglich hinauszugehen, so wirbelte es draußen. Die Leute stapfen verzweifelt in dem Neuschnee herum und können doch nicht so exakte Bewegungen ausführen, wie es nötig wäre. Jedenfalls sagt mir das mein pädagogisches Gewissen. Als Soldat müßte man ja wohl das Unmögliche fordern und möglich machen.

Wir sind nun ein richtiges Infanterieregiment geworden. Aber die Division heißt noch Landesschützendivision. So wird die Umgruppierung sachlich wohl nichts zu bedeuten haben.[…]

[74.]
7. März 1940

[…] Wir haben jetzt einen neuen Stubengenossen: Offizieranwärter und Feldwebel, Rücklies [?], Magdeburger SA-Standartenführer. Ich überlege immer, ob er der Vater Deiner früheren Schülerin ist, habe aber keine Lust, ihn daraufhin anzureden. Das ist ein alter Weltkriegssoldat, Mitte 40, erfahren und robust. Aber eine merkwürdige Geschichte ist es mit dieser Art Offizieranwärter doch.[205] Es ist das einer dieser praktisch gescheiten Menschen, die die Parteiorganisation heute tragen. Es fehlt ihm nicht an Kenntnissen in bestimmtem Bereich. Er ist auch ziemlich weit herumgekommen. Aber zur geistigen und kulturellen Überlieferung hat er doch kaum ein Verhältnis. Ich habe in diesen Tagen oft an das denken müssen, was wir früher einmal über die Erziehung der führenden Schicht gearbeitet haben. Von dem inneren Abstand zum eigenen Leben und Tun aus der Kenntnis fremden Lebens heraus ist hier keine Spur. Persönlich tut es mir sehr leid, daß nun wieder eine Möglichkeit geschwunden ist, einen Menschen zu finden, mit dem man mal reden kann. Als damals die Rede davon war, daß Offizieranwärter hierherkommen sollten, hatte ich ein bißchen Hoffnung. Aber die ist nun auch begraben. Es bleibt bei den üblichen Gegenständen des Gesprächs: Essen, Trinken, Erlebnisse mit Frauen, Dienst und ein bißchen Politik.[…]

Hoffentlich habe ich Dich mit meinen letzten Briefen nicht beunruhigt, weil sie wohl ziemlich trübsinnig gewesen sind. Es ist aber nichts als die starke Anspannung, die geistig den Schwung raubt. Wenn der Sonntag vorbei ist, wird es ruhiger werden. Und wenn dann neue Rekruten kommen, will ich sehen, daß ich mir von vornherein durch den Gefreiten eine gewisse Entlastung schaffe. Am besten wäre es schon, wenn hinter dem mancherlei Friedensgerede des Auslandes etwas Reelles steckte. Aber man wagt es nicht zu hoffen.[…]

[75.]
Mienia, den 9. März 1940

nun ist der gefürchtete Tag vorüber – und ist der erste Ruhetag seit langem geworden. Die Leute hatten eifrig geputzt und gebürstet. Infolge des Schnees sind

---

[205] Über die Verwendung und Einstufung höherer SA-Führer in der Wehrmacht gab es Auseinandersetzungen, etwa Beschwerden, sie würden nur im Ersatzheer eingesetzt und nicht über den Reserve-Offizieranwärter hinaus befördert, was aber offenbar nicht der Realität entsprach. Vgl. die Dokumentation entsprechender Vorgänge in BA-MA, RH1-58, Bl. 151-166.

die Uniformen auch noch wenig abgenutzt. So gab es heute morgen ein schönes Bild, als wir fast vollzählig auf unserem Gutshof standen. Der Major war schon seit halb acht Uhr bei uns. Für ihn war es ein besonders wichtiges Ereignis, und er war auch ziemlich aufgeregt, während der Kompanieführer sehr ruhig war. Wir standen nur ein paar Minuten, da kam Generalleutnant Schenkendorff[206], der Kommandeur aus Minsk. Blaskowitz war natürlich nicht erschienen. Er schritt in der üblichen Weise die Front ab, fand Richtung und Anzug tadellos. Und nun sollten sich die Übungen nach festgelegtem Plan abrollen. Aber der General kehrte sich nicht daran. Zuerst lief ich ihm gleich mit meiner Gruppe in die Arme, als Reserveoffizieranwärter bezeichnet. Er stellte ein paar Fragen, ging aber gleich weiter. Und so exerzierten wir, jeder mit seiner Gruppe auf dem Gutshof herum. Der Major ging von Gruppe zu Gruppe und nahm sich die Leute sehr intensiv vor. Meine kamen mit Zielen und liegendem Anschlag heran. Er warf sich neben ihnen auf die Erde, um sie zu kontrollieren. Alles ging gut, und er verschwand wieder. Der General machte die Sache großzügiger, band sich nicht an ihn, sondern blieb bald da, bald dort stehen und sprach die Leute an. Plötzlich ein Pfiff, neues Antreten der Kompanie; wir glaubten, daß es nun ins Gelände zum Gefechtsdienst ginge. Statt dessen gab es bereits – nach einer Stunde – die Schlußansprache des Generals: sehr viel Lob, für den Kompanieführer, die Offiziere, das Ausbildungspersonal. Im Laufschritt ging es ins Quartier. Dort sah der General noch auf die Stuben, sprach mit den Leuten, ließ sich die »Offizieranwärter« vorstellen (aber ganz förmlich, ohne ein persönliches Wort) und verschwand. Dann ließ uns der Major noch auf dem Hof antreten, sprach auch seine Anerkennung aus und bedauerte, daß wir nicht auch unsere Gefechtsausbildung vorführen konnten, und wir hatten nun einen schönen, freien Tag. Ich war mit den Leuten noch zum Baden, habe aber sonst gelesen und geschrieben.[…]

Ich bin nun gespannt, ob Leutnant H[errmann]. noch Veränderungen im Ausbildungspersonal vornimmt. Behält er mich, dann bleibe ich. Das Positive der klaren Aufgabe überwiegt doch wohl alles andere. Und habe ich bisher gesundheitlich durchgehalten – ich gehöre zu den wenigen, die nicht eine Stunde ausgesetzt haben – so werde ich auch weiter durchhalten. Leider scheint der Umzug jetzt sicher zu sein. Es wird ein Ort – Kosów[207] – nahe der Buglinie zwischen Warschau und Bialystock genannt, aber auch das ist noch nicht sicher.[…]

[76.]
Mienia, den 10. März 1940

[…] Wie tröstlich waren heute wieder die sonntäglichen Lesungen, vor allem der Psalm mit seinem Wort von der Freude in Gottes Haus und der Hilfe von ihm.

---

[206] Max von Schenckendorff (1875-1943), 1894 Leutnant im Infanterieregiment 47, 1926 Kommandeur des Infanterieregiments 8, 1939 Kommandeur des Grenzschutzkommandos 13 und Kommandant von Posen, 1940 General der Infanterie, 1941-1943 Befehlshaber im rückwärtigen Heeresgebiet Mitte. Vgl. Ekkehard Meyer-Düttingdorf: General der Infanterie Max von Schenckendorff, in: Ueberschär, Gerd R. (Hrsg.): Hitlers militärische Elite. Bd. 2: Vom Kriegsbeginn bis zum Weltkriegsende, Darmstadt 1998, S. 210-217.
[207] Kosów Lacki ist eine Kleinstadt in Masowien, wenige Kilometer vom Bug entfernt.

Auch die Bezzelandachten[208] lese ich Tag für Tag mit großer Dankbarkeit, weil sie in einzigartiger Weise die objektive Wahrheit mit der Leidenschaft eines warmen Herzens erfassen. Und es ist doch eine Befreiung, daß das Herz sich aussprechen darf, klagen und jubeln. Das ist das Unvergleichliche an den Psalmen, daß sich der Mensch hier nicht scheut, alles zu sagen. Und doch begreife ich auch Luther immer besser, wenn er sagt, daß so doch eigentlich nur Christus beten konnte. Es ist schön, daß wir jetzt das bißchen Ruhe haben. Gestern und heute habe ich auch einmal wieder etwas Polnisch lesen können.

Aber sonst war es gerade wieder genug. Früh waren wir zur Pak hinüber. Dort wurde die Flagge gehißt und eine ganz kurze Ansprache zum Heldengedenktag gehalten. Schon da blies der Westwind bitter kalt über die Niederung. Um zehn Uhr brachen wir dann zum Schnellmarsch auf. Die ersten vier Kilometer ging es. Aber als wir dann zurückbogen, hatten wir einen Gegenwind gegen uns, gegen den kaum anzukämpfen war. Bald schlug er uns mit Eisstückchen, bald mit nassem Schnee ins Gesicht. Dabei mußte das Zeitmaß gehalten werden. Die Leute haben sich tapfer gehalten. Nur der Gefreite war am Ende seiner Kraft. Aber er hielt durch. Dann gab es noch eine Strecke zu kriechen und über einen Wagen zu steigen. Und es war geschafft. Dann mußte noch eine Handgranate geworfen werden. Aber da versagte die Gruppe. So werden wir wohl auf die hinteren Plätze abrutschen. Es tut mir Leid um die Leute, die das Letzte aus sich herausgeholt haben. Den ganzen Nachmittag hat das Unwetter weiter getobt. Es ist dabei kälter geworden. Jetzt zum Abend kommt der Wind zur Ruhe. Aber er hat auch wieder mächtige Wehen aufgeschüttet. Manchmal denke ich, daß es mir in Zukunft schwerfallen wird, ohne diese elementare, unästhetische Nähe der Natur zu leben. Aber in den nächsten Tagen werden wir unsere Knochen wohl auch noch spüren. Eben kommt Leutnant Sachse auf die Stube und sagt, daß wir gut abgeschnitten hätten. Den genauen Platz dürfe er uns nicht sagen. Das freut mich sehr.

Um so mehr, als nun heute auch die Ernennung zum Offizieranwärter mir von Leutnant Sachse im Auftrag des Majors mitgeteilt worden ist. Da steht doch gleich eine gewisse Leistung daneben. Und man kann nicht ohne weiteres sagen, daß es nur die Beziehungen sind.

So werde ich dann das Bücherlesen und Denken vorläufig weiter opfern müssen. Es ist seltsam, wie das Leben einen Schritt für Schritt von der Linie abdrängt, die man selbst als die gemäße empfindet, und wie es einen zwingt, zu anderen Dingen ja zu sagen und sich in ihnen zu behaupten. Nun werde ich sehen müssen, bei Herrmann weiter einen guten Eindruck zu machen. Er hat sich über unseren Einsatz sehr gefreut – auch daß wir es alle abgelehnt haben, unsere Gruppe aufzulösen und auf die anderen zu verteilen, als gestern davon die Rede war. Es geht mir noch vieles durch den Kopf; aber es ist jetzt nicht die Zeit dazu.[…]

---

[208] Hermann von Bezzel (1861-1917), Stille halbe Stunden vor Gottes Angesicht. Andachten, Stuttgart 1939.

[77.]
Ohne Datum [11. März 1940]

heute haben wir nun unsere Rekruten fortgeschickt. Es gab einen herzlichen Abschied, und dann marschierten sie so gut in der Haltung und mit so kräftigem Gesang ab, -- »Es ist so schön, Soldat zu sein…Soldaten sind Soldaten in Worten und in Taten. Sie kennen keine Lumperei und sind nur einem Mädel treu« – daß man nur seine Freude haben konnte. Sie haben mir am Sonntag abend erzählt, daß sie sich zusammengerissen hätten, um mir die Freude zu machen. Und wir haben die beste Marschzeit herausgeholt. Nur durch das schlechte Handgranatenwerfen sind wir auf den zweiten Platz gerutscht. Leutnant Herrmann hat mir besonders Glück gewünscht, und ich war froh, daß ich mir diese Anerkennung gerade von ihm geholt habe. Allerdings auch sehr müde. Der Kameradschaftsabend war so für mich gar nichts mehr. Es waren auch zuviel Menschen und zuviel Lärm und Qualm. Und die Tage gestern und heute habe ich mehr hingedämmert. Wir hatten wenig Dienst. Heute Nachmittag habe ich allerdings mit dem Gefreiten einen schönen zweistündigen Spaziergang gemacht. Wir haben eine Reihe Aufnahmen gemacht, nun zum erstenmal nach meinem Geschmack und viel erzählt. Es war richtig mal eine Erfrischung, auch wenn wir das geladene Gewehr umzuhängen hatten. Es taut mächtig. Und einen Schneesturm wie am Sonntag werden wir wohl nicht mehr erleben.

Morgen beginnt das Exerzieren wieder. Aber ein bißchen Zeit zum Ruhen bleibt hoffentlich. Unser Aufbruch verzögert sich auch wie gewöhnlich. Ich lege die kleine Karte bei, die den neuen Ort enthält. Schick sie mir bitte wieder her. Wir sagen, daß wir immer näher an Deutschland herankommen, an Ostpreußen nämlich. Aber das ist ziemlicher Galgenhumor. Denn Kosów wird nun ganz jenseits aller Kultur sein und die Verbindung sehr schlecht. Auf der Bahn Warschau-Malkinia[209] fahren keine D-Züge, und die Strecke nach Kosów ist nicht immer passierbar. Es wird wohl ein hartes Leben dort werden. Unterkunft beziehen wir in der Schule. Unsere Betten, Tische, Bänke usw. nehmen wir mit. Unser Regiment ist dann das äußerste an der Grenze. Der General hat am Sonnabend beim Offiziersabend der Offiziere das Bataillon Boether-Schulze als das beste seiner Landesschützenbataillone bezeichnet. Dieser Tatsache verdanken wir wohl den vorgeschobenen Platz. Weiter nach Osten geht es nun nicht mehr viel. Das ist ja auch ein Trost.[…]

[78.]
13. März [1940]

Lieber Hans-Lothar,
Dein Brief hat mich sehr gefreut. Ihr habt es jetzt ja nicht leicht, die Zeit wirklich planmäßig auszunutzen. Die Hilfe, die der geregelte Schulbetrieb sonst bietet, fällt fort. Da müßt Ihr schon selbstständiger Eure Entscheidungen treffen. Und ich freue mich, daß anscheinend eine ganze Reihe von Euch die freie Zeit nicht planlos verschleudern, sondern sie sinnvoll auszunutzen versuchen. Damit will ich gar

---

[209] Malkinia-Górna im Bezirk Warschau.

nichts gegen das Faulenzen und Träumen sagen. Es ist etwas sehr Schönes zu seiner Zeit. Ich selbst habe richtig aufgeatmet, als ich gestern zum erstenmal seit einem Vierteljahr wieder einmal mit einem Kameraden frei von allen Dienstgedanken ein paar Stunden über Land gehen konnte. Man konnte richtig mal wieder von allem reden, was man auf dem Herzen hatte, und konnte seine Augen für alles aufmachen, was am Wege zu sehen war: die polnischen Holzhäuser, das Storchnest im Baum, den verunglückten polnischen Tank längs der Bahn. Aber ich sehe hier auch immer wieder, wie wenig Menschen eigentlich ihre freie Zeit richtig ausnutzen können. Wenn es kein Bier gibt, was bei uns in unserer ländlichen Abgelegenheit oft der Fall ist, wissen sie oft nicht, wo aus und ein. Du liest und musizierst also tüchtig. Reinhart Hoffmeister schrieb gestern auch von Volkshochschule und Theater. Den Kampf um Rom[210] habe ich auch einmal mit starker Spannung gelesen. Auch die kleineren Romane und Erzählungen von Dahn habe ich in meinen letzten Schuljahren mit Begeisterung verschlungen. Damals hörte und las man noch nicht soviel von den Germanen wie heute. Es war darum für uns eine ganz neue Entdeckung, was wir bei Dahn fanden. Und gerade darum hat es uns besonders gepackt. Ich habe mir damals als Schüler vorgenommen, als Student mir nun wirklich ein möglichst lebendiges Bild von der germanischen Zeit zu verschaffen und habe dann auch deutsche Vorgeschichte und nordische Sprachen besonders studiert, um die altisländische Literatur im Urtext lesen zu können. Jetzt bedaure ich manchmal, daß der Beruf so wenig Zeit läßt, diese Arbeit fortzusetzen. Vor allem die neuere nordische Literatur ist ja sehr reich an schönen und tiefen Büchern. Und es ist immer ein Vorzug, wenn man sie in der Ursprache lesen kann.

Der »Wanderer«[211] gehört nun seit zwanzig Jahren zu meinen Lieblingsbüchern. Als ich ihn 1918 oder 1919 zum erstenmal las, hat es einen besonders starken Eindruck auf mich gemacht, wie ein junger Mensch hier gleichzeitig sein deutsches Volk von ganzem Herzen liebt und seinem Gott die Treue hält. Heute packt mich, wo ich selbst älter geworden bin, vor allem der herrliche Schwung, mit dem sich diese jungen Menschen einsetzen. Und ich denke gerade jetzt beschämt daran, wie flau bei uns die Stimmung oft ist, wie jeder müde ist und die meisten nur an Heimaturlaub, Reklamation oder Entlassung denken.[212]

Daß Du selbst eifrig musizierst, ist schön. Denn es ist doch wohl so, daß man erst dann richtig aufnahmefähig für große Musik wird. Wir sind hier ganz davon abgeschnitten. Radio haben wir seit zwei Monaten nicht mehr. Daß das allerdings ein Schade[n] ist, kann ich nicht behaupten. Denn in dem allgemeinen Gedudel von früh bis spät gingen die wirklich guten Sachen unter. Immerhin, dann und wann hat man doch in Ruhe einmal ein Lied oder ein Mozartsches Rondo gehört. Jetzt muß ich mich mit dem trösten, was mir meine Frau von den herrlichen Magdeburger Konzerten dieses Winters schreibt. Verdis Requiem hat meine Frau auch gehört.

---

210 Felix Dahn (1834-1912), Rechtswissenschaftler und Schriftsteller.
211 Walter Flex: Der Wanderer zwischen beiden Welten. Ein Kriegserlebnis, München 1917.
212 Die Berichte nach den ersten Wochen des Krieges zeigten, »dass der Begeisterungsfähigkeit der ehemaligen Soldaten des Ersten Weltkrieges erkennbare Grenzen gesetzt waren.« Kroener, Ressourcen, S. 824.

Was Du von der Klasse und ihrer Unlust schreibst, ist wenig erfreulich. Aber ich denke, es wird mehr eine Übergangszeit sein. Wenn Ihr dann erst in der neuen Klasse sein werdet und der Sommer vorbei ist, wird der eine oder andere langsam zu merken beginnen, daß er ja nicht für die Lehrer arbeitet, die ihm mehr oder weniger gut gefallen. Und dann wird sich vielleicht auch die allgemeine Stimmung wieder wandeln. Jetzt ist gewiß wenig zu tun. Der einzelne kann den Geist einer größeren Gemeinschaft immer nur dann wandeln, wenn er ganz überlegen ist. So wirst Du und die anderen, die vielleicht ähnlich empfinden, warten müssen, bis die »Sache« mit ihrem Gewicht sich so stark geltend macht, daß sich die einzelnen ihr beugen müssen. Und bei der »Sache« denke ich an den inneren Gehalt, der hinter den einzelnen Fächern steht und den die Schule doch nie ganz totschlagen kann. Gegen das Ende der Schulzeit hat doch bei den allermeisten in dieser Weise ein Fach oder eine Fächergruppe wieder gezündet. Und dann bessert sich das Verhältnis zu den Lehrern auch wieder.

Wenn Du in der Osterzeit einmal Ruhe hast, laß bitte wieder etwas hören, auch von dem schließlichen Ergebnis dieses Schuljahres. Wenn wir nicht wirklich abends immer so ganz zerschlagen gewesen wären, hätte ich Dir längst geantwortet. Aber wir müssen jetzt eben auf sehr vieles verzichten. Eher liest man dann noch eine kleine Erzählung und dgl. als daß man sich zum Briefschreiben aufrafft. Dazu kommt, daß wir nicht recht mehr etwas zu erzählen haben. Die Ausbildung der Rekruten ist nicht anders, als wenn wir in einer Heimatgarnison wären, und von Land und Leuten sehen wir wenig, weil wir vom Morgen bis zum Dunkelwerden eingespannt sind. Unter dem, was ich gelesen habe, wüßte ich Dir wenig zu empfehlen. Das meiste – Luserke, Hans Grimm,[213] Paul Ernst,[214] Jelusich,[215] Binding[216] – war gut zu lesen, aber nicht so, daß man nicht ebenso gut darauf hätte verzichten können. Am besten hat [haben] mir die »Gutsgeschichte« von Selma Lagerlöf und die »Feldblumen« von Stifter gefallen.[217] Aber vielleicht ist Dir in beiden zuviel von Liebe die Rede. Sehr schön sind die kleinen Geschichten von Gorch Fock[218] in dem Reklamheft »Das schnellste Schiff der Flotte«.[…]

[79.]
[…] 17. März 1940, Palmarum

Nun sind wir an Ort und Stelle. Es war eine sehr anstrengende Geschichte. Gestern Nachmittag Verladen bei Schlackenschnee. Dann in den feuchten Sachen abends in den Zug. Die Nacht frierend und fast ohne Schlaf im Zug. Heute Vormittag Ausladen bei schneidendem Sturm, der zeitweise dichtestes Gestöber brachte. Unser Zimmer ist ganz nett, wenn wir auch wieder zu vierzehn zusammenliegen, aber alle Mannschaftszimmer, Küche, Latrinen usw. sind sehr schlecht. Auf den Mannschaftszimmern sind Pritschen in drei Etagen übereinandergebaut.

---

213 Hans Grimm (1875-1959), völkischer Schriftsteller.
214 Paul Ernst (1866-1933), deutscher Schriftsteller.
215 Mirko Jelusich (1886-1969), österreichischer Schriftsteller
216 Rudolf Georg Binding (1867-1938), Kriegsschriftsteller.
217 Selma Lagerlöf (1858-1940), schwedische Schriftstellerin.
218 Gorch Fock (1880-1916), Marineschriftsteller.

Leutnant H[errmann] bemüht sich um eine Veränderung, doch weiß ich nicht, ob er sich gegen den Führer der 1. Kompanie durchsetzen wird. Der Ort hat 2800 Einwohner, es scheint ein ausgesprochenes Ackerbürger Städtchen zu sein mit jüdischer Zuwanderung aus dem polnischen Westen. Ich würde gern mal hineinsehen, aber ich bin noch durch den Dienst festgehalten.

Hoffentlich geht alles besser, als es jetzt aussieht.

Leb wohl.

Rückseite:
Wenn sich am Himmel Mond und Stern begegnen,
dann ruht das Firmament in sel'gem Glänzen.
Gestirne reih'n sich zu beglückten Tänzen,
Verströmend Licht will tief zur Erde regnen.
Demütig senkst den Blick du, den verwegenen.
Du spürst das Licht die Stirne dir umkränzen.
Die Himmel öffnen sich zu fernsten Grenzen.
Gewalten ahnst du, die dein Leben segnen.
Bedarf's des Wortes, dir das Bild zu deuten?
Wie sehn' ich mich, entgegen dir zu gehen,
Bis wir uns wieder in die Augen sehen!
Indes vom Dom die Glocken Frieden läuten,
Fühl' ich in meinen Armen dich erbeben.
Aus Gottes Gnade wächst ein neues Leben.
15. März 1940

[80.]
Kosów-Lacki, den 18. März 1940

Ich möchte Dir gern ein fröhliches und gesegnetes Osterfest wünschen. Aber ob der Gruß Dich noch erreicht? Wir sind seit Tagen vom Verkehr mit der Heimat abgeschnitten. Es kommt nichts heran. Und ich denke mir, daß es umgekehrt ebenso sein mag. [...]

Da liegt am Rande einer kleinen Landstadt mit lauter einstöckigen Häusern, über die eine stolze, aber etwas öde Kirche ragt, das Schulgrundstück. Ein ganz einfacher, aber leidlich geräumiger Zweckbau mit gleichmäßigen, großen Fenstern. Ringsherum haben sich die Preußen in den kleinen Häuschen und Gehöften gleichfalls eingerichtet. Sind sie massiv, dann wohnen ein paar Offiziere darin. Aber das meiste sind ebenso malerische wie dürftige Gehöfte, Häuser und Ställe im Blockbau mit Strohdächern darauf. Da stehen die Pferde im Dunkel, die Fahrer hausen in kümmerlichen Buchten. Küche und Kammer suchen sich leidlich einzurichten. Aber der Schnee stiebt durch die Fugen, und es fehlt an Raum und an Licht. Aber die Deutschen sind tätig. Sie haben das ganze Gelände mit Draht verzäunt. Die vielen Einfriedungen zwischen den Gehöften verschwinden. Ein schönes, neues Blockhaus entsteht als Offiziersheim. Weiterhin sind aus der Heimat herangebrachte Baracken aufgerichtet und bezogen. Am Rand ein roher Bretterbau, von dem man lieber schweigt, ein würdiges Seitenstück zu den verflossenen Anlagen, die für die polnischen Schulkinder bestimmt waren.

In der Schule selbst haben bis vor acht Tagen Ostpreußen gehaust. Ihr Reinlichkeitsbedürfnis und ihre Ansprüche an häuslichen Komfort sind nicht groß gewesen. Dafür haben sie aber in Butter, Speck und Schinken geschwelgt. Und ihre Betten haben sie aus so starken Bohlen zusammengeschlagen, daß man annehmen muß, die gute Verpflegung hat Frucht getragen.

Heute haben wir weniger gut genährten, aber anspruchsvolleren Magdeburger nun dem Haus schon ein etwas anderes Gesicht gegeben. Was von unserem eigenen Kram noch vom gestrigen Einzug her im Wege stand, ist im Keller verschwunden. Eine Reihe von meist jüdischen Frauen und Burschen haben gescheuert und geputzt. So ist ein großer Teil der Räume schon ein bißchen menschlich geworden. Leider werden die großen Bettgerüste nicht völlig verschwinden können, da wir bis zum Eintreffen der Rekruten nicht mehr genügend anfertigen können und ja aus Mienia nur einen Teil mitgebracht haben. So sieht die Sache nicht mehr ganz so hoffnungslos aus wie gestern abend, als ich meinen bisherigen Gefreiten, mit dem ich mich ein bißchen angefreundet habe, zum erstenmal in sein ebenerdiges Schlafloch kriechen sah. Einen plötzlichen Aufbruch noch in dieser Woche wird es also wohl nicht mehr geben.[…]

Heute hatten hier alle Klatschtanten wieder Oberwasser. Gerüchte über einen Luftangriff auf England, Zusammenkunft zwischen Führer und Duce, Friedensverhandlungen in Paris schwirrten durcheinander und niemand wußte eine Quelle zu nennen.[219] Es rächt sich, daß wir so ganz von Zeitung und Rundfunk getrennt sind. Hoffentlich kommt die Post zum Fest heran.[…]

[81.]
Mittwoch in der Karwoche 1940 [20. März]

seit beinah acht Tagen sind wir nun ohne Post. Heute erreichte uns die Nachricht vom Sturz der französischen Regierung; aber wir wissen nichts Näheres. Vermutungen umgeben uns, bei denen die Sehnsucht heimzukommen allzu deutlich den Anstoß gegeben hat. Es ist eine ungemütliche Woche. Nur das heilige Geschehen bleibt stumm.

Unser Kompanieführer hat sich weithin durchgesetzt. Es hat Raum für uns geschaffen. Und so wird wieder fieberhaft gearbeitet. Die großen Pritschen sind aus den meisten Stuben schon verschwunden. Das alte Stroh ist herausgeschafft. In einer Reihe von Zimmern stehen bereits die Betten, die wir mitgebracht haben. Andere haben wir hier vorgefunden. Auf unseren Zimmern stehen jetzt neue Betten, wie sie für den Arbeitsdienst und seine Baracken in der Heimat angefertigt werden. Heute sind die Rekruten in Detmold in Marsch gesetzt worden. So wer-

---

[219] Am 16. März 1940 wurde ein Luftangriff auf den britischen Flottenstützpunkt Scapa Flow geflogen, dessen Erfolge zunächst falsch eingeschätzt wurden. Kriegstagebuch der Seekriegsleitung 1939-1945. Im Auftrag des Militärgeschichtlichen Forschungsamtes hrsg. von Werner Rahn u.a., Teil A, Bd. 7 (März 1940), Herford 1989, S. 66. Hitler und Mussolini trafen sich am 18. März 1940 am Brenner. Am 20. März trat der französische Ministerpräsident Éduard Daladier zurück und Paul Reynaud bildete eine neue Regierung.

den sie am Karfreitag oder am Sonnabend hier eintreffen. Immerhin ist doch alles nun leidlich menschlich, und wenn bis morgen abend so weitergearbeitet wird, finden die Leute wenigstens Bett, Tisch und Bank vor. Ich habe nicht mitzuarbeiten brauchen. Die Kompanie hat 110 Bücher aus der Rosenbergsammlung[220] bekommen, und ich habe sie katalogisiert und eingeschlagen. Es ist manches ganz Ordentliches darunter: Keller, Freytag, Fontane, Schaeffer von Ausländern Flaubert, Jacobsen, Björnson. So brauchst Du an Unterhaltungslektüre nichts zu schikken.

Gestern war ich gegen Abend eine Stunde in der Stadt. Es ist auch hier wieder so: die ländlichen Außenstraßen mit den vielfach strohgedeckten Blockhäusern sind zu ertragen in aller Ärmlichkeit, weil sie das Bodenständig-Gewachsene nicht verleugnen. Dagegen wirkt der Markt wie eine Parodie auf eine mitteleuropäische Stadt mit den armseligen Häusern und Geschäften. Um so erstaunlicher wirkt dann die mächtige Kirche. Es ist ein modern-gotischer Bau aus gelblichen Ziegeln. Aber die Flächen sind groß und ruhig und das Ornament maßvoll, so daß der Eindruck nicht ungünstig ist. Das Innere habe ich nur im Dämmer[licht] des Abends gesehen. Ein feierlicher, schlichter Raum, in dem der Schmuck sparsam ist, weil die Mittel erst langsam und spärlich geflossen sind. Die Kirche ist auch noch nicht fertig ausgebaut. An der Turmseite verdecken mächtige Verschläge die nicht ausgebauten Fenster, und ein schon grau gewordenes Gerüst steht herum. Die Kirche sieht über die Häuser des Fleckens und die überschwemmte Niederung der Kosówka zu den sandigen Hügeln hinüber, auf denen auch unsere Schule steht. Die gelbe Erde kommt immer breitflächiger heraus. Die Sonne leckt über Mittag den Schnee auf. Aber in der letzte Nacht hatten wir wieder minus fünfzehn Grad. Westlich [von] Warschau steht das Land, wie ein Urlauber erzählte, weithin unter Wasser. Wir sind nun hier doch wirklich an der Scheide zum Osten Europas hinüber.[…]

[82.]
Kosów, den 22. März 1940 Karfreitag

[…] Um ¼ sechs nachmittags sind unsere Rekruten gekommen: Westfalen aus den Kreisen Lemgo, Lübbecke und dem Lippeschen. Es sind meist Arbeiter und Schlosser, Schuhmacher usw. Sie sind vielleicht beweglicher als die Bayern. Jetzt natürlich müde und noch nicht ganz beieinander. Leider habe ich meinen menschlich so anständigen Gefreiten verloren. Er führt jetzt selbst eine Gruppe. Sein Nachfolger ist gleichgültig und rechthaberisch. Ich werde ihn ziemlich links liegen lassen. Mitzuarbeiten brauchte ich nicht. Aber bei der Unruhe im Haus, war auch sonst nichts anzufangen. So bin ich froh, daß wir nun wieder in Gang kommen.

Es sollte heute Gottesdienst mit Abendmahl sein. Aber im letzten Augenblick wurde er wieder abgeblasen. Nun werden wohl auch die nächsten Tage im angespannten Dienst und unfestlich vergehen. Hier ist ja nicht einmal eine Kantine oder dergleichen, die wir mit der Gruppe aufsuchen könnten. […]

---

220 Sammlung von Büchern für die Wehrmacht durch die NSDAP, bezeichnet als »Alfred-Rosenberg-Spende für die Wehrmacht«. NSDAP/Reichsleitung an Adjutantur des Reichsleiters Alfred Rosenberg, 15. März 1940. Bundesarchiv Berlin. NS-8/247, Bl. 116.

[83.]
Ostersonnabend 1940 [23. März]

[...] Wir hatten heute den Besuch des Regimentskommandeurs, und dann hat sich der Major freundlich von uns verabschiedet. Wir denken, daß er jetzt das Regiment erhält, wissen aber noch nichts von dem, was heute besprochen worden ist. Doch scheint es, als sollten wir uns hier für längere Dauer einrichten. Ich überlege wieder einmal, wie ich der Freizeit ein bißchen mehr Inhalt geben kann, gerade weil sie so begrenzt ist. Aber ich bin des Lesens ziemlich müde. Wenn ich wüßte, was in Frage kommt, würde ich gern etwas Militärisches lesen. Aber was ich gesehen habe, ist so sehr spezialistisch, daß es auch keine Freude macht. Ich habe mir jetzt von Holtermann Dacque »Das verlorene Paradies« und York von Wartenburg Tagebuch der italienischen Reise bestellt.[221] Das Romanlesen ist doch eine allzu saftlose Angelegenheit. An das Militärische hatte ich für den Fall gedacht, daß ich doch in absehbarer Zeit noch wieder vor andere Aufgaben gestellt werde. Es fehlt mir da viel an einfachem Wissen. Nun ich werde weiter sehen.

Und nun ist Ostern. Ich möchte die Gedanken gern ganz auf die Botschaft von Ostern sammeln. Erinnerst Du Dich noch an jene Osterpredigt, die wir einmal in Potsdam in der Garnisonkirche gehört haben? Ich erschrecke manchmal, wenn ich spüre, wie sehr alles Irdische und Ideelle, das der Pfarrer damals an Ostern hängte, – Auferstehung der Natur, des Volkes – für mich jetzt unwesentlich geworden ist. Ist das nur die Überspannung dieser Monate oder wird das auch in Zukunft so bleiben? All das muß sich nun erst zeigen, wenn wir wieder in normalen Zeiten leben. Ich verstehe sehr gut, daß Du von Schulze schreibst, er habe sich während seines Urlaubs ganz zurückgezogen. Aber nimm das alles nicht tragisch. Die menschlichen Dinge bleiben unverrückt und gewinnen nun gerade ein neues Gesicht.[...]

[84.]
29. März 1940

[...] Es ist, als ob das Tempo jetzt noch mal so rasch werden sollte. Zu unserer Freude hat sich aber der Kompanieführer dabei gestern die Sehne gezerrt, als er uns etwas ganz Besonderes vormachen wollte. Wenn man sieht, wie die Leute überfordert werden, ohne daß wir etwas daran ändern können, dann wird man eben doch einmal wild und gönnt den Verantwortlichen alles Schlechte.

Auf das Einzelne einzugehen, ist mir heute schwer möglich. Heute sind noch fünf Offizieranwärter auf unsere Stube hinzugekommen, die zum Teil einen ziemlich großen Mund haben. Da ist noch weniger an Ruhe zu denken als bisher. [...]

Von Franz war ein ausführlicher Brief in dem Päckchen. Auch er überschätzt doch wohl das Ergebnis dieser polnischen Zeit für unsereinen. Ich schicke Dir den Brief ebenso wie den von H[anna] St[ephan] in den nächsten Tagen. Ich habe

---

[221] Edgar Viktor August Dacque: Das verlorene Paradies. Zur Seelengeschichte des Menschen, 1938; Graf Paul Yorck von Wartenburg: Italienisches Tagebuch, hrsg. von Sigrid von der Schulenburg, Leipzig 1939.

das Gefühl, daß H. St. meine Magdeburger Arbeit ebenso übersteigert wie Franz meine hier. Es ist doch im Grunde ein sehr mühseliges Sichdurchquälen von Tag zu Tag, in und außerhalb des Dienstes. Eine weitere Beförderung wünsche ich kaum. Denn es kommt dann doch die Versetzung zu anderen Truppenteilen, vielleicht doch auch nach Döberitz.[222] Das Beste wäre wirklich, es würde jetzt nicht mehr lange dauern. Denn die Vorräte an Kraft sind doch eines Tages aufgebraucht. Die neuen Offizieranwärter bringen auch wieder den uns fremdgewordenen angeberischen Ton mit sich. Sie haben in den letzten Jahren regelmäßig ihre Übungen gemacht, sind dabei sicher scharf herangenommen worden, aber jetzt erst wieder eingezogen worden. Sie haben eben diese sieben polnischen Monate nicht hinter sich. Das macht sich in der ganzen Haltung geltend.

Das Büchlein aus dem Eckartverlag habe ich noch nicht kennen gelernt. Schick es doch bitte. Daß Frau von T. so kurz gewesen ist, wundert mich nicht weiter. Denn auch Frl. Walther[223] schrieb, daß sie in Schlesien sogar eine vorbereitete Tagung absagen mußten im letzten Augenblick. So ist es jetzt ganz Schluß in Schlesien mit der Arbeit.[…]

[85.]
Kosów, 31. März 1940

nun liegen unsere beiden leichten Tage wieder hinter uns. Gestern die Vereidigung war wieder kurz und schlicht. Gegen Mittag kam dann noch ganz unvermutet der Divisionsgeneral, Freiherr von Wrede,[224] ein sehr angenehm wirkender Offizier nicht vom schnarrenden Typus. Er hat das ganze Gelände sehr genau in Anschein genommen und auch den Gang zur Latrine nicht gescheut. Nachmittags haben wir dann einen netten Spaziergang gemacht. Auch heute sind wir mit der Gruppe fast drei Stunden draußen gewesen. Nun wird mir die Landschaft allmählich vertraut. Es sind weitgezogene, sandige Wellen. Wo die Bauerndörfer liegen, ziehen sich die Äcker in ganz schmalen Streifen hinauf zu den Hügeln. Da und dort steht dürftige Heide. Von der Höhe, auf der wir heute standen, geht der Blick meilenweit über die Sandwellen und die Täler mit ihren Wiesenstreifen und den Bächen, die nordwärts zum Bug hin laufen. Die großen, geschlossenen Waldgebiete gehören zu den Gütern, die nicht allzu häufig sich einzuschieben scheinen. Die Bauerndörfer mit ihren strohbedeckten Holzhäusern fügen sich so in die Landschaft ein, daß sie gar nicht mehr als Fremdes, Hinzugetanes wirken. Und darin liegt der eigene Reiz des Landes, daß es in seiner Kargheit noch ganz ungestört ist von gewaltsamen Eingriffen. Gestern waren wir in einem Bauerndorf, das ganz im Gegensatz zu dem verwahrlosten Städtchen wie ein Stück gewachsener Kultur von eigenem Rang wirkte. Die Blockhäuser, die Zäune da und dort ge-

---

[222] Dort befand sich eine Infanterieschule des Heeres.
[223] Marga Walther war Religionspädagogin in Breslau und Mitarbeiterin an der Tiling-Festschrift.
[224] Theodor Freiherr von Wrede (1888-1973), 1907 Fahnenjunker im Ulanenregiment 5, 1916 Rittmeister, 1917/18 im Generalstab der 226. und 242. Infanteriedivision, 1934 Kommandeur des Reiterregiments 10, 1937 Militärattaché in Budapest, 1939 Kommandeur der 393. Infanteriedivision, 1940 Kommandeur der 290. Infanteriedivision, 1942 verwundet und 1944 verabschiedet. BA-MA, MSg109/10854.

schnitzt, gestrichen. Die bodenständige Form noch nirgends verletzt. Auch die Menschen gehalten und sauber.

Daneben dann immer wieder das unfaßliche Elend. Heute kamen wir am Judenfriedhof vorbei, an dem neuen, gegenwärtig benutzten. Der alte liegt uns gegenüber mit verwitterten Steinen. Am Rande wird Sand abgefahren. Da rollen die Knochen herunter in die Grube. Auf dem neuen stehen die oben abgerundeten Steine mit primitiven Bildern am oberen Ende: der siebenarmige Leuchter, Löwen, die zwischen sich das Gesetz halten. Gräber sind nicht zu erkennen. Frisch behackte Kiefernstümpfe stehen zwischen den Stein[en] »Die Polaken aus dem Nachbardorf haben den Wald im Winter abgeschlagen.« Jetzt hockt das armselige jüdische Volk zwischen den Steinen und liest die Zweige zusammen. Am Wege saßen eine ältere Frau mit einem jungen Mädchen neben einem Packen, stumpf, ohne Ausdruck, als wir vorübergingen. Die Rekruten waren betroffen. Anders unsere Offizieranwärter.

Es sind zwei Lehrer und ein Handelsschuldirektor dabei. Dazu ein SS-Mann (Zeichner in einer Flugzeugfabrik) und ein etwas älterer Werkmeister. Es ist nun ganz der Typ des neuen Mittelstandes. Nationalsozialistisch bis auf die Knochen; soweit sie sich äußern, gottgläubig. Wenn sie erzählen, dreht es sich um ihre Übungen und das, was sie dabei geleistet haben; vor allem aber um die Kneipereien, die dabei eine große Rolle gespielt haben. Also im ganzen ein ganz neuer Typ des Reserveoffiziers, der ganz in die Gegenwart hineinpaßt. Sie rechnen darauf, nach Döberitz und dann an den Westwall zu kommen, wenn sie hier einen oder zwei Lehrgänge hinter sich haben.

Ich lege wieder einige Blätter der Frankfurter bei, die mich politisch vor allem interessiert haben. Also steht die diplomatische Arbeit noch immer im Vordergrund. Und ehe nicht im Südosten eine Entscheidung gefallen ist, wird wohl auch im Westen kein Vorstoß erfolgen – wenn Deutschland nicht überhaupt auf den Angriff verzichtet und wartet, bis sich die Westmächte in gefährliche Abenteuer stürzen *müssen*. Hier hat Herrmann die verstärkte Rekrutenzahl für diesen Lehrgang abgebogen. Aber im ganzen wird doch gerade jetzt verstärkt eingezogen, und unserem Straßenbahner ist eben wieder die Reklamation abgeschlagen worden. So hat man den Eindruck, daß man noch immer mit sehr weitgespannten Möglichkeiten rechnet. Ich hoffe, daß ich allmählich auch hier zur Ruhe komme und mich an die nach meinem Empfinden oft völlig verfehlte Art der Erziehung gewöhne, ohne innerlich jedesmal hochzugehen. Jedenfalls grüble ich viel über diese pädagogischen Dinge. Man müßte auch hier vielmehr wissen. Wie z.B. ein Mann wie Gneisenau zu dieser Tradition aus den Zeiten Friedrich Wilhelms I. gestanden hat usw. Das Ganze beruht etwa darauf, daß man die Menschen ständig überfordert, ihre eigenen Initiative auf diese Weise ausrottet, sie so ganz in die Hand bekommt, sie zu hohen Leistungen auf der Grundlage eines blinden Gehorsams bringt und ihnen erst dann ein genau begrenztes Maß von Freiheit läßt, wenn ihnen die ursprünglich aufgezwungene Haltung zur zweiten Natur geworden ist. Zu den Methoden dieser Erziehung gehört z.B. dies, daß man die Forderungen willkürlich ändert, so daß der Mann nie dem Vorgesetzten in der Sicherheit der eigenen Leistung entgegentreten kann. Er hat immer Unrecht und macht es immer falsch. Das Ergebnis ist eine außerordentliche Höhe der durchschnittlichen

Leistung. Andererseits die zersetzende Schlamperei, wo der Druck von oben aufhört, jetzt genau wie 1918. Mir scheint, daß diese Erziehung nur möglich war, wo dahinter der Glaube an den unzerstörbaren jenseitigen Kern alles Menschlichen stand. Da war das Eigentliche des Menschen in seiner Freiheit trotz allem gesichert – auch wenn man den sonntäglichen Kirchgang in 900 von 1000 Fällen zu einem neuen Mittel der Knechtung entwürdigt hat. Aber, wo der Mensch ganz diesseitig wird, wird diese Erziehung unheimlich. Und davor graut mir. Hier läuft die altpreußische Linie – christlich entleert – in den SS-Geist über. Ich würde über diese Dinge sehr gern mit Franz sprechen – ob es nämlich nur Konstruktionen sind – aber die Eindrücke des Tages in ihrer handgreiflichen Realität stehen doch dahinter.

Aber ich will Dich nicht länger quälen. Zeige den Brief bitte niemand, jedenfalls diese Seite nicht. Ich hätte sie vielleicht ungeschrieben lassen sollen, aber man muß sich einmal erleichtern, um dann den Alltag besser überwinden zu können. Er wird morgen sein Recht wieder energisch geltend machen: »Zwei versäumte Tage müssen nachgeholt werden.« Wie schade, daß es noch Sonntage gibt.[…]

[86.]
Kosów, den 2. April 1940

nun sind die ersten Tage der neuen Woche schon wieder vorbei. Der Dienst ist zwar weiter etwas wild. Aber wir fassen uns in Geduld und lassen alles Unvernünftige an uns abgleiten. Meine Leute haben in den letzten Tagen gute Fortschritte gemacht. Ich bin ganz zufrieden, während die anderen schimpfen und behaupten, daß der vorige Schub Rekruten besser gewesen ist. Der Dienst selbst strengt mich nicht übermäßig an. Es war nur in der vorigen Woche der Ärger über allzu viel Sprunghaftigkeit und Meckerei, was uns die Lust genommen hat. Aber jetzt sind die Tage klar und sonnig. Das Land liegt rings um uns in der seltsamen Stummheit dieser Übergangszeit, in der noch kaum ein Zeichen des erwachenden Lebens zu sehen ist. Die Nächte bringen regelmäßig Frost. Die Sterne funkeln über den ganzen Himmel weg. Im Westen leuchtet der Jupiter (?) unwahrscheinlich klar, dort ist die Heimat, wie wir uns alle Tage sagen.

Die Heimat hat auch jetzt an mich gedacht. Hermann Kauba[225] hat sich für die Marken bedankt. Auch von Mang kam ein charakteristischer Brief. Arthur[226] hat auch aus Polen nach seiner Rückkehr geschrieben. Dein schöner Brief vom 2. Ostertag hat mir viel Freude gemacht. Ich bin nun gespannt, wie Dir der Prinz von Homburg gefallen hat. Den Brief von Frl. Stephan schicke ich Dir mit. Sie wird ja keine eigentliche Antwort erwarten. Ich müßte dann doch nur wieder antworten, daß ich die verschiedenen Zeiten nicht in so harmonischem Ausgleich zu sehen vermag. »Die Unmittelbarkeit jeder Epoche zu Gott« gilt auch nur angesichts von Kreuz und Auferstehung Jesu Christi, wie es der Epheserbrief zeigt. Das heißt, daß nur der glaubende Christ »erkennen« kann, wie jede Zeit in Gottes ewigen Plan gehört. »Erkennen«: er glaubt, daß Jesus Christus für die Menschen jeder Zeit gestorben und auferstanden ist. Sehen tut er oft genug nur die

---

[225] Hermann Kauba war der Bruder von Bruno Jarauschs Frau Gertrud.
[226] Mang war ein Bekannter, Arthur ein Vetter von Konrad Jarausch.

tötenden Schatten – und die Notwendigkeit des Kampfes. Aber doch nun nicht so, daß alles in gleichem Dunkel versänke. Es gibt das Licht des Zeugnisses, des Lobes, der Liebe. An ihm zuletzt wird der Unterschied sichtbar, den ich nicht verwischen kann. Aber ich mag von diesen Einwänden nicht schreiben, weil man dann weit[ere] Voraussetzungen aufbauen müßte, um Verständnis zu erzielen. Danke bitte Frl. Stephan herzlich für den Brief in meinem Namen.[…]

[87.]
5. April 1940

Lieber Franz,
[…] Bei uns verschiebt sich die innere Lage augenblicklich, insofern die dienstlichen Anforderungen immer noch gesteigert werden und es dadurch zu manchen Zusammenstössen kommt. Unsere Führung glaubt, die Leistungen immer mehr steigern zu können, dadurch daß alles ständig kritisiert und als unzureichend hingestellt wird und der Dienst verlängert wird. Ich suche mich innerlich vor dem fast unvermeidlichen Ärger freizuhalten, damit die Mannschaften nicht darunter zu leiden haben. Es sind diesmal Westfalen, und es ist reizvoll, die Unterschiede des Temperaments und der Reaktionsweisen zu beobachten gegenüber den Bayern, die wir vorher hatten. Auch die jetzige Mannschaft ist willig und dienstfähig, aber nicht so anschmiegsam und so kindlich. Ich verstehe mich wieder gut mit ihnen.

Die Tage und die Kräfte sind so stark in Anspruch genommen wie bisher noch nie. Meine polnischen Sprachkenntnisse wachsen nicht mehr recht, und auch die sonstige Lektüre kommt nur langsam voran. Schön waren eine Reihe von Spaziergängen in die Landschaft mit den Rekruten Sonn- und Feiertags. Wir hatten bereits ein paar sonnige Tage, die mich mit dem armen, dürftigen Land ausgesöhnt haben. Aber jetzt schneidet der Ostwind wieder richtig bei Dienst, während die Temperaturen um null Grad herum lieben. So regt sich in der Natur noch nichts. Aber wenn die Luft klar ist, dann baut sich die Landschaft in großen Wellen auf. Nasse Wiesen in den Senken mit Erlenreihen und sandige Hügel mit kümmerlicher Saat und Kiefernheide, das ist eigentlich der ganze Vorrat an Formen, den die Natur hier zur Verfügung hat. Aber es genügt, um eine schwermütige Weite zu schaffen, die mich verwandt berührt. Ich freue mich immer, wenn es hinaus ins Gelände geht. Morgen ist Ausmarsch und Sonntag wohl wieder der übliche Ausgang. Das Eigentlich-Lähmende sind hier die Menschen, jedenfalls in der Stadt, wo das Judentum zwangsweise durch die Ausweisungen aus dem Westgebiet verdoppelt ist und in entsetzlichem Schmutz und Elend haust.[227]

So schlagen wir uns weiter durch. Von nahem gesehen ist dies alles so wenig heroisch. Wir reiben uns an der Strenge des Dienstes, an dem Mangel jedes Lebensgenusses, den nicht die Heimat unmittelbar uns schickt, an den ungünstigen Urlaubsverhältnissen (wenn ich hier bleibe, ist vor dem Sommer gar nicht daran zu denken, und auch dann nur sieben Tage). Dazu drückt uns das Ausbleiben des

---

[227] Die polnischen Juden aus den eingegliederten Gebieten wurden in das Generalgouvernement abgeschoben. Anfang 1942 lebten noch rund 3800 Juden in Kosów. Nach Golczewski, Polen, S. 452.

hier allgemein erwarteten Angriffs auf England stärker als man zugeben will. Die diplomatischen Verhandlungen, auf die Du hinwirkst, haben ja bei aller Wichtigkeit nicht die überzeugende Kraft, die einem kriegerischen Erfolg innewohnt. Ich bin sehr froh, daß ich wenigstens *sub specie aeternitatis* an den Sinn dieser Monate glauben kann. Stark ist die Kritik an den Überresten alten Geistes bei den Vorgesetzten unter nationalsozialistischen Gesichtspunkten. »Sie haben da angefangen, wo sie 1918 aufgehört haben.« So ist die Stimmung bei den Kameraden.[…]

[88.]
Kosów, den 7. April 1940

[…] Es ist doch wirklich wie eine übermächtige Gewalt, der die Menschen verfallen. Das Eigenartige daran ist, wie es sich generationsmäßig äußert. Die älteren Kameraden sind im Grunde tolerant. Das hat sich heute geäußert, als der erste Feldgottesdienst seit Weihnachten war und die Rekruten nicht hingehen durften, weil Appell war. Da hat sich auch bei denen, die nicht der Kirche angehören, Entrüstung geregt, und zwar sachliche. Bei den jüngeren ist dann die ganz andere Haltung herrschend, die Intoleranz in jeder Beziehung – zur Kirche, den Juden gegenüber. Die einfachen Leute wie unsere Rekruten jetzt, sind davon noch nicht erreicht. Das konnte ich heute bei unserem Nachmittagsspaziergang den Polen gegenüber beobachten. Ich glaube nicht, daß es ein anderes Mittel gegen solches Verfallensein gibt als Gebet und Zeugnis in ganz ernstem, überweltlichem Sinn. Denn es handelt sich hier doch eben nicht um »geistige« Mächte im idealistischen oder gar im aufklärerischen Sinn. Das wird einem doch jetzt aus dem Leben heraus ganz deutlich, und diese Erfahrung ist wichtiger als jede Theologie, an die wir uns viel zu lange gebunden haben. An dieser *kirchlichen* Aufgabe werden wir immer mithelfen können, auch wenn die Zeit oder Kraft zur eigentlich-theologischen Mitarbeit in Zukunft fehlt. An Gelegenheit zu menschlicher, christlicher Bewährung wird es nicht fehlen. Wie weit wir dann auch an der anderen Aufgabe noch weiterarbeiten können – nämlich an der geistigen Durchdringung der Lage und der präziseren Formulierung der methodischen Aufgaben – ist gar nicht das Entscheidende. Deshalb ist es doch wohl sinnlos, im Augenblick die Gedanken krampfhaft darauf zu zwingen. Zeigt sich die Aufgabe nach dem Ende des Krieges von neuem, werden wohl auch praktische Wege sich bieten, die jetzt sich öffnenden Lücken (an ausfallender Lektüre und dgl.) zu schließen.

Diese ruhigere Sicht auf die Dinge ist die Frucht des heutigen Gottesdienstes und Spazierganges. Der Gottesdienst fand vor etwa fünfzig Soldaten in der katholischen Kirche statt. Es hatte etwas Rührendes, wie das Altartuch über eine Kiste gebreitet und Leuchter und Kruzifix darauf gestellt wurden. Unter den Gewölben hallte der Gesang mächtig wider, und auch die Predigt über den Hauptmann von Kapernaum[228] traf an wirkliche Fragen, wenn auch zu ausgleichend und zu apologetisch. (Soldatenberuf und Christenglaube innerlich verwandt, Glaube als Kraft der Kameradschaft und der Volksgemeinschaft). Der Geistliche war dann

---

[228] Matthäus 8, 5-13.

noch eine kurze Zeit auf den Stuben. Aber die Leute mußten zum Mittag, und so kam es zu keinem rechten Gespräch. Richtig frei geworden bin ich dann doch erst bei unserem Spaziergang in schöner Sonne – und der Ostwind war scharf und rauh. Wir haben wieder Eier eingekauft. Es macht immer Spaß, auf die polnischen Höfe zu gehen und in die Stuben hineinzugucken. Der Hausrat ist überall sehr bescheiden, aber Sauberkeit und Ordnung sind recht verschieden. Manches Zimmer ist recht ansprechend mit grünen Pflanzen und sauberen Fußboden und Betten. Da und dort wird gesponnen, das Garn selbst gefärbt und gewebt. Die Leute waren meist freundlich. Viele haben uns gleich die Hand entgegengestreckt. Sie wollten zum Teil kein Geld nehmen. Wir haben dann Zigaretten ausgetauscht. So habe ich zehn Eier da zu liegen für 47 Pfennig und eine Schachtel Juno.[229] Der Boden ist nicht überall gleich trostlos. Gestern hatten wir unseren Ausmarsch zu kiesigen Höhen, wo die schmalen Ackerstreifen mit Steinen übersät waren. Am Fuß der Höhe lagen Flugsandflächen, wo der gelbe Sand vom Wind gewellt war wie an der See und die jungen Kiefern sich nur mühselig behaupteten. Das Dorf am Fuß dieser Höhen war wirklich trostlos armselig. In der Richtung, die wir heute durchstreift haben, war alles reicher und wohnlicher: die Gehöfte, der Wald; hier lagen auch Obstgärten um die Höfe herum. Das Land lag in der Sonne im Wechsel der Kiefernwälder und der doch nun schon leichtgrünen Saaten wie ein Stück märkischer Heimat vor uns. Es war wie in den Osterferien hinter Rehfelde. Auch die Leute tauten bei ihren Abenteuern auf den polnischen Höfen auf und wurden gesprächiger. Um halb fünf waren wir wieder zu Haus. So haben wir noch ein paar Stunden willkommener Ruhe. Denn die Woche wird wieder viel Anstrengungen bringen.[…]

[89.]
9. April 1940

ich denke mir, daß Ihr in Köln erregt am Rundfunk sitzt und die Nachrichten erwartet, aus denen sich die erste Antwort auf die Frage erraten läßt: Was wird England nun tun?[230] Zu uns dringen nur wenige Bruchstücke; aber sie haben genügt, um auch bei uns alles zu elektrisieren. Persönlich hat mich die erste Nachricht tief getroffen. Damit ist nun das alte Europa (»Europa oder die Christenheit«) endgültig zu Ende gegangen. Das Ausgreifen nach dem Osten konnte ja immer noch im Zusammenhang kontinental begrenzter, an die Überlieferung anknüpfender Reichsgedanken verstanden werden. Jetzt aber nimmt Deutschland den Kampf um die Weltherrschaft auf. Es zeigt sich dabei zugleich die merkwürdige geschichtliche Gebundenheit des Nationalsozialismus auch in dieser außenpolitischen Beziehung. Der Imperialismus lebt auf.

Franz wird die Tage positiver sehen, als ich es vermag. Darum will ich mich kurz fassen und meine Befürchtungen – nicht in militärischer Beziehung – zurückhalten. Was soll ich Euch das Herz schwer machen und den Kopf verwirren. Ohne daß ich ein richtiges Gespräch aufnehmen kann.[…]

---

[229] Zigarettenmarke.
[230] Am 9. April 1940 landeten deutsche Truppen in Norwegen und Dänemark.

[90.]
11. April 1940

um die Sache zu erledigen, möchte ich gleich mit dem Badeofen beginnen. Ich nehme das nicht weiter tragisch, soweit es sich um die »Beamtenbeleidigung« handelt. Wer weiß, wie lange der betreffende Herr sich seines Daseins im Kloster erfreut. Nun weiß ich ja auch nicht, ob Du noch mit den beiden Mei(y)ers sprechen konntest. Vielleicht ist alles längst in Ordnung gebracht. Ich habe an sich wenig Zutrauen zu einer kostspieligen Reparatur bei dem alten Ding, das schon immer so schlecht gebrannt hat. Läßt sich nicht vielleicht eine Einigung über einen neuen herbeiführen? Mit Zuzahlen. Aber vielleicht gibt es auch gar keine zur Zeit. Oder man müßte einen Warmwasserspeicher in die Küche nehmen und sich damit behelfen, wenn der leicht abmontiert werden kann. Denn an eine Versetzung muß man doch immer noch denken. Sind inzwischen die fünfzig Mark in Deine Hände gelangt, die ich nach Hennigsdorf geschickt habe? Dann hättest Du ja einen gewissen Grundstock in der Hand, über den Du verfügen kannst. Aber mach es nur, wie es Dir richtig erscheint.

Wie mag es nun in Köln aussehen? Wie geht es Lene? Leutnant Sachse sprach mich gestern darauf an, daß seine Frau Dich bei Frl. Caspar kennen gelernt hätte. Du hattest Dich über den mangelnden Urlaub beklagt. Es ist jetzt so, daß von der Kompanie (siebzig Mann altes Personal etwa) wöchentlich nur zwei Mann fahren dürfen. Bis zum 20. Mai sollen überhaupt nur Landwirte fahren. Über diese Bestimmung setzt der Kompanieführer sich hinweg wegen der besonderen Verhältnisse bei uns. Während der Ausbildungszeit soll überhaupt niemand von den Ausbildern fahren. Dabei schließen die Kurse diesmal unmittelbar aneinander. Ende der kommenden Woche – am Sonnabend wahrscheinlich – gehen die alten; am Sonntag kommen die neuen Rekruten. Dazwischen steht dann vielleicht noch der Umzug, über den übermorgen entschieden wird. Du siehst, es sind im Augenblick ganz geringe Aussichten für uns, während die Offiziere ihre Termine natürlich festgelegt haben. Leutnant Sachse ist eben gewesen. Leutnant Schulze fährt jetzt, Leutnant Herrmann zu Pfingsten. Es hat ja keinen Sinn, dem etwas hinzuzufügen.[…]

[91.]
Kosów, den 14. April 1940

[…] Im ganzen haben wir heute doch etwas Ruhe. Sie ist auch sehr nötig. Ich bin ziemlich abgekämpft. Und von uns Unteroffizieren, die wir von Anfang zusammen waren, sind schon wieder zwei krank. So treten die neugekommenen Offizieranwärter mehr hervor. In acht Tagen werden weitere Unteroffiziere zu uns kommen, nachdem jetzt feststeht, daß zum 23. April 230 Rekruten zu uns stoßen. Aber dazwischen steht noch die Besichtigung. Es ist diesmal alles innerlich so anders. Niemand sieht ihr mit besonderem Ehrgeiz und dem Wunsch, etwas zu leisten, entgegen. Die falsche Anlage des Lehrganges hat dazu geführt, daß nichts richtig sitzt; und die Vorwürfe, die daraufhin auf die Unteroffiziere niedergeregnet sind, haben alle Freude getötet. Dafür haben wir weiter allerhand Besonderes unternommen, was über den Rahmen der Grundausbildung hinausgeht, so vorgestern einen Ausmarsch mit Zeltaufschlagen und Essen aus der Feldküche unterwegs. Ich habe diese Unterbrechung nicht recht genießen können, weil ich mir in dieser Woche zum erstenmal in der ganzen Zeit Füße und Beine verdorben habe. Aber der Einblick in die Landschaft war doch schön. Viel Heide und Ödland mit offenen Wasserstellen, braunem Wacholder und niedrigem Kiefergebüsch. Dazwischen einsame Dörfer. Ganz interessant im Vorbeimarschieren der Blick auf ein neuerbautes hölzernes Schulhaus, vor dem außer Kindern auch Lehrer und Lehrerin oder Lehrersfrau standen von einer seltsam schlampigen Intellektualität mit Hornbrille, langen Haaren bzw. Bubikopf, wirklich wie eine allzu billige Karikatur inmitten der ursprungsnahen Stadtferne der Bauernhöfe. Merkwürdig berührt mich auch immer wieder das Fehlen der Dorfkirchen. Ein paar – zum Teil wenig gepflegte – Heiligenkapellchen und die großen Holzkreuze sind die einzigen Anbetungsstellen. Dafür pilgert dann Sonntags alles in die Stadt. Aber warum hat die Kirche hier in diesem Bauernlande die ursprüngliche Ordnung der polisbeherrschten Mittelmeergebiete festgehalten? Oder ist sie über die Anfänge der Organisation nicht hinausgediehen?

Diese Einblicke in das mehr bäuerliche Leben, so sehr sie am Äußeren hängen bleiben mögen, haben den Wunsch verstärkt, doch wieder einiges »Polnische« zu lesen. Im Mickiewicz komme ich ja leider zu wenig voran. Kannst Du mir jetzt wohl aus Köln einmal Reymonts »Bauern« schicken? Lene hat es mir einmal angeboten. Zu der ursprachlichen Lektüre der Chlopoy[231] werde ich ja doch nie kommen.

Seit einigen Tagen lese ich mit großem Genuß Yorcks von Wartenburg »Italienisches Tagebuch«. Es enthält zum Teil nur Aufzählungen, zu deren Verständnis man viel Abbildungen brauchte. Dazwischen stehen sehr reife Urteile über den Katholizismus, Rom als Geschichtsmacht usw. aus einer Haltung heraus, die das innere Luthertum am Ende des 19. Jahrhunderts noch in einer erstaunlichen Lebendigkeit zeigt. Es ist eine richtige Herzstärkung. Man fühlt wieder den Atem einer geistigen Welt, die bei höchster ästhetischer und geschichtlicher Empfänglichkeit zugleich von einer männlich-klaren religiösen Verantwortlichkeit getragen wird.[…]

Die Nachricht von dem Ausfall des Religionsunterrichts hat auch mich sehr bewegt – ebenso wie Dein Bericht über das Gespräch mit Frau Schulze. Da werden wir auch persönlich nicht allzu sehr mit Magdeburg in Zukunft rechnen dürfen. Für mich persönlich haben diese Nachrichten – vielleicht zusammen mit den immer zahlreicher werdenden Wochen die Folge, daß sich alle bestimmten Zukunftsbilder und Pläne auflösen, zumal ja auch der Krieg selbst ebenso ein überraschendes Ende finden wie sich lange hinziehen kann. So müssen wir dem Tage leben. Ich selbst freue mich über jede Nachricht von Dir, die mir zeigt, daß Du auch fest zufaßt und die Aufgaben annimmst, die sich bieten. Nichts wäre unbefriedigender, als sich nur auf das Warten einzustellen. Darum habe ich mich auch über die Missionswarenstellung *sehr* gefreut. Vielleicht hast Du inzwischen schon einen ausführlicheren Bericht geschrieben. […]

---

[231] Chłopi, »Die Bauern« von Wladislaw Stanislaw Reymont.

[92.]
18. April 1940

[…] Die Besichtigung hat heute von acht bis halb ein Uhr gedauert. Es war völlig anders als das letzte Mal. Der Divisions- und der Regimentskommandeur waren da. Jede Gruppe wurde in der formalen Grundausbildung und dem Felddienst vorgenommen. Dann gab es noch Unterricht in den Zügen. Ergebnis: das Exerzieren gut, die Felddienstausbildung noch nicht ausreichend. Die Gruppenführer müssen erst selbst noch vorgenommen werden. Das soll in den Tagen bis zum Eintreffen der neuen Rekruten geschehen. Mit den erhofften Ruhetagen wird es also nichts sein. Das Ganze ist nur verständlich, wenn die jüngeren Jahrgänge unter Umständen im Erstfall eingesetzt werden sollen. Aber dann brauchte man andere Ausbilder dazu.

So hat der Krieg für uns hier ein neues Gesicht bekommen, und das ist gleich die Antwort auf Deine Frage, ob ich das Leben jetzt als eine Bereicherung empfinde. Es ist im Augenblick so hart, daß wir gar nicht so fragen können. Wir stehen vor einer Aufgabe, die wir so, wie sie gestellt ist, nicht lösen können. Und können uns ihr auch nicht entziehen, weil infolge der fehlenden Wehrpflicht in den Nachkriegsjahren ausgebildete Unteroffiziere fehlen. Jede geistige Durchdringung der eigenen Lage, aus der dann ja immer auch das Gefühl der Freiheit entsteht, hört auf. Statt dessen spürt man ein Verfallensein an ein unabwendbares Schicksal. Ich empfinde da – ob mit Recht? – den Gegensatz zu Franzens und Lenes Kölner Atmosphäre sehr stark. Vielleicht würde sich allerdings Franz mit seiner kräftigeren Natur auch hier die geistige Freiheit, die kritisch über den Dingen steht, in anderer Weise behaupten. Bei mir hat das Exerzieren alten Stils gut geklappt, auch die Tage vorher bei den vielen Vorproben durch den Kompanieführer und der Vorbesichtigung durch den Oberstleutnant. Aber im Felddienst weiß ich nicht genug, weil mir alle Grundlagen und Ausbildung fehlen, und ich bin dann unsicher. Dazu kommt die körperliche Müdigkeit. Aber ich verzweifele deshalb nicht. Es wird von Tag zu Tag weitergehen. Und wenn ich einmal ernsthafte Schädigungen spüren sollte, melde ich mich krank. Eines Tages wird auch diese Quälerei zu Ende sein.[…]

[93.]
Ohne Datum [19. April 1940]

Du wirst verstehen, daß ich das Bedürfnis habe, Dir den beiliegenden Brief,[232] den ich heute erhalten habe, zu schicken. Mich hat lange kein Brief von fremderen Menschen so bewegt wie dieser. Ich bin sehr froh, daß ich dem Schreiber einen solchen persönlichen Dienst leisten konnte. Lektüre des Buches und eigenes Schreiben liegen ja schon länger zurück. Ich stand damals noch ganz unter dem Eindruck des in und um Lodz Gesehenen, und dann wirkten die trostlosen Weihnachtstage nach. So war ich wohl besonders aufgeschlossen und bereit.[…] Daß der Brief gerade heute gekommen ist, wo die gestrige Anspannung nachwirkt und die Aussicht auf angespanntes Exerzieren am morgigen Geburtstag des Führers

---

[232] Dieser Brief ist nicht erhalten.

besteht! Ich war heute früh bei dem Vertreter von Dr. Petri, der wieder auf Urlaub ist, und habe mir das Herz untersuchen lassen. Es war nichts Neues: leichte Erweiterung des Herzens, ganz leichte Störung des Kreislaufs, davon Schwäche des Herzens. Kalte Umschläge nachts, Tropfen, die aber nicht da waren, wenig Flüssigkeit.[…]

Leb wohl. Heb den Brief bitte gut an bestimmter Stelle auf, damit er nicht in unrechte Hände geraten kann. Ich weiß noch nicht, in welcher Weise ich darauf antworten soll.

Die Sehnsucht ist sehr wach nach wirklicher Verantwortung an einem gemäßen Platze. Auch ihre Erfüllung liegt in Gottes Hand. Wenn wir richtig darum beten könnten. […]

[94.]
26. April 1940

[…] Leicht ist diese Woche nicht gewesen. Es ist wohl die erste seit langen Jahren, in der ich außer den Losungen, den Bezzelandachten und den Ausbildungsvorschriften nichts gelesen habe. Es gibt immer Neues. Unsere freie Stunde, in der die Rekruten Unterricht haben, ist ausgefüllt mit Belehrungen durch den Kompanieführer. Abends geht der Dienst bis viertel acht. Dazu wird unsere Eskaladierbahn[233] immer noch ausgebaut. Ich war Donnerstag wieder zum Arzt, weil er mich bestellt hatte. Er meinte, daß sich das Herz etwas gebessert habe, doch soll ich noch weiter Baldriantropfen nehmen. Ich schreibe das zugleich als Antwort auf Deine Frage wegen des Offizieranwärterkurses. Ich tue in der Hinsicht nichts, was die Strapazen erhöhen könnte, weil ich an die Zukunft denke. Werde ich geschickt, dann nehme ich mich zusammen. Wir haben nun doch eine gewisse Vorstellung von dem, was Feldleben bedeutet. Und da muß ich sagen, daß wir für dieses Leben nicht mehr in Frage kommen. Ich denke mir die Zukunft so, daß wir alle abgeschoben werden, wenn die Verjüngung unseres Regiments durchgeführt ist. Denn wir können doch nicht mehr so wie die Fünfundzwanzigjährigen. Daran ist nichts zu ändern. Und die alten Regimenter existieren bald nicht mehr, wo wir ein geruhiges Leben zunächst als Feldwebel führen könnten. Ich denke, daß man uns im Juli etwa in weiter westlich gelegene Regionen abschiebt, und dann würde ich doch überlegen, ob nicht eine Reklamierung in Frage kommt. Vorausgesetzt immer, daß der Krieg seinen schleichenden Charakter behält. In dieser Rechnung sind viele unsichere Posten. Manches kann ich Dir auch nur mündlich auseinandersetzen. Es ist hier alles andere als leicht mit dem Offizierwerden. Von den an den 20. April geknüpften Erwartungen ist bisher keine erfüllt worden.[234] Es sieht hier eben doch manches anders aus als bei den Westtruppen, soweit diese in guten Privatquartieren liegen. Die vorderen Stellungen nehme ich natürlich aus.

Ich weiß überhaupt nicht, ob wir nicht doch nun endgültig auf einen Lebensstil verzichten müssen, wie er etwa durch die Stichworte Offizier [=] Universität

---

[233] Hindernisbahn zur Ertüchtigung.
[234] Hitlers Geburtstag, der offenbar mit Hoffnungen auf Beförderung verbunden war. Nach einem Erlaß des OKW vom 29. September 1939 sollten Beförderungen zum 1. April/Mai am Geburtstag Hitlers erfolgen. Vgl. Absolon, Personalwesen, S. 232.

angedeutet ist. Hoffentlich verstehst Du mich recht. Ich bin gar nicht müde und resigniert. Aber davon müßte man wohl auch mündlich reden. Es ist eben die sehr ernste Frage, ob die Kraft zu einer gesammelten Leistung ausreicht. Hier wie im Geistig-Beruflichen, die die äußere Anerkennung erzwingt.

Über die Bilder freue ich mich sehr. Schade, daß es bei einer Reihe der Bilder schon zu spät gewesen ist. Der eine Film mit der Frau stammt nicht von mir. Eine rätselhafte Sache. Ein Kamerad meinte, daß aus den anderen Filmen noch mindestens zum Teil etwas zu machen sein müßte. Hebe darum bitte Bilder *und* Filme auf. Ich habe noch zwei Filme hier und will nun sehen, daß ich noch ein paar charakteristische Motive erschnappe. […]

[95.]
28. April 1940

[…] Wir haben einen wunderschönen Spaziergang zusammen gemacht durch das Tal der Kosówka, das nördlich benachbarte Dorf und dann auf die Felder hinaus. Auf den Hügeln dort zwischen den Saaten stand eine Eiche, auf die wir hinauf-geklettert sind, um den Bug zu sehen. Von ihrem Fuß hab ich das Himmelsschlüssel mitgenommen. Nach den Regentagen war die Luft wieder unglaublich klar. Die weiten Wellen des Landes mit Feld und Wald lagen um uns in der Stille, die so wohltuend ist nach dem Geschwätz der Unterkunft und der Anspannung des Dienstes. Es gab unterwegs manches Interessante. Wir haben uns die Schulklasse in dem Dorf aufschließen lassen. Dort trafen wir einen ausgewiesenen Gastwirt aus Obra bei Wollstein[235], der uns sein Schicksal erzählte: Geborener Posener, zwei Jahre Soldat vor dem Krieg, vier Jahre Weltkrieg, als Feldwebel entlassen – er zeigte mir seine Papiere. Dann in der Nacht zum 3. Dezember 1939 binnen fünf-zehn Minuten aus seinem Haus ausgewiesen, acht Tage Lager, dann drei Tage im Transportzug nach Osten mit 1200 Mann. Mit einer Reihe anderer Familien zu-sammen in einen Raum des Schulhauses eingewiesen. Die anderen Familien sind weitergezogen, so daß sie den leeren Raum nun allein haben. Die Familien leben zum Teil, soweit die eigenen Mittel verbraucht sind, von der Wohltätigkeit der Dorfbewohner. Dem Mann standen die Tränen in den Augen. Ich habe anschlie-ßend den Leuten etwas von dem Schicksal des Ostens klarzumachen gesucht – im-mer vorausgesetzt, daß der Mann nach dem Krieg für das Polentum eingetreten ist.[236] Aber gerade bei den Intelligenteren war das Verständnis nicht allzu groß. Es ist immer wieder dasselbe. Die eigentlich Gebildeten und die einfachen Leute verstehen sich und das Menschliche noch am ehesten.

Auch die deutsche Propaganda auf dem Dorfe konnten wir studieren. So hoffe ich, daß die Leute einiges gehabt haben. Hast Du an den Reymont gedacht? Sonst bestell ihn doch bitte bei Holtermann für mich. Ich habe auch einige Photogra-

---

[235] Stadt im Kreis Wollstein (Wolsztyn) bei Posen.
[236] Nach Abtretung der Gebiete an Polen nach dem Ersten Weltkrieg. Dies stand offenbar im Zusam-menhang mit der Überprüfung der Bevölkerung auf Volkszugehörigkeit und Weltanschauung durch Organe des »Reichskommissars für die Festigung deutschen Volkstums«, Heinrich Himmlers, anhand einer sogenannten »Deutschen Volksliste«. »Unzuverlässige« mussten mit der Deportation in das Generalgouvernement rechnen. Vgl. Majer, »Fremdvölkische«, S. 414-431.

phien gemacht, aber man muß dazu allein sein und Zeit und Ruhe haben. Ich möchte gern noch einige charakteristische Züge des polnischen Dorfes festhalten. Danach mußt Du die Aufnahmen beurteilen, nicht einfach nach ästhetischen Gesichtspunkten.

Unsere Zukunft beschäftigt uns sehr, je klarer sich bestimmte Absichten herausschälen. Aber ich kann Genaueres auch noch nicht schreiben. Heute sind die ersten Angehörigen der Jahrgänge bis 1896 nach Haus gefahren. Ende Juli hört die Rekrutenausbildung auf. Zwischen diesen Polen liegt ja hoffentlich der Urlaub. Dann wird sich, denke ich, manches klären lassen: künftiger Dienst, eventuelle Reklamation. Mit dem Urlaub dazwischen werden auch drei Monate Ausbildung noch zu überstehen sein, wenn es hier nicht allzu heiß wird.

Deine letzten Nachrichten über die neue Aufnahme des Reichsgedankens beschäftigen mich sehr. Aber was bedeutet Reichspolitik, wenn sie nicht mehr auf das corpus Christianum bezogen ist? So gibt es immer neu zu sorgen, und eben das bedrückt mich oft. Daß uns das einfache Jasagen so selten möglich ist. [...]

[96.]
1. Mai 1940

nun ist der erste Mai da, kalt und sonnig wie die letzten Tage. Wir hatten eben die Vereidigung der jetzigen Rekruten. Sonst ist der Tag dienstfrei. Aber wir wissen noch nicht, ob wir hinauskönnen. Am 3. Mai ist der polnische Verfassungstag, und so haben wir wieder mal erhöhte Alarmbereitschaft. Morgen am Himmelfahrtstag werden wir wohl Dienst haben, damit wir nicht übermütig werden. Glücklicherweise geht es mir gesundheitlich wieder besser. Da macht der Dienst wieder mehr Freude. Im ganzen war der Ton in diesem Lehrgang erfreulicher. Die sonnigen Tage sind wunderschön zwischen den jungen Saaten und dem zarten Grün der Birken und Weiden. Mit den Rekruten geht es dienstlich einigermaßen, einige schwarze Schafe sind ja immer dabei, die körperlich schwach oder ungelenk sind. Außerdienstlich kann man sich gut mit ihnen unterhalten. Sie sind geweckt und erzählen gern. Sonst gibt es nicht viel zu berichten. Der Feldwebel fährt zu Pfingsten auf Urlaub, nachdem er uns immer über den Mund gefahren ist, wenn wir nach Urlaub gefragt haben. Es stimmt da leider auch vieles nicht. Aber wir wollen nicht in diesem lähmenden Kleinkram hängen bleiben.[...]

Nun möchte ich Dir aber gern noch etwas Vernünftiges schreiben. Aber ich weiß nicht was. In den letzten Tagen habe ich wieder ein bißchen in Yorcks Italienischem Tagebuch gelesen und mich gefreut über das viele Schöne, das noch auf uns wartet und von dem wir einen Abglanz doch schon in einem so klugen Bericht spüren können. Wann werden wir einmal zusammen durch die Zitronenhaine von Taormina fahren? Vielleicht sollte man sich doch ein besonderes Sparbuch anlegen, damit solche Träume einmal – und wenn auch in Jahren – verwirklicht werden können. Aber vielleicht ist es vorläufig doch noch praktischer, Polnisch zu lernen. Der eine Offizieranwärter, der Lehrer ist, erzählte dieser Tage, daß im Kreise Gelsenkirchen alle Lehrer, die am polnischen Feldzug teilgenommen haben, aufgefordert worden sind, sich für die Ostgebiete zur Verfügung zu stellen. Es haben sich elf gemeldet. Darauf wurden weitere 35 abkommandiert.

Allzu überrascht wäre ich nicht, wenn es uns eines Tages ähnlich ginge. Vor allem, wenn die Entlassung unseres Jahrgangs tatsächlich in absehbarer Zeit erfolgen würde. Allerdings weiß ich nicht, ob ich als Offizieranwärter mitentlassen würde. Das erschwert ja mindestens auch jede Reklamation. Man müßte sich nach alledem im Urlaub erkundigen; denn hier sind ja klare Antworten nicht zu bekommen bei der Eigenart des Feldwebels, der innerlich zu unsicher ist dem jeweiligen Vorgesetzten gegenüber, um eine bestimmte Aussage zu machen. Gestern schickte Weitbrecht,[237] der jetzt meine Feldpostnummer hat, die beiliegenden beiden Aufsätze. Ich bin froh, daß damit wieder ein solider Inhalt für eine Nummer der Zeitschrift gewährleistet ist, der etwa der einmal erstrebten Linie entspricht.

Und die großen Dinge? Nun ist das Empfinden allgemein geworden, daß Norwegen wohl einen glänzenden Erfolg, aber doch nur einen Schritt vorwärts bedeutet. Wieviel Schritte werden noch getan werden müssen, bis das Ziel erreicht ist?[…]

[97.]
Exaudi[238] 1940 [5. Mai 1940]

Ich danke Dir sehr herzlich für Deinen verständnisvollen Brief vom 30., an dem ich wirklich kein halbes Verstehen entdeckt habe. Ich glaube eben nur, daß Du die Anstrengung eines Kursus unterschätzt. Wir haben doch hier die Offizieranwärter, die ähnliche Kurse hinter sich haben. Ich glaube ihnen, daß sie noch ganz andere Leistungen erfordern als unser Betrieb hier. Solche Kurse waren für sie, wie sie selbst sagen, nur zu ertragen, weil sie zeitlich begrenzt waren. Selbst unser körperlich ganz leistungsfähiger – und jüngerer – SS-Mann sagte neulich: er habe lieber auf den Feldwebel verzichtet, als einem solchen Lehrgang einen zweiten anzuschließen. Nun würde man die Anstrengung auf sich nehmen, wenn das Ziel entsprechend wäre. Aber von irgendeiner selbstständigen Verantwortung kann bei unseren Leutnants hier keine Rede sein. Ich weiß auch nicht, ob Dir die ganze ungeheure Kompliziertheit des modernen Kampfes klar ist. Es gehörte auch geistig eine sehr große Anspannung dazu.

Das also noch einmal meine Gründe, von mir aus nichts zu unternehmen. Wir sind alle müde. Von uns Unteroffizieren auf der Stube liegen zwei im Revier (einer Hals, einer Zellgewebsentzündung), ein Dritter ist eben zurückgekommen (Leistengegendentzündung). Da brauche ich mich nicht zu schämen, wenn es mir ähnlich geht. Immerhin habe ich während der ganzen Rekrutenausbildung nur einen halben Tag gefehlt und da auch noch Innendienst gemacht. Ich würde gern den achtwöchigen Ausbildungsgang im Juni und Juli noch hier mitmachen, weil dabei vieles Neue hinzukommt, das ich nicht kenne. Dann wird sich sowieso eine Veränderung ergeben. An das Reklamieren denke ich ernsthaft nur, falls ich dann öden Wachtdienst in der Heimat oder der Etappe übernehmen müßte.[…]

Hier gibt es nichts Neues. Gestern haben wir unseren Ausmarsch über zwanzig Kilometer bei einem tollen Sandsturm gemacht. Der Wind kam von Südost, wo sich der Horizont regengrau verdunkelte. Das ganze Land war in den dichten

---

[237] Mitarbeiter der Zeitschrift.
[238] Exaudi bezeichnet den 6. Sonntag nach Ostern.

Schleier des wirbelnden Staubes gehüllt. Das leuchtende Grün, das sonst Tag für Tag unsere Freude war, hatte alle Frische eingebüßt. Die Halme der Saat und die Blätter der Birken und Weiden wehten wie verlassen jedes für sich in dem Tanze mit. Wir selbst, Uniform und Gewehr, waren verdreckt wie die Müllkutscher. Am Nachmittag wurde die Luft feuchter und kühler. Auch jetzt ist es draußen kalt und regengrau. Trotzdem werden wir wohl unseren Sonntagsspaziergang machen.

Und dann mag die neue Woche wieder beginnen.[...]

[98.]
Kosów, den 10. Mai 1940

Nun ist Pfingsten vor der Tür. Aber im Augenblick ist das Fest und was mit ihm zusammenhängt, ganz verdeckt durch die Nachrichten aus dem Westen, und alles ist aufs äußerste erregt.[239] Jeder hat das Gefühl, daß nun der ernste Kampf und das Blutvergießen beginnt. Wer weiß, wie sich die nächste und die weitere Zukunft nun gestaltet. Kamerad Quade soll diese Nacht fahren und den Brief mitnehmen. Aber auch jetzt sind schon wieder nicht soviel geschickt worden, wie es geheißen hatte. So ist es ganz unwahrscheinlich, daß ich Mittwoch fahren kann, und auch der Sonnabend wird fraglich. Dazu kommt die Möglichkeit einer Urlaubssperre im Zusammenhang mit den politischen Ereignissen. Also sei geduldig und laß Dich nicht verbittern.

Leider haben wir wenig, worauf wir uns im Zusammenhang mit dem Fest freuen können. Vor allem keine Ruhe. Sonnabend gibt es eine Nachtübung. Am 2. Feiertag Ausmarsch mit Biwak, Rückkehr am Dienstag. Unsere Leute sind sehr ermüdet, gestern haben sich über zwanzig krank gemeldet, wurden allerdings nur zur Hälfte krank geschrieben. Die anderen mußten besonders exerzieren. Das hat heute gewirkt. Aber viele schleppen sich nur eben mit. Die Hitze, die wir hier wieder haben, ermüdet mehr als die winterliche Kälte. Sie ist so sehr trocken; alle Schleimhäute trocknen aus. Und in Sand und Hitze macht auch das Marschieren schlapp. Wir lernen jetzt erst richtig, was Infanterist sein heißt. Aber das bedeutet ja alles nichts gegen das, was nun im Westen beginnt, wenn die modernen Waffen aufeinanderstoßen.

Aber wir wollen uns das Herz nicht schwer machen. Ich habe in der letzten Zeit viel Freundlichkeit aus der Heimat erfahren. Päckchen z.B. von Lene (Zitronen und *Wurst!*), Frl. Caspar, Jentsch, Anneliese P[ietschmann][240], Frau Geheimrat Schmidt, Frau Leopold! Lene hat auch den Reymont in einem anscheinend neuen Exemplar besorgt. Ich denke, den meisten doch persönlich danken zu können. Mutter hat Pfingstkuchen geschickt. Hab ich Dir schon für den Pfefferkuchen und die Zitronen gedankt? Not leide ich also nicht.

Das weitere müssen wir nun abwarten. Leb wohl und werde nicht müde[...]

---

[239] Am 10. Mai 1940 begann der Angriff im Westen, der mit der Besetzung Frankreichs, der Niederlande, Belgiens und Luxemburgs endete.
[240] Annelise Pietschmann, Religionspädagogin und Mitarbeiterin der Zeitschrift.

[99.]
Abend vor Pfingsten 1940 [11. Mai 1940]

[Eine Nachtübung]
Nun beginnt die Heide zu ersterben. Ich möchte den Kopf in das trockene Heidekraut legen und mit dem scheidenden Tag einschlafen. Aber ich reiße mich hoch und halte Umschau. Es ist so banal geworden, von den gespenstigen Wacholdern in der Dämmerung zu reden. Aber stehen sie nicht immer wieder überraschend an einem Platz, wo man sie vorher nicht gesehen hat, schwarz, schattenhaft und ohne daß man weiß, wie sie mit einmal dahingekommen sind? Ich ducke mich unter die breiten Äste der jungen Kiefer. Wer weiß, ob es nicht doch besser ist, sich unsichtbar zu machen. Ein gegnerischer Spähtrupp, – die dunkle Fülle des Naturgeheimnisses – beides kann da drüben auf mich warten. Wer kann noch scheiden, wer das Rechte finden? Aber ich reiße mich wieder zusammen. Ich darf mich nicht so gehen lassen. Ich habe Verantwortung. Die Kameraden sind da. Ja, wo eigentlich? Nur wenige Schritt entfernt liegen sie in ihren Löchern, verschluckt von der Erde, begraben unter den abgehackten Kiefernzweigen. Warum sind sie so still? – Ich selbst habe ihnen jedes Gespräch verboten. Aber nun möchte ich zu ihnen hinkriechen und nach jedem fragen. Natürlich ist das alles Unsinn. Aber warum ist auch alles Menschliche so ganz verstummt? Warum redet die Natur so fremd? Das Hundegebell ist noch das Vertrauteste. Es erinnert doch noch an Häuser und Höfe. Aber schon das regelmäßig anschwellende und wieder verebbende Gequäke der Frösche kommt aus einer ganz anderen Welt. Und was sind das für Vögel, die so seltsam klagen. Wonach geht ihr Schrei? Was treibt ihn heraus?

Wie schwer die Wolken an dem dunklen Himmel hängen! Warum sind die Sterne erloschen? Dort drüben ist Westen, aber auch dort, am Abendhimmel, ist alles dunkel. Und doch liegt dort die Heimat. Aber tobt dort drüben nicht auch die Schlacht! Mit einemmal ist alles wach und lebendig. Die ganze, drückende Last dieser Tage, in denen die beiden großen Mächte zum entscheidenden Ringen angetreten sind. Aber das ist ja nicht alles. Plötzlich fällt mir ein, daß morgen Pfingsten ist. Feuer vom Himmel, Geist vom Himmel. Die Völker hören die eine Stimme. – Wie fremd, wie unheimlich, unbegreiflich fremd ist das in dieser Stunde. Was hat das mit dieser Nacht und ihrem dumpfen Leben zu tun?

Ich drücke mich mit dem Gesicht in die Erde. Wer kann das ertragen? Es ist, als ob alle Mächte dieser und jener Welt sich rings um mich aufrecken und nach mir greifen. Wer kann ihnen standhalten, wer ihrem Ruf antworten? Da blitzt Mündungsfeuer auf, Schüsse knallen. Die Nacht und ihr Bann zerbricht.

[100.]
13. Mai 1940

nun ist der Vormittag des zweiten Pfingsttages da. Es ist kalt draußen, wenige Grad über Null, und Regen droht. Unser Biwak fällt aus. Es ist nicht das Wetter dazu. Außerdem leidet der Kompanieführer seit Wochen stark an Rheumatismus, und jede Stimmung fehlt. So wird der Tag wohl mit Appell, Schreiben und Lesen hingehen. Außerdem muß ich vormittags noch zu Leutnant Sachse, um dort die

Zugführer in das tschechische Maschinengewehr einzuführen.[241] Gestern war das Wetter schöner, auch recht maikühl. Aber der Himmel war lebendig voll bewegter Wolken, die Sonne schien immer wieder. Und das Grün und Blau der Felder und des Himmels strahlten stark und kräftig. Es gab keine anderen Farben in der Landschaft. Nur das Wiesenschaumkraut und die Sumpfdotterblumen leuchteten dazwischen. Einen blühenden Obstbaum habe ich noch nicht gesehen, obwohl Birken und Weiden schon richtig grün sind. Auch der Flieder steht schon ganz in Knospen. Aber sonst blüht in den spärlichen Gärten nur eben ein bescheidenes Immergrün. Wir waren zu viert gestern auf einem der polnischen Dörfer und haben uns da wieder beim Einkauf in den Häusern umgesehen. An einer Stelle gab es sogar ein tüchtiges Stück Kuchenbrot. In manchen Häusern war alles festtäglich geschmückt. Auf dem Bett waren die Kopfkissen mit den gestrickten Einsätzen aufgestapelt. Und vor dem Heiligenbild draußen standen frische Blumen. In vielen Häusern hängt die schwarze Madonna[242]; aber auch Bilder von fast griechischem, strengen Charakter mit den fremden Aufschriften habe ich entdeckt. Ob sie noch aus russischer Zeit stammen? Dazwischen dann öfters Kinderzeichnungen aus dem Schulunterricht. Ganz selten einmal eine Photographie aus der Soldatenzeit. Einmal habe ich auch jenen Papierschmuck der Decke gesehen, den Reymont schildert. Überhaupt ruft das Buch fast auf jeder Seite Erinnerungen an Selbstgesehenes wach, wenn wir natürlich auch die Innenseite der Dinge selten zu Gesicht bekommen haben. So fesselt es mich sehr, und ich freue mich, daß ich es gerade zum Fest hier habe. Wahrscheinlich bringe ich es zum Urlaub mit, auch wenn ich es bis dahin noch nicht ausgelesen habe. Aber es ist zu wertvoll, um es dem unsicheren Schicksal unserer Zukunft anzuvertrauen.[…]

Eben war der Feldwebel, der Kundt vertritt, auf der Stube und brachte die erwartete Nachricht: wir müssen mit dem Urlaub bis nach der Besichtigung warten. Wir werden dann wohl D-Zug-Erlaubnis bekommen, um einen Reisetag herauszuschinden, damit wir rascher wieder hier sind. Es ist natürlich gut, wenn die endlose Zeit verkürzt wird (30 Stunden Fahrzeit sonst). Aber ich hätte mich doch gefreut, wenn ich die Besichtigung nicht hätte mitzumachen brauchen. Es ist wie immer: es wird mir nichts geschenkt. Es sollen eben nicht mehr Ausbilder fehlen bei der Besichtigung. So können wir vielleicht ans Ende der nächsten Woche denken (nur den 24./25.). Aber wer weiß, was dann wieder ist.

Ich freue mich, daß Du ein bißchen für den Winter hast vorsorgen können. Wir wissen ja nicht, ob es dann schon Frieden geben wird. Es ist schwer [für] uns, so wenig von den Ereignissen zu hören, während die Kämpfe toben. Was mag man in Belgien und Holland denken und sagen? Und was in der Welt? Aber das ist ja nicht das Entscheidende.

Nun leb wohl. Laß die Freude über die Enttäuschung des längeren Wartens siegen.[…]

---

[241] Die Landesschützenverbände waren teilweise mit erbeuteten Waffen ausgerüstet.
[242] In Polen wird insbesondere die Schwarze Madonna von Tschenstochau verehrt.

[101.]
22. Mai 1940

nun habe ich Dich unnötig beunruhigt: mein Vorstoß von vorgestern abend hat
Erfolg gehabt. Ich kann am 25. fahren. Da es der Sonnabend ist, möchte ich gern
über Sonntag in Hennigsdorf bleiben. Ich schrieb Dir ja, warum. Solltest Du den
Brief rechtzeitig erhalten und nach Hennigsdorf kommen, würde ich mich freuen.
Ich würde gern in Berlin Frau von Tiling sprechen und u. U. selbst Vorwerk. Die
allgemeine Lage beschäftigt mich jetzt sehr, je weniger an einem Sieg zu zweifeln
ist. Ich möchte mir aber gern eine gewisse Klarheit verschaffen. Da für uns ja jetzt
die Möglichkeit des Einsatzes sehr viel näher gerückt ist. Aber Du darfst diese
Wünsche auch nicht allzu wichtig nehmen. Sie sind doch nur das *Zweite*. Auch
weiß ich nicht, ob ich die Genannten antreffe. Wenn Du also am Sonntag (26.)
nicht in Hennigsdorf bist, fahre ich am späten Abend (am *späten* schon, damit wir
uns nicht verfehlen) nach Magdeburg. Am 6. (leider!) muß ich dann fort.[…]

Urlaub 25. Mai – 7. Juni 1940

[102.]
Warschau, 7. Juni 1940

Das Erstaunlichste an diesen fünf oder sechs Stunden war der Eindruck von der
Zähigkeit und Lebendigkeit des modernen Großstädters. Daß er unter den Trümmern seiner politischen und wirtschaftlichen Existenz weiterleben kann, als wäre
nichts geschehen, hat etwas Bestürzendes, aber unbestreitbar auch einen Zug von
Größe. Straßenbahn auf Straßenbahn folgt auf den Verkehrsadern der Stadt, alle
bis zum letzten Platz besetzt – wohin fahren die Menschen eigentlich, da alle ihre
Arbeitsstätten in Trümmern liegen? Auf den Bürgersteigen drängt sich die Menge, in den Parks ist jede Bank besetzt. Dabei weiß man nicht, wovon diese Menschen eigentlich leben, wenn man an den Preisen in den Schaufenstern die furchtbare Teuerung studiert hat.

Soweit man ein Bild gewinnen kann, sind planmäßig vor allem alle Regie-
rungsstellen und alle wirtschaftlich bedeutsamen Anlagen wie Bahnhöfe, Fabriken und Gaswerke zerstört worden. Aber auch ganze Wohnblocks liegen in
Trümmern. Jetzt ist überall beseitigt, was unmittelbar mit Einsturz drohen
könnte. Doch gehen die Sprengungen noch weiter. Die Brandmauern stehen
vielfach. Der Ziegelschutt liegt im Erdgeschoß in mächtigen Haufen. Oft sind
auch Tür- und Fensteröffnungen unten durch aufgeschichtete Steine vorläufig
versperrt. Darunter mögen nun häufig die Leichen noch liegen. Doch läßt man
sich auch sagen, daß unter dem spärlichen Gras auf dem »Sachsenplatz« Mas-
sengräber liegen – ohne jedes Zeichen. Anderwärts schiebt sich Zerstörung und
Leben noch enger ineinander. Vielfach ist in den Mietskasernen die eine Wohnung leidlich hergerichtet, während daneben die leeren Fensterhöhlen starren.
Sperrholz ersetzt das fehlende Glas. Auch die Geschäftsleute haben sich z.B. in
Praga[243] in der Umgebung des zerstörten Ostbahnhofs damit geholfen. Die

---

[243] Östlicher Stadtbezirk Warschaus.

Reste der Schaufensterscheiben sind dazwischen eingefügt und geben den Blick auf die Auslagen frei – soviel es eben noch zu verkaufen gibt. In der Innenstadt gibt es dagegen noch genug geschmackvoll dekorierte und auch reich gefüllte Fenster. Doch zeigt auch hier ein Blick in die Läden die Leere in den Regalen. Reiche Auslagen mancher Delikatessengeschäfte zeigen, daß noch immer da und dort Geld vorhanden sein muß. Da gibt es alles – aber zu Inflationspreisen.

Von den historischen Gebäuden hat vor allem das Königsschloß gelitten. Der Dachstuhl ist völlig vernichtet, das Innere ausgebrannt. Es wird wohl abgerissen werden. Auch die nahe dabeiliegende »Krakauer Vorstadt« mit den zahlreichen Überbleibseln aus der Zeit Stanislaus Leszynskis[244] und den folgenden Jahrzehnten (später Barock und Klassizismus) hat schwer gelitten. Weiterhin dann vor allem die Reihe der Ministerien und sonstigen öffentlichen Gebäude. Im ehemaligen Kriegsministerium sind wir die Treppen hinaufgestiegen und haben die Wirkung der Bomben an den durchschlagenen Decken und den ausgebrannten Prunkräumen studiert. Handwerker waren dabei, verbogene Eisenträger auseinanderzuschweißen und überhaupt alle Metallteile (Türen, Schlösser, Heizung) zu entfernen: für die Hermann-Göringspende?[245] Unversehrt ist Pilsudskis bescheiden-klassizistisches Belvedere.[246] Der Zugang zu den »königlichen Bädern« Lazienki war leider versperrt. Im ganzen hat die Stadt wirklich überragende Kunst wohl nie besessen. Auch die äußeren Maße der öffentlichen Bauten sind durchweg bescheiden. Auch die beiden Hochhäuser bedeuten im Stadtganzen nicht viel. Da ist Budapest, um eine vergleichbare Stadt zu nennen, sehr viel eindrucksvoller – allerdings auch ganz anders durch Natur und Geschichte begünstigt. Den stärksten geschichtlich-architektonischen Eindruck hat auf mich der alte Markt gemacht, der Mittelpunkt der Bürgerstadt des 15. und 16. Jahrhunderts. Es ist eine geräumige, fast quadratische Anlage mit rings geschlossenen Häuserfronten. Die schmalen Zugangsstraßen führen in den Ecken heran. Die Häuser sind schmal in die Höhe geführt und in gedämpften Farben bemalt. Auch hier nichts Künstlerisch-Bedeutendes, aber in gotischen Backsteinöffnungen, von denen der Putz entfernt ist, und in barbarisch kräftiger Renaissanceplastik spricht vergangenes Leben stark und unmittelbar an. An einer Ecke ist die Straße durch eine neuaufgeführte Mauer mit Glasscherben darauf gesperrt, der Anfang des Ghettos?[247] Ich werde die Bewegung nicht sobald vergessen, mit der auf dem Postamt ein Mann seinen etwa achtjährigen Jungen an sich preßte, als er sah, wie ich hinter ihn trat. Ich bemerkte erst dann, daß er die Judenbinde trug.

Wie mag es in fünf oder zehn Jahren in Warschau aussehen?

---

[244] Stanislaus I. Leszczynski (1677-1766), König von Polen.
[245] Metallsammlung gemäß einem Aufruf Görings vom 14. März 1940.
[246] Schloß im Lazienki-Park.
[247] Im November 1939 war ein Teil der Innenstadt, der vor allem von Juden bewohnt war, abgesperrt worden. Im November 1940 wurde ein durch eine Mauer von der übrigen Stadt abgeschlossenes Ghetto errichtet. Vgl. Enzyklopädie des Holocaust, S. 1525-1549.

[103.]
8. Juni 1940

nun sind es schon fast zwei Tage, daß ich von Dir fort bin. Es ist doch oft erschrek-
kend, wie alles verrinnt, das worauf man sich freut, wie das, was man fürchtet.
Nun fährt draußen schon der Wind durch das blühende Korn. Als wir kamen, lag
dort der tiefe Schnee. Und nun ist die Frage, die alle hier beschäftigt: werden wir
es noch unter der Sense fallen sehen? Die Vorbereitungen zum Aufbruch sind
schon weit gediehen. Wir sind inzwischen eine »Schützenfeldersatzkompanie«
geworden, und so werden wir dann wirklich bald (in die westliche Etappe?) abrollen. Hätte ich gewußt, daß unsere Tage so bemessen sind, dann hätte ich mein
Gepäck noch mehr beschränkt. So werde ich sehen, daß ich das eine und andere
noch schicken kann. Die mitgebrachten Vorräte werden inzwischen ja aufgegessen
sein. Muttchen und Frau Dietrich kamen beide noch mit vollen Taschen an, so
daß ich noch ein großes Paket zusammenschnüren mußte. Wir haben in einem
Café dem Bahnhof gegenüber gesessen. Hans Dietrich[248] war unermüdlich in
freundlichem Betreuen, und so ist die Zeit ohne viel Tiefsinn hingegangen. Unterwegs waren wir alle ziemlich schweigsam. Wir hatten Platz, uns auf den Bänken
auszustrecken und haben auch geschlafen; aber mir war doch etwas flau von der
Hitze und der Anspannung. In Warschau hatten wir Zeit, die Hauptstraße von
Norden nach dem Süden zu durchstreifen mit manchem Verweilen. Ich versuche
den Eindruck besonders festzuhalten. Ich habe noch versucht, ein kleines Zeichen
dafür zu finden, daß ich an Deinem Geburtstag an Dich gedacht habe. Wähle Du
doch bitte den einen der beiden Gürtel aus, es ist karpathische Handarbeit. Den
anderen schick bitte Trudchen zu ihrem Geburtstag – am 1. Juli – in meinem
Namen. Aber wenn Du willst, behalte auch beide. Weiter haben meine Zloty
leider nicht gereicht. Auch mit den Karten bin ich nicht ganz zufrieden. Es mag
ja nun wohl das letzte Polnische sein, das ich eingekauft habe. Hier bei der Kompanie war der Empfang ganz herzlich. Wir brauchten heute keinen Dienst zu
machen. Sachse hat doch wohl alles ruhiger betrieben. Andererseits sollen die
Rekruten nicht sehr geweckt und aufnahmefähig sein. Es sind nun schon die
Jahrgänge 1904 und 1905. Ich bin neugierig, wie sich der Betrieb anläßt. Möglicherweise gibt es noch manche Veränderungen. Zwei der Offizieranwärter sind
nach Siedlce[249] zu einem Lehrgang für Unteroffizieranwärter als Ausbilder kommandiert worden, und so mag es noch manches geben. Für eine lange Zeit läßt
sich ja auch alles wieder leichter ertragen in der Erinnerung an die schönen Urlaubstage und dem Bewußtsein, daß auch Du mit der erzwungenen Trennung
innerlich und äußerlich fertig wirst.[…]

[104.]
Kosów, den 12. Juni 1940

Nun sind wir wieder mitten im Betrieb. Es hat weiter keine Überwindung gekostet hineinzukommen; aber es fordert bei der Hitze einige Kraft auszuhalten. Ich

---

248 Johannes Dietrich, ein Schulfreund und späterer Oberstudienrat in Berlin.
249 Stadt in der Woiwodschaft Masowien.

helfe mir, indem ich die tüchtigen Gefreiten mehr machen lasse, als es sonst meine Art war. Dadurch bin ich vor allem nachmittags entlastet und kann mich aufs Bett legen. Auf der Stube ist es angenehm, – doch sehr viel stiller, die drei Kameraden ausgesprochen höflich und zuvorkommend. Sonst zieht mich der Stabsfeldwebel – ausbildungshalber wie er sagte, – zum Dienst als stellvertretender Zugführer heran. Das ist ja nur gut, weil es doch gelernt sein muß. Leider habe ich meine Stimme bei der trockenen Hitze überanstrengt. Aber ich denke, das wird sich wieder geben. Ich bin auch zum Zahnarzt gegangen. Er hat einen Backenzahn zu plombieren begonnen.

Bei den Kameraden gibt es nur zwei Themen: die großen militärischen und politischen Ereignisse und unser Aufbruch von hier. Damit scheint es so zu sein: ein Teil von dem alten Rest wird in Polen zu einer der Wachkompanien kommen, die dort zusammengestellt werden. Die anderen werden die Rekruten zu einem Truppenübungsplatz bringen, wo das Regiment richtig aufgestellt wird. Ob wir dann dabei bleiben oder was sonst wird, ist noch ganz unsicher, so daß wir eigentlich gar nichts wissen. Auch wann es losgeht, weiß noch niemand. Nun soll doch das Gepäck aufs äußerste beschränkt werden. Vielleicht muß ich den Koffer opfern. Aber man hat ja schon mehr unnötig ausgegeben.[…]

Nun wird es allmählich frischer. Die Abende sind jetzt sehr schön, ganz klar und farbig. Wir passen uns von morgen ab mit dem Dienst ein bißchen dem Sommer an: Wecken um viertel nach fünf. Mittagspause bis drei. [Eingeschoben:] Jetzt erfuhr ich noch, daß jene durch Mauern abgesperrten Teile Warschaus die sind, in denen noch die Leichen in den Kellern liegen. Es sollen etwa 38000 Zivilisten in Warschau vermißt werden, so daß die Zahl der Opfer insgesamt nicht so hoch sein kann.[250] Was mag nun aus Paris werden? […]

[105.]
Ohne Datum [16. Juni 1940]

[…] Heute haben wir sieben Kameraden zur Bahn gebracht, die nach Warschau zur Rekrutenausbildung abkommandiert sind. Ich war vielleicht der einzige, der sie nicht unbedingt beneidet hat, so sehr ich es jetzt auch zu schätzen weiß, wenn man gelegentlich in anständiger Umgebung eine Tasse Kaffee oder ein Glas Bier trinken kann, ohne daß es um einen nach Schweiß und Leder riecht.

Die Kameraden sind gestern anläßlich eines Besuches des Oberstleutnants herausgesucht worden, nachdem bereits der neue Divisionsgeneral – der alte ist an der Westfront – bei einem Besuch am Freitag festgestellt hatte, daß wir viel zu viel Ausbilder seien. Nun fällt von morgen ab die wesentliche Hilfe fort, die ich in der letzten Woche durch Sonntag hatte – er hat übrigens keinen Laden, sondern eine Werkstatt in der Berliner Straße, in der er meist für Privatkunden als richtiger handwerklicher Goldschmied arbeitet. Ich muß sehen, wie ich den Nachmittagsinnendienst etwas aus dem Wege gehen kann, damit es nicht wieder zuviel wird. Wir stehen jetzt nach fünf auf und haben dann zehn Minuten Lauf in der Frühsonne. Dafür machen wir mittags drei Stunden Pause. Doch kann man da bei der

---

250 Vgl. FN. 145.

Hitze ja eigentlich nur auf dem Bett liegen und schlafen oder Romane lesen. Die Luft ist weiter sehr trocken. Darum ist es trotz der Hitze fast immer sehr klar. Meist ist der Himmel farbig bewegt.[…]

Unsere Rekruten sind wohl nicht schlechter als die früheren, obwohl vor acht Tagen sehr über sie geklagt wurde; aber sie sind sehr überzeugt davon, daß sie viel zu alt seien und viel zu streng herangenommen würden. Wir haben nun in dieser Woche die Zügel straffer angezogen – mit gutem Erfolg. Meine Gruppe hat mit am besten geschossen, weil nun doch ein gewisser militärischer Ehrgeiz durchgebrochen ist. Das Reiten ging leidlich; aber bis ich das »höchste Glück der Erde« als solches empfinden werde, wird wohl noch viel Zeit vergehen. Nach diesem Lehrgang sollen unsere beiden jungen Feldwebel (25 Jahre) zum Offizieranwärterkursus kommen. Überhaupt wird jetzt wieder so gerechnet, als wenn der Aufbruch noch nicht so ganz schnell erfolgt. Ich bin ganz froh, wenn ich mich als Feldwebel erst ein bißchen hier unter den bekannten Verhältnissen eingewöhnen kann, ehe dann wieder neue Aufgaben kommen.[…]

Ich habe mich sehr gefreut, daß Du an Deinem Geburtstag doch ein bißchen die Liebe gespürt hast. Daß es mit Scholten auf dem Jugendabend nicht so gut gegangen ist, tut mir sehr leid. Vielleicht bin ich den Schülern gegenüber doch nicht persönlich genug gewesen. Ich hätte mir mehr Zeit für sie nehmen sollen – und bedaure andererseits, daß ich nicht noch mehr lang gelegen habe, gerade weil ich das Ausruhen und seine Wirkung in dieser Woche durchaus gespürt habe. Geht es nun gut mit Deiner Hausgenossin? Wenn Dir die Reise nach Schlesien zu weit ist, dann laß es. Nimm da keine falsche Rücksicht, wenn Du Deine Gründe hast. Die Briefe von Franz und Lene werden Dich ja für die mißglückte Buchauswahl reichlich entschädigt haben. Beide enthalten ja nur Erfreuliches. Daß Franz jetzt so an einem Brennpunkt des Geschehens sitzt[251], wird für ihn sehr wertvoll bleiben. Ich bedaure es sehr, daß wir von dem unmittelbaren Atem des Geschehens im Westen gar nichts spüren. So wird man ihm doch wohl nicht gerecht, wenn man nur die völlig unbegreifbare Dämonie des deutschen Stoßes empfindet, vor der das Frankreich von 1789 völlig hilflos ist. So ähnlich muß Napoleon nach Osten vorgestoßen sein. Die heutigen Nachrichten lassen nun auch an das Elsaß denken.[252] Wie gut doch, daß alles so schnell und darum doch wohl relativ mild (ich nehme den Ausdruck von Franz auf) vor sich geht. Aber die französische Manneskraft muß doch bei den endlosen Angriffen der Panzerwagen und Stukas in Strömen Blutes versinken. Was für ein Schicksal![…]

[106.]
Kosów, den 20. Juni 1940

[…] Gestern haben wir einen Ausmarsch gemacht. Dienstlich ist nichts dabei herausgekommen. Es war ein Vergehen in Sonne, Staub, aber auch in Himmelbläue und Grün der Felder. Mittags habe ich in das Schulhaus in Zochy[253] hinein-

---

[251] Franz Petri war in der deutschen Militärverwaltung Belgiens und Nordfrankreichs als Referent für die Hochschulen tätig. Vgl. FN 29 sowie die Einführungen.
[252] Elsaß-Lothringen wurde durch das Deutsche Reich annektiert.
[253] Dorf in der Nähe von Kosów.

gesehen. Ein junger Lehrer, der bisher im Korridor[254] gewesen ist. Seine Frau noch dort. 150 Zloty Gehalt, also ein Spottgeld bei der Teuerung. Aber er war stolz, uns zeigen zu können, was die Kinder des 1. Schuljahres schon gelernt hatten. Im Sommer kommen 45, im Winter über 100 in die Schule. Vier Klassen. Zu zwei zusammen unterrichtet von acht bis elf und von elf bis eins. »Wann wird der Krieg zu Ende sein?« war auch hier die Frage.[…]

[107.]
22. Juni 1940

[…] Der Ausmarsch gestern abend war schön, obwohl die erhoffte Frische der Nacht ganz von dem Staub verschlungen wurde; es hat seit vier Wochen überhaupt nicht geregnet. Der Vollmond kam heraus, und bei der Rast in Zochy klang eine Mundharmonika auf, und Heimatlieder wurden gesungen. Der kleine Schulmeister kam mit seiner Geige ans Fenster und spielte in die Nacht hinaus. Das Dorf steckte voller Dünsten und Gerüchen, aber draußen dufteten die Kamillen und das Heu. Ich lege noch wieder zwei Photographien bei. Leider sind sie beide nicht ganz gelungen. Von den Birnbäumen auf der Feldflur erzählen ja die polnischen Dichter gern, und auf dem anderen ist wenigstens etwas von der Weite eingefangen. Unmittelbar links vom Weg ist das Dach unserer Unterkunft sichtbar. Die Häuser des Ortes verschwinden in der Senke längs der Kosówka. Nur die Kirche überragt das Tal. Das Bild läßt auch ahnen, wie klar die Luft hier immer trotz der Hitze ist. Es fehlt aber die Feuchtigkeit in der Luft.[…]

Frau von Tiling ist in Dresden zu einem Vortrag gewesen und hat – übermüdet und unvorbereitet – ganz versagt. Sie hat sich übrigens zu meinem Aufsatz gar nicht geäußert, und jetzt steht die Julinummer vor der Tür, und ich vermute, daß die Kalamität die gleiche oder noch größer ist.

Wir warten den ganzen Tag gespannt auf nähere Nachricht von den Waffenstillstandsverhandlungen[255] und -bedingungen. Daß die Engländer nun doch nach Berlin gekommen sind, hat einiges Aufsehen erregt.[256] Aber im allgemeinen drängen sich doch die ganz persönlichen Sorgen in den Vordergrund. […]

23. Juni: Damit auch in dieser Nacht der Spaß nicht fehlte, mußten wir in Alarmbereitschaft schlafen. Annahme: der Russe überschreitet den Bug!! Aber nun ist ja gestern abend die Nachricht von dem abgeschlossenen Waffenstillstand gekommen. Die Hoffnung auf ein rasches Ende wächst. Vielen Dank für den Brief mit dem Reklamheft und das Päckchen mit Schokolade, Zitronen usw.

---

[254] Zwischen Ostpreußen und Danzig wurde nach dem Ersten Weltkrieg ein Korridor eingerichtet, der Polen einen Zugang zum Meer verschaffte. Danzig stand unter dem Mandat des Völkerbundes.

[255] Am 22. Juni 1940 wurde der Waffenstillstand zwischen Deutschland und Frankreich im Wald von Compiègne unterzeichnet, der für Frankreich vergleichsweise milde Bedingungen festschrieb.

[256] Ein Bombenangriff am 22. Juni 1940. Vgl. Joseph Goebbels. Die Tagebücher. Sämtliche Fragmente, hrsg. von Elke Fröhlich im Auftrage des Instituts für Zeitgeschichte. Teil I, Bd. 8, München 1998, S. 187 (Eintrag vom 23. Juni 1940).

[108.]
24. Juni 1940

[...] Man hat ohnehin in der letzten Woche den Bogen maßlos überspannt. Das Ergebnis ist bei den Rekruten ein geradezu beschämender Drang, nur weg zu kommen, nur nicht etwa in Kosów bleiben! ist die Losung. Dabei geht es dem Chef selbst plötzlich wieder so schlecht, daß er nicht allein aus dem Bett kann und sich an- und auskleiden lassen muß. Man spricht davon, daß er nach Warschau ins Lazarett muß. An Dienst ist nicht zu denken. Es ist doch traurig, wenn in einem solchen Augenblick jeder nur den Gedanken hat: Hoffentlich ist es so schlimm. Dann haben wir ein paar leichtere Wochen vor uns. So ist überhaupt die Stimmung kritisch; ich deutete es wohl wiederholt an. Solange der Gedanke sich ernsthaft behaupten konnte, daß die Rekruten oder wir mit ihnen ins Feuer müßten, war die Härte der Ausbildung gerechtfertigt. Jetzt nach dem Zusammenbruch Frankreichs fragt wieder jeder: wozu? und warum bin ich noch nicht zu Haus? oder doch wenigstens da, wo man etwas erleben und »Beute« welcher Art immer sammeln kann.

Übrigens hat uns am Sonnabend selbst hier ein leiser Hauch des Ernstes gestreift. Jetzt kann ich wohl schreiben – aber Du sprich bitte nicht davon bei den Offiziersfrauen -, daß man allen Ernstes mit einem russischen Angriff gerechnet hat. Wir haben uns nach langen Vorbereitungen mit dem Gedanken schlafen gelegt, unter Umständen von russischen Granaten geweckt zu werden. Zollbeamte hatten bestimmte Beobachtungen gemeldet. So war dann an dem Abend Gelegenheit, noch einmal in Gedanken eine gewisse Revision zu veranstalten. Ich bin dann in Ruhe eingeschlafen, und am Morgen war der Spuk vorbei.[...]

[109.]
29. Juni 1940

es geht auf Mitternacht zu. Ich bin bis morgen Mittag »Offizier vom Lagerdienst« und muß da zwischen zwölf und fünf Uhr die Posten revidieren. Da bleibe ich gleich auf. Wir hatten heute nämlich Kameradschaftsabend, nachdem gestern und heute Vormittag die Besichtigung stattgefunden hatte. Der Regimentskommandeur war da. Dem Ganzen fehlte der rechte Schwung, aber es ging so leidlich. Es rächte sich eben, daß die Leute so überfordert worden sind, daß wir selbst dann immer ablassen mußten. Nun ist ein bißchen Ruhe. Leider war es heute schon wieder so drückend heiß. Am 1. treffen schon 50 Rekruten ein, die in einer neugezimmerten Baracke auf Stroh schlafen. Dazu kommen am 5. Juli 250 weitere, so daß auf jeden Ausbilder fünfzehn bis sechzehn kommen sollen. Aber wir wollen lieber zunächst die harmloseren Tage genießen, statt uns darüber schon Sorge zu machen, wie es damit gehen wird. Auch der Kameradschaftsabend war ohne rechten Gehalt, da niemand Lust und Kraft gehabt hatte, etwas vorzubereiten und so ein lustiger, aber großmäuliger Rekrut den Ton angab. Zwischendurch habe ich um neun die Räumung der Straßen durch unsere Streifen beaufsichtigt. Da verschwindet dann alles vor unseren Posten, die im Stahlhelm mit aufgepflanztem Seitengewehr ausrücken, hinter die halbverschlossenen Türen, hinter denen das Gesumme weitergeht. Je nach Temperament und Schicksal verfolgen uns freche oder verängstigte Blicke aus Hunderten von Augen, wenn wir so durch die Straßen ziehen. Es ist wie ein Sinnbild unserer Zeit, wenn so das Leben hinter den Luken verschwindet und dort in so eigenartig geladener Spannung weitergeht. Juden und Polen munkeln weiter von dem bevorstehenden Einmarsch der Russen, ohne damit bei uns Glauben zu finden – sonst würde ich nicht davon schreiben. [...]

[110.]
2. Juli 1940

nun genießen wir unsere »Sommerferien«. Wir haben nur wenige Stunden Dienst. Und es ist möglich, einmal allerlei zu ordnen an den Sachen, ein paar (militärische) Dinge zu lesen und in Ruhe spazieren zu gehen. Sonntag bin ich baden gewesen, gestern war ich abends mit Erich Quade mehrere Stunden zwischen den Wäldern und Feldern draußen, während schon die Nacht hereinbrach und der Tau den Roggen feucht und schwer machte. Heute bin ich allein etwas früher gegangen, um photographieren zu können. Die Kameraden sind zum Teil nach Warschau gefahren, aber ich möchte auf die Ruhe nicht verzichten, zumal ich natürlich nun doch mit allerlei neuen Lasten rechnen muß. Am Sonntag waren wir abends zur Einweihung des Offizierheims eingeladen und mußten Bowle (ohne Selters) trinken. Es war eine richtige Anspannung nötig, da klar und nüchtern zu bleiben. Seit Montag essen wir mittags mit den Offizieren, was Zeit kostet und langweilig ist. Außerdem ist es schwer, sich dabei satt zu essen, weil die meisten Offiziere dieses Essen aus der Feldküche doch wohl als Formsache betrachten und sich nebenher von ihren Burschen die Ergänzung dazu bereiten lassen. Auch dienstlich werde ich nun mehr hervortreten müssen, wenn ich auch die genaue Einteilung noch nicht kenne.

Es ist schön, jetzt durch die Felder zu gehen. Der Roggen ist auf den ganz leichten Böden schon reif. Der Buchweizen blüht, und um die Bäume schwirren abends die Junikäfer. Leider ist etwas besonders Schönes nun auch schon wieder im Vergehen: die Flachsblüte. Wenn die zarten blauen Blüten auf den leicht geneigten, feinbeblätterten Stengeln im Morgenlicht stehen, dann scheint wirklich ein Stück Himmel sich auf der Erde wiederzuspiegeln. Und so liegt in diesen stillen Gängen oft etwas Lösendes, das es leichter macht, hier auszuhalten. Allerdings empfinde ich dann auch den Gegensatz besonders zu der reichen, verantwortlichen Tätigkeit, in die Franz hineingerufen ist. Aber ich weiß nicht, was ich tun soll, die Dinge zu ändern.

Daß Franz von so viel innerer Aufgeschlossenheit bei den Belgiern schreiben kann, ist ein großes, unerwartetes Geschenk für uns. Es ist ja sehr gut, daß er helfen kann, hier nichts zu verderben. Anscheinend geht auch darum hinter den Kulissen mancher Kampf.[257] Die Waffenstillstandsbedingungen für Frankreich lassen eine günstige Entscheidung erhoffen, während z.B. ein Pressekommentar,

[257] Zur Militärverwaltung vgl. Wolfram Weber: Die innere Sicherheit im besetzten Belgien und Nordfrankreich 1940-1944, Düsseldorf 1978 sowie Wilfried Wagner: Belgien in der deutschen Politik während des Zweiten Weltkrieges, Boppard 1974. Zur Haltung der Belgier siehe Jaques Willequet: La Belgique sous la botte. Résistances et collaboration 1940-1945, Paris 1986.

den ich heute in der Warschauer Zeitung las, zeigte, wie »man« nun doch eine allzu große Entspannung den Franzosen gegenüber zu verhindern wünscht. Möchte Franz doch weiter von so günstigen Eindrücken berichten können – möchte vor allem mit der Zivilverwaltung nicht ein anderer Geist einziehen.[258][...]

[111.]
5. Juli 1940

[...] Wir sind seit zwei Tagen in einiger Unruhe, weil nun doch Veränderungen bevorstehen, ohne daß wir wissen, was mit uns wird. Sicher ist nur, daß unsere Rekruten nicht mehr kommen und daß die Leute der Jahrgänge 1901-1907 herausgezogen werden zur Aufstellung von Wachkompanien für den Osten. Was aus den anderen wird, das malt sich jeder nach seiner Phantasie aus. Westen oder Heimat mit Entlassung in absehbarer Zeit? Jedenfalls sieht es so aus, als ob für uns das Schwerste überstanden ist. Ein bißchen wehmütig ist uns doch um[s] Herz, daß nun unsere Rekrutenkompanie auffliegen wird. Wir haben ja nur noch 60 Mann zur Ausbildung hier. So werden wohl auch wir Ausbilder zerstreut werden. Es ist nicht ausgeschlossen, daß der eine oder andere von uns älteren auch noch zu den Wachkompanien versetzt wird. Freiwillig hat sich niemand gemeldet.

Schicke nun bitte vorläufig nichts – mit Ausnahme des taktischen Buches. Ich habe nicht viel Dienst und suche meine militärischen Lücken etwas auszufüllen. Wir Offizieranwärter sind eben in den höheren, taktischen Dingen gar nicht gefördert worden, weil alle Kräfte in dem täglichen Dienst aufgegangen sind. Aber vielleicht ist auch alles nicht mehr nötig. Ich schicke heute und morgen fünf Bücherpäckchen ab (das Polnische). Ich denke, daß Polen nun für uns vorbei ist. Es liegt Abschiedsstimmung in der Luft. Ich frage mich, wie es so geht, ob ich die Zeit recht genutzt habe. Mit dem Leutnant wird es wohl auch nichts mehr werden.[...]

[112.]
9. Juli 1940

[...] Ich glaube nicht, daß es mit der Entlassung so schnell geht. Auch hier zögert sich der Abtransport hin. Und es ist ja nicht sicher, ob man für uns nicht doch noch Aufgaben hat. Man spricht von der Rücksicht auf die einzelnen Wirtschaftsgruppen d.h. praktisch, man wird zunächst diejenigen freilassen, für die Reklamationen laufen. Darunter gehört z.B. von uns Unteroffizieren der eine Volksschullehrer und der mittlere Beamte von der Regierung, der bei Dumröses im Haus wohnt (Osterwoldt und Wernike). Man muß also weiter Geduld üben, und es wäre falsch, deswegen jetzt zu Haus zu bleiben, wenn Du an sich fahren wolltest. Besser, Du bist nachher recht frisch, wenn ich wirklich komme. Denn bei uns

---

[258] In Frankreich und Belgien wurden 1940 Militärverwaltungen eingerichtet. Eventuell hatte Petri über das Eintreffen eines Beauftragten des Hamburger Gauleiters Karl Kaufmann in Brüssel am 25. Juni 1940 berichtet, der die Einsetzung einer Zivilverwaltung ankündigte. Die Militärverwaltung blieb auch weiter umstritten. Vgl. Umbreit, Kontinentalherrschaft, S. 67ff.

wird ein gewisser Rückschlag kaum ausbleiben. Insofern verstehe ich schon, daß man mit einem Knacks aus Polen heimkommen kann. Wir leben hier doch in einer gewissen Überspannung, für die der Ausgleich in tiefen Eindrücken oder in wirklich ausfüllenden Aufgaben fehlt. Und das wird sich irgendwie bei jedem geltend machen.

Ich habe das gerade in den letzten Tagen selbst empfunden. Ich wollte am Sonntag auf jeden Fall an den Bug, und da ich fürchtete, daß ich keinen Urlaub bekommen würde, habe ich mich stillschweigend allein aufgemacht. Es war ein Nachmittag nun wirklich voll stärkster Eindrücke, aber ich war dafür gestern auch wie zerschlagen. Ich mußte den Weg (26 km hin und zurück) zu Fuß machen – jedenfalls zum größeren Teil. Die Sonne brannte. Felder und Laub dufteten in der Hitze berauschend, vor allem die Birken. Die erste Hälfte des Weges führte über bestelltes Land, wo nun alles der Ernte entgegendrängt. Dann kam ein langes Dorf mit einem Herrenhaus über einem sonnigen Teich vor dunklem Park. In den Vorgärten leuchteten die Stockrosen – wenn ich einmal einen Garten habe, ziehe ich mir welche und denke dann immer an Polen. Vor den Häusern saßen die Frauen. Die jungen Burschen zogen hinaus, wo in Wiesen Wasserstreifen zwischen Birken und Weiden standen, und legten sich in die Sonne. So ging es nun überhaupt durch Wiese und Wald. Endlich kam links eine lange Reihe heller Strohdächer: ein neuerstehendes Dorf und dann die Grenze. Da darf ich Dich auf die Aufnahmen verweisen, die das Sachliche gut wiedergeben und vielleicht auch ein bißchen von der weiten, öden Stille ahnen lassen. Leider ist, was mich am meisten bewegt hat, nicht zu erkennen: die weiße Spitze des Kirchturms in der von den Russen geräumten Stadt Stur[?], die mit ihren zerstreuten Häusern auf dem östlichen Steilufer des Flusses liegt. Auf dem Rückweg konnte ich zweimal ein ganzes Stück mit einem Panje fahren. Zwischendurch habe ich in einer polnischen Gastwirtschaft mit jungen Burschen Freundschaft geschlossen. Sie spendierten mir einen Wodka, damit ich sie photographierte, und ich habe mich dann revanchiert. […]

[113.]
14. Juli 1940

[…] Jetzt ist auch der Nachmittag vorbei. Ich habe meinen Aufsatz – ein grundsätzliches Arbeitsprogramm – aber ganz allgemein – im Rohbau fertig und werde ihn Absatz für Absatz durcharbeiten im Lauf der Woche, wenn der Aufbruch nicht dazwischen kommt. Es regnet noch immer, aber wenigstens eine halbe Stunde will ich noch hinaus. Anneliese P[ietschmann] sorgt sich ähnlich wie Eure V[ereinigung] ev[angelischer] R[eligionspädagogen] Leute um das Politische. Aber ich will Dich damit jetzt in den Ferien nicht belästigen. Auch die Aufsätze schicke ich unmittelbar [an Frau von Tiling], sobald sie abgeschrieben sind. Du brauchst keine Angst vor ihnen zu haben. Ob Ihr ein bißchen weiter fortkommt? Vielleicht ins Böhmische hinüber? Aber da ist wohl nicht allzu viel. An den Ort erinnere ich mich noch gut. Ich bin gespannt, wie es Dir nun gefällt. Trudchen wird ja auch dafür sorgen, daß Ihr ein bißchen vergnügt seid. Verguck Dich nur nicht in einen verwundeten Fliegerleutnant, jedenfalls nicht zu ernstlich. Hier gab es heute [beim] Mittagessen eine Sensation in Gestalt von vier Schauspielerinnen einer Truppe, die heute und morgen mit einem modernen Lustspiel hier »gastiert«. Sie kamen aber nur für die rangältesten Offiziere in Frage bis zum Oberleutnant herab. Wir ROA[259] mußten mit den Männern vorliebnehmen. Immerhin gab es mal eine etwas angeregtere Unterhaltung bei Tisch. Leider sind wir erst morgen dran mit dem Theater. So muß ich auch den Abend noch lesend verbringen. Unter unseren Schweren-Maschinengewehr-Leuten ist einer Cellist am Krefelder Stadttheater, ein anderer ist viel als Café-Musiker herumgekommen und hat jetzt eine größere Gastwirtschaft in Aachen. Auch da gibt es manchmal Kunstgespräche, wenn wir in den Pausen im Gras liegen. Es herrscht da ein ganz fröhlicher, fast jungenhafter Ton bei der Ausbildung. Wildt ist der eine Unteroffizier, auch der andere ist noch jünger, 30, und hat aktiv gedient. Wir drei vertragen uns gut.[…]

[114.]
20. Juli 1940

[…] Vielleicht hat mir ein bißchen zu der inneren Ruhe das Schützsche Buch[260] mitverholfen, in dem ich seit meinem Urlaub immerzu lese. Es ist sehr reif in seelsorgerlichem Zuspruch. Über christliches Leben ist darin soviel Gutes gesagt wie in keinem modernen theologischen Buch. Dazwischen stehen dann wieder Abschnitte, die ich nicht so mag, in denen er die neutestamentliche Verkündigung zu stützen sucht, indem er eine Art biblischen Welt- und Geschichtsbildes zu entwickeln sucht mit viel Spekulation über Schöpfungsrest, Ebenbild und Urbild. Aber in einer bestimmten Weise ist das Buch wie eine Antwort auch auf die Fragen, von denen Du neulich aus Anlaß des Gespräches mit Trudchen schriebst. Ich glaube ja, daß es noch immer schlichte Naturen gibt, die über die Anstöße des Apostolikums[261] in der Einfalt ihres Herzens hinwegkommen, weil sie vom Evangelium gepackt sind. Aber wer gehört noch dazu? Wir anderen – und das erscheint mir als das, was die Arbeit so schwer macht – müssen erst mühsam und deutlich machen, daß die betreffenden Anstöße ja nicht isoliert behoben werden können. Man kann nicht einem Menschen, der naiv in der modernen Weltanschauung lebt, empfehlen oder dazu helfen, in diese moderne Weltanschauung die Aussagen des Apostolikums aufzunehmen. Das gäbe eine unwahrhaftige Verkrampfung. Man muß vielmehr zeigen, daß diese ganze moderne Weltanschauung nur in engen Grenzen ein Recht hat, daß darüber hinaus aber jene »Anstöße« Hinweise auf eine innerlich tiefere Weltsicht sind, in der sie »verständlich« werden. Das aber ist zu begreifen nicht ohne eine sehr eindringende geistige Arbeit, die gewiß nicht »wissenschaftlich« zu sein braucht, aber eine große Selbstständigkeit der Welt- und Menschenbeobachtung und einen sehr genauen Umgang mit der Bibel voraussetzt. Es wäre gewiß eine der dringendsten Aufgaben für die Pfarrer, der Gemeinde solchen Dienst der Führung zu leisten. Das Schützsche Buch leistet solche Hilfe, ist aber doch für die Ungeschulten viel zu schwierig. Wie hier ein Ausweg

---

[259] Reserveoffizieranwärter.
[260] Paul Schütz, Das Evangelium. Dem Menschen unserer Zeit, Berlin 1939.
[261] Glaubensbekenntnis.

sich auftun soll, sehe ich nicht, wenn uns nicht von neuem »Kirche« *geschenkt* wird, in der auch die Vernunft einfach überwunden wird durch die eigene Leucht-kraft des Zeugnisses, – nicht durch mühsame, menschliche Kärrnerarbeit. Solan-ge das nicht geschieht, bleibt uns kein anderer Weg als noch sorgfältiger Philoso-phie und Theologie zu treiben und zugleich nach einer Form von höchster *menschlicher* Durchsichtigkeit zu suchen, um das Ergebnis der gelehrten Arbeit auszusprechen.

Aber das sind ja nun eigentlich keine Feriengedanken. Darum will ich Dir lieber noch einmal sagen, wie ich mich freue, daß Ihr die Tage richtig ausnutzt. Ich bin froh zu hören, daß der Landschaft dort die Größe und Weite nicht fehlt. Auch daß Bruno und Trudchen so glücklich sind, freut mich sehr. Wir haben gestern die Übertragung der Reichstagsrede gehört.[262] Danach rechne ich mit keinem so ganz raschen Kriegsende. Wir wollen also nicht ungeduldig werden, wenn wir doch noch länger aufeinander warten müssen, falls wir doch noch in Polen – wenn auch nicht hier – festgehalten werden.[…]

[115.]
Kosów, den 23. Juli 1940

es ist der letzte Tag in Kosów. In der Nacht fahre ich mit der einen Hälfte der Kompanie über Warschau nach unserem neuen Bestimmungsort. Wir werden wohl schon mittags dort sein, da R[adzymin] durch die elektrische Vorortbahn mit Warschau verbunden ist. Haben wir Glück, geht es bald weiter, wahrscheinlich ins Westfälische, wo unsere Leute ja ihre Ersatzformationen haben. Aber wir können ebenso gut auch noch hier auf die Wachkompanien verteilt werden. So sind heute morgen zehn Unteroffiziere und Gefreite abgegeben worden. Quade und die beiden Unteroffiziere vom Schweren Maschinengewehr, darunter Wildt, sind fast die einzigen, die noch geblieben sind. So bricht alles auseinander. Unse-re Bagage ist heute früh in langer Kolonne abgerückt. Stempel ist mit dem Last-kraftwagen gleichfalls schon unterwegs. Er hat meinen Koffer mitgenommen, der auch ganz voll geworden ist. In solchen Übergangstagen merkt man doch die Erleichterung, wenn andere Leute die Stube ausfegen und Staub wischen und man sie nur anzustellen braucht. In unserem Lager ist alles so ungewöhnlich still. Es regnet fein, und die Bauern können auch heute wieder nicht einfahren. Es ist doch eine lehrreiche Zeit gewesen, die wir hier gewesen sind, gerade weil es keine künstlichen Ablenkungen gab. Jetzt bedaure ich wohl, daß ich nicht doch etwas mehr Polnisch lernen konnte. Aber es ging bei dem Dienst ja nicht.

In den letzten Tagen habe ich noch ein paar Briefe wegen der Zeitschrift ge-schrieben. Ich lege einen Zettel bei, den Du Dir bitte aufheben möchtest, damit Du bei Rückfragen unterrichtet bist. Denn an eine rasche Entlassung wage ich nicht zu denken, zumal wenn der Krieg gegen England erst beginnt und dann tatsächlich über Europa hinaus geführt werden soll. Ich habe auch für Dich einen Wunsch, von dem ich denke, daß er Dir eine Freude machen würde. Aber schrei-be bitte Deine Meinung dazu. Es handelt sich um die planmäßige Ausgestaltung

---

[262] Hitler hielt am 19. Juli 1940 eine Rede im Reichstag mit heftigen Angriffen auf England. Domarus, Bd. 3, S. 1540-1559.

der Weihnachtsbesprechungen. Das Nähere steht auf dem Zettel. Du müßtest dann bei dem Hans von Hugo Verlag[263] anfragen, ob er die Bücher noch schicken kann, eventuell zum Vorzugspreis. Du müßtest bei den Anfragen die Bogen von Schule und Evangelium benutzen und einen Gummistempel anfertigen lassen, »Unterweisung und Glaube« (Ins Buch eintragen die Kosten, Geschäft z.B. Berliner Str. zwischen Breiter Weg und Tischlerbrücke, links) für die Unterschrift. Vielleicht auch über den Briefkopf rüberstempeln.

Ich selbst werde für September-Oktober einen kleinen Aufsatz neutestamentarischen Inhalts schreiben, wenn ich die Zeit dazu habe. Ich habe wegen eines Buches an Frau von Segersleben[264] geschrieben.

Dann beschäftigt mich der Gedanke, wie wir an das Kirchenlied herankommen, nach den grundsätzlichen Beiträgen nun mehr praktisch. Wäre Friedenszeit, würde ich mal zu Ruff gehen, ob nicht an der Halleschen Schule jemand ist, der uns alle zwei bis drei Monate eine kleine Einführung in ein Lied liefern könnte. Ob Tell oder Crome das machen würden?[265] Es müßte also etwa eine »theologische« Auslegung des Inhalts und eine Einführung in die Melodie sein. Aber es wäre ja auch schon gut, wenn es nur das zweite wäre. Da wir Noten nicht drucken können, müßten es Lieder sein, wo man auf das Einheitsgesangbuch verweisen könnte. So etwa ein Lutherlied für die Novembernummer. (Die Dezembernummer wäre zu leicht überfüllt, wenn die Anregungen aufgenommen werden.) Ob Du einmal mit Tell darüber sprichst? Wenn Du denkst, er könnte es tun.

Ich habe mich in der letzten Woche so eingehend mit der Zeitschrift beschäftigt, weil ja zu Ostern wieder die Frage da steht, ob sie weitergeführt werden soll oder nicht. Würden wir vorher entlassen, würde ich eine endgültige Klärung durch die entsprechenden Reisen und Besprechungen herbeiführen, da ich das Ganze ja nun doch in die Hand nehmen muß. […]

[116.]
Radzymin[266], den 25. Juli 1940

Nun haben wir die erste Station auf dem Wege nach Deutschland erreicht. Wir liegen in einer der neuen polnischen Schulen, die wir jetzt allmählich kennen, und empfinden beim Blick um uns, wie spartanisch in jeder Beziehung wir bisher gelebt haben. Von dem Ort haben wir noch nicht viel gesehen. Am Markt ist manches zerstört. Aber seitlich, wo die Schule liegt, ziehen sich freundliche, grüne Straßen mit einfachen, aber sauberen Häusern in Gärten hin. Die Straßenzüge rings um die Schule sind geräumt worden. Dort hat sich die Garnison eingerichtet. Die Häuser haben zugleich einen Teil der Innenausstattung für unsere Stuben geliefert, so daß alles ganz gemütlich aussieht. Vor allem auf den Mannschaftsstuben fällt der Unterschied gegen die Kosówer Enge und Dürftigkeit ganz kraß in

---

263 Berliner Verlag.
264 Konnte nicht ermittelt werden.
265 J. Crome war ein Magdeburger Kollege, der in der Zeitschrift »Unterweisung und Glaube« (Januar/Februar 1941) die angesprochene »Liedbetrachtung« veröffentlichte. Bei Tell handelte es sich eventuell um einen Magdeburger Organisten.
266 Stadt in der Nähe Warschaus.

die Augen: Nun, wir haben keine Möglichkeit, uns hier zu verweichlichen. Heute früh ist das Vorkommando schon wieder abgefahren. Wahrscheinlich am Sonnabend brechen wir nach Deutschland auf, wenn keine Abkommandierung erfolgt
und uns einen Strich durch die Rechnung macht. Ausladebahnhof ist Ibbenbüren
bei Osnabrück. Wir haben also eine lange Reise vor uns. Aber ich freue mich auf
das niedersächsische Land. Nur die Ungewißheit über das, was dann kommt,
lähmt ein bißchen die Freude.

Wir hatten gestern einen netten Reisetag. Es ging wieder um drei Uhr früh fort.
Der Mond schien hell, und unser Lied scholl kräftig durch die schlafenden Straßen, als wir zum Bahnhof marschierten trotz der schweren Tornister. Ich mußte
an den Schneesturm bei unserem Einzug in K. denken. Es war doch alles gestern
so viel friedlicher. Ich bin mit zweiter Klasse gefahren und habe anfangs geschlafen. Dann zogen noch einmal die nun schon fast vertrauten Landschaften vorbei.
Zwischen Kosów und Sokolów[267] ja bis Siedlce hin ist das Land von einer strengen
Sprödigkeit, die aber nie ihre Wirkung auf mich eingebüßt hat. Das ist der äußerste Westrand von Podlachien[268], dem Gebiet der riesigen Wälder. Hinter Siedlce
wird es reicher und bewegter in der Vegetation. Auch hier begleitet viel Wald die
Bahnlinie. Aber die Laubbestände sind nun häufiger, und die Bauernsiedlung
schiebt sich überall dazwischen. Die Rodung hat hier den Gegensatz zwischen
offenem Land und Wald noch nicht so stark herausgearbeitet wie bei uns. Überall
stehen einzelne Bäume oder Baumgruppen mitten in den Feldern. Es kommt vor,
daß sich das Roggenfeld um eine alte Kiefer breitet. Vor allem in den Wiesen
häufen sich Weiden und Birken. Unmittelbar westlich von Siedlce, wo der Krieg
auch auf den Dörfern viel zerstört hat, sieht man überall die leuchtenden Gerippe
neuentstehender Scheunen und Dörfer. Hinter Minsk ändert sich der Charakter
des Landes von neuem. Die Gegend ostwärts Praga ist ein ödes Sandfeld, in dem
die zahlreichen Ziegeleien eingestreute Tonlager verraten. Im übrigen aber fehlen
selbst riesige Flugsanddünen nicht. Die Kiefer herrscht wieder vor. Weite Strecken
sind ganz unbestellt. Darüber breitet sich nun planlos und nur an den Bahnhöfen
dichter eine häßliche Stadtrandsiedlung aus, die die ursprünglichen Züge der
Landschaft verwischt, ohne ihr doch ein neues, eigenes Gesicht geben zu können.
Abschreckend häßlich sind dann auch die Vorstadtstraßen, in denen sich Praga
allmählich ins Land hinaus verliert. Wir haben sie kennen gelernt, als wir nachmittags mit der Straßenbahn und dann mit einer vorsintflutlichen Kleinbahn nach
R. hinausfuhren. Auch hier das gleiche Bild längs der Chaussee nach Bialystock,
die unsere Bahn begleitete: Ödland mit Kiefernwäldchen dazwischen. Nur wenige Dörfer mit ihren Fluren. Dafür als einzige größere Anlagen die Ziegeleien und
dann eben die aufgelöste Siedlung, die die Großstadt umsäumt.

In Warschau selbst bin ich mit einer kleinen, netten Gruppe von Schweren-
Maschinengewehr-Leuten etwa denselben Weg gegangen wie vor sieben Wochen.
Doch sind wir diesmal glücklich in den Park des Lazienki-Schlosses und des
Belvedere hineingekommen. Man hat für die Anlage den Abfall des Weichseltales
und dann ein Stück der Niederung ausnutzen können. So ist ein Park entstanden,

---

[267] Sokolów Podlaski in der Woiwodschaft Masowien.
[268] Woiwodschaft Podlachien im Nordosten Polens.

der die ursprüngliche Landschaft erhöht widerspiegelt. Auch der See, in dem sich das Schloß spiegelt, ist wohl nur ein stilisierter alter Weichselarm. Aber eben das gibt der Anlage den Charakter des Gewachsenen. [...]

[117.]
27. Juli 1940

nun sind wir schon wieder ein paar Tage in R[adzymin] und warten auf den Befehl zum Abtransport. Wir machen nur soviel Dienst, wie nötig ist, um uns vor dem völligen moralischen Verfall zu schützen. Es bleibt viel Zeit zum Lesen und Spazierengehen. In der Stadt ist ein sauberes Soldatenheim. Aber unsere Finanzen gestatten uns keinen zu häufigen Besuch. Nett ist es, daß es hier manches Grünzeug gibt. Aus dem Garten, den unsere Vorgänger angelegt hatten, haben wir schon soviel Mohrrüben und Kohlrabi geholt, daß es verboten worden ist. Dafür gibt es in der Stadt grüne Gurken für einen Groschen. Das ist meine neuste Zukost zum Brot, um den Magen in Schwung zu halten. Die halbe Kompanie klagt über Magen und Darm. Ich bin leidlich in Ordnung. Die Konservenwurst ist eben jetzt im Sommer gefährlich, sowie sie einen halben Tag steht. Im übrigen wartet natürlich jeder sehnsüchtig auf den Befehl zum Aufbruch. Vernünftige Gedanken zu fassen ist in solcher Lage schwer möglich. Es fehlt auch die Anregung dazu.

Der Ort ist wieder nett bzw. erträglich in seinen ländlichen Außenbezirken. Aber der Markt mit den anstoßenden Straßen ist doch wieder sehr primitiv. Dazu erhöhen die zerschossenen Häuser natürlich auch nicht den Eindruck der Traulichkeit. Auf dem großen Platz steht ein in seinen Maßen sehr bescheidenes Standbild von Kosziuszko.[269] Etwas zur Seite bildet die katholische Kirche, ein ganz ansehnlicher, aber im Grunde doch auch kärglicher Barockbau von 1780 den Abschluß. Dahinter liegt das Judenviertel mit einer Art Markthalle. Es sind das eine Reihe von Läden im hinten offenen Viereck, um die sich der jüdische Geschäftsverkehr sammelt. Das Ganze ist ein bißchen größer im Format als in Kosów, aber genauso traurig und schmutzig wie dort. Etwas außerhalb der Stadt liegt an der Chaussee die evangelische Kirche von puritanischer Schlichtheit. Hinten ist in derselben Achse das Pfarrhaus angebaut, und darum zieht sich ein großer, verhältnismäßig gutgepflegter Garten, von dem der Pfarrer vermutlich zum guten Teil lebt. Auch ein paar Kühe weiden darin. Das Ganze wirkt als eine Kulturinsel; aber der sakrale Anstrich fehlt fast ganz.[...]

Mit dem Christlichen wird es wohl für die Menschen immer schwerer werden. Heute kam gleichzeitig mit Deinem ein kurzer, aber ordentlicher Brief von Frau v[on] T[iling]. St[öckigt] und Z[iegner][270] hätten meinen Aufsatz[271] viel besprochen, fänden aber, die Dinge seien zu sehr im Fluß, als daß man etwas dazu sagen könnte. Gogarten[272] fand es sehr gut und richtig. Nun soll eine Doppelnummer

---

269 Andrzej Tadeusz Bonawentura Kościuszko (1746-1817), polnischer Nationalheld und Anführer des Aufstandes gegen Preußen und Rußland 1794.

270 Pfarrer Oskar Ziegner aus Warza war auch ein Mitarbeiter der Zeitschrift.

271 Wahrscheinlich »Aufgaben des Friedens«, in: Unterweisung und Glaube (Juli/August 1940), S. 36-39.

272 Friedrich Gogarten (1887-1967), bedeutender Lutherischer Theologe.

erscheinen, für die die Tiling nichts hätte als eine Predigt von Gogarten (!!) und Besprechungen von Fräulein Pape[273] – das kann nicht stimmen, da noch zwei praktische Beiträge da sein müssen (Frl. Hoffmann[274] und?). Nun entsteht die Schwierigkeit, wie sich Gogarten und Schütz vertragen. Ich muß deswegen schon gleich noch an Frau v. T[iling] schreiben.[…]

So hat man das Gefühl, daß man an dieser Stelle (ich meine den ganzen Bereich der Aufgaben, nicht die Zeitschrift) nötig gebraucht würde. Statt dessen werde ich mich doch noch auf die militärischen Dinge konzentrieren müssen, wenn wir jetzt zu anderen Truppenteilen versetzt werden. Aber im Augenblick ist wirklich Ruhe.[…]

[118.]
30. Juli 1940

Lieber Hans-Lothar,
es ist nicht ganz leicht, in der in einem Brief notwendigen Kürze auf Ihre Fragen zu antworten. Sie wissen ja selbst, wie schwierig auf diesen Gebieten alles ist. Man müßte eigentlich mündlich darüber reden. Es ist nicht ganz ausgeschlossen, daß ich in der nächsten Zeit einige Tage in Magdeburg bin. Dann würde ich Ihnen Nachricht geben. Aber da bei uns ja immer alles unsicher ist, antworte ich heute, so gut es geht.

Wenn man die Wandlung, die sich heute in der Stellung der evangelischen Kirchen vollzieht, auf eine Formel bringen will, wird man sagen können, daß die Kirchen durch den Nationalsozialismus endgültig auf ihre religiöse Aufgabe beschränkt werden. Das mutet jedenfalls den lutherischen Kirchen nichts zu, wogegen sie sich wehren müßten. Denn es gehört ja zu den Erkenntnissen Luthers, die er mit besonderem Nachdruck und im vollen Bewußtsein ihrer Tragweite verfochten hat, daß Welt und Gottes Reich zwei für unser Begreifen erst einmal getrennte Gebiete sind, (so sicher sie dann auch wieder in ihrem Urgrund – in Gott selbst – zusammenhängen). Praktisch aber hat die evangelische Christenheit diese Scheidung erst ganz allmählich und Schritt für Schritt vollzogen – die reformierten Kirchen ohne die letzte Klarheit; aber das würde weit ins theologische hineinführen, so wichtig diese Unterschiede auch sind, wenn man die Auffassung bestimmter B[ekennender] K[irche] Kreise vom Amt des Pfarrers und (in ganz anderer Weise) die der angelsächsischen Völker verstehen will. Heute nimmt nun der Staat bzw. die Partei den Kirchen auch das immer noch sehr weite Gebiet kultureller Aufgaben ab, das ihnen bisher noch geblieben war. Das heißt nun für Stellung und Aufgabe des Pfarrers, daß sein Amt in Zukunft ein rein religiöses sein wird. Es hat in der Vergangenheit immer sehr zahlreiche junge Menschen gegeben, die ins Pfarramt gegangen sind, weil sie – bei einer gewissen religiösen Aufgeschlossenheit – doch auch die politischen, die sozialen, die künstlerischen, die rein-wissenschaftlichen Aufgaben des Pfarrers gelockt haben. Sie wollten etwa eine Dorfgemeinde von innen her auf allen Lebensgebieten führen, oder sie wollten dem Großstadtelend von der Wurzel her begegnen, oder sie empfanden ästhe-

---

[273] G. Pape, Studienrätin in Bielefeld.
[274] Oda Hoffmann, Lehrerin in Pirna.

tisch den Beruf des Pfarrers als den einzig noch geschlossenen in einer zersplitternden Welt. Selbst heute ist ja in vielen Gegenden die Stellung eines menschlich nur einigermaßen gewandten Pfarrers noch immer einflußreich. Er kann seine Aufgabe noch als eine in sich geschlossene auffassen; er kann sich in sehr vielen Richtungen auswirken: lehrend, erziehend, seelsorgerlich, künstlerisch, in allgemein menschlichen Dingen ratend und helfend.

Aber das alles bricht doch eben nun rasch zusammen. Der Krieg zerstört noch wieder unendlich viel religiöse *Sitte*. So wird nach seinem Ende vermutlich das Feld für eine radikale Beschränkung der Kirche auf ihre religiöse Aufgabe frei sein. Wer heute Pfarrer werden will, darf nicht auf die Randgebiete schauen. Er muß bereit sein, ohne jeden inneren Widerstand *in seinem Amt* auf all das zu verzichten. Wenn ich es einmal anschaulich sagen darf: er muß es in innerer Freiheit mit ansehen können – wenn auch gewiß nicht ohne Schmerz und ohne Sorge um die Zukunft seines Volkes –, wenn der Magdeburger Dom der Partei übergeben, der Domchor aufgelöst wird und von der Gemeinde sich eine kleine Schar in einem schlichten Privatraum sammelt, um dort das Evangelium zu hören und zu beten für Kirche *und Welt*. Er muß die innere Freiheit besitzen, es ohne aufzubegehren zu ertragen, wenn Mißverstand von draußen auch in das Gebiet eingreift, das der Kirche wirklich zu eigen ist. In ihm muß die Flamme des Evangeliums so hell brennen, daß sie alle solche Erfahrungen wirklich noch überstrahlen kann, damit die anderen davon etwas Licht empfangen können. D.h. er muß wirklich glauben, beten, lieben, hoffen können.

Nun werden Sie fragen: wer ist dann noch fähig? Die Antwort steht Matthäus 19,26. Menschlich geredet: niemand wird in den Jahren der Berufsentscheidung – und später auch nicht – das alles für sich in Anspruch nehmen können. Aber fragen und prüfen kann man sich: handelt es sich für Dich wirklich zuletzt um das Evangelium? Ist es Dir so wesentlich, daß Du es in die Mitte Deines Lebens rücken kannst? In dieser Beziehung kann uns wohl nur ein inneres Gefühl weiterhelfen. Wenn wir auf uns sehen, müssen wir alle feststellen, daß tausend Antriebe uns wechselnd bestimmen. Wollten wir da vernünftig abmessen, was tatsächlich den breitesten Raum einnimmt, würden wir das uns in unserer letzten Tiefe Bestimmende nie treffen. Und trotzdem wissen wir, wann wir eigentlich bei uns selbst sind und wann wir uns in Außendingen zerstreuen. Aber nun müssen wir noch eins hinzufügen: als evangelischen Christen ist es uns nicht verborgen, daß wir da, wo wir bei *uns* sind, nicht bei unserem inneren Reichtum, bei unseren Gaben und Anlagen, unserer Frömmigkeit sind. Unser inneres Herz schlägt da, wo unsere Sehnsucht, unser Wissen um Not und Schuld, unsere Einsamkeit lebendig sind und wo wir uns nach jemand ausstrecken, der unser und aller Not ein Ende macht. Nie wird die Berufung zum Pfarramt in dem Reichtum und der Macht unserer Frömmigkeit liegen, erst recht nicht bei einem jungen Menschen, der *notwendig* nach vielen Seiten sich wendet und vieles erproben muß. Aber es muß wohl heute erst ganz und gar so sein, daß zuletzt jene Unruhe des Herzens in ihm das eigentlich Treibende ist, die jene Antwort Gottes erwartet, von der [in] Matthäus 19,26 die Rede ist. Hier müssen Sie sich entscheiden. Wenn Sie hier nicht ja sagen können, bleiben Sie lieber vom Pfarramt fern, weil Sie sonst von jener Entwicklung, von der ich anfangs sprach, nur immer mehr verletzt und enttäuscht werden müssen und schließlich bei bestem menschlichen Willen zerrieben werden. Können Sie ja sagen, wenn auch nur stockend und in allem Wissen um menschliche Unzulänglichkeit (so wie der Vater Mark[us] 9,24), dann gibt es gewiß innerlich keinen herrlicheren Beruf für Sie und dann werden Sie auch in den Dingen »dieser Welt« – auch was innere Befriedigung, menschliches Reifen, Erkennen, »Werden der Persönlichkeit« angeht, erfahren, daß Matthäus 19,29 keine jüdische Lohnethik, sondern ein Gesetz göttlicher Lebensordnung ausspricht.

Einer persönlich so andringenden Forderung gegenüber scheint die Wissenschaft zunächst neutraleren Charakter zu haben. Tatsächlich können Sie wissenschaftlich lange arbeiten, ohne vor solche Entscheidungen gestellt zu werden, die der Beruf des Pfarrers fast täglich mit sich bringt. Im Grunde liegt es hier doch nicht anders. Jede Wissenschaft, die fruchtbar werden soll, lebt aus Bindung und Entscheidung. Das hat der Nationalsozialismus neu entdeckt für die »weltlichen« Wissenschaften. Die Kirchen haben es immer gewußt. Nun ist gerade in der Gegenwart, wo die Grenzen kirchlich-christlicher und weltlicher Erkenntnis neu bestimmt werden müssen, eine Aufgabenstellung, wie Sie Ihnen vorzuschweben scheint, von höchster Bedeutung und Verantwortung. Jemand wie Herr Prof. Weidel[275] hat ja sein Leben lang gerade darin seine Aufgabe gesehen und ist darüber innerlich reich und für andere fruchtbar geworden. Hier liegt die Schwierigkeit, auf die ich Sie glaube aufmerksam machen zu müssen, in der praktischen Verantwortung. In den nächsten Jahren wird, soweit sich irgend etwas voraussehen läßt, der Staat niemand auf einen philosophischen Lehrstuhl berufen, der theologischer Bindungen verdächtig ist. (Aus Sorge um eine erneute Klerikalisierung von hinten herum). Ob die Kirche aber jemand bezahlen kann, der auf solchen Grenzgebieten arbeitet, ist sehr fraglich.

Bei der Presse ist es ähnlich, daß eine berufliche Betätigung, in der sich zugleich christliche Neigungen auswirken, auf lange hinaus nicht möglich sein wird. Im übrigen sind hier sowie als Dozent meines Wissens die Möglichkeiten des Aufstiegs heute durchaus günstig. Der Dozentennachwuchs ist bekanntermaßen sehr gering. Der Staat erleichtert den Aufstieg heute sehr. Die finanziellen Sorgen fallen fast ganz weg, brauchen jedenfalls keine größere Rolle zu spielen als bei jedem anderen akademischen Beruf.

Soviel für heute. Der Dienst ruft wieder. Ich bin selbstverständlich zu jeder weiteren Auskunft, die ich leisten kann, gern bereit. Grüßen Sie die Kameraden. Wann steigt das Abitur? Mit herzlichen Grüßen

[119.]
31. Juli 1940

[...] Vormittags geht es immer noch leidlich. Bisher haben sich dann auch die Abende aufgeklärt. Aber heute regnet es kräftig. Wir haben ein paar nette, kleine Übungen in schönem endlosem Heideland gemacht. Meilenweit wechseln da nördlich zum Bug zu Hochwald, Kusseln, Wiesen mit Gräben und Teichen und Sanddünen miteinander ab. Kannegießer, der wieder leidlich auf dem Posten ist,

---

[275] Karl Weidel (1875-1943), Direktor des Domgymnasiums in Magdeburg.

sorgt für Abwechslung. Es wurde mit künstlichem Nebel und Handgranaten gearbeitet und nachher noch ein Baum durch Sprengung umgelegt. Gestern abend waren wir im Zirkus, heute ist Kameradschaftsabend, morgen Nachmittag fahren wir ins Kino nach Warschau. So vergehen die Tage, und ich komme gar nicht soviel, wie ich dachte und wollte, zu meiner Arbeit. Ich habe es jetzt ideal ruhig, da ich allein auf dem Zimmer bin. Der andere Offizieranwärter ist auf Urlaub gefahren. Ein bißchen habe ich den Aufsatz über Johannes den Täufer[276] gefördert. Aber morgen wird es gar nichts werden, und mal müssen doch die Züge für uns dasein.

Nach Deiner letzten Karte (von dem Ausflug ins Böhmische) muß ich annehmen, daß Du Post von mir nicht (noch nicht?) bekommen hast. Denn ich habe Dir aus Kosów genau geschrieben, wohin wir bestimmt sind. Entweder sind die Briefe langsamer gegangen als die Karte aus Warschau, oder sie sind wegen der Ortsangabe der Zensur zum Opfer gefallen.[...]

Der Zirkus war ganz unterhaltend. Das Zeltdach hatte zwar ein großes Loch. Aber so konnte man zwischendurch in den Abendhimmel sehen. Wir waren mit der ganzen Kompanie da. Was gezeigt wurde, waren fast durchweg die richtigen Artisten- und Jongleurschaustücke, und es konnte sich sehen lassen. Es war ein Familienunternehmen. Ein Ehepaar mit sechs Kindern und dazu weitere Kräfte. Aus dem Sudetenland. Die Eltern noch mehrsprachig. Die Kinder ohne deutsche Sprachkenntnisse. In all diesen Kreisen wird sich die Eindeutschung gewiß rasch vollziehen. Selbst hier sieht man schon zweisprachige Ladenschilder. Aber wenn dann wie heute Mittag die Masse der bodenständigen Landbevölkerung den weiten Markt erfüllt, weiß man wieder, daß die slawischen Sprachen nicht so bald weichen werden. Die polonisierten deutschen Familiennamen sind auch hier häufig z.B. Rajchart. Nur sind es meist Juden (Auslender, Frydman, Bergman). Hier habe ich auch zum erstenmal richtiges Jiddisch gehört: »e Stikle Broit«. So muß man immer wieder sehen, den Tagen eine gute Seite abzugewinnen, obwohl der verschleppte Transport sonst nicht gerade aufmunternd wirkt. Die Eisenbahn hat eben keine Waggons.[...]

[120.]
2. August 1940

[...] Manches an meinem Leben in diesen Tagen war beinahe ideal – Du wirst es mir nicht übelnehmen, wenn ich es einmal so positiv auffasse; das bittere, sehnsüchtige Aber hängt doch immer dran. – Ich meine die Verbindung von straffem, soldatischem Dienst in zum Teil weiter, freier Natur mit der Stille der Arbeit an dem neutestamentlichen Aufsatz in den späteren Nachmittagsstunden. Ich sitze auch jetzt an meinem Mahagonischreibtisch in meinem hohen, luftigen Zimmer und sehe in die Baumwipfel und den von tiefgrauem, losem Gewölk bedeckten Himmel. Es hat heute Nachmittag wieder schwere Gewitterregen gegeben; aber wir waren anderthalb Stunden draußen zum Exerzieren, und vormittags sind wir von sieben bis halb zwölf Uhr auf unserem schönen Heideland gewesen und

---

[276] In: Unterweisung und Glaube (September – Dezember 1940), S. 60-66, 72-77 und 83-88.

haben Angriff und Verteidigung mit unseren Gruppen durchgespielt. Allmählich lerne ich auch die Brandenburger Rekruten etwas kennen. Sie kommen meist aus einfachen Verhältnissen oder vom Lande. So sind sie sehr karg und spröde in allen Lebensäußerungen bis in die harte, erst, soweit sie aus der Lausitz kommen, etwas schlesisch erweichte Sprache hinein. Im Dienst rächt sich, daß sie anfangs unter dem Eindruck der bevorstehenden Auflösung zu weich angefaßt worden sind. Aber einzelne sind auch schon sehr verarbeitet und zittern, wenn sie das Gewehr in ihren harten Händen halten. Es sind auch einige aus Königsberg in der Neumark dabei. Es ist schon ein Unterschied zu den Rheinländern in der Schweren-Maschinengewehr-Gruppe, von denen einer schon in Spitzbergen, Madeira und Sizilien war. Mein jetziger Putzer hat eben ein Kasino übernommen in Langenberg. Der sorgt ganz selbstverständlich und mit einer angenehmen Lautlosigkeit für mich, wie man es sich nicht besser wünschen kann.[…]

Der Kameradschaftsabend und die Fahrt nach Warschau gingen an. An das Biertrinken habe ich mich nun gewöhnt. In Warschau hatte jeder von uns zu viel Leute zu betreuen. So war es unpersönlich-langweilig. Das Kino – Ehe in Dosen[277] – in dem besten Warschauer Lichtspielhaus von modernster Aufmachung war albern. Das Stück spielte in jener unwirklichen Welt des Luxus und der unbegrenzten Möglichkeiten, die also immer noch nicht aus dem Film verschwunden ist. Auch die vorangehende Wochenschau hat mich enttäuscht. Aber damit habe ich es nun wohl gerade schlecht getroffen. Am Sonntag sollen wir noch mal einzeln für uns Warschauer Urlaub bekommen. Doch weiß ich nicht, ob ich nicht lieber an meinem Aufsatz arbeite, um das für September bestimmte Stück abzuschließen, da ich ja nicht weiß, in was für Verhältnisse wir in Westfalen kommen. (Abrücken werden wir nicht vor Dienstag).

Damit komme ich noch wieder zu dem Aufsatz und habe gleich noch eine Reihe Bitten auf dem Herzen. Ich schicke Dir, sobald ich es abgeschrieben habe, die Einleitung und möchte Dich nun bitten, das Folgende zu kontrollieren: 1. Ist die Bemerkung über die Johannesfigur auf dem Isenheimer Altar richtig?[278] Sonst bitte korrigieren oder streichen. 2. Ist die Bemerkung richtig, die sich auf Strauß' Salome bezieht?[279] Ich habe sie aus der Erinnerung an eine Aufführung in der Berliner Staatsoper geschrieben, die Jahrzehnte zurückliegt. Eventuell besorge doch das Textbuch und sieh mal hinein.

3. Ich überlege noch, ob ich nicht die Anmerkung über die Engel zu einer selbstständigen, kleinen Notiz erweitern soll, die dann in dieselbe Nummer kommen müßte.[…] Nun sei nicht böse über die vielen Wünsche. […]

---

[277] Lustspiel um eine Scheidung von Johannes Meyer, Deutschland 1939.
[278] Der Isenheimer Altar zeigt u.a. Johannes den Jünger und Johannes den Täufer. Vgl. den Aufsatz in: Unterweisung und Glaube 15 (1940/41), S. 60-66, 72-77, 83-88, hier S. 60f.
[279] Oper von Richard Strauss (1864-1949), deutscher Komponist.

3. »EIFER UND STRAMMHEIT MARKIEREN«
(AUGUST 1940 – JULI 1941)

[121.]
9. August 1940

ich denke mir, daß Du schon auf eine Nachricht wartest. Nimm es als ein Zeichen, daß es uns *sehr gut* geht, wenn ich erst heute schreibe. Wollte ich von allem der Reihe nach berichten, dann würde ich auch heute nicht bis zum Mittag fertig werden. Und der Brief soll doch dann zum Zug mit hinuntergehen. Darum fange ich mit dem Letzten an. Wir sind hier in der Gegend von Ibbenbüren, aber noch eine Reihe von Kilometern weiter zur holländischen Grenze hin. Oldenzaal, der Grenzbahnhof, liegt gut 50 km von unserem Bahnhof entfernt. Wir sind weit zerstreut in Privatquartieren untergebracht. Ich wohne mit Arno Wildt zusammen bei dem Betriebsführer einer kleinen Zeche. Wir schlafen augenblicklich noch in einem kleinen Haus etwas abseits von dem Landhaus, sollen aber, wenn wir länger bleiben, dorthin übersiedeln. Mittag essen wir unten im Ort aus der Feldküche. Im übrigen aber geben wir unsere Verpflegung ab und essen mit den Wirtsleuten am gedeckten Tisch in nettester Umgebung. Es ist ein kinderloses Ehepaar, das hier unmittelbar am Werk eine entzückende Villa mit schönem Garten bewohnt. Alles blitzt vor Sauberkeit. Die Frau ist froh, daß sie in ihrer Einsamkeit mal Gesellschaft hat (Sie ist Ende vierzig und ganz ungefährlich, ganz besorgte Hausfrau). Der Mann ist klug und kenntnisreich in seinem Fach. Dazu ist noch ein Neffe da, eben siebzehn, groß und stark, der jetzt Abitur macht und Offizier werden will. Es war für mich gestern wirklich eine Freude, als ich merkte, wie anständig und gescheit er ist. Er leidet unter der Verwirrung der höheren Schule (die Gabelung der Oberstufe ist bei ihnen wieder beseitigt und die Fächer wieder geändert, in Magdeburg auch?, wollte anständigen Religionsunterricht usw.). Ich schreibe Dir einfach, was wir gestern gemacht haben. Dann siehst Du, wie gut es uns geht. Also 1. wir haben bis neun geschlafen, dann am nett gedeckten Tisch gefrühstückt, mit Ei und Butter, Tomaten. Dann sind wir von unserem Berg hinuntergegangen zum Mittagessen bei der zentral gelegenen Gastwirtschaft mit Appell, ein paar Glas Bier und einen Korn in der Wirtsstube. Dann Mittagsschlaf und eine kleine Autofahrt mit unserem Wirt zum Ems-Weserkanal, unterwegs Bier, Korn, Butterbrot mit zwei Eiern. Dann Gespräche im Garten, Abendessen (Kartoffelsalat mit Ei, Schinken), ein kleiner Spaziergang, die Abendnachrichten. Du darfst nicht lachen darüber. Es ist etwas Beglückendes, wenn man nach dieser polnischen Zeit nun doch wieder das deutsche Leben in seiner schönen Sicherheit und seinem Reichtum empfindet. Das Land ist so anmutig, die Ausläufer des Wiehengebirges, nach Norden geht der Blick weit ins Emsland. Die Bauernhöfe ebenso wie die Häuser der durchweg bodenständigen Arbeiter so sauber und ordentlich. Wir könnten hier gut ein paar Wochen der Ruhe verleben.

Aber was wird aus uns? Ich schreibe wie immer offen, was Oberleutnant Sachse mir gesagt hat. Es sollen Wachkompanien gebildet werden aus den Resten der Division für Frankreich. In wenigen Tagen soll die Aufstellung beendet sein. Aber Du weißt, wie solche Dinge immer wieder geändert werden. Heute ist Offiziersbesprechung beim Regiment. Vielleicht erfahren wir dann Genaueres. Noch eins in Eile: Es ist mit den englischen Fliegern nicht schlimm. In der letzten Nacht war gar nichts. Doch, Alarm. Aber wir haben ihn verschlafen. In der Nacht vorher lebhaftes Flakfeuer in größerer Entfernung.[280] Hier sind ein paar Mal Bomben geworfen worden, auch Zerstörungen angerichtet. Aber nichts Entscheidendes. In Sorge braucht Ihr deswegen nicht zu sein. Ich schreibe auch das offen, weil jeder beim Blick auf die Karte sagt: »Da liegt Ihr ja gerade an der Einflugstrecke der Engländer.« Darum ist es besser, ich schreibe auch in dieser Beziehung, wie es ist.[…]

[122.]
Püsselbüren, den 11. August 1940

es ist Sonntag Vormittag. Draußen ist es frisch. Der lebhafte Wind treibt die Wolken. Aber vorläufig hält sich die Sonne noch. Wir haben wieder lange geschlafen und gut gefrühstückt. Jetzt ist der Geist so faul, daß er immer erst einen kleinen Stoß braucht, um vorwärtsgetrieben zu werden. Dabei hätte ich Dir für so vieles zu danken. Deine beiden Briefe vom 6. und 8. August mit den Einlagen, den Bildern und Karten und dann vor allem Deine viele Mühe. Daß mein Aufsatz gerade zwischen soviel andere Arbeit gekommen ist, tut mir leid. Aber ich freue mich, daß Du einverstanden bist. Ich warte jetzt gespannt auf die Juli-Augustnummer. Ich werde mich, wenn wir hier noch bleiben, sehr anstrengen müssen, wenn ich mit dem Aufsatz ein Stück vorankommen will. Es ist schwer, sich aus dem Feriendasein freizumachen. Wir essen, schlafen, sitzen im Garten mit unseren Wirtsleuten und erzählen, machen einen kleinen Spaziergang und gehen zweimal am Tage zum Antreten nach dem Gasthof hinunter. Soweit die Kameraden bei Bauern sind, helfen sie zum Teil sehr fleißig in der Ernte. [...]
Unser junger Hausgenosse wird uns leider plötzlich verlassen müssen. Er ist in seiner Militärangelegenheit nach Haus gerufen worden, möchte allerdings morgen erst versuchen, die Sache fernmündlich ins Lot zu bringen, weil es jetzt so nett geworden sei. Es würde mir auch Leid tun, weil man mit ihm so gut reden kann. Mit Arno Wildt vertrage ich mich gut. Erich Quade denkt nur noch an die Entlassung. Er hat gestern abend so begeistert getanzt. Aber davon habe ich noch gar nicht erzählt: wir hatten gestern ein Tanzvergnügen. Wildt hatte gar keine Lust und hat dadurch unsere Wirtsleute verhindert, von vornherein sich für das Fest zu erwärmen. Wir gingen dann beide später hin und setzten uns ins Vorzimmer, da es im Saal längst übervoll war. Eine Stunde später überraschten uns unsere Wirtsleute doch durch ihr Kommen, und wir saßen etwas honorationenmäßig, exklusiv weiter für uns in dem sehr lauten und alkoholbeherrschten Betrieb. Die

---

280 Dabei könnte es sich um einige Kilometer entfernte Flakstellungen zum Schutz des Mittelland- und Dortmund-Ems-Kanals bei Bergeshövede gehandelt haben. Günter Wegmann: Das Kriegsende zwischen Ems und Weser 1945, erweiterte Auflage, Osnabrück 2000, S. 25.

»Dickenberger« – das ist der Ortsteil hier oben – sind wohl berüchtigt wegen ihrer derben Feste. Kurz vor zwölf sind wir aufgebrochen – ich habe nur einmal mit Frau W. getanzt; es war keine Freude in dem Gestoße. Es war eine wundervolle Nacht, und wir haben dann noch eine Weile auf die Engländer gewartet. Sie müssen gekommen sein, als wir uns eben hingelegt hatten, sind aber am Kanal bei Münster gewesen. Hier oben sind wir außer der Gefahr.[...]

[123.]
13. August 1940

[...] Hier läuft das Leben gemächlich fort. Den Sonntag haben wir mit Essen, Trinken, Erzählen und kleinen Spaziergängen verbracht. Das Schönste war der Blick vom Förderturm auf die Ebene nach Norden und Westen. Gestern sind wir offiziell in Ibbenbüren begrüßt worden. Da sind wir mit Leiterwagen hinübergefahren. Auf einem freien Platz nahm das Regiment Aufstellung. Es gab vier kurze Reden, etwas peinlich anzuhören, da man mit den üblichen großen Worten ja bei unserer »Leistung« nichts Rechtes anfangen kann. Am treffendsten sprach unser Papa Riedel, der Regimentskommandeur.[281] Die Bevölkerung war bei dem festlichen Akt – von den offiziellen Stellen abgesehen – durch einen Haufen Schulkinder vertreten. Es war das schon etwas zum Frieren [sic]. Nett war der Ummarsch durch das blitzsaubere Städtchen, wo sich ja nun auch die Bevölkerung freundlich, aber natürlich ohne Begeisterung zeigte. Abends Kameradschaftsabend mit Freibier, das die Gemeinde gestiftet hatte. Ich saß bei Sachse und dem Lehrer, der als Vertreter der Partei da war. So konnte man einmal vernünftig reden. Um zwölf war das offizielle Trinken zu Ende. Es wurde auch höchste Zeit. Die Unteroffiziere sind noch von Leutnant Kannegießer eingeladen worden. Ich bin trotzdem gegangen und bin jetzt gespannt, ob das ein Nachspiel haben wird, wenn wir jetzt mittags herunterkommen. Wildt ist erst um einviertel fünf nach Haus gekommen. Da will ich doch konsequent bleiben, solange es irgend möglich ist. Jetzt sitze ich in dem schönen, stillen Garten. Die Wirtin hat mir eben vier Birnen herausgebracht. Du siehst, wie wir verwöhnt werden.

In der Nacht habe ich zum zweitenmal das grandiose Schauspiel des Einflugs der Engländer genossen. Gefährlich ist es für uns gar nicht, weil die militärisch lohnenden Ziele weit entfernt liegen und die Engländer natürlich auch nicht absichtlich Wälder und Felder mit Bomben belegen. Ich schildere es ein andermal ausführlicher. Jetzt droht mich ein Schauer aus dem Garten zu vertreiben. [...]

[124.]
19. August 1940

nun habe ich meinen Sonntagsurlaub hinter mir. Es waren zwei reiche Tage, und ich bin vor allem froh, daß es in Dünne menschlich gut gegangen ist. Frau Stork ist ja immer sehr nett, und auch mit ihm bin ich gestern frei und offen ins Gespräch

---

[281] Oberstleutnant Riedel war bei Kriegsbeginn Kommandeur des Landesschützen-Regiments 2/XI. Vgl. Günter Wegmann/Christian Zweng: Die Dienststellen, Kommandobehörden und Truppenteile des Heeres (1935-1945), Bd. 2, Osnabrück 2000, S. 30.

gekommen, wenn wir auch die strittigen theologischen Fragen nicht besprochen haben. Ich habe mir sehr viel erzählen lassen aus Kirche und Theologie. Er hat mir bereitwillig auf alles geantwortet. In der Beurteilung der Lage sind wir doch sehr nahe. Davon zeugte ja auch die vor einiger Zeit erhaltene Lutherarbeit, auf die hin ich mich eigentlich erst entschlossen hatte, nach D[ünne] zu fahren. Und die verschiedene Beurteilung dessen, was von der theologischen Überlieferung zu halten ist, darf wohl nicht zum völligen Bruch führen, auch wenn die Mitarbeit der Dünner Leute in der Zeitschrift weiter auf gelegentliche Beiträge zu beschränken ist. Es gäbe nun viel zu erzählen, was Dich wohl auch interessieren würde.[…] Stork fragte mich, ob ich nicht für seine Dahlemer Stelle Interesse hätte. Ich habe es verneint. Grund: es ist eine Heimvaterstelle. Ich nehme an, daß man dabei wieder auf längere Zeit nicht zu theologisch-literarischer Arbeit kommen würde. Aber ich will es Dir doch schreiben und Dich um Deine Meinung bitten. 3. Im ganzen hatte ich wieder das Gefühl, daß ich selbst doch eigentlich in erheblicher Vereinzelung meinen Weg gehe, als ich von der Fülle persönlicher und Arbeits-beziehungen der Dünner Leute hörte. Man hört da immer nur von Vorträgen, Besuchen, Arbeitsgemeinschaften, Gesprächen mit berühmten Zeitgenossen. Es scheint das heute doch wohl zu den Bedingungen zu gehören, ohne die eine gei-stige Arbeit sich nicht geltend machen kann. Vielleicht hängt der Rückgang un-serer Zeitschrift doch wirklich zu 90% an mangelnder Betriebsamkeit in dieser Richtung. Die Juli-Augustnummer ist übrigens sehr erfreulich. Hast Du sie schon gesehen? […]

Entscheidungen über unser Schicksal sind noch nicht gefallen. Ich hätte sie gern abgewartet, ehe ich einmal nach Magdeburg auf Sonntagsurlaub herüberkomme, was an sich möglich ist. Denn augenblicklich sind wir alle eigentlich unfrei im Innern. Auch könnte man dann vielleicht doch mit dem Chef einmal reden, ob er mich nicht, sagen wir zum 1. Januar, braucht. Politisch ist die Spannung sehr groß. Erfolgt nun der Stoß? Was tun die Vereinigten Staaten?[…]

Urlaub vom September – Anfang Oktober 1940

[125.]
Bernburg
10. Oktober 1940

Nun bin ich schon 24 Stunden fort von Dir und habe die erste Überwindung schon hinter mir. Daß es nicht leicht sein würde, war mir ja von vornherein klar. Darum war ich doch gestern ziemlich vor den Kopf geschlagen und persönlich wie be-nommen, so daß ich kaum etwas zu sagen wußte. Ich bin dann noch umgestiegen, weil ich beim Studium meines Fahrscheins entdeckte, daß er für die 2. Klasse ausgestellt war und kam so zufällig einer Frau aus Bernburg gegenüberzusitzen, die ihren kranken Mann im Lazarett besucht hatte. So brauchte ich wegen der Fahrt keine Sorgen zu haben und kam auch noch glücklich in einen Omnibus, der wenigstens in die Nähe der Kaserne fuhr. Es war ja schon völlige Nacht, als wir in Bernburg ankamen. In der Kaserne gab es manches Hin und Her, bis ich eine leere Stube für die Nacht fand. Leider bin ich bei einer anderen Kompanie in einem anderen Block untergebracht, und der Feldwebel, zu dem ich gesteckt worden bin, betrachtet mich natürlich als störenden Eindringling. Dienstlich steht es ähnlich, daß ich eigentlich nicht gebraucht werde. Ich bin dem einen Zugführer, einem Stabsfeldwebel mit 21 Dienstjahren, zugeteilt und werde wohl so nebenbei her laufen. Das hat den Vorteil, daß ich mir den Betrieb erst ansehen kann und mich auch weiter nicht anzustrengen brauche. Es sind hier junge Rekruten, auch die Feldwebel und Unteroffiziere sind jung, so um 25-30, haben aktiv gedient und Übungen gemacht. Was ich hier eigentlich soll, verstehe ich nicht. Wenn eine Absicht vorhanden war, dann kann es nur die sein, daß ich möglichst »zulernen« soll. Aber vielleicht ist auch alles Zufall, und dann wieder ein ziemlich bitterer. Denn ich muß mich nun dauernd hinsetzen und lernen, vor allem auswendig lernen, damit ich den Rekruten die Vorschriften wörtlich sagen kann, wie es hier verlangt wird. Gegessen wird mittags und zweimal abends im Offiziersheim, die Kasernen sind neu und liegen ganz hübsch am Stadtrand. Das große, hochgelegene Bernburger Schloß sieht aus einiger Entfernung über die Bäume herüber. Doch hat Bernburg auch viel Industrie: Junkers und die Solvaywerke, so daß der Ort überfüllt und nichts zu haben sein soll.[…]

Nun besorg mir doch bitte bei Wahle die Schießvorschrift für Gewehr 98[282] und außerdem schicke 1. das blaue Buch über die Taktik des Bataillons, 2. die gelben Hefte beides vom Regal und 3. die »Truppenführung« aus Deiner Tasche für den Luftschutzkeller. Anschrift Feldwebel K. Jarausch, Bernburg a.S., 3./Inf.Ers.Batl. 497, Adolf Hitler Kaserne.[…]

[126.]
12. Oktober 1940

nun ist ein schöner, stiller Sonnabendabend gekommen, und da will ich Dir wenigstens noch einen Gruß senden, auch wenn er Dich wohl nicht mehr zum Sonntag erreicht. Ich hatte gehofft, heute nachmittag mal aus dem Bau zu kommen, aber es war nichts damit. Ich bin bis um viertel sieben gebunden gewesen. Auch morgen sieht der Dienstplan nicht anders aus als in Kosów. Nur ist vormittags Kirchgang, der hier noch in der alten Weise angekündigt worden ist: »Es ist kein Zwang, die Freidenker können vor der Kirche wegtreten und sich inzwischen kalte Füße holen.« Nachmittags müssen wir auch hier die Gruppen ausführen. Mit dem Dienst spielt es sich allmählich ein. Ich werde in dem Zug miteingesetzt, wo gerade jemand gebraucht wird, leider eben ohne klare Verantwortung. Ich muß das Ganze also wirklich als eine neue Lehrzeit auffassen: die wievielte? Wenn man auf so gut wie jedes »Persönliche« verzichtet, wird es angehen, und man kann dann mit Stolz berichten, daß man in einer »aktiven Truppe« gewesen ist. Denn die Rekruten sollen eben unter dem Gesichtspunkt betrachtet und behandelt werden, daß sie ihre zwei Jahre dienen müssen. So wird viel geschnauzt, oft mit Grund, aber es scheint mir, als ob auch viel Zeit mit Äußerlichkeiten vertan wird. Beim Revierreinigen z.B. haben wir in unserer anderen Weise mindestens ebensoviel erreicht. Gestern Vormittag hatten wir einen Ausmarsch von etwa zwanzig Kilometer. Es war ein schöner, etwas verhangener Herbsttag längs des Saaletales.

---

[282] Standardgewehr der deutschen Infanterie.

Dort liegt auch der Platz für den Geländedienst, wohl eine Marschstunde entfernt, wo wir am Montag beginnen werden. In der Nacht vorher hat die ganze Gegend einen sehr schweren Luftangriff erlebt. Wir haben vier Stunden im Keller gesessen. Dann ist das Aufstehen um halb sechs natürlich bitter. Ich habe eine ganze Weile im Hauseingang gestanden. In ganz Anhalt war die Flak in Tätigkeit. Leider hat es ja auch schwere Opfer gegeben. Ob Ihr wohl auch solange im Keller gesessen habt?[…]

Es ist nun recht dumm, daß ich die Papiere nicht mehr weg bekommen habe. Hier wollen sie sie nicht haben. Ich soll sie direkt einschicken. Da wird weiter nichts möglich sein, als daß Du Dich mal opferst und in die Männerwelt in der Augustastraße eindringst.[283] Denn ich möchte die Urkunden nicht aus der Hand geben. Du müßtest also darum bitten, daß sie den arischen Nachweis gleich an Hand der Papiere prüfen, damit Du die Urkunden wieder mitnehmen kannst.[284] Ich denke, sie werden das mit aller Höflichkeit tun. Zieh Dich nur ein bißchen nett an, damit sie gleich den richtigen Ton finden. Ich muß dann sehen, daß ich die Papiere möglichst rasch an Dich eingeschrieben schicken kann. Aber es kann doch noch Tage dauern, bis ich eine Gelegenheit dazu finde. Am besten würdest Du gegen zehn hingehen. Da ist es wohl leerer als gleich um neun. Zimmer 40. Abteilung für Reserveoffizieranwärter.[…]

Nun nimm das Ganze hier nicht zu tragisch. Einige Monate werde ich hier wohl aushalten müssen. Aber dann werde ich noch zehn Jahre jünger und 100% strammer geworden sein. Dann werde ich alle Bäume ausreißen oder – vollends nur noch den Wunsch nach Ruhe haben. Also warten wir ab, was zu Weihnachten sein wird. Genieße die Ferienwoche noch recht und ärgere Dich über niemand. Es lohnt sich ja nicht. […]

[127.]
14. Oktober 1940

[…] Es scheint mir fast, als geht hier noch viel mehr Zeit und Kraft auf das Klappern des Räderwerkes dahin. In Kosów war die Zeit bis ins letzte ausgenutzt. Hier vergeht viel Zeit mit Antreten, Hin- und Herjagen, Schnauzen, Drohen. Irgendwo schreit es fast immer in der Kaserne. Wenn Geländedienst ist, gehen zwei Stunden für den Hin- und Rückmarsch drauf. So standen heute eigentlich nur drei Stunden für das Exerzieren zur Verfügung. Das eigentlich Anstrengende wird darum vielleicht auf die Dauer mehr der große Apparat sein. Das viele Grüßen, Melden, Stillstehen, das angespannte Ausschauhalten nach Major und Hauptmann, die Sorge für den Anzug und dgl. Einige menschliche Fäden sind nun auch aufgenommen. Glück habe ich mit meinem Putzer, der ein geweckter und tüchtiger Mensch ist. Er ist Maler, ist aber von seinem Beruf nicht recht befriedigt und will vielleicht

---

[283]   In der Augustastraße (Hegelstraße) befand sich die Heeresstandortverwaltung Magdeburg und das Wehrbezirkskommando Magdeburg I mit Wehrmeldeamt Magdeburg I, zuständig für den Stadtkreis Magdeburg. Wir danken dem Landeshauptarchiv Sachsen-Anhalt für entsprechende Auskünfte.

[284]   Der »Ariernachweis« bzw. eine Abstammungserklärung waren nach § 15 des Wehrgesetzes für die Offizierslaufbahn erforderlich. Vgl. Absolon, Personalwesen, S. 20f.; Bryan Mark Rigg: Hitlers jüdische Soldaten, Paderborn u.a. 2003, S. 127.

beim Heer bleiben. Wir haben eben fast eine Stunde von Reisen, Wanderen und vom Beruf erzählt, während er meine Sachen in Ordnung gebracht [hat]. Er ist ein lebendiger Beweis dafür, daß K.d.F.[285] auch sein Gutes hat. Gestern habe ich den ganzen Nachmittag »geopfert«, um mich im Zug etwas einzuführen. Aber davon will ich der Reihe nach erzählen.

Zunächst gab es nachts wieder zweieinhalb Stunden Alarm, aber ohne heftigere Angriffe. Daraufhin habe ich bis nach sieben fest geschlafen. Um dreiviertel neun begann der Dienst mit Appell und Antreten zum Kirchgang. Wir waren von der Kompanie etwa 130 Mann. In der Kirche fanden sich auch die Offiziere zum Teil dazu. Es war ein ganz würdiger Gottesdienst, auch wenn eine Reihe geschlafen haben und manche Unteroffiziere beim Gebet die Hände auf den Rücken legten. Ich hatte im ganzen den Eindruck, daß die Rekruten sich da hineinfinden würden als in etwas, das zum Soldatsein gehört, und manches mitnehmen würden, wenn nicht die zersetzende Kritik der Gefreiten und Unteroffiziere sie bald verderben würde. Der Gottesdienst war selbst theologisch sehr merkwürdig. Ich schicke Dir den Liederzettel mit – es wurde kräftig und laut gesungen. Du siehst, ein eigenartiges deutsches Christentum. Predigttext war mit Rücksicht auf die Vereidigung »Sei getreu«. Dabei wurde nach dem üblichen Soldatisch-Moralischen Jesus als Vorbild der Treue bis in den Tod gezeichnet. Als wir zurückkamen, war es höchste Zeit zum Essen zu gehen, und dann mußte man sich nach kurzer Pause für den Ausgang mit den Rekruten fertig machen. Wir waren nicht ganz zwei Stunden unterwegs: durch die Stadt zum Schloß und über die Saale durch Parkanlagen zurück. Dann kam auf dem Kasernenhof die Frage, ob das Lehrpersonal vom 1. Zug nicht noch ein Glas Bier zusammen trinken wollte, und da habe ich sie eingeladen. Es war außer dem Zugführer – einer jener altgedienten Feldwebel, die sich an den Schwierigkeiten ihrer Unterordnung zerreiben – ein jüngerer Unteroffizier – tüchtig, intelligent, aber leider ein bißchen angefressen von dem Männerleben, soweit man nach seinem Gesicht urteilen kann – und zwei junge Gefreite. Wir haben bis nach acht in einer einfachen Ausflugswirtschaft zusammengesessen.[…]

Heute Mittag habe ich noch rasch die Papiere an Dich abgeschickt. Unglücklicherweise hat mich der Major dabei in der Stadt gesehen. Er fragte beim Mittag ziemlich spitz: »Waren Sie beim Zahnarzt oder hatten Sie Urlaub?« Doch hat ihn meine Antwort anscheinend besänftigt, denn er hatte nachher die Gewogenheit, mir höchst eigenhändig die Terrine mit der Suppe zu reichen. Früher hätte ich mich darüber mehr geärgert als heute. Manchmal denke ich, daß ich in diesen Tagen vielleicht nach außen hin zu gleichgültig gewesen bin. Ich hätte vielleicht mehr Eifer und Strammheit markieren müssen. Aber ich habe dazu gar keine Lust mehr. Heute sagte schon der eine Zugführer zu mir, ich solle mich doch um die eigene Führung eines Zuges bemühen – er selbst möchte gern weg. Aber ich tue es nicht, sondern horche und lerne, bis es soweit ist. Auch wenn die Beförderung dadurch, was sehr möglich ist, verzögert wird.

---

[285] »Kraft durch Freude«. Nationalsozialistische Unterorganisation der »Deutschen Arbeitsfront«, die u.a. Urlaubsreisen veranstaltete. Vgl. Shelley Baranowski: Strength through Joy. Consumerism and Mass Tourism in the Third Reich, Cambridge 2004.

Könntest Du nicht auf dem Wehrbezirkskommando [...] ganz harmlos tun und den Feldwebel fragen, wie die Sache jetzt weiterläuft? Ich glaube, Du kannst das eher, als wenn ich es tun würde. Die Frage ist für mich eben, ob die Entscheidung jetzt bei der hiesigen Truppe liegt oder ob sie mit der Wahl durch das frühere Regiment schon gefallen ist und nun nur verzögert werden kann, wenn noch eine Bewährung als Zugführer gefordert wird. Aber auch das nehme ich nicht zu wichtig. Denn auf der einen Seite wäre es gut, wenn ich den Garnisonsdienst besser kennenlernen würde. Andererseits würde ich aufatmen, wenn ich aus diesem Formalismus herauskäme. [...]

[128.]
16. Oktober 1940

nur einen kurzen Dank will ich Dir heut senden für Brief und zwei Päckchen, die heute kamen. Nun sind es acht Tage, seit ich hier angekommen bin, und ich muß jetzt sagen, daß vieles besser gegangen ist, als ich anfangs gedacht hatte. Im Dienst haben wir, soweit es sich um die Ausbildung handelt, in Polen mindestens so planmäßig gearbeitet. Die jungen Ausbilder haben auch ihre Schwächen – mangelnde Reife und Zucht, und in das Garnisonmäßige werde ich mich ja auch finden. Dann und wann unterläuft ein Fehler. Da kann man ja zulernen. Gestern und heute habe ich einen Zugführer mehr oder weniger vertreten, der nicht zugegen war. Heute sind wir auch geritten – über abgeerntete Felder und durch den Park an der Saale – aber nicht lange. Wir sind zwischendurch eingekehrt. Trotzdem war es schön, und ich hatte keine Schwierigkeiten, mit den anderen mitzukommen. So hat es sich doch gelohnt, daß ich den Unterricht genommen habe. Wenn Du auch wie sooft die Leidtragende warst durch mein vieles Fortsein. Ich frage mich oft, ob noch einmal eine Zeit kommt, wo es anders sein wird, wo man nicht immerzu für irgendeinen Dienst Opfer bringen muß. Die anderen Offizieranwärter waren heute so erfüllt von den unendlichen Aufgaben, vor denen wir stehen, und auch von dem Vertrauen auf den Führer, wohl ähnlich wie Korth.[286] Der zweite Offizieranwärter in unserer Kompanie ist Pfarrer bei Stettin, 29 Jahre alt, ein schwerer Pommer; wir kommen allmählich in Fahrt miteinander. Es ist noch ein anderer Theologe da. Ausbildungsgefreiter mit dem E.K., noch jünger. Er kannte meinen Namen von der Zeitschrift. Ich will sehen, daß wir in den nächsten Tagen einmal zusammen fortgehen können. Die nächtlichen Alarme kosten soviel Kraft, weil man immer noch Aufsicht führen muß. Alles schläft sonst auf Strohsäcken in den langen Kellerfluren, kein Wort fällt. Ich muß sehen, daß ich auch etwas zum Schlafen komme. Gestern hatten wir eine kleine Erleichterung im Dienst weil zweimal Alarm gewesen war; die letzte Nacht waren wir wieder drin, und nun wartet man schon wieder und mag sich nicht erst hinlegen.[...]

---

[286] Dr. Konrad Korth aus Stolp, Mitarbeiter der Tiling-Festschrift.

[129.]
Bernburg, den 23. Oktober 1940

Leider konnte ich aus dienstlichen Gründen für den Sonntag keinen Urlaub einreichen. Ich würde Dich bitten, vorausgesetzt daß Du frei bist, hierher zu kommen. Denn die Stadt lohnt einen Besuch, von allem anderen abgesehen.[…]

Wir hatten es heute ziemlich schwer und sind recht müde. Darum nur noch einen herzlichen Dank für Deine Briefe vom 20. und 21. Auch die Marmelade ist gut angekommen. Ich danke Dir für Deine Anmerkungen zu dem Johannesaufsatz, die genau die Schwierigkeit bezeichnen – und den Punkt, auf den es mir ankommt. Aber ich lasse es mir weiter durch den Kopf gehen. Es ging mir ja gerade darum, dazu anzuleiten, den Text neu zu durchdenken. Dann sollte sich für jeden, der mitgearbeitet hat, die Antwort auf die eingangs formulierten Fragen aus dem eigenen Nachdenken ergeben. Nur so ist – meine ich – die in der Einleitung bezeichnete Unsicherheit zu überwinden. Aber darin liegt dann auch die hochgespannte Forderung, bei der nur wenige mitgehen würden. Was also von anderer Seite zu demselben Ergebnis führt, das ich in dem Brief an die Tiling formuliert hatte. Es ist keine genügend breite Leserschaft da, die – obgleich theologisch nicht gebildet – sich durch eigenes Denken ihre Position erwerben wollen. Die alte Not der Zeitschrift.[…]

[130.]
[27. Oktober 1940]

ich will Dir heute am Sonntagabend keinen langen Brief schreiben. Ich hoffe ja bestimmt, daß wir uns in acht Tagen sehen. Da wird dann manches besprochen werden können. Nur danken möchte ich Dir für Deine Sonntagsgrüße und Dir sagen, daß ich auch heute an Dich gedacht habe. Ich war also gestern mit den »Christen« zusammen im Café. Wir waren alle müde, aber es wurde doch manches Wesentliche gesagt in voller Offenheit. Sie haben mich so vorbehaltlos aufgenommen in ihren Kreis. Heute Vormittag waren wir zu viert in der Kirche bei demselben Pfarrer, der am vorigen Sonntag das deutschchristliche Liederragout gebraut hatte: er ist abgesetzter B[ekennender] K[irch]ler und nur wegen des Krieges geduldet!!! Wir hörten eine warme, ernste Predigt über den Schalksknecht. Nach dem Essen bin ich gleich mit dreißig Rekruten losgezogen, die anderen hatten Besuch. Wir haben in einer Stunde etwa einen schönen herbstlichen Spaziergang an der ganz verschleierten Saale gemacht und dabei habe ich die seltsamsten Lebensberichte angehört. Dann haben wir etwas gedämpft in derselben Kneipe wie am vorigen Sonntag Kaffee und Kuchen, Bier und Schnaps konsumiert. Erst zum Schluß taute alles ein bißchen auf, und auf dem Rückmarsch wurden sie ganz lustig und fühlten sich als Soldaten. Dann habe ich ganz still auf der Stube gesessen und gelesen, ein bißchen zur Vorbereitung auf den nächsten Dienst, meist aber Griechisches. Es ist sehr bedrückend, wie sich von den Älteren jeder mit der Frage herumschlägt, was dieser »Dienst« für sein Leben eigentlich bedeutet, ob er ihn wirklich verantworten kann, wo so viel »Wichtigeres« zu tun ist. Niemand ist ausgefüllt, die Frommen ebenso wie die Weltkinder […]

[131.]
31. Oktober 1940

leider muß ich Dir wieder eine Enttäuschung bereiten: ich kann nicht kommen. Ich habe gestern – Mittwoch – einen kleinen Unfall gehabt. Ich bin während des Exerzierens in der Halle eine ungeschützte Treppe hinuntergefallen und habe einen leichten Erguß im rechten Knie. Ich soll drei Tage mit nassem Verband zu Bett liegen. Es ist nicht schlimm, und Du brauchst Dir keine Sorgen zu machen. Ich war gestern sogar noch in der Stadt bei dem Pfarrer Kluge von der Schloßkirche, wo wir zum Abendessen eingeladen waren. Leider ist wegen des Lehrgangs noch kein Bescheid da. Ich hoffe aber, daß ich Sonntag fahren kann, werde dann aber den nächsten Weg nehmen müssen.

Hoffentlich geht es Dir gut. Hast Du viel leiden müssen? So liegen wir beide aus Sympathie zu Bett. Herzlich denkt an Dich [...]

[132.]
7. November 1940

ich sitze hier im Tagesraum eines Wernigeroder Lazaretts und warte auf die Röntgenaufnahme, die nun doch von dem Knie noch gemacht werden soll. Ich bin gestern in Ilsenburg von dem dortigen Truppenarzt und heute hier vom Facharzt untersucht worden. Etwas Klares läßt sich ohne die Aufnahme nicht sagen. Das Knie ist wohl alle Tage etwas besser, aber nicht gut geworden, und ich wollte darum doch lieber noch einmal zum Arzt. Zunächst fallen damit ja ein paar Tage des Lehrgangs für mich aus; aber wenn die Aufnahme keinen Befund ergibt, hoffe ich dabei bleiben zu können. Es war für mich sehr bedrükkend, diese Aussicht, in eine sinnvolle militärische Tätigkeit zu kommen, einzubüßen. Aber ein dauernder Schade[n] am Knie wäre schlimmer. Nun habe ich heute und gestern viel Zeit mit Warten verbracht. Heute morgen habe ich das Tagwerden in den Straßen von Wernigerode erlebt und so also doch auch meine kleine Freude dabei gehabt – so wie am Dienstag den Einbruch des Abends bei einem Gang das Ilsetal aufwärts. Gestern Nachmittag habe ich manches gelesen. Die griechischen Dinge machen mir immer mehr Freude, zumal ich mich doch auch in dem griechischen Text der Dialoge noch leidlich zurechtfinde. Aber im ganzen ist der Kopf doch mit den »Nachrichten« erfüllt. Der Lehrgang zwingt zunächst wieder zu fast reiner Rezeption. Unendlich viele kleine Einzelheiten sollen mehr oder weniger gemerkt werden. Da ist das »Üben« beim Empfangen der Morsezeichen und beim Schlüsseln (Chiffrieren) schon eine Wohltat, weil man dabei doch ein bißchen selbst arbeiten kann. So macht man wieder »pädagogische« Erfahrungen. Reiche Anstöße zum Beobachten gab ein Brief von Stavenhagen voll vermischter Hinweise auf Bücher und Ausblicke auf die Lage. Er bittet geradezu darum, Gespräche mit Kameraden und dgl. gelegentlich festzuhalten als Beitrag zu der Frage, wie es eigentlich heute mit unserem Volk steht.[...]

[133.]
Wernigerode, den 22. November 1940

Nun habe ich Bestrahlung und Wickeln hinter mir und kann überhaupt schon ein bißchen absehen, wie das Ganze läuft. D.h. ich müßte eigentlich sagen, wie das Einzelne läuft, denn gerade im Ganzen bin ich noch nicht klüger geworden. Was [die] mutmaßliche Dauer des Aufenthalts usw. angeht, weiß ich nichts. Gestern waren Assistenz- und Stabsarzt hier, aber nicht der Oberarzt, der mich am Dienstag gründlich untersucht hat. Sie haben nur flüchtig geguckt. Ich liege mit drei jüngeren Gefreiten zusammen, einer ist Abiturient aus Pyritz in Pommern (Bauer), einer Schlosser, einer wohl Maler. Sie sind alle anständig und sauber. Sie haben Unfälle gehabt, Brüche und dgl. Vom Bett aus sehe ich ein Stück von den Bergen, die das Hasseröder Tal nach Süden abschließen. Darüber steht heute die Sonne und scheint bis auf mein Bett. Vom Balkon aus übersieht man das ganze Tal bis zum Schloß hin. Es ist sicher viel schöner als in Bernburg. Auch Luftalarm gibt es hier doch nicht ernstlich, so daß man darauf Rücksicht nehmen müßte. Die Verpflegung ist gut. Tags lese ich wie bisher. Nur die Nächte sind lang. Um halb zehn wird das Licht spätestens ausgemacht. Dann kann noch niemand schlafen. Um acht beginnt es sich im Haus zu regen.[…]
    Ich habe noch weiter daran gedacht, daß Du Nüßle[287] sagtest, er möchte fest etwas schreiben. Ermuntere ihn doch dazu, es zu tun. Es ist doch sosehr wichtig, daß wir uns jetzt darüber klar werden, was eigentlich zu tun ist, eben in der vermutlich nötigen radikalen Weise, die sich nichts vormacht und doch nicht bitter und voll Ressentiment ist. Ich habe auch an Frau v. T[iling] geschrieben, was sie für nötig hält, und will, falls ich länger hier sein muß, wieder etwas arbeiten.[…]

[134.]
3. Dezember 1940

ehe der Tag für uns zu Ende geht, will ich einen Brief an Dich wenigstens noch anfangen. Etwas Besonderes hat es gestern und heute nicht gegeben. Ich habe die Zeit ziemlich matt und schläfrig hingebracht und auch nicht viel geschafft. Ein Arzt hat sich nicht sehen lassen. Schlichting ist heute hier gewesen, aber nicht auf unserem Zimmer. Meine Schiene ist gestern und heute neu gewickelt worden. Schmerzen habe ich nicht gehabt.[…]
    Von Schlichting ist ein Sohn, der mit einer Tochter von Feldmarschall Milch[288] verheiratet ist, verwundet als Flieger in englische Gefangenschaft geraten. Er hat geäußert, daß wohl die Hälfte unserer Fliegeroffiziere gefallen oder gefangen seien. Vermutlich meint er damit die aktiven, mit denen wir 1939 in den Krieg gegangen sind.[289][…]

---

[287] Referendar und Kollege aus Magdeburg.
[288] Erhard Milch (1892-1972), Generalluftzeugmeister und maßgeblich am Aufbau der Luftwaffe beteiligt.
[289] Zu dieser Zeit wurde die »Luftschlacht um England« nach hohen deutschen Verlusten eingestellt. Vgl. die Verlustzahlen bei Udo Volkmann: Die britische Luftverteidigung und die Abwehr der deutschen Luftangriffe während der »Luftschlacht um England« bis zum Juni 1941, Osnabrück 1982, S. 178 und 186.

[135.]
10. Dezember [1940]

Du wirst schon auf Nachricht warten, aber Dir auch den Grund denken können, warum sie ausgeblieben ist. Es geht eben alles nur langsam weiter. Heute waren nun einmal alle Ärzte hier. Das Ergebnis: die Schiene wird entfernt. Ich soll langsam und vorsichtig ausproben, wie es mit dem Knie steht. Es ist also durchaus möglich, daß die Operation unterbleibt und ich zu Weihnachten weder in Magdeburg noch in Wernigerode, sondern in Bernburg bin. Ich habe gestern gebadet und war dazu – natürlich ohne Verband – im Keller. Das Knie ist jetzt von dem Liegen natürlich fast steif. Aber das will ja nichts sagen. Aber etwas Bestimmtes läßt sich heute noch nicht ausmachen.[…]

Ich habe jetzt einen neuen Nachbarn, einen jungen Bauer aus Danstedt. Er liegt seit 27. Mai mit Schußbruch im rechten Armgelenk. Die Wunde ist immer noch im Eitern. Man sieht jetzt überhaupt erst, was an Elend noch von dem französischen Feldzug her im Stillen vorhanden ist und wie unbedeutend das ist, was man selbst durchmacht. Es liegen im Haus noch mehr, denen es so geht. Mein Nachbar ist bis jetzt in Berlin gewesen und hat sich jetzt hierher versetzen lassen, weil er hier in der Nähe zu Haus ist.

Die Schiene ist nun ab, und ich mache die ersten Kniebeugen im Liegen. Hoffentlich wird es nun rasch besser. […]

[136.]
[15. Dezember 1940]

nun ist es Sonntag. Es ist still im Haus. Wer konnte, ist an seinen Stöcken hinausgehumpelt. Auch zwei der Kameraden. Der Dritte liegt mit einer Halsentzündung fiebernd im Bett. Draußen ist es nach einem strahlenden Vormittag trübe und grau geworden. Ich habe ein paar Briefe geschrieben. Die Lektüre will heute nicht so recht voran. Ich weiß nicht, ob es das Gefühl des Sonntags ist oder ob das Liegen in der Stubenluft allmählich dumpf und müde macht. Dabei schickte Frau Geheimrat [Schmidt] heute schon ein Missionsbuch und auch von Holtermann kam etwas. Schicke mir bitte nichts an Kleinigkeiten. Soweit ich lese, möchte ich mich auf das Militärisch-Notwendige und das Griechische konzentrieren, damit nicht das Gefühl der toten Zeit aufkommen kann. Darum mache ich auch meine Auszüge und Notizen weiter. Von Sophokles habe ich jetzt das Meiste gelesen und beginne nun mit dem sehr eigenartigen und fesselnden Euripides. Dazu habe ich die um den Tod des Sokrates kreisenden platonischen Dialoge noch einmal griechisch gelesen. Gestern abend auch noch Dehns[290] Gespräch vom Tode. Es ist so sehr eindrucksvoll zu sehen, wie aus dem Sterben des Sokrates allmählich eine ganze Weltanschauung erwächst: eben die von der Unzerstörbarkeit der Seele, die demselben Reich angehört, wie die geistigen Werte. In den platonischen Dialogen ringt sie sich selbst erst frei. Da ist noch alles Bewegung des Lebens, durch Zweifel und Widerspruch hindurch die ersten Gläubigen ergreifend. Und es ist wirklich der eigene Tod, von dem der platonische Sokrates spricht, um die Dehnsche Ab-

---

[290] Fritz Dehn: Das Gespräch vom Tode, 1938.

grenzung gegen das Weltanschauungsgerede aufzugreifen. So ist auch diese Zeit
der erzwungenen Muße nicht unfruchtbar; nur regt sich darüber die Sehnsucht
erst recht, davon mit anderen, Jüngeren, sprechen zu können. Das Bild des sokra-
tischen Schülerkreises im Phaidon hat etwas Verführerisches in dieser geistigen
Einsamkeit.[…]

[137.]
[17. Dezember 1940]

Es sind augenblicklich flaue Tage für uns, weil nichts recht voran kommt. Gestern
war zwar ein großes Aufgebot von Ärzten mit dem Generalarzt auf unserer Stube;
aber sachlich sind wir noch nicht weitergekommen. Friedrichs oder Schlichting
haben sich noch nicht einzeln sehen lassen. Ich habe also noch keine Antwort auf
die Frage, ob noch operiert werden soll oder nicht, habe aber den Eindruck, als ob
der Stabsarzt es für nicht mehr nötig hält. Wenn es möglich ist, dann binde Dich
für Weihnachten hier nicht. Wenn ich noch liegen muß, dann wäre ja ein längerer
Aufenthalt für Dich hier ziemlich unerquicklich. Urlaub soll es nur in ganz besonderen Fällen geben. Aber wenn ich von hier entlassen werde, werde ich ja von der
Truppe welchen bekommen. Freitag ist hier die Weihnachtsfeier, ich soll einen
kleinen Abschnitt Dwinger vorlesen, im dem sogar Christus vorkommt. […]

[138.]
[Karte]
19. Dezember 1940

heute war nun der Oberarzt hier und hat das Knie genau untersucht. Der Befund
ist fast behoben, das Knie läßt sich fast völlig strecken und bewegen, die Schwel-
lung ist fort. Ich soll nun aufstehen und mit gewinkeltem Bein laufen. Ich habe
ihn wieder nach der Operation gefragt, und er meinte wieder, eine hundertpro-
zentige Sicherheit bestehe doch auch dabei nicht; er kenne Leute, die mit nichtope-
riertem Knie schwerste Berufsarbeit verrichten. Ich solle also die weitere Heilung
abwarten. Ich habe in dieser Beziehung volles Vertrauen zu ihm.
Heute hat Frau Haek jemand hergeschickt, ob Du nun kämest. Ich habe gesagt,
Du kämest am 2. Feiertag. Sie solle das Zimmer zurechtmachen. Schreib doch
bitte auch noch einmal. Solltest Du ein Platobuch aus der Bücherei bekommen
haben, dann schicke es bitte noch.
Nun kommt das Fest immer näher. Wie war die Feier des Alumnats? Wie geht
es Dir? Es hat doch keine Gefahr, daß Du kommst? Urlaub gibt es über 50 km
nicht. Laß es Dir recht gut gehen.

[139.]
[Karte]
20. Dezember 1940

unten geht unsere Weihnachtsfeier ihrem Ende zu. Ich bin hinaufgegangen, weil
es mir zu laut und rauchig war. Der ernste Teil war, wie Du aus dem Programm
siehst, ganz christlich. Der Superintendent hat – nur zu lange und zu blaß – ge-

sprochen. Dadurch ist mein Vorlesen weggefallen. Ich habe dann den spontanen Dank an den Ortsgruppenleiter getönt. – Ich habe mit Schlichting kurz gesprochen. Er warnt sehr vor dem Reisetrubel. Wir wollen es doch so machen: wenn Du Dich nicht ganz fühlst oder es ist zu voll oder die Züge haben zuviel Verspätung, kehrst Du einfach um. Ich lasse mir das Warten nicht verdrießen. Eventuell bezahlen wir das Zimmer. Darauf kommt es doch gar nicht an. Wir haben soviel geschenkt bekommen, daß ich noch ein Päckchen für Quade gemacht habe. Du siehst, daß Du gar nicht viel für mich mitzubringen brauchst. Sorge lieber richtig für Dich. Eß auch mal ein bißchen Kekse und so was zwischendurch. Ich habe noch einen großen Karton Spekulatius, den ich aufhebe, falls wir mal zu Müllers gehen oder so. Nun leb wohl.

Weihnachtsbesuch seiner Frau

[140.]
[Karte]
3. Januar 1941

nun bist Du den ersten Abend wieder zu Haus. Hoffentlich seid Ihr nicht in dem Schnee stecken geblieben. Jedenfalls war es dadurch nicht zu kalt. Ob Du es in Magdeburg leidlich warm angetroffen hast? Es ist wohl ganz gut, daß Du noch ein bißchen Ruhe hast, ehe die Jungen wieder kommen. […] Ich bin heute zur Entlassung untersucht worden. In das Krankenblatt ist hineingekommen, daß ich noch leichte Schmerzen habe, die nach längerem Laufen stärker werden und daß das Knie nicht ganz fest ist (leichtes Wackelgelenk). Ich will Montag meinen Koffer holen, und Dienstag geht es dann fort.[…]

Genesungsurlaub im Januar 1941

[141.]
13. Januar 1941

Sehr verehrte Frau Doktor [von Tiling],
ich habe das Bedürfnis, Ihnen noch einmal und ausführlicher für Ihren Aufsatz[291] zu danken, nachdem mir noch vierzehn Tage Ruhe zu Haus zugefallen sind. Ich habe viel über die Aufgabe des stellvertretenden Mittragens der modernen Gottferne nachdenken müssen, von der Sie in dem zweiten Teil sprechen, und es geht mir wie dem Gesprächspartner: ich schaudere davor und kann doch nicht umhin, Ihnen recht zu geben. Das Befreiende, das zugleich darin liegt, empfinde ich darin, dass es Ihnen gelungen ist, das ganze Sichquälen und –mühen um die Zeit als eine Aufgabe des Glaubens deutlich zu machen. Darin liegt die Abgrenzung gegen die beiden »Fronten«, in der wir wohl immer gestanden haben: gegen die Sichanpassenden und gegen die in ihrem christlichen Besitz noch immer Zufriedenen. Aber ein solcher Weg ist nur in einem doppelten Radikalismus möglich: nur wenn das Suchen nach Erkenntnis ganz bis ins Letzte vorzudringen strebt, kann es die

---

[291] Es handelt sich wohl um Magdalene von Tiling: Das Evangelium in unserer Zeit, in: Unterweisung und Glaube, (Januar/Februar 1941), S. 100-109.

Wirklichkeit aufdecken, in der der heutige Mensch lebt, und nur wenn der Glaube ganzer Glaube ist, kann er von Gott gehalten werden. Denn jenes Suchen nach Erkenntnis ist ja – und gerade das macht Ihr Aufsatz deutlich – kein intellektueller Vorgang. Das ist wohl die Schuld des 19. Jahrhunderts gewesen, die sich bis heute forterbt in den Weltanschauungsbemühungen aller Lager, auch der pseudochristlichen. Sondern hier handelt es sich um die Hingabe des Lebens an diese Welt. Die Leute, die die weltanschaulichen Brücken gebaut haben zur modernen Welt hin, von den alten Aufklärern über die Liberalen zu den Thüringer D.C. haben sich im Grunde alle nach beiden Seiten hin freizuhalten versucht. Nur so standen sie über den Parteien und konnten vermitteln. Darum aber waren sie in Wirklichkeit hier und dort ausgestoßen, was wir ja heute an der Haltung etwa der SS den Thüringern gegenüber deutlich sehen. Nun rufen Sie dazu [auf], das eigene Leben hineinzugeben in die Bodenlosigkeit dieser Welt.[292]

Gibt es Menschen, die diesen Ruf hören werden? Es scheint mir, dass Sie damit die Existenzfrage unserer ganzen Arbeit endgültig gestellt haben. Beim Durchblättern der letzten Zeitschriftenhefte in diesen Urlaubstagen (Pastoraltheologie, Junge Kirche) stehe ich wieder vor der Tatsache einer großen Betriebsamkeit auf theologisch-katechetischem Gebiet. Die Handreichungen für die Behandlung biblischer Geschichten vermehren sich; jedes Mal wenn man auf Urlaub kommt, findet man neue angezeigt. Ebenso liest man von immer neuen Lehrgängen für Katecheten. Der Geist scheint überall der Gleiche zu sein: jener B[ekennende]K[irche]-Pietismus, der sich von den Nachwirkungen Barths geistig nährt und mit großem subjektiven Ernst an die Arbeit macht, aber von dieser letzten Not der Zeit nichts weiß. Sie schreiben, dass ich diese Gedankenlosigkeit geißeln sollte. Das kann ich nicht, weil mir der persönliche Einblick fehlt. Aber wenn man in dieser Lage wirklich helfen wollte, kann man es nur auf der Grundlage, die Sie bezeichnet haben, und in schärfster Abgrenzung gegen den – subjektiv gesehen noch so ernsten – Schlendrian. Ich glaube auch nicht mehr, dass man da warten kann. Denn es scheint mir jetzt immerhin möglich zu sein, dass der Krieg einen schleichenden Charakter annimmt, der den Zwischenzustand, in dem wir leben, für lange festhält. [...]

[142.]
Bernburg, den 3. Februar 1941

Nun bin ich mitten im Betrieb drin. Ich habe nun doch schon einen der Züge der alten Rekruten übernommen und war Sonnabend und heute Vormittag beim Außendienst, ohne am Knie etwas zu spüren. Es ist ja milder und darum nicht ganz so glatt. Auch hat es hier gestern etwas geschneit. Da hat das Hinausmarschieren heute gar keine Schwierigkeiten gemacht.

---

[292] Die Auseinandersetzung in der evangelischen Kirche mit den am Nationalsozialismus und der Rassentrennung orientierten »Deutschen Christen«, die einen Schwerpunkt in Thüringen hatten, mündete 1934 in der Spaltung der DC, die sich in verschiedenen Fraktionen bekämpften. Vgl. Kurt Meier: Die Deutschen Christen. Das Bild einer Bewegung im Kirchenkampf des Dritten Reiches, Halle 1964.

Was hast Du nun zu meiner Berliner Fahrt gesagt?[293] Inzwischen ist nun schon Dienst für den nächsten Sonnabend-Sonntag gekommen. Da kann ich leider kommenden Sonntag nicht fort. So mußt Du noch vierzehn Tage warten. Aber Mutter hat sich so gefreut, daß ich es nicht bereue. Sie sagte gestern abend beim Abschied: »Es war doch ein Festtag, und noch dazu ein ganz unerwarteter.« Daß sie sich in allen äußeren Dingen sehr bemüht haben, brauche ich ja nicht erst zu schreiben. Wir sind Sonnabend nach einem schönen Bad früh schlafen gegangen und haben bis um halb neun geschlafen, einmal ohne vor Kälte aufzuwachen. So war es auch gar nicht sosehr anstrengend. Allerdings bin ich erst mit einem späteren D-Zug gefahren und war erst um zwei in der Kaserne. So war die Nacht kurz. Ich habe mir heute mit dem Traubenzucker geholfen. So ging es mit dem Dienst, obwohl ich noch Ärger mit dieser Bestandsaufnahme hatte. Allerdings stehen noch zwei Stunden Offizierunterricht aus. Aber der Tag wird schon hingehen. Dann bin ich natürlich auch Offizier vom Wochendienst. Es geht nun eben dick los. […]

[143.]
8. Februar 1941

nun herrscht die Stille des Wochenendes. Ich komme eben von der Flaggenparade und habe jetzt bis gegen neun Uhr Zeit, wo die verschiedenen Kontrollgänge beginnen. Aber der Rundezettel meint es insofern gut, als ich gegen ein Uhr fertig sein werde und so noch ausschlafen kann, wenn nichts Besonderes passiert. Hoffentlich nutzt der Engländer das milde Wetter nicht gleich aus. Gestern beim Ausmarsch hatten wir es noch kalt. Aber mittags schien die Sonne schön warm, so daß das öde Land mit den geraden Chausseen und den Schächten und Fabriken zwischen den Dörfern auch einmal ein bißchen Glanz bekam. Rehe standen auf den Feldern, und Hasen und Kaninchen liefen davon. Es war wieder einmal ein Blick in ein anderes Leben. Allerdings war ich recht müde, es waren wohl mehr als 25 km. Aber ich bin dann doch gleich anschließend zum Reiten gegangen. Es ist jetzt eine viel schärfere Ausbildung als damals im Oktober, weil der Bataillonskommandeur sehr daran interessiert ist und auch gestern die Stunde dabei war. Wir reiten fast die ganze Zeit ohne Bügel, auch den Galopp und die Sprünge. Man lernt dabei viel, aber ist auch zerschlagen. Heute sind nun neun Rekruten gekommen, mit denen ich aber nichts zu tun habe. Ich behalte den Zug der im Dezember Eingetretenen. Bisher ist noch kein Befehl über ihren Aufbruch gekommen. Heute sagte mir der Kompanieführer, daß meine Stimme noch nicht kräftig und mein Kommandoton nicht energisch genug sei. Es überrascht mich nicht. Aber ich kann es kaum ändern. So wird es mit der Beförderung noch Zeit haben. Im Kasino habe ich mich etwas eingelebt, weil ich mit Würfel gespielt und Schnaps getrunken habe. Ich weiß noch nicht, wie ich mich auf die Dauer damit verhalten soll. Es gibt kaum eine andere Möglichkeit, über die »gesellschaftliche« Vereinzelung hinauszukommen, und in ihr friert man auch menschlich zusammen. Aber der Alkohol macht schrecklich müde am nächsten Tag. […]

---

[293] Anscheinend hatte Konrad Jarausch gerade seine Mutter in Berlin besucht.

Ich habe nun heute abend noch die Zeitungen der Woche durchgesehen und dabei neben vielem Interessanten – die Frankfurter ist im Dezember langweilig gewesen, jetzt, wo die außenpolitische Spannung wächst, viel lebendiger – auch den erschütternden Bericht aus Vichy[294] gefunden, der Deine franz[ösischen] Zeitungen und ihre Urteile bestätigt. Danach ist für das zukünftige Verhalten Deutschlands Frankreich gegenüber nichts Gutes zu erwarten.

[144.]
10. Februar 1941

[...] Das Knie ist nun nach Marsch, Reiten, endlosen Laufereien am Sonnabend und ungenügender Ruhe gestern wieder etwas angestrengt. Ich bin etwas traurig, da mir der Dienst – das Sorgen für andere und Sicheinsetzen den ganzen Tag – Freude macht. Aber ich mache mir keine unnötigen Gedanken. Geht es nicht, dann melde ich mich krank. Es ist eben ein schwerer Anfang, viel Schreiberei in der freien Zeit und Vorbereitung für den nächsten Tag, weil mir vieles noch unbekannt ist. In vierzehn Tagen wird alles schon leichter sein. Hoffentlich halte ich solange durch. Laß bitte den Sonntag nach Möglichkeit frei von Pflichten, es seie denn solche ganz persönlicher Art. Ich muß ihn zum Ausruhen haben.

Heute abend hat der neu zur Kompanie versetzte Leutnant – Gutsbesitzer aus der Mark – schon zweimal anrufen lassen, ich solle noch in die Stadt kommen. Aber ich kann nicht, muß das Knie ausruhen und mich vorbereiten. Von morgen an halb sechs Uhr Wecken und keine eigentliche Mittagspause [...]

[145.]
[Magdeburg, den 16. Februar 1941]

Lieber Franz,
nun steht Dein Geburtstag wieder vor der Tür, Du erlebst ihn diesmal wohl kaum zu Haus.[...] Ich erinnere mich lebhaft einiger Seminargespräche, in denen es vor fast zwanzig Jahren um das Verhältnis des Historikers zur politischen Tat ging. Nun stehst Du mitten im politischen Tun. Der Atem großer Ereignisse und schwerwiegender Entscheidungen umgibt Dich. So wie ich Dich kenne, wirst Du imstande sein, über die unmittelbaren kleinen Ärgernisse hinweg, das Ganze im Auge zu behalten. Möge es Euch gelingen, die »niederen Lande« innerlich auf dem Weg zum Reich zurückzuführen, auch wenn es zunächst nur ein kleines Stück vorangeht. Ich könnte mir denken, daß aus dieser gegenwärtigen Arbeit erst recht Wille und Kraft sich festigen, in ruhigerer Zukunft wieder den entscheidenden geschichtlichen Tatsachen nachzuspüren, die den Grund für vergangene Größe und Zerfall ebenso wie für die heutige Aufgabe gelegt haben. Ich selbst wäre innerlich ruhiger, wenn sich diese Aufgabe auf den europäischen Mittelraum beschränken ließe. Mir scheint alles darauf zu deuten, als risse uns das Schicksal weit darüber hinaus in die weltpolitischen Stürme hinein. Damit verwirren sich jedenfalls für mich die Maßstäbe. Möchten wir uns daran nicht übernehmen. Die Hoff-

---

[294] Sitz der 1940-1944 mit Deutschland kollaborierenden französischen Regierung unter Marschall Pétain.

nung auf ein absehbares Ende des Krieges ist jedenfalls damit geschwunden. Schon kündet sich überall die Notwendigkeit an, die Kraftanstrengung weiter zu steigern. Auch unser persönliches Schicksal wird davon kaum unberührt bleiben. Ich wünsche Dir, daß Du selbst in der bisherigen Arbeit, die Dir gemäß ist, bleiben kannst.

Ich schreibe diesen Brief zu Haus am Schreibtisch: Sonntagsurlaub. Lotte hat mir einen stillen Tag geschaffen und umsorgt mich. Ich lasse es mir gern gefallen, denn der Dienst als Zugführer in Kälte und Nässe, bei den Reibungen mit sehr andersartigen Menschen, strengt mich bis an die Grenze der Kräfte an. Dabei wird sich die Beförderung weiter hinauszögern, da mir bei den Ansprüchen des Ersatzheeres natürlich der soldatische Schwung abgeht, der sie beschleunigen könnte. Ich gehe meinen Weg ruhig weiter und suche den Anforderungen gerecht zu werden, soweit ich kann, ohne das Unmögliche erzwingen zu wollten.[…]

[146.]
[Karte]
[Poststempel: 7. März 1941]

vielleicht erreicht Dich der Sonntagsgruß noch, so wie ich eben Deinen Brief vom ... erhalten habe. Hier ist nun schon ein Teil unserer Züge fortgekommen, ganz rasch. Auch Feldwebel Leuchte. So muß ich heute und morgen mit bei den anderen einspringen (Nachtmarsch), und es gibt überhaupt keine Ruhe zum Sonntag. Mit dem Knie geht es gut. Das ist immer ein Anlaß, dankbar zu sein. Zu essen habe ich reichlich. Aber Strümpfe habe ich viel verbraucht. Schicke doch bitte welche und ein paar bunte Taschentücher sowie ein Makkounterhemd. Obst habe ich noch. An Franz werde ich doch wohl eine Zusage schreiben. Ich habe das Ganze zu grundsätzlich genommen. Es ist ja gar nicht sicher, 1. ob mich die Akademie nimmt, 2. ob mich das Militär und 3. ob mich die Schulbehörde freiläßt. Man kann es versuchen und dann immer noch sehen, was wird. […]

[147.]
[Karte]
20. März 1941

zu einem Sonntagsgruß muß es doch noch reichen, auch wenn ich eigentlich schon längst wieder bei meinem Zug sein müßte. Es ist einmal ein ruhigerer Tag gewesen. Dafür müssen wir noch ins Kasino. Dann kommt morgen noch der Marsch. Ob ich danach noch reiten kann, muß ich erst sehen. Ich habe mir am Dienstag beim Reiten das Knie wieder etwas angestrengt und bin daraufhin schon nicht im Kasino gewesen, wo gerade eine lange Nacht bevorstand. Du siehst, daß ich mir schon einige Erleichterung zu verschaffen suche. Eventuell beantrage ich nächste Woche doch die Versetzung zu den Landesschützen. Für Deinen lieben Brief hab vielen Dank. Die Dienstfreudigkeit der Familie R. beschämt mich, aber ich kann nichts dazu, daß hier so vieles anders ist. Ich habe nun heute auf einen Brief von Mutter hin nach Hennigsdorf geschrieben und die Einladung nach Magdeburg wiederholt. Aber es wäre wohl das Beste, Du würdest über die Feiertage – nicht zu kurz – dorthin fahren, Dich in Berlin noch ein bißchen umtun bei Deinen

Freunden und auch ausruhen. Ich komme auch allein durch die Festtage und würde dann vor allem schlafen. Das klingt etwas trostlos, ist aber vielleicht nur vernünftig. Aber wir können ja in acht Tagen noch darüber sprechen. Nun wünsche ich Dir einen schönen Sonntag.[…]

[148.]
2. April 1941

nun ist die halbe Woche schon wieder herum – leichter als ich gedacht hatte. Ich habe gestern den 2. Zug an einen zum 1. April neubeförderten 27-jährigen Feldwebel abgegeben, soll die Waffenkammer revidieren und dann wohl am Freitag mit den erwarteten Rekruten neu anfangen. Allerdings war ich heute Vormittag mit zum Schießen und habe morgen Ortsdienst. Gestern war ein langer Unteroffizierabend mit reichlich Bier. Aber eine Erleichterung ist es doch. Ich habe das gestern gleich beim Reiten gespürt, daß ich mich einmal mittags hinlegen konnte. Ich bin mal fast gar nicht aufgefallen. Dann macht es auch wieder Freude. Dazu habe ich Deine schönen Sachen zum Essen. Gestern gab es übrigens auch ein anständiges warmes Abendessen. Doch ist mir die Verbindung von Bier, Roter Grütze und Selleriesalat nicht ganz bekommen. Beim längeren Sitzen auf der Stube spürt man auch die Kälte wieder sehr. Immerhin: die Arbeit ist fertig, einige Briefe geschrieben. Ich habe auch an Lohrisch[295] geschrieben und ihn ins Bild gesetzt, falls eine Anfrage kommt. Wenn er daraufhin etwas für meine Uk-Stellung für die Schule tun will, kann er es ja tun. Morgen spreche ich auch noch mit dem Hauptmann darüber. Ich warte nur noch eine Auskunft wegen der Versetzung zu den Landesschützen ab. Wahrscheinlich würde man von dort leichter entlassen werden, so daß man die Versetzung gleich beantragen müßte. Aber das kann ich nicht ohne Zustimmung des Kompaniechefs und Bataillonskommandeurs tun.[…]

[149.]
Palmsonntag [6. April] 1941

Da nun die seinerzeitige Offizierwahl endgültig erledigt ist, es muß alles nun eingeleitet werden, bitte ich Dich, die Adresse von Boether-Schulze aus dem Adreßbuch herauszusuchen und mitzubringen. Auch stemple bitte die beiliegende Karte ab mit dem Stempel von Unterweisung und Glaube und schicke sie ab. Dein Sonntagsgruß ist noch gekommen; ich freue mich, daß Du über Deine Niedergeschlagenheit durch die Mängel dieser Welt wieder hinweg bist und daß andere Leute mit der Gerechtigkeit bessere Erfahrungen machen.

Ich habe heute die Kaserne gar nicht verlassen, um die Füße zu ruhen. Bisher habe ich noch bei den älteren Rekruten vertreten. Morgen ist der eingesperrte Feldwebel wieder da. Dann werde ich zu den neuen Rekruten kommen, von denen manche kein Deutsch verstehen. Im übrigen stehen wir alle unter dem Eindruck der Ereignisse. Heute Mittag haben wir im Kasino die Erklärungen und Aufrufe

---

295 Hermann Lohrisch (1882-1951), Direktor des Domgymnasiums zu Magdeburg. Vgl. Vereinigtes Dom- und Klostergymnasium Magdeburg 1675-1950. Gedenkschrift, S. 165f.

gehört – mit ziemlich zwiespältigen Gefühlen, was die rechtliche Begründung angeht, während an den militärischen Notwendigkeiten niemand zweifeln kann.[296] Schon sind ganz plötzlich die Verwaltungsbeamten zum Teil versetzt worden. Wer weiß, ob die Welle nicht auch uns noch eines Tages ergreift. Um so besser, daß wir noch zusammensein können. […]

[150.]
Bernburg, den 18. April 1941

Wieder geht eine Woche zu Ende. Diesmal war sie reich genug an Anspannung. Aber ich habe alles leidlich überstanden. Gewiß nicht mit Glanz, aber doch so, daß eins nach dem anderen hingegangen ist und manches sogar Freude gemacht hat. Und mehr kann ich wohl nicht verlangen. Ich will nicht alles aufzählen; es ist ja auch immer dasselbe. Den frühen Anfang hat das Bataillon gestrichen. Es bleibt zunächst bei halb sechs Uhr. Das ist schon viel wert. Das Reiten ging Dienstag ganz gut. Heute ist es ausgefallen. Dafür war gestern der Bataillonskommandeur im Gelände bei uns; nachmittags war Sandkastenspiel. An den Pflichtabenden habe ich nicht mitgetrunken, um das Herz zu schonen. Heute nacht war drei Stunden Alarm. Ich habe etwas mehr im Keller geschlafen als sonst. Auch war der Marsch daraufhin nur etwa 26 km, und ich konnte nachmittags eine Stunde schlafen. Morgen habe ich Streife. Sonntag ist Vorbeimarsch und Aufstellung des Bataillons. Ich werde wohl auch bei Kluges mit vorbeigehen und sonst ein bißchen lesen. Auch gibt es wieder eine Arbeit zum Montag abzuliefern. Mit den Leuten im Zug vertrage ich mich gut. Sie waren heute beim Ausmarsch zum erstenmal ein bißchen frei und vergnügt, solange wir unter uns waren, haben von sich aus gesungen, was sie bei dem ständigen Meckern und Drohen nie tun. Lange werden sie wohl nicht mehr bei uns sein. Auch ein Drittel der Offiziere – darunter Hauptmann Weps und Leutnant Wagner – gehen Anfang Mai weg. Wer von den Unteroffizieren – ob ich auch – ist noch nicht bekannt. Es werden Besatzungstruppen neu aufgestellt. Für welches Gebiet weiß man nicht. Ich denke bis jetzt nicht, daß ich dabeisein werde. Es würde mir jetzt Deinetwegen etwas schwer fallen.[…]

[151.]
Bernburg, den 21. April 1941

Zu guter Letzt sollst Du nun heute noch einen Gruß von mir haben. Du hast so treu an mich gedacht, und es hat mir jedes Mal gut getan. Auch wenn Du von einer bevorstehenden Gardinenpredigt schreibst, fürchte ich mich nicht. Ich habe auch nicht die Absicht, den sicheren Mann zu spielen. Dazu bin ich viel zu sehr davon durchdrungen, wie viel ich gerade jetzt allen und überall schuldig bleibe, den Rekruten, den Kameraden im Kasino, den Freunden und Verwandten, und nicht zum wenigsten Dir. Die Ostertage haben mir das in den privaten Dingen sehr deutlich gemacht, und die Woche seither in den dienstlichen Beziehungen. Aber ich kann einfach nicht mehr Kraft aufbringen. Dabei ist es nichts Bestimmtes, was ich dem Arzt vorzeigen könnte. Sonst wäre ich längst bei ihm gewesen.

---

[296] Am 6. April 1941 wurden Jugoslawien und Griechenland durch das Deutsche Reich angegriffen.

Dabei war ich gestern ganz still zu Haus, habe meine Wochenarbeit gemacht und an Frau von Tiling (sie möchte sich einmal wegen meiner Zukunft in kirchlichen Kreisen etwas umtun) sowie an Stavenhagen geschrieben. […]

[152.]
2. Mai [1941]

[…] Bei uns scheint sich manches freundlicher anzulassen dank größerer Freiheit der jetzigen Kompanieoffiziere. Heute war ich mit Koge allein auf dem Marsch. Wir haben ein Durchschnittstempo von sechs Kilometern die Stunde durchgehalten und waren schon nach halb zwei wieder zurück. Natürlich waren wir etwas kaputt, aber der Kommandeur hat mich gleich von sich aus vom Reiten befreit. Ich habe auch eine Stunde geschlafen. Nun muß ich noch in die Stadt, um einen Zugabend am Montag vorzubereiten. […]

Nun habe ich noch eine Bitte. Der neue Kompaniechef hat mich beauftragt, einen Unterricht zu halten, in dem den polnischen Rekruten und den Kameraden gezeigt werden soll, daß sie Volksdeutsche sind.²⁹⁷ Also etwas über die deutsche Einwanderung in Oberschlesien, Olsagebiet, über die Sprache. Könntest Du wegen einigen Materials mal an Deine oberschlesischen Bekannten schreiben? Es soll also den Leuten das Minderwertigkeitsbewußtsein und den Kameraden der Grund zur Überhebung genommen werden. Von nächster Woche ab kriegen sie übrigens regelmäßig Deutsch- und Rechenunterricht bei dem sudetendeutschen Volksschullehrer. Es müßte mit dem Material nur möglichst schnell gehen. […]

[153.]
Blankenburg, den 13. Mai [1941]

Nun sind schon zwei Tage Dienst hier vorbei, und es läßt sich einiges von dem beurteilen, was hier gespielt wird. Im ganzen gibt es auch hier Dienst von früh bis halb oder viertel sieben, jedenfalls wenn man Wochendienst hat wie ich natürlich gleich in dieser Woche. In den kommenden Wochen werde ich dann früher fertig sein. Aber man merkt doch sehr, was es ausmacht, wenn man mittags anderthalb Stunden gelegen hat. Leider mußte ich nun auf eine Stube mit zwei jüngeren Unteroffizieren ziehen, so daß es mit dem ruhigen Lesen auch nicht viel werden wird. Überhaupt scheint es so zu werden, daß ich zu wirklicher Arbeit für mich auch hier nicht kommen werde. Man wird besser als in Bernburg durchkommen, aber eben wenn man die freie Zeit wirklich zum Ausspannen und Ruhen benutzt. Eine gelehrte Idylle nebenher aufzubauen wird auch hier unmöglich sein. Ich habe einen Zug mit etwa fünfzehn Magdeburgern, darunter einigen Abiturienten von der Wilhelm-Raabe- und der Bismarckschule, die seit zehn Tagen hier sind und zum Teil ein halbes Jahr Arbeitsdienst hinter sich haben. Dazu sind 32 Oberschlesier aus Kattowitz gekommen, die aber doch zum großen Teil leidlich Deutsch können, jedenfalls verstehen. Leider habe ich dazu nur einen Unteroffizier und zwei Hilfsausbilder, die auch erst ein Vierteljahr Soldat sind, so daß ich vieles

---

²⁹⁷ Rund 200000 Polen dienten als »Volksdeutsche« in der Wehrmacht. Vgl. Kochanowski, Polen in die Wehrmacht?

allein erledigen muß, was sonst die Stubenältesten und Gruppenführer zu tun haben. Aber das Schöne war, daß ich in diesen Tagen völlig selbstständig handeln konnte. Es lag daran, daß die Offiziersbesetzung auch hier schwankt und der Kompaniechef nach einem Sturz vom Pferde auf Urlaub gewesen ist und jetzt von hier fortstrebt. Das wird sich ja auch in Zukunft ändern.[…]

[154.]
[24. Mai 1941]

ich sitze – als einziger Gast – auf der Terrasse des »Berghotels« Ziegenkopf[298]. Es ist schon Abend. Der Tag geht grau und blau zu Ende. Das helle Grün der Buchen leuchtet nur matt. Ich bin den ganzen Nachmittag allein mit einem Buch in den Wäldern gewesen. Es war eine Wohltat nach den anstrengenden letzten Tagen. Wir stehen jetzt um halb oder viertel vor fünf Uhr auf. Der Dienst geht für uns bis achtzehn Uhr fünfzehn. Nachdem ich nun heute noch einmal auf dem Kasernenhof das Mißfallen des Regimentskommandeurs mit meinem Zug erregt habe, will ich doch sehen, mit dieser Art Dienst Schluß zu machen. Sosehr es mir um die erzieherische Aufgabe leid tut. Ich schreibe heute abend noch an Lohrisch und Hermann[299]. Und wenn es mit einer Uk-Stellung nichts wird, mache ich ein Gesuch um Versetzung. Wir sind gestern um halb sechs Uhr abmarschiert, etwa fünfzehn Kilometer weit ins Tal der Rappbode, haben dort den Tag über Äste zusammengesucht und waren nach wieder fünfzehn Kilometern nach sieben wieder zu Haus. Das ist doch zuviel für mich. Es hat wohl keinen Sinn, das krampfhaft durchzuhalten, da jede Lösung ja Wochen in Anspruch nehmen wird. Ich freue mich auf ein schönes Zusammensein hier, auch wenn die Stunden jedesmal nur kurz sein werden. Ich möchte die Abende mit der Freiheit dessen genießen, der nun endgültig abgeschlossen hat und alles Schöne, das ihm zufällt, darum doppelt dankbar hinnimmt. […]

[155.]
3. Juni 1941

ich bin nicht leichten Herzens aus Blankenburg abgefahren. Ich habe keinen Grund, es zu verheimlichen. Es war nicht nur das Bewußtsein, neuen Anstrengungen und Mühen entgegenzugehen, deren Sinn trotz aller schönen Worte für die eigene Existenz nur schwer einleuchtet. Es war vor allem doch das Gefühl, in eine neue Einsamkeit hineinzumüssen in einem Augenblick, wo gerade das gemeinsame Erleben des Kommenden neue Bande hätte knüpfen können. Dein Offensein für alles Lebendige in diesen Pfingsttagen und zugleich Deine große Sammlung auf das Künftige haben mir viel gegeben. Es wäre schön gewesen, wenn ich Tag für Tag weiteren Anteil daran hätte haben können. Ich habe mich oft gefragt, warum nun wieder wie in Bernburg, der Versuch, einen leichteren Weg zu finden, fast auf einen schwereren geführt hat. Eine Antwort kann ich nur ahnen. Es soll wohl so sein, daß bei uns in jeder Beziehung – in den irdischen Dingen wie

---

[298] Hotel bei Blankenburg im Harz mit einem 30 Meter hohen Aussichtsturm.
[299] Hier ist wahrscheinlich der Bruder von Gertrud mit NSDAP-Beziehungen gemeint.

in den himmlischen – die Sehnsucht nicht stirbt. »Ich bin Dein Pilgrim und Dein Bürger wie alle meine Väter«, das war der Text der Leichenpredigt meines Groß-vaters und meines Vaters und soll auch einmal mein eigener sein.

Dabei lag über diesen Blankenburger Tagen soviel Glanz, soviel Duft und Vo-gellied. Der Ernst und die Anspannung mußten wiederkommen, und so wollen wir nicht klagen, sondern danken.

Die Fahrt hat mir wie gewöhnlich keine menschlichen Berührungen gebracht. Ich war wohl zu müde und darum zu sehr in mich versunken. Aber zwischen den langen Stunden des gespannten Sitzens, in denen man mühsam Haltung wahren mußte, standen die wider alle Erwartung reichen Pausen des Sehens, der inneren Freude.[…]

Und nun das gewaltigste Denkmal Goslars, das Kaiserhaus. Ich habe es auch diesmal, wenn auch in anderer Weise als vor zwanzig Jahren, nur als ein Denkmal des 19. Jahrhunderts sehen können. Mit seiner Erneuerung hat die Zeit des erneu-erten Reiches so völlig von deren Alten, Überlieferten Besitz genommen, daß dieses selbst verstummt ist – wohl für immer. Alles wirkt dazu zusammen: die historische, gelehrte Echtheit des Wiederaufbaus, die Ausmalung des Innern, die gärtnerische Umrahmung, die Standbilder und die nachgebildeten Braunschwei-ger Löwen. In seiner Art ist das alles vollendet. Ich kenne wenig historische Stätten, in denen dem 19. Jahrhundert die innere Durchdringung so ganz gelungen ist. Aber wo ist der starke Atem der Salier- und der Stauferzeit geblieben? Es ist wie ein Symbol, daß man die herrliche Halle hat verglasen müssen, damit die Ausmalung der Wände nicht zerstört wird. Nun bleibt der Sturm und die Sonne draußen, und das Ganze ist Museum geworden. Es ist doch eigentlich ein einziges Stück nur, das dem widersteht, der Kaiserthron. Um seine klassisch reine Form weht noch etwas von der Atmosphäre des Imperiums, das selbst schon rückwärts sah und selber schon renovativ sein wollte. Und so darf man auch der Bismarck-zeit nicht zürnen. Bogen um Bogen trägt zurück. Von dem erneuerten »romani-schen« Bau bis in jene Zeit, der der mittelalterliche Erzgießer seine Ornamente nachzubilden suchte. Lassen wir auch denen ihr Recht, die dem alten Kaiser und Bismarck zujubelten, als sie gemeinsam den neuerstandenen Saal aufsuchten, und die in diesem Augenblick die Erfüllung ihrer Jugendträume erlebten.

An den Geschichtsbildern der Wände kann man das historische Bewußtsein des 19. Jahrhunderts studieren. Das Reformationsbild von Wislicenus darf hier nicht fehlen. Kaisergeschichte heißt Kampf mit dem Papsttum (Heinrich III. führt den gefangenen Papst über die Alpen, aber der Mönch Hildebrand wird für die Rache sorgen). Am Hofe Friedrichs II. wird ein weltlich gewordenes Kaisertum sichtbar. Aber erst die Reformation schafft den festen Grund dafür (Luther vor dem Worm-ser Reichstag). Es ist dieselbe Zeit, die die Canossasäule auf die Harzburg gesetzt hat. Gerade das Reformationsbild erfreut sich anscheinend besonderer Beachtung. Die Führerin macht auf seine Qualitäten im Sinne der Historienmalerei besonders aufmerksam.[…]

4. Juni 1941

Ein herrlicher Morgen in Köln. Sonne, Duft und Frische vom Rhein her um den Dom. Das Innere von ergreifender Größe. Von Osten her bricht das Licht in den Chor. Die Fenster sind zum Teil mit Brettern verschalt, zum Teil sind schlichte bläulich-weiße Scheiben eingesetzt. So sind die Kontraste zu dem dämmrigen Schiff noch stärker, der Chor noch mehr herausgehoben. Auf dem Altar brennen die Kerzen. Im Schiff ist nicht die drängende Fülle der Fremden wie sonst in der Reisezeit. Einzelne Beter, einzelne Soldaten, auch einige Fremde sonst. Aber die Reisehandbücher sind nicht aufgeschlagen. Es scheint, als wären die Menschen gesammelter, ergriffener als sonst. Der Raum bleibt doch der Erhabenste, den ich kenne. Was soll man zu ihm sagen? Man müßte vielleicht Verse hersetzen von Rilke oder sich selbst erst ganz so sammeln, als wollte man Verse schreiben. Hier ist es mit den verständigen Überlegungen und den historischen Perspektiven nicht mehr getan. Das alles versinkt hier vor dem gültigen Kunstwerk. Begreifen kann man es wohl nur, wenn man in ihm eine riesige Monstranz sieht. »Hier ist eine Hütte Gottes bei den Menschen.« Es ist die Zeit, in der Thomas[300] das Geheimnis der Transsubstantiation ebenso demütig anbetet wie tiefsinnig aus der gesamten geistigen Überlieferung der Antike und der Schrift ausdeutet. Auch in dem Bau dieselbe Leidenschaft des Konstruktiven bei andächtigster Ehrfurcht: *Adoro te devote*.

Ich muß dem korrekten Leutnant dankbar sein, der mich aus dem D-Zug hat entfernen lassen, weil ich keinen gültigen Fahrschein hatte. So habe ich das Aachener Münster gesehen. Das alleine war eine Entschädigung für all das Schleppen und Fahren. Es war der stärkste Eindruck dieser Tage. Der Kölner Dom war mir ja bekannt. Und schließlich steigert sich in ihm, was auch sonst Form gewonnen hat, zu besonderer Gewalt. Das Aachener Münster aber ist – jedenfalls nördlich der Alpen – einzigartig. So einzigartig wie die Schöpfung Karls des Großen selbst, dieses frühe germanisch-christliche Reich, das so seltsam mit dem schweren Erbe einer altgewordenen Kultur belastet ist. Im Aachener Münster wird es sinnenfällig, daß dieser Kaiser und die das Reich tragende Aristokratie es verstanden haben, an jenem Erbe zu ihrer eigenen vollendeten Größe heranzuwachsen. Dieser Raum fordert die Geschichtsmystik geradezu heraus. Wären wir nicht so hoffnungslos skeptisch, wir müßten uns durch ihn zum *sacrum imperium* bekehren lassen. So müssen die Wikinger in ihm gestanden haben, die den Gedanken an den großen Karl in den Norden getragen haben, so ein Otto III., so die vielen nach ihm. »37 deutsche Könige haben an dieser Stelle gekniet«, sagt der schlanke, dunkle Priester zu seinen Begleitern, denen er von der Herrlichkeit dieser Kirche erzählt. *Sacrum imperium*. Himmel und Erde sind eins geworden. Darum kann dieser Raum in absoluter Geschlossenheit in sich ruhen. Gott ist in der Mitte, aber zugleich die höchste irdische Gewalt, die allein aus ihm ihr Recht hat. Das ist eine Welt, die ganz in sich gerundet ist. Wie die Kugel mit dem Kreuz in der Hand des Kaisers oder in der Gottes. Daß es einmal möglich gewesen ist, dafür einen künstlerischen Ausdruck zu finden, der nach elf Jahrhunderten noch überzeugt! Wieder gibt die Antike die einzelnen Formen, die Säulen, den Marmor. Aber das Ganze ist voll neuer Monumentalität. Jetzt kann ich mir die Hagia Sophia etwa vorstellen. Aber wo sich dort die Fülle und der Reichtum einer Spätzeit ausbreiten, ist hier zugleich die gedrungene, gehaltene Kraft der Jugend. Das späte Mittelalter hat diese Einheit bereits

---

[300] Anspielung auf Thomas von Aquin (1225-1274), Theologe, Autor der Summa Theologica.

zersprengt. Im Aachener Münster kann man es sehen, daß das heilige Reich nicht erst an der Reformation zerbrochen ist. Es ist jedenfalls in seiner frühen Gestalt unmöglich geworden, als jenes neue Bewußtsein der Ewigkeit in der Kirche durchbrach, das jene innerste Durchdringung von Welt und Gottes Reich aufgehoben hat. Cluny, Gregor VII., Bernhard, Innozenz bezeichnen die Stationen. Als das Transsubstantiationsdogma[301] auf der Lateransynode verkündet wurde, war das alte Kaisertum unmöglich geworden. Da sprangen auch die Mauern des Aachener Münsters. Nun mußte jener so völlig andere Chor angefügt werden, in dem sich aus Stein und Glas ein imaginärer Raum erbaut, so wunderhaft wie das Brot und der Wein selbst, die nicht mehr sind, was sie scheinen. Für diesen Christus kann kein irdischer König mehr die Stellvertretung übernehmen. Er fordert den sakramental geweihten Priester als seinen Diener.

[156.]
Amiens, den 5. Juni 1941

Der erste Abend in Amiens. Wie viele mögen ihm folgen? Ich will heute nur das Wichtigste kurz schreiben. […] Hier habe ich die Dienststelle aufgesucht und mich den Offizieren vorgestellt. Ich wurde dann auf mein Zimmer gebracht und habe mich etwas eingerichtet, auch ein paar Stunden geschlafen. Nachmittags bin ich auf die Schreibstube gegangen und habe mir eine erste Übersicht über die Aufgabe verschafft. Es ist, wenn man eingearbeitet ist, eine ganz ruhige Sache: von halb neun bis zwölf und von viertel drei bis sechs Uhr, reiner Papierkrieg. Gelegentlich wohl mal eine Stunde Sport oder Exerzieren. Zwischendurch manche Privatgespräche, Briefeschreiben, reines Bummeln der Leute. Wie lange es dauert, bis ich mich soweit eingearbeitet habe, daß mein Vorgänger fortkann, weiß ich noch nicht. Man sieht jetzt erst, wie gut es mancher die ganze Zeit gehabt hat. Allerdings Freude kann man daran nicht haben. Es hat eben mit Soldatsein nichts mehr zu tun. So beschäftigt mich der Gedanke an die Uk-Stellung fortgesetzt. Käme bald ein Antrag, würde man wohl schimpfen und mich dann gehen lassen. Verzögert er sich, wird man mich vielleicht festhalten. An sich, d.h. abgesehen von der Trennung von Dir, kann das nicht schlimm sein. Denn das Leben kann man sich hier gewiß gut einrichten. Obst und dgl. ist doch wohl nicht teurer als im Reich. Zitronen habe ich mir heute z.B. für zehn Pfennig gekauft. Mein Zimmer ist sehr gut. In einem netten, sauberen Privathaus mit Bad, Dienstmädchen. Es liegt dicht bei der Dienststelle in einer Straße mit lauter kleinen, aber aneinandergebauten Ein- bis Zweifamilienhäusern. Madame ist in Paris, kommt heute zurück und spricht etwas Deutsch. Ich habe mich bisher leidlich verständigen können.[…]

---

[301] Die Transsubstantiation wurde 1215 auf dem 4. Laterankonzil als Dogma verkündet. Darunter wird die Verwandlung von Brot und Wein in den Leib Christi beim Abendmahl verstanden. Vgl. Die Religion in Geschichte und Gegenwart. Handwörterbuch für Theologie und Religionswissenschaft, 4., völlig neu bearbeitete Auflage, hrsg. von Hans Dieter Betz u.a., Bd. 8 (T-Z), Tübingen 2005, S. 539.

[157.]
7. Juni 1941

draußen stürzt wolkenbruchartig ein Gewitterregen nieder. Die Straße, die zur Altstadt hinunter abfällt, ist vom Wasser überflutet. Es ist schön, daß man bequem auf seinem Zimmer sitzen kann und nicht hinaus muß. Ich habe eben, nachdem wir um zwei noch einen kurzen Appell hatten, noch einen kleinen Bummel durch die halbzerstörten Straßen gemacht und mich nach einer Buchhandlung umgesehen. Ich wollte heute doch ähnlich wie vor einem Jahr in Warschau, wenn ich Dir den Geburtstagstisch schon nicht bereiten konnte, Dir noch eine kleine Freude aussuchen. Ein kleines Geburtstagspaket hast Du noch zu erwarten.[…] Lebensmittel, Stoffe und Schuhe gibt es nur auf Karten. Aber unsere Verpflegung ist reichlich. Die Zukost reichlicher als in Blankenburg. Heute gab es außer etwa Schmalz und Wurst wohl ein Pfund weißen Käse. Gestern ein Pfund Kunsthonig. Heute konnten wir noch ein halbes Pfund Butter für 50 Pfennig kaufen. Das war allerdings das erstemal, daß es das gab. Dazu gibt es in den Läden Obst (Kirschen heute 50 Pfennig), Tomaten, Feigen, Studentenfutter, Radieschen, Salat. Du brauchst also für so etwas jetzt gar nicht zu sorgen. Das einzige, was Du aus Magdeburg schicken könntest, wäre ein Paket Malzkaffee und Apfeltee. Da ich für mich wohne, habe ich keinen Kaffee, wenn ich ihn mir nicht hole. Durst habe ich sehr, weil es bisher immer schwül war. Die Luft ist doch wohl viel feuchter als bei uns. An Stoffen gibt es nur Seide und Kunstseide frei. Seide das Meter zehn Mark, aber wohl auch nicht mehr rein. Wenn Du da noch etwas haben willst, müßtest Du entsprechend Geld schicken und die Farbe usw. angeben. Dann würde ich versuchen, etwas zu bekommen. Ich kann im Monat bis 64 Mark geschickt bekommen. Aber ich selbst möchte nur kaufen, was wirklich Sinn hat. Die Bücher scheinen noch billig zu sein. Jedenfalls was noch in den Läden ist. Darüber brauchst Du Dir also keine Gedanken zu machen, sondern kannst Deine Wünsche ruhig schreiben.

Die Stadt bietet außer der Kathedrale wenig. Das Zentrum ist ja zum Teil zerstört, aber es hat doch wohl auch nur den Charakter einer durchschnittlichen Provinzstadt getragen. Die Geschäfte sind zum Teil in neuerbaute Baracken umgezogen, zum Teil richten sie sich notdürftig ein. So ist natürlich von besonderer Eleganz usw. nur wenig zu spüren. Hinter der Kathedrale liegt ein weites, aufgeräumtes Gebiet, wo man über die niedrigen Reste der Brandmauern und die Steinpflaster der Erdgeschosse steigen kann wie in einer ausgegrabenen Ruinenstadt. Ein paar erhaltene öffentliche Gebäude vertreten die französische Renaissance oder den Klassizismus. Musée de Picardie, Bibliothèque communale, Préfecture usw. Etwas Überragendes ist wohl nicht dabei. In den verwilderten Anlagen, wo sich die Luftschutzgräben zwischen neugepflanzten Blumenbeeten hinziehen, stehen Denkmäler wie bei uns, vielleicht ein bißchen pathetischer. Ein alter Bekannter aus seligen Studentenzeiten ist darunter: Dufresne Ducange[302] mit schöner Allongeperücke. In den Wohnstraßen ist das Pflaster schlecht, Kanalisation ist nicht vorhanden, nur Wasserleitung. Das Haus, in dem ich wohne, ist

---

[302] Charles du Fresne, sieur du Cange (1610-1688), in Amiens geborener Historiker.

innen solide und sauber. Links, wenn man hereinkommt, liegt eine kleine Werkstatt, in der ein junger Mann Tennisschläger bespannt (Die Leute haben ein – unzerstörtes – Geschäft in Sportartikeln der Kathedrale gegenüber.). Auf der anderen Seite liegt das Prunkzimmer mit Marmorkamin und goldgerahmten Spiegeln – ganz kalte Pracht. Hinter der Werkstatt das gemütlichere Eß- und Wohnzimmer und anschließend in einem Anbau nach dem Garten zu die Küche, von der die Toilette abgeht. Der kleine Garten ist sehr gut gepflegt. Vorn ein paar immergrüne Büsche und Zierbäume zwischen Kieswegen, dahinter gut in Ordnung gehaltene Gemüsebeete. Oben liegen dann drei Schlaf- und das Badezimmer, von denen ich eins innehabe mit breitem Bett, Spiegelschrank, Waschtoilette und Wandschränken. Ich freue mich vor allem über die Sauberkeit.

Der dunkle Punkt ist der Dienst. Ich sehe noch nicht, wie ich mich in kurzer Zeit bei der Unzahl der Bestimmungen einarbeiten soll und habe darüber auch heute mit dem Adjutanten offen gesprochen. Es war Unsinn, daß man mich hierher geschickt hat.[303] Aber ein Ausweg ist noch nicht sichtbar. Entweder muß ich sehr arbeiten oder ich verschwinde wieder. Aber da alle Verhältnisse sonst angenehm sind, kann ich das in Ruhe abwarten. […]

[158.]
12. Juni 1941

als ich heute morgen zum Kompaniechef ging, um mich zum Dienst zu melden, meinte er, ich solle zu Haus bleiben und mich erst einmal von den Strapazen erholen. Daraufhin habe ich mich krankgemeldet und dem Arzt meine Füße gezeigt. Der sagte, ich solle die Füße gut baden und in einer halben Stunde wiederkommen. So bin ich schon beide Nägel los. Gleich in der Revierstube, aber alles ordentlich und sorgfältig. Die Zehen waren vereist, so daß es nicht schlimm war. Jetzt habe ich natürlich Schmerzen, aber es ist auszuhalten. Es ist doch nicht so zentral wie am Kopf. Ich kann gut lesen. In ein paar Tagen siedle ich dann auf mein Zimmer über.

Es ist ja schade, daß die schönen Abende schon wieder ein Ende haben. Komme doch bitte morgen Freitag nachmittag mal heran. (Revier). Ich denke, daß wir noch jeden Tag zusammensein können, wenn auch nicht so schön. Vielleicht klärt sich inzwischen die weitere Verwendung oder die Reklamation. Daß die Operation gemacht wurde, ist ja für alle Zukunft gut, und später hätte man sich doch wieder nicht die Zeit zum Kranksein genommen. Also sei nicht böse, auch wenn es wieder eine kleine Enttäuschung ist.[…]

[159.]
Blankenburg, den 17. Juni 1941

Sehr verehrte Frau Doktor [von Tiling],
heute habe ich die Mainummer in die Hand bekommen und damit die Gewissheit, dass die Zeitschrift ihr Erscheinen einstellen muss. Gleichgültig lässt es mich nicht, wenn ich sehe, wie die Kameraden auch jetzt noch mit Illustrierten und seichtesten

---

[303] Konrad Jarausch ist deshalb wieder zu seiner früheren Einheit zurückgeschickt worden.

Romanen überschwemmt werden. Aber vielleicht dürfen wir uns auch da an das Positive halten. Sie werden doch froh sein, dass wenigstens diese Arbeitslast von Ihnen genommen ist. Und im Ganzen wird es nichts schaden, einmal ganz Abstand zu nehmen und dann, wenn es die Lage nach dem Kriege erfordert und ermöglicht, neu anzufangen. Persönlich bedaure ich nun, dass mir die Hände so ganz gebunden sind und ich keine Möglichkeit habe, irgendetwas vorzubereiten. Aber vielleicht ist das auch nur eine törichte Ungeduld, die das nicht lernen und tun möchte, was es eben jetzt zu lernen und zu tun gibt. Persönlich habe ich noch keine Klarheit über die nächste Zukunft. Augenblicklich liege ich im Revier nach einer einmal notwendigen kleinen Operation an den Füssen. Ich hoffe, dass sich inzwischen die Frage der Uk-Stellung entscheidet. Sonst müsste ich mich eben nach anderem Dienst umsehen, da die Ausbildung bei den Ersatzbataillonen immer mehr den aktiven Verhältnissen angenähert wird. Das hat seine großen Vorzüge gegenüber allem Etappen- und Landesschützenmäßigen, erfordert aber doch eine Anstrengung, die zu leisten ich im Augenblick müde bin. Der kurze Einblick in die französischen Verhältnisse vor zehn Tagen war recht lehrreich. Es ist doch ein trauriges Bild, ein niedergeworfenes Volk sich auf den Trümmern seines nationalen Lebens einrichten zu sehen. Im Grunde bedaure ich es nicht, dieser Atmosphäre von unbefriedigtem Gewissen der noch verbliebenen Möglichkeiten, wie sie die Kameraden dort beherrscht, wieder enthoben zu sein. [...]

[160.]
18. Juni 1941

ich danke Dir herzlich für die viele Mühe, die Du Dir in meinen Angelegenheiten gemacht hast. Es hat gewiß eine ganze Menge Kraft gekostet, überall zu warten und dann die schwierigen Gespräche zu führen. Auch daß Du so ausführlich berichtet hast, danke ich Dir. Dein Brief ist mit der ersten Karte zusammen schon heute Vormittag hiergewesen, gerade als ich aus dem Revier hinausgeschickt wurde. Inhaltlich war er für mich eine schwere Enttäuschung, insofern ich mit dem Uk-Antrag fest gerechnet hatte und auch kaum Zweifel hatte, daß er durchgehen würde. Man sieht doch wohl keine Gespenster, wenn man feststellt, daß H. mich eben nicht haben will. Allerdings stehen ja jetzt auch die Ferien vor der Tür, und es mag sein, daß gerade alles auch in der Provinz leidlich läuft. Jedenfalls ist es gut, daß ich nach dieser Seite Klarheit habe.

An Herrmann werde ich die gewünschte Anschrift natürlich schicken, verspreche mir aber von seinem Schreiben gar nichts. Auch da ist doch das Faktum zuerst einmal das, daß Riedel nichts getan hat, weil er es für aussichtslos gehalten hat. Wollte ich also noch einen Versuch machen, könnte ich es nur so, daß ich zu den Landesschützen ginge und dort weiterzukommen suchte. Das wäre ja möglich, wenn der Krieg noch entsprechend lange dauert. Hier zu bleiben ohne die Aussicht auf baldige Entlassung ist sinnlos. Befördert werden kann ich nicht. Und die Anstrengungen sind groß. Morgen abend marschiert die Kompanie zum Brocken, ruht dort den Freitag und kommt in der Nacht zum Sonnabend zurück. So geht das hier doch Woche für Woche. Ich würde Dich allerdings bitten, zu Frau B[oether]-Sch[ulze]. zu gehen. Dabei bitte ich Dich, nicht das in den Vordergrund zu schieben, ob gegen die Entscheidung in der Offiziersfrage etwas getan werden kann (das wird ja nun auch allmählich viel zu spät; die Streichung ist vor bald acht Wochen erfolgt!). Vielmehr bätest Du um Rat, ob ich mich nicht um eine für mich besser geeignete dienstliche Verwendung umtun könnte. Eventuell laß Dir die genaue Anschrift ihres Mannes geben. So könnte man die Zeit, bis ich wieder dienstfähig bin, vielleicht ausnutzen. Der ältere Feldwebel (38 Jahre), der noch in der Kompanie als Zugführer war, ist inzwischen zu der Stabskompanie versetzt worden, wo es fast nur Arbeitskommandos gibt.

Das Gerede mit der wissenschaftlichen Betätigung kommt mir nachgerade zum Halse heraus, da mir ja noch niemand eine wirkliche Möglichkeit dazu geboten hat. Die Zeitschrift hört nun auch auf. Du hast es wohl inzwischen gesehen. […]

[161.]
21. Juni 1941

herzlichen Dank für den gestrigen Brief und das Päckchen, die beide heute gekommen sind. Ich habe nun an B[oether-]Sch[ulze] geschrieben, habe aber auch dabei die weitere Verwendung in den Vordergrund geschoben. Denn 1. glaube ich an eine Rücknahme der Streichung nicht, vor allem nicht nach dem Urteil Riedels und 2. könnte ich sie kaum wünschen, wenn hier der alte Betrieb mit der Offizierausbildung wieder beginnen sollte. Helfen könnte mir nur eine sofortige Beförderung und Versetzung zu den Landesschützen. Aber daran ist doch nicht zu denken.

Die Kompanie hat von Donnerstag 21 Uhr bis Freitag 20.30 Uhr 72 km marschiert, auf den Brocken und zurück. Dort oben haben die Unteroffiziere, mit denen ich jetzt zusammen liege, zwei Stunden geschlafen. Dazu die drückende Hitze. Gewiß ist nun heute und morgen fast dienstfrei. Aber wenn zu solchen Anstrengungen wieder das Reiten, Mittagessen im Kasino usw. käme, wird mir das Leben zur Qual. Außerdem heißt es jetzt allgemein, daß das Regiment in der nächsten Zeit nach Alten-Grabow marschiert, um dort auf dem Übungsplatz weiter ausgebildet zu werden. Das kann ich nicht mehr. Einmal hat auch alle Zähigkeit ihre Grenze. Ich weiß, wie mir die Hitze im vorigen Sommer in Kosów bekommen ist, und habe keine Lust, das noch einmal zu erleben, wenn es nicht unbedingt nötig ist. Ich rechne auch nicht damit, daß das Ganze anders ausgeht als das Gespräch mit Herrmann, der damals auch Feuer und Flamme war und dann nichts gemacht hat.[…]

[162.]
Blankenburg, den 22. Juni 1941

Eben habe ich bei der Wiederholung um zehn Uhr den Wortlaut der Führerkundgebung gehört.[304] Welcher Ernst und welche Enthüllung der wahren Lage nach soviel »Schweigen«. In aller Ruhe und ohne alle Nervosität scheint es mir doch

---

[304] Zum Angriff auf die Sowjetunion am 22. Juni 1941. Vgl. Domarus, Bd. 4, S. 1726-1732. Die Angriffsvorbereitungen waren streng geheim gehalten worden.

nötig zu überlegen, ob Du unter diesen Umständen nicht gut tust, Dich auf eine längere Abwesenheit von Magdeburg einzurichten. Ob Du Anfang oder Mitte August gut daran tust, nach M[agdeburg] zurück zu gehen, scheint fraglich, auch wenn man gar nicht daran denkt, mies zu machen. Ich möchte Dich darum um Folgendes bitten:
1. Nimm doch bitte die wichtigen Papiere, auch Dein Sparkassenbuch, die ich damals zusammengelegt habe, mit nach Wernigerode. 2. Ist es vielleicht möglich, einen Koffer mit dem Silber (und etwas Wäsche) zu Prof. Meyers oder zu Schulzes zu bringen? 3. Erkundige Dich auf jeden Fall, wie Du am besten von außerhalb an das Geld herankommst.[305]

Persönlich habe ich das Gefühl, daß nun alle Sorgen um meine eigene Zukunft beim Militär hinfällig geworden sind. Man muß nun tun, was befohlen wird. Aber ich habe keine Angst. Halte Dir auch alle Sorgen fern. Bete immer wieder die Psalmen und die Gesangbuchlieder, damit Du ganz frei Dich auf Deine kommende Aufgabe einstellen kannst. Laß Dich nicht von Unruhe und Sorge überwinden. Wenn Bruno und Mutter nach Wernigerode kommen, werden sie Dir ja auch in allem Äußeren helfen, wenn ich nicht mehr hier sein sollte. Aber vorläufig bin ich ja noch nicht marschfähig. Vielleicht müssen wir dann auch die letzten Reserven ausbilden.

Wir wollen uns also nicht unnötig das Leben schwer machen lassen.

[163.]
23. Juni 1941

Lieber Franz,
es wird wohl an der Zeit, daß ich einmal von mir hören lasse. Von meinen Erlebnissen wißt Ihr ja durch Lotte Bescheid. Du wirst verstehen, daß ich oft zum Schreiben keine Lust hatte. Die äußere Erfolglosigkeit hat doch etwas Bedrükkendes, vor allem wenn man innerlich nicht weiß, was man eigentlich tun soll. Nun habe ich jetzt nach der gleichfalls mißglückten Versetzung nach Amiens etwas Ruhe. Ich mußte mir die Nägel an den großen Zehen entfernen lassen und habe da zunächst liegen müssen. Jetzt kann ich aufstehen, mache aber noch keinen Dienst. Inzwischen hat sich Lotte in Magdeburg noch einmal persönlich bemüht. Ich glaube nicht, daß die Offiziersgeschichte noch Aussichten hat und wünsche es auch gar nicht, wenn ich hier noch einmal als Anwärter anfangen sollte. Es gibt doch ein Zuviel der körperlichen Anstrengungen, das man wohl auf sich nehmen kann, wenn es unmittelbar ernst ist, aber nicht in der Garnison. Ich denke, daß ich von hier aus zu den Landesschützen versetzt werde, wenn ich wieder marschfähig bin. Im Juli geht unser Regiment ohnehin auf den Truppenübungsplatz. Da möchte ich nicht mehr dabeisein.

---

[305] Konrad Jarausch scheint das Gewicht des Kriegsschauplatzes erfaßt zu haben und war sich eines siegreichen Feldzuges keineswegs sicher. Er rechnete offenbar mit Angriffen der sowjetischen Luftwaffe und meinte, »letzte Reserven« müßten nun herangezogen werden. Zur skeptischen Haltung der Deutschen vgl. Götz Aly (Hrsg.): Volkes Stimme. Skepsis und Führervertrauen im Nationalsozialismus, Frankfurt am Main 2006.

Aber nun genug von diesen Dingen. Das Persönliche ist ja ohnehin wieder einmal sehr unwichtig geworden. Überrascht hat uns der gestrige Morgen ja nicht. Es hat ja eher etwas Befreiendes, daß eine Klarheit herrscht. Aber man selbst darf wohl bangen vor der militärischen und politischen Aufgabe, die immer mehr ins Riesenhafte wächst. Daß der Landser zunächst enttäuscht feststellt, daß der Krieg nun wieder verlängert ist, wird man ihm nicht übelnehmen können. Freimachen kann man sich selbst von solchen Gedanken auch nicht. Möchte nur die innere Kraft ausreichen. Man denkt auch mit Sorge an die vielen lieben Menschen, von denen man weiß, daß sie in den letzten Monaten nach dem Osten gekommen sind. Im Ganzen überwiegt doch bei den Kameraden hier das Bedauern, daß man nicht mit dabeisein kann. Und das ist ja auch gut so.[…]

[164.]
23. Juni 1941

es hat manchmal etwas Erschreckendes, wie Tag um Tag hingeht. Heute ist es nun auch über den neuen Feldzug schon Alltag geworden. Das Leben geht weiter. Die Heeresberichte haben einen neuen Absatz. Das ist alles. Aber es ist ja auch gut so.[…]. Seit heute kann ich aufsein. Das ist gleich ein anderes Leben. Die Zehen heilen so gut, daß ich fast zweifle, ob ich in vierzehn Tagen noch hier bin. Ich habe inzwischen noch einmal mit dem Spieß wegen der Landesschützen gesprochen, und ich denke, ich kann dann hier in der Nähe bleiben. Eben erzählte mir der Unteroffizier, der mich in dem volksdeutschen Unterricht abgelöst hat (den wir zu Pfingsten mit seiner Braut im Thie[306] gesehen haben), daß bei ihm heute in Halberstadt Herzmuskelschwäche festgestellt worden ist. Er hat auf dem letzten Marsch schlapp gemacht und noch unterwegs eine Kardiazolspritze bekommen, nachdem er noch vor ein paar Wochen tropendienstfähig geschrieben worden ist. Dem will ich mich nicht aussetzen. Wenn B[oether-]Sch[ulze] mir einen Weg zum Offizier zeigen oder bahnen kann, der *gangbar* ist, will ich mich gern noch einmal anstrengen. Sonst verzichte ich.

Ich werde, weil die freie Zeit anscheinend knapper bemessen ist, als ich dachte, auch nicht mehr an den Aufsatz herangehen. Er mag liegen bleiben für eine Zeit, in der man klarer sieht, was zu tun ist. […]

[165.]
25. Juni 1941

Deine Karte vom gestrigen Dienstag kam eben. Hoffentlich habe ich Dir mit meinen Wünschen nicht zuviel Arbeit gemacht. Aber der Goethe, der mit dem Stenzelschen Plato gestern gekommen ist, hat mir doch schon über lange Stunden hinweggeholfen. Das Wecken ist nun schon auf vier Uhr vorgerückt, bei der tollen Hitze ja auch ganz vernünftig. Dafür kommt die Kompanie heute schon um viertel vor elf vom Vormittagsdienst zurück. Allerdings geht es heute noch einmal hinaus wegen einer Lehrvorführung für die Offiziere. Ich sitze indessen in der Turnhose auf dem Zimmer und lese. Dabei lasse ich mich von der Sonne beschei-

---

[306] Park in Blankenburg.

nen. Das ist morgens ganz nett. Aber wenn dann die Kameraden vom Dienst kommen, weiß man sich gegenseitig nicht recht zu lassen. Da es keine dienstlichen Beziehungen gibt, bleibt man sich gegenseitig fremd. Aber die Tage werden schon vergehen, auch die Abende, die etwas schwierig sind, weil man dann zu müde zum Lesen ist. Ich möchte ganz gern den Zustand bis zum Sonntag in acht Tagen hinzögern, damit ich dann noch einmal nach Wernigerode kommen kann. Für diesen Sonntag kann ich jetzt, wo ich noch »Revier auf Stube« bin, ja keinen Urlaub einreichen. Ich werde darum erst am Freitag oder Sonnabend wieder zum Arzt gehen. Möglich, daß ich dann Schuhe anziehen und Dienst machen darf. Vom 7.-21. soll das Regiment nach Altengrabow. Aber ich weiß nicht, ob da die Marschtage schon einbegriffen sind. Sonst müßte das Bataillon wohl Ende der nächsten Woche abmarschieren. Bis dahin mag auch eine erste Antwort von B[oether-]S[chulze] da sein. Übrigens ist es ja nicht ausgeschlossen, daß sich alles noch länger hinzögert. Man weiß ja, wie Kameraden monatelang auf eine Versetzung oder Einberufung zu einem Lehrgang warten.

Vielleicht sind unsere Befürchtungen wegen der Roten Luftwaffe doch übertrieben gewesen. Umso besser wäre es. Aber dann hast Du wenigstens für jeden Fall vorgesorgt. Man wartet nun gespannt auf die ersten Meldungen; hoffentlich gelingt es auch dort so rasch, durch die Befestigungszone hindurchzustoßen. Die Zeitungen heb bitte auf. […]

Der Goethe ist gerade richtig für meinen jetzigen Zustand. Man kann über vieles rasch hinweglesen: Beschreibungen von Bildern und dgl. und findet dann immer Nachdenkenswertes. Dabei bezaubert immer die große Unbefangenheit. Die Goetheschen Briefe haben gar nicht das hohe Pathos des Rehmschen Buches[307], so wenig dieses etwa als unecht bezeichnet werden könnte. Aber es steht bei Goethe viel mehr zwischen den Zeilen. Zum Teil ist auch das wohl eine Folge der großartigen Stilisierung, mit der das Unmittelbar-Persönliche der ursprünglichen Briefe und Tagebücher getilgt und durch die Reflexionen und die künstlerische Formung einzelner Abschnitte ersetzt worden ist. Nun möchte man fast die ursprüngliche Gestalt kennenlernen. Als menschliche Leistung behält die Reise doch ihr Großartiges. Daß einer so, bevor er 40 wird, planvoll alles nachholen will, was ihm das Leben bis dahin schuldig geblieben ist oder was er versäumt hat, bleibt verständlich genug und man muß sich gegen das Verführerische einer solchen Lebenspause schon einigermaßen wappnen. […]

[166.]
Blankenburg, den 26. Juni 1941

Auch Dein erster Gruß aus Wernigerode ist schon da. Ich freue mich, daß auch diese Fahrt überstanden ist, und noch dazu in so guter Gesellschaft. In W[ernigerode] wird es Dir ja an Abwechslung nicht fehlen, auch wenn ich Sonnabend nicht kommen kann. Dann kam heute der beiliegende Brief von B[oether-]S[chulze]. Ich bin doch etwas beunruhigt, wie dieser Versuch ausgeht. Aber ich mag das nicht noch einmal auseinandersetzen. Als Zugführer

---

[307] Möglicherweise Walther Rehm: Griechentum und Goethezeit, Leipzig 1936.

und Offizieranwärter hätte ich heute von fünf bis halb elf Uhr Geländedienst, von zwei bis sechs Offizierschießen und um zwölf Uhr wieder Wecken zum Eilmarsch (zwanzig Kilometer in drei Stunden) mit anschließendem Schießen gehabt. Aber warten wir ab.[…]

Aber ich denke ja, daß die völlige Freiheit mit dieser Woche zu Ende geht und will mich dann auf Plato konzentrieren. Ich denke, daß sich Deine Mühe mit dem Bücherpacken und Schicken doch lohnt. Die Zusammenhänge werden deutlicher. Mich beschäftigen dabei vor allem weiter die Fragen der Bildung durch erkennendes Sichbemühen. Es ist ja viel mehr ein zu seinem eigenen Sinn Kommen des Menschen, der sich erkennend und handelnd in der Welt und das heißt zuerst in der Gemeinschaft begreift, als eine Angelegenheit der Schule. Die Beziehungen sind so weitgeknüpft und so tief, daß sich jede Kritik, als handle es sich um ästhetischen Individualismus, verbietet. Die Fragen: wieweit solche bewußte Selbstbildung im Rahmen einer volkhaften Erziehung (bei Plato ist die Bildung für die dazu Befähigten Pflicht, um des Dienstes in der Gemeinschaft willen, von dieser dem einzelnen auferlegt und gelenkt) und dann im Urteil des Christentums möglich ist. Ähnlichkeit und Unterschied gegenüber Goethe drängen sich auf, wo der politische Bezug fehlt (»Man muß schreiben, wie man lebt, erst um sein selbst willen, und dann existiert man auch für verwandte Wesen«). Unmittelbar darauf folgt bei Goethe ein heftiger Ausfall gegen Lavater[308] und dessen Grundsatz »Alles was Leben hat, lebt durch etwas außer sich«. Da werden Bildungsgedanke und Weltanschauung in ihrem Zusammenhang handgreiflich. Bei Pieper[309] trat der katholische Ausgleich zwischen der griechisch-aristotelischen Welt und dem Christlichen herrlich zutage. Daher ein gut Teil der ungeheuren menschlichen Weisheit, die in dem katholischen Schrifttum dieses Ranges aus der Tradition fortlebt. Ich mußte da an die in gewisser Weise vergleichbaren, weil auch auf den Menschen gerichteten Schriften der Oxfordleute denken. Wie oberflächlich ist das. Dazu dann die mittelalterliche Kunstwelt bei Pinder[310]. Du siehst, daß ich in diesen Tagen genug hin- und hergeworfen worden bin. Und doch fehlt alledem das klare Wozu, die Möglichkeit des pädagogisch-politischen Einsatzes.[…]

[167.]
29. Juni 1941

dieser kalte, unfreundliche Sonntag geht nun auch zu Ende. Ich war vormittags zur Kirche. Der Pfarrer von Pfingsten hat eine schöne, klare Predigt über die Liebe zu den Brüdern gehalten. Es war auch nicht so leer wie damals. Der Gekreuzigte auf dem Altar leuchtete aus dem Dunkel, ja wie die Wolken kamen und gingen, das hat auch für den stillen, langen Nachmittag Ruhe gegeben, den ich allein auf der Stube mit Platolesen verbracht habe. Zwischendurch habe ich immer mal nach den Nachrichten gehört, ohne ein klares Bild zu gewinnen. Vorgestern sind schon die ersten Verwundeten von den aktiven Regimentern in Halberstadt eingetroffen, die zu unserem Ersatzbataillon gehören. Gestern war ich oben im

---

[308] Johann Caspar Lavater (1741-1801), Pfarrer und Philosoph.
[309] Josef Pieper (1904-1997), Über die Hoffnung, Leipzig 1932.
[310] Wilhelm Pinder (1878-1947), Kunsthistoriker.

Wald, aber es wurde auf die Dauer zu kalt, und dann kam der Regen, als ich auf dem Heimweg war.

Auf einen plötzlichen Aufbruch rechne ich, soweit es sich um die Kompanie handelt, nicht. Ich soll nämlich den Hauptfeldwebel vertreten, wenn das Regiment auf den Truppenübungsplatz geht. Aber wer weiß, ob nicht noch vorher unsere Rekruten als Ersatz hinausmüssen, wenn die Regimenter weiter so stark eingesetzt werden. Eher könnte von B[oether-]S[chulze] her ein plötzlicher Aufbruch nötig werden. Das Laufen geht sehr gut. Ein leichtes Brennen ist das einzige, was ich spüre, wenn ich die Schuhe mehrere Stunden angehabt habe. Aber ich bin noch vorsichtig. Mitte der Woche will ich wieder zum Arzt. Dann wird er mich, denke ich, dienstfähig schreiben, und ich kann Sonntagsurlaub einreichen. […]

[168.]
1. Juli 1941

über Deinen gestrigen Brief habe ich mich *sehr* gefreut. Ich finde, daß so doch alles in seine natürlichen Bahnen kommt. Daß Du in Magdeburg bist und daß Mutter in Deiner Nähe ist. Das ist ja gewiß für Dich keine Hilfe weiter; aber doch für sie eine große Freude. Und Du bist wenigstens nicht allein im Haus. Sie kann doch jemand herbeirufen, wenn es nötig ist. Vielleicht komme ich sogar auch in Deine Nähe!! Ich war heute wieder beim Arzt, um mich gesundschreiben zu lassen, und mußte mich dann ja beim Kompaniechef melden. Er fragte gleich, ob ich zu den Landesschützen wolle. Es sei doch in den letzten Wochen manchmal etwas hoch hergegangen in der Kompanie, und da hätte ich doch vielleicht nicht immer mitgekonnt. Ich bejahte dies und fügte hinzu, daß ich in mancher Beziehung auch sonst nicht mehr richtig mitkönnte, im Schießen z.B. Das lehnte er ab, davon habe ich nichts gemerkt. Es handele sich nur um das Körperliche. Das war ja nun auch eine kleine Freude für mich, besonders da er ja auch altgedienter Soldat, Zwölfender, ist.[311] Er schloß dann: »Also melden wir Sie zu den Landesschützen nach *Magdeburg*.« Ich glaube, das ist selbst für die Offizierfrage die beste Lösung. Sollte der Krieg noch länger dauern, dann kann ich es dort ja vielleicht zum dritten Mal versuchen, wenigstens wieder Offizieranwärter zu werden. Im übrigen kann ich von dort aus ja ebenso gut überallhin versetzt werden wie von hier, falls B[oether-]S[chulze] noch etwas anderes hat. Wie lange es dauert, bis die Versetzung kommt, weiß ich natürlich nicht. Sollte es ein paar Wochen dauern, kann ich es ja hier gut aushalten. Sonnabend werde ich wohl sicher noch kommen können.[…]

[169.]
24. Juli 1941

so vergeht Tag um Tag, und Deine Stunde kommt immer näher. Ich wünsche Dir weiter festen und getrosten Mut. Dann geht alles gewiß noch einmal so leicht. Übermorgen werde ich hoffentlich wieder bei Dir sein. Hier ist inzwischen nur der Bescheid von B[oether-]S[chulze] gekommen. Der Kommandeur hat abge-

---

311 Soldat mit einer Dienstzeit von mindestens zwölf Jahren.

lehnt, weil ich eben körperlich nicht leistungsfähig genug sei, und stellt mir anheim, mich zu den Landesschützen versetzen zu lassen. B[oether-]S[chulze] bedauert, nicht mehr erreicht zu haben, und will sich dort erkundigen. Heute wollen Bruno und Trudchen kommen. […]

Es folgte ein Urlaub vom 5. – 11. August 1941

27 | Sowjetischer Grenzüber-
gang

28 | Rollbahn

29 | Unterkunft auf dem Vormarsch

30 | Minsk – Leninhaus, 8. Juli 1941

31/32 | Minsk, August 1941

33 | „Kriegsbeute"

34 | Dulag 203 in Kochanowo

35 | Essensausgabe im Lager Kochanowo, August 1941

36/37 | Essensausgabe im Lager Kochanowo,
August 1941

38/39 | Frauen vor dem Lager Kochanowo, 27. Juli 1941

40 | Gefangene

41 | Kochanowo, gefangene Offiziere, 4. August 1941

42 | Abtransport von Gefangenen aus Kochanowo, 20. August 1941

43 | Feldgottesdienst beim Dulag 203, 17. August 1941

44/45 | Unterkünfte im Dulag 203, Kritschew

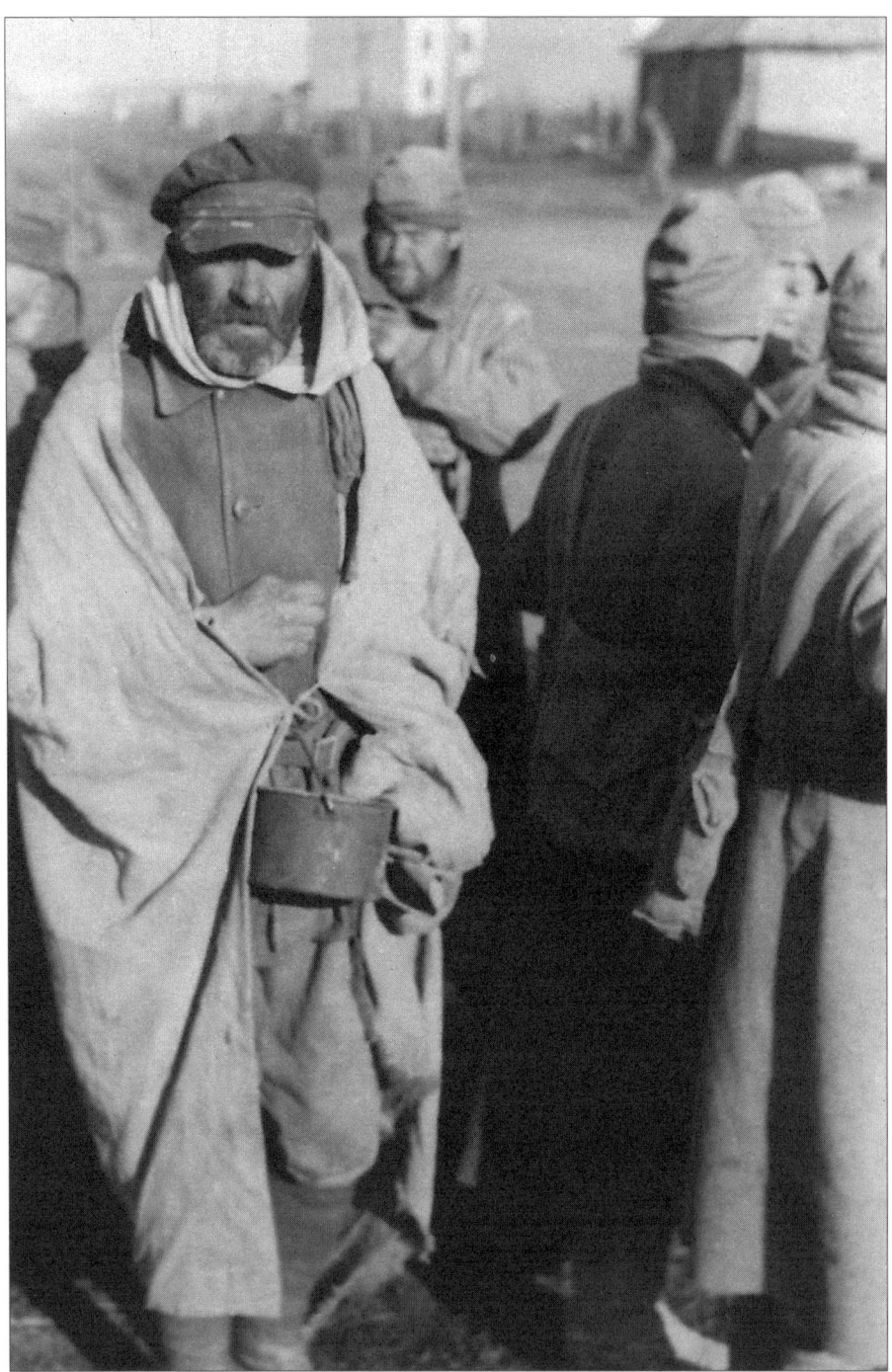

46 | Gefangene in Kritschew, 24. Oktober 1941

47 | Unterkünfte der Wachmannschaften in Kritschew, 20. November 1941

48 | In der Unterkunft des Lagerkommandanten Major Gutschmidt, 29. November 1941

49 | Einzige funktionsbereite Lokomotive im Lager, Kritschew 26. November 1941

50 | Kartoffelmiete – im Winter als Massengrab genutzt, Kritschew 29. November 1941

51 | Verabschiedung von Major Gutschmidt, 30. November 1941

52 | Gefangenenstudie eines russischen Künstlers, Winter 1941/42

53 | Konrad Jarausch beim Russisch-Unterricht

54 | Leidende russische Bäu-
erin

55 | Einsatzübersicht des Dulags 203 im Rahmen der 286. Sicherungsdivision

4. »EIN FURCHTBARES ELEND«
(AUGUST 1941-JANUAR 1942)

[170.]
[Karte]
12. August 1941

nach ruhiger und leidlich bequemer Fahrt sind wir fahrplanmäßig in Warschau angekommen. Zu sehen gab es wenig. Heute morgen lag dichter Nebel über dem Land. Jetzt habe ich hier ein bißchen gefrühstückt und mich frisch gemacht und warte nun, daß die Leitstelle aufgemacht wird, um mein nächstes Schicksal zu erfahren. Ich habe in den Pausen des unruhigen Halbschlafs viel an Dich gedacht. Ob die Straßenbahnfahrt nun geholfen hat oder ob Du nun doch den Arzt zu Hilfe nehmen mußt?[312] […] Um zehn geht es weiter – über Brest-Litowsk nach Minsk. Dort in der Gegend werde ich wohl bleiben. Es ist ja noch unendlich weit hinter der Front. Macht Euch also keine Sorgen.

[171.]
[Karte]
13. August 1941, abends

wenn ich bestimmt wüßte, daß Dich diese Grüße ohne Feldpostnummer überhaupt erreichen, würde ich ausführlicher schreiben. So hebe ich mir meine Erlebnisse auf und sage Dir nur, daß ich immerzu an Dich denke. Ich bin gestern Abend um acht Uhr in Terespol bei Brest-Litowsk angekommen. Um zehn Uhr ging es weiter, bis wir heute Abend nach zwanzig Stunden Fahrt in Minsk angekommen sind. Das Land war herrlich still und bis auf einige Städte und Bahnhöfe unberührt vom Krieg. Ergreifend in seiner Weite und Ruhe. Um so entsetzlicher ist Minsk, wo ich nun im Leninhaus die Nacht verbringe. Man muß eben an das Zukünftige denken. Das hält noch aufrecht. Wann mag ich von Dir hören? Erst morgen erfahre ich, wo und wie es weitergeht. […]

[172.]
Im Leninhaus in Minsk. 14. August 1941

Die Stadt liegt auf niedrigen Hügeln über dem wiesengrünen Tal eines Flusses. Wo die Hügel in die leicht gewellte Ebene verlaufen, läuft auch die Stadt in einen breiten Gürtel gartenumgebener, grauer Blockhäuser aus. Nach dem Fluß hin, dessen Uferstreifen vermutlich sumpfig und oft überschwemmt sind, fehlt dieser Streifen. Da schneidet der massiv gebaute Stadtkern scharf und klar mit dem Hang der Hügel ab. Von hier aus bietet sich die Stadt als ein geschlossenes Gebilde dar.

---

[312] Volksweisheit zur Einleitung von Wehen. Drei Tage vor der Geburt seines Sohnes wurde Konrad Jarausch an die Ostfront versetzt.

Und nun ist es für uns rückwärts Gebundene ein wirklich merkwürdiger Anblick, wie hier weithin bereits ein neuer Umriß sichtbar wird, in dem sich die städtische Lebensform in einer veränderten Stufe ihrer Entwicklung darstellt. Die wenigen erhaltenen Kirchtürme, die an sich nicht bedeutend waren, verschwinden im Gesamtbild. Statt dessen sind die Akzente von dem Geist einer verwandelten Zeit gesetzt. Über den an sich nicht sehr hohen Miets- und Geschäftshäusern erheben sich die massigen Blöcke der Gemeinschaftsbauten. Es wäre töricht, ihnen die architektonische Konsequenz abzusprechen. In ihren rechteckigen oder geometrisch streng gebogenen Linien erscheinen sie wirklich als die folgerichtige Aufgipfelung der sonstigen gestaltlosen Häusermassen. Man empfindet angesichts dieses Gegenbeispiels erst ganz, wie sinnlos der Versuch unserer eigenen Baukunst war, über die toten Dachlinien unserer Großstädte weiter die Kirchtürme in den Himmel steigen zu lassen, als ob sich rings um sie noch immer die gegliederte Vielgiebligkeit einer mittelalterlichen Kleinstadt erhöbe. So spricht auch das bolschewistische Bauen nur aus, was wir selber genau so waren – und sind?

Die künstlerischen Mittel, die einem solchen Bauwillen zur Verfügung stehen, sind naturgemäß begrenzt. Aller Schmuck, aber auch alle frei spielende Phantasie ist ausgeschlossen. So bleibt nur die Möglichkeit, die Massenteile, die in sich völlig gleich sind und sein müssen, so zu gruppieren, daß nun doch etwas wie eine Form entsteht. Von diesem Mittel ist bei dem Leninhaus, dem weißrussischen Regierungsgebäude, reichlich Gebrauch gemacht. Ganz ist allerdings auch hier die Überlieferung nicht unterbrochen. Der Grundriß erinnert noch immer an die verfehmten Schloßbauten des 18. Jahrhunderts: ein nach vorn offenes Rechteck, das einen Ehrenhof bildet. Darüber bauen sich die vielfach vor und zurückspringenden und auch in der Höhe mannigfach abgestuften Wandflächen auf, die von den gleichmäßigen, großen Fensterrechtecken ihre einzige Belebung empfangen. Auch die Freitreppe und der breitgezogene Balkon erinnern daran, daß die Notwendigkeit, sich zur Schau zu stellen, über allen Wechsel der Zeiten geblieben ist. Wo die Mittelachse des Ganzen auf die Straßenflucht stößt, erhob sich das Leninbild auf schwarzglänzendem, granitenem Sockel. Noch ziehen sich um den Unterbau die Vollreliefs mit Gruppen von Kämpfern, Arbeitern und Bauern. Aber das Standbild selbst ist nach vorn heruntergerissen und liegt nun mit abgebrochenen Beinstümpfen bäuchlings auf der Straße.[313] Deutsche und Russen stehen nachdenklich herum, die Deutschen verwundern sich über die grobstilisierten Formen. Aber kaum einer verfehlt anzuklopfen. Ja, es klingt hohl; kein Wunder bei dem Bronzeguß. Und doch ergreift die sinnbildliche Gewalt des Anblicks. Ich muß an die Erzählungen von gestürzten Götzenbildern denken, vor denen ihre früheren Verehrer in dumpfem Staunen stehen. Mit einemmal enthüllt sich, was bezwingende Macht war, als ein zerbrechliches Werk von Menschenhand.

Im Innern führen großzügige Treppen und Flure, die mit Holz und künstlichem Marmor verkleidet sind, zu dem zentralen Innensaal. In den Formen westlicher Parlamentssäle angelegt, nimmt die eine Breitseite der Tribünenaufbau für Reden,

---

[313] In den besetzten Städten und Dörfern wurden Standbilder durch die Bevölkerung oder die Truppe gestürzt.

Vorsitzende, Stenographen usw. ein. Darüber schmückt die Wand eine riesige Stalinplakette, die wieder von symbolischen Gruppen begleitet wird. Es sind dieselben Typen wie auf den Wandfriesen rechts und links von der Tribüne und draußen auf den Fluren, dieselben auch, die in den Gipsstandbildern im Universitätsgarten oder auf den Plakatfetzen, ja den Briefmarken wiederkehren: der rote Soldat, der Fallschirmspringer, das Sportsmädchen, der Techniker, natürlich auch der Bauer und der Arbeiter. Um die Tribüne legt sich der Halbkreis der aufsteigenden Sitzreihen, über denen sich die Galerie herumzieht. Oben hängen Bilder der Parteigrößen. Von einem Spruchband können wir nun wenigstens schon die beiden eng nebeneinanderstehenden Namen Lenins und Stalins entziffern.

Auf den Fluren gibt es entsprechende Reliefs mit sinnbildlichen Szenen aus dem revolutionären Aufbruch. Aber auch ein riesiges »Triptychon« schmückt eine Wandfläche. Es zeigt in der Mitte in aufreizendem Rot den Sturm auf das Petersburger Winterpalais. Auf der einen Seite ruft Lenin einen Kreis von Verschwörern zum revolutionären Kampf auf. Der verbissenen, düsteren Entschlossenheit, die von dem Bild ausstrahlt, entspricht auf dem Gegenstück der helle Glanz des Sieges. Stalin spricht in strahlendem Optimismus in der Halle eines riesigen Industriewerkes zu dem schaffenden Volk, das gläubig an ihm hängt. Der Blick geht hinaus auf sonniges Land, das von den baulichen Zeichen eines glücklichen neuen Lebens erfüllt ist.

Heute ist der Ehrenhof von parkenden Militärwagen erfüllt. Die Fenster sind fast durchweg zersprungen, aber sonst hat das Gebäude keinen Schaden erlitten. Von dem Balkon sieht man auf die Ruinen der völlig zerstörten Innenstadt, geschwärzte Brandmauern, leere Fensteröffnungen, kaum irgendwo ein Dach. Der dumpfe Knall der Sprengladungen, das Krachen zusammenbrechender Mauern wiederholt sich regelmäßig.[314] Nach hinten zu schließt sich fast unmittelbar das Gebiet der Gärten und Holzhäuser an, in dem sich nur wenige massive Häuser erheben, die dann auch unzerstört geblieben sind. Aber welcher Gegensatz zwischen diesen beiden Bereichen. Hier die alte, ländliche, russische Welt, schmutzig und ohne deutsche Ordnung, aber doch voll unmittelbar wucherndem Leben und dicht darüber der moderne Bau. Eins vermittelt allerdings doch zwischen beiden: die mangelnde Ordnung, das üppige Unkraut an der Rückseite des monumentalen Gebäudes. Leider hat die deutsche Truppe hier völlig versagt, und zwar in beschämender Weise. Daß man das Gebäude von unten bis oben mit Dienststellen belegt hat, war notwendig. Daß man den großen Saal in den Schlaf- und Aufenthaltsraum für die Frontleitstelle[315] verwandelt hat, war immerhin zweckmäßig. Aber daß nun Schmutz und Unrat sich überall breit machen, stimmt schlecht zu dem kulturellen Anspruch, mit dem der Deutsche hier überall auftritt. Die Latrine und die Waschanlagen spotten jeder Beschreibung. Und das nach gewiß sechs Wochen Besatzung. Dazu stimmte der Geist, der auf der Frontleitstelle herrschte, gut. Auskünfte in oberflächlichem Schematismus, die zu stundenlangem Suchen führen, bis man sein Schicksal in die eigene Hand nimmt mit glücklicherem Erfolg.

---

[314] Es handelte sich um Sprengungen der vom Einsturz bedrohten Gebäude.
[315] Einrichtung zur Weiterleitung von Ersatz, Urlaubern und Reisenden.

[173.]
Kirchen in Minsk, 14. August 1941

Schon auf der Fahrt habe ich nach Spuren von Kirchen und Kreuzen Ausschau gehalten. Daß die Dorfkirchen fehlen, war uns ja aus Polen bekannt. Über den meist zerstörten Städten erhob sich da und dort ein Turm. Aber fanden in den Kirchen noch Gottesdienste statt? Auch die Feldkreuze waren nicht ganz verschwunden. Einige Male glaubte ich feststellen zu können, daß eine der Feldkapellen ihres Bildes beraubt war. Um so mehr zog mich gleich am Morgen in Minsk der Turm eines dicht neben dem Leninhaus liegenden Kirchengebäudes an. Es hätte ebenso gut in einem bescheideneren Berliner Vorort stehen können. Die Formen: rote Backsteinarchitektur mit Sandsteingliedern in »romanischem« Stil – erinnerten an die Kapernaumkirche in der Seestraße.[316] Nur war alles ärmlicher und auch der Turm schlanker. So mochte die Kirche zur selben Zeit in den Jahren vor dem Weltkrieg gebaut sein. Äußerlich hatte sie wenig gelitten. Doch fehlte jedes Kreuz und jeder christliche Schmuck. An den Pfeilern des Zaunes hingen noch Theater- und Kinoplakate. Der Haupteingang war durch eine Glasscheibe in eine Art Schaufenster verwandelt. Ein seitlicher Nebeneingang führte an Billetschaltern vorbei. Im Innern waren die Handwerker bei der Arbeit. Die Wände wurden neu geweißt und der Fußboden erneuert. Einige Männer und Frauen standen herum und betrachteten mit Interesse, was bereits fertiggestellt war. So war ein Gespräch – mit einer polnischen Frage meinerseits begonnen – bald im Gang. Das Wesentliche ergab sich trotz aller sprachlichen Schwierigkeiten: »eine schöne, große Kyrka«, von den Bolschewisten in ein Theater und Kino verwandelt. Jetzt sollte sie wieder Kirche werden. Das Interesse der Einheimischen war unverkennbar. War es erste religiöse Freude? Wer mag das sagen?

Ein paar Stunden später stand ich vor der »Kathedrale« am Markt. Ein bescheidener Bau des ausklingenden Barock, wie wir ihn im Osten öfter gefunden haben mit Resten der alten Malerei. Hier war der gottesdienstliche Charakter des Hauses schon wieder hergestellt. Auf dem Hochaltar stand ein Kreuz aus Birkenstämmen zwischen blühendem Schmuck. Davor ein altes, wohl durch die schwere Zeit gerettetes kleines Kruzifix. Eine Seitenkapelle war gleichfalls wieder hergerichtet. Eine ältere Frau kniete im Gestühl. Sonst gingen nur Deutsche Soldaten hin und her. Anschläge ergaben, daß die katholischen und evangelischen Militärgottesdienste hier gleichfalls stattfanden.

Als ich heraustrat – müde und mit brennenden Füßen – trieb ein Signal die Bevölkerung vom Marktplatz fort: eine neue Sprengung in nächster Nähe der Kirche. Ob sich über dieser Trümmerstadt neues christliches Leben erheben kann. Oder sind die wieder geöffneten Kirchen auch nur ein Glied in der deutschen Kriegspropaganda?[317]

---

[316] Kapernaumkirche in Berlin-Wedding.
[317] Hitler hatte am 6. August 1941 Richtlinien ausgeben lassen, die sowohl eine Förderung als auch Behinderung der religiösen Betätigung der Bevölkerung in den neu besetzten Ostgebieten untersagten. Wehrmachtangehörige und -seelsorger sollten sich an zivilen Gottesdiensten nicht beteiligen. Absolon, Wehrmacht, S. 289. Hitler sprach sich gegen eine Eröffnung von Kirchen aus, man solle froh sein, »die Pfaffen und Popen los zu sein.« Hellmuth Stieff: Briefe. Hrsg. und eingeleitet von Horst Mühleisen, Berlin 1991, S. 120. Vgl. Karel C. Berkhoff: Was there a Religious Revival in

[174.]
[Karte]
[Poststempel: 15. August 1941]

nun bin ich Freitag früh hier eingetroffen. Wir liegen auf einem großen Dorf. Es läßt sich alles nett an. Ich komme zur Verwaltung. Es sind eine ganze Reihe Magdeburger hier. Ich denke, daß ich mich rasch einleben werde. Nun sind wir mitten in Rußland, aber die Front ist ja noch weit ab. Ich freue mich, daß ich von jetzt ab doch die Tage bis zu einer Nachricht zählen kann. […]

[175.]
Kochanowo, den 15. August 1941 (etwa zwanzig Kilometer westlich Orscha[318])

Als ich hörte, wie lange die Post unterwegs ist, habe ich doch einen Schreck bekommen. Daß Du gerade jetzt solange ohne Nachricht sein mußt, tut mir sehr leid. Überhaupt empfinde ich die Härte dieser ganzen Versetzung mit ihren Begleitumständen sehr. Man hat hier die Verstärkung, die eine ganze Reihe Unteroffiziere usw. einschließt, seit dem 1. Juli erwartet. Ich bin nun der erste, der eingetroffen ist. Offensichtlich hat man nicht überall in gleicher Weise gedrängt wie in Blankenburg. Nun, es läßt sich nichts mehr ändern. Du mußt über diese Wochen allein hinwegkommen. Ich hoffe, daß die Freude über alles leichter hinweghilft und daß die Schmerzen selbst jetzt schon, wo ich schreibe, vergessen sind. Ich meinerseits muß mich damit trösten, daß das Einerlei der Kaserne vorüber ist und das Leben hier doch in einem ganz anderen Tempo geht. Man spürt wieder etwas vom Atem des Krieges wie in den ersten polnischen Wochen, soweit wir auch von der Front entfernt sind. Das schließt auch die Menschen anders auf, so daß ich hoffe, mich bald ein bißchen eingewöhnt zu haben. Dafür muß man natürlich auf viele Bequemlichkeiten des Kasernenlebens verzichten. Vor allem die Unterkünfte sind recht primitiv. Aber jetzt im Sommer ist das auszuhalten. Außerdem rechnet man mit baldigem Wechsel, wenn die Front weiter nach Osten vorrückt. Dann werde ich auch noch das Vorrücken im Lastkraftwagen erleben. Sollte der Feldzug in absehbarer Zeit zu Ende sein, dann werden auch diese Durchgangslager überflüssig. Aber soweit wollen wir noch nicht rechnen. Auf jeden Fall schreibe ich heute, wo ich noch keinen Dienst mache, gleich an Lohrisch noch, daß meinerseits einem Uk-Antrag nichts im Wege steht. Denn einen russischen Winter möchte ich nicht mehr erleben. Und das mit der Beförderung ist doch, wenn sich nicht jemand in ganz persönlicher Weise dafür einsetzt, eine Illusion, von der man sich je eher je besser freimachen sollte. Was an sich an persönlicher Förderung möglich ist, habe ich aus den Erzählungen eines Bibliothekrates wieder entnommen, mit dem ich von Warschau bis Minsk fuhr und der bei dieser Bahnfahrt zum erstenmal etwas von der Härte des soldatischen Alltags gespürt hat. Er hat den Krieg bisher nur in Sonderaufträgen in eleganten Brüsseler und Pariser Hotels erlebt. Ich gönne es ihm gern. Aber ich denke, wir müssen

---

Soviet Ukraine under the Nazi Regime?, in: Slavonic and East European Review 78 (2000), S. 536-567; Alexander Dallin: Deutsche Herrschaft in Rußland 1941-1945. Eine Studie über Besatzungspolitik, Düsseldorf 1958, S. 486-506.

318 Weißrussische Stadt am Dnjepr an der Grenze zu Rußland.

nun auch ein bißchen für uns sorgen. Es ist doch fast zuviel, was Dir zugemutet worden ist, eben weil die letzte Notwendigkeit dabei fehlt. Ich würde auch jetzt kein Wort verlieren, wenn man den Einsatz in einem Augenblick äußerster Not brauchen würde. Aber dieses Gemisch von Gedankenlosigkeit und Schikane geht doch über das Erträgliche hinaus. Ich mußte das erst einmal richtig klar schreiben, sonst mußt Du ja glauben, daß ich kein Gefühl für Deine Lage habe, nachdem ich mich am Montag natürlich nach Möglichkeit beherrscht habe, um uns den Abschied nicht noch schwerer zu machen. Ich werde Dich nun auch nicht mehr damit quälen. Hier werde ich versuchen, möglichst rasch und intensiv in das ganze dienstliche und außerdienstliche Leben hineinzukommen.[…]

[176.]
15. August 1941

[Liebes Muttchen,]
[...] Ich bin nun weit im Osten, etwas westlich von Orscha, das Ihr wohl auf der Karte findet, immer noch Hunderte von Kilometern von der Front entfernt. Gesehen und erlebt habe ich schon sehr viel. Das Gefangenenlager liegt auf einem größeren Dorf an der Chaussee. Ich werde aber unmittelbar mit den Gefangenen nichts zu tun haben, sondern in der Verwaltung mithelfen. Ich denke, daß ich mich bald hineinfinden werde. Es ist hier doch alles viel kriegsmäßiger, unmittelbarer als in Amiens. Nichts ist so schön geordnet, aber natürlich auch alles primitiver. Heute habe ich mich erst einmal eingerichtet. Vorläufig bin ich allein in dem ganz geräumigen Zimmer der früheren Poststelle. Doch sollen noch mehr Feldwebel und Unteroffiziere hier eintreffen und dann mit hier untergebracht werden. Es ist ein richtiges Blockhaus. Ringsherum sieht es ziemlich wild aus; denn Gärten gibt es hier ja kaum noch. Ein paar ungepflegte Obstbäume stehen um die Bauernhäuser herum. Dahinter kommen die weiten Felder der Kollektivwirtschaft, auf denen noch viel Getreide – dünn und dürftig genug – steht. Rings fassen die riesigen Fichtenwälder alles ein. Im ganzen müßt Ihr Euch die Landschaft etwa so vorstellen wie bei uns im höheren Mittelgebirge auf den Hochflächen: weite Wellen des Landes, dunkle Wälder, kärgliche Felder allerdings in großen Schlägen und dazwischen die wenigen grauen Holzhäuser. Unser Ort ist allerdings größer. Er hat eine ganze Anzahl öffentlicher Einrichtungen, Schulen usw. von den Sowjets her besessen, um die ich mich im einzelnen erst noch kümmern muß. Überall liegen jetzt deutsche Verbände. Dazwischen regt sich aber auch die Einwohnerschaft ganz lebendig beim Einfahren der Ernte. Das geht hier auf den leichtbeladenen einspännigen Wagen im muntersten Trab vor sich. Nicht so feierlich mit den schweren Fudern wie bei uns. So gäbe es noch sehr, sehr viel zu erzählen. Aber soviel Zeit ist heute gar nicht mehr, und morgen beginnt der Dienst. Ich werde Lotte schreiben, daß sie Euch manche Briefe mitschicken soll. Das Inliegende aus dem Keller des Leninhauses in Minsk [ist] für Hermann. Leider sind die größeren Städte alle völlig zerstört, so daß man an Geschäften und dgl. nichts mehr zu sehen bekommen hat. Bruno und Trudchen lasse ich herzlich grüßen. Ich bin so froh, daß wir nun noch öfter zusammensein konnten. Hoffentlich gibt es keinen Winter in Rußland. Bis dahin will ich schon aushalten. [...]

[177.]
O.U., den 16. August 1941

Ich wage es bei aller Zuversicht doch nicht, mir im einzelnen auszumalen, wie es
Dir gehen mag und was Du treibst. So fasse ich mich in Geduld und schweige
ganz von allen Hoffnungen. Statt dessen will ich noch ein bißchen von mir erzählen, damit Du erst einmal eine Vorstellung erhältst von dem, was ich treibe. An
dem, was mich umgibt, werde ich ja noch lange zu schildern haben, wenn und
solange Zeit dazu ist. Als ich mich heute morgen beim Major meldete, schickte
der mich in die Gefangenenküche. Ich sollte den dortigen Unteroffizier entlasten.
Das war ja gegen alle Erwartung, ist aber im Augenblick nicht schlimm, da nur
600 Gefangene hier sind und alles eingerichtet ist und von selbst läuft. Solange
keine neuen Transporte eintreffen – was aber jeden Tag möglich ist –, sitze ich hier
nur herum, um zur Stelle zu sein und beaufsichtige die Essenausgabe. Dabei wollen wir uns abwechseln, so daß jeden Tag einer Dienst macht. Sollten morgen aber
neue Gefangene kommen, wird der bisherige Alleinherrscher ja wieder einspringen müssen. Im übrigen habe ich die Fahrt gut überstanden. Ich bin wohl noch
ein bißchen müde, aber zum Schlafen ist viel Zeit – alles immer bis zum nächsten
Aufbruch oder zum nächsten Massentransport. Nur ist am Tage das Schlafen
unmöglich. Die Fliegen fressen einen förmlich auf. Aber es wird ja früh Nacht.
Beleuchtung habe ich nicht im Zimmer. Ich werde mich also erst richtig ausschlafen. Die Verpflegung ist die gleiche wie überall, gestern Brühsuppe mit Nudeln,
heute Erbsen. Gekocht war die beiden Tage gut. Heute gab es Marketenderwaren
zu kaufen. Ich habe nur die 300 gr. französische Schokolade behalten und die
Rauchwaren weiter verkauft. Auf Grund der zugleich eingekauften Spirituosen
findet heute ein Kameradschaftsabend mit warmem Essen statt. So ist für den
Anfang gesorgt. Wenn es hier irgend etwas zu kaufen gäbe, könnte ich die Küche
schön ausnutzen. Aber es gibt ja buchstäblich außer wenigen Eiern, etwas Milch
und Kartoffeln und ein paar Gurken nichts. Und da man so sehr vorsichtig sein
muß mit der Verdauung (die Fliegen!), ist es am besten, man ißt nur, was aus der
Feldküche sauber und ordentlich gekocht kommt. Schlafen tue ich vorläufig noch
allein in dem ganz geräumigen Zimmer des ehemaligen Posthauses, natürlich auch
ein Blockhaus auf einer aus Brettern neu zusammengeschlagenen Bettstelle, wie
wir sie auch in Polen hatten mit einer Schütte Stroh drin. Mein Tisch besteht aus
einem quergelegten schmalen Schrank ohne Tür. Eine Bank, roh aus Holz, eine
Latte mit Nägeln, das ist das Inventar. Aber das Haus ist wanzenfrei, und das ist
viel wert. In einem anderen Raum schlafen vier Gefreite und Oberschützen. Nach
hinten sind Werkstätten. So bin ich also in guter Hut. Die anderen Kameraden
sind ähnlich verteilt, nur daß sie alle zu mehreren liegen. Im ganzen hat mir der
Ton bei den Unteroffizieren bisher gut gefallen. Sie haben viel miteinander erlebt,
auch einige kritische Lagen. Auch der Bildungsstand ist höher als bei den Landesschützen; ich glaube nicht, daß ich diesen nachweinen muß. Gespannt bin ich auf
den heutigen Abend.

Und nun noch einiges in Stichworten, damit Du siehst, wie ich den Dingen die
bessere Seite abzugewinnen suche: eben der erste Teller russischer Kascha (Grütze), aber nicht aus den Gefangenenkesseln, sondern von unserem russischen Kü-

chenpersonal für sich gekocht (Die Leute haben diese Vergünstigung für ihre Arbeit). – Eine erste russische Stunde an Hand eines kleinen Sprachführers. Der Lehrer ein wirklicher junger Schulmeister aus der Ukraine bei Schepetowka[319], Trohim Schewtschuk mit Namen. Ein Band Puschkin lag – wie ein Symbol – auf dem Tisch. – Ein eingehendes Gespräch mit einem klugen Abiturienten, der mehrere Jahre in Berlin war (der Vater bei der Handelsvertretung) über russische Schule, Komsomol, Revolutionsaussichten[320]. Im ganzen sind wirklich nicht alle Russen »Schweine« oder »Bestien«. Das war auch vorher anzunehmen, aber es ist doch gut, wenn man es nun aus erster Hand erfährt und bezeugen kann.[…]

[178.]
Russische Frauen [August 1941]

Wenn ich zum Lager gehe, muß ich immer an ihnen vorbei. Sie stehen mit der unendlichen Geduld dieses östlichen Volkes, die doch wohl nur uns Deutschen als Passivität erscheint, an dem Revier, wo der Militärarzt auch die kranken Russen betreut, vor der Ortskommandantur, auf der Brücke und vor allem dem Lager gegenüber. Weht es kalt, dann drängen sie sich in kleinen Gruppen an den geschützten Eingängen der Häuser zusammen. Sonst bilden sie einen großen Block an dem Hang dem Lagertor gegenüber. Wenn man sie so sieht, scheinen sie nichts als dumpfe, stumpfe Masse zu sein, die das Schicksal niederbrechen will und die sich darum eng aneinanderdrängt, weil jede allein es nicht ertragen kann. Aber dann habe ich doch in Gesichter gesehen, in denen etwas anderes stand. Ich denke an jene eine, die vor einigen Tagen an dem Geländer lehnte und über Bach und Wiese zum Lager hinübersah, oder in Wirklichkeit wohl weit darüber hinaus in eine Ferne, die das Glück ihres Lebens barg. Oder an die kleine Gruppe, die mir heute früh auf der Dorfstraße begegnete, aufgescheucht von der Hoffnung, beim Abtransport der Gefangenen unter den vielen Hunderten das eine gesuchte Gesicht zu entdecken, und doch voller Gehaltenheit und Würde in ihrem festen Blick, mit dem sie an dem fremden Soldaten vorbeisahen, der in ihrem Gesicht zu lesen versuchte. Unwillkürlich traten mir die drei Marien vor die Seele, wie unsere frühe Plastik sie gebildet hat. Und es wurde mir bewußt, wie töricht es ist, hier wie dort Primitivität zu nennen, was ursprüngliche Einfalt des Lebens ist.
  Daß auch im russischen Bauerntum diese Einfalt heute zerbricht, läßt sich bis ins Äußere hinein erkennen. Die Kleidung besteht durchweg dem Stoff nach aus billigster Marktware. Der Schnitt ist der allverbreitete des Ostens: der weite Rock mit der Schoßjacke darüber und das Kopftuch, dieses meist einfach weiß, oft auch farbig. Im ganzen treten die grellen Farben nur selten auf. Das meiste ist stumpf und matt. Das Umschlagtuch spielt noch eine große Rolle, aber auch der Mantel wird schon viel getragen. Dazwischen erscheint dann gelegentlich mehr städtische Kleidung: ein Kostüm, ein Mantel mit billigem Pelzbesatz, eine zerdrückte Samtkappe. Vieles ist sauber und ordentlich. Vor allem an den Sonntagen regt sich

---

[319] Schepetiwka in der Ukraine.
[320] Mit »Revolution« ist eine Erhebung der Bevölkerung gegen das stalinsche Regime gemeint, wie sie in den ersten Monaten des deutsch-sowjetischen Krieges von vielen erwartet worden ist.

schon wieder das Bedürfnis, sich zu putzen. Aber eigentlich gediegen oder gar reich ist nichts.

Unter diesen Kopftüchern stehen nun die Gesichter, die uns soviel Rätsel aufgeben. Sind sie jung, dann zeigen sie eine große Einfachheit der Formen. Sie kann in so reinen Verhältnissen auftreten, daß sich eine stille, fast klassische Schönheit ergibt. Aber bald graben sich dann Furchen und Falten ein, und dann blicken uns jene wie zerpflügte Gesichter an, in denen für mich bisher noch nichts anderes steht als endlose Sorge um einen kleinen Alltag und zuweilen doch auch wirkliche tiefe Mütterlichkeit.

Wie mit den Kleidern ist es mit den Menschen. Auch da sehen einen unter den vielen gehaltenen plötzlich ein Paar unstet funkelnde [Augen] an. Ein aufgewühltes Gesicht. Oft der wirre, ungepflegte Bubikopf dazu. Da spürt man den Einbruch des Neuen: die Lösung von der Jahrhunderte alten Sitte, der Glaube an neue Ziele und neues Menschsein überhaupt. Aber das sind doch anscheinend hier auf dem weißrussischen Dorf noch Ausnahmen. Darum mag ein Zeugnis jener alten »primitiven« Weise diese Schilderung beschließen. Neue Gefangene sind eingetroffen. Ich beaufsichtige die Essensausgabe bei der abseits gelegenen Küche III. Da fällt mir einer der struppigen, zerlumpten Kerle auf, der sich aufgeregt dem Stacheldraht nähert. Zwanzig Meter jenseits auf dem Kartoffelfeld steht eine jener Bäuerinnen, wie ich sie geschildert habe. Beide halten gleichzeitig entsetzt inne. Der Wachtposten auf dem Beobachtungsstand hat sie angesehen und droht zu schießen. So weisen wir die Frau mit ein paar Handbewegungen nach vorn zur Wache. Sie zögert noch, der Mann sucht ihr seine Freude, seine Liebe auszudrücken. Dann läuft sie plötzlich hastig nach vorn. Am anderen Morgen ist sie schon um fünf Uhr zur Stelle. Sie hat sich Helfer mitgebracht, einen Verwandten, dazu den Gemeindeschreiber. Auch der Mann ist nicht müßig gewesen. Er hat sich für alle Fälle einen weißen Fetzen um den Arm gebunden. So hofft er sich als zur Stammannschaft gehörig ausweisen zu können und vor dem Abtransport bewahrt zu bleiben. Jetzt sitzen sie sich gegenüber auf der Erde. Die Küsse sind ausgetauscht, die Tränen getrocknet. Aus ihrem Korb hat die Frau Brot, Eier und saure Milch geholt, alles, was sie hat. Glücklich sieht sie zu, wie ihr Mann es sich schmecken läßt. Glücklich, daß sie wieder für ihn sorgen darf.

Wenn man die Frauen so sieht in ihrem geduldigen Harren, aber auch auf den Feldern mit der Sichel in der Hand oder auf der Dorfstraße, die Kuh zur Weide führend, dann will einem scheinen, als ob die Existenz dieses Volkes noch mehr als die jedes anderen diesen Millionen namenlosen Frauen überantwortet ist. Sie mußten und müssen es durch diese Jahrzehnte hindurch weitertragen, in denen das bewußte Werk der Männer sein Ziel verfehlt hat, um schließlich buchstäblich in Rauch und Blut zu versinken.

Einige Angaben über die Mittelschule in Kochanowo:

Fächer vor allem mathematisch-naturwissenschaftlich. Dazu großrussisch (die amtliche Schriftsprache ist hier weißrussisch) und etwas deutsch, von der 6. Klasse angefangen. Der 16-jährige, der mir das erzählt, wäre jetzt Anfang August entlassen worden. Er wollte Maschinentechniker werden. Dazu zwei weitere Jahre Technikum und praktische Lehrzeit. Vom Staat unterhalten in dieser Zeit, im Heim untergebracht. Dafür Verpflichtung, mehrere Jahre dort zu arbeiten, wohin der Staat schickt.[321] Die Kameraden bei Kriegsausbruch fortgeschickt ins Innere des Landes. Transportzug durch deutschen Bombenangriff verwüstet.

[179.]
Diesen Bogen nicht aus der Hand geben und nicht vervielfältigen lassen.
Lager Kochanowo [August 1941]
(Zum Teil durch Erzählungen von Kameraden)

Dulag heißt Durchgangslager. Derartige Lager dienen dazu, die Gefangenen so, wie sie von den Kampffeldern abtransportiert werden, zuerst einmal aufzunehmen und dann weiterzuleiten. So folgen sie der kämpfenden Truppe verhältnismäßig dicht, liegen aber natürlich außerhalb der Kampfzone. Sie füllen sich je nach den militärischen Ereignissen oft sehr rasch und haben dann wieder ruhigere Zeiten. Dann geht man an den Ausbau der zunächst ja immer aus dem Nichts hervorgerufenen Einrichtungen, um bei weiterem Vormarsch alles für Nachschubkolonnen und dgl. stehen zu lassen. Beim ersten Vormarsch hier war man ständig in Bewegung verhältnismäßig dicht hinter den Panzern her, weil man zu einer der Stoßdivisionen gehörte. Jetzt ist friedliche, faule Zeit.

Hier in K[ochanowo] senkt sich die Chaussee, die durch den langgezogenen Ort führt, um ein Flüßchen zu passieren. Die Wiesen zu beiden Seiten des Flusses schienen mit einem großen Gehöft auf dem höheren Ufer zusammen ein ideales Lagergelände darzustellen. Alles ging gut, solange die Sonne schien. Aber dann kamen Wolkenbrüche. Der Fluß trat aus den Ufern, auf den Wiesen stieg das Grundwasser: Gleichzeitig kamen 10-12000 Gefangene an. Sie waren von den Schlachtfeldern 30-40 km marschiert, durchnäßt bis auf die Knochen; seit Tagen ohne Verpflegung hatten sie zum Teil grüne Ähren verschlungen. Im Nu war die Wiese zu einem dunklen Brei zerstampft, in den sie todmüde sanken. Der Hunger trieb sie um die Küchen zusammen. Es mußte geschossen werden, um Ordnung hineinzubringen. Es gab eine Anzahl – nicht viele – Toter. Andere wanden sich heulend vor Leibschmerzen in dem Schmutz. Am anderen Morgen wurden mehrere Leichen aus dem Schlamm gezogen, die nur noch mit dem Kopf oder den Beinen herausgesehen hatten.

Wenn man das Lager jetzt – acht Tage später sieht, kann man sich das nicht vorstellen. So friedlich ist alles, so in Ordnung. Zwischen den massiven Gebäuden, in denen zwei Küchen, Wachlokal, Vorratsräume, Revier für die Russen, Quartiere der gefangenen Offiziere liegen, ist eine große, windige Halle errichtet, in der bei Regen Tausende einen Schutz finden. Im ganzen sind vier Küchen eingerichtet. Ausgegeben wird morgens, mittags und abends je ein Liter Grütze, dazu 1000 gr. grobes dunkles Brot für den Kopf bzw. für diejenigen, die arbeiten, 1700 gr. Küchenpersonal, Ordnungsdienst, Sanitätspersonal wird von den Gefangenen gestellt. Die mongolischen Typen verschwinden. Es ist der osteuropäische Bauer und Arbeiter, den man vor sich hat, wenn die Hunderte zur Essenausgabe anste-

---

[321] In der Sowjetunion bestand keine Freizügigkeit. Zum Schulwesen vgl. Gundula Helmert: Schule unter Stalin 1928 bis 1940. Über den Zusammenhang von Massenbildung und Herrschaftsinteressen, Berlin 1994; Thomas E. Ewing: The Teachers of Stalinism. Policy, Practice and Power in Soviet Schools of the 1930's, New York 2002.

hen. Manche sind richtige Jungen mit Spitzbubengesichtern, zutraulich und keck. Im ganzen sind sicher die meisten froh, daß sie aus allem heraus sind und daß es ihnen nicht schlechter geht.

[180.]
Wolgadeutsches Schicksal [16. August 1941]

Draußen lastet die Nacht. Es ist, als ob sich ihr schweigendes Gewicht zu den Tausenden von Menschenleibern verdichtet hat, die rings um unser Blockhaus an den Wänden lehnen, auf dem kalten, feuchten Boden liegen, unter dem großen Schutzdach in der Mitte des Hofes eng aneinander gepreßt wie ein einziger Block stehen. Bei dem kümmerlichen Schein der Petroleumlampe lesen wir beide in der Lagerküche die Frontzeitung, die nun auch schon zehn Tage alt ist, unsere treuste Stütze, der wolgadeutsche Eisenbahnarbeiter, und ich. Um uns huschen still und müde in dem halben Licht Köche und Küchenarbeiter bei den letzten Arbeiten des Tages. Der Tag ist endlos lang gewesen. Bald werden sie schlafen wie ihre Kameraden draußen. »Wer ist Siegfried eigentlich gewesen?« fragt Adolf plötzlich. Der Vergleich der Stalinlinie mit der Siegfriedlinie hat ihn darauf gebracht. Ich erzähle in aller Kürze. Da meint er «Die Geschichte habe ich doch schon in der Bibel gelesen.« Er bleibt dabei, als ich ihm das bestreite und klärt mich auf, daß in ihrer Bibel auch das Alte Testament noch drin sei: »Ich weiß ja nicht, wie das bei Ihnen ist.« Aber schließlich kommt er selbst darauf, daß das in der Bibel ja Simson gewesen ist. »Ich habe die Bibel zweimal ganz durchgelesen. Meine Mutter hatte eine ganz dicke in deutscher Schrift. Vieles habe ich nicht verstanden. So die Offenbarung. Aber solche Geschichten wie die von Simson habe ich gut verstanden. Mein Bruder hatte noch viele Bücher, in denen kluge Leute über die Bibel geschrieben hatten. Er war ein Betbruder und hat Stunden abgehalten und die Brüder und Schwestern in der Woche zwei- oder dreimal abends »unterrichtet'. Darum mußte er auch flüchten, weil er so an der Religion festgehalten hat. Mein Vater war Bauer. Obwohl er gar kein großes Gut hatte, galt er doch als einer der ersten Bauern im Dorf, und darum haben ihn die Bolschewisten auch als Kulak bezeichnet. Aber er ist dann gestorben, und mein ältester Bruder ist an seiner Stelle nach Sibirien geschickte worden (eben der »Betbruder«). Von dort ist er nach einem Jahr geflohen und, weil er in unseren Ort nicht zurückkonnte, in die Ukraine gegangen. Er hat Tischler gelernt. Aber da er seinen Beruf nicht ausüben durfte, ist er Wächter in einer Fabrik geworden und hat in seiner freien Zeit als Tischler zu Haus gearbeitet und sich so sein Geld verdient. Er hat jetzt sieben Kinder. In unserem Dorf haben die Bolschewisten von 500 Familien in dem furchtbar kalten Winter 1931 50 im Verlauf weniger Stunden von den Höfen geholt, auf die Schlitten gesetzt und nach dem Kanton (Kreisstadt etwa) gefahren.[322] Viele waren schon erfroren, als sie dort ankamen. Was aus ihnen geworden ist, weiß ich nicht. Meine Mutter mit den jüngsten Kindern, die noch bei ihr waren,

---

[322] Zur stalinistischen Kollektivierung der Landwirtschaft vgl. Markus Wehner: Bauernpolitik im proletarischen Staat. Die Bauernfrage als zentrales Problem der sowjetischen Innenpolitik 1921-1928, Köln 1998; Robert Conquest: Ernte des Todes. Stalins Holocaust in der Ukraine 1929-1933, München 1997.

sollte dann auch fortgebracht werden. Aber dann wurde der Befehl wieder geändert. Dann hat uns mein Bruder in die Ukraine geholt. Damals habe ich zuerst Ukrainisch gelernt. Zu Haus habe ich kein Wort Russisch gekonnt. Unser Dorf war früher eine ganz lange Straße. Da stand Haus neben Haus in geschlossener Reihe, die Höfe nach der Straße zu durch eine Bretterwand oder gar eine Mauer abgetrennt. Jetzt ist vieles abgerissen und verfallen. Man kann kreuz und quer hindurch fahren.

Wir jüngeren Geschwister haben mit der Mutter zusammengelebt wenige Häuser von meinem Bruder entfernt. Dann bin ich Soldat geworden und habe nun schon Jahre lang kein Deutsch mehr gesprochen, so daß ich es fast ganz verlernt habe.«

Soweit ging das Gespräch an jenem Augustabend. Es bleibt noch manches zu sagen, aber dazu muß erst wieder eine gute Stunde kommen.

[181.]
18./19. August [1941]

Ein anstrengender, innerlich belastender Tag geht zu Ende. Ich sollte nach unserem Wechsel heute frei sein, nachdem ich gestern den ganzen Sonntag im Lager zugebracht hatte. Tatsächlich war ich auch vormittags zu einem friedlichen Weg mit einem älteren Magdeburger Feldwebel, der heute gerade seinen 43. Geburtstag hatte, über Land zu der Bäckerei, in der für unsere Gefangenen das Brot gebacken wird. Es gab unterwegs Fichten und Linden, Himbeersträucher und Glockenblumen. Es war ein richtiger schöner Sommertag. Als wir zurückkamen, hörten wir, daß im Lager 5000 Gefangene erwartet wurden. So ging ich gleich wieder hinüber, und mit der Sommeridylle war es vorbei. Von Westen zog ein Gewitter herauf, das den ganzen Nachmittag mit wechselnd starkem Regen anhielt. Der Grund im Lager war sofort wieder glatt und schmierig. Aber es blieb noch alles in erträglichen Grenzen. Wir gaben allen einen Topf Suppe. Für die Nacht konnten die Kranken und die, die keinen Mantel hatten, doch wenigstens unter den Schutz eines Daches gesteckt werden. Heute am 19. um vier Uhr begann der Abtransport. Je vier kriegten ein 2000 gr.-Brot. Jetzt um sechs Uhr kocht in allen Kesseln die Suppe für die übrigen. Ich will den Eindruck nicht beschreiben, den die ausgehungerten, verschmutzten Gestalten machen, wenn sie mit ihren Konservenbüchsen an den Kesseln vorüberziehen. Man kann an den Gefäßen, die sie hinhalten, geradezu die innere Haltung ablesen. Die richtigen Soldaten haben sich ihr Kochgeschirr gerettet, die große Masse hat sich irgendwo unterwegs etwas Blechernes verschafft, eine Konservenbüchse, eine Brotform, selbst eine Kartusche.[323] Wer ganz zerbrochen ist, hält seine Mütze hin. Daß auch in diesen Menschen der Wunsch lebt, aus dem Äußersten an Verlumpung herauszukommen, haben wir an dem sonnig-warmen Sonntag gesehen, wo alles auf den Wiesen am Fluß lag, badete und seine Wäsche wusch. Da war der ganze Stacheldraht mit grauweißen Hemden bedeckt.

Auf meiner Stube ist nun noch ein Unteroffizier (NSKK[324]-Führer im Hauptamt) und ein Feldwebel (Sparkassenangestellter aus Stendal). Ich werde mich so

---

[323] Eine Hülse aus Metall, die die Treibladung für ein Panzer- oder Artilleriegeschoss enthielt.
[324] Nationalsozialistisches Kraftfahr-Korps.

einrichten, daß ich meist im Lager bin. Hier kann ich den Umgangston bestimmen. An Lesen u. dgl. wird wenig zu denken sein. Auch zum ausführlichen Schildern wird nicht immer Ruhe sein. Aber es ist auch das beste, wenn die Tage möglichst ausgefüllt sind. Gestern abend hieß es hier, daß nun der Vorstoß auf Moskau begonnen habe. Alles hofft hier, daß der russische Feldzug bis zum Beginn des schlechten Wetters zu Ende ist.[…]

Ich bin gespannt, ob man mich hier im Lager läßt. Es ist natürlich anstrengender als auf der Schreibstube. Aber ich habe hier wirklich für Menschen zu sorgen und habe nicht nur mit Akten und gelangweilten Beamten zu tun. Dieser Tage fragte mich einer von ihnen, warum ich nicht die höhere Heeresbeamtenlaufbahn eingeschlagen hätte – so auf den Intendanturrat hin. Ja, wenn man so schlau und tüchtig wäre wie sie alle.

Innliegend wieder Marken und zwei alte russische Geldscheine vom Nikolaj, wie die Russen sagen.[325] […]

[182.]
24. August 1941

Nun ist schon der zweite Sonntag gekommen, den ich in Rußland verlebe. Vor acht Tagen war ich unten im Lager im vollsten Betrieb. Heute habe ich einen schönen, stillen Ruhetag. Ich war vormittags schon ein paar Stunden draußen und habe unter den Fichten am Bahndamm gelegen, ein bißchen geschlafen, ein bißchen gelesen und nach den vorbeirollenden Transportzügen gesehen. Jetzt am Nachmittag bin ich zu den Hügeln hinaufgestiegen, die sich 30-40 Meter über dem Tal unsers Flüßchens erheben. Der Wind geht frisch und treibt immer einmal loses Gewölk vor die Sonne, aber das macht diesen wundervoll klaren Spätsommertag nur noch erquickender. Nach der Mittagsstunde in der muffigen Stube, in der uns die Fliegen auffressen, empfindet man das doppelt. Durch den hohen Fichtenwald, der mich umgibt, geht der Blick über den ganzen langgezogenen Ort hin, hinter dem eben wieder ein Leerzug, der seine Ladung zur Front gebracht hat, zur Heimat rollt. Wäre ich nicht eben in einem Waldtal auf einen russischen Tank gestoßen, um den herum noch die Granaten verstreut lagen, die er nicht mehr abfeuern konnte, man könnte denken, daß einen ein verspäteter Ferientag auf die Hochfläche eines unserer Mittelgebirge geführt hätte. Der Fichtenwald, der nach allen Seiten in wechselnder Entfernung Felder und Wiesen einfaßt, läßt unwillkürlich daran denken. Auch die hölzernen Häuser könnten irgendwo oben in der Heimat stehen. Jedenfalls so, wie sie aus der Entfernung in ihrem verblichenen Grau erscheinen. Näher betrachtet, würde sich doch der Einspruch regen. Dazu ist der Verfall, die mangelnde Ordnung zu offensichtlich. Es ist auch hier wie in Polen. Das Unvermögen liegt nicht im Bauen und Entwerfen selbst. Da in dem großen Ort doch auch manche schwierigeren Aufgaben an Gemeinschaftsbauten, Häusern mit Obergeschoß und dgl. zu lösen waren, ergeben sich ganz reizvolle Bilder. Bauten, deren Flächen durch senkrechte Balken gegliedert sind, kleine Vorlauben mit Schnitzwerk, Schuppen mit einer langgestreckten Vorhalle,

---

[325] Zar Nikolaus II. (1868-1917), letzter Zar des russischen Reiches.

die an einen Portikus erinnert. Überhaupt ist die Nähe dieser entwickelteren Holzbauten zur Klassik erstaunlich und bestätigt die alte These von ihrer Herkunft aus den nordischen Wäldern. Schade, daß ich nicht photographieren kann. Aber ich habe schon einige Abzüge bei Kameraden bestellt. Nur dauert alles solange, weil es erst in die Heimat gehen muß.

Das Befremdende ist vielmehr die Unfähigkeit, etwas in Ordnung zu halten. Der Krieg trägt manches dazu bei: die Männer sind fort. Von den Dächern haben durchziehende Truppen das Stroh gerissen, um Streu zu haben. Fensterscheiben sind zerbrochen und die Öffnungen mit Brettern vernagelt. Aber er kann nicht alles erklären. Es muß doch eben in der Volksart liegen. Übrigens hat uns ein Ingenieur im Lager erzählt, daß die Sowjets im Osten, auch gerade in Sibirien, den Ausbau des Landes sehr viel planmäßiger und energischer betrieben hätten.[326] Dort gebe es schöne, saubere Dörfer mit baumbepflanzten Straßen. Hier sind weite Obstplantagen erfroren, und niemand hat Hand angelegt, die toten Bäume zu entfernen oder gar Ersatz zu pflanzen. Auf dem Kolchos stehen stattliche neue Ställe – selbstverständlich aus Holz, aber die alten Gebäude sind in erbärmlichem Zustand. Leider habe ich noch niemand gefunden, der mir über die sonstigen öffentlichen Einrichtungen des Ortes richtig hätte Auskunft geben können. Unser Gefangenenlager beispielsweise ist in einem Heim für elternlose Kinder untergebracht. Einer von den halbwüchsigen Jungen treibt sich viel bei uns herum. Ihn muß ich einmal ausfragen, wie es bei ihnen zugegangen ist.

Wie magst Du diesen Tag erleben? Wenn ich mir das erst richtig vorstellen kann, wird manches noch leichter werden. Ginge es nach der gestrigen Parole, würden wir bald wieder auf deutschem Boden sein. Aber diese Parolen springen ja von einem Extrem ins andere, und die Erfahrung hat gezeigt, daß sie schließlich alle nicht recht behalten. Übrigens besteht zur Zeit Sperre für Uk-Anträge.[…]

[183.]
O.U., den 26. August 1941

Eben hören wir, daß wir Gelegenheit haben, Post mit einer Kolonne in die Heimat mitzugeben, so daß sie dann rascher ankommt. Das muß ich doch ausnutzen, auch wenn die Ruhe zum ausführlichen Erzählen fehlt. Es sind nämlich wieder 5-7000 Gefangene zum Abend angekündigt, die verpflegt werden müssen. Nun hat der Kamerad heute Dienst, aber während der Ausgabe des Essens muß ich doch zur Stelle sein. Es gehört zu dem Tröstlichen, daß auch hier aus Abend und Morgen immer wieder ein neuer Tag wird und daß Gott jeden in seiner Hand hat. Heute wo ich mit so vielen zwei Jahre Soldat bin, braucht man diesen Trost wohl ein bißchen. Und so bitte ich Dich, Dich auch weiterhin nicht um mich zu sorgen, sondern Dich – hoffentlich mit dem Kind – ich habe ja immer noch keine Nachricht – auf meine Heimkehr zu freuen. Ich denke, daß nach dem Abschluß des

---

[326] Dies überraschte die deutschen Planer. Man ging teilweise von der Annahme aus, daß eine militärische Besetzung der westlich des Urals liegenden Gebiete den Zusammenbruch der sowjetischen Wirtschaft zur Folge haben müsse. Vgl. Rolf-Dieter Müller: Von der Wirtschaftsallianz zum kolonialen Ausbeutungskrieg, in: Das Deutsche Reich und der Zweite Weltkrieg, Bd. 4, Frankfurt am Main 1991, S. 141-245.

russischen Feldzuges unsere Jahrgänge möglicherweise ganz entlassen, bzw. daß bei einem Uk-Antrag dann keine Schwierigkeiten gemacht werden. Die längste Zeit des Soldatseins wird wohl auf jeden Fall hinter mir liegen. Und ganz gleich, was die Zukunft dann an beruflichen Aufgaben bringt, wir werden beieinander sein und das Kommende miteinander tragen. Möchten dann auch die wenigen Menschen, mit denen man sonst ganz nahe verbunden ist, die Hennigsdorfer, Franz und Lene, nicht allzu fern und unerreichbar sein. Dann werden wohl auch die sachlichen Aufgaben ihr klares Gesicht finden. Ich habe heute in unserem Kammerfeldwebel einen Magdeburger Klosterschüler entdeckt, der bis zur Untertertia dort gewesen ist, aber Schule und Lehrern (auch Blondeau, erzähl es ihm einmal) warme Erinnerung bewahrt. So mag auch unsere Arbeit nicht ganz vergeblich sein.

Und nun noch einige praktische Dinge. Hast Du meine Karten von unterwegs erhalten? Sie hatten keine Feldpostnummer. Hoffentlich hat die Post ein Auge zugedrückt. Da ja wohl nur 100 gr. Päckchen angenommen werden, schick bitte nur Schuhkrem und Streichhölzer. Umschläge habe ich inzwischen hier bekommen. Und dann ab und zu etwas wechselnden Lesestoff. Wenn es Dir möglich ist, schicke bitte jemand zu Holtermann. 1000 Worte Russisch ließen sich ja nach und nach in Einzelheften schicken. Ich komme so doch nicht weit, weil ich dann, wenn ich ganz frei bin, mich gern ausruhe. Zu essen haben wir genug, und unsere Quartiere richten wir uns allmählich ein. Leider ist alles etwas gelähmt, weil wir nicht wissen, wann es von hier fortgeht. Sonst wären wir schon weiter mit dem Zustopfen der Ritzen an den Fenstern und dem Ingangsetzen der Öfen. Habt Ihr auch schon so herbstliches Wetter? Hier sind die Nächte schon richtig kalt. Heute folgt ein Regenschauer dem anderen. Dazwischen scheint die Sonne warm; aber sie hat nicht die Kraft, den Boden aufzutrocknen. Die armen Gefangenen, die die Nacht zum Teil werden draußen zubringen müssen. Wir sind mit unserer Verpflegung meist über die Sätze hinausgegangen. Bis jetzt hat noch niemand Einspruch erhoben.[327] Hoffentlich ist der Feldzug in drei bis vier Wochen zu Ende und damit auch dieses Elend. [...]

[184.]
26. August 1941

[Liebes Muttchen,]
[...] Unsere Tage verlaufen gleichmäßig. Man hat verhältnismäßig viel freie Zeit und ist bei seiner Arbeit doch auch nicht so unter Druck. Vieles ist allerdings sehr primitiv. Wer hätte gedacht, daß wir nach zwei Jahren Krieg tief in Rußland sitzen würden. Und doch ist hier erst die Grenze des eigentlichen Großrußland. Wie mag das Ganze weitergehen?

Ich nehme mich gesundheitlich sehr in acht, und so werde ich hoffentlich auch Rußland gut überstehen. Wir hoffen ja alle, daß wir vor dem Winter zurückgenommen werden; wenn der Feldzug dann eingestellt wird. Morgen gehe ich wieder baden, denn vor den Läusen habe ich doch bei der nahen Berührung mit den

---

[327] Vgl. die Einführung von Klaus Jochen Arnold.

Gefangenen ziemlich Angst. Selbst unser Arzt hat schon welche. Er versorgt allerdings auch viele Kranke aus der Umgebung. Die Dorfstraße steht immer voller Wagen, auf deren Strohschütten die Kranken liegen. Hier ist verhältnismäßig wenig zerstört, und so ist auch die Ernte im Kolchos jetzt ziemlich eingebracht. Weiter nach Osten, in der Stalinlinie[328] und um Smolensk mag es noch schlimmer aussehen. Dabei ist das Land doch schon so armselig, und nun noch die furchtbaren Einbußen an Menschen und Gütern. Die Gefangenen, die wir heute bekommen haben, waren nicht ganz so elend und abgehetzt. Aber im allgemeinen ist es schlimm, wie die Menschen mitgenommen sind. Hoffentlich erleben wir noch ein paar Jahrzehnte, wo sich nicht nur alles um den Krieg dreht. [...]

[185.]
28. August 1941

[...] Hier ist es richtig Herbst. Eben scheint noch Abendsonne zwischen graublauen Wolken. In unserem Lageraum, wo ich sitze, ist es angenehm warm, denn nebenan kochen die Russen für die am Abend erwarteten Gefangenen, und auf dem kleinen Herd im Nebenraum siedet das Pferdefleisch in der Brühe, das die Küchenleute von dem heute geschlachteten Gaul als ihr Deputat erhalten haben. Eben habe ich eine Kostprobe davon verzehrt. Es geht herein und hinaus wie im Taubenschlag. Denn die Leute holen sich ihr Brot, soweit sie einen besonderen Anspruch haben: Posten, Küchenpersonal, Dolmetscher, Offiziere, Handwerker usw. Vor dem Fenster streiten Gefangene um ihre Abendsuppe. Es ist alles sehr handgreiflich und derb, aber doch immer menschlich unmittelbar.

Ich hatte heute wieder meinen freien Tag. D.h. ich war nur von halb sieben Uhr bis gegen zehn im Lager und habe dann geschlafen und in Ruhe gelesen. Die Kameraden waren zum Kartenspiel. Das ist augenblicklich eine Welle, die die Neugekommenen erfaßt. Es wird verhältnismäßig hoch eingesetzt. Mit dem Zusammensein im Zimmer wird es oft noch schwierig werden. Nicht aus bösem Willen, sondern einfach, weil das Bedürfnis nach Reden und Schweigen so verschieden ist. Die Kameraden jammern sehr über die Verhältnisse, aber ich kenne ja die Dinge von Polen her. Wir müssen uns nur eben das »Winterquartier« richtig ausbauen lassen. Heute haben wir auch im Lager und im Quartier eine Petroleumlampe bekommen, natürlich aus jüdischen Wohnungen.[329] Es scheint ja doch, als ob ein Ortswechsel unmittelbar bevorsteht. Hoffentlich verschlechtern wir uns nicht noch.

Von den tiefer liegenden Dingen haben wir doch bisher wenig gesehen. Heute kam durch Zufall einmal das Religiöse zur Sprache. Es ist nach dem russischen Kalender Mariä Tod (Himmelfahrt?), einer der zwölf hohen russischen Feiertage. Die Leute im Dorf haben teilweise nicht gearbeitet, wieweit, konnte ich nicht feststellen. Ein junger Dolmetscher erklärte mit schöner Würde, daß noch viel christlicher Glaube im russischen Volk sei. In Charkow (800000 Einwohner),

---

[328] Sowjetische Verteidigungsbauten.
[329] Feldkommandanturen der Wehrmacht waren u.a. bei der Sammlung von Besitz aus Wohnungen geflohener, ermordeter oder deportierter Juden beteiligt. Vgl. zur Ausbeutung der Juden Gerlach, Kalkulierte Morde, S. 640 und 675-683.

woher er stammte, sei *eine* Kirche gewesen, zu der er auch gegangen sei. Einer unserer Unteroffiziere fragte hilflos-spöttisch, ob Stalin den heutigen Tag auch feiere. »Das weiß ich nicht, aber was ich über das russische Volk gesagt habe, das stimmt.« So wäre das eine oder andere Menschliche noch zu erzählen. Aber ich will gerade damit vorläufig noch warten.

Nun noch einige Bitten. Wenn Du Reklamhefte besorgst, frag doch nach den russischen Erzählern, soweit die Hefte nicht zu schwer sind. Dann hätte ich gern gedanklich-gehaltvolle Lektüre [...]

Nun wird es immer grauer draußen. Ich hoffe, daß Du in Ruhe und Dankbarkeit der kommenden Nacht entgegensehen kannst. Was macht der Tommy?[330] Hattet Ihr Alarm? [...]

[186.]
O.U., den 30. August 1941

Lieber Werner[331]
ob dieser Gruß Dich noch zu Deinem Geburtstage erreicht? Gestern gekommene Post war siebzehn Tage unterwegs. Daran kannst Du sehen, daß meine Wünsche einen weiten Weg haben. Aber sie sind darum nicht weniger herzlich, als wenn wir den Tag richtig zusammen feiern könnten. Ein richtiges deutsches Heim, ein gedeckter Tisch mit Kaffee und Kuchen sind im Augenblick für uns wieder so märchenhafte Dinge, daß man gleich weiß, was man als erstes wünschen soll: ein weiteres glückliches Jahr im eigenen Zuhause, an dem denn auch alle geschäftlichen Widerwärtigkeiten nichts ändern sollen. [...]

Was der Krieg an Elend bringt, sehen wir hier genug, obwohl uns ja das Schlimmste wieder erspart ist. Aber unter den Gefangenen, vor allem den Verwundeten und Kranken, ist auch schon genug Jammer. Und daß diese Menschen ihn trotz aller Versuche des Bolschewismus, das menschliche Empfinden abzutöten, genau so empfinden wie wir, sieht man an ihren Gesichtern deutlich genug. Auf der anderen Seite sind sie glücklich, wenn sie etwas zu essen bekommen, und insofern habe ich eine ganz dankbare Aufgabe. Für uns selbst ist das Leben hier auch hart genug. Jeder hofft, daß wir mit dem Einbruch des Winters arbeitslos werden und dann wenigstens nach Polen kommen. Eine Reklamation scheint wenig Aussichten zu haben. Jetzt hat man mir geraten, in die Beamtenlaufbahn überzugehen. Aber dann bin ich erst recht gebunden. Die Art, wie man mich aus dem Urlaub herausgeholt und von meiner Frau getrennt hat in einem Augenblick, wo sie mich so gebraucht hätte wie sonst nie, hat mich denn doch empört. Dabei lag gar keine direkte Notwendigkeit vor. Nun habe ich immer noch keine Nachricht und werde auf den ersten Brief wohl noch vierzehn Tage warten müssen. So wird die Freude am Soldatsein immer geringer.

Daß wir bei diesen Postverhältnissen Zeitungen überhaupt keine in die Hand bekommen, ist klar. So weiß man von den großen politischen Dingen gar nichts mehr. Hier fragen wir uns oft, was in Rußland werden soll, wenn die operativ

---

[330] Damit sind die englischen Luftangriffe auf Magdeburg gemeint.
[331] Werner Haß, Kaufmann, ein Familienfreund im etwa gleichem Alter.

möglichen Erfolge erreicht sind und dann der Winter kommt. Denn vernichtet scheint der Bolschewismus noch längst nicht zu sein. Das Ende des Krieges läßt sich immer weniger absehen. Man könnte schon oft müde werden und weiß doch, daß man es nicht darf. Eine kleine Entschädigung ist es ja, daß man dieses Land und Volk ein bißchen kennen lernt. Bei der großen Einförmigkeit macht es wohl nicht mal zu viel aus, daß wir wahrscheinlich über einen engbegrenzten Abschnitt nie hinauskommen werden. Es gibt hier ja immer nur wieder dieselben Fichtenwälder, die kärglichen Getreideflächen der Kolchosbetriebe und die armseligen Dörfer dazwischen. In Minsk habe ich eine der zerstörten größeren Städte kennen gelernt. Ähnlich mag es nun wohl überall im ganzen russischen Westen aussehen. [...]

[187.]
O.U., den 1. September 1941

An das Sendschriftenhilfswerk des Martin-Lutherbundes
Sehr geehrter Herr Lachmund,
da ich zur Zeit mit russischen Kriegsgefangenen zu tun habe, empfinde ich die Notwendigkeit, Ihnen doch auch einmal etwas von Jesus Christus zu sagen. Es kann sich dabei um keine Massenpropaganda handeln. Eine solche würde ja auch nicht gestattet werden. Aber es sind einzelne darunter, mit denen ich persönlich näher zu tun habe. Haben Sie dafür ein paar kleine Hefte oder Blätter zur Hand? Es bräuchten nur ein oder zwei Hundertgrammpäckchen zu sein für den Anfang. Russische Sprache wäre die Bedingung. Wenn es sich um etwas anderes als Evangelien usw. handeln würde, wäre es mir lieb, wenn es aus der orthodoxen Kirche käme. Ich denke, das entspricht auch am besten dem Geist des Martin-Lutherbundes und der lutherischen Kirche überhaupt.

Wenn das furchtbare Elend, das von neuem über das russische Volk hereingebrochen ist, wenigstens dem Evangelium die Bahn öffnen möchte! Woran sollen sich diese Menschen sonst überhaupt noch halten?

Mit bestem Dank im voraus
Heil Hitler [...]

[188.]
O.U., den 1. September 1941

Heute ist der Jahrestag des Kriegsausbruchs. Wir waren nachmittags angetreten, da der Divisionsgeneral ein paar Kriegsverdienstkreuze verteilen wollte (Offiziere und Schreibstube). Es war alles kümmerlich und hat uns so recht zum Bewußtsein gebracht, wohin wir soldatisch geurteilt geraten sind. Aber das ist ja auch für mich vorbei. Nun handelt es sich nur noch darum, im Augenblick für die Gefangenen das Mögliche herauszuholen und im übrigen für das Künftige zu sorgen. Wir hatten in den letzten Tagen bis 12300 Gefangene im Lager. Ein solcher Tag, an dem man von früh bis spät für das Ausgeben der Vorräte, das Ingang halten der Feuer und die Ausgabe des Essens zu sorgen hat, ist anstrengend genug. Man ist umgeben von ständigem Geschrei und Gestank, bestürmt von unzähligen Bitten. Da geht es oft nicht ohne Rücksichtslosigkeit dem Einzelnen gegenüber, wenn das Ganze im Gang bleiben soll. Dazu kommen Reibungen der Vorgesetzten (Offiziere und Beamte) untereinander, Nervosität, die sich uns gegenüber entlädt, und vor allem der Zwang, sparen zu müssen. So können wir die Leute nicht richtig sattmachen. Da sie jetzt meist schon Wochen in Gefangenschaft sind, sind sie überhaupt unruhiger. Sie sehnen sich nach Wärme, Arbeit, Brot, ohne daß wir es ihnen geben können. So wäre es gut, dieses Stadium als Durchgangslager nähme ein Ende. Es heißt jetzt mit großer Bestimmtheit, daß wir hier im Ort ein Stammlager (mit natürlich wesentlich geringerer Belegstärke) einrichten sollen, und zwar in dem Komplex der ehemaligen Mittelschule, dem größten Gebäude des Ortes.

Persönlich geht es gut. Den zur Eingewöhnung notwendig gehörenden Durchfall habe ich überstanden; aber er wird wohl noch manchmal wiederkehren. Ich esse weiter meine Hirse mit Milch. Schrieb ich schon, daß wir jetzt auch frische Butter bekommen, und zwar bisher reichlich? Ab und zu ein Ei ist auch noch zu haben. Ohne das käme man auch kaum durch. Dazu schlafe ich an den freien Tagen weiter viel. Wichtig wäre nun noch, daß ich mir eine Lampe für mich verschaffe, wenn die Kameraden z.B. abends am Tisch Karten spielen.[...]

Ich habe heute an den Martin-Lutherbund geschrieben und um einige russische Bibelteile oder Verteilblätter gebeten. Was soll aus Rußland werden, wenn sich jetzt nicht die Kirche im Volk wieder aufrichtet? Ich werde auch noch an Cramer schreiben. Ich vermute allerdings, daß er irgendwo als Sonderführer ist. Sonst müßte er einen jetzt noch einmal richtig mit Material versorgen, damit man sich dieses an sich ungeheuerliche Erlebnis richtig fruchtbar machen kann, ehe es wieder von dem Betrieb und der Müdigkeit, die er bringt, erstickt wird.[...]

[189.]
3. September 1941

im Ofen knackt das Holz, das so lustig zusammenbrennt, als wären die russischen Wälder wirklich unerschöpflich. Unser Floki, unsere neuste Errungenschaft, winselt ungeduldig. Es ist ihm zu langweilig bei mir. Ich bin eben allein, während die Stube sonst Zufluchtstätte für die Kameraden war, die keinen Ofen auf ihren Buden haben. Im ungeheizten Raum hält es niemand mehr aus. Und dabei beginnt der September eben erst. Hoffentlich wird es noch einmal wärmer. Vom Lager hört man ungeduldiges Schreien. Obwohl die Leute ein Regendach und einen seitlichen Windschutz haben, müssen sie völlig erstarren. Dabei haben wir die größten Schwierigkeiten, sie weiter nach hinten zu befördern. Die rückwärts fahrenden Kolonnen pflegen bereits Leergut mitgenommen zu haben, und beim Bahntransport müssen Wachkommandos gestellt werden, die wir nicht haben. Hoffentlich gibt es bald eine Lösung. Gerüchte werden weiter laufend in Gang gesetzt. Es fällt mir schwer, mich für die eine oder andere Lösung zu erwärmen oder über sie aufzuregen. Bei der Sache bin ich eigentlich nur, wenn ich direkt vom Dienst beansprucht bin. Jetzt wird die Frage akut, ob ich mich für die Heeresbeamtenlaufbahn melden soll. Die Aussicht, vielleicht vom November ab zum Lehrgang in die Heimat zurückzukönnen, lockt sehr. Aber ein Uk-Antrag wäre mir noch lieber. Vielleicht kommt bis zum 8. noch Post und mit ihr ein Fingerzeig, ob ein Uk-Antrag zu erwarten ist.

Ich hoffe, daß Ende der Woche die erste briefliche Nachricht kommt. Bis dahin werde ich es schon aushalten, zumal der dienstfreie Tag heute bald wieder geschafft ist. Morgen vergehen die Stunden wieder schneller mit der Sorge für leidlichen Schutz gegen die Kälte in den einzelnen Küchen, mit Suppe, Pferdefleisch, Salz und Hirse. Die Reibung entsteht auch hier wieder an dem Punkt, wo man die reichlich vorhandene freie Zeit zu gesammelter Tätigkeit ausnutzen möchte und es doch nicht kann. Damit werde ich mich wohl herumschleppen, solange ich Soldat bin. Dabei gehen die Kameraden zum Teil schon aus Rücksicht auf mich zum Kartenspielen ins Stubenzimmer.

Hast Du gute Nachricht von Franz und Lene? Ob die beruflichen Dinge jetzt nach der Sommerpause für ihn endlich entschieden werden? Ich muß nun wieder den Osten »studieren« und hätte doch gern das »Burgundische« näher kennen gelernt. Wenn ich an die Tage in Amiens zurückdenke, will es mir fast schicksalhaft erscheinen, wie sich alles gefügt hat. Aber es säße sich doch angenehmer bei Madame, vom Soldatenheim und Kino – oder von Notre Dame ganz zu schweigen. Hier besteht der ganze geistige Besitz in einem Band Puschkin und einem Band Gogol, die ich immer noch nicht einmal den Buchstaben nach lesen kann.

Mit den beiliegenden Versuchen geht es mir wieder so, daß ich das Gefühl habe, daß sie dem wirklichen Erlebnis nicht gerecht werden. Aber vielleicht sind die Dinge auch wieder einfacher, als wir sie in unserem Bedürfnis nach einem Erlebnis, das über den Alltag hinweghilft, haben möchten.

[190.]
3. September 1941

[Liebes Muttchen,]
[...] Wir sprechen oft von denen, die jetzt die Kämpfe um Petersburg und Moskau durchzuführen haben. Was für furchtbare Anstrengungen allein bei dem Wetter und dem versumpften Land. Hoffentlich gelingt es, den Russen jetzt so zu fassen, daß der Feldzug wenigstens hier im Norden zu Ende geht. Das ist doch im Augenblick bei allen die Hauptsorge. Davon, daß es noch gegen die englische Insel gehen könnte, spricht schon niemand mehr, und ebenso nicht vom Ende des Krieges. Ich überlege jetzt immerzu, ob ich noch die Gelegenheit ausnutzen soll, mich für die Heeresbeamtenlaufbahn zu melden. Aber ich denke, ich bin dann ganz gebunden und würde bei einem etwaigen Uk-Antrag oder bei früheren Entlassungen der Kriegsteilnehmerjahrgänge überhaupt nicht freikommen. Und das Leben hier ist doch so, daß man sich sehr nach Haus sehnt, vor allem jetzt, wo immer noch keine Nachricht gekommen ist, obwohl uns ja direkt – auch an Essen und Trinken – nichts abgeht. Wieviel schwerer haben es die Gefangenen bei der Nässe und Kälte, die ja gewiß auch zum großen Teil für den Krieg so wenig etwas können wie wir. Wenn das neue Lager eingerichtet [ist], wird es wohl aufhören, daß sie nicht unter Dach und Fach gebracht werden können. Ich hätte ja gern ein bißchen mehr von Rußland gesehen, aber ein Transport ist bei dem Wetter auch kein Vergnügen. [...]

[191.]
O.U., den 5. September 1941

Wie gerne würde ich richtig einmal auf das eingehen, was Du mir zu erzählen hast; aber leider ist es immer noch nicht soweit. Heute bin ich drei Wochen hier. Allzu lange können auch die Briefe jetzt nicht mehr ausbleiben. Unser Leben läuft hier augenblicklich ganz gemütlich. Auch der Frühdienst jeden zweiten Tag ist jetzt weggefallen, so daß ich jeden zweiten Tag nur zwei Stunden morgens Dienst mache – am anderen von acht bis sieben Uhr, aber mit manchen ruhigen Stunden dazwischen. Unser Winterschicksal scheint vorläufig entschieden zu sein. Das heißt ja immer beim Kommiß solange, bis ein neuer Befehl kommt. Wir sollen die Strecke der Autobahn hier in der Gegend schneefrei halten und dazu in eine Reihe kleinerer Lager aufgeteilt werden.[332] Hier soll der Stab liegen bleiben in den an sich großen und hellen Räumen der Mittelschule, zu diesem Zweck werden dort jetzt die Öfen nachgesehen und die Doppelfenster ergänzt. Dagegen scheint der Durchgangsverkehr im Lager bereits aufzuhören. Wo bei dieser Einteilung jeder einzelne bleibt, ist natürlich noch nicht bestimmt. Es mögen auch noch Wochen darüber hingehen. Denn ein bißchen wird es ja hoffentlich noch dauern, bis der Schnee kommt. In Nordfinnland kämpfen die Truppen schon im Schnee. Aber ganz soweit sind wir hier noch nicht. Ohne geheizte Stube hält man es allerdings schon nicht mehr aus, obwohl heute über Mittag die Sonne noch einmal herausgekommen ist. Man fragt sich, wann die Bauern hier eigentlich die Kartoffeln herausholen. Vorläufig sind sie noch nicht reif.

Sonst hat es kaum irgend etwas gegeben. Wenn ich Zeit und Ruhe habe, lese ich in dem Aristoteles. Abends gehe ich um neun Uhr schlafen. Bis fünf schlafe ich durch. Dann liege ich noch eine Stunde wach und bin meist als erster auf. An seinen Sachen hat man immer zu bürsten. Zwischen den Broten staubt es sehr. So vergeht die Zeit. Heute habe ich mir aus der Schule einen Band [Maxim] Gorki und einen K[arl] Marx geholt. Nun werde ich erst einmal die Druckbuchstaben richtig lernen. Vor einigen Tagen habe ich einmal einen Plan für die Beschäftigung an den Abenden aufgestellt und von Hand zu Hand weitergegeben. Jeder sagt »sehr schön«, will aber im Grunde nicht aus dem Geleise hinaus, in dem er sich festgefahren hat. Es ist die eigentümliche Lähmung der Energie, die ein Leben, wie wir es führen, mit sich bringt und der man selbst genau so unterworfen ist. Nichts vornehmen, nichts denken. Am liebsten schlafen, dösen oder Karten spielen. Über die Kriegshandlungen laufen sich völlig widersprechende Gerüchte ein. Nur soviel scheint sicher zu sein, daß sich das Schwergewicht der Kämpfe völlig nach den Flügeln hin verschoben hat, aber auch da ist ein geistig waches Mitgehen unmöglich.[333] Mit den Anregungen, die Land und Leute bieten, ist es so, daß die [von] außen, gewissermaßen auf der Hand liegenden, erschöpft sind. Nun muß man sehen, weiter in die Tiefe zu kommen, und das kostet Arbeit und Geduld.

---

[332] Zu den im September 1941 verstärkten Vorbereitungen auf eine Überwinterung des Ostheeres vgl. Arnold, Besatzungspolitik, S. 223.

[333] Hitler hatte unter heftigen Auseinandersetzungen mit dem OKH die Schwerpunktverlagerung der Operationen in den Süden und Norden angeordnet. Vgl. Ernst Klink: Die Operationsführung, in: Das Deutsche Reich und der Zweite Weltkrieg Bd. 4, S. 541-736, hier S. 572-584.

Da ich nicht absehe, wie sich das alles von außen her ändern soll, möchte ich Dich noch einmal bitten, mir ein bißchen weiterzuhelfen. Und da alles solange dauert, muß man ja auf Monate planen (An Urlaub wird vorläufig noch nicht zu denken sein. Es ist ja noch Sperre). […]

[192.]
O.U., den 6. September 1941

nun ist der Bann gebrochen, und ich bin sehr froh und glücklich und voll Dankbarkeit gegen Gott. Ich hatte gestern den ganzen Nachmittag das bestimmte Gefühl, daß die Nachricht kommen müßte, habe mir zwar manchmal gesagt, daß ich nicht allzu sicher sein sollte, aber dann doch immer wieder nach dem Auto gesehen, daß die Post zusammen mit der Verpflegung aus Orscha holt. Dann war es dunkel geworden. Die Kameraden saßen beim Abendbrot; ich war mit einem Band Karl Marx an die Petroleumlampe gerückt, um aus ihm Wörter wie »Sozialdemokraten, Reaktion, Kommunismus« herauszusuchen und daran das Russischlesen zu üben, da hörte ich im Nebenzimmer meinen Namen, ohne mir noch klarzuwerden, daß ich gemeint sei. Und dann hatte ich das Stück Papier in der Hand und war voll Freude und doch traurig, daß ich weiter nichts hatte als eben das Blatt Papier.[334] Aber wir wollen den Kopf weiter hochhalten, damit auch der Junge von vornherein kein Angsthase wird.

Was magst Du in den Wochen alles empfunden haben? Du hast also noch ein paar Tage nach meiner Abfahrt warten müssen. Hoffentlich hast Du nicht zuviel auszuhalten brauchen. Es ist der Donnerstag gewesen, als ich den Vormittag in Minsk mich müde gelaufen und gesehen habe und dann den ganzen Nachmittag und Abend allein im Zugbegleiterhäuschen durch das stille Weißrußland gefahren bin. Nun ist der Junge schon über drei Wochen alt. Ich hoffe, daß Du Dich schon ein bißchen erholt hast. Deine Tage werden jetzt von früh bis spät ausgefüllt sein. Ich freue mich, daß sie nun für Dich rasch vergehen werden. Nun warte ich gespannt auf die ersten Briefe, in denen Du ja viel zu erzählen haben wirst. Aber wenn Du müde bist oder zuviel zu tun hast, dann heb Dir das Erzählen auf, bis ich einmal auf Urlaub komme. Wann das sein wird, kann ich allerdings noch gar nicht sagen. Denn augenblicklich ist noch alles gesperrt, und man wäre ja auch viel zu lange unterwegs. Ich denke, daß Du viel Besuch und Post empfangen hast, die Dir auch ein bißchen geholfen haben werden über das hinwegzukommen, was nun einmal nicht sein kann. Sicher hast Du manches von der Post schon zusammengepackt, um es herzuschicken.[…]

Den Kameraden mußte ich die schuldige Feier versagen, weil es hier schlechterdings nichts Trinkbares gibt. Mir war es lieber so, nicht wegen des Geldes, aber meiner ganzen Stimmung wegen. Ich habe mich früh ins Bett gelegt und auch gut geschlafen. Heute bin ich nach der Spannung der letzten Zeit ein bißchen müde. […]

---

[334] Gemeint ist die telegraphische Nachricht von der Geburt seines Sohnes.

[193.]
7. September 1941

Liebes Muttchen,
[...] Nachmittags habe ich einen schönen Spaziergang gemacht bis an die große Autobahn heran, wo Last- und Personenwagen unaufhörlich nach Westen und Osten rollen. Es war eine herrliche klare Luft. Vor allem von den Kieferwäldern kam solch kräftiger Duft her. Schade, daß man noch immer in das Innere nicht hineinkann, weil sich zuviel flüchtige Gefangene und dgl. herumdrücken.[335] An den Rändern liegen überall noch die Überreste der Biwaks, rostende Konservenbüchsen, verunglückte und ausgebrannte Wagen, die bis auf die Gestelle schon ausgeschlachtet sind. Auch rostende Granaten, Kartuschen und Blindgänger. Da und dort trifft man auch ein Holzkreuz. Doch sind die deutschen Kameraden hier im Ort vor der Schule, in die wir einziehen sollen, zusammen bestattet. Die Russen liegen auf dem Friedhof; täglich kommt aus dem Lager jemand neu dazu. Zum Teil sind es Angeschossene, die einen Fluchtversuch gemacht [haben], zum Teil Entkräftete und Kranke. Unsere Kost schützt die Leute vor dem Verhungern, ist aber auch sehr einseitig. Es fehlt alles Frische, und die Folgen zeigen sich an den Zähnen, die locker werden. [...]

[194.]
9. September 1941

gestern Abend kam Dein erster Brief vom 28. Er war so still und gefaßt, daß er richtig wohltat. Wir waren alle ein bißchen niedergedrückt. Am Nachmittag war vor unseren Augen ein Gefangener erschossen worden, als er durch den Drahtzaun setzte, um sich aus einem anstoßenden Garten einen Kohlkopf zu holen. Es waren wiederholt Warnungsschüsse abgegeben worden, und so hatte der Posten durchaus richtig gehandelt; aber es hatte uns doch alle nachdenklich gestimmt, wie wenig der Mensch ist.[...] Ich war heute beim Major[336], um die Meldung zu machen. Er war sehr menschlich, aber doch zu sehr in seinen eigenen Gedanken und Interessen, um für den anderen ein wirkliches Auge zu haben. So ist er wohl überhaupt: väterlich-gutmütig, aber ohne die zugreifende Sorge für den anderen. Auf eine Andeutung wegen des Urlaubs ist er nicht eingegangen. Es wäre ja auch besser, ich könnte wirklich gleich wenigstens auf einige Zeit nach Haus kommen. Die Uk-Stellung für das Alumnat wäre ja ein schönes Zeichen des Vertrauens.

---

[335] Wahrscheinlich handelte es sich um weit über Hunderttausend Versprengte oder geflohene Kriegsgefangene, die den Besatzern durch Sabotageakte, Überfälle und die Beeinflussung der Stimmung unter der Zivilbevölkerung durch ihre Präsenz abseits der größeren Städte zunehmend Probleme bereiteten. Vgl. Timm C. Richter: Die Wehrmacht und der Partisanenkrieg in den besetzten Gebieten der Sowjetunion, in: Die Wehrmacht. Mythos und Realität, S. 837-857; Bogdan Musial (Hrsg.): Sowjetische Partisanen in Weißrußland. Innenansichten aus dem Gebiet Baranovici 1941-1944, München 2004; Alexander Brakel: »Das allergefährlichste ist die Wut der Bauern." Die Versorgung der Partisanen und ihr Verhältnis zur Zivilbevölkerung. Eine Fallstudie zum Gebiet Baranowicze 1941-1944, in: VfZ 55 (2007), S. 393-424.
[336] Major Johannes Gutschmidt (1876-1961). Hautstaatsarchiv Hannover, NDS. 721 Acc. 90/99, Nr. 124/2. Vgl. Hartmann, Massensterben sowie die Einführung von Klaus Jochen Arnold.

Aber allzu fest rechne noch nicht damit. Wir haben hier nicht mehr die Zuversicht, als könnte der Russe in den wenigen Wochen, die uns noch vom Winter trennen, völlig außer Gefecht gesetzt werden. Und so mag denn auch das Heer nicht reduziert werden können wie im vorigen Jahr. Aber das sind natürlich nur Vermutungen. An sich läuft die Sperre angeblich mit dem 30. September ab. Das wird man bei der Behörde ja alles genau wissen.[337]

Inzwischen werdet Ihr wohl öfter Alarm gehabt haben. Die letzten Nachrichten über Berlin haben uns etwas beunruhigt. Was machst Du mit dem Jungen? Gehst Du in den Keller? Mein einer Stubenkamerad ist auch Berliner seiner Herkunft nach und hat seine Angehörigen dort. Er ist hauptamtlicher NSKK-Führer, sehr anständig. Er will jetzt zu den Kriegsverwaltungsinspektoren. Der Major hat mir seine Befriedigung ausgedrückt, daß ich mich nicht zu dem Lehrgang gemeldet habe. Aber ich habe ihm die Gründe nicht gesagt.

Mein Russisch hat nun einen kleinen Anfang genommen. Die Wörter sind zum Teil sehr lang und in der fremden Schrift schwer übersehbar, vom Hören ganz zu schweigen. Vielleicht ist es töricht, überhaupt anzufangen. Aber wenn ich den Winter hierbleiben müßte, wäre es doch gut. Außerdem kann ich sonst im Augenblick die Zeit kaum ausfüllen. Es ist schade, daß man so wenig über Land kommt. Das Wetter ist wieder schöner, dabei frisch und herb. Aber vor allem die Morgen mit den farbigen Wolken sind sehr schön. Dann hängt alles voller Tau. Es riecht kräftig nach Kartoffelkraut und Beifuß. Über dem Flüßchen ziehen Nebel, und der Rauch aus den Häusern liegt wagerecht auf den Dörfern. Auch die Nächte sind schön in ihrer Klarheit. Auch jetzt geht der Tag kalt, aber klar und farbig zu Ende. Es fröstelt uns doch oft bis in die Seele hinein. Daß gerade dieser Kampf so schwer sein muß.[…]

Nun leb wohl mit dem Kleinen. Tu nur alles, was Deiner Gesundheit dient und spare nicht. Wirst Du die Pflegerin lange genug bei Dir haben können? Schade, daß es hier gar nichts zum Schicken gibt. Mit der Butter ist es auch wieder aus. So bleibt nur die Milch und gelegentlich ein Ei. Aber vor allem ist ja der Dienst so ruhig wie bisher noch nie, die Vorgesetzten lassen uns freie Hand, und die Kameraden sind voller Rücksicht. So wirst Du mich hoffentlich gesund und frisch wiedersehen, wenn es soweit ist.[…]

[195.]
11. September 1941

heute sollten die ersten Kameraden in das inzwischen erweiterte Schulgebäude einziehen, da kam der Befehl, statt dessen den Umzug vorzubereiten. Es soll 200 km südwärts in der Richtung auf Gomel (oder Homel)[338] zu gehen: Eine solche Fahrt quer durch Rußland mag ganz interessant werden. Trotzdem ist es natürlich schwer, das bescheidene Maß von Bequemlichkeit aufzugeben, das wir uns inzwischen geschaffen haben. Auch für das Lager war inzwischen manches herangeschafft worden, was uns eine etwas größere Bewegungsfreiheit gegeben hätte. Das

---

337 Am 30. September 1941 sollte die Sperre ursprünglich enden, die inzwischen bis zum 31. Dezember 1941 verlängert worden war.
338 Gomel ist die zweitgrößte Stadt Weißrußlands an der Grenze zur Ukraine (Homel).

wird nun alles zurückbleiben, und wir werden wieder von vorn anfangen müssen. Aber das gehört ja nun einmal zum Krieg. Sonst hatte ich gerade gestern durch ein Gespräch mit dem Lagerführer (Hauptmann) einige Klarheit über die Zukunft zu schaffen gesucht. Ich hatte ihm von dem Uk-Antrag gesagt und ihm auch den letzten Brief von B[oether-]S[chulze] zu lesen gegeben. Er riet mir, es mit dem Uk-Antrag zu versuchen, und wenn er scheitern sollte, meine Versetzung zu einem Landesschützenbataillon innerhalb der Division zu beantragen, damit ich dort noch befördert werden könnte. Heute morgen hatten wir schon einen Oberst zu Besuch im Lager. Es hat wohl alles geklappt. Sonst gibt es wenig zu berichten. Die erste Zeitung ist heute gekommen – vom 3. September. Das ist auch ärgerlich, daß die Postversorgung nun wieder gestört wird. Aus der Frontbuchhandlung in Orscha habe ich mir eine Geschichte Rußlands besorgen lassen. Es gab natürlich nur eine mehr volkstümliche. Aber sie gibt doch manche Gesichtspunkte für die Erfassung unserer Umwelt. Der Major verehrte mir neulich ein Heft der Zeitschrift des Berliner Geschichtsvereins mit einem interessanten Aufsatz von Hellpach über das Berlinertum[339], den ich mit einigen umgetauschten Kleinigkeiten und einem Band Karl Marx in den nächsten Tagen abschicke. Heb bitte alles gut auf. Die Medaille stammt aus einem von *Russen* geplünderten Museum. Ich habe sie von einem Gefangenen, der sie bei sich hatte, eingetauscht. Eine gute Skizze von russischen Typen ist zu groß zum Schicken. Kleine lege ich bei. Hoffentlich kommt diese bescheidene »Beute« gut an. Lange genug wird es ja dauern. […]

Eine russische Zeltbahn habe ich auch schon. Die Kameraden lassen sich daraus Uniformen machen, die sie dann im Zivil als Sportanzüge tragen wollen. Ich weiß nicht, ob ich mir auch ein Paar Breeches daraus machen lasse. Vielleicht versuche ich lieber, sie so mitzubringen. Denn das fahle Braun hat als Anzug wenig Ansprechendes. Vielleicht kann man sie einfärben lassen. 90 Mark habe ich heute abgeschickt. Wie ich über die Verwendung denke, habe ich schon geschrieben. Wir bekommen hier die Frontzulage und eine Teuerungszulage. Ich muß das wohl auch noch Lohrisch mitteilen. Geld auszugeben haben wir so gut wie keine Gelegenheit. […]

[196.]
13. September 1941

Lieber Bruno, liebes Trudchen,
ich danke Euch beiden herzlich für Eure guten Wünsche. Möchten sie in Erfüllung gehen. Wie schön wäre es, wenn auf diesen Krieg Jahrzehnte friedlichen Aufbaus in ganz Europa folgen würden. Schon das, was man hier sieht, läßt immer von neuem wünschen, daß den europäischen Völkern eine Zeit beschert sein möchte, in der die tiefen Wunden verheilen und die unendlich vielen Aufgaben des Friedens in Angriff genommen werden können. Wieviel gibt es hier aufzubauen und zu erziehen, damit die Menschen anständig und ordentlich leben können! Man sollte meinen, daß jede Regierung hier im Osten nur den einen Wunsch haben müßte: Frieden, damit der innere Ausbau des Landes fortschreiten kann. Aber die

---

[339] Willy Hellpach (1877-1955), Mediziner, Psychologe und Politiker.

Wirklichkeit hat bisher immer anders ausgesehen und wird es wohl auch künftig. Ich erschrecke oft vor dem Gedanken, daß sich alle diese Völker, die wir doch schwer treffen und demütigen mußten, einmal zu einer Revanche zusammenschließen könnten. Die Kameraden sagen ja meist, wenn der Jude ausgeschaltet ist, werden sich überall andere Kräfte durchsetzen. Aber die Geschichte, auch die russische, mit der ich mich jetzt beschäftige, zeigt etwas anderes. So mag auch der kleine Konrad eines Tages die Uniform tragen und in den Krieg gehen. Aber dadurch sollten wir uns die Freude nicht verderben lassen. [...]

Nun steht uns in der kommenden Woche ein Ortswechsel in die Gegend östlich der Rokitnosümpfe[340] bevor. Dort sollen wir anscheinend die Gefangenen aus einem noch umkämpften Kessel weiterleiten. Das Land dort mag ärmer sein als hier. Hoffentlich finden wir eine wanzenfreie Unterkunft. Bisher ging es bis auf eine vereinzelte Laus und Flöhe noch. Ich war auch gestern noch einmal im Dampfbad trotz der großen Anstrengung, die es jedes Mal ist. Daß der russische Widerstand so hartnäckig sein würde, hat wohl niemand erwartet. Wenn man dieses Volk im Lager sieht, kann man es sich gar nicht vorstellen. Aber die wirklich gekämpft haben, sind wohl auch zu 90% tot.[341] [...]

[197.]
15. September 1941

nun ist der Tag gekommen, an dem gepackt werden sollte. Aber jetzt am Vormittag ist alles Einzelne noch unsicher. Ich sollte mit dem Nachkommando hierbleiben und dann unsere Vorräte nachschaffen. Aber auch das steht noch nicht fest. Wir sind dabei, im Lager das Letzte für den Transport fertigzumachen. Unsere Gefangenen sind bis auf einen kleinen Stamm, den wir mitnehmen, fort. Die Ukrainer, die nach der Anweisung des Führers ja mit Letten, Esten und Litauern nach Haus geschickt werden sollen, sind mit Gesang abmarschiert.[342] Auch unsere Köche haben fast herzlich Abschied von uns genommen. Ich bin froh, daß der Unteroffizier, mit dem ich mich im Dienst abwechsle – der Berliner NSKK-Führer – sie ähnlich behandelt wie ich. Wir ziehen überhaupt dienstlich ganz gut am gleichen Strang. Ich habe die größere Stille im Lager zu ein paar persönlicheren Gesprächen ausgenutzt. Es gibt da doch interessante Menschen genug, weniger als Individuen, soweit reicht ja unsere Verständigungsmöglichkeit nicht. Wohl aber als Vertreter typischer Schicksale. Gestern habe ich mich z.B. lange mit einem Armenier unterhalten, der in der Gegend von Tiflis bei »deutsche Leit« auf dem Kolchos gearbeitet hat und nun ein ganz echt klingendes Schwäbisch spricht. Ein

---

340 Auch Pripjetsümpfe. Gebiet im südlichen Weißrußland und der nördlichen Ukraine, in das sich versprengte Einheiten der Roten Armee zurückzogen.

341 Eine Anspielung auf die sowohl hart kämpfenden Rotarmisten wie auf Zehntausende, die sich freiwillig in Gefangenschaft begaben. Ende 1941 war die Vorkriegsarmee nahezu vernichtet. Vgl. Catherine Merridale: Iwans Krieg. Die Rote Armee 1939 bis 1945, Frankfurt am Main 2006, S. 13. 2,7 Millionen Rotarmisten waren gefallen (Nach Richard Overy: Russlands Krieg 1941-1945, Hamburg 2003, S. 188), in Gefangenschaft gerieten rund 3.3 Millionen und als verwundet oder krank wurden 1.3 Million verzeichnet. Vgl. David M. Glantz: When Titans Clashed. How the Red Army stopped Hitler, University Press of Kansas 1995, S. 292.

342 Insgesamt sind rund 800000 entlassen worden. Vgl. Arnold, Besatzungspolitik, S. 334-337.

anderer unserer Dolmetscher ist Tatar und geht mit, damit wir uns mit seinen Landsleuten verständigen können. Überhaupt sind Turkvölker und Mongolen stark vertreten.[343] Wir in der Küche nehmen außer unserem Wolgadeutschen zwei Köche mit, der eine ist Moskauer, der andere stammt aus Samara[344]. Sie geben sich in diesen Tagen, wo sie Zeit haben, viel Mühe, uns gut zu versorgen, soweit sie im Dorf Eier und Kohl auftreiben können. Gestern abend habe ich außer meinen Bratkartoffeln mit Ei auch mal einen Teller Kohlsuppe mitgegessen. So brauchst Du also für das Leibliche gar nicht zu sorgen und nichts zu schicken. Auch gute Schokolade gibt es ab und zu. Leider ist unsere Post anscheinend schon von dem bevorstehenden Umzug betroffen. Die letzten Tage habe ich schon wieder nichts mehr bekommen. Das Letzte war der Umschlag mit den Glückwünschen, am 2. abgestempelt. Ich habe außer dem Band Marx noch einen Band Lenin abgeschickt. Aber vor Anfang Oktober werden die zwei Päckchen wohl nicht bei Dir sein. Meine eigene Lektüre ist nun auch schon wieder erschöpft. Ich wiederhole und präge ein. Bei meiner russischen Geschichte ist es mir so gegangen, daß mir ihre volkstümliche Übersichtlichkeit wenigstens einmal einen wirklichen Überblick gegeben hat. Vielleicht ist man an solchen Büchern bisher viel zu hochmütig vorübergegangen. Was ich mit Hilfe des Kliutschewski[345] in fünfzehn Jahren nicht erreicht habe, ist mir nun in acht Tagen geglückt. Allerdings möchte man das nun vielseitig vertiefen. Dieser Tage habe ich ein interessantes Schulbuch durchgesehen: »Neue Geschichte von 1789 bis 1870«. Es ist fast ausschließlich eine Geschichte der Revolutionen, dazu kommen kürzer die nationalen Einheitsbestrebungen. Das Wirtschaftliche nimmt keinen breiteren Raum ein als bei uns. Revolutionsführer und Straßenkampfszenen nehmen unter den Abbildungen den ersten Raum ein. Das persönliche Element ist also durchaus nicht unterdrückt. Überhaupt ist man ja erstaunt, in den Lehrbüchern das heimatliche Moment stark betont zu finden. Unter den Beispielsätzen in der Grammatik ist die klassische Dichtung und das Volksgut (Rätsel, Sprichwörter) neben der Tendenzliteratur stark vertreten.[346] Leider sind die Bücher, die ich in die Hand bekommen habe, fast alle sehr verschmutzt. Seiten sind – als Zigarettenpapier – herausgerissen. Sonst hätte ich mir das Geschichtsbuch mitgenommen. An sich ist es hier mit dem Gepäck ja nicht so ängstlich. Ich werde mir im Lauf der Zeit wohl auch noch eine Kiste zulegen. Daneben wäre eine eigene Petroleumlampe das Allerwichtigste, damit man sich seine leidlich ruhige Ecke für sich schaffen kann.

Jedenfalls wenn ich wirklich den Winter hier aushalten muß. Ich hoffe, daß vielleicht Ende November der Uk-Antrag durchgegangen ist. Oder daß ich dann doch auf Urlaub fahren kann. Bis dahin werde ich es schon aushalten. Dann müß-

---

[343]   Hierbei handelt es sich um Völker, die unter dem Sowjetsystem gelitten hatten und in erheblichem Umfang mit den Deutschen kollaborierten. Zur bevorzugten Behandlung der kaukasischen Völker und den Ursachen für eine verbreitete Bereitschaft zur Kollaboration vgl. Joachim Hoffmann: Die Ostlegionen 1941-1943. Turkotartaren, Kaukasier, Wolgafinnen im deutschen Heer, Freiburg 1976; Robert Conquest: Stalins Völkermord. Wolgadeutsche, Krimtataren, Kaukasier, Wien 1974.

[344]   Bis 1990 Kujbyschew, Industriestadt an der Wolga.

[345]   Wassili Kliutschewskij (1841-1911), russischer Historiker: Geschichte Rußlands in vier Bänden, 1925/26.

[346]   Hierzu siehe die Literatur in FN 321.

te man sich für den eigentlichen Winter wohl doch noch mit manchem versehen: wollener Wäsche, Pelzweste, warmem Schlafanzug und dgl. Aber das hat ja noch Zeit. Hoffentlich bekomme ich bald wieder Nachricht von Euch beiden. Im Grunde frißt doch das ständige Geteiltsein des Herzens trotz aller geistigen und geistlichen Zucht immerzu an der Kraft. Deswegen werden auch Leistung und Einsatz immer geringer. Es ist nur gut, daß ich soviel schlafen kann. Herzlich sehnt sich nach Euch[…]

[198.]
O.U., den 16. September 1941

In Deinen Briefen wiederholte sich die Frage, wann wohl die nächste Post von mir kommen würde. Nun darf man jetzt, während die Operationen im Gang sind, keine völlige Regelmäßigkeit erwarten. Wir haben das ja bei unserer Fahrt hierher selbst erlebt, wie es oft von einem Zufall abhängt, ob ein Zug glatt durchfährt oder liegen bleibt. Auch bei der Einheit selbst fehlt die unbedingte Pünktlichkeit im einzelnen, für die z.B. Herrmann immer gesorgt hat. Aber ich will doch sehen, daß ich noch öfter schreibe, damit Du nicht jedes Mal solange warten mußt. Ganz regelmäßig jeden Tag wird es sich vielleicht nicht durchführen lassen. Jedenfalls nicht, wenn die Heeresgruppe Mitte jetzt wieder in Bewegung geraten sollte.[347] Es scheint im Augenblick, als wären die letzten Pläne für unsere Zukunft schon wieder überholt. Alles schwebt im Ungewissen. Wir haben dadurch faule Tage. Glücklicherweise haben wir jetzt meist schönes warmes Herbstwetter, so daß sich alles ein bißchen zerstreuen kann. Gestern habe ich erst vor dem Abendbrot noch einen kleinen Weg durch die Felder gemacht, und dann sind wir im Dunkelwerden noch mal die Straße entlang gebummelt und haben in ein – übrigens sehr sauberes – Bauernhaus hineingesehen, in dem einzelne unserer Soldaten viel verkehren. Es ist auch hier grotesk, wie intim viele mit den Russen verkehren – im Gegensatz zu allen Schlagworten – und wie beide Teile daraus ihre Vorteile ziehen. So anders die Verhältnisse hier sind, im Grunde ist es nicht anders als in Amiens. Jeder ist ständig auf der Suche nach »Beute«. Es ist kaum zu glauben, welche Vorteile sich manche zu verschaffen wissen auch in diesem armen Land noch. Kiloweise Butter, Honig, aber auch Zeltbahnen, Stiefelschäfte, aus denen Hausschuhe angefertigt werden, Stiefel von toten Russen, die dann gelegentlich gegen gute Reitstiefel eingetauscht werden usw. Wie sich das auf die Dauer auswirken wird, weiß ich nicht. Jedenfalls faßt auch hier niemand diese inneren Aufgaben an. Der große Stab von Offizieren, den wir haben, kümmert sich mit wenigen Ausnahmen überhaupt nicht um die Mannschaft. Jeder geht seinen eigenen Weg. So habe ich auch über unsere Stube hinaus noch kaum jemand kennen gelernt. Die anfänglichen Hoffnungen, daß hier eher einmal ein wirklicher Austausch möglich sein würde, sind schwer enttäuscht. Wie völlig unmöglich das auf die Dauer ist, habe ich gestern an dem Brief der Oda [Hoffmann] gesehen. Es ist jetzt schon so, daß einem ein solcher Brief seinem Inhalt nach ganz fremd geworden ist. Geistige Dinge, um die man nicht mit anderen tätig bemüht ist, um die man nicht mindestens gedank-

---

[347] Operation »Taifun«, der Angriff Richtung Moskau, begann am 2. Oktober 1941.

lich miteinander ringt, erhalten schließlich eine seltsame Unwirklichkeit und sterben dann ganz ab. Auch das Geistige lebt eben nur in der Gemeinschaft. Das mag
bei einem jungen Menschen noch anders sein, wo alles auf den künftigen Einsatz
bezogen ist. In unseren Jahren hat die Gegenwart ein ganz anderes Gewicht.
Darum erschreckt mich die Aussicht auf eine lange Dauer des Krieges sehr. Ich
fürchte, das Ergebnis wird ein Europa sein, das völlig in der Sorge um die zerstörten Grundlagen der materiellen Existenz aufgehen muß. Wir haben bisher gelebt,
weil wir uns immer neue Quellen erschließen konnten: erst 1940 Westeuropa,
dann jetzt 1941 die Ukraine. Wir leben auf Kosten dieser Völker und saugen sie
bis aufs Letzte aus.[348] Wie soll dadurch etwa anderes entstehen als Verbitterung
und der Wunsch, diese Fremdherrschaft loszuwerden? Das ist die große moralische Chance, die England und vor allem Amerika haben. Unser Verhältnis zu den
besetzten Gebieten ähnelt dem, das England z.B. in Indien hat oder jetzt zum Iran
bekommt. Ich verstehe nicht, wie man von der Zukunft unter diesen Umständen
etwas Gutes erwarten kann. Das Rankewort[349], das jeder Staat nach dem Gesetz
leben muß, nach dem er geboren ist, wird auch für den nationalsozialistischen
gelten. Von solchen Erwägungen sollte man alles bestimmen lassen, was man für
die Zukunft plant und sich und anderen wünscht. […]

Die große Freude ist unter diesen Verhältnissen, was Du mir von dem Kleinen
schreibst. Erzähle mir immer viel von ihm. Im übrigen mag Lohrisch rechthaben,
daß ein Uk-Antrag wenig Aussicht hat. Für mich wäre es viel schöner, wenn eine
Reklamation für das Kloster erfolgte. Aber ich schrieb ja neulich schon, daß wir
angesichts der Kriegslage auf nichts Bestimmtes rechnen können. Wo wäre denn
die Zuflucht, die Frau Fischer vermitteln könnte? Wärst Du mit dem kleinen Kind
und den Ansprüchen, die es stellt, nicht doch bei den Verwandten in Gnadenfrei[350]
besser aufgehoben. Ich denke an das ganz Praktische, das Besorgen der Wäsche,
das Kochen usw. Oder bist Du dort in anderer Weise zu sehr gebunden? Auch ich
bin ganz dafür, daß Du von Magdeburg weggingst. Denn die nächtlichen Störungen können doch nicht ohne Folgen für den Organismus sein, selbst wenn
man gar nicht an die Gefahr der Erkältung usw. denkt. […]

[199.]
O.U., den 17. September 1941

Nun ist der Tag des Packens und Verladens gekommen. Ich habe kaum etwas
damit zu tun. Von unseren Küchensachen bleibt das meiste hier. Ich bleibe auch
mit einigen Leuten und einem Hauptmann zurück. Die LKW's fahren morgen
früh. Am Sonnabend kommen sie zurück, und Sonntag abend sollen wir dann
auch im neuen Quartier sein. Leider ist es wieder ganz eisig draußen. Ich sitze an
unserem gutheizenden Ofen und brauche nicht zu frieren. Hoffentlich haben wir

---

[348] Zur Ausbeutung und den die Bevölkerung übervorteilenden Umrechnungskursen in den besetzten
Gebieten vgl. Götz Aly: Hitlers Volksstaat. Raub, Rassenkrieg und nationaler Sozialismus, erweiterte Ausgabe, Frankfurt am Main 2006; Adam Tooze: Ökonomie der Zerstörung. Die Geschichte
der Wirtschaft im Nationalsozialismus, München 2007.
[349] Leopold von Ranke (1795-1886), deutscher Historiker.
[350] Herrnhuter Gemeinde in Niederschlesien bei Reichenbach.

in dem neuen Quartier wenigstens einen warmen Küchenraum. Dann halten wir uns tagsüber dort auf. In den nächsten Tagen werden wir nicht viel zu tun haben. Es ist nur gut, daß ich die paar Bücher habe. Die Kameraden spielen den ganzen Tag Karten, wobei die Rubelscheine stoßweise hin- und hergehen. Dazwischen sorgt man sich um das Essen und Trinken. Wir hatten gestern und heute Hühner, zum Teil in guter Butter gebraten. Wir haben sie gegen Salz eingetauscht. Jetzt will ich mir zum Abend noch ein paar Eier braten lassen. So etwas machen unsere russischen Köche gern. Das Abwaschen des Geschirrs schätzen sie weniger. Das ist eigentlich schon wieder Arbeit, die ihnen nicht zukommt, die andere für sie machen müssen. Dagegen haben wir einen sehr fleißigen Putzer, der rührend eifrig Stiefel putzt und Geschirr abwäscht, wenn auch nicht immer hundertprozentig sauber.

Jetzt ist alles eingeteilt. Auch unsere kleinen Aufgaben sind erledigt. Aber ich merke, daß unsere Petroleumlampe nicht zum Schreiben eingerichtet ist. Auf dem Tisch ist das Licht so schwach, daß ich abbrechen muß. Ich muß ein bißchen weiter abrücken, dann geht es. Der Heeresbericht spricht heute von Operationen größten Stils. So wird die Entscheidungsschlacht im Gang sein. Hoffentlich bringt sie den erwünschten Erfolg, so daß der Feldzug zu seinem Ende kommt, jedenfalls im ganzen. Es wäre für jeden einzelnen so gut. Von der allgemeinen Lage ganz zu schweigen. Wir brauchen in der Weltlage die Freiheit nach Osten, wenn die neuen Operationen angesetzt werden sollen.[351] [...]

Der Merkwürdigkeit halber schreibe ich noch, daß Bauern gestern ein junges Füllen hinter ihrem Wagen zu traben hatten, dessen Schenkel aufgerissen war, so daß die blutigen Muskel freilagen. Sie behaupteten, es sei im Walde von Wölfen angefallen worden, die dann von einem deutschen Offizier vertrieben worden seien. Wir sind noch etwas skeptisch und denken eher an wildernde Hunde. Tatsache aber ist, daß noch Minen überall liegen. Kürzlich wurde ein Junge beim Viehhüten schwer verletzt. Auch knallen tut es immer noch aus den Wäldern heraus. Du verstehst, daß ich mit meinen Spaziergängen sehr vorsichtig war, auch wenn ich so von der Umgebung wenig gesehen habe. Aber ich möchte Dir gerade jetzt keine Sorgen machen, wenn es nicht nötig ist. Wenn wir geschlossen auftreten wie bei den Transporten, wagt sich natürlich niemand heran. [...]

[200.]
19. September 1941

[Liebes Muttchen,]
Nun gehen unsere Tage hier zu Ende. Die meisten Kameraden sind schon fort. Ich bin mit einigen noch zurückgeblieben. Wir haben gestern aus allen Unterkünften die selbstgezimmerten Betten, Tische und Stühle zusammengeholt. Heute ist noch das Letzte auseinandergeschlagen worden. Morgen sollen die Lastkraftwagen zurückkommen und uns mit all den zurückgebliebenen Sachen und Vorräten nachholen. Zu arbeiten habe ich bei alledem nichts. Die Gefangenen besorgen alles. Ein Unteroffizier hat die Aufsicht. Ich habe im Lager selbst noch

---

351 Zur Beendigung des Krieges gegen England. Hier zeigt sich das verbreitete Verständnis in der Truppe für diesen strategischen, militärisch-wirtschaftlichen Aspekt des Ostkrieges.

einiges zu erledigen. Da kommen Russen, die vom Ortskommandanten die Erlaubnis bekommen haben, sich Steine abzuholen, die bei ihnen beschlagnahmt worden waren. Sie bringen zum Schluß dann ein paar Eier an. Oder der Bürgermeister kommt mit der Ärztin, um zurückgebliebene russische Medikamente mitzunehmen, die bei der Bevölkerung im Augenblick vielleicht unersetzlich sind. Inzwischen sorgt mein Koch unermüdlich für mich. Heute morgen kam er mit vier Spiegeleiern und einer Tasse Milch an. Es folgte noch ein Teller in Milch gekochter Hirse. Für den Abend kocht er ein Hühnchen. Gebratenes Huhn hat es die letzten drei Tage schon täglich gegeben. Wir tauschen Salz gegen sie ein, das wir reichlich haben, das für die Leute ebenso wie Streichhölzer, Seife und Petroleum unendlich kostbar ist. Es ist auch gut, daß man bei der Kälte etwas in den Magen kriegt. Es ist wie bei uns im Oktober. Ein scharfer Nordwind. Der viel Regen bringt. Hoffentlich haben wir zum Laden und für die Fahrt trockenes Wetter. Eine so lange Autofahrt habe ich in meinem Leben noch nicht gemacht: 200 km, davon 30 nach Osten und das übrige südwärts. Wir denken ja alle, daß es hinter der neuen Offensive her von dort aus weiter nach dem Osten geht. Leider hören wir gar nichts von der Welt. Auch die letzte Nachricht aus Magdeburg ist nun schon wieder drei Wochen alt, die letzte Zeitung, die ich gelesen habe, war vom 5. Aber das sind ja immer noch kleine Entbehrungen gegen das, was die kämpfende Truppe durchmachen muß. Hoffentlich kommt in diesen Wochen die endgültige Entscheidung im Osten, damit dann wenigstens Mitte Oktober alles vorbei ist und der große Abtransport nach dem Süden beginnen kann. [...]

Unsere Gefangenen helfen bei der Einheit abladen, die in unsere geräumten Quartiere einzieht. Nur ein paar sind im Lager zurückgeblieben. Unser Kunstmaler, von dem ich auch schon einige schöne Zeichnungen von typischen Gefangenen und heute noch eine Bäuerin gegen eine Dose Sprotten eingetauscht habe. Der Friseur, ein Ingenieur. Sie haben es nun auch mal gut, bekommen besseres Essen, da es nur so wenige sind. Auch draußen ist es jetzt, wo die Sonne scheint, ein bißchen milder. Von meinem Platz am Fenster kann ich die deutschen Kraftwagen und die russischen Frauen beobachten. So ist es richtig einmal ein Ferientag. Eben sprach ich mit einem Landesschützen vom Werbellinsee, der Studienrat Daubitz aus Schwedt vom Angermünder Sängerfest her kannte. Dann taucht immer die Frage zum Schluß auf, wie lange es noch dauert, genau wie vor zwei Jahren auch schon. Wer weiß, wie es zwei Jahre weiter aussieht. [...]

[201.]
O.U. den 20. September [1941]

Das wird nun der letzte Brief sein, den ich aus meinem ersten russischen Quartier an Dich schreibe. Draußen ist wieder ein kalter Regentag. Wir warten auf unsere Autos, die uns abholen sollen. Wir müssen sie jetzt am Sonnabend nachmittag noch beladen, damit wir morgen frühzeitig fortkommen. So ist jede Viertelstunde, die wir warten müssen, unangenehm. Aber man regt sich nicht mehr darüber auf. Man weiß, daß es auch geht, wenn sie heute nicht kommen. Dann fahren wir eben später. Und die Einheit, die hier unsere Erbschaft antreten soll, muß noch warten. Ein bißchen spürt man selbst so weit zurück, wie wir liegen, die Bewegung vorn.

Denn die Kameraden, die bei uns hereinwollen, kommen in phantastischen, für Afrika bestimmten Fahrzeugen von dem äußersten Süden.[352] So holt man die Truppen heran, um die letzte russische Kraft zu brechen.

Ob die Kameraden Post mitbringen? Deine letzte Nachricht ist heute gerade drei Wochen alt. Aber ich habe ein festes Vertrauen, daß Gott Dich und das Kind behütet, und bin ohne Sorge. Es mag noch vier oder sechs Wochen so in unnormalen Verhältnissen weitergehen. Dann wird sich auch das einrenken, und dann werden auch eines Tages die Urlauberzüge von Moskau oder Tula nach Warschau und Berlin fahren. Von solchen Dingen träume ich jetzt viel, darf es aber auch.[…]

Am Abend des 20. Unsere Autos sind erst spät gekommen. Wir laden erst morgen und fahren Montag früh. Hoffentlich können wir bis dahin in unserem Quartier bleiben.[…] Aus dem neuen Quartier haben wir einen ganz tröstlichen Bericht erhalten. Wir werden auch dort unsere warme Stube finden und unser Dach überm Kopf gegen den Regen. Die gestrige Sondermeldung hat uns nun auch erreicht.[353] Da werden wir bald Arbeit haben. Allerdings ist von dem neuen Lager noch nichts zu sehen. Aber auch das wird sich finden.

Sonntagvormittag. Nun ist alles aufgeladen. Wir haben einen stillen Nachmittag vor uns. Es ist wieder ein bißchen milder. Wie magst Du den heutigen Sonntag zubringen? Hier gibt es nichts, was an den Sonntag erinnert. Höchstens daß ein paar ein bißchen sauberer angezogene Frauen auf der Straße herumstehen und neugierig nach den Soldaten sehen. Wie arm ist diese Welt ohne Gott diesseits und jenseits der Fronten. Ich habe es oft gedacht, wenn wieder einer unserer Gefangenen im Sterben lag. Kein priesterliches Wort. Hinausgetragen wie ein Kadaver. Ein solches Sterben vollzieht sich nun millionenfach. Das ist wirklich Saat des Antichristus. [...]

[202.]
O.U., den 21. September 1941

Lieber Siegfried[354],
[…] Deine Glückwünsche haben mir von Herzen wohlgetan. Ich muß ja zur Zeit mit solchem papiernen Ersatz vorlieb nehmen. Aber man spürt doch die Mitfreude auf so viel hundert Kilometer hin. Und ich habe das Vertrauen, daß Gott weiter helfen und führen wird. Auch wenn es oft nicht leicht ist. Drei Tage vor der Geburt mußte ich aus Deutschland fort. Am 5. September hat mich die Nachricht erreicht. Und jetzt sind es schon wieder über drei Wochen, daß ich Nachricht von meiner Frau habe. So sehnt man sich doch sehr nach Haus. Ich muß gestehen, daß ich froh wäre, wenn es meiner Behörde gelingen würde, mich für die vorläufige Leitung unseres Alumnates im Kloster freizubekommen. Obwohl das Maß

---

[352] Die deutsche Führung plante die Eroberung der kaukasischen Ölfelder und eine eventuelle Vereinigung mit den Truppen des Afrikakorps. Um welche Einheit es sich handelte, ist nicht klar. Vgl. Dietrich Eichholtz: Krieg um Öl. Ein Erdölimperium als deutsches Kriegsziel 1938-1943, Leipzig 2006.
[353] Über die Einnahme Kiews und den Abschluß der Kesselschlacht mit 600000 Gefangenen.
[354] Pfarrer in Berlin.

der Arbeit zu Haus sicher viel größer wäre. Und ich kann verstehen, daß es Dir schwer fällt, von [zu] Haus fortzugehen. Aber ich bin auch fest überzeugt, daß Du Dich bei den Preußen behaupten wirst. Vielleicht hast Du sogar die ersten schweren Wochen schon hinter Dir, wenn Dich der Brief erreicht. Und dann ist es für Deine spätere Arbeit doch vielleicht von Nutzen, wenn Du »dabeigewesen« bist. Der eigentliche Wert des Soldatseins liegt für uns doch in den menschlichen Erfahrungen. Auch in meinem jetzigen Dienst ist das so. Ich bin in einem Durchgangslager bei der Leitung der Gefangenenküche eingesetzt. Was ich da sachlich leisten kann, ist wenig. Alles würde ohne mich genau ebenso laufen. Aber ich sehe den Tausenden in die Gesichter voller Anspannung, Müdigkeit und Gier, wenn sie zum Essenempfang an uns vorüberziehen, und komme mit einer Reihe Köche und Küchenarbeitern täglich zusammen. Da lernt man den russischen Menschen doch etwas kennen. Von dem Land habe ich bisher ein großes Stück Weißrußlands kennen gelernt bis zur Ostgrenze hin. Morgen geht es 200 km weiter, aber mehr südwärts. Wir rechnen damit, daß wir hinter der Offensive her noch weiter nach Osten kommen. Hoffentlich geht dieser schwere Kampf nun doch vor dem Winter noch seinem Ende zu. Auch mich belasten die vielen Nachrichten von dem Tode der jungen Menschen sehr. Man fragt sich, ob man ihnen für Leben und Sterben genug gegeben hat. Und weiß doch, wie wenig das bei uns liegt. Gerade auch aus Schwedt haben mich eine ganze Reihe solcher Nachrichten erreicht. […] Dabei waren das erst die ersten Wochen.[355] Man muß sich oft sehr zusammennehmen, um nicht auf abseitige Gedanken zu geraten. Dahinter drohen unabsehbare neue Kriegsschauplätze. Hoffentlich bleiben wenigstens die Lieben zu Haus behütet.[…]

[203.]
O.U., den 23. September 1941

Nun habe ich auch den ersten Transport hinter mir. Nach elfstündiger Fahrt sind wir gestern abend um sechs Uhr in Shurawitschi[356] angekommen. Ein neues Lager wird hier nicht aufgebaut. Es geht in ein paar Tagen weiter nach Osten an einen Ort, der an der Eisenbahn liegt. Hier, wo keine Eisenbahn und keine Autostraße vorbeiführt, hat man noch ganz anders das Gefühl, mitten in Rußland zu sein. Dabei sind wir noch immer auf weißrussischem Boden. Erst der nächste Ort wird unmittelbar an der Grenze nach Großrußland hin liegen. […] Vielleicht habe ich gestern das Ausbleiben der erwarteten Nachricht auch deshalb so besonders empfunden, weil die Eindrücke des durchfahrenen Landes kaum zu ertragen waren. Auf der Strecke von 200 km sind wir durch die Ruinen von Orscha und an dem anscheinend weniger zerstörten Mohilew[357] vorbeigefahren. Das waren die einzigen größeren menschlichen Siedlungen. Sonst nur, aber auch in großen Abständen, die stillen Dörfer und immer wieder endlose Wälder, Sümpfe, Ödland, Stoppel-

---

[355] Zu den schweren Verlusten in den ersten Monaten des Feldzuges, besonders an Offizieren, siehe Rüdiger Overmans: Deutsche militärische Verluste im Zweiten Weltkrieg. Beiträge zur Militärgeschichte Bd. 46, hrsg. vom Militärgeschichtlichen Forschungsamt, München 1999, S. 277f.

[356] Schurawitschi bei Gomel.

[357] Stadt (auch: Mogilew) im Osten Weißrußlands am Dnjepr (Mahiljou).

felder. Den Eindruck einigermaßen vermitteln könnte nur ein Dichter. Auch zu einer sachlichen Schilderung reicht es heute nicht aus. Ich hebe nur einzelnes heraus:

Der Morgen war überraschend schön, milde und sonnig. Ein prächtiger Herbsttag. Wo das Feld ausnahmsweise schon gepflügt war, lag die braune Erde in ihren wärmsten Tönen vor den blauen Wäldern. Es war ein Morgen, der einem das Herz aufschloß. Aber schon in der Frühe war diese Helligkeit merkwürdig begrenzt. Gegen den Horizont hin lag[en] Erde und Himmel im dunklen undurchsichtigen Grau, und dieses Grau stieg immer höher und hatte, bevor noch der Mittag kam, den ganzen Himmel überzogen. Zugleich wurde es wieder empfindlich kalt. Die Fahrt ging zuerst ostwärts bis nördlich von Orscha die große Autostraße Minsk-Moskau entlang. Dann bogen wir südwärts ab. Hinter Orscha kamen wir auf eine gleichfalls als Chaussee ausgebaute Straße, die sich schnurgerade südwärts zog. Erst die letzten Kilometer ging es wieder nach Nordosten zu. Rechts von uns zog sich das Tal des Dnjepr entlang, den wir in Orscha auf einer hölzernen Notbrücke gekreuzt hatten. Vor dem höheren Westufer, auf dem dunkle Wälder standen, wurde gelegentlich der Flußlauf sichtbar. Fast auf der ganzen Strecke hatten wir ständig Täler zu schneiden, die sich zu dem Fluß hinunterzogen; da die Straße sie im rechten Winkel querte, waren die Wagen recht in Anspruch genommen, und ein Federbruch blieb nicht aus, nachdem die Kolonne schon auf der Hinfahrt nach Kochanowo einen Anhänger eingebüßt hatte, dessen Kupplung sich gelöst hatte. Nördlich von M[ohilew] überwogen noch die Felder, da lag neben den Bauernhäusern überall der unregelmäßige Komplex der Kolchosscheunen und Ställe. Lange, graue Holzgebäude, deren Dächer, soweit sie mit Stroh statt der vorherrschenden Schindeln gedeckt waren, vielfach nur noch aus den Sparren bestanden. In den Dörfern fielen überall auch einzelne stattlichere Holzhäuser, Schulen oder Parteigebäude auf. Überhaupt war die Armseligkeit in diesem Strich doch nicht ganz so groß. Holzschnitzereien belebten Tür- und Fenstereinfassungen sowie die Giebelflächen, und in den Gärten leuchteten die Goldsterne. Der Garten-Förster hat einmal davon geschrieben, daß man gar nicht ermessen könne, wie viel Leuchten sich mit dem wilden Gewucher dieser Stauden über die Erde verbreitet habe. Hier in dem Grau der russischen Dörfer empfindet man das doppelt, wo die wenigen Georginen, Jungfer im Grün und Malven kaum aus dem Unkraut hervorschimmern. Auch der Wald war hier kräftig in der schönen Mischung von Fichten, Kiefern und Birken in der Unregelmäßigkeit seines wilden Wuchses. Um so trostloser lagen in dieser leidlich angebauten Fläche die Trümmer des fast völlig ausgebrannten Orscha, das ein verhältnismäßig bedeutender Eisenbahnknotenpunkt und Industrieort gewesen sein muß. Wie ausgeweidet alles, was im Kern der Stadt und längs der Bahnlinie aus Stein war. Völlig vernichtet bis auf wenige Straßen die Holzhäuser, die jede russische Stadt umsäumen. Zwischen den Trümmern aber der lebhafte Verkehr des bedeutenden Etappenstützpunktes mit den zahllosen Stäben und Versorgungsstellen. Die andere Stadt, Mohilew, kündete sich zuerst durch halbfertige Wohnhäuser in einem Kiefernwald an, auf die eine mächtige, vom OKH beschlagnahmte Fabrikanlage folgte, die gleichfalls noch im Bau war. Die Stadt selbst blieb rechts auf dem hohen Dnjeprufer liegen, mit leuchtend weißen Gebäudegruppen, Kirchen und Neubauten. Auch hier wieder im Tal die weitgedehnten Gärten mit den hölzernen Häusern. Vielleicht führt mich ein Auftrag noch einmal in den Ort selbst.

Südlich der Stadt wurde das Land immer öder und ärmer. Im Wald überwogen die Kiefern, aber vor allem dehnten sich jetzt unter wolkenschwerem, lichtlosem Nachmittagshimmel endlose Strecken Heide und Sumpf. Zugleich wurden die Spuren des Krieges immer deutlicher. Ausgebrannter Wald, geknickte Bäume, Reste von Straßen, Sparren, Infanteriestellungen über Infanteriestellungen, zerschossene Tanks und – Gräber. Auf der ganzen Strecke hatten uns die Poststationen der alten Zeit begleitet, die in der russischen Literatur sooft den Schauplatz der Ereignisse bilden. Gleichmäßige Anlagen: vier spitzbogige Fenster, dazwischen in der Mitte der Eingang, auch er von gotischem Maßwerk[358] aus Gußeisen überdacht. Dahinter liegt ein rechteckiger Komplex mit den Ställen, rings von Mauern eingeschlossen. In jedem der halbrunden Gärten, hinter denen sich die Zufahrten herumziehen, liegen heute deutsche Gräber. Aber auch sonst häufen sie sich südlich von Mohilew. Friedhöfe mit zwanzig, dreißig, vierzig Gräbern folgen aufeinander. Alle vom Holzkreuz überragt, wie auch auf den einzelnen Gräbern die Kreuze stehen. Ein SS-Friedhof war nicht dabei. Dörfer haben wir auf der 80 km langen Strecke wohl nur ein Dutzend passiert. Zum Teil so ärmlich wie wir uns die Wendendörfer vor 1000 Jahren vorstellen. Eine der Bodenwellen durchzieht ein Flüßchen in Schlängellinien. Moor und Schilf, an beiden Seiten dann dürftig überbuschte Sandhügel; auf ihnen die grauen Hütten mit den schiefen Strohdächern und den verfallenen Zäunen, an denen die Flachsbündel hängen. Auf den Dächern liegen auf einer quergenagelten Latte Kürbisse. Eine der Birken in den Gärten leuchtet nun doch mit dem Gelb und Grün um die Wette. Aber das ist auch wirklich das Einzige, was hier Farbe und Licht hat. Wie müssen diese Bilder auf die Menschen gewirkt haben, die langsam im Wagen durch den mahlenden Sand fuhren. Oder waren ihnen diese Eindrücke so vertraut, daß sie ihnen nichts mehr bedeuteten? Für unsereinen ist diese leere Weite überwältigend. Schildern kann ich sie nicht. Aber ihr Bild wird künftig auf dem Grund meiner Seele leben wie das des Meeres und das des Hochgebirges.

Abends in Sh[urawitschi] ein warmherziger Empfang durch die Kameraden, mit denen ich wieder zusammen wohne. Eine kleine Wohnung für uns fünf mit einem Schlafraum, einem Aufenthaltsraum, einem Vorraum, in dem ich für mich schlafe, und einer Küche, in der unser Gefangener sein Lager hat. Hier hätten wir den Winter ausgehalten. Aber wir werden uns wohl auch künftig ähnlich einrichten, nachdem wir einmal den Weg gefunden haben. Einer hatte ein Huhn gekocht. Eine schöne, reine Brühe war nach der Anstrengung des Tages eine richtige Wohltat. So spürt man in diesen äußeren Dingen doch ein Zusammenrücken nach den fünf Wochen, wenn wir auch in den tieferen Dingen vielfach auseinanderstreben. Aber auch das hilft schon ein Stück weiter.

Leb wohl. Ich habe das Gefühl noch nie so stark gehabt, daß ich in allem Äußeren gar nicht mehr für Dich und das Kind sorgen kann. So weit ist der Weg jetzt. Aber denke an mich über alle Ferne hinweg, wie ich es auch tue.[...]

---

[358] Bezeichnet in der Architektur geometrisch angelegte Steinmetzarbeiten.

[204.]
O.U., den 24. September 1941

[...] Wir hatten heute einen herrlichen Sonnentag. Morgens war alles weiß bereift. Kein Wunder, daß alles Leben draußen bereits abstirbt. Es ist ein allgemeines Verdorren und Welken, nur selten mal ein rotes Ahornblatt. Ich habe stundenlang hinter unserem Haus in der Sonne gesessen und mich ausgeruht. Ich hoffe, nun die Fahrt endgültig verdaut zu haben. Dienst habe ich heute nicht gemacht. Über unser zukünftiges Schicksal sind sich die höheren Stellen noch nicht einig. Anscheinend verlängert sich unser hiesiger Aufenthalt dadurch noch. Wir sind froh darüber, weil wir es hier so bequem haben. Wärme, Licht, ein richtiges Lager, wenn auch nur auf dem Strohsack auf der Erde, die rührende Dienstbeflissenheit unseres Russen. Dazu haben wir hier eine moderne Kolchosbäckerei übernommen, in der auch unsere Vorräte trocken lagern. Für die etwa 50 Gefangenen kochen unsere Köche fast selbstständig. Würden wir hierbleiben, würde ich sehen, ob ich einen der Lehrer der Mittelschule ausfindig machen kann, um einige russische Stunden zu nehmen. Von den Gefangenen ist nicht leicht zu lernen. Außerdem haben wir allen Grund, den Abstand nicht zu verwischen und uns nicht zu oft mit ihnen zusammenzusetzen. Gerade die Bevorzugtesten werden in ihrer unklaren Zwischenstellung anspruchsvoll und schwierig. Überhaupt sind wir augenblicklich in einer jener Perioden, wo alle Zügel einmal wieder angezogen werden. [...]

[205.]
O.U., den 26. September 1941

[...] Gestern abend war ich zum erstenmal bei meinem russischen Lehrer. Er ist Mathematiker. Aber man merkt gleich den Schulmann. Es hat alles ganz anders Hand und Fuß, als wenn ich mich mit einem der Gefangenen zusammengesetzt habe. Er hat jetzt nur eine Notwohnung, aber sie ist bei aller Dürftigkeit sauber. Frau und Töchter nehmen zurückhaltend, aber interessiert an unseren Versuchen Anteil. Würde ich hierbleiben, dann könnte ich sicher gründlich vorwärtskommen. Aber die Aussichten sind nicht groß. Wir sollen doch noch weiter. Nur ist unser zukünftiger Ort noch überbelegt.

Sh[urawitschi] selbst ist ein Städtchen, das in Friedenszeiten 3000 Einwohner hatte. Jetzt sind noch 1300 davon übrig. Auch hier gibt es keine zusammenhängenden Häuserreihen, sondern nur die Holzhäuser in den Gärten. In der Mitte liegt ein Platz mit verwilderten Anlagen, in dem einmal das Lenindenkmal stand. Jetzt liegen darin deutsche und russische Gräber. Dahinter steht als einziges größeres Steinhaus die neuerbaute Schule, in der sich jetzt ein Lazarett befindet. Der Ort ist Hauptort des »Rayon« (etwa Kreis). Er hat darum zahlreiche öffentliche Einrichtungen. Mittelschule, Krankenhaus, Kinderheim, alles in teilweise ganz ordentlichen Holzhäusern. Ich habe dieser Tage eine Menge Abzüge von Photographien aus Kochanowo bestellt. Es wird ja sechs Wochen dauern, bis ich sie bekomme. Aber Du kannst Dir dann doch alles besser vorstellen. Am Rande der Stadt liegt auch hier der Kolchos, in dessen Scheunen wir uns einrichten sollten. Die Kirche ist umgebaut und jetzt mit Truppen belegt.

Vormittag. Es geht also morgen weiter, nach Kritschew[359] in der Richtung auf Roslawl[360] zu. Dort soll nun das große Lager eingerichtet werden. Ich muß nun noch einiges vorbereiten und breche darum ab. Leb wohl. Sei nicht traurig, wenn es jetzt wieder eine Störung in der Post gibt. Es wird mit uns ebenso sein. Mir tut es um den russischen Unterricht am meisten leid. Aber es ist schon so, daß ich nie einen wirklichen greifbaren Gewinn von diesem Krieg davontragen soll. In K[ritschew] wird es viel Arbeit geben, ehe alles einigermaßen läuft.[…]

[206.]
O.U., den 28. September 1941

[…] Wir sind gestern etwa 100 km nach Nordosten gefahren, liegen aber immer noch etwa 150 km hinter der Front und in wenigen Tagen vielleicht noch sehr viel mehr. Das Land, durch das wir gekommen sind, war anfangs ähnlich öde wie vor jetzt sechs Tagen. Aber wir kamen sofort in die vormarschierenden Kolonnen hinein und an zahllosen Biwaks vorbei; zum Schluß kamen wir nur noch langsam vorwärts, so daß wir doch unsere elf Stunden unterwegs waren. Dabei war es bitter kalt. Glücklicherweise nahm mich nach den ersten 25 km unser Inspektor zu sich neben den Fahrer, wo ich geschützt sitzen konnte. Hier sind wir noch wider Erwarten gut untergekommen. Etwa sechs km vor der Stadt liegt der Bahnhof mit neuen Fabrikanlagen, Schuppen, Arbeitersiedlungen und dgl.[361] Hier wollen wir das Lager einrichten. Wir hoffen, daß die vielen Truppen, die uns jetzt noch beengen, in wenigen Tagen weiter nach vorn gezogen werden, so daß wir dann mehr Raum bekommen. Wir liegen in einem massiven Wohnhaus in kleinen Zimmern. Morgen soll das elektrische Licht angeschlossen werden. Hier können wir auch noch größere Kälte überstehen. Von den sonstigen Eindrücken ein andermal mehr. Heute sollte es nur noch ein herzlicher persönlicher Gruß werden.[…]

[207.]
O.U., den 30. September 1941

[…] In diesem Jahr kommen die Gedanken von den Ereignissen an der Ostfront nicht los. Ist die Offensive auf Moskau im Gang? Das ist die Frage. Wie wird es in vier Wochen hier in Rußland aussehen? Nachrichten haben wir nicht. Keine Post, keine Zeitung, kein Radio. Hier bei uns geht es immer hin und her. Noch ist die Frage unserer Unterbringung nicht gelöst. Aus unseren augenblicklichen Quartieren sollen wir wieder heraus. Die Offiziere unterhandeln ständig auf der Ortskommandantur, ohne voranzukommen. Dabei steht natürlich alle Arbeit. Es können nur Vorbereitungen getroffen werden, Steine gefahren, Brennholz herangeholt und dgl. Ich selbst habe kaum etwas zu tun. Ich treibe Russisch und streune ein bißchen in der Gegend umher. Gestern haben wir uns eine riesige Zementfabrik angesehen, die nur wenig zerstört ist. Oder wir sehen beim Bäckerei- oder

---

[359] Eine weißrussische Stadt in der Nähe von Mohilew an der Grenze zu Rußland (Krytschau).
[360] Eine russische Stadt nahe der weißrussischen Grenze.
[361] In Kritschew befanden sich eine Phosphoritfabrik und ein Zementwerk. Vgl. Gerlach, Kalkulierte Morde, S. 328 und 407 sowie zum Lager die Einführung von Klaus Jochen Arnold.

Schlachtereizug herein, besichtigen einen liegen gebliebenen Tank und dgl. Vom russischen Leben sind wir ziemlich abgetrennt, weil alles um uns voller Truppen liegt. Vielleicht kann ich heute Nachmittag einmal in die Stadt hinein und mich da zwischen den Trümmern etwas umsehen. So liegt z.B. auf dem Wege ein kleines, sauberes Gehöft, über dessen Eingang folgendes Zeichen steht.[362] Es ist ein provisorisches Bethaus der orthodoxen Kirche. Da möchte ich gern hineinsehen. In dem Haus gegenüber muß ein Rabbiner gewohnt haben. Zwischen den Trümmern des Hausrats liegen gedruckte und geschriebene hebräische Bücher. Das waren flüchtige Beobachtungen, als wir auf der Herfahrt kurz halten mußten. Vielleicht kann man dergleichen noch mehr entdecken. Eine Kirche an der Hauptstraße, vor der ein paar gipserne Bolschewiken standen, ist völlig zerstört. Sicher war sie Klubhaus oder dergleichen geworden. Gestern abend war ich mit einem älteren Feldwebel, Volksschullehrer in Westeregeln, allein auf der Stube, da ergab sich das übliche Bild. Christliche Erziehung, Kantorenamt. Unter dem Einfluß der Partei völlige Abkehr vom Christentum. Da er persönlich friedlich und nett ist, hat es keine Störung unseres Zusammenlebens gegeben.[…]

[208.]
O.U., den 3. Oktober 1941

nun ist die ganze Woche hier in Unsicherheit hingegangen. Erst gestern mittag haben wir erfahren, daß wir nun doch hier bleiben und mit dem Ausbau des Lagers unter an sich sehr ungünstigen Verhältnissen beginnen sollen. Der Anfang der Offensive[363] hat dazu geführt, daß man schließlich von oben sehr gedrängt hat. Unsere Wohnungen sind nun doch ganz ordentlich, und nachdem wir anderthalb Tage gearbeitet haben, ist es nicht mehr ganz aussichtslos, daß wir unsere Aufgabe auch hier lösen. Wenn das Wetter sehr schlecht werden sollte, wird es allerdings doch schwierig genug werden. Gefreut habe ich mich, daß die Unteroffiziere die Aufgabe, für die Gefangenen ein Dach zu schaffen und eine Verpflegungsmöglichkeit, doch jetzt sehr ernst nehmen. Allerdings, die Offiziere haben gar nichts erreicht. Wir sind oft über soviel Unfähigkeit, etwas durchzusetzen, empört gewesen. Allerdings sind die Verhältnisse in solchem Augenblick natürlich nicht einfach, wo alles im Fluß und alles voller Truppen ist. Lehrreich genug waren diese Tage. Eine richtige Schule im Organisieren und Heranschaffen.

So hat der Inhalt dieser Tage auch auf den Brief abgefärbt. Aber wir sind von Tag zu Tag mehr in diese Aufgaben hineingezogen worden; und alles andere mußte immer mehr zurücktreten. So auch wieder das Russischlernen, das ich nach dem kleinen Führer, den ich von Holtermann bekommen habe, aufgenommen hatte. Post ist natürlich auch nicht mehr gekommen. Wir hoffen auf den Sonntag, wenn die Einheit eintrifft. Morgen früh fahren Autos nach Sh[urawitschi] zurück. Denen will ich den Brief mitgeben. Angeblich soll er von dort mit Luftpost mitgehen. Ich schreibe an einer Ecke des Tisches, an dem die Kameraden Karten spielen. Darum darfst Du Dich nicht wundern, wenn ich mich auf das Notwendigste beschränke. Es wird hier jetzt schon um sechs dunkel. So sind die Abende

---

362 Es handelte sich um ein Zeichen des orthodoxen Glaubens.
363 Am 2. Oktober 1941.

lang. Aber ich gehe auch immer früher schlafen. Das Wetter ist wieder milder, ein Glück für die kämpfende Truppe. Es ist ähnlich wie vor zwei Jahren in Polen. Die einzelnen frühen rauen Tage scheinen immer schon den Winter anzukündigen, und dann wird es doch nicht so schlimm. Überall sind die Frauen jetzt beim Kartoffelherausmachen. Es wird wohl vielfach der einzige Wintervorrat sein. Auch hier steht der Hunger vor der Tür. Wir sind immer wieder glücklich, daß uns das in der Heimat erspart geblieben ist.[…]

[209.]
O.U., den 6. Oktober 1941

[…] Hier habe ich doch zum erstenmal eine gewisse Selbstständigkeit. Es ist ein völlig anderes Arbeiten als bei der Rekrutenausbildung. Auch hier sind die Tage nicht ausgefüllt, und man ist abends müde, aber nicht so überanstrengt. Ich habe in den letzten Tagen z. B. den Ausbau unseres zweiten Lagers zu überwachen gehabt. Da arbeiten etwa sieben bis acht Unteroffiziere und Gefreite mit 80 Gefangenen am Ausbau der Küche, des Zaunes und dgl. Der Hauptmann kommt einmal vormittags und nachmittags und geht mit mir das ganze Gelände ab. Auch da wird gemäkelt und genörgelt, aber dann bin ich ihn wieder los und frei für mich. Ich gehe dann von Arbeitsplatz zu Arbeitsplatz, sehe zu, bespreche, was zu machen ist, und streife zwischendurch auch auf eigene Faust durch die riesige Fabrik, um mir ein Bild von der Anlage zu machen. Das ist doch eine andere innere Stellung, als ich sie auf dem Kasernenhof habe. Dazu kommt, daß ich abends, wenn der Dienst aus ist, wirklich frei bin. Wir liegen jetzt zu vieren – immer dieselben – auf zwei ineinandergehenden Stuben, haben unsere Gefangenen als Putzer und sorgen schon ein bißchen füreinander. Morgen ziehen wir allerdings wieder aus, aber in ähnliche Verhältnisse, in Räume, die unmittelbar an das Lager stoßen, wo wir nun riesige Wintervorräte aufspeichern sollen. Es soll so vorgesorgt werden, als wenn wir Tausende bzw. Zehntausende hier den Winter über versorgen sollten.[364] Was natürlich nicht ausschließt, daß wir in acht Tagen weiter nach Osten rollen. Einerseits würde ich mich darüber freuen, um noch mehr von Rußland zu sehen. Es heißt hier immer, daß Tula unser Winterziel sein wird. Aber wenn wir an den Urlaub denken, graut uns. Die Entfernung ist ja riesig. Und wenn Schnee kommt und die Züge stecken bleiben, ist die Sache nicht auszudenken. Wir hatten ja immer gehofft, daß wir noch vor dem Schnee fahren könnten. Aber daran ist ja nicht mehr zu denken.

Trotzdem wirst Du verstehen, daß mir innerlich an dem Offizier nur dann liegt, wenn ich auch in eine entsprechend freie Tätigkeit komme. Im Kasino wieder am untersten Tischende sitzen und endlos herumzuspringen, dazu habe ich keine Lust mehr. Aber ich bitte Dich dringend, davon nichts zu Frau B[oether-]S[chulze] zu sagen. Ihr Mann wird das in dieser Weise nicht verstehen, weil er sich dahinein nicht versetzen kann – und das Ganze wird ja auch illusorisch sein.

[…] Die Erzählungen von Gogol haben mich sehr interessiert. Ich habe sie beide gestern Abend gelesen und damit doch wieder einmal einige angeregtere

---

[364] Siehe die Einführung von Klaus Jochen Arnold.

Stunden gehabt. Es ist sehr eigenartig, dieses Bild des alten Rußlands, das in hundert Beziehungen unseren eigenen Eindrücken entspricht und doch wieder in seiner Friedensseligkeit sein beladenes Dasein so voll Gelassenheit und Humor erträgt. Ich freue mich auf die Fortsetzung.

Hier umgibt uns nun das moderne technisierte Rußland. Zu dem Zementwerk gehört eine Phosphatfabrik und ein Elektrizitätswerk. Daran schließen sich die Bahnanlagen und ringsherum liegen die Arbeiterwohnungen, zum Teil in der alten russischen Art. Blockhäuser in Gärten und Kartoffelland, zum Teil Mietwohnungen in zweistöckigen einförmigen Blöcken. Das Ganze jedenfalls aus der Ferne nicht viel anders als in einem unserer öden Fabrik- und Bahnorte. Eine Stadionanlage ist zerstört. Sonst fehlt jeder betonte Mittelpunkt. Alles fließt auseinander in die unendliche Weite. An das Fabrikgelände schließt sich das breite Tal, durch das sich die Sosna windet, Wiesen mit Gestrüpp. Ihr Torf bildet die Grundlage für das Elektrizitätswerk wie oft in Rußland. Dahinter ein unabsehbarer Waldstreifen, in dem jetzt an einigen Stellen herbstliches Bunt leuchtet. Von den hohen Aufbauten der Fabrik aus ein nicht eigentlich schönes, aber einprägsames Bild. Sollten wir länger hierbleiben, kannst Du Dir doch ungefähr vorstellen, wie es hier aussieht.[…]

Die Sache mit der Pest halte ich für eine der grausig-schönen Sensationen, in die die Metta[365] manchmal abrutscht. Es tut mir leid, daß sie Dir das erzählt hat. Im übrigen schützt mich meine gewohnte Zurückhaltung vor jeder allzu nahen Berührung mit den Russen. Im Lager sorgen wir dafür, daß die Küche nicht wieder neben das Revier kommt wie in K[ochanowo], wo wir die Ruhrkranken mitten im Lager hatten ohne uns zu infizieren. Diesmal kommen alle Infektionskranken sofort ins Kriegsgefangenenlazarett. Ich hatte das gerade gestern mit unserem Unterarzt besprochen.

Bei dieser Gelegenheit die Mitteilung, daß ich von Läusen und Wanzen bisher frei geblieben bin. Flöhe sind nicht zu vermeiden.

[210.]
6. Oktober 1941

Liebes Muttchen,
[...] In manchen Kreisen hofft man, daß, wenn Rußland erledigt ist, England zum Frieden bereit sein wird. Das wäre ja das Allerbeste. Aber man kann nicht daran glauben. Wie gern würde man dann noch bis Weihnachten oder länger hier aushalten. Wir sprechen oft davon, daß ein Urlaub von hier, wenn erst der Schnee da ist, kaum durchführbar ist. Vorläufig braucht die Bahn von hier nach Orscha noch fast einen Tag, und dann ist man erst an der Moskauer Strecke. Hier in Kritschew (etwa südlich Smolensk, nordöstlich Gomel) haben wir als »Vorkommando« lange untätig herumgelegen, da alles infolge des Vormarsches überfüllt war. Jetzt ist die Welle abgeebbt, und wir bauen seit einigen Tagen eifrig an einem kleineren und einem ganz großen Lager, das eine ganze Zementfabrik modernster Art einschließt. Leider sind die eigentlichen massiven Fabrikräume mit ihren Kesseln,

---

[365] Metta war eine Schwester von Magdalene von Tiling.

Trommeln und Bändern für unsere Zwecke ganz ungeeignet. Vorläufig haben wir den Zaun ausgeflickt und eine Küche gebaut. Morgen müssen wir mit dem Aufräumen der etwa für die Unterkunft in Frage kommenden Schuppen beginnen. Ob die Zehntausende von Gefangenen, auf die wir uns einrichten sollen, tatsächlich kommen, steht noch dahin. Wir glauben, daß die Front dazu bereits viel zu weit vorgeschoben ist, so daß unsere Arbeit schon überholt ist. Aber es mag ja sein, daß sich die Massen so aufstauen, daß man sie erst ganz allmählich weiter nach hinten abschieben kann, und froh sein muß, sie zuerst in Rußland selbst unterzubringen, ehe man sie in das Reich transportieren kann. Jedenfalls sind die dringendsten Vorkehrungen nun getroffen. Allerdings müssen wir noch eine weitere Küche bauen und dann vor allen Dingen Vorräte heranholen und speichern. So wird es an Arbeit nicht fehlen; aber dadurch vergeht wenigstens die Zeit. [...]

[211.]
O.U., den 7. Oktober 1941

Nun sitzen wir in unserem warmen Quartier, das für die Kriegsverhältnisse fast gemütlich ist. Es ist unser drittes hier am Ort. Aber wir haben uns jedes Mal verbessert. Jetzt haben wir sogar elektrisches Licht. Die Fenster sind mit Sperrholzplatten abgedichtet. So mag der Herbstwind draußen heulen. Tagsüber stehen wir ja genug in der Kälte. Doch gab es auch immer noch einen schönen Tag dazwischen. Unser Riesenlager stellt allerdings unlösbare Aufgaben. Aber wir hoffen noch immer, daß es nicht dazu kommen wird, daß wir es benutzen müssen. Die Abende jedenfalls sind still und friedlich. Ich habe Dein Bild neben mir zu stehen und davor noch in einem Kupferbecher ein paar letzte Herbstblumen.

Gestern abend ließ mich der Major noch zu sich rufen. Er hatte einen Brief von B[oether]-S[chulze] wegen meiner Beförderung bekommen. Hier ist sie ja nicht möglich. Ich müßte also zu den Landesschützen versetzt werden. Ich habe ihm nun offen gesagt, daß ich die Uk-Stellung vorziehen würde. Er meinte 1., daß es sehr unsicher wäre, daß der betreffende Kommandeur bei den Landesschützen die Beförderung vornehmen würde, nachdem die Streichung einmal in den Papieren stünde und 2., daß er bei einem Uk-Antrag keine Hindernisse in den Weg legen würde. Uk-Stellung bedeutet natürlich auch bei späterer Wiedereinberufung Verzicht auf die Beförderung. Ich will nun morgen den Brief auf der Schreibstube lesen und ihm dann meine endgültige Entscheidung mitteilen: wahrscheinlich im Sinne des Uk-Antrags. Ich würde dann wohl beim Dulag bleiben, bis er durchgeht. Aber ich schrieb Dir ja gerade im letzten Brief, daß ich hier nichts ausstehe. So könnte ich also vielleicht zu Weihnachten zu Haus sein. Dann wird ja hoffentlich der europäische Festlandskrieg überhaupt zu Ende sein, und man braucht sich nichts vorzuwerfen. Für die Tropen oder für den englischen Feldzug kommen wir ja ohnehin nicht in Betracht.

Das ist die einzige Neuigkeit. Post können wir erst wieder zum Ende der Woche erwarten. Leider haben wir auch wieder keine Zeitungen. Heute erzählten mir einige Offiziere, die die Fabrik besichtigten, von der Schlacht bei Wjasma. Wir sind gespannt, ob die Gefangenen von dort auch zu uns kommen. Es sind immerhin 200 km von uns.[…]

[212.]
O.U., den 12. Oktober 1941

[…] Ich war in den letzten Tagen recht unruhig. Unmittelbar nachdem ich den letzten Brief an Dich geschrieben hatte wegen der Beförderung bzw. Uk-Stellung, sagte mir der Hauptfeldwebel, daß die Uk-Sperre bis zum 31. Dezember verlängert sei. Da kam mir die Frage, ob ich unter diesen Umständen nicht doch zu den Landesschützen gehen sollte. Ich überlegte, ob ich nicht dann bis Weihnachten schon Anwärter sein könnte, wollte aber auf jeden Fall Deine nächsten Briefe abwarten. Nachdem diese da sind, werde ich dem Major morgen sagen, daß ich nicht versetzt werden möchte. Es ist doch jetzt das Wichtigste, daß ich erst einmal, wenn auch vorübergehend, nach Haus komme. Ich vermute, daß die Sperre nach dem Abschluß des Feldzuges aufgehoben wird. Die Verlängerung bis zum 31. Dezember wird eine Vorsichtsmaßnahme sein. Aber auch wenn das nicht der Fall ist, werden die zweieinhalb Monate vergehen.[366] Und wir können doch dann auf die Entlassung hoffen. Ich werde ja nun auch bald erfahren, wie Du Dich mit Bleiben oder Nichtbleiben, bzw. mit der Flämin entschieden hast.[367] Handele nur ganz, wie Du es für richtig hältst. Ich werde Dir keine Vorwürfe machen. Unter den Urlaubern werde ich ohnehin nicht der erste sein. Es ist hier so, daß die Jungen alle auf den Schreibstuben sitzen, während die Alten den Außendienst machen. Entsprechend wird es wohl auch mit dem Urlaub sein. Unter diesen Umständen beunruhigt mich die Frage der Taufe doch etwas. Kann man sie so ins Ungewisse hinausschieben?

Dienstlich war die letzte Woche nicht gerade angenehm, weil wir mit unserer Arbeit die Differenzen zweier alter Offiziere auszubaden hatten und also trotz vieler Mühe nicht vorangekommen sind. Aber im ganzen habe ich es doch gut: eine warme, ruhige Stube, Doppelfenster, elektrisches Licht und sehr oft noch zusätzliche Verpflegung. Wir essen jetzt oft morgens und abends Hirse und Milch. Gestern hat ein Kamerad wieder Eier und zwei Hähne mitgebracht. Du hast ja wohl längst gesehen, daß Deine Besorgnisse wegen der Verpflegung grundlos sind. Auch wenn jetzt für uns keine Abendverpflegung aus der Heimat herankommt, sorgen wir schon für uns. Insofern profitiere ich manches [Mal] von den rücksichtslosen Kameraden. Wenn Du etwas schicken willst, dann in erster Linie Seife und Schuhkreme und fortlaufend etwas zum Lesen. Für die russische Arbeit habe ich augenblicklich ein Wörterbuch geliehen bekommen. Damit kann ich nun meine russisch geschriebene Grammatik übersetzen und brauche eigentlich nichts. Auch eine Fibel habe ich, nach der ich schreiben lerne. Eher fehlt im Augenblick die Zeit, da ich jeden Tag Dienst mache und abends von der scharfen Luft müde bin. Wir sind im Übergang zum Winter. Am 9. hatten wir den ersten Schnee, der am nächsten Tag im Schatten liegen blieb, so kalt war die Luft. Seither friert es jede Nacht. Aber da ich mich viel bewege

---

[366] Zur Uk-Sperre vgl. die Einführung von Klaus Jochen Arnold.
[367] Ein flämisches Hausmädchen, das auf Vermittlung von Franz Petri zu Charlotte Jarausch kommen sollte. Schreiben Petris vom 29. September 1941, in: Archiv des Landschaftsverbandes Westfalen-Lippe, Nachlass Franz Petri. Bestand 914-157, S. 15. Wir danken Hans-Jürgen Höötmann für seine Unterstützung.

kann nach eigenem Ermessen und ab und zu in die Küche oder die geheizte
Stube gehe, ist es nicht schlimm, ganz anders als wenn man bei der Ausbildung
an einen Fleck gebunden ist.

[...] In der heutigen Post waren vier russische Psalter[368] vom Martin-Lutherbund. Eins der Hefte habe ich gleich unserem Putzer gegeben, der eine treue,
stille Seele ist. Er hat mir vor einigen Tagen sein handgeschriebenes Gebetbuch
gezeigt, das er vor den Kommissaren gerettet hat.[369] Die Bibeln sind den Soldaten
alle abgenommen worden. Begreiflich, daß er die Bolschewisten nicht liebt. Sie
hoffen jetzt alle, daß sie nach dem Fall Moskaus entlassen werden. Da wird es
noch manche Enttäuschung geben.[370] Heute Mittag sind die ersten 2000 Mann aus
den Oktoberschlachten eingetroffen. Wir konnten sie noch zweimal warm verpflegen und in leidlich geschützte Hallen stecken. Aber damit ist unser wirklich
anständiger Raum fast erschöpft. Die weiteren müssen frieren. Neben unserer
Stube lagern schon mehrere Hunderte Sack Vorräte. Ein Waggon mit Roggenkleie
für Brot wird morgen ausgeladen. Morgen früh soll auch mit der Anlage von
Mieten für 72000 (!) Zentner Kartoffeln begonnen werden. Da wird es noch viel
Arbeit geben, auch wenn diese Menge nie erreicht wird.[371] Werner Haß schrieb,
daß die Ernte in der Ukraine zu drei Vierteln geborgen werden konnte und mit
der im Warthegau uns über die Schwierigkeiten (Knappheit vor allem an Futter-
mitteln) hinweghelfen wird. Sonst war noch von Bruno und von Merwarts ein
Brief dabei.

Draußen ist eine kalte Sternennacht. Auf dem Flur sitzt Wassil seit Stunden in
seltsam grader Haltung bei der Petroleumlampe und liest in dem Psalter, den ich
ihm heute nachmittag geschenkt habe. Wie arm sind wir mit unserem vielen Gerede und geistigem Aufwand dagegen. Wassil lehnt alles, was wir ihm an Essen
zusätzlich geben, ab. Höchstens ein bißchen Brot und das übrigbleibende Mittagessen nimmt er. Die Einfalt der russischen Seele ist also doch keine literarische
Erfindung.

Ich will nun zu Bett gehen. Es war fast zuviel an Geist, was die Post gebracht
hat. Dafür wird es morgen wieder sehr nüchterne und primitive Dinge geben.
Vielleicht muß ich in den nächsten Tagen weit über Land, um Vorräte zu besorgen.
Aber es ist ruhig. Die SS räumt furchtbar auf.[372] [...]

---

[368] Textbuch mit den Psalmen des Alten Testaments.

[369] Zu den Kommissaren in der Roten Armee vgl. Roger R. Reese: Stalin's Reluctant Soldiers. A Social
History of the Red Army 1925-1941, Lawrence 1996, S. 55-69 und S. 71-131; Merridale, Iwans
Krieg, S. 78-98.

[370] Entlassungen erfolgten kaum noch, vielmehr sollte die Arbeitskraft der sowjetischen Kriegsgefangenen im Interesse der deutschen Kriegführung ausgebeutet werden. Vgl. Streit, Keine Kameraden,
S. 191-216.

[371] Zu dieser Zeit ergingen Befehle zur Wintervorbereitung. Es sollten 300000 Tonnen Kartoffeln bereitgestellt werden. Vgl. Arnold, Besatzungspolitik, S. 391f. und 401f.

[372] In Kritschew war ab dem 5. November ein Trupp des Einsatzkommandos 8 der Sicherheitspolizei
und des SD eingesetzt. Im November und Dezember 1941 wurden in Kritschew 1213 Juden durch
das Einsatzkommando ermordet. Vgl. Curilla, Ordnungspolizei und Holocaust, S. 443; Gerlach,
Kalkulierte Morde, S. 600.

[213.]
O.U., den 15. Oktober [1941]

Du sollst nicht allzu lange auf den Brief warten. Deshalb will ich noch ein paar Zeilen schreiben, obwohl der Geist zu keinen hohen Aufschwüngen mehr fähig ist. Wir haben nun die Gefangenen aus den Oktoberschlachten, bisher 7000. Und bei den ungünstigen äußeren Verhältnissen hier machen sie viel Arbeit. Alles ist weit auseinandergezogen an verschiedenen Stellen. Man trabt hin und her. Niemand ist da, der eine Übersicht über das Ganze besäße und die Kräfte entsprechend ansetzte. Es muß immerzu notdürftig improvisiert werden. Ich selbst bin jetzt, nachdem ich einen Vormittag wegen des vorangegangenen Impfens aussetzen mußte, wieder ganz bei der Verpflegung. Als ich heute abend noch einmal an den dunklen Reihen vorbeiging, mußte ich mit einmal daran denken, wie mich in der letzten Vorkriegszeit die »Christlichkeit«, die geschichtliche »Echtheit« der Speisungsgeschichte so stark beschäftigt hat. Es gehört wirklich zu den Wundern, die Gott allein tun kann, daß die Hungrigen satt werden. Wenn den Männern hier die Tränen in die Augen kommen, weil ein Kamerad, der mit ihnen das bißchen Suppe teilen sollte, ihnen durchgegangen ist, begreift man, daß die Erfüllung des Jenseits auch diese Not überwinden muß. Luk[as] 6,21. Wir hatten viele Verwundete darunter, viel Leid und Schmerz. Bis jetzt haben wir ihnen noch zweimal warmes Essen geben können. Wenn die Transporte so weiter folgen, wird es nicht möglich sein.

Nun ist uns vorgestern bekannt gegeben worden, daß mit dem 25. Oktober die Begrenzung für Feldpostpäckchen auf 1000 gr. hinaufgesetzt ist. Ich freue mich darüber, insofern es ein Zeichen ist, daß man mit dem Ende des Feldzuges rechnet. Es wird auch höchste Zeit. In der Nacht war es empfindlich kalt, gewiß eine Anzahl Grad unter Null. Am Morgen kam Schnee, der bald in Regen überging. Und dann hatten wir das scheußlichste Herbstwetter. Alles ist durchgeweicht – jetzt eben um dreiviertel neun Uhr kommen wieder 2000 Mann in finsterster Nacht von vier Deutschen begleitet! Es ist ein wildes Durcheinander. Glücklicherweise brauche ich nicht mehr hinaus.[…]

Heute ist nun der 15. Ob Du abgereist bist[373]? Es hätte etwas Beruhigendes, Dich in der Nähe weiter Saaten und stiller Wälder zu wissen. Aber gewiß ist es auch nicht ohne Bedenken, mit dem Kleinen zu reisen und Ort und Ernährung zu wechseln. Bete um einen baldigen Frieden.

Leb wohl und schlafe ruhig durch diese stürmische Herbstnacht, in der der Tod umgeht. Möge Euch Gott beschützen

[214.]
19. Oktober 1941

damit keine allzu lange Unterbrechung entsteht, noch einen herzlichen Gruß am Abend dieses Sonntags. Ich glaube, wir werden ihn alle nicht vergessen. Aber schreiben mag ich davon nichts, was wir jetzt erleben. Es ist für mich ein Trost,

---

[373] Zum Schutz vor Bombenangriffen reiste Charlotte Jarausch mit ihrem Sohn im Oktober 1941 nach Hörschel in Thüringen am Rennsteig.

daß alles überstanden sein wird, wenn Du diesen Gruß erhältst. Es ist ein großes Elend um diesen Krieg, und der russische Sieg ist so furchtbar erkauft, daß wir uns seiner nur in dem Gedenken freuen können, daß nun hoffentlich Europa auf einige Jahre Ruhe haben wird. Auch Post ist seit acht Tagen nicht gekommen. Aber ich vertraue zu [sic!] Gott, daß er Euch behütet und erhält. Ich muß an Blume denken: »Das ist der Tag, den der Herr gemacht hat. Lasset uns freuen und fröhlich sein.«[...]

[215.]
O.U., den 23. Oktober 1941

nun ist schon wieder ein großer Teil der Woche vorbei. Du wirst auf Nachricht warten. Aber nimm es mir bitte nicht übel, wenn ich jetzt seltener schreibe. Es geht mir ebenso wie Dir. Du hast für Dein Kind zu sorgen und ich für mehr als 11000. Glücklicherweise gehen morgen früh 4000 fort. Hoffentlich bleibt es dann bei dieser niedrigeren Zahl. Es ist nicht die Arbeit mit der Verpflegung allein, die auf mir liegt, obwohl uns auch da neuerdings Schwierigkeiten entstehen. Teilweise weil keine Vorräte herangeschafft werden können – die Lokomotiven sind entzwei, und der Bahnverkehr liegt still.[374] Wir müssen Kartoffeln kochen, und das macht viel mehr Arbeit und dauert länger als die Grütze. Zum Teil spielen sich die Vorgesetzten – Inspektoren und Zahlmeister – jetzt in einer merkwürdigen Weise auf. Das Entscheidende ist aber, daß die Aufgaben der Lagerführung zum Teil auf mich gefallen sind. Es war da ein Loch, in dem niemand stand. Zum Teil wie beim Hauptmann sind es die 55 Jahre, der Stellvertreter (Feldwebel) ist oft krank, der Unteroffizier ist dumm und roh. Dann ist es mit dem Personal zu Ende. Es würde nun entweder alles in Unordnung geraten, oder die brutalste Gewalt würde alles entscheiden. So kommt die Arbeit auf mich zu oder richtiger die Menschen. Ich muß Tag und Nacht an Matth[äus] 25 (42-43) denken.[375] Das Wort läßt mich nicht los. Ich suche zu tun, was ich kann. Es ist wenig angesichts des furchtbarsten Elends, das mich bisher in meinem Leben berührt hat. Aber vielleicht kann ich doch einiges Unheil abwenden. Die Russen helfen mir dabei. Es sind einige reife Männer darunter. Andere sind wenigstens zum Aufrechterhalten der äußeren Ordnung gut zu gebrauchen. Köche und Dolmetscher sorgen rührend für mich, holen Milch, Eier und gelegentlich ein Huhn, obwohl wir doch erst gut acht Tage zusammen sind. Ich will mich gern wieder ganz auf die Verpflegung beschränken, sobald ich es kann. Aber im Augenblick gilt wohl einfach die Frage: Wem bist du der Nächste?

Mit Einzelheiten will ich Dich verschonen. Am Sonntag sagte einer der Russen zu mir: »Das ist die Hölle.« Nun haben wir äußerlich Ordnung. Aber sie ist mit

---

[374] Zur Situation in Kritschew siehe die Einführung.

[375] Matthäus 25, 42f.: »Dann wird er auch zu denen zur Linken sagen: Gehet von mir, Verfluchte, in das ewige Feuer, das bereitet ist dem Teufel und seinen Engeln; denn mich hungerte, und ihr gabet mir nicht zu essen; mich dürstete, und ihr tränktet mich nicht; ich war Fremdling, und ihr nahmet mich nicht auf; nackt, und ihr bekleidet mich nicht; krank und im Gefängnis, und ihr besuchtet mich nicht.«

Blut und Tränen erkauft. Und neben dem lauten steht das stille Sterben vor Erschöpfung und Krankheit. Hoffentlich fällt Moskau bald.

Dazwischen kam gestern die überaus reiche Post nach einer Pause von zehn Tagen. Ich danke Dir herzlich für die viele, viele Mühe. Hoffentlich kann ich noch etwas davon verwerten. Aber sollte es nach Haus gehen, will ich auch auf das Russisch gern verzichten.[…] Bete für mich, daß ich durchhalte durch alles.[…]

[216.]
O.U. den 25. Oktober 1941

nun ist in all die Unruhe ein stiller Sonntagmorgen gekommen. Schon gestern habe ich etwas früher Schluß gemacht, allerdings nicht mit gutem Gewissen, weil beim Anbruch der Dunkelheit noch etwa 500 Menschen auf dem Antreteplatz standen, die ihre zweite Suppe am Tag noch nicht bekommen hatten. Aber die Küche hatte ihre 12000 Portionen ausgegeben, und darüber hinaus kommen wir nicht, jedenfalls bisher. So war nichts zu machen. Wir sind stillschweigend davongegangen, und ich habe am Abend zu Haus noch einmal die ganzen Glückwünsche gelesen. Es ist wirklich ein großes Geschenk, wenn einem soviel herzliche Teilnahme begegnet. Einzelne der Briefe sind sehr schön. Ich würde nun gern alles zurückschicken, auch sonst noch einiges. Aber ich bin noch auf der Suche nach Packpapier. Im ganzen sind die Tage seit meinem letzten Brief etwas entspannter gewesen. Am Freitag morgen haben wir noch einige Tausend in Marsch gesetzt. Und mit 6000 ist schon alles übersichtlicher als mit 20000.[376] Ich habe nicht mehr soviel den Polizisten spielen müssen und brauchte niemand mehr mit dem Gummiknüppel zu Boden zu schlagen oder abschießen zu lassen.[377] Trotzdem gab es noch genug Grauenvolles. Heute lösen wir uns zum erstenmal wieder richtig ab. Ich gehe erst zum Mittag ins Lager. Wir haben inzwischen unsere Küche weiter ausgebaut, werden aber dieses Gelände doch noch bald aufgeben, weil die Fabrik in Gang gebracht werden soll. Allerdings in welchem Zustand ist sie jetzt. Jedes Brett, jeder Fensterrahmen, jede Treppe herausgeschlagen und verbrannt. Alles voll Rauch und Asche, voll Kranker und Sterbender. Wir arbeiten täglich daran, dem nachzukommen. Aber die Mittel sind so gering. Glücklicherweise haben die alten Offiziere noch die Menschlichkeit der alten Art, so daß man an ihnen einen Rückhalt hat und manches – wie die zweimalige Verpflegung gegen den Willen der »Beamten« – durchsetzen kann, auch gegen die Verständnislosigkeit mancher Kameraden. Überhaupt ist doch nun wieder für manches Menschliche Raum. So hörte ich vorgestern einen Opernsänger aus Moskau mit an, der vor dem Major ein russisches Volkslied und dann Mozart und Wagner sang. Unmittelbar vorher war

---

[376] In einem Brief an Bruno und Trude vom 25. Oktober 1941 heißt es: »Ich habe Bilder des Elends gesehen, wie noch nie in meinem Leben. Einzelheiten will ich nicht ausmalen. Es war oft entsetzlich. Dazu mußten wir die härtesten Mittel anwenden, um – ein Dutzend Deutscher – 20000 Russen in Ordnung und Zucht zu bekommen. Ich möchte wünschen, daß sich Ähnliches nicht wiederholt. In den letzten Tagen sind schon Tausende weggeschafft worden. Jetzt ist es für uns ein Kinderspiel, wenn auch das Elend noch immer zum Himmel schreit.«

[377] Vgl. zur Rolle von Konrad Jarausch beide Einführungen.

ich von einem Gang bis in die höchsten Stockwerke der Fabrik zurückgekommen, wo wir feststellen wollten, ob eine Meldung richtig war, daß sich die
Russen an einer Leiche vergriffen hatten, um Fleisch herauszuschneiden. Wir
hatten sie nicht gefunden, wohl aber andere – völlig entkleidete – die schon seit
Tagen so lagen.

Ich denke, Du verstehst nun, daß im Augenblick die Briefe seltener werden und
daß ich auf Deine wenig eingegangen bin. Ich bin darum nicht weniger froh über
die und bitte Dich nur, in den nötig werdenden Dingen getrost zu entscheiden.
[...] Ob Du jetzt wohl im Gottesdienst bist? Bei uns knallt immerzu ein Schuß
durch den Regen. Das ist das Geräusch, mit dem wir einschlafen und aufwachen.
Aber sei unbesorgt. Ich glaube nicht, daß mir ein Russe aus unserem Lager etwas
tun würde. »Serr gut Kamarat.«

[...] Ich gehe ins Lager, um mit einem Lehrer vom Technikum Russisch zu
treiben und dann dafür zu sorgen, daß meine Leute heute am Sonntag leidlich satt
werden.

Was das sonst Erhaltene angeht, bin ich froh, daß unsere geistige Welt vor den
Bildern, die mich jetzt umgeben, standhält. Wie könnte man das sonst ertragen,
ohne zu vertieren?

[217.]
O.U., den 28. Oktober 1941

wie verfliegen hier die Tage. Bald ist auch der Oktober zu Ende. Ob er noch die
Nachrichten vom Fall Moskaus und Petersburgs bringt? »Moskau kaput?«, fragen
mich die Russen täglich, wenn ich durchs Lager gehe. Jeder sehnt sich nach dem
Ende des Feldzugs. Daß die Bolschewisten kapitulieren, glauben die gebildeten
Russen nicht. Aber sie halten eine Hungerrevolution nicht für ausgeschlossen
(keine politische). Ich habe jetzt, seit die schlimme Zeit vorbei ist, manche Anregung durch den Umgang mit den feinen und klugen Männern, die sich der Hauptmann zu seiner Hilfe herangezogen hat. Ich wünschte, daß, wenn wir schon noch
hier bleiben müssen, dieser Verkehr sich noch vertieft. Das schönste Erlebnis hat
mir der Sonntagabend gebracht. Da hatte mich der Dolmetscher des Hauptmanns
– Lehrer an der Moskauer Kunstgewerbeschule und alter Schüler der deutschen
Peter-Paulsschule – eingeladen mit der ausdrücklichen Absicht, der sie beim Abschied Ausdruck gaben, mir ein paar Stunden der Entspannung nach dem übermäßigen Dienst zu bereiten. Der Moskauer Opernsänger sang uns – ich war der
einzige Deutsche unter sechs Russen – was ich wünschte. Russische Volkslieder,
wie sie die Fuhrleute auf den Landstraßen und die Treidler an der Wolga gesungen
haben, Revolutionslieder, aber auch den Monolog des Boris Godunow[378]. Zum
Schluß sang er uns auf meine Bitte liturgische Stücke, die auch die Russen lange
nicht gehört hatten. Das »Herr, nun lässest Du Deinen Diener« von Mariä Licht-
meß und Ostergesänge. Das elektrische Licht versagte zwischendurch. Da saßen
wir beim Schein des Ofenfeuers. Draußen fiel ab und zu ein Schuß. Es waren zwei
Stunden echtester menschlicher Verbundenheit, nachdem wir uns vorher bei so

---

[378] Boris Godunow, Oper in vier Akten von Modest Mussorgsky.

anderer Arbeit kennen gelernt hatten und wußten, was wir voneinander zu halten hatten. Heute abend bat mich der eine von ihnen, ob er mich nicht einmal zeichnen dürfe. Ein anderer, den ich noch nicht kennen gelernt habe, schreibt seine Eindrücke für spätere Veröffentlichung nieder. Ob wir ihm den Stoff für ein Gegenstück zur »Hölle von Totzkoje«[379] liefern? Genug Grausiges ließe sich auch aus Kritschew zusammentragen. Seit Anfang dieser Woche sind nun die höheren Stellen, die uns anfangs völlig im Stich gelassen haben, auf uns aufmerksam geworden. Es gibt dauernd Besuche in der Küche. Hoffentlich fließen die Vorräte jetzt reichlicher.

Ich bin sehr dankbar für die Reklamhefte, die das Bild, das ich vom Augenschein her gewinne, gut ergänzen. Allerdings ist das Schicksal, unter dem die Menschen dieser doch zum Teil schon alten Erzählungen stehen, durchweg sehr düster. »Die Russen sind immer ein leidendes Volk gewesen, nicht heute erst«, sagte am Sonntag einer aus der Runde. Das andere muß im Augenblick, wo ich die schönen Möglichkeiten des Austauschs mit den Russen habe, zurücktreten. Doch sehe ich in die leichteren Aufsätze immer mal hinein.

Am Sonntag habe ich den Russen zum Schluß noch meine Bilder vom Kloster und von Euch gezeigt. Auch sie haben ja meist Frau und Kinder zu Haus und sehnen sich danach, ihnen Nachricht geben zu können. Was wir hier kennen lernen, ist nicht das kommunistische Rußland, über das wir einst theoretisiert haben. Diese Menschen sind noch Menschen wie wir. Darum tut der Umgang mit ihnen gut und weckt Empfindungen und Gefühle, die zuletzt doch immer zu Dir und dem Kind zurückkehren.[…]

[218.]
O.U., den 1. November 1941

Es ist Sonnabend abend. Wir müssen jeden Tag früher mit der Arbeit aufhören. Um fünf Uhr versinkt die Welt schon in dem Nebelgrau dieser Herbsttage. Aber ich bin jedes Mal so müde, daß ich die freie Zeit nur schlecht nutzen kann, und zum Briefschreiben fehlt der Schwung. Um dreiviertel sieben Uhr bin ich morgens im Lager. Was in den Stunden dazwischen auf uns eindringt, ist immer das gleiche Elend. Man stumpft etwas ab. Und da ich jetzt täglich 17-18000 Portionen warmes Essen und 9000 Portionen Brot auszugeben hatte,[380] steht die sachliche Arbeit für die Masse so im Vordergrund, daß ich mich um Einzelnes kaum kümmern kann. Wenn ich mich einmal aus dem Umkreis der Küche entferne, umgibt mich ein solches Geschrei (»pan, pan!«), daß ich mich kaum den Einzelnen zuwenden kann: Essen, Brot, Schuhe, Krankheit, Arbeit, Entlassung, Bestohlensein, in allem soll man helfen. Dabei spielt sich das stumme Hinsterben noch meist in den Baracken ab, wo die Kranken gesammelt sind, und ist unseren Blicken also entzogen. Nur die entsetzlich abgemagerten Leichen liegen dann vor uns. Ich muß immer an den Grünewaldschen Leib Christi[381] denken und halte mich an den Glauben, daß auch

---

[379] Edwin Erich Dwinger: In der Hölle von Totzkoje. Aus sibirischer Gefangenschaft, 1933.
[380] Zwei mal warmes Essen und Brot für 9000 Gefangene.
[381] Matthias Grünewald (1475/1480-1528), Maler und Vertreter der deutschen Renaissance. Gemeint ist die Kreuzigungstafel des Isenheimer Altars.

dieses Sterben in einer wenn auch für uns nicht faßlichen Weise in das Sterben Jesu hineingezogen ist. Meinem russischen Lehrer ist auch schon der Schwung gebrochen. Er kränkelt mit dem Magen, und unsere – vielgestörten – Stunden kommen nicht recht voran. So zwischen Lumpen, Gestank und Krankheit müssen wir die Haltung bewahren und stets die Überlegenen und dann und wann doch die Menschlich-Fühlenden sein. Ich bin sehr dankbar, daß ich gesundheitlich *gut* durchhalte. Heute war der Oberst[382] da. Wir sollen keinen Zugang mehr bekommen, sondern allmählich abbauen. Aber an dem Winter in Rußland ist wohl nicht mehr zu zweifeln. Etwas Unmittelbar-Praktisches ist bei der ganzen Besichtigung kaum herausgekommen.

Die letzte Nachricht von Dir ist bald vier Wochen alt. Post hat uns nicht mehr erreicht. Kaum etwas ist so bezeichnend für die Führungslosigkeit unserer Einheit. […]

Heute sah ich bei einem Russen eine Messingkanne am Gürtel baumeln. Als ich sie mir ansah, erkannte ich eine Taufe Christi darauf eingeritzt. Da habe ich sie gegen ein Brot eingetauscht. Es ist kein Kunstwerk. Aber es hat mich in Gedanken an unser Kind doch seltsam beruhigt, als ich das Stück in der Hand hielt. Möchte Gott uns bald zusammenführen.

[219.]
O.U., den 1./2. November 1941

Lieber Herr Korth,

es ist noch nicht lange her, daß Ihr Brief vom 8. Juni in meine Hände gekommen ist. Wenn ich auch im Augenblick nicht so darauf antworten kann, wie es nötig wäre und wie ich es gern möchte, möchte ich Ihnen doch wenigstens herzlich danken. Ihr Brief hat so vieles in mir aufgeregt, was sonst ganz zugedeckt ist. Noch vor einem Jahr hätte ich ganz anders darauf reagiert. Damals hätte ich noch versucht, auf Ihre Gedanken und Pläne sachlich einzugehen, so als hätte ich zu den Dingen höchstens den Abstand dessen, der vorübergehend in den Ferien ist. Damals habe ich ja auch noch versucht, aktiv an der Zeitschrift mitzuarbeiten und brieflich die wichtigsten Verbindungen aufrechtzuerhalten. Nun ist das fast ganz vorbei. Und es ist schwer zu sagen warum. Vielleicht geht es auch in diesem Kriege wieder so, daß wir erst allmählich begreifen, wie sehr er unser Leben verändert. Wir haben noch vor einem Jahr nach den raschen Siegen über Polen und Frankreich gedacht, daß er gewissermaßen ein 1870/71 für den Nationalsozialismus bedeuten würde, krönender Abschluß der neuen Reichsgründung, nach dessen Beendigung sich das Leben reich und voll (der »Kulturkampf« eingeschlossen) in den Bahnen entfalten würde, die die Vorkriegsgeneration gewiesen. Jetzt sehen wir, daß uns ganz neue Aufgaben von einer Weltweite zuwachsen, die uns den Atem verschlagen will. Da lernt man schweigen, um erst noch einmal von neuem zu hören.

Ich weiß nicht, ob ich übertreibe, und ich wäre Ihnen für eine freimütige Antwort sehr dankbar. Ich will an ein paar zufälligen Eindrücken der letzten Tage verdeutlichen, was ich meine. Ich nahm gestern zum Wochenende, um einmal auf

---

[382] Es handelte sich um den Kriegsgefangenenbezirkskommandanten Oberst Marschall. Vgl. die Einführung von Klaus Jochen Arnold.

andere Gedanken zu kommen, das Septemberheft des »Deutschen Volkstums«[383] in die Hand, das mir meine Frau geschickt hatte. Sie wissen, was die Zeitschrift mir einmal bedeutet hat. Aber nun ganz abgesehen vom geistigen Rang der Beiträge, wie eng die Themenstellung: Humboldt, List, Gilly; Südosteuropa und Rußland zwar einbezogen – aber nur im geschichtlichen Rückblick, ohne das Gegenwärtige anzufassen. Und dann heute ein in stotterndem Deutsch geführtes Gespräch mit einem jungen Russen – Ingenieur, Mitte der zwanzig –, den politisch nichts an den Bolschewismus bindet, der aber weltanschaulich völlig aufgeklärt ist und nun sehr unter dem Kriegsschicksal leidet. Da wurde einem gerade auch im Vergleich mit den älteren Gefangenen, die noch in der christlichen Humanität wurzeln, deutlich, was für ein ungeheures Trümmerfeld der Krieg hinterlassen wird.

Sie müssen nicht denken, daß ich an irgend etwas irre geworden wäre, was wir gedacht oder geglaubt haben. Ich gehe augenblicklich als Leiter der Küche in einem Gefangenenlager, daß bis 20000 Russen »beherbergt« hat, durch ein namenloses Elend hindurch. Es ist für mich eines der stärksten Erlebnisse dieses Krieges gewesen, daß ich angesichts von so viel Hunger, Verwahrlosung, Krankheit und Sterben nichts von dem zurückzunehmen brauchte, was ich als Deutscher und als Christ gelebt habe. Aber nun die Zukunft. Wir brauchen eine Erziehung von europäischer Weite in allen geistigen Dingen: Sprachen, Geschichte, Länderkunde. Aber was wird dem die menschliche Gründung geben? Sie haben völlig recht, daß in solcher Lage, wo uns zum mindesten für die orthodoxen Kirchen die Verantwortung zufallen wird, die Frage nach B[ekennender] K[irche] und D[eutschen] C[hristen] läppisch erscheinen muß. Und dann doch wieder: wird nun nicht erst recht das Problem der Lehre mit ganzer Wucht auf uns zu liegen kommen?

Aus den Fragen der deutschen Erziehung werden nun die der europäischen und aus dem deutschen Kirchenkampf wird das Ringen der Welt um Christus. Ich möchte so gern diesen Hintergrund für unsere eigene bescheidene Arbeit in die Zukunft mit hineinnehmen, weil ich fürchte, daß sonst alles schief werden muß. Aber nun sehe ich noch gar keine praktischen Ansatzmöglichkeiten. Vielleicht erscheint Ihnen alles verstiegen. Aber ich denke, wenn wir schon nicht in die Breite wirken können, müssen wir wenigstens in die Tiefe hinein soweit vordringen, daß wir an die Wurzeln kommen. Dann wird auch die Wirkung nicht ausbleiben.[…]

Nehmen Sie bitte diesen Brief so, wie er gemeint ist, als einen Versuch aus großer geistiger Einsamkeit in ein Gespräch über Dinge zu kommen, die, wie ich denke und aus Ihrem Brief sehe, auch Ihnen am Herzen liegen. Wenn ich dabei ins Uferlose zu geraten scheine, dann verzeihen Sie es einem Menschen, der im Geistigen nun seit über zwei Jahren nur noch Pläne machen kann.[…]

[220.]
O.U., den 5. November 1941

[…]Wir sprechen jetzt, wo wir mehr Ruhe haben, wieder viel von der Zukunft. Aber noch weiß niemand etwas. Stammlager in Rußland, Abtransport in die

---

383 Deutsches Volkstum – Monatsschrift für das deutsche Geistesleben.

Heimat, Urlaub, Uk-Antrag – alles ist gleich ungewiß. Nur eins ist sicher, daß sich alle Entscheidungen durch den zähen Widerstand der Russen hinauszögern.

Bis jetzt sind die Tage trotzdem rasch vergangen, weil sie reich an Arbeit waren. Jetzt kommt in unserem Lager eine Pause. Aber eine wirkliche Entspannung gibt es ja beim Kommiß nicht. Nun sitzen uns wieder alle Vorgesetzten auf dem Hals und es soll gebaut, gebessert, neue Rezepte erprobt werden und dgl. Ich bin nur gespannt, ob meine russischen »Freunde« auch fortkommen, oder ob sich etwas mehr Zeit zum Austausch findet. Alles in allem habe ich wohl in den ganzen Kriegsjahren kein so reiches Leben gehabt wie in den letzten Wochen. Wirklich sinnvolle Arbeit und lebendige Menschen. Nur müde bin ich sehr. Aber ich werde gerade von hier viel zu erzählen haben.

Unsere Küche ist jetzt ein kleines Reich für sich. Wir haben drei Herde, auf denen wir gleichzeitig etwa 6000 Portionen kochen können. In meinem Zimmer trifft sich alles, was im Lager über die Masse herausgehoben ist. Wenn einer langsam spricht, verstehe ich nun doch schon etwas. Ich möchte mich nur erst noch ein bißchen ausschlafen, damit ich frischer zum Lernen bin. Sollte ich bis Weihnachten hierbleiben, werde ich wohl einen gewissen Grund haben.

[…] Da Du ja nun nichts mehr schicken kannst, muß ich mich hier für den Winter einrichten, so gut es geht. Heute habe ich im Lager von dem Oberkoch schon einen Schal bekommen. Ich will ja keine Schätze sammeln. Aber daraus, nötige Dinge und eine Verbesserung unserer sehr schlechten Verpflegung gegen Lebensmittel einzutauschen, mache ich mir kein Gewissen. Die Eier hören jetzt bei dem erneut einsetzenden Frost ohnehin auf. Aber wir haben herrliche, nicht entrahmte Vollmilch und etwas Fleisch.

Nun genug. Ich muß schlafen. Morgen muß ich wieder um fünf Uhr hinaus aus dem Bett. […]

[221.]
6. November 1941

Sehr verehrte Frau Doktor [von Tiling],
ich habe heute seit mehreren Wochen zum erstenmal einen ruhigeren Tag. Da will ich Ihnen gleich für Ihren Brief vom 20. Oktober herzlich danken und die gewünschte Denkschrift schicken. Sie haben so ausführlich von Ihrem Ergehen und Ihrer Arbeit berichtet, daß es für mich eine Freude war. Wie müssen wir dankbar sein, daß noch immer bescheidene Möglichkeiten der Arbeit gegeben sind. Wenn nur endlich einmal die persönlichen und bürokratischen Hemmungen aufgezehrt wären! Aber das wird wohl ein Wunsch bleiben.

Ich möchte Ihnen gern mit einem ähnlich ausführlichen Bericht antworten. Aber ich mag Ihnen nicht zumuten, die Kopierstiftschrift auf dem schlechten Papier zu lesen. Ich habe drei anstrengende Wochen hinter mir. In der Küche, die ich leite, waren bis 20000 Portionen am Tage auszugeben, und wir hatten anfangs keine genügenden Kochgelegenheiten und durchweg unzureichend Lebensmittel. So waren wir trotz aller Anstrengung nicht imstande, daß uns umgebende Elend wirksam zu lindern. Es gab viel Sterben an Entkräftung, viel Krankheit und Elend. Das Beste war noch, daß wir uns mit einigen reifen und klugen Russen zu gemeinsamer Arbeit zusammengefunden haben. So habe ich wieder manches aus dem riesigen Bereich der Sowjets hören und sehen können. Allerdings sind die Menschen, mit denen wir zusammenkommen, die unpolitischen. Das Eigentlich-Bolschewistische wird rücksichtslos ausgemerzt, wo es in unsere Hände fällt. Ebenso das jüdische Element. Gerade heute stehe ich stark unter dem Eindruck derartiger Vorgänge.[384] Auch das mag die Kürze entschuldigen.[…]

[222.]
O.U., den 7. November 1941

[…] Hier ist jetzt völliger Winter mit Frost und Schnee, vereisten Straßen, Schlitten, Pelzen. Es ist, als ob bei den Russen das Leben gleich freier pulsiert. Aber was müssen unsere Truppen und was die Gefangenen – Juden barfuß im Schnee – aushalten. Glücklicherweise ist wenigstens aus unserer Fabrik alles heraus – abtransportiert mit der Bahn nach Mohilew. Es war auch längst jedes Brett, das Schutz bieten sollte, herausgerissen und verfeuert. Nur ein paar 100 Mann liegen noch in erträglichen Baracken, so daß die Küche wenig Arbeit hat und ich seit gestern Vormittag auch mal einiges andere vornehmen konnte: gründlich waschen, »Besuche« machen bei meinen Russen, meinem Zeichner sitzen und dgl. Zur Ruhe bin ich eigentlich auch noch nicht gekommen. Aber das lag an mir, jedenfalls zum Teil. Ein solches Aufhören der gewohnten Arbeit hat auch sein Peinliches. Ich soll nun wieder in ein anderes Lager, mich da abwechseln, bin weniger äußerlich gebunden, aber innerlich viel unfreier. In der Zementfabrik konnte ich den menschlichen Ton bestimmen, und das ist doch die Hauptsache. Die Sache ist dabei nicht zu kurz gekommen, soweit Kräfte und Mittel reichten. Aber schließlich ist gerade den Russen gegenüber, die dafür so empfänglich sind, ein freundliches Wort wichtiger als ein glänzendes Rezept. So habe ich gestern und heute noch zum Abschied ein paar Gespräche gesucht. Zum Teil sehr aufschlußreich für das russische Leben und so, daß man den Krieg unbedingt bejahen muß, zum Teil nur gestammelt in russischen und deutschen Brocken. Ich habe in meinem Koffer einige Kleinigkeiten, zum Teil Geschenke, an deren jedes sich gute und böse Erinnerungen knüpfen. Einiges Harte, das ich nicht verhindern konnte, hat sehr bittere Empfindungen zurückgelassen. Darüber einmal mündlich.

Es werden nun wohl wieder menschlich einsamere Tage kommen. An Arbeit fehlt es ja nicht. Da habe ich es gut im Vergleich mit den Kameraden, die nun wieder über die endlosen Abende stöhnen. Gestern und heute bin ich nicht einmal an das Russische herangekommen. Etwas lag es allerdings auch an dem schmerzhaft-plötzlichen Abbruch meiner Stunden: Mein Lehrer hatte sich als Halbjude herausgestellt.[385]

Aber es wird trotz aller geistigen Arbeit viel Überwindung aufzubringen sein, bis dieser Winter überstanden ist, ganz gleich wohin er uns noch führt. An die Pläne, die wir einmal für gemeinsame Unterhaltung aufgestellt hatten, denkt niemand mehr. So muß man seinen eigenen Weg suchen, und ich tue es auch.[…]

---

[384] Vgl. FN 372.
[385] Sein Schicksal ist nicht bekannt. Eventuell wurde er der SS übergeben, in ein spezielles Lager überführt oder erschossen. Vgl. zur Behandlung der jüdischen Kriegsgefangenen Streit, Keine Kameraden, S. 109–127.

[223.]
7. November 1941

Lieber Bruno,
[...] Augenblicklich habe ich dadurch, daß wir nur wenige Hundert Gefangene in unserem Lager haben, etwas Ruhe, die mir sehr gut tut. Im übrigen bin ich von der Milchsuppe eher dicker geworden. Heute habe ich auch wieder vier Eier gegessen. Sie werden jetzt natürlich auch knapp. Dafür gebe ich dann auch von meinen Zigaretten an die Gefangenen, d.h. an den Oberkoch, an den Polizeichef und den Dolmetscher usw. Heute ist ein gut gelungenes Bild von mir fertig geworden, das ein Moskauer Maler von mir mit Kohle und Farbstift angefertigt hat. Er wollte durchaus auch Lotte mit dem Kind nach der Photographie zeichnen. Aber da bin ich doch mißtrauisch.[386] Er ist jetzt beurlaubt, ebenso wie unsere Musiker, um die wiederhergestellte Kirche in Kritschew auszumalen. Die Musiker sollen den Chor aufstellen, der ja in den russischen Kirchen eine große Rolle spielt.

Gestern abend habe ich wieder einmal lange bei einigen deutschsprechenden Russen gesessen und mir von ihrem schweren Leben unter der bolschewistischen Herrschaft erzählen lassen. Jetzt bangen sie um ihre Angehörigen in Moskau und Petersburg und wünschen ebenso sehnlich wie wir, daß die Deutschen recht schnell die Städte besetzen. Was mag es da für Opfer unter den Zivilisten geben!

Gesundheitlich geht es mir weiter gut. Trotzdem graut es mir vor dem Winter. Weniger wegen der Kälte. Wir werden kaum zu frieren brauchen. Aber die Aussicht, hier Monate eingeschlossen sitzen zu müssen, ist bitter. Die Kameraden klammern sich an die Hoffnung, daß wir doch noch ins Reich zurückkommen. Ich muß an die Zeit vor zwei Jahren denken, wo genau das Gleiche geredet wurde. Glücklicherweise machen die Kameraden, mit denen ich zusammenwohne, dieses Gerede nicht mit. Das macht einem das Leben viel leichter. [...]

[224.]
O.U., den 9. November 1941

Hochverehrter Herr Geheimrat [?],
dem »Mitteldeutschen«, dessen Nummern verspätet genug in unsere Hände kommen, verdanke ich den Hinweis auf Ihren 80. Geburtstag. Wie undankbar müßte ich dem gegenüber, was Sie und Ihre verehrte Frau Gemahlin für uns in den Magdeburger Jahren gewesen sind, erscheinen, wenn ich Ihnen zu diesem Tage nicht meine herzlichsten Wünsche für ein gesundes, geistig frisches und menschlich gesegnetes Alter aussprechen würde. Diese Wünsche kommen viel zu spät. Aber der Weg ist weit, den sie zurücklegen müssen. Über den trüben russischen November liegt kein noch so entfernter Abglanz jenes Griechentums, das Sie besonders geliebt haben. Aber auf die echte Menschlichkeit kommt es auch hier zwischen Völkern und Rassen an, wenn aus dem Übermaß von Blut und Zerstörung eine bessere Welt aufsteigen soll. Darum ist es doch wohl nicht ganz fehlgegriffen,

---

[386] Die Zeichnungen haben den Krieg teilweise überstanden und sind im Bildteil dieses Buches abgebildet.

wenn ich dem Brief ein Blatt mit Gedanken beilege, die ich in den ruhigeren Sommerwochen unter dem Eindruck Platos niedergeschrieben habe. Vielleicht macht es Ihnen eine kleine Freude. Etwas anderes habe ich ja nicht.[…]

[225.]
O.U., den 9. November 1941

Wieder geht ein Kriegssonntag zu Ende. Nebenan lärmen die Kameraden. Es gibt Beförderungen zu feiern, die heute ausgesprochen worden sind. Vielleicht muß ich auch noch hinüber. Aber die Stimmung ist so verzweifelt gemacht und der Hintergrund so wenig echt. Es ist in diesem Vierteljahr aber das erste Mal, daß es so laut hergeht, und so muß man schon Geduld haben. Der Tag war sonst still, richtig zum Ausruhen. Ein kurzes Antreten am Vormittag, ein bißchen Aufsicht bei der Essenausgabe. Sonst ein paar Stunden Russisch am Nachmittag. Aber mein neuer Lehrer ist noch anspruchsvoller in dem Drängen auf eine »Moskauer« Aussprache, so daß ich an dem Erfolg fast verzweifle. Er ist Lehrer an einer Kunstgewerbeschule in Moskau, feingebildet aus einer Familie von Gelehrten und fromm. Er hat mir heute begeistert Puschkinsche Verse vorgesprochen, und auch das ist ein Genuß. So betrügen wir uns über die Gegenwart. Dabei hat er den Anlaß zu der größeren Sorge, da ja seine Familie in Moskau ist.[387] Wie glücklich sind wir im Vergleich dazu. Du kannst mir von dem Kind doch wenigstens in Deinen Briefen erzählen, und ich bin jedes Mal froh und glücklich, wenn ich davon höre. Nun ist auch die Post aus der Oktobermitte noch gekommen, darunter auch Lenes Brief, in dem mich besonders gefreut hat, daß sie Dich so frisch angetroffen hat. Auch die Literaturpäckchen scheinen alle angekommen zu sein. Jedenfalls haben sich die Hälften alle zueinander gefunden. Ich bin besonders froh, daß die Hauptwerke von Turgenjeff[388] dabei sind. Ich habe heute eine schöne Schilderung von ihm auf Russisch gelesen, und als mein Lehrer sie mir vorlas, war es wirklich, als berühre einen die Seele dieses Landes, so wie sie sich selbst empfindet und weiß.[…]

Die Kameraden sind schon abgezogen. Nebenan räumt Wassilij auf. Mir gegenüber wundert [sich] der Magdeburger leicht angetrunken, aber völlig harmlos seit einer halben Stunde über einen Brief von seinem Lotterieeinnehmer. Es war heute ein richtiger Vorwintertag mit Klatschschnee und Nässe. Über dem Tal der Sosna stand der Kiefernwald starr und schwarz nicht anders wie daheim an Spree oder Havel. Nur die zerbrochene Brücke mahnte an die Zerstörung, die hier doch überall umgeht. Aber da bin ich schon wieder bei dem, wovon ich heute doch nicht mehr reden will.[…]

[226.]
O.U., den 11. November 1941

mein russischer Koch, der alles hat und alles besorgt, ein wahrer Lebenskünstler, hat mir heute einen Füllfederhalter geschenkt. Ich habe ihn angenommen, damit

---

387 Ein brutaler Kampf um Moskau zwischen Wehrmacht und Roter Armee schien unmittelbar bevorzustehen.
388 Iwan Sergejewitsch Turgenew (1818-1883), russischer Schriftsteller.

Du Dich nicht mehr so mit der Kopierstiftschrift zu quälen brauchst. Und so muß ich ihn doch auch gleich benutzen und Dir einen herzlichen Gruß mit ihm senden. Daß wir nun schon mitten im November sind, ist fast nicht zu begreifen. Die Tage vergehen so unheimlich schnell und ich komme auch hier nie dazu, mein Programm zu erledigen. Heute habe ich schon die russische Stunde abgesagt, weil ich gar nicht dazu gekommen bin, mich vorzubereiten. Es gehen noch einmal 10000 Mann durch unser Lager. Und nach der Pause bedarf es einer kleinen Anstrengung, ehe alles ins Rollen kommt. Das Wetter trägt wohl auch dazu bei. Man würde am liebsten den halben Tag auf dem Bett rumdösen, statt in dem Schlakkerschnee herumzulaufen und immer wieder anzutreiben. Es ist nicht ganz leicht, in der Anspannung der Nerven durchzuhalten. Es sind jeden Tag dieselben fahlen, abgezehrten Gesichter und dieselben Lumpen, vor allem bei den vielen Hunderten, die ohne Ausweis in den Wäldern aufgegriffen werden und zwischen denen die Freischärler stecken mögen (Die meisten scheinen mir zu einem freien Unternehmen physisch gar nicht mehr in der Lage zu sein).[389] Da ist es schon ein wohltuender Anblick, wenn unsere leidlich gesättigte Polizei in einiger Haltung mit einem schönen russischen Marschlied abzieht.[390] Sie singen viel klang- und ausdrucksvoller. Es ist nicht das gewaltsam rhythmisierte Gebrüll unserer neuen Marschlieder. Und das Singen schafft doch so etwas wie einen Raum der Freiheit. Man kann dann den Stacheldraht einmal vergessen. Sonst aber scheint es fast, als ob jeder neuer Schub elender und abgezehrter wäre als der vorige. Die ersten russischen Gefangenen, die ich gesehen habe, waren noch durchglüht von der Spannung des Kampfes, mit der sich die maßlose Gier tagelangen Hungerns verband.[391] Jetzt ist es müde Schwäche, die auf den Gesichtern liegt. So begreift es sich, daß die Sterblichkeitszahlen in den Lagern nach dem Westen zu immer höher werden.[392] [...]

Mit Urlaub und Uk-Antrag bin ich recht kleinmütig geworden. Bei den Beförderungen und Ordensverleihungen der letzten Tage trat die Unsachlichkeit der hier maßgebenden Gesichtspunkte so zu Tage, daß ich für den Urlaub dasselbe erwarte, wenn er erst freigegeben ist. Mach Dich auf lange Wochen in H[örschel] gefaßt und suche Dich entsprechend einzugewöhnen. Insofern ist es ja doch gut, daß die Zeit so vergeht.[...]

[227.]
O.U., den 14. November 1941

[...] Ich habe mich leider nicht schützen können und bin richtig ein bißchen krank. Ich habe meinen Dienst weiter gemacht, aber ich habe es bei den russischen Stunden gemerkt. Der Zwang zur Konzentration wurde mir einfach

---

[389] Zur Partisanentätigkeit im Herbst und Winter 1941/42 vgl. Arnold, Besatzungspolitik, S. 450-462.

[390] Die Lagerpolizei wurde aus ausgewählten Gefangenen aufgestellt.

[391] Die eingekesselten sowjetischen Verbände erhielten wochenlang keine Versorgung und lebten von Gras, Baumrinde etc. Vgl. zur Roten Armee Merridale, Iwans Krieg.

[392] Aufgrund der anhaltenden Auszerrung der Gefangenen, den langen Märschen und der mangelnden Versorgung in den Lagern. Die Sterblichkeit in den Lagern der Wehrmachtbefehlshaber Ukraine und Ostland stieg im Winter dramatisch an. Vgl. Streit, Keine Kameraden, S. 130-137.

zuviel, so daß ich wiederholt ausgesetzt habe. Die seelische Belastung spielt dabei auch eine Rolle. Dieses dumpfe Sterben um einen herum ist furchtbar. Ich frage mich oft, wie es mir ergangen wäre, wenn ich noch an die Front gekommen wäre. Wir haben an sich ruhige Tage. In der Zementfabrik sind nur etwas über 2000 Mann. Am Sonntag soll dieses Lager ganz geschlossen werden. Aber davon sterben täglich 25. In den großen Lagern weiter nach Westen, in denen sich Zehntausende befinden, sind es entsprechend Hunderte. Dort hilft man auch noch. Wenn sie erstarrt vor Frost – wir haben heute etwa minus zehn, gestern minus fünfzehn Grad am Tage gehabt – zum Essen kommen, taumeln sie, fallen um, sterben zu unseren Füßen. Heute ist wieder ein Fall von Kannibalismus festgestellt worden.[393] Dabei sind diese Leichen, wenn sie nackt zu den Gräbern getragen werden, dürr wie ein spätgotischer Schmerzensmann, starrgefroren. Die Soldaten haben noch etwas Haltung durch die Uniform. Zivilisten haben wir dabei, die bis aufs Hemd ausgezogen sind, vor allem Juden. Da ist es wirklich das Barmherzigste, wenn sie in den Wald geführt und dort umgelegt werden, wie der Fachausdruck lautet. Aber das Ganze ist schon mehr Mord als Krieg.[394] Wenn man nicht auf der anderen Seite immer erneut von den Russen hören würde, was sie unter dem Bolschewismus gelitten haben, könnte man an dem Sinn des Ganzen verzweifeln. Dazwischen ist man nun geworfen, ohne etwas tun zu können als das bißchen Pflicht. Dabei ist es schon schwierig, die regelmäßige Verpflegung in den knappen Grenzen durchzuführen. Wir haben nur nasses Holz, die Kartoffeln kommen stinkend aus den Mieten, die Wasserleitungen frieren ein. Es kommt einem denn fast wie ein Snobismus vor, wenn man seine Bücher nimmt.

Heute war ich viel zu Haus, habe gelegen und geschlafen. In meinem an sich manierlichen Aufenthaltsraum im Lager waren nur drei Grad. Da kann ja niemand verlangen, daß man den ganzen Tag im Lager bleibt. Den Husten bekämpfe ich mit nassen Umschlägen um den Hals. Die Einheit hat nichts an Wintersachen für uns.[395] Es ist immer das gleiche Lied. Mein russischer Koch hat mir einen Kopfschützer besorgt. Nur die wollene Wäsche fehlt und ist nicht zu beschaffen.

Heute kam der Major und meinte etwas ironisch – ich habe ihm neulich einmal ziemlich deutlich die Meinung gesagt – ich müßte wohl *sehr* gute Freunde beim Generalkommando haben, man habe schon wieder geschrieben, ob ich nicht als Dolmetscher verwendet werden könne. Das kommt ja nun auch nicht in Frage. Man sieht wieder, daß man zu nichts nutze ist. Bleibt die Hoffnung auf die Reklamation. Aber wird Magdeburg nicht inzwischen jemand anders haben holen müssen? Nun, wie Gott will. Alles Plänemachen ist sinnlos.[…]

---

393 Vgl. zu Kannibalismus in den Lagern ebenda, S. 155f.
394 Hier sind die Judenerschießungen durch das Einsatzkommando 8 der Sipo und des SD in Kritschew im November 1941 gemeint.
395 Tatsächlich lagen die Wintersachen in Polen in den Bahnhöfen fest und konnten in die Transportpläne nicht eingeschoben werden, da dies die Versorgung mit Munition, Betriebsstoff und Lebensmitteln gefährdet hätte. Vgl. Schüler: Logistik im Rußlandfeldzug.

[228.]
O.U., den 17. November 1941

hoffentlich hat Dich mein letzter Brief nicht unnötig beunruhigt. Das lähmende
Gefühl, wenn einem die Erkältung so in den Knochen steckt, ist überwunden.
Das Wetter ist ähnlich kalt geblieben; aber der Wind hat sich gelegt. Es ist ein
trockener Frost. Die Luft ist klar. Wir hatten zum Teil sehr schöne, sonnige Tage.
Morgen und Abend waren dann jedes Mal bezaubernd farbig. Die Nächte reich
an Sternen, so daß ich meine ersten Beobachtungen machen konnte, wenn ich
abends aus dem Lager kam. Inzwischen habe ich mich weiter zu schützen versucht. Übermorgen soll eine warme Weste fertig sein. In meinem Zimmer im
Lager habe ich Doppelfenster bekommen. Ein neuer Ofen soll noch gesetzt werden. Dazwischen geht die Rede weiter, daß das Lager ganz aufgegeben werden
soll. Sicher scheint weiter nur dies zu sein, daß wir nicht aus Rußland fortkommen.
Vor einigen Tagen haben sich viele über eine amtliche Veröffentlichung sehr erregt,
nach der die Aussichten auf Urlaub ganz gering sind. Es wird da auf die ganz
andere Kriegslage gegenüber den früheren Wintern hingewiesen. Noch wisse
niemand, wann und wo der Führer Halt gebieten werde. Und dann seien die
Transportschwierigkeiten sehr groß. Das ist ja nichts Neues, und ich bin froh, daß
ich Dir seit langem keine bestimmten Hoffnungen gemacht habe. Nun rechnen
wir alle damit, das Fest hier verleben zu müssen.

   Dienstlich waren die letzten Tage sehr ruhig. Ich habe intensiv Russisch getrieben. Nur war mein Lehrer zur Abwechselung jetzt müde und zerstreut. Bis
Weihnachten hoffe ich die geschickten Grammatiken durchgearbeitet zu haben.
Ich habe mir bei Holtermann schon den zweiten Kurs bestellt. Ohne diese Arbeit
wären die Tage sehr viel schwerer auszuhalten. Denn von den Kameraden kommt
gar kein geistiger und menschlicher Anstoß. Wir vertragen uns gut, reden auch
einmal von dem und jenem. Das ist aber auch alles. Und die Post kommt weiter
ganz unregelmäßig. Jetzt ist Deine letzte Nachricht schon wieder dreieinhalb
Wochen alt.[…]

[229.]
O. U., 20. November 1941

Liebe Lene,
[…] Lotte hat mir oft Briefe von Dir mitgeschickt. So konnte ich Dich auf Deiner
Reise begleiten. Es ist schön, wenn man soviel helfen kann. Aber ich wünsche
Euch doch nun immer dringender den eigenen festen Punkt und das gemeinsame
Leben in ihm. Manchmal kann man sich allerdings fragen, ob nicht die Neuord-
nung Europas und ein damit weiterbestehender Kriegszustand für zahllose Deut-
sche die Heimatlosigkeit zum Dauerzustand machen wird. Um so dankbarer
bewahrt man alle Stunden der Gemeinsamkeit in der Erinnerung.

   Für mich selbst gehören die Wochen Ende des vorigen und Anfang dieses Monats zu den schwersten meines Lebens. Hier grenzenloses Elend unter den Gefangenen, das einen innerlich mürbe und schwach gemacht hat. Jetzt ist äußere
Stille. Die meisten sind nach Westen abgeschoben. Und für die jetzigen Kämpfe
liegen wir zu weit zurück. Wahrscheinlich bleiben wir hier am Ort mit ein paar

Tausend Gefangenen, die Straßen und Eisenbahnen schneefrei halten. So reiht man sich ein. Im Winter sind wir mitten drin. Die Temperaturen liegen um zehn bis fünfzehn [Grad]. Aber daran sind wir nun schon gewöhnt. Wenn kein Ost- oder Nordwind ist, stört diese Kälte kaum. Für die geringen Gefangenenzahlen ist es ja auch möglich, etwas menschlichere Verhältnisse zu schaffen. Das eine Gute haben die schweren Wochen gehabt, daß sie mich mit einer Reihe kluger und verantwortungsvoller Russen fast kameradschaftlich zusammengeführt haben. Jetzt ergibt sich aus dem Verkehr ein willkommener Einblick in die russischen Verhältnisse. Daß das bolschewistische System zerbrechen wird, rechtfertigt die Opfer, jedenfalls wenn eine erträgliche Neuordnung gelingt.[…]

[230.]
O.U., den 21. November 1941

Wieder sind ein paar graue eintönige Wintertage vergangen. Das Wetter ist eher milder geworden, es mögen heute minus fünf Grad gewesen sein. Dafür fehlt auch alle Sonne und alle Farbigkeit. Wir haben jetzt nur noch 360 Mann in unserem Lager. Die Arbeit ist gering. Dafür gab es viel Unruhe durch Vorgesetzte. In den beiden anderen Lagern[396] ist die Sterblichkeit noch immer erschreckend groß. Wenn die Verpflegung nicht geändert wird, werden wir zu Weihnachten nicht mehr viel Gefangene haben. Wir geben bei uns jetzt dreimal Suppe aus, außerdem Pellkartoffeln und Brot. Aber es fehlt alles Fett. Pferdefleisch hatten wir zeitweise. Jetzt wird es auch schon wieder knapp. Ich sorge für meine Küche, gehe aber mittags jetzt täglich nach Haus, um zu schlafen. Um viertel sechs – gegen sieben Uhr bin ich bei meinem Russen. Wir unterbrechen die Arbeit oft durch ein Gespräch. Jetzt ist er allein mit einem Burschen, der nicht Deutsch versteht. Da kann man über vieles offen reden, was uns bewegt. Meine Grammatik lerne ich, während das Essen kocht. Alle Vorgesetzten wissen, daß bei mir immer das Buch aufgeschlagen ist, wenn sie kommen. Bisher hat noch niemand etwas dazu gesagt. Selbstverständlich werde ich immerzu gestört. Aber beim Vokabelneinprägen oder Übersetzen ist das nicht so schlimm wie z.B. beim Lesen des Aristoteles. Da komme ich schlecht voran, wenn ich mich auch bemühe, wenigstens im Zusammenhang zu bleiben. Abends sitzen wir dann ganz still an unserem Tisch. Ich lese oder schreibe, und mein Zimmergenosse tut das Gleiche. Nur ist das Briefschreiben schwierig. Ich fange an, Weihnachtsgrüße zu schreiben. Aber Dinge, wie man sie zu Haus gern liest, erleben wir ja wenig. Es ist alles entweder eintönig und mühsam oder sehr, sehr ernst. […] Zum Schicken habe ich nichts. Die Taufkanne habe ich auf zuverlässigem Wege an die Kritschewer Gemeinde gelangen lassen. Sie soll, soviel an mir liegt, noch kein Stück für eine Raritätensammlung werden. Ein paar Zeichnungen, die ich noch habe, sind zu groß zum Schicken. Hast Du eigentlich die beiden Päckchen aus Kochanowo bekommen? Darin waren ja auch Zeichnungen, um die es mir Leid tun würde. Es ist ja alles so unsagbar arm. Welche Mühe macht es den Gefangenen jetzt, nur den Stoff für meine Weste zusammenzubekommen. Und diese Armut noch ausplündern, wie Kameraden es tun,

---

[396] Das Dulag 203 betrieb zu dieser Zeit insgesamt drei Lager.

indem sie den Frauen die letzten neuen Handtücher gegen ein Brot eintauschen? Man möchte statt dessen lieber geben. Schade, daß ich nicht rechtzeitig ein paar Kleinigkeiten bei Dir bestellt habe, etwa einen Malkasten (Wasserfarben) für meinen Lehrer. Nun ist es zu spät. Es wird sich ja auch noch manches anfinden, wenn die Post leidlich arbeitet.[…]

[231.]
O.U., den 24. November 1941

Nun ist auch der Totensonntag vorbei, grau mit etwas Schnee und einigen Grad Kälte. Wie gerne würde man sich jetzt wieder einmal in den großen Strom einreihen, der zu den Gräbern geht. Und wie leer werden die Wochen ohne Sonntag und Feiertag. Vor acht Tagen war hier Gottesdienst. Aber da wir so für uns wohnen und ich den ganzen Tag im Lager bin, habe ich es gar nicht erfahren. Du fragst wegen der Taufe. Der 1. Advent ist ja längst vorbei, wenn Du den Brief erhältst. So muß ich auch das Dir ganz anheim stellen.

Zu sorgen brauchst Du Dich nicht um mich. Anscheinend bleiben wir doch hier und haben dann alle Vorteile, was das Quartier angeht, von denen ich Dir immer geschrieben habe. Meine Weste ist jetzt fertig; nun kommen ein Paar warme Hausschuhe an die Reihe. Im Lager ist auch der neue Ofen in meinem Zimmer fertig, der sehr gut heizt. Im übrigen sind wir noch dabei, alle Ritzen zu vernageln. Unser Lager ist jetzt auf einen kleinen Teil des Fabrikgeländes beschränkt. Jenseits der neuen Zäune wird rücksichtslos abgerissen, was uns zugute kommen kann. Unter den wenigen Menschen ist die Stimmung nun doch entspannter. Wir lachen oft mit den Russen, wenn sie zum Essen kommen. Heute abend strahlte die ganze Polizei, weil sie sich alle am Nachmittag hatten rasieren lassen. Das muß doch auch bewundert werden. Dann sind sie wie Kinder. Auch wenn sie einen bei ihren Betteleien anlachen, können sie die gewinnendsten Gesichter machen. Man kann sich gut vorstellen, wie sie früher vor ihren Herren gestanden haben, fähig, alle Register zu ziehen, zu weinen und zu lachen, wie es nötig war, und jedes Mal vermutlich aus vollem Herzen. Ich bin nun in der Küche ganz allein mit ihnen. Nur ein achtzehnjähriger Bursche aus der Gegend von Odessa, ein immer vergnügter, frischer Kerl, ist noch da zum Deutschreden. Dieser Tage habe ich ihm einmal an Hand Deiner Karten von der Wartburg erzählt. Er hörte den Namen Luther zum erstenmal, obwohl er noch getauft ist. Der letzte in seiner Familie, die jüngeren Geschwister sind es nicht mehr. Ich müßte schon viel mehr Russisch sprechen, aber mein Lehrer hat mir mit seinen hohen Anforderungen etwas den Mut genommen. Immerhin verstehe ich doch nun das Notwendigste im täglichen Verkehr. Vorgestern hat mir unser Putzer lange von seiner religiösen Entwicklung erzählt. Er gehört zu einer evangelischen Bewegung. Leider habe ich doch zu vieles nicht verstanden. Jedenfalls liest er Tag um Tag in seinem Testament, das aus Wernigerode gekommen ist. Sein Gebetbüchlein, das er in einer rotsamtenen Tasche zu stecken hat, hat er jetzt in Silberpapier aus einer Zigarettenschachtel eingeschlagen. Da hast Du das ganze Rußland, wie es an tausend Stellen noch heute ist. Hätte ich alles verstanden, könnte ich den Wernigerodern einen schönen Brief schreiben. So aber bleibt doch auch dieses russische Erlebnis begrenzt und stückhaft wie alles. Wie gern wären wir alle unten am Schwarzen Meer oder auf der Krim. Wenn ich bei meinen Russen sitze, habe ich links den »Roten Platz« in Moskau und rechts ein klassizistisches Museum, mit Kohle an die Wände gezeichnet. Was mag davon noch übrig sein, wenn die Stadt endlich in unsere Hände fällt. In Rostow, das nun genommen ist, hat mein Koch Frau und Kind. Ich glaube, die meisten Russen sind auch darin ganz kindlich, daß sie die Hoffnung nicht aufgeben. Wenn so eine Nachricht kommt, ist es, als würde man nun sofort freigelassen und auf die Bahn gesetzt werden, und in ein paar Tagen wäre alles vergessen. Man spürt täglich, daß man in einem Volk lebt, dem »Haltung« und »Persönlichkeit« im ganzen fremde Begriffe geblieben sind. Aber genug von diesen Allgemeinheiten.[…]

[232.]
O.U., den 25. November 1941

Lieber Werner,
ich danke Dir herzlich für Deinen Brief vom 28. September, der nun fast zwei Monate alt ist. Aber die Post ist ja regelmäßig drei Wochen unterwegs, und dann kam der Brief gerade in eine für uns sehr schwere Zeit hinein. Ein Teil der Gefangenen von Brjansk[397] ging durch die drei Lager, die unsere Einheit hier betreut. Ich hatte an manchen Tagen 16-18000 Mann satt zu machen, soweit das überhaupt möglich war. Dabei waren wir fünf Deutsche in Verwaltung und Küche und acht Posten. Daß da geprügelt und geschossen werden mußte, kannst Du Dir denken. Die Küchenleitung hat in solchen Zeiten nichts, was an zivile Vorstellungen erinnern könnte. Man prügelt und schießt, um rings um die Küche Ordnung zu schaffen. Man betreut die Kranken, damit sie nicht verhungern. Spielt den Richter, wenn Vorräte gestohlen werden usw. Jetzt ist es nun sehr viel ruhiger. Die Gefangenen sind nach dem Westen weitertransportiert, soweit sie die Anstrengungen und den Hunger überstehen – sie gehen zu Tausenden ein. Die eigentlich kommunistischen Elemente sind wohl so gut wie völlig ausgemerzt, ehe die Transporte bis zu uns kommen.[398] Die Menschen, die wir bei uns haben, sind selber zum großen Teil unglückliche Opfer des bolschewistischen Systems. Wir haben z.B. zahlreiche Zivilisten in unserem Lager, die aus den Gefängnissen oder den Arbeitslagern zum Anlegen von Schützengräben oder Tankfallen geholt worden sind. Ins Gefängnis sind sie gekommen, weil sie drei Tage die Arbeit versäumt haben. Andere sind Söhne von ehemaligen Kulaken, deren Väter von den Höfen vertrieben, vielfach verschickt oder erschossen sind. Oder sie stammen aus dem alten besitzenden Bürgertum und sind ins Proletariat hinabgestoßen. Sie haben alle nur den einen Wunsch, daß Stalin verschwindet und sie selbst ruhig nach Hause gehen können. Und unter welchen Verhältnissen haben sie zum Teil gelebt: Mein russischer Lehrer z.B. Oberleutnant, 47 Jahre alt, Lehrer an einer Kunstgewerbeschule in Moskau, hat für sich und seine Familie ein Zimmer, das er noch mit seinem Vater teilt. Dieser Einblick in die ungeheuer weite russische Welt ist

---

[397] Im Kessel von Bjansk-Wjasma ergaben sich rund 600000 Rotarmisten.
[398] Hiermit ist die Erschießung von Kommissaren durch die Truppe gemäß dem Kommissarbefehl gemeint. Vgl. Krausnick, Einsatzgruppen.

noch das Wertvollste, was wir mit nach Haus nehmen. Sonst ist hier auch gar nichts zu holen. Das Leben ist sehr einförmig. Es fehlt an jeder Abwechselung. Wäre man nicht gewöhnt, sich seine Arbeit selbst zu suchen, wäre es schwer auszuhalten.

Auf die Meldung zur Beamtenlaufbahn habe ich ebenso wie auf einen nochmaligen Start zum Reserveoffizier verzichtet, weil meine Behörde einen Uk-Antrag stellen wollte. Bis zum 31. Dezember besteht eine Sperre für die Ostfront. Aber die paar Wochen sind ja bald vorbei. Vielleicht wird es dann etwa zum März etwas. Sonst geht es mir weiter nicht schlecht. Ich bin ja 1939-1940 durch den polnischen Winter gekommen und hoffe, auch den russischen zu überstehen. Zur Zeit haben wir zehn bis fünfzehn Grad Kälte. Aber ich kann mich jetzt besser schützen als damals, weil ich in meinem Dienst sehr viel freier bin. Ich denke, es ist das Beste, ich lasse zur Zeit alle anderen Pläne ruhen, und steuere auf die Uk-Stellung los. Darum danke ich Dir herzlich für Dein freundliches Anerbieten, möchte es aber zur Zeit nicht benutzen. Im übrigen habe ich auch an dem Personalreferenten in Hannover einen warmen Fürsprecher, der alles tut, was möglich ist.[…]

[233.]
O.U., den 25. November 1941

Lieber Siegfried,
vor vier Wochen hast Du Deinen Brief geschrieben, und wieder in vier Wochen ist Weihnachten! Da unsere Post ja doch immer drei Wochen unterwegs ist, möchte ich Dir und Deiner lieben Frau schon heute von Herzen ein gesegnetes frohes Fest wünschen.[…] Ich liebe das östliche Land sehr in den Herbstmonaten. Aber zum Erholen ist es nichts. Wir stecken mitten im Winter und haben heute etwa zehn Grad am Tage gehabt. Das Land liegt unter einer dünnen Schneedecke. Der Frost dringt schon jetzt tief in den Boden ein. Möchten die Kämpfe wenigstens nach dem Norden zu endlich zum Abschluß kommen. Im Kaukasusgebiet gibt es ja keinen Winter, jedenfalls an den Hängen nicht. Dort wird es wohl weitergehen.[399]

Wir hatten sehr schwere Wochen, in denen soviel Elend und Sterben an mir vorbeigezogen ist wie noch nie. Dabei ging alle Kraft bei dem Versuch drauf, den Menschen wenigstens das nötigste an Essen zu schaffen. Es ist ein großes Sterben in den Lagern. Wenn der Winter richtig einsetzt, wird es durch ganz Rußland gehen. Wenn die Schilderungen von der Massenflucht aus den Großstädten richtig sind, muß auch dort im noch unbesetztem Gebiet das Elend furchtbar sein.[400] Dabei kann ich nach allem, was ich gesehen habe, in den breiten Millionenschichten des russischen Volkes keinen Feind sehen. Es sind zum größten Teil die unglücklichen Opfer einer wahnsinnigen Politik, deren Wurzeln allerdings tief in die russische Vergangenheit hineinreichen. Für mich ist dieses Erlebnis einer grandiosen geschichtlichen Stunde tief erregend. Ich möchte gern viel tiefer in die

---

[399] Erst im Juni 1942 begann die deutsche Sommeroffensive in Richtung auf Stalingrad und den Kaukasus.

[400] Vgl. hierzu John Barber/Mark Harrison: The Soviet Home Front 1941-1945. A Social and Economic History of the USSR in World War II, London 1991.

Zusammenhänge hineinsehen. Leider stoße ich auch jetzt ständig auf die Grenzen meiner Kraft. An alles Tiefere komme ich mit meinen Sprachkenntnissen noch nicht heran. Dazu gehört auch das Religiöse, das sich überall regt. Auch hier am Ort ist die Kirche wieder hergerichtet. Kriegsgefangene Sänger, Musiker und Maler sind beurlaubt, um den inneren Schmuck zu erneuern und den Chor neu aufzustellen. Ich werde einen Sonntagabend in unserer schlimmsten Zeit nicht vergessen, an dem mich Russen zu sich eingeladen hatten im Lager, um mir einige Stunden der Entspannung zu bereiten. Ein Bariton der Moskauer Oper sang russische Volkslieder, Stücke aus dem Boris Godunow und schließlich liturgische Gesänge, die auch die Russen seit Jahren nicht gehört hatten.[…]

[234.]
O.U., den 25. November 1941

Martin-Lutherbund
Ich weiß nicht, ob ich ihnen den Empfang Ihrer Sendungen bestätigt habe. Wenn nicht, möchte ich es jetzt noch tun und ihnen zugleich herzlich danken. Wir hatten, als die Briefe kamen, gerade sehr schweren Dienst – Zehntausende von Gefangenen, ein furchtbares Elend, Hunger, Verwundungen, Sterben. Man konnte sich um die Einzelnen nicht kümmern. Aber die Evangelien und Psalter habe ich doch weitergeben können. Man sorgt sich darum, daß aus dem großen Leiden und Sterben für Rußland eine glücklichere Zukunft entstehen möchte, in der auch das Evangelium seinen Raum hat. Aus jedem neuen Feldzug erwächst uns eine neue Verantwortung. Aber vielleicht dankt uns der Osten diesen Krieg noch einmal in einer Weise, die heute noch niemand ahnt. Ich möchte glauben, daß das russische Volk, das an seinem Christus so treu festgehalten hat, uns Christen in den nächsten Jahren noch viel zu sagen hat, wenn erst einmal der Bann gebrochen ist.[…]

[235.]
O.U., den 28. November 1941

[…] Sonst gibt es kaum etwas zu erzählen. Heute war ein schöner, sonniger Wintertag, dabei war es nicht allzu kalt. Aber trotzdem friert man jedes Mal, wenn man eine Viertelstunde beim Essenausgeben draußen gestanden hat. Hoffentlich bleibt uns unser stiller Betrieb noch einige Zeit erhalten. Ich habe jetzt jeden Ehrgeiz beiseite gelegt und bin froh, wenn man mich in Ruhe läßt. Von unseren 300 Mann müssen immer noch alle Tage fünf bis sieben ins Lazarett gebracht werden. Fast immer ist zuletzt ungenügende Ernährung der Grund. Auf dem Papier stehen ausreichende Sätze, aber geliefert erhalten wir nichts als Buchweizen, Kartoffeln und Brot. Einzelne Gefangene werden mal nach Hause geschickt. Die anderen werden darüber unruhig. Trotzdem wundert man sich immer wieder darüber, daß sie alles im ganzen so harmlos nehmen. Die Masse scheint innerlich noch immer auf der Stufe zu stehen, auf der sie Turgenjew vor achtzig Jahren geschildert hat trotz aller revolutionären und anarchistischen Bewegungen. So hat man für seine Gedanken und seine Beobachtungen noch immer Stoff. In meinem Sprachunterricht habe ich heute zum erstenmal eine kleine Fabel nacherzählt. Daran kannst Du ungefähr sehen, wie langsam man vorankommt. Dabei ist mein

Lehrer mit meiner Aussprache noch längst nicht zufrieden. Er hat eben auch selbst eine außerordentlich gepflegte Art zu sprechen, die weit über dem Russisch steht, das ich im Durchschnitt höre. Er ist ganz der gebildete Bürger in einer eigentümlich russischen Abwandlung, in dessen Sprachschatz auch das Wort Humanität noch vorkommt. Hoffentlich sind unsere Beziehungen noch nicht so rasch zu Ende. Ich möchte ihn gern noch vieles fragen, aber wenn wir anderthalb Stunden gearbeitet haben bei mangelhaftem Licht und vor einem feuerspeienden Ofen sind wir beide müde. Für die Fortsetzung der Arbeit habe ich mir einiges bei Holtermann bestellt. Zu Weihnachten mag das hier sein.

Und da bin ich wieder beim Fest. Ich habe in dieser Woche schon eine ganze Reihe Briefe geschrieben, auch an Franz und Lene[401] gestern. Für Dich ist heute ein kleines Päckchen mit Seife abgegangen, nachdem ich von Dir die K-Seife und die Schuhkrem erhalten hatte. Du mußt sie erst etwas säubern, sie ist von Gefangenen im Lager eingetauscht. Morgen schicke ich noch fünfzig Mark für Dich persönlich ab. Ich habe diese Woche noch hin- und herüberlegt, wie ich Dir eine kleine Freude machen könnte. Aber es war nun schon zu spät geworden. […]

[236.]
O.U., den 28. November 1941

Lieber Herr Günther[402],
Ihnen, Ihrer verehrten lieben Gattin und den Kindern wünsche ich ein fröhliches Weihnachtsfest voll Festesglanz und voll Segen des Herrn. […] Leid tut es mir nur um meine Frau, für die die Thüringer Einsamkeit in diesen Tagen ja schmerzlich sein wird. Aber das Kind sorgt ja für Arbeit und ist ein immer neuer Anlaß zur Dankbarkeit. So wird auch sie über das Fest hinwegkommen.

Bei uns gehen die Tage still und gleichmäßig dahin. Man spricht immer mal davon, daß wir weiter nach vorn in die Nähe der Moskauer Front geschoben werden sollen. Aber Sie wissen ja, wie viel bei den Preußen geschwätzt wird. Möglich ist es natürlich jeden Tag, daß ein Marschbefehl kommt. Es würde uns natürlich schwer fallen, aus Lager und Quartier hinauszugehen, das wir uns in zwei Monaten hergerichtet haben. Aber die Aussicht, ein Stück mehr von Rußland kennenzulernen, hat auch etwas Verlockendes. Denn der Einblick in dieses schwer zu begreifende Land bleibt doch immer ein Gewinn. Wir lernen die Russen ja im täglichen Verkehr gut kennen. Gewiß sind sie schmutziger, fauler, nachlässiger als wir. Aber sie haben auch ihre guten Eigenschaften, die erst wieder ganz zum Vorschein kommen werden, wenn die Zwangsherrschaft des Bolschewismus gestürzt ist, unter der sie alle so gelitten haben. Selbstverständlich achte ich mit besonderer Aufmerksamkeit auf alles, was mit dem sich neu regenden Glauben zusammenhängt. Aus Wernigerode (Licht im Osten) und vom Martin-Lutherbund habe ich russische Evangelien und Psalter bekommen und gebe sie vorsichtig aus. Bei meiner Stellung im Lager muß ich vermeiden, daß das Bekenntnis zum Christentum in der Hoffnung geschieht, daraufhin ein Stück Brot mehr zu bekommen. Die Versuchung dazu ist groß. Diese halben Kinder machen alles, la-

---

[401] Dieser Brief bietet eine weitere Beschreibung des Dulags und seiner Umgebung.
[402] Schuldirektor in Magdeburg.

chen, weinen, fallen vor Schwäche mir vor die Füße, sagen mir eine Schmeichelei über meine Stiefel, und wenn man darauf eingeht, kommt die Bitte um Brot. Wer es ihnen gibt, hat sie in der Hand. Es ist wie ein großer Anschauungsunterricht zur Versuchungsgeschichte.[…]

[237.]
O.U., den 2. Dezember 1941

Es tut mir leid, daß die Post so unregelmäßig zu Dir kommt, wie ich aus Deiner Karte vom 11. November ersehen habe, die erstaunlich rasch angekommen ist, zusammen mit zwei Paketen – dem Raabe- und dem Schinkelbuch. Ich bin Dir sehr dankbar für das alles, und hätte den heutigen Tag wohl einmal ganz entspannt in eine andere Welt versetzt beschlossen, wenn mir nicht zufällig im »Mitteldeutschen« die beiliegende Anzeige in die Hand gefallen wäre. Sie hat mich sehr erschüttert. Ich denke an die vielen stillen Spaziergänge in Kosów im Frühling und Sommer des vorigen Jahres und die Art, in der Quade von dem Jungen erzählte, und an das, was ich bei meinen Besuchen beobachten konnte, wie der Junge für die Eltern doch *der* Lebensinhalt war. Es muß das doch noch schwerer sein, als wenn ein schon erwachsener Sohn im Felde stirbt. Da ist doch schon so etwas wie eine irdische Vollendung; aber hier. Wie einsam mag das Leben der Eltern nun sein. Ich hatte in der vorigen Woche noch zum Fest geschrieben und muß es morgen nun noch einmal tun.[…]

Morgen will sich mein netter, frischer Dolmetscher auf die Wanderschaft nach Odessa machen, zum Teil froh, daß es in die Heimat gehen soll, zum Teil auch bedrückt, weil die Partisanen mit Vorliebe auf die entlassenen Kriegsgefangenen auf den Landstraßen schießen, weil sie in ihnen Parteigänger Deutschlands sehen. Das ist das andere Rußland, das nun vor Petersburg und Moskau so verbissen um seine Existenz kämpft und diese Kämpfe hoffentlich nicht überstehen wird.[403] In der Nacht wurde ich auch wieder durch Schüsse geweckt – vier Tote bei einem Ausbruch. Franz schrieb auch sehr viel gedämpfter über die Lage in Belgien. Sie fangen dort an, Ähnliches zu erleben, wie es im Osten seit langem üblich ist: Massenerschießungen.[404] Gestern hatte ich mit dem neuen Inspektor eine lange Auseinandersetzung, um das Nötigste an Verpflegung für die Gefangenen herauszuholen, wenigstens nicht ganz ohne Erfolg. Er sagte mir unter anderem: »Auf solche Stellen gehören eben robuste Naturen, denen es nicht darauf ankommt, wenn einige hundert Gefangene sterben.« Ihn interessiert die Anfertigung von Skiern, die er bald zu benutzen hofft, mehr als sein Dienst.

Bei alledem haben meine russischen »Studien« etwas gelitten. Aber ich zwinge mich, soweit es geht, weiter dazu. Vielleicht kann ich diese Kenntnisse noch einmal praktisch verwenden, vorausgesetzt daß ich hier noch den Winter aushalten

---

[403]   Am 5. Dezember 1941 begann die sowjetische Gegenoffensive vor Moskau, die die Wehrmacht an den Rand einer katastrophalen Niederlage brachte. Vgl. Reinhardt, Die Wende vor Moskau.

[404]   Die erste Geiselerschießung in Belgien fand am 27. November 1942 statt. Vgl. Weber, Sicherheit, S. 186. Gemeint waren wohl Geiselerschießungen beim Militärbefehlshaber in Frankreich. Vgl. Sven Olaf Berggötz: Ernst Jünger und die Geiseln. Die Denkschrift von Ernst Jünger und die Geiselerschießungen in Frankreich 1941/42, in: VfZ 51 (2003), S. 405-472.

muß. Bis jetzt denke ich wenigstens soviel gelernt zu haben, daß ich ohne Dolmetscher in der Küche auskomme. Allerdings wird es mir doch schwer fallen, nur Russen um mich zu haben.[...]

[238.]
O.U., den 7. Dezember 1941

Es ist der Abend des zweiten Adventssonntages. Eben bin ich durch die stille dunkle Nacht nach Haus gegangen. Die Kälte, die in den letzten Tagen wieder auf zwanzig Grad gestiegen war, hat etwas nachgelassen. Auch der Wind hat sich gelegt. Man kann nun die kleine Viertelstunde vom und zum Lager wieder menschlich-besinnlich zurücklegen und nicht so gehetzt von dem Frost. Es war heute überhaupt wieder ein ruhiger Tag. Ich stehe immer erst gegen sieben Uhr auf. Ganz fest schlafe ich die Nacht doch selten durch. Ist es draußen mild, dann ist es im Zimmer fast zu warm zum Schlafen, kommt der strenge Frost wieder, dann muß man sich öfter einmal neu in seine Decken wickeln. So hält man es schon im Bett aus. Wenn ich dann ins Lager komme, geht jetzt gerade im Südosten die Sonne auf. Das Frühstück (Buchweizensuppe und Pellkartoffeln) ist dann bereits ausgegeben. Ich sehe überall in der Küche und um sie herum nach dem Rechten und setze mich an mein Russisch. Zwischendurch mache ich dem Hauptmann meine Meldung, oder es kommt ein Vorgesetzter, gegen Mittag fast regelmäßig der Inspektor. Wir besprechen, was fehlt, und reden von dem und jenem. Auch das Brot, Kartoffeln, die Grütze werden gebracht. Und ich stehe beim Abladen dabei, damit nichts verschwindet. Mein Koch bringt das Frühstück, heute ein ganz besonderes. Saure Milch – herrlich wie Sahne – und russisches Trockenbrot dazu. Zwischendurch kehre ich immer wieder zu meinen Büchern zurück oder sehe auch einmal nach den Kesseln und den Holzarbeitern. So kommt der Mittag heran, und ich kontrolliere die Ausgabe des Essens. Heute bin ich dann nach Haus gegangen, habe meinen Sonntagsbraten gegessen und mich dann hingelegt. Dann bin ich wieder ins Lager gegangen und habe mit dem Russen fast zwei Stunden gearbeitet. Wir hatten es heute so ganz ungestört, da haben wir es länger ausgehalten als sonst meist. Inzwischen hatte sich mein Koch die russische Hose vorgenommen, die er heute morgen für mich ausgekocht hatte, um sie aufzubügeln. Aber in den Nähten sitzen oder saßen doch soviel tote Läuse, daß mir alle Lust vergangen ist, sie unterzuziehen. Ich werde es nur tun, wenn wir etwa noch abrücken sollten, oder hier vorher noch Mal zum Entlausen geben. Während ich dabei stand, kam einer unserer Dolmetscher, ein kleiner einundzwanzigjähriger Halbjude, und wir haben uns ein bißchen über die russische Literatur unterhalten. Morgen will er mich mit Lektüre versorgen. So ist es sechs Uhr geworden, als ich aus dem Lager aufgebrochen bin, und nun bleiben nur die Abendstunden noch zum Schreiben und Lesen.

Du siehst, unser Leben ist nun wieder ganz friedlich, und Du brauchst Dich um nichts zu sorgen. Habe ich Dir eigentlich schon für die letzten Briefe [...] gedankt? Ich freue mich, daß Du zum Abendmahl warst. Mit der Taufe wollen wir nun doch wohl warten, wenn nicht eine besondere Gelegenheit sich ergibt, Franz etwa mal vorbei kommt oder dgl. Hier wird wohl die Weihnachtsfeier ganz

»deutsch« ausfallen. Nachdem jetzt die Division fort ist, wird es wohl auch keinen Gottesdienst mehr geben.[405] Aber vielleicht sind wir auch gar nicht mehr hier zu Weihnachten. Unsere Wachkompanie[406] kommt auch ganz plötzlich weg. Aus unserer Wohnung müssen wir gleichfalls heraus und mit in den Hauptblock ziehen. Wohl eine Freundlichkeit des Hauptfeldwebels.

[…] Der Winter ist noch lang, und die Hoffnungen auf ein Freikommen werden bei mir immer geringer. Heute hörte ich z.B., daß bis Ende Februar kein Ersatz aus der Heimat angefordert werden darf. Welche Einheit wird da Leute freigeben! Zumal bei uns die Sollstärke[407] sowieso um 30% unterschritten ist.

Es war schön, daß noch eine Reihe Briefe und die beiden Bücher von Dir vor der erneuten Unterbrechung unseres Postempfangs gekommen sind. So habe ich doch an den Abenden ein bißchen Entspannung gehabt und brauchte nicht immer nur »lernen«. Raabe bin ich fast auf seinem ganzen Wege bereits gefolgt. Es berührt etwas schmerzlich, wenn man sieht, wie die reiche Entfaltung lebendigster Menschlichkeit vor allem in den Briefen an die Freunde im fünften Lebensjahrzehnt bereits langsam aufhört, wie Krankheit, Sorgen und mangelnder äußerer Erfolg nun wieder eine herbere Art hervortreten lassen. Gewiß ist es in jeder Beziehung echtester Sohn des Landes zwischen Harz und Weser, d.h. Beispiel dessen, wozu diese Menschen fähig sind, wenn sie über sich hinauswachsen. […]

[239.]
O.U., den 10. Dezember 1941

Wir Russen müssen es ja so machen, wie es seit alters hier der Brauch ist, wir müssen die Wochen immer vorrechnen, um an Eurem Leben Anteil nehmen zu können. Und da liegt Weihnachten schon hinter uns. Unser Hochzeitstag, das Jahresende, das neue Jahr. Als ich durch den Sturm, der draußen heult, aus dem Lager nach Hause ging, dachte ich an so Vieles, was ich Dir dazu schreiben wollte. Aber nun, wo ich den Bleistift in der Hand habe, fällt es mir schwer, die rechten Worte zu finden. Möge Gott sich über alles erbarmen, das Vergangene wie das Zukünftige. Die erste Reaktion auf die neue Erweiterung des Krieges[408] war doch bei allen die, daß nun erst recht kein Ende abzusehen ist. Ich fürchte, daß auch die phantastischen Anfangserfolge der Japaner die Wirkung haben werden, den Amerikanern klarzumachen, wie ernstlich sie bedroht sind, und also die Lage nur verschärfen. Ich bin angesichts der Erweiterung des Krieges sehr pessimistisch in Bezug auf den Uk-Antrag, vorausgesetzt daß er überhaupt gestellt wird.

So muß man sich an die nahen Dinge halten. Heute kam Dein Brief mit dem Stempel vom 13. November mit den Einlagen. Schreibe mir weiter so viel Frohes von dem Kind. Das ist doch das Beste. Daß auch Mutter solange keine Post be-

---

[405] Geistliche waren nur den Divisionen zugeteilt.

[406] Es handelte sich um die 2. Kompanie des 473. Landesschützenbataillons, die durch die 1. Kompanie des 974. abgelöst wurde. Kriegstagebuch der 286. Sicherungsdivision. BA-MA, RH26-286/2.

[407] Sollstärke bezeichnet die planmäßig vorgesehene Zusammensetzung einer Einheit aus Mannschaften, Unteroffizieren, Offizieren etc.

[408] Am 7. Dezember 1941 griffen japanische Seestreitkräfte den amerikanischen Stützpunkt Pearl Harbour im Pazifik an. Am 11. Dezember erklärte Hitler den USA den Krieg.

kommen hat, wundert mich nicht. Es ist den Angehörigen aller Kameraden gleich gegangen. Man kann nur froh sein, daß sich Luftangriffe wie der vom 7. November nicht wiederholt haben.[409] Die Verluste waren doch anscheinend zu hoch. Auf die Weihnachtspost freuen wir uns alle schon, während wir auf die Vorbereitungen, die hier für die Feier getroffen werden, sehr skeptisch sehen. Hoffentlich erreicht uns alles leidlich pünktlich. Die Räume, die wir jetzt bewohnen, sollen als Gemeinschaftsraum hergerichtet werden. Morgen wird uns wohl auch unser neuer Major zum erstenmal im Lager besuchen.[410]

Das Wetter läßt uns stark empfinden, daß wir nicht zu Hause sind. Der Wind ist in der letzten Woche wie toll herumgesprungen, und damit fiel und stieg zugleich das Thermometer: von minus zwanzig auf plus fünf Grad, dann wieder auf minus fünf Grad. Heute morgen trieb der Schnee durch die Gegend, und jetzt heult der Weststurm, daß sich die Zeltbahn vor dem Fenster aufbläht, und die Scheiben sind vom Regen übersprüht. Gesundheitlich geht es noch immer. Auch die heutige Choleraimpfung habe ich gut überstanden. Der Gedanke an die, die bei diesem Wetter nicht in der warmen Stube sitzen können, läßt einen immer wieder erschauern. Vielleicht wäre man als Nachrichtenoffizier heute auch in einer viel schwereren Lage. Vor einem Jahr haben wir uns noch wegen des Unfalls gegrämt. Vielleicht ist einem dadurch Schwereres erspart geblieben.

Heute habe ich mir – zum erstenmal seit Wochen die russische Stunde geschenkt. Ich wollte nicht bis in die Dunkelheit hinein im Lager bleiben. Dafür will ich noch wieder ein Kapitel im »Taras Bulba«[411] lesen. Ich tue es mit Hilfe der Übersetzung. So komme ich leidlich voran. Sonst wäre es ein endloses Hängen an den Vokabeln. Auch den Aristoteles will ich im alten Jahr noch abschließen. Er ist mir sehr wichtig, weil an ihm doch der ganze Wissenschafts- und Persönlichkeitsgedanke des Abendlandes hängt. […]

[240.]
O.U., den 14. Dezember 1941

[…] Nun spüren wir doch auch ein bißchen, daß es weihnachtet. An meinem Geburtstag war ich wie gewöhnlich im Lager und bin erst abends nach Hause gegangen. Da hatten die Kameraden, mit denen ich zusammen liege, einen »Geburtstagstisch« bereitet: einen Messingleuchter, den irgendwer im Schmutz gefunden hatte, mit einer Kerze, sechs Eier, einen von einem Gefangenen geschnitzten Holzlöffel. Man spürt dann doch mit einem Mal, wie einen das freut, auch wenn man vorher lieber auf alles verzichten wollte. Ebenso war es heute mit der Post. Da war außer Deinem Brief einer von Hans Dietrich vom 22. *September* (!) und dann ein richtiges Weihnachtspäckchen von einem Schuljungen irgendwo aus dem Warthegau, in dessen Dorf das Dulag im Sommer gelegen hat und der so

---

[409] Am 7./8. November 1941 griffen britische Bomber Berlin, Köln und Mannheim an. 37 Maschinen gingen verloren. Kriegstagebuch des Oberkommandos der Wehrmacht. Im Auftrag des Arbeitskreises für Wehrforschung hrsg. von Percy Ernst Schramm, 4 Teile, 8 Bände, Bd. 1/2, München 1982, S. 1235.

[410] Major Hartwig von Stietencron (1884-1952). Hautstaatsarchiv Hannover, NDS. 721 Acc. 90/99, Nr. 124/2. Siehe die Einführung von Klaus Jochen Arnold.

[411] Roman von Nikolai Wassiljewitsch Gogol (1809-1852), ukrainischer Schriftsteller.

meine Anschrift bekommen hat. Mit dem Märchenheft vom W[inter] H[ilfs-] W[erk], das darin lag, habe ich heute schon meinem Russen eine große Freude gemacht. Er zeichnet selbst für seine kleine Tochter solche Märchenbilderreihen, und es war ihm wie ein Zuspruch, daß er sie noch einmal lebend wiedersehen wird. Die Bonbons bekommen morgen meine kleinsten russischen Freunde. Wenn ich ins Lager gehe, stehen an dem Feldweg, den ich benutze, oft ein paar Drei- oder Vierjährige. Wenn ich komme, bauen sie sich auf, rufen »pan, pan«[412], damit ich sie auch beachte, und grüßen dann militärisch. Heute haben sie zum erstenmal ein paar Bonbons bekommen, und nun werden sie wohl schon warten, wenn ich morgen komme. Leider ist mir meine russische Freundin seit ein paar Tagen untreu geworden. Meine kleine Katze, die uns so brav die Mäuse weggefangen hat, ist weg. Hoffentlich hat sie sich nicht ein hungriger Gefangener gegriffen. Ich habe noch nicht gewußt, daß solch junges Tier so reich in seinen Bewegungen und so vielfältig in seinem Ausdruck ist. Ich kannte sie schon ganz genau und sie mich auch. Sie wußte, wann sie auf Milch hoffen konnte und wann nicht. Es täte mir leid, wenn sie verschwunden wäre.

So gibt es doch immer noch ein bißchen was Menschliches. Leider auch den dazu gehörigen Ärger. Der Urlaub ist jetzt tatsächlich für die Ostarmee freigegeben, aber in ganz geringem Umfang – und der Spieß hat angekündigt, daß für die Neuhinzugekommenen Urlaub nicht in Frage käme. Selbstverständlich lassen wir uns das nicht gefallen. Aber praktisch wird kaum etwas dabei herauskommen, da die Quote eben so gering ist. Also mach Dir keine Hoffnungen für den Winter. Aus Magdeburg hast Du wohl von der Reklamation auch nichts mehr gehört. Ich habe noch nichts über eine etwaige Aufhebung oder Verlängerung der Sperre erfahren können.

Der heutige Sonntag war uns durch diese Urlaubsgeschichte natürlich gestört. Ich war lange bei meinem Russen, und wir haben viel erzählt, leider meist Deutsch, weil unsere Unterhaltung immer gleich auf Gleise gerät, wo das Russisch bei mir längst nicht ausreicht. Wir können bei unserer Arbeit beide nicht einfach genug sein. Als ich dann gegen sechs Uhr nach Hause ging, war die Welt im frischen Schein – wir hatten einige Tage Tauwetter! – so still, daß es mir doch ganz adventlich ums Herz wurde. So wird auch das Fest selbst nicht nur den Ärger über Alkoholszenen bringen. Heute abend soll der Geist mal ein bißchen Ruhe haben und keinen Aristoteles und kein Russisch zu fressen bekommen. Er war ohnehin auf die neuen Ereignisse hin oft sehr müde. Vor allem mit dem Russisch*sprechen* geht es noch immer zu schlecht. Ich habe nicht genug Schwung und Nachahmungstrieb dazu. Und wie gesagt, wir sind nicht einfach genug. Wir müßten immer noch das Einfachste über das Wetter und das Essen und dgl. reden. Nun, vielleicht habe ich noch lange Zeit zum Üben. Heute habe ich einen vierzigjährigen Moskauer Dozenten, einem gebürtigen Armenier etwas helfen können, besseres Quartier verschafft usw. Auch er will mir nun Russischunterricht geben. Aber soviel läßt sich gar nicht verdauen. Nun genug davon.[…][413]

---

[412] »Herr, Herr!«

[413] Am 19. Dezember 1941 schrieb Konrad Jarausch an die Mutter: »[…] Post kommt wenig und ganz zufällig. So kam ein Weihnachtspäckchen von einem unbekannten Jungen aus dem Warthegau mit gutem Gebäck und Nüssen und eines von Fräulein Schneider auch mit etwas Gebäck und einem

[241.]
O.U., den 20. Dezember 1941

Nun steht der letzte Adventssonntag vor der Tür. Draußen wenigstens ist es weihnachtlich genug. Nach einigen ganz ungewöhnlich milden Tagen, an denen es tagsüber sogar getaut hat, ist der Frost zurückgekehrt. Es liegt wieder Schnee, und die Sterne funkeln in der Nacht so diamanten wie die Eiskristalle am Tage. Auch die Einheit gibt sich alle Mühe. Drei Schweine sind geschlachtet, Alkohol ist bereitgestellt, ein größerer Raum ist hergerichtet, in dem sogar eine Bühne aufgeschlagen ist, damit am Heiligabend Theater gespielt werden kann. Nun, auch das wird zu überstehen sein. Wenn erst der Neujahrstag vorüber ist, wird uns allen wohler sein. Jedenfalls glaube ich, daß es den meisten ebenso geht wie mir, wenn sich sicher viele auch im Augenblick durch Stimmung und Alkohol ablenken lassen.

Wir haben noch einiges vor uns, bevor das Fest beginnt. Morgen ziehen wir, der »Volksgemeinschaft« zu Ehren, in den Block, in dem die anderen Kameraden liegen. Und dann wird unser Lager endgültig aufgelöst, und es gibt wieder einmal eine Küche neu einzurichten. Unsere drei Lager liegen dann alle dicht beieinander. Wir ziehen in einen kasernenartigen Block, in dem aber Öfen, Fenster und Dielen gleich heruntergewirtschaftet sind. Und nun ist kein Glas, kein Holz, kein Nagel mehr da. Aber ich stehe dem Ganzen jetzt ebenso kühl und gleichgültig gegenüber wie alle anderen. Ich weiß auch noch nicht, ob ich die Küche dort bekomme. Es hieß, daß ich die Küche in dem russischen Lazarett übernehmen sollte. Aber Du brauchst deswegen keine Angst zu haben. Die Küche ist von dem Krankenhaus völlig getrennt. Immerhin wäre es kaum angenehm, »unter« dem jungen, schnöseligen Assistenzarzt zu arbeiten. Aber sicher ist noch nichts, und ich lasse die Dinge an mich herankommen, da eins wie das andere ist.

Unter meinen Pfleglingen habe ich jetzt einen vierzigjährigen Naturwissenschaftler von der Moskauer Akademie. Er sieht sehr elend aus. Ich habe ihm besseres Quartier verschafft, und er kriegt auch ein bißchen mehr zu essen. Nun klammert er sich etwas an mich. Er möchte Deutsch lernen, und ich soll ihn dann als Dolmetscher verwenden. Aber er muß eben das meiste erst noch lernen. Er ist übrigens Armenier. Wer davon hört, könnte denken, daß das alles sehr interessant ist, wenn man so die Studienobjekte um sich herumzulaufen hat. Aber soweit, daß man mit dem Studieren anfangen könnte, kommt man selten. Es gehört schon viel Überwindung und auch Reserviertheit dazu, immer wieder die Zeit für das Russisch freizubekommen. Vielleicht werden in dem neuen Bau auch die Abende viel stärker gestört sein.

Heute kam eine Anfrage von Lohrisch wegen der Reklamation, übrigens ganz formal, so als ob es sich um eine ganz allgemeine, von oben befohlene Rundfrage handelt. Ich werde natürlich sofort antworten, nachdem ich morgen noch einmal mit dem Hauptfeldwebel wegen der Sperre gesprochen habe.[…]

Büchlein. Ein bißchen bedrückend ist das doch jetzt in der Weihnachtszeit. Anscheinend ist die Bahn wieder aufs stärkste von Transporten beansprucht. Die russischen Angriffe scheinen sehr heftig zu sein. Uns war offiziell mitgeteilt worden, daß es jetzt Urlaub geben sollte, aber zwei Tage später ist es schon wieder zurückgenommen worden, unter ausdrücklichem Hinweis auf die Lage an der Front. […]«

4. Advent.

Nun kann ich heute gleich noch an das Letzte anknüpfen. Der Hauptfeldwebel, mit dem ich in Gegenwart des Adjutanten gesprochen habe, erklärte, daß vor dem Abschluß der Operationen an Uk-Stellung nicht zu denken sei. Aber er hatte keine eigentlichen Unterlagen dafür. So bleibt alles weiter ungewiß. Es ist das eben die Art, in der wir an dem allgemeinen Schicksal Anteil haben. Mein russischer Lehrer sprach heute sehr bewegt von seinen Sorgen um Frau und Kind in Moskau, die doch noch viel schwerer sind. Der Tag ist im übrigen wieder viel zu schnell vergangen. Morgens in der Dämmerung durch eine herrlich bereifte Landschaft (nur die Bäume sind so spärlich) ins Lager. Dann zum Umziehen zurück. Saubermachen, Einrichten. Ein kurzes Antreten zur Begrüßung des neuen Majors. Eine Besprechung der Unteroffiziere wegen gemeinsamen Veranstaltungen. Wieder Einrichten, wieder ins Lager. Dann ein friedliches Plauderstündchen bei dem Russen bei kaukasischem Tee und Schwarzbrot mit einem sirupähnlichen Aufstrich. Er will mich immer gar nicht fortlassen. Als ich gegen Abend heimkam die größte Freude: Post von Dir. Die Sendung vom 2. und die Karte vom 4. Daß Du Warmes abgeschickt hast, freut mich sehr. Denn die eigentliche Kälte steht uns ja noch bevor, und ob der Dienst immer soviel Sichaufwärmen gestattet, steht noch dahin. Der Aufruf zur Sammlung warmer Sachen ist bezeichnend genug für die Lage. […]

[242.]
O.U., den 23. Dezember 1941

Lieber Franz,
morgen ist heiliger Abend. Überall, wo deutsche Soldaten liegen, rüstet man zu den Feiern. Überall denkt man wehmütig nach Haus. Wie wenige haben in diesem Jahr auf Urlaub fahren können. Und gerade für diejenigen, die seit nun schon einem halben Jahre die Last des Krieges in Rußland tragen müssen, ist es am wenigsten möglich. Es ist das ernsteste Weihnachtsfest, das wir in diesem Kriege bisher gefeiert haben. Möchte trotz allem Ungeschick und aller veralteten Formen, mit denen man feiern wird, recht viel innere Kraft von ihm ausgehen. Nötig haben wir sie alle, ganz gleich zu welchem Glauben wir uns bei den Feiern bekennen.[…]

Aber nun zuerst zur Professur meine herzlichsten Glückwünsche. Ich kann es mir nicht anders denken, als daß Dir eine starke und auch in die Breite gehende Wirkung beschieden sein wird, wenn Du erst einmal den festen Boden in den äußeren Verhältnissen gewonnen hast. Und der ist nun ja da. Die jüngeren Menschen werden spüren, daß sie einen ausgeprägten Charakter vor sich haben. Und wenn die wissenschaftliche Gediegenheit damit Hand in Hand geht wie bei Dir, kann es nicht fehlen. Ich kann mir gut vorstellen, daß Du gern an einem Orte ganz neu angefangen hättest, wo keine persönlichen Reibungen der Vergangenheit nachwirken können. Aber solange Du noch so stark an die niederländischen Aufgaben gebunden bist, ist es so doch das Beste. Welche Fülle von politischer und kultureller Anschauung mag Dir auch aus Deinem Kriegsdienst gerade für die Kölner Arbeit neu zugeflossen sein. Wenn Du sie verwertet hast, wird sich der Weg auch weiter auftun.

Wir sind nun wirklich hier hängen geblieben, ohne daß uns neue Aufgaben zugefallen wären. Ich habe in den letzten Wochen doch gespürt, daß die Nerven etwas überanstrengt sind. Mein Russisch kommt schlecht voran. So muß man sich wieder beschränken. Neuerdings stellen auch die Kameraden stärkere Ansprüche an die freie Zeit. An eine Reklamation ist wohl kaum zu denken, solange die Operationen noch fortgehen. Wäre es nicht um Lottes willen, würde ich sie auch weiterhin nicht wünschen. Wir müssen doch auch persönlich unser Teil von dem gemeinsamen Schicksal auf uns nehmen, gerade wenn es jetzt noch grauer zu werden scheint.[…]

[243.]
[24. Dezember 1941]

am Heiligabend grüße ich Dich und mit Dir auch das Kind mit dem beiliegenden Wort (Joh.1,14)[414]. Es ist das tiefste und unfaßlichste, das je ein Mensch gesprochen hat. Man meint wohl zu ahnen, was es sagen will, und wird doch immer wieder vom Leben dahin geführt, daß man bekennen muß: ich habe bisher nicht gewußt, wie unendlich Gottes Liebe und wie grenzenlos elend der Mensch ist. Von beiden habe ich in diesem Jahr die Fülle erlebt. Ich bin froh darüber, daß Dein eigenes Erleben Dich vor allem auf das erste geführt hat. So wollen wir uns auch am Heiligabend in dem Dank für das zusammenfinden, was Gott uns mit dem Kind geschenkt hat. Das überstrahlt doch alles andere. Aber vergessen wollen wir nicht, daß wir unser eigenes Kind nur darum wirklich als Gottes Gabe nehmen dürfen, weil Gott selbst [als] Mensch geboren ist. Was hätten wir sonst angesichts des Grauens dieses Krieges für ein Recht, uns seiner Geburt zu freuen. Ich weiß nicht, ob ich nicht sonst wirklich nur in das heidnische »Nichtgeborensein ist bei weitem das Beste« einstimmen könnte. So aber darf das Weihnachtslicht das alles überstrahlen, unsere eigene Schuld, unsere Vergänglichkeit – wie bist Du in diesem Jahr an sie gemahnt worden, und wie werden wir hier täglich an sie gemahnt, unsere Sehnsucht und Hoffnung.[…]

[244.]
O.U., den 25. Dezember 1941

Nun ist erster Feiertag. Draußen treibt der Ostwind seinen Schnee durch die kalte Luft. Ich sitze in meinem warmen, sauberen Zimmer im Lager und sehe ab und zu einmal nach dem ausgeplünderten Fabrikgelände, das wir übermorgen verlassen werden und mit dem sich soviel Erinnerungen für uns verbinden. Die Küchenarbeiter singen heute fröhlich bei ihrer Arbeit, bewegte Melodien zum Teil mehrstimmig. Schade, daß ich nichts davon verstehe und Dir die Eigenart dieser Musik nicht besser beschreiben kann. Es ist eben doch Feiertag. Und ich freue mich, daß ich ihn wenigstens hier in meinem engen Bereich lebendig machen konnte. Gestern morgen habe ich aus dem Abfall unseres Festschmucks zwei dürftige Bäume herausgesucht und ins Lager geschickt. Als ich dann nach der

---

414 »Und das Wort ward Fleisch, und wohnte unter uns, und wir sahen seine Herrlichkeit, eine Herrlichkeit als des eingeborenen Sohns vom Vater, voller Gnade und Wahrheit.«

Mittagspause wieder ins Lager kam, hatten die Köche beide Bäume geschmückt – ganz von sich aus, den einen als Geschenk für mich, den anderen für sich. Besonders meiner sieht so lustig bunt aus, daß sich jedem Ästheten der Magen umdrehen muß. Lauter bunte Papierblumen, rot, blau, gelb, weiß. Ich weiß nicht, wo sie das Papier aufgetrieben haben. Ganze Streifen bunten Papiers. Aus Stroh geflochtene Tauben – Friedenstauben sagte der Dolmetscher. Das Ganze ein Prunkstück für eine volkskundliche Sammlung. Vielleicht kann ich etwas davon mit in die Heimat retten. Dann soll es zum nächsten Fest an unserem Baum hängen, damit wir diese Kriegsweihnachten nicht vergessen. Unten am Baum übrigens noch der »Frost-Alte«[415] aus Watte, eine Art Weihnachtsmann.

Das hat mich dann in der Absicht bestärkt, den zwölf Küchenleuten eine kleine Feier zu bereiten. Als draußen gegen vier Uhr die Dämmerung hereinbrach, kamen sie alle sauber gewaschen und gekämmt zu mir ins Zimmer. Der Moskauer Zeichenlehrer hat dann meine kleine Ansprache übersetzt. Ich habe ihnen gesagt, daß ich es nicht wagen würde, ihnen fröhliche Weihnacht im Gefangenenlager zu wünschen, wenn nicht Gottes Sohn selbst die äußerste Armut auf sich genommen hätte und schließlich selbst Gefangener geworden wäre wie sie selbst. Dann hat der Russe die Weihnachtsgeschichte vorgelesen. Ich habe ihnen noch gesagt, daß wir Deutschen keinen Haß gegen das russische Volk empfänden und mit dem Wunsch geschlossen, daß wir übers Jahr alle zu Haus sein möchten. Dann habe ich ihnen ein frohes Fest gewünscht und jedem ein paar Zigaretten geschenkt. Anschließend habe ich dem Lehrer noch einen kleinen Gabentisch aufgebaut: ein paar Eßwaren und Toilettensachen sowie die schöne Schinkelmappe. Er war ganz überwältigt und sagte, daß er diese Weihnachtsfreude nie vergessen werde.

Inzwischen war es dunkel geworden, und wir sind dann durch die Nacht nach Haus gegangen, mein Oberkoch mit dem Tannenbaum neben mir. Um sieben Uhr fing unsere eigene Feier an, in allem Äußeren mit soviel Sorgfalt und Eifer vorbereitet, wie es nur eine Einheit tun kann, die so in der Winterruhe steckt wie wir. Der Raum völlig mit Tannengrün verkleidet, ein schöner Baum, die Tafeln übervoll mit Wein, Schnaps, Pfefferkuchen, Rauchwaren, Briefpapier; Kerzen brannten dazwischen. Ein kurzer ernster Teil mit »O Tannebaum«, »Stille Nacht«, »O du fröhliche« und einer würdigen Ansprache des neuen Majors, die in der Aufforderung gipfelte, ein stilles Vaterunser gemeinsam zu beten. Darauf folgte eine Reihe von Varietédarbietungen, die an Geist und Geschmack manches übertraf, was sonst von den K.d.F.-Truppen hier geboten wird. Darunter eine köstliche Parodie des bisherigen Majors im Schattenspiel. Um elf Uhr brach der Major auf, und bald darauf sind wir alle gegangen. Es war immerhin ein anständiger Versuch, über den Abend hinwegzuhelfen. Ob es viel anders zu machen geht, weiß ich nicht. Mit Eßwaren sind wir überhaupt so reichlich versorgt, daß wir gern etwas davon nach Haus schicken würden, wenn die Post etwas schneller ginge.

Nun ist auch der Vormittag dieses ersten Feiertages fast vorbei. Eben bin ich lange unterbrochen worden: zwei unserer Hauptleute und ein Oberleutnant waren bei mir. Nachdem das Gespräch erst über gleichgültige Dinge gegangen war, kamen sie schließlich auf die Kriegslage und dann auf ihr persönliches Schicksal.

---

[415] In Rußland »Väterchen Frost« oder »Großvater Frost«.

Für diese Weltkriegsgeneration ist es nun der neunte[416] Winter im Kriege. Unser Lagerführer ist jetzt 55, selbstständig, Innenarchitekt. Es sagte, daß er nun, wenn er heimkommt, seine Existenz zum vierten Mal neu aufbauen muß. Es war für mich eine sehr aufschlußreiche Stunde. Ein bei aller Gehaltenheit erschütternder Ausbruch des Gefühls menschlicher Nichtigkeit: Was ist unser Leben? [...]

Ich will erst einmal nach dem Essen sehen: Es gibt heute Rüben, Kartoffeln und Pferdefleisch. Ich hoffe, daß ich sie heute satt kriege. Sie wissen übrigens selbst, daß das Essen bei uns sorgfältiger gekocht ist als in den anderen Küchen. Darum wollen sie mich auch nicht als Küchenleiter verlieren, wenn wir am Sonnabend in den neuen Bau umziehen. Vorläufig soll ich die eine größere Küche in einem anderen Lager übernehmen, nachdem ich dagegen protestiert habe, daß man mich als ältesten Feldwebel in das (kleine) Lazarett schickt. Auf der anderen Seite nehmen uns jetzt auch die Kameraden mehr in Anspruch. Der Hauptfeldwebel sprach sogar von einem Vortrag als Einleitung eines Unteroffiziersabends.

Als ich nach dem reichlichen und alle befriedigenden Essen im Lager nach Haus kam, lag das ganze Bett voll Post. Darunter Deine lieben Briefe vom 2. Advent und vom 10. Dezember und ein Medizinpäckchen. Es geht mir aber wirklich gut. Und wir haben ja »den Arzt im Hause«. Hoffentlich hat der Junge den Durchfall rasch überstanden. Das Bild, von dem auch Franz schrieb, habe ich noch nicht. Wohl aber waren noch drei sorgfältig ausgesuchte und verpackte Wäschepakete von Frau Schulze da. Sie kommen wie gerufen. Denn heute tobt draußen der Oststurm, und das Thermometer ist tüchtig gefallen. Unser Zimmer liegt nach Westen zu, und wir sitzen warm. Bedanke Dich doch bitte auch bei Frau Schulze. Sie hat sehr umsichtig ausgesucht. Ich schreibe natürlich auch gleich. Schließlich noch zwei süße Päckchen von Lene und Fräulein Caspar. Jetzt nachmittags habe ich geschlafen und ein bißchen geschmökert. Kameraden wollten kommen. Da möchte ich nicht weggehen. Morgen werde ich zu meinem Russen gehen und mit ihm von Kunst und Büchern reden. Nun genug für heute, obwohl noch viel zu sagen wäre. [...]

[245.]
29. Dezember 1941

Tag um Tag vergeht. Bald ist das alte Jahr zu Ende. Man ist in diesen Tagen gestimmt, Überschau zu halten. Und dann dürfen wir doch sehr dankbar sein, wenn Ihr nur beide weiter gesund seid. Heute habe ich nun eine Pastellzeichnung von Dir und dem Kind nach der Photographie erhalten. Sie ist zwar nicht ganz ähnlich; aber sie ist als Bild schön und frisch doch immer wieder die Gedanken an zu Haus auf. Das ist um so nötiger, als die Post immer noch so unregelmäßig kommt. Die Geburtstags- und Weihnachtspost ist noch immer nicht da. Wir hören hier auch von all den »Aktionen«, um dem Ostheer den Aufenthalt in Rußland zu erleichtern. Sollte man nicht bei der Postvers[endung] anfangen können? Dann wäre manches andere übrig.

Draußen ist jetzt richtiger Winter, alles ist weiß. Aber der Schneesturm hat sich gelegt, und jeder findet es warm, obwohl wir gewiß zehn bis fünfzehn Grad haben.

---

[416] Gemeint ist wohl der siebte.

Möchte es so bleiben. Dann wäre es schon auszuhalten. Morgen übernehme ich nun auch die größere Küche. Es werden wieder 2500 Mann zu verpflegen sein. Mit der freien Zeit zum Russischlernen wird es tagsüber dann wieder ziemlich vorbeisein. Ich muß die Abende ganz dafür freizuhalten suchen und werde noch weniger schreiben. Denn ich rechne jetzt, daß ich doch in einem weiteren Vierteljahr einen gewissen Grund habe. Vielleicht braucht man es noch einmal, um sich sein Brot zu verdienen. Wenn es nur nicht ganz so schwierig wäre. Gestern Nachmittag habe ich mit drei Russen bei Tee und Weihnachtsgebäck im Lager gesessen, aber von ihrem Gespräch doch nur wenig verstanden. Vielleicht würdest Du das besser begreifen, wenn Du einmal einen solchen Abend miterleben würdest, wie es der 1. Feiertag war. Du würdest dann verstehen, wie die Kraft einfach daraufgeht, um das nackte tägliche Dasein zu behaupten und wie für andere Menschen und ebenso für geistige Dinge immer weniger bleibt. Wir waren beim Hauptfeldwebel eingeladen; aber er war müde vom Nachmittag, wo er bei unserer Wachkompanie gefeiert hatte. Auch die anderen waren zum Teil betrunken. Einer erzählte von seinen Abenteuern mit russischen Weibern. Es gab dann Streit; alle Gegensätze waren da: die alten und die neuen, die Weltkriegsteilnehmer und die jüngere »nationalsozialistische« Generation. Man stritt sich um den Major und seine Aufforderung, das Vaterunser zu sprechen. Kurz, wir anderen hatten alle Mühe, das Ganze leidlich zusammenzuhalten und den Schein zu wahren, bis alle Flaschen leer waren. Am 2. Feiertag war alles verkatert und verstimmt. Der Alkohol war alle. Bei dem furchtbaren Schneesturm saß jeder auf seiner Stube und ging früh zu Bett. Nun steht uns zu Silvester noch wieder ein Kameradschaftsabend bevor. Die Stunden bis Mitternacht wollen wir im kleineren Kreise zusammen sein. Dann wird es wohl vorläufig wieder aus sein mit den Feiern. An den gewöhnlichen Abenden ist es stiller, als ich gedacht hatte. Es sitzt doch jeder für sich. Gerres liest meist. Ich schreibe oder lese Russisch, bis es Schlafenszeit ist. Mein Büchervorrat wäre nun doch bald erschöpft, wenn ich nicht die russischen Grammatiken aus den hiesigen Schulen hätte. Daran habe ich noch für ein Vierteljahr genug Arbeit. […]

Was das neue Jahr bringen mag, scheint noch ganz ungewiß zu sein. Auf die Reklamation rechne ich nicht mehr. Kommt sie, ist es gut. Anderenfalls mag es noch manches Abenteuer geben. Die Hauptsache ist, daß noch ein bißchen Kraft zum Leben und Arbeiten im Frieden übrigbleibt. Das ist, von Eurem Ergehen abgesehen, meine einzige wirkliche Sorge. Alles andere – wo und auf welchem Gebiet die Arbeit sein wird, wo wir unser Heim einrichten werden, wird immer gleichgültiger.[…]

[246.]
O.U., den 1. Januar 1942

Ein neues Jahr, und wie ungeheuer ist die Spannung, die über seinem Anfang liegt. Ich glaube, in dieses Jahr ist jeder von uns mit dem Gedanken hineingegangen, daß die Zukunft völlig unberechenbar ist. Der Kriegsbeginn im Fernen Osten, aber auch die angestrengte Lage an der Ostfront und in Afrika lassen es für das Volk wie für jeden Einzelnen als unmöglich erscheinen, etwas Bestimmtes vorauszusagen. Und doch gab es keinen anderen Wunsch, als übers Jahr zu Haus zu sein, bei den Russen ebenso wie bei uns. Der Adjutant wünschte mir auch, daß ich bald nach Haus kommen möchte. Ich nehme es jedenfalls als Zeichen, daß man mir auch weiterhin keine Schwierigkeiten machen würde, wenn ein Antrag käme. So bleibt ein bißchen Hoffnung, aber ich kann nur immer wieder sagen, daß sie nicht groß ist. Ich denke, daß Du tapfer genug bist, um den Kopf oben zu behalten auch ohne den unwahren Schein einer solchen Hoffnung, an die man selbst nicht voll glaubt. Soweit ich sehe, ist die Lage so, daß wirklich der letzte Mann gebraucht wird.

Aber nun muß ich Dir zuerst herzlich danken für viel Freude, die Du mir gemacht hast. Vorgestern ist ein großer Teil unserer Weihnachtspost gekommen. Es war fast zuviel, um alles gleichzeitig zu verdauen. Ich danke Dir für die schöne Uhr, es ist wirklich ein edles Stück, das allerdings in unsere Welt kaum paßt. Mein Russe, dem ich sie heute zeigte, sagte auch, daß sie nicht nach Rußland gehöre. Da stehle man so etwas gleich. Nun hoffentlich bringe ich sie gut nach Haus, und sie kann uns noch auf manche Reise begleiten. Im Gang ist sie anscheinend ganz zuverlässig. Auch der übrige Inhalt des Päckchens ist gut angekommen. Herrlich sind die Fußlappen, hoffentlich komme ich damit in meine Stiefel hinein. Deine Briefe und Karten habe ich jetzt bis zum 20. Dezember erhalten. Anscheinend kommt die Post jetzt in schnelleren Fluß. Auch die Zigaretten sind da. Ich danke auch dafür. Einen Teil habe ich meinem Stubenkameraden als nachträgliches Weihnachtsgeschenk gegeben, ein Teil ist ins Lager zu den Köchen gegangen, die jetzt wieder so schwer arbeiten müssen.

Wie gut, daß Ihr so in Frieden gebettet seid und immer noch ein bißchen Liebe empfangen und geben könnt. Nimm nur alles an, was Landschaft und Menschen zu geben haben. Hoffentlich hast Du doch nicht über das Maß zu tun. Alle haben sich an den Bildern gefreut und finden den Fortschritt außerordentlich.[417] Da brauchst Du doch in dieser Beziehung wenigstens wegen der Nahrung nicht traurig zu sein. Ich habe nun das Bild bekommen, das ein Russe nach der Photographie von Euch im Kreuzgang gezeichnet hat. Es ist natürlich nicht ganz ähnlich, aber in seiner Weise doch schön. Nun hängt sogar schon eins in Glas und Rahmen bei mir an der Wand, ein Geschenk von meinem Sprachlehrer. Eine Szene aus dem fröhlichen alten Rußland: eine Troikafahrt durch den Winter, wohl kein großes Kunstwerk, aber doch von einem fremden Reiz, der nicht nur aus dem Gegenstand kommt. Mit der Widmung eine schöne Erinnerung – und keine bestellte Arbeit genau wie das Bild von Dir. Ich lasse auch für dieses einen Rahmen anfertigen.

2. Januar 1942

Soweit war ich gestern gekommen, als mich die Kameraden mit Beschlag belegten, und zwar so, daß es kein Entrinnen gab. Erst mußte ich Bratkartoffeln mit Spiegeleiern machen für Gerres und mich. Er hatte Eier und Speck gebracht und erklärte es für meine Pflicht als Küchenchef, für uns zu sorgen – natürlich ein bißchen angetrunken, aber in bester Laune. Und dann hatte sich eine fröhliche Runde, die den ganzen Tag durchgefeiert hatte, für den Abend bei uns angemeldet.

---

[417] Im Wachstum des Sohnes von Konrad Jarausch.

Es war laut, albern, aber harmlos, bis plötzlich doch noch eine jener tragikomischen Szenen entstand, die ich nun schon kenne. Einer – Anfang der dreißig, Feldwebel, SS-Mann, Photograph mit höherer Schule – erklärte mir plötzlich – mit großer Hartnäckigkeit wohl anderthalb Stunden lang bei seinem Thema bleibend – ich hätte völlig versagt. Ich hätte bei meiner Begabung den ganzen Betrieb in die Hand nehmen müssen und die anderen einfach totquetschen und an die Wand drücken müssen. Und zwar gerade auch religiös. Es kam das ganze Elend zum Vorschein: der Großvater Superintendent[418], er SS, kirchlich getraut, aber der Junge nicht getauft. Seine noch ganz junge Frau keine Kirchgängerin, aber täglich in der Bibel lesend. Ich müßte ihnen einfach befehlen, was sie zu glauben hätten. Es würden viel mehr auf mich hören, als ich dächte. Dazwischen dann: ich kann heute nicht mehr zuhören; mir ist ja so schlecht. Ich bin neugierig, wie die Sache sich weiter entwickelt, wenn die allgemeine Ernüchterung eingetreten ist. Ich werde ihm sagen, daß ich für jede vernünftige Beschäftigung zur Verfügung stehe, daß ich aber keine Lust habe, meine Abende nutzlos zu vergrölen und zu versaufen. Dazu habe ich weder Kraft noch Lust.

Im ganzen bin ich leidlich anständig durch die Festzeit gekommen. Silvester hatten wir einen Kameradschaftsabend mit lustigen Darbietungen, ein bißchen zweiter Aufguß. Außerdem war es entsetzlich kalt in dem Raum. Ich habe dann noch eine Weile bei einigen Wolgadeutschen und Russen gesessen und mir russische Tanzlieder zur Laute vorsingen lassen, voller Schmiß und Übermut. Dann habe ich den Köchen eine Flasche Wein und eine halbe [Flasche] Wodka ins Lager gebracht. Aber die meisten schliefen. Auch als ich in die Unterkunft zurückkam, war alles still. Der eigentliche Neujahrsrummel war vorbei. Die meisten saßen auf den Stuben zusammen und tranken bis tief in die Nacht. Ich habe aber ungestört schlafen können.

Es gibt ja auch wieder viel zu tun, obwohl das Meiste auch in der neuen Küche eingerichtet ist und läuft. Aber ich muß doch immer mal nach allem sehen. Und vor allem die Essenausgabe ist jetzt ein schweres Stück für alle. Gestern Mittag waren es siebzehn Grad. Heute ist es bestimmt kälter, minus 25 Grad. Die Russen haben mich heute zum ersten Mal hineingeschickt, weil die Nasenspitze weiß wurde. Aber wegen der Pelzweste brauchst Du Dich nicht zu bemühen. Ich brauche auch jetzt die warme Weste am Tage nicht unterzuziehen, weil ich am Körper mit Mutters grauem Schal, Leibbinde und wollner Wäsche nicht friere. Abends ziehe ich die Weste an, wenn wir Wind auf den Fenstern haben und es nicht recht warm wird.[…]

Nun beginnt die abendliche Essenausgabe. Bei den kurzen Tagen drängt sich alles sehr. Aber ich habe doch an der dreimaligen Ausgabe (dazu heute einmal Brot) festhalten können. Du kannst Dir denken, was das Stehen für die verhungerten und schlecht gekleideten Menschen in der Kälte bedeutet. Man muß wieder oft hart sein, damit alles reibungslos läuft.

Jetzt ist es Abend. Wir haben mal wieder eine Stunde Russisch gearbeitet. Die Feiertage und die Übernahme des neuen Lagers haben mich wenig zum Arbeiten kommen lassen. Hoffentlich komme ich jetzt wieder besser voran. In die Küche

---

418 Leitender Geistlicher eines Kirchenkreises, vor allem bei der evangelischen Kirche.

hat man mir jetzt einen armenischen Rechtsanwalt geschickt, der etwas Deutsch kann. Aber wenn ich ihn wirklich brauche, versteht er mich meist doch nicht. So stottern wir uns mühsam weiter. Aber auf die Moskauer Aussprache kommt es im Lager ja auch nicht an. Und was ich praktisch brauche, kriege ich meist zusammen. Aber vieles entgeht mir noch immer.

Gestern sprach mich einer an. Ich hörte wohl etwas vom neuen Jahr – zum neuen Jahr neues Glück wünschen die Russen – verstand ihn aber nicht. Darum ließ ich ihn in die Stube kommen. Dort stellte er sich neben die Tür und begann zu singen von Gott und der Gottesmutter Maria. Plötzlich griff er in die Tasche und warf mir Roggenkörner ins Gesicht und dann auch in die Stube. Mit einem Stück Brot zog er dann ab. Wir waren beide froh, er über sein Brot und ich über den unvermuteten Segen. Er bringt Fruchtbarkeit ins Haus, habe ich mich belehren lassen. Wie es damit auch stehen mag, ein Jahr des Segens soll uns auch dieses neue Jahr werden.[....]

[247.]
O.U., den 4. Januar 1942

Lieber Werner,
ich danke Dir herzlich für Deinen Brief zu meinem Geburtstag. Es ist bis heute fast der einzige Glückwunsch geblieben, der mich überhaupt erreicht hat.[…] Man kommt sich doch ein bißchen verlassen vor, wenn man an solchen Tagen gar kein Zeichen freundlichen Gedenkens in der Hand hat. Aber ein bißchen müssen wir ja doch auch an den Entbehrungen mittragen, die der russische Feldzug auferlegt. Es geht uns ja noch immer märchenhaft gut im Vergleich zu den Kameraden, die jetzt die russische Offensive aufhalten müssen bei 25 oder 30 Grad. Wir sitzen im warmen Zimmer bei elektrischem Licht und haben wenigstens die Abende ungestört für uns. Da können wir das Geschrei und das Elend ein bißchen vergessen. Hoffentlich halte ich gesundheitlich durch. Die Kälte habe ich bisher leidlich überstanden. Man schützt sich, so gut es geht. Wenn ich die Essenausgabe kontrolliere, muß ich immerhin alle Tage drei Stunden draußen stehen. Das ist bei 25 Grad minus eine gemischte Freude. Dazu haben wir jetzt Flecktyphus[419] in den Lagern. (Das bitte ich aber *dringend*, den Hennigsdorfern nicht zu erzählen. Sie sollen es ebenso wie meine Frau nicht wissen). Und selbstverständlich kann man sich nicht davor schützen, daß einen gelegentlich eine Laus ankriecht. Das tägliche Absuchen der Wäsche ist nun schon zur Gewohnheit geworden, wenn auch gerade nicht zu einer lieben. Das sind so unsere Sorgen. Es ist gerade keine große Politik. Und doch hängt auch unser Schicksal an dieser. Wäre die russische Geschichte zum Abschluß gekommen, könnten wir auch auf Urlaub hoffen. Auch die Uk-Stellung wäre dann viel wahrscheinlicher, als sie es jetzt ist. Trotzdem hast Du völlig recht, daß es kein Zurück gibt. Wir müssen nun eben aushalten.

Von den Verpflegungsnöten spüren wir auch etwas. Unsere eigene Kost war zeitweise recht dürftig. Dagegen hat man sich zum Fest alle Mühe gegeben. Wir

---

[419] Infektionskrankheit, die durch mangelnde Hygiene (Im Winter 1941/42 vor allem Läuse und Wanzen) übertragen wird. Nach einer Inkubationszeit von rund zehn Tagen stellten sich Mattigkeit, Kopfschmerzen und Fieber ein, das ansteigt und zum Tod führen kann. Vgl. Leven, Fleckfieber.

hätten da eher nach Haus schicken mögen, statt daß man sich dort das letzte Fett für ein bißchen Gebäck abspart. Aber für unsere Gefangenen wissen wir bald nicht mehr aus und ein. Die Unterernährung und in Folge davon die Sterblichkeit sind sehr groß. Das Land kann eben nichts mehr hergeben.

Du schreibst schon wiederholt, womit Du mir eine Freude machen kannst. Die Tage sind ja ausgefüllt genug. Auch Zeitungen und Illustrierte für die Freizeit erreichen uns, wenn auch sehr verspätet. Aber sie machen dann eben die Runde von Stube zu Stube. Ob es die anspruchsvolleren Illustrierten wie die Leipziger oder Atlantis noch gibt? Und dann haben wir immer unsere Not mit dem Brief-papier – natürlich einfach – und besonders den Umschlägen. Das sind so meine Bitten.

Daß der Engländer lange nicht nach Berlin gekommen ist, ist für uns eine grosse Beruhigung. Hoffentlich habt Ihr weiter Ruhe. […]

[248.]
O.U., den 4. Januar 1942

Liebes Fräulein Caspar,
ich danke Ihnen herzlich für die Weihnachtsfreude, die Sie mir mit Ihrem Päck-chen gemacht haben. Wir haben die guten Sachen zum Teil in einem Kreise ver-zehrt, der Sie gewiß auch interessiert hätte. Vor acht Tagen war ich bei einem Russen im Lager zum Tee geladen. Da saßen wir drei Moskauer und ein Magde-burger zusammen. Der eine Zeichenlehrer an einer Kunstgewerbeschule, der an-dere Architekt an Moskauer Regierungsbauten, auch der dritte Ingenieur. Wir sind durch die gemeinsame Arbeit zugunsten der Gefangenen zusammengeführt worden. Zu dem Zeichenlehrer gehe ich oft, um ein bißchen Russisch zu lernen. Langeweile gibt es nicht. Ich habe jetzt wieder für 3000 Gefangene zu kochen. Leider kann ich nicht sagen, daß ich sie sattmachen kann. Die Unterernährung und die Krankheiten sind weiter furchtbar. Aber das Land kann nichts mehr hergeben. Auch die Kameraden nehmen mich nun mehr in Anspruch, seitdem ich sie näher kennengelernt habe und sie mich. Gestern habe ich mit zweien, darunter einem SS-Mann, bis halb ein Uhr beim Glühwein gesessen und über die religiöse Lage und das, was christlicher Glaube eigentlich ist, gesprochen. So vergeht Tag um Tag im Fluge. Das Land ist jetzt oft sehr schön in Rauhreif und winterlicher Sonne über dem Schnee. Bis jetzt war der Winter verhältnismäßig mild. Die letz-ten Tage hatten wir zwanzig bis 25 Grad [minus]. Das ist immer noch erträglich, wenn man satt zu essen hat, warm angezogen ist und sein warmes, helles Zimmer hat. All das fehlt den Russen. Ihr Leidensweg ist furchtbar.

Daß Sie noch immer zusammenkommen[420], ist mir eine große Freude. Ich glau-be jetzt nicht mehr, daß ich freigestellt werde, obwohl die Schule im Dezember noch einmal angefragt hat. Wäre es nicht meiner Frau wegen, würde ich es kaum wünschen. Denn die Lage ist jetzt so, daß der letzte Mann gebraucht wird.[…] Man braucht jetzt seine Zeit für Dinge, die man sonst eben nicht nötig hatte, z.B. seine Wäsche täglich nach Läusen nachsehen (Flecktyphus!). Und nun zum Schluß

---

[420] Anspielung auf Treffen der Arbeitsgemeinschaft Magdeburger Religionspädagogen.

noch herzlichen Dank für den Hinweis auf die Sacharjakapitel.[421] Wir hatten keinen Gottesdienst in der ganzen Weihnachtszeit. Die Entfernungen sind so groß für den Geistlichen! […]

[249.]
O.U., den 5. Januar 1942

Sehr verehrtes liebes Fräulein Schneider,
[…] Und die Festtage sind bei viel Sorgfalt und Hingabe vor allem in der äußeren Fürsorge rasch und erfreulich vergangen, immer natürlich *rebus sic stantibus* geurteilt. Aber nun der alte Goethe! Sicher haben Sie völlig recht, wenn Sie sich gegen die Verharmlosung dieses Weltbildes wenden. Daß der alte Herr vom Leben mehr gewußt hat als die kleinen Festredner, die sich von seiner Fülle genährt haben, ist gewiß. Auch darin stimme ich Ihnen ganz zu, daß das Wort vom »Strebend-Sichbemühen« kein Schlüsselwort für das Ganze ist. Man muß sich schon die Mühe machen, das Ganze soweit vor sich lebendig zu machen in der unerschöpflichen Fülle des Einzelnen, daß man es auch ohne die Hilfe eines solchen Leitwortes übersieht. Aber meinen Sie nicht auch, daß es trotzdem im tiefsten unchristlich bleibt in der bei allem Spannungsreichtum doch zuletzt ausgeglichen[en] Zuordnung von Gott, Teufel und Mensch? Was Goethe entschieden abgelehnt hat, war der Christus außer uns, von dem her wir leben – doch wohl das tiefste Geheimnis unseres Glaubens. Ich fand im Sommer, als ich in Blankenburg im Revier lag, gegen Ende der Italienischen Reise eine sehr aufschlußreiche Auseinandersetzung mit Lavater-Claudius-Jacobi, wo geradezu diese Formel auftaucht. Ich glaube, Lavater hatte etwa so formuliert: Alles Lebendige lebt von etwas außer ihm. Dagegen bricht bei Goethe die elementare Leidenschaft aus, die immer da zu spüren ist, wo bei einem Menschen wirklich das Innerste getroffen ist. Von daher möchte ich doch auch dem anderen von Ihnen angezogenen Wort (so werd' ich ihn bald in die Klarheit führen) nicht solches Gewicht beilegen. Mir scheint gerade das Zusammen[treffen] beider Worte etwas von dem Charakteristischen des Ganzen auszudrücken.

In dem Anderen stimme ich Ihnen ganz zu. Für unsere Jugend brauchen wir eine frohe Botschaft mit Lied und Dankgebet. Und auch für die Erwachsenen muß es immer das erste Wort sein. Von daher begrüße ich auch jene der älteren Zeit geläufigen und ja gut biblischen Gedankengänge von dem ewigen Erlösungsratschluß Gottes, der »vor« aller Zeit gefaßt wurde. »Am Anfang« steht das Erbarmen Gottes über eine Welt, die noch gar nicht gefallen war, und am Ende steht die wahrhaftige Freude. Was dazwischen ist, ist doch nur ein trüber Schatten. Wir sind hier wahrhaftig von genug Elend umgeben. Wir haben in manchen Wochen Hunderte von Toten in unseren Lagern gehabt. Aber gerade hier habe ich wieder gelernt, daß nicht der Krampf der Zerknirschung, auch nicht die echte und ehrliche Reue des Sittlich-Ernsthaften in der Mitte unseres Glaubens stehen, sondern allein das grundlose Erbarmen, das alles Leid und alle Schuld überstrahlt. So müssen wir auch unterrichten, denke ich. »Ihr braucht Euch nicht bemühen...« »Er kommt, er kommt mit Willen...«

---

[421] Ein Buch des Alten Testaments.

Vielleicht macht es Ihnen Freude zu hören, daß ich gestern bis halb ein Uhr mit einem Konfirmanden Ihres Herrn Vaters und einem SS-Mann zusammengesessen habe und über die religiöse Lage und den Glauben gesprochen habe. Daß wir dabei Glühwein und Wodka getrunken haben und daß der Magdeburger bekannte, den Konfirmandenunterricht öfter geschwänzt zu haben, hat dem Ernst des Gesprächs keinen Abbruch getan. So sind unsere Tage doch auch hier voller Aufgaben, und wenn ich doch vielleicht noch nicht sobald an Ihren Arbeitsgemeinschaften teilnehmen kann, wie ich gehofft hatte – die Kriegslage! –, bleibt es schließlich überall der eine Dienst. […]

[250.]
8. Januar 1942

die letzten Tage haben mir soviel Post gebracht, daß ich einfach nicht mehr durchgekommen bin. Dazu bin ich doch viel mehr in Anspruch genommen als im Dezember. So wirst Du auf diesen Brief schon warten. Ich habe auch Dir für eine ganze Reihe von Karten und Briefen zu danken. Der letzte ist der vom zweiten Feiertag. Am meisten habe ich mich über den vom ersten Feiertag vormittags gefreut. Da hast Du so freudig und glücklich geschrieben, daß auch in mir die ganze Weihnachtsfreude noch einmal wachgeworden ist. Für die Bilder danke ich herzlich. Auch sie zu sehen ist eine große Freude. Sonst weiß ich gar nicht, wo ich anfangen soll, auf den Inhalt im einzelnen einzugehen. Vielleicht ist es am besten, ich bin ganz praktisch. Ich glaube, Ihr stellt Euch den Winter hier viel schlimmer vor, als er in Wirklichkeit ist. Gewiß, wir haben im alten und im neuen Jahr eine Reihe von Tagen mit 25 Grad [minus] gehabt. Aber das ist doch nicht der Durchschnitt. Jetzt im Januar hatten wir einen Tag sogar Tauwind. Augenblicklich liegen die Temperaturen um zehn Grad. Das ist durchaus erträglich. Und dann, so schlecht sind wir doch nicht geschützt. In unseren Ofen wird eben Scheit auf Scheit eingeschoben, täglich stundenlang, bis das Zimmer für den Abend warm ist. Wenn der Wind auf unseren Fenstern steht, wird es nachts allerdings kalt. Dann legt man sich noch den Mantel über. Wir haben Bretterverschläge vor den Fenstern und hängen dann noch unsere Winterdecken darüber. Zum Zudecken mögen wir diese nicht benutzen, weil sie uns nicht ganz stubenrein vorkommen. Meine Weste ziehe ich gar nicht oft an. Meist genügt abends die Strickjacke, besonders jetzt wo ich die gute wollene Wäsche habe.[…] So kann ich mich, falls es nötig sein sollte, jetzt wirklich warm genug anziehen. Im Lager brauche ich ja nur draußen zu stehen, wenn das Essen ausgegeben wird, brauche mich dabei aber nicht an einen Platz zu binden und kann mich zwischendurch aufwärmen. In meinem Zimmer, dort brennt ständig das Feuer.

Schick mir bitte auch keine Lebensmittel. Ich esse weiter jetzt meist täglich *zweimal* meine Milchsuppe. Dadurch behalte ich noch immer über, so daß ich meinem russischen Lehrer sehr oft etwas mitbringen kann. Für Euch ist das alles doch viel schwieriger zu beschaffen. Eßt es bitte, bitte allein. Zu Neujahr hatte ich auch wieder mein Huhn – Geschenk vom Oberkoch.[…]

Von Dir ist jetzt wohl alles gekommen, wovon Du geschrieben hast, bis auf die Kniekappe: die Fausthandschuhe (schönen Dank!), die wollenen Sachen, zweimal

Hustenmittel, Fußlappen, Uhr, die Bilder, heute vollständig das Buch von Hanna[422]. Mit dem Gebäck habe ich auch den Russen ein bißchen Freude machen können. Wir haben gestern noch russische Weihnacht (nach altem Kalender) bei einem Becher Tee gefeiert. Von Lene kam heute auch noch ein interessantes Buch (Ganzer, Das Reich als europäische Ordnungsmacht[423]). […]

Inzwischen bewegen uns immer wieder die schweren Verluste. Ich lege eine Liste des Domgymnasiums bei. Daß aus dem kleinen Kreis von Kluges bereits drei gefallen sind, ist erschreckend. Hoffentlich kommt Marzahn durch. Ich habe auch vor Weihnachten einmal nach Bernburg geschrieben.

Um uns geht das Sterben jetzt, nachdem die neuen Gefangenen da sind, in erschreckendem Umfang weiter. Hunderte bewegen sich in den Lagern um uns, die vom Hungertode gezeichnet sind. Jede Essenausgabe ist ein Trauerspiel. Die Gier wird immer größer, bis dann die völlige Erschöpfung und die Gleichgültigkeit einsetzt. In den nächsten Tagen werden wir wohl etwas mehr geben können, aber eine Hilfe ist das nicht mehr. Dabei muß ich wieder um die Aufrechterhaltung der primitivsten Ordnung rings um die Küche kämpfen. Meine rechte Hand ist dick von den Faustschlägen, die ich austeile. Aber wenn man einen niederschlägt, springt der Nachbar nach vorn. Vielleicht wird es etwas besser, wenn wir jetzt regelmäßig Brot ausgeben können. Ich habe jetzt auch einen neuen Dolmetscher, Dozent für Geographie am pädagogischen Institut in Moskau; aber er ist keine Hilfe, wie man sie bräuchte. Seinen Vater haben die Bolschewisten im Gefängnis erschossen, er weiß nicht wann. […]

[251.]
10. Januar 1942

Liebes Muttchen,
[...] Die Temperatur hat sehr gewechselt. Im neuen Jahr mal minus 25 Grad, dann wieder Tauwind, dann Temperaturen von minus zehn Grad etwa. Schlimm ist es nur, wenn wir Nord- oder Ostwind haben. Dann wirbelt der feine Schnee wie Sand, und man kann gegen den Wind kaum an. Aber vor allem die wattierte Hose läßt dann kaum Wind durch. Im ganzen brauche ich auch nicht viel draußen zu stehen. Die Essenausgabe geht auch schneller. Sechs Mann füllen ununterbrochen ein. Andere tragen in großen Bottichen ständig aus der Küche nach. Da sind 2600 Mann rasch abgefüttert. Nur das Antreten ist jedes Mal ein Kampf um die vordersten Plätze. Da muß rücksichtslos geprügelt werden. Dabei fallen viele schon um, wenn man sie nur anrührt. Hunderte schwanken mühselig heran, werden Huckepack geschleppt, kommen auf Krücken. Der Boden ist glatt gefroren. Immerzu liegt uns jemand vor den Füßen. Allein in unserem Lager sterben zur Zeit täglich zwanzig.[424] Dabei haben wir noch zwei Lazarette mit 500 Kranken. Es gibt einen ständigen Kampf um das, was sie erhalten sollen, mit den Inspektoren und Zahlmeistern, die die Vorräte heranschaffen müssen – unter den größten Schwierigkeiten. Gestern war z.B. eine Kolonne mit 80 Schlitten voll Kartof-

---

[422] Möglicherweise Hanna Stephan: Die glückhafte Schuld, München 1940.
[423] Karl Richard Ganzer: Das Reich als europäische Ordnungsmacht, Hamburg 1941.
[424] Eine tägliche Todesrate von 0,8 %. Vgl. Gerlach, Kalkulierte Morde, S. 820ff.

feln (je sechs Zentner etwa) in Tsch. etwa 30 km entfernt in Bewegung gesetzt worden. Sie traf in der Zeit zwischen sechs Uhr nachmittags und zwei Uhr nachts bei uns ein. Dabei ein eisiger Nordost mit Schneetreiben auf den Straßen. Heute kam als letzter ein 14-jähriger Junge mit seinem Schlitten. Oder beim Holzholen brechen von 210 Mann 30 aus den Eisenbahnwaggons. Gestern sagte mir ein Russe, Vater von vier Kindern: »Hitler hat uns doch Brot und gute Behandlung versprochen, und nun sterben wir alle, nachdem wir übergelaufen freiwillig sind.«

Bruno schrieb auch wegen des Arztes. Der wohnt uns unmittelbar gegenüber, ein Assistenz- und ein Unterarzt. Sie gehören zu unserer Einheit und haben zugleich die Aufsicht über die russischen Ärzte und Feldscherer, die in den Lazaretten und Revieren arbeiten. Ich habe aber bisher nur einmal Frostsalbe geholt. Sonst habe ich noch nichts mit ihnen zu tun gehabt, außer Impfen usw. Bequemer kann es also gar nicht sein. [...]

[252.]
O.U., den 11. Januar 1942

Liebes Fräulein Caspar,
Ich danke Ihnen herzlich für zwei Päckchen, die beide in den letzten Tagen eingetroffen sind. Auch das vom 26. Oktober ist erst jetzt gekommen. Seien Sie also nicht böse, daß Sie auf Ihren Brief vom gleichen Tag noch keine Antwort erhalten haben. Ich habe verschiedene Postsachen erhalten, die zwei bis drei Monate unterwegs waren. Daß Sie es zu Haus immer noch möglich machen, die guten Dinge für ein Päckchen aufzutreiben, hat etwas Rührendes. Wir sagen oft, daß dergleichen für uns weder nötig noch erwünscht sein kann, wenn wir daran denken, wie viel Verzicht daran hängt. Und lassen es uns dann doch gut schmecken. Aber wichtiger war mir, von Ihrer Arbeit und Ihrem Ergehen wieder einmal zu hören. Denn bis zu einem persönlichen Gespräch mag es noch gute Weile haben bei der Härte des gegenwärtigen Kampfes und den Schwierigkeiten des Verkehrs. Gerade heute ist ein Inspektor, der in die Heimat zurückversetzt war, völlig erschöpft von einem Versuch, die Hauptstrecke zu erreichen, zurückgekehrt. Nachdem sich der Zug 33 km weit durch die Schneewehen hindurchgekämpft hatte, mußte er umkehren. Da bleibt man lieber unter den leidlich behaglichen Verhältnissen, unter denen wir augenblicklich äußerlich leben.

Daß die seelische Lage, in der wir unsere Arbeit tun, sehr schwer ist, wissen Sie ja wohl. Ich will dieses Elend nicht wieder schildern. Ich habe heute ohnehin einmal die Arbeit leicht genommen, um mich auszuruhen. Es war nötig. Denn die Kräfte werden sehr in Anspruch genommen. Aber ich will lieber auf Ihren Brief zurückkommen. Es ist doch nicht so, daß die großen Dinge hier wären und die kleinen zu Haus. Denn eigentlich lebt doch jeder hier von der Heimat. Über die Front kann ich nicht urteilen. Aber wir hier sind keine Kämpfer, die alles hinter sich geworfen hätten, um sich ganz unmittelbar dem Leben, dem Schicksal oder Gott zu stellen. Wir zehren von dem, was wir von Haus mitgebracht haben, und weiter von dem, was wir aus der Heimat hören. Die allermeisten können hier nur aushalten, weil sie dieses Dasein als einen vorübergehenden Zwischenzustand nehmen. Allerdings,

Zukunftsaufgaben wagt man sich nicht mehr zu stellen wie noch vor anderthalb Jahren. Niemand ahnt, wo dieser Krieg zu einem vorläufigen Ende kommen wird und wie Europa dann aussieht. Jene Erkenntnisse, von denen Sie anläßlich Ihrer Prophetenlektüre schreiben, sind darum so sehr wesentlich, weil sie davon unabhängig sind, wo der deutsche Vormarsch einmal Halt machen wird.

Die Kindertaufe von der Gewähr der späteren christlichen Erziehung abhängig zu machen, halte ich für einen schlimmen Irrweg. Damit macht man das Wunder der Wiedergeburt doch von unseren Anstrengungen und ihrem Umfang abhängig. Sind Sie bei Ihren Untersuchungen zur biblischen Begründung der Kindertaufe zu einem Ergebnis gekommen? Wird es nicht immer davon abhängen, wie einer das Evangelium überhaupt versteht, zu welchem Ergebnis er bei einer Prüfung der Zeugnisse gelangt? Aber das ist wohl auch Ihre Frage. Ich würde gern einmal hören, wofür Sie sich entschieden haben. Denn die Frage geht uns jetzt ja auch persönlich nahe an. Der kleine Konrad ist noch nicht getauft. Aber es erscheint unrecht, immer länger zu warten, nur weil der Vater nicht zu Haus ist.

Ich selbst habe an Theologischem seit langem nur die schöne Schrift von Bonhoeffer[425] »Gemeinsames Leben« gelesen. Auch an einem Gottesdienst habe ich in Rußland noch nicht teilgenommen. Selbst die Weihnachts- und Neujahrszeit hat keinen gebracht. In der Einheit hat es Staub aufgerührt, als der Major bei der Weihnachtsfeier aufforderte, ein stilles Vaterunser zu beten. Doch waren unseren Leuten anscheinend die alten Weihnachtslieder stimmungsmäßig lieber als ein Herumexperimentieren mit Neuem. Für mich ergab sich ein langes Gespräch mit einem SS-Mann daraus, das ich hoffe, gelegentlich fortsetzen zu können.

Im ganzen bleibt uns doch nichts, als die tägliche Sorge täglich Gott anheimzustellen. Möchte er mit uns allen sein.[…]

[253.]
O.U., den 13. Januar 1942

es reicht heute nur zu einem kurzen Gruß. Ich danke Dir herzlich für Deine vielen Briefe aus den letzten Tagen des alten Jahres und den ersten des neuen. Ich empfinde warm und dankbar alle herzliche Liebe, die aus ihnen spricht. Möchte Gott alle unsere Wünsche für die Zukunft segnen. Es liegt ja alles in seiner Hand. Hier ist es tüchtig kalt. Aber ich bin ja so gut eingedeckt. Für die schönen Geschenke hab vielen Dank. Wann wirst Du nun nach M[agdeburg] fahren? Daß der Kleine so lebensfrisch und munter ist, freut mich sehr.

Nun leb weiter wohl mit dem Kind.[…][426]

[254.]
O.U, den 28. 1. 1942

Sehr geehrte Frau Jarausch!
Tief betrübt erfülle ich die Pflicht und den schweren Auftrag, Sie davon in Kenntnis setzen zu müssen, daß Ihr lieber Mann, der Feldwebel Konrad Jarausch, ge-

---

[425] Dietrich Bonhoeffer (1906-1945), evangelisch-lutherischer Theologe, Vertreter der Bekennenden Kirche und Widerstandskämpfer. Gemeinsames Leben erschien 1939 in München.

[426] Dies ist der letzte Brief von Konrad Jarausch an seine Frau, da der zu dieser Zeit schon erkrankt war.

boren am 12. Dezember 1900, im Kriegslazarett Roslawl (südöstlich von Smolensk) nach 16-tägiger schwerster Fleckfiebererkrankung am 27. Januar 1942 um 18 Uhr ruhig und ohne Bewußtsein infolge Herzlähmung gestorben ist.

Schon bei der Einlieferung am 17. Januar bestand die für das Fleckfieber typische Benommenheit, die den Kranken die Schwere seiner Erkrankung nicht bewußt werden ließ. Die fortschreitende allgemeine Herzschwäche hielt ihn in einem Zustand geistiger Trübung, die zeitweise tiefem Schlaf wich. Damit leitete sich ein Zustand allmählichen Hinübergleitens in die schmerzfreie Erlösung ein.[427]

Ich spreche Ihnen mein herzliches Mitgefühl aus. Ich weiß, daß Sie einen unendlichen Schmerz zu tragen haben, aber dieses Kriegsschicksal verbindet Sie mit allen denen, die ihren Helden zu danken wissen. Das sind in erster Linie seine Kameraden.

Wir werden unseren Kameraden mit allen Ehrungen auf dem Heldenfriedhof Roslawl zur Ruhe betten.

Mit stillem Gruß,

Ihr sehr ergebener W. Starck, Stabsarzt und Chefarzt

[255.]
Rußland, den 28. Februar 1942[428]

Sehr verehrte Frau Jarausch!
Ich bedaure sehr, Ihnen, verehrte Frau Jarausch, durch eine traurige Nachricht großen Schmerz bereiten zu müssen. Gestern abend traf vom Kriegslazarett Roslawl die Mitteilung ein, daß Ihr Gatte, der Feldwebel Konrad Jarausch, dort am 27. Januar um 18 Uhr verschieden ist. Zehn Tage nach seiner Einlieferung in das Lazarett ist Ihr Mann dem hohen Fieber erlegen, gegen das sein Herz nicht genügend widerstandsfähig war. Ihr Gatte starb im treuen Glauben an seinen Herrgott und in der sicheren Gewißheit des großdeutschen Endsieges, für den auch er sein Leben opferte.

---

[427] »Objektiv ist in den ersten Tagen meist nur ansteigendes Fieber, ängstlicher Gesichtsausdruck bei allgemeiner Hinfälligkeit, meist rotes Gesicht, manchmal Gedunsenheit des Gesichts und Conjunctivitis nachweisbar […]. Zu den Kopfschmerzen tritt Heiserkeit, Hüsteln, Atemnot, oft Bruststechen. Häufig werden aber keine Beschwerden mehr geäußert, weil die Benommenheit oder Verwirrung bereits einsetzen. Objektiv besteht kontinuierliches, hohes Fieber, starker Kräfteverfall, auch bei genügender Ernährung. Meist ist die Ernährung aber stark gestört, weil die Veränderungen des Sensoriums jetzt das Bild beherrschen: Von leichten Wesensänderungen, Schwatzhaftigkeit, Grimassieren, choreatischen Bewegungen bis zu tiefer Benommenheit, schweren Muskelkrämpfen und Delirien kommen alle cerebralen Störungen vor […]. Die *zweite Krankheitswoche* ist die gefährlichste. Die Kranken machen einen toxischen Eindruck. Die Delirien und die Ernährungsschwierigkeiten bringen den raschen Kräfteverfall und damit den Kreislaufschaden. Der Puls wird klein, weich, frequent, am Herzen treten leise, blasende Geräusche und Extrasystolen auf. Das hochrote Gesicht bekommt einen cyanotischen Unterton, ebenso die Hände und Füße. Schließlich kann im Kreislaufkollaps der Tod eintreten.« Armeearzt 18, Fleckfieber, 28.1.1942. BA-MA, RH12-23/360.

[428] Hierbei handelt es sich offenbar um einen Irrtum in der Datierung um einen Monat. Die Todesnachricht wurde gleichzeitig vom Lazarett und der Einheit weitergeleitet. Vgl. die Bestimmungen bei Absolon, Wehrmacht, S. 317f.

Zugleich im Namen der gesamten Einheit spreche ich Ihnen, verehrte Frau Jarausch, mein aufrichtiges Mitgefühl aus. Es ist wohl ein nutzloses Unterfangen, Ihnen, verehrte Frau Jarausch, in dieser schweren Stunde Trost spenden zu wollen. Möge aber das, was ich Ihnen über Ihren Gatten sagen kann, Ihren großen Schmerz doch ein kleinwenig mildern.

Sehr verehrte Frau Jarausch! Wir alle bedauern das so rasche Hinscheiden Ihres Gatten sehr. Denn Feldwebel Jarausch war nicht nur ein tüchtiger und pflichtbewusster Soldat, sondern vor allem auch ein lieber, feiner Kamerad mit edlem Charakter. Seine bescheidene, stets hilfsbereite Art gewann ihm rasch die achtungsvolle Freundschaft vor allem in seinem engeren Kameradenkreise. Nur etwas über fünf Monate gehörte Ihr Gatte der Einheit an. Aber diese fünf Monate genügten ihm, sich im Herzen aller Kameraden ein bleibendes Denkmal zu setzen. Als vorbildlicher Kamerad und tüchtiger Soldat wird er in unserer Erinnerung weiterleben.

Es war Ihrem Gatten leider nicht mehr gegönnt, sein einziges Kind, von dem er so gerne und so stolz erzählte, zu sehen. Seine letzten Gedanken mögen wohl auch ihm gegolten haben – in der Gewissheit, daß sein Tod im Dienste des Vaterlandes mit dazu beitragen wird, seinem Kinde eine schöne Zukunft im siegreichen Großdeutschland zu sichern.

Den Nachlass Ihres Mannes wird die Einheit in den nächsten Tagen an Ihre Adresse abschicken. Ich hoffe, daß es mir auch möglich sein wird, eine Aufnahme von der letzten Ruhestätte Ihres Gatten machen zu lassen, die Ihnen dann ebenfalls zugeschickt werden wird.

Ich grüße Sie mit dem nochmaligen Ausdruck aufrichtigen Mitgefühls als Ihr sehr ergebener

v. Stietencron (Major)

[256.]
Gedenkworte an Konrad Jarausch   Magdeburg, o. D.

Ich eröffne nunmehr die Reihe der auf dem Felde der Ehre Gebliebenen mit einem Gedenkwort für einen meiner Mitarbeiter, der vielen von Euch, liebe Schüler, als Lehrer noch in lebendiger Erinnerung ist.

Am 27. Januar d. J. starb der Studienrat Konrad *Jarausch* als Feldwebel im Feldlazarett von Roslawl am Fleckfieber. Noch im letzten Jahr des Ersten Weltkrieges in Thorn ausgebildet, war er zu seiner großen Freude gleich 1939 im Beginn des Feldzuges zur Fahne einberufen. Am 12. Dezember 1900 geboren, stand er schon an der Grenze des Alters, das noch an der unmittelbaren Front Dienst tut. So wurde er nach dem polnischen Feldzug zunächst elf Monate an der neuen deutsch-russischen Grenze verwandt, teils als Landesschütze im Wachdienst, teils als Ausbilder in einer Feldrekruten-Kompanie. Schon damals lernte er in anstrengendem Dienst auf vorgeschobenem Posten den russischen Winter kennen, aber aus seinen Briefen sprach immer nur die freudige Genugtuung und der Stolz, dem Vaterland an seiner Stelle dienen zu können. Als er darauf im zweiten Kriegsjahr in gleicher Eigenschaft als Ausbilder in der Heimat verwandt wurde söhnte ihn mit diesem Heimatdienst die pädagogische Aufgabe aus, junge Menschen zu pflichttreuen Soldaten heranbilden zu dürfen. In einer schnellen Beförderung vom Gefreiten zum Unteroffizier und Feldwebel fand seine Leistung die Anerkennung der Vorgesetzten. Seine Untergebenen spürten das menschliche Interesse, das er aus einem lauteren und warmen Herzen heraus auch außerhalb des Dienstes an ihnen nahm, und sie dankten es ihm mit Anhänglichkeit und Eifer. Durch einen Dienstunfall, der ihn zunächst stark behinderte, aus hoffnungsvoller Laufbahn als Offizieranwärter herausgerissen, lehnte er trotzdem vorerst die Unabkömmlichkeitsstellung ab und wurde im August 1941 nach Rußland abkommandiert, drei Tage vor der Geburt seines ersten seit langen Jahren herbeigesehnten Kindes, eines Sohnes, der nie den Vater wie der Vater niemals den Sohn kennenlernen sollte. In einem großen Durchgangsgefangenenlager wurde er mit der Aufsicht über die Verpflegung der Gefangenen betraut: eine Aufgabe, die vollen Einsatz und große Umsicht verlangte, weil durch das plötzliche Eintreffen von 20-25000 Gefangenen und durch das Ausbleiben der erforderlichen Lebensmittel das Lager zeitweilig ins Chaos zu versinken drohte. Unter Aufbietung aller Kräfte und durch Heranziehung auch der verständigen und willigen Leute unter den Gefangenen selbst meisterte er diese Aufgabe, schuf Ordnung, gewann sich Vertrauen und konnte so mithelfen, dem Massensterben Einhalt zu gebieten, das ihn in tiefster Seele bedrückte. Wenn gerade auf ihn die unheimliche Krankheit des Gefangenenlagers übersprang, so war das bei der Schonungslosigkeit, mit der er sich einsetzte, kein Zufall. Die Kraft dazu floß ihm aus seinem nach innen gerichteten Wesen und seinem auf das Jenseitige gerichteten Christusglauben, der ihm über alles Grauen dieser Erlebnisse und über jegliches harte Muß des Krieges hinweghalf. Er kommt auch in dem Bibelspruch zum Ausdruck, der nach seinem eigenen Wunsche wie bei seinem Vater und Großvater auch über *seinem Tode* stehen sollte: »Ich bin Dein Pilgrim und Dein Bürger«.

Ihr, liebe Schüler, habt diese Entwicklung des in sich gekehrten wissenschaftlich gerichteten Lehrers zum tatkräftigen, seinen Mitarbeitern höchste Achtung abnötigenden soldatischen Führer nicht miterlebt. Aber ich weiß: diejenigen unter Euch, die länger bei ihm Unterricht hatten oder die von ihm in den Wanderwochen geführt wurden, verstehen sie; denn sie haben die nie ermüdende Einsatzbereitschaft, die warme Fürsorge und den inneren Wert dieser Erzieherpersönlichkeit gespürt. Auch er selbst hat trotz mancher Schwierigkeiten, mit denen er zu ringen hatte, fest an seine pädagogische Berufung geglaubt und es immer von sich gewiesen, in eine rein wissenschaftliche Laufbahn überzutreten. Die Befähigung dazu besaß er freilich; davon zeugte nicht nur sein ungewöhnliches Wissen, sondern auch eine Reihe ihm übertragener wissenschaftlicher Aufgaben und viele im Druck erschienene Veröffentlichungen. Geschichte, Deutsch und Religion waren die Fächer, die er sich nach der Reifeprüfung im Friedrich-Werderschen Gymnasium seiner Heimatstadt Berlin zum Studium erwählte. Nachdem er dieses meist in Berlin durchgeführt und mit Auszeichnung beendet, auch den Doktorgrad mit seiner Arbeit über den Volksglauben der Isländersagas erworben hatte, wirkte er seit Ostern 1926 an verschiedenen Anstalten der Provinz Brandenburg. Ostern 1935 wurde er zur Leitung des Referendarheimes im Kloster unserer Lieben Frauen nach hier berufen und kam so an unser Gymnasium, wo er 1937 zum Studienrat ernannt wurde. Neben seiner unterrichtlichen Tätigkeit arbeitete er

erfolgreich an der Ausbildung der Studienreferendare des hiesigen Bezirkssemi-
nars mit.

So hat nun die tückische Krankheit, die ihn befiel, nicht nur einen Soldaten aus
verantwortungsreichem Schaffen dahingerafft, sondern auch eine fühlbare Lücke
in unseren Kreis gerissen. Wir gedenken in dieser Stunde seiner so früh verwit-
weten Gattin und seines früh verwaisten Sohnes, die fern von hier weilen. Zum
Zeichen aber, daß sein Andenken bei uns stets in Ehren stehen wird, erheben wir
uns von den Plätzen und rufen ihm die Worte nach, die Matthias Claudius am
Grabe seines Vaters dichtete und die in einem veränderten Sinne auch von Konrad
Jarausch gelten können:

>»Ach Sie haben
Einen guten Mann begraben –
Und uns war er mehr«.

Hermann Lohrisch

AUSGEWÄHLTE SCHRIFTEN VON KONRAD JARAUSCH (1900-1942)

Dissertation:
- Der Volksglaube der Isländersagas, Diss. masch. Berlin 1925 (414 Seiten)

Mitherausgeber:
- mit Magdalene von Tiling: Grundfragen pädagogischen Handelns. Beiträge zur neuen Erziehung, Stuttgart 1934 (312 Seiten, darin Kapitel I, IV, 2 und 4)
- mit K. Cramer, J. Feußner, und M. Walther: Evangelischer Religionsunterricht in der Gegenwart. Ein Hilfsbuch für den Lehrer, Stuttgart 1937 (308 Seiten, darin Vorwort und »Die Kirche im neutestamentlichen Unterricht« S. 127-157)

Aufsätze und Artikel
- Staat und Schule, in: Religiöse Besinnung – Vierteljahrsschrift im Dienste Christlicher Vertiefung und Ökumenischer Verständigung 4 (1931/2), S. 173-175
- Die Behandlung des Markusevangeliums in der Untertertia, in: Schule und Evangelium (SuE) 4 (1929/30), S. 80-85, 99-106, 123-131, 152-159, 180-186, 210-215, 231-236
- Schuld und Aufgabe der evangelischen Christenheit, in: SuE 4 (1929/30), S. 133-138
- Wanderer zwischen zwei Welten?, in: SuE 5 (1930/31), S. 92-93
- Die Tagung der Evangelischen Schulvereinigung und der ihr angeschlossenen Verbände in Bethel am 3. und 3. Oktober, in: SuE 5 (1930/31), S. 210-214
- Volksnot, in: SuE 5 (1930/31), S. 244
- Zur Frage nach der Existenz und der Ständelehre. II. Existenz und Glaube, in: SuE 5 (1930/31), S. 257-59
- G. Bohne: Das Wort Gottes und der Unterricht, in: SuE 6 (1931/32), S. 16-23, 42-49
- Literatur zur Schulgestaltung, in: SuE 6 (1931/32), S. 51-53
- Die Kulturpädagogik und der wirkliche Mensch, in: SuE 6 (1931/32), S. 222-225
- Neuerscheinungen zum Neuen Testament, in: SuE 7 (1932/33), S. 17-21, 247-252
- Naturgrenzen geistiger Bildung, in: SuE 7 (1932/33), S. 95-98
- Katholisches Erziehungsideal und protestantischer Glaube, in: SuE 7 (1932/33), S. 113-117
- Staat und Mensch. Ein Bericht, in: SuE 7 (1932/33), S. 140-150
- Staatsbürgerliche Erziehung, in: SuE 7 (1932/33), S. 208-220
- Volk und Volksschule, in: SuE 8 (1933/34), S. 33-37
- Die Erziehungs- und Bildungsaufgabe der Volksschule (mit Oda Hoffmann), in: SuE 8 (1933/34), S. 37-46

- Evangelische Literaturwissenschaft?, in: SuE 8 (1933/34), S. 77-80
- Bild und Zeichen im Religionsunterricht (mit Hermann Mörchen), in: SuE 8 (1933/34), S. 153-54
- Die Umgestaltung des Oberprimajahres, in: SuE 8 (1933/34), S. 161-165
- Was ist Schule?, in: SuE 8 (1933/34), S. 168-70
- Die germanische Religion als Gegenstand des Religionsunterrichts, in: SuE 9 (1934/35), S. 25-37
- Germanentum und Christentum, in: SuE 9 (1934/35), S. 44-45
- Die Kirche im Volk, in: SuE 9 (1934/35), S. 186-189
- Ein neues Hilfsmittel für den alttestamentlichen Unterricht, in: SuE 10 (1935/36), S. 39-40
- Die Annahme des Christentums auf Island, in: SuE 10 (1935/36), S. 83-86
- Richtlinien für die Behandlung der germanischen Religion, in: SuE 10 (1935/36), S. 109-11
- Die Behandlung der äußeren Mission in der Oberprima, in: SuE 10 (1935/36), S. 145-156
- Zur Erörterung der pädagogischen Grundfragen, in: SuE 10 (1935/36), S. 239-242, 267-69
- Luthers Weg zur Reformation der Kirche im kirchengeschichtlichen Unterricht, in: SuE 11 (1936/37), S. 181-190
- Der Epheserbrief im Unterricht, in: SuE 12 (1937/38), S. 73-85
- Nerthus und Balder, ein Lehrbeispiel, in: SuE 12 (1937/38), S. 198-202
- Otfrieds Evangeliendichtung im Religionsunterricht, in: SuE 12 (1937/38), S. 221-23
- Thor, der Freund der Männer, ein Lehrbeispiel, in: SuE 12 (1937/38), S. 237-242
- Wie steht es heute mit der Methode in unserem Unterricht?, in: SuE 13 (1938/39), S. 48-55
- 'Ich glaube, dass Jesus Christus' sei ‚wahrhaftiger Gott', in: SuE 13 (1938/39), S. 64-76, 88-96
- Ein neues Gesangbuch für die Jugend, in: SuE 13 (1938/39), S. 79-80
- Die Verklärung Jesu im Unterricht, in: SuE 13 (1938/39), S. 132-138
- Die Lebensbeschreibung Ansgars im kirchengeschichtlichen Unterricht, in: SuE 13 (1938/39), S. 147-154
- Die Speisung der Fünftausend, in: SuE 13 (1938/39), S. 174-180
- Petri Fischzug, Luk. 5,1-11. Zum Verständnis der Geschichte bei 10-13jährigen Kindern, in: Unterweisung und Glaube (UuG) 14 (1939-1940), S. 8-11
- Der Hauptmann von Kapernaum. Matth. 8,1-13, Luk. 7,1-10. Zum Verständnis der Geschichte, in: UuG 14 (1939-1940), S. 35-38
- Die Kirche und die Wahrheit des Evangeliums, in: UuG 14 (1939/40), S. 61-65
- Das Rätsel des Neuen Testaments, in: UuG 14 (1939/40), S. 82-84
- Aufgaben des Friedens, in: UuG 15 (1940/41), S. 36-39
- Johannes der Täufer, in: UuG 15 (1940/41), S. 60-66, 72-77, 83-88

LITERATURVERZEICHNIS

Werner Abelshauser (Hrsg.): Die Weimarer Republik als Wohlfahrtsstaat, Wiesbaden 1987

Rudolf Absolon: Wehrgesetz und Wehrdienst 1935-1945. Das Personalwesen in der Wehrmacht, Boppard 1960

Rudolf Absolon: Die Wehrmacht im Dritten Reich. Band V: 1. September 1939 bis 18. Dezember 1941, Boppard 1988

Michael Alberti: Die Verfolgung und Vernichtung der Juden im Reichsgau Wartheland 1939-1945, Wiesbaden 2006

Götz Aly: »Endlösung«. Völkerverschiebung und der Mord an den europäischen Juden, Sonderausgabe, Frankfurt am Main 1999

Götz Aly (Hrsg.): Volkes Stimme. Skepsis und Führervertrauen im Nationalsozialismus, Frankfurt am Main 2006

Götz Aly: Hitlers Volksstaat. Raub, Rassenkrieg und nationaler Sozialismus, erweiterte Ausgabe, Frankfurt am Main 2006

Andrej Angrick: Besatzungspolitik und Massenmord. Die Einsatzgruppe D in der südlichen Sowjetunion 1941-1943, Hamburg 2003

Klaus Jochen Arnold: Der Vergleich als Instrument zur Erforschung der Verbrechen von Wehrmachteinheiten. Perspektiven und Probleme, in: Richter, Situation und Intention, S. 75-85

Klaus Jochen Arnold: Die Wehrmacht und die Besatzungspolitik in den besetzten Gebieten der Sowjetunion. Kriegführung und Radikalisierung im »Unternehmen Barbarossa«, Berlin 2005

Klaus Jochen Arnold/Gert C. Lübbers: The Meeting of the Staatssekretäre on 2 May 1941 and the Wehrmacht. A Document up for Discussion, in: Journal of Contemporary History 42 (Oktober 2007), S. 613-626

Detlef Bald: Der deutsche Offizier. Sozial- und Bildungsgeschichte des deutschen Offizierskorps im 20. Jahrhundert, München 1982

Frank Baranowski: Der Duderstädter Rüstungsbetrieb Polte von 1938 bis 1945, Göttingen 1993

Shelley Baranowski: Strength through Joy. Consumerism and Mass Tourism in the Third Reich, Cambridge 2004

John Barber/Mark Harrison: The Soviet Home Front 1941-1945. A Social and Economic History of the USSR in World War II, London 1991

Omer Bartov: The Eastern Front, 1941-1945. German Troops and the Barbarization of Warfare, New York 2001

Doris Bergen: Twisted Cross. The German Christian Movement in the Third Reich, Chapel Hill 1996

Sven Olaf Berggötz: Ernst Jünger und die Geiseln. Die Denkschrift von Ernst Jünger und die Geiselerschießungen in Frankreich 1941/42, in: VfZ 51 (2003), S. 405-472

Karel C. Berkhoff: Was there a Religious Revival in Soviet Ukraine under the Nazi Regime?, in: Slavonic and East European Review 78 (2000), S. 536-567

Günter Bischof/Stefan Karner/Barbara Stelzl-Marx (Hrsg.): Kriegsgefangene des Zweiten Weltkrieges. Gefangennahme-Lagerleben-Rückkehr, Wien/München 2005

Michael Bloch: Ribbentrop, London 2003

Generalfeldmarschall Fedor von Bock: Zwischen Pflicht und Verweigerung. Das Kriegstagebuch, hrsg. von Klaus Gerbet, München/Berlin 1995

Sabine Bode: Die vergessene Generation. Die Kriegskinder brechen ihr Schweigen, Stuttgart 2004

Jochen Böhler: Auftakt zum Vernichtungskrieg. Die Wehrmacht in Polen 1939, Frankfurt 2006

Lars Bosse: Vom Baltikum in den Reichsgau Wartheland, in: Deutschbalten, Weimarer Republik und Drittes Reich. Bd. 1, hrsg. im Auftrag der Karl Ernst von Baer-Stiftung in Verbindung mit der Historischen Kommission von Michael Garleff, Köln u.a. 2001, S. 297-387

Alexander Brakel: »Das allergefährlichste ist die Wut der Bauern.« Die Versorgung der Partisanen und ihr Verhältnis zur Zivilbevölkerung. Eine Fallstudie zum Gebiet Baranowicze 1941-1944, in: VfZ 55 (2007), S. 393-424

Anna Bramwell: Blood and Soil. Richard Walther Darré and Hitler's 'Green Party', Abbotbrook 1985

Eva Brücker/David Crew/Harald Dehne u.a. (Hrsg.): Feldpostbriefe – Grüße von der Front, Werkstatt Geschichte, Bd. 22, Hamburg 1999

Meir Buchsweiler: Volksdeutsche in der Ukraine am Vorabend und Beginn des Zweiten Weltkriegs – ein Fall doppelter Loyalität? Gerlingen 1984

Marek Jan Chodakiewicz: Between Nazis and Soviets. A Case Study of Occupation. Politics in Poland 1939-1947, Lanham 2004

Robert Conquest: Ernte des Todes. Stalins Holocaust in der Ukraine 1929-1933, München 1997

Robert Conquest: Stalins Völkermord. Wolgadeutsche, Krimtataren, Kaukasier, Wien 1974

Gustavo Corni/Horst Gies: Brot – Butter – Kanonen. Die Ernährungswirtschaft in Deutschland unter der Diktatur Hitlers, Berlin 1997

Wolfgang Curilla: Die deutsche Ordnungspolizei und der Holocaust im Baltikum und in Weißrußland, Paderborn 2006

Alexander Dallin: Deutsche Herrschaft in Rußland 1941-1945. Eine Studie über Besatzungspolitik, Düsseldorf 1958

Hans Derks: Deutsche Westforschung. Ideologie und Praxis im 20. Jahrhundert, Leipzig 2001

Deutschbalten, Weimarer Republik und Drittes Reich. Bd. 1, hrsg. im Auftrag der Karl Ernst von Baer-Stiftung in Verbindung mit der Historischen Kommission von Michael Garleff, Köln u.a. 2001

Deutschland im Kampf. Hrsg. von A.J. Berndt und Oberstleutnant von Wedel, Berlin 1939/40

Florian Dierl: Gewalterfahrung – Handlungsspielräume – Rationalität: Richard Sand und der Partisanenkrieg in Kreta 1941-1945, in: Richter, Timm C. (Hrsg.):

Krieg und Verbrechen. Situation und Intention: Fallbeispiele, München 2006, S. 41-51

Burkhard Dietz/Helmut Gabel/Ulrich Tiedau (Hrsg.): Griff nach dem Westen. Die ‚Westforschung' der völkisch-nationalen Wissenschaften zum nordwesteuropäischen Raum (1919–1960). Münster 2003

Karl Ditt: Die Kulturraumforschung zwischen Wissenschaft und Politik. Das Beispiel Franz Petri (1903-1993), in: Westfälische Forschungen 46 (1996), S. 73-176

Stephan Döring: Die Umsiedlung der Wolhyniendeutschen in den Jahren 1939 bis 1940. Militärhistorische Untersuchungen hrsg. von Merith Niehuss, Bd. 3, Frankfurt am Main 2001

Max Domarus: Hitler. Reden und Proklamationen 1932-1945, Teil II, Bd. 3 und 4, 4. Aufl. Leonberg 1988

Jörg Echternkamp (Hrsg.): Kriegsschauplatz Deutschland 1945. Leben in Angst – Hoffnung auf Frieden: Feldpost aus der Heimat und von der Front, Paderborn, 2006

Dietrich Eichholtz: Krieg um Öl. Ein Erdölimperium als deutsches Kriegsziel 1938-1943, Leipzig 2006

„Erschießen will ich nicht!« Als Offizier und Christ im Totalen Krieg. Das Kriegstagebuch des Dr. August Töpperwien 3. September 1939 bis 6. Mai 1945, hrsg. von Hubert Orlowski und Thomas F. Schneider, Düsseldorf 2006

Enzyklopädie Erster Weltkrieg. Hrsg. von Gerhard Hirschfeld/Gerd Krumeich/ Irina Renz in Verbindung mit Markus Pöhlmann, Paderborn 2003

Enzyklopädie des Holocaust: Die Verfolgung und Ermordung der europäischen Juden. Hrsg. von Eberhard Jäckel, Peter Longerich und Julius H. Schoeps, Berlin 1993

Thomas E. Ewing: The Teachers of Stalinism. Policy, Practice and Power in Soviet Schools of the 1930's, New York 2002

Dieter Fleck (Hrsg.): Handbuch des humanitären Völkerrechts in bewaffneten Konflikten, München 1994

Niklas Frank: Der Vater. Eine Abrechnung, München 1987

Walter Frank: Verführt, verheizt... Auszüge aus den Feldpostbriefen meines Bruders Albert, Kassel 2006

Karl-Heinz Frieser: Die Blitzkrieg-Legende. Der Westfeldzug 1940, München 1995

»Führererlasse« 1939-1945. Edition sämtlicher überlieferter, nicht im Reichsgesetzblatt abgedruckter, von Hitler während des Zweiten Weltkrieges schriftlich erteilter Direktiven aus den Bereichen Staat, Partei, Wirtschaft, Besatzungspolitik und Militärverwaltung, zusammengestellt und erläutert von Martin Moll, Stuttgart 1997

Gefangene in deutschem und sowjetischem Gewahrsam 1941-1956. Dimensionen und Definitionen. Hrsg. von Manfred Zeidler und Ute Schmidt, Berichte und Studien des Hannah-Arendt-Institut für Totalitarismusforschung, Dresden 1999

Christian Gerlach: Kalkulierte Morde. Die deutsche Wirtschafts- und Vernichtungspolitik in Weißrußland 1941 bis 1944, Hamburg 1999

Richard J. Giziowski: The Enigma of General Blaskowitz, London/New York 1997

David M. Glantz: When Titans Clashed. How the Red Army Stopped Hitler, University Press of Kansas 1995

Joseph Goebbels. Die Tagebücher. Sämtliche Fragmente, hrsg. von Elke Fröhlich im Auftrage des Instituts für Zeitgeschichte. Teil I, Bd. 8, München 1998

Frank Golczewski: Polen, in: Dimensionen des Völkermords. Die Zahl der jüdischen Opfer des Nationalsozialismus, hrsg. von Wolfgang Benz, München 1991, S. 411-497

Friedrich Wilhelm Graf: Friedrich Gogartens Deutung der Moderne. Ein theologiegeschichtlicher Rückblick, in: Zeitschrift für Kirchengeschichte 100 (1989), S. 169-230

Hermann Graml: Massenmord und Militäropposition. Zur jüngsten Diskussion über den Widerstand im Stab der Heeresgruppe Mitte, in: VfZ 1 (2006), S. 1-24

Helmut Groscurth: Tagebücher eines Abwehroffiziers 1938-1940. Mit weiteren Dokumenten zur Militäropposition gegen Hitler. Hrsg. von Helmut Krausnick und Harold C. Deutsch unter Mitarbeit von Hildegard von Kotze, Stuttgart 1970

Paul Gürtler: Nationalsozialismus und evangelische Kirchen im Warthegau. Trennung von Staat und Kirche im nationalsozialistischen Weltanschauungsstaat; Göttingen 1958

Johannes Güsgen: Die Bedeutung der Katholischen Militärseelsorge in Deutschland 1933-1945, in: Die Wehrmacht. Mythos und Realität. Im Auftrag des Militärgeschichtlichen Forschungsamtes hrsg. von Rolf-Dieter Müller und Hans-Erich Volkmann, München 1999, S. 503-524

Ingo Haar: Osteuropaforschung und ,Ostforschung' im Paradigmenstreit: Otto Hoetzsch, Albert Brackmann und die deutsche Geschichtswissenschaft, in: Dittmar Dahlmann (Hrsg.): Hundert Jahre osteuropäische Geschichte. Vergangenheit, Gegenwart und Zukunft, Stuttgart 2005, S. 37-54

Helmut G. Haasis: »Den Hitler jag' ich in die Luft«. Der Attentäter Georg Elser. Eine Biographie, München 2001

Franz Halder. Kriegstagebuch. Tägliche Aufzeichnungen des Chefs des Generalstabes des Heeres 1939-1942. Bearbeitet von Hans-Adolf Jacobsen, Bd. 1, Stuttgart 1962

Günter Hauthal: Erinnerung und Mahnung. Ein nicht alltäglicher Fund, Altenburg 2006

Hannes Heer/Klaus Naumann (Hrsg.): Vernichtungskrieg. Verbrechen der Wehrmacht 1941-1944, Hamburg 1995

Christian Hartmann (Hrsg.): Von Feldherren und Gefreiten. Zur biographischen Dimension des Zweiten Weltkrieges, München 2008

Christian Hartmann: Massensterben oder Massenvernichtung? Sowjetische Kriegsgefangene im »Unternehmen Barbarossa«, in: VfZG 49 (2001), S. 97-158

Christian Hartmann/Ulrike Jureit (Hrsg.): Verbrechen der Wehrmacht. Bilanz einer Debatte, München 2005

Jörn Hasenclever: Die Befehlshaber der rückwärtigen Heeresgebiete und der Mord an den sowjetischen Juden, in: Timm C. Richter (Hrsg.): Krieg und Verbrechen. Situation und Intention: Fallbeispiele, München 2006, S. 207-218

Isabel Heinemann: »Rasse, Siedlung, deutsches Blut«. Das Rasse- und Siedlungshauptamt der SS und die rassenpolitische Neuordnung Europas, Göttingen 2003

Gundula Helmert: Schule unter Stalin 1928 bis 1940. Über den Zusammenhang von Massenbildung und Herrschaftsinteressen, Berlin 1994

Dieter Hoffmann: Die Magdeburger Division – Zur Geschichte der 13. Infanterie- und 13. Panzer-Division 1935-1945, Hamburg/Berlin/Bonn 2001

Joachim Hoffmann: Die Geschichte der Wlassow-Armee, 2. Auflage, Freiburg 1986

Joachim Hoffmann: Die Ostlegionen 1941-1943. Turkotartaren, Kaukasier, Wolgafinnen im deutschen Heer, Freiburg 1976

John N. Horne/Alan Kramer (Hrsg.): German Atrocities 1914. A History of Denial, New Haven 2001

Wilm Hosenfeld: »Ich versuche jeden zu retten«. Das Leben eines deutschen Offiziers in Briefen und Tagebüchern, München 2004

Martyn Housden: Hans Frank. Lebensraum and the Holocaust, New York 2003

Johannes Hürter: Hitlers Heerführer. Die deutschen Oberbefehlshaber im Krieg gegen die Sowjetunion 1941/42, München 2006

Johannes Hürter: Auf dem Weg zur Militäropposition. Tresckow, Gersdorff, der Vernichtungskrieg und der Judenmord. Neue Dokumente über das Verhältnis der Heeresgruppe Mitte zur Einsatzgruppe B im Jahr 1941, in: VfZ 52 (2004), S. 527-562

Johannes Hürter: Kriegserfahrung als Schlüsselerlebnis? Der Erste Weltkrieg in der Biographie von Wehrmachtsgeneralen, in: Bruno Thoß/Hans-Erich Volkmann (Hrsg.): Erster Weltkrieg-Zweiter Weltkrieg. Ein Vergleich, Paderborn 2002, S. 759-771

Martin Humburg: Feldpostbriefe aus dem zweiten Weltkrieg – zur möglichen Bedeutung im aktuellen Meinungsstreit unter besonderer Berücksichtigung des Themas »Antisemitismus«, in: MGM 58 (1999), S. 321-343

Martin Humburg: Das Gesicht des Krieges. Feldpostbriefe von Wehrmachtssoldaten aus der Sowjetunion 1941-1944, Opladen/Wiesbaden 1998

Irrgang, Astrid: Leutnant der Wehrmacht Peter Stölten in seinen Feldpostbriefen. Vom richtigen Leben im falschen, Freiburg u.a. 2007

Akim Jah u.a. (Hrsg.): Nationalsozialistische Lager. Neue Beiträge zur NS-Verfolgungs- und Vernichtungspolitik und zur Gedenkstättenpädagogik, Münster 2006

Peter Jahn: Blinder Fleck. Das Schicksal sowjetischer Kriegsgefangener in der deutschen Erinnerung, in: »Ich werde es nie vergessen.« Briefe sowjetischer Kriegsgefangener 2004-2006, Berlin 2007, S. 30-35

Christian Jansen/Arno Weckbecker: Der »Volksdeutsche Selbstschutz« in Polen 1939/40, München 1992

Konrad H. Jarausch: The Conundrum of Complicity. German Professionals and the Final Solution, Joseph and Rebecca Meyerhoff annual lecture, US Holocaust Memorial Museum, Washington 2002

Konrad H. Jarausch: «Die Not der geistigen Arbeiter.« Akademiker in der Berufskrise 1918-1933", in Werner Abelshauser (Hrsg.): Die Weimarer Republik als Wohlfahrtsstaat, Wiesbaden 1987, S. 280-299

Konrad H. Jarausch: The Unfree Professions. German Lawyers, Teachers and Engineers 1900-1950, New York 1990

Wlodzimierz Jastrzebski: Der Bromberger Blutsonntag – Legende und Wirklichkeit, Poznan 1990

Hermann Jung: Die Ardennen-Offensive 1944/45. Ein Beispiel für die Kriegführung Hitlers, Zürich/Frankfurt am Main 1971

Alex J. Kay: Exploitation, Resettlement, Mass Murder. Political and Economic Planning for German Occupation Policy in the Soviet Union, 1940-1941, New York 2006

Rolf Keller/Reinhard Otto: Das Massensterben der sowjetischen Kriegsgefangenen und die Wehrmachtbürokratie. Unterlagen zur Registrierung der sowjetischen Kriegsgefangenen 1941-1945 in deutschen und russischen Institutionen, in: MGM 57 (1998), S. 149-180

Walter Kempowski: Das Echolot. Ein kollektives Tagebuch in vier Bänden, München 1999 bis 2005

S.P. MacKenzie: The Treatment of Prisoners of War in World War II, in: Journal of Modern History 66 (1994), S. 487-520

Katrin A. Kilian: Kriegsstimmungen. Emotionen einfacher Soldaten in Feldpostbriefen, in: Das Deutsche Reich und der Zweite Weltkrieg, Band 9/2: Die deutsche Kriegsgesellschaft 1939 bis 1945: Ausbeutung, Deutungen, Ausgrenzung, im Auftrag des MGFA hrsg. von Jörg Echternkamp, München 2005, S. 251-288

Ernst Klink: Die Operationsführung, in: Das Deutsche Reich und der Zweite Weltkrieg Bd. 4, S. 541-736

Eduard Kneifel: Die Evangelische Kirche im Wartheland-Ost (Lodz), ihr Aufbau und ihre Auseinandersetzung mit dem Nationalsozialismus 1939-1945, Vierkirchen 1976

Jerzy Kochanowski: Polen in die Wehrmacht? Zu einem wenig erforschten Aspekt der nationalsozialistischen Besatzungspolitik1939-1945. Eine Problemskizze, in: Forum für osteuropäische Ideen und Zeitgeschichte 6 (2002), S. 59-81

Beate Kosmala/Claudia Schoppmann (Hrsg.): Überleben im Untergrund. Hilfe für Juden in Deutschland 1941-1945. Solidarität und Hilfe für Juden während der NS-Zeit, Bd. 5, Berlin 2002

Shmuel Krakowski: The Fate of Jewish Prisoners of War in the September 1939 Campaign, in: Yad Vashem Studies 12 (1977), S. 297-333

Shmuel Krakowski: The Fate of the Jewish Prisoners of War of the Soviet and Polish Armies, in: Asher Cohen/Yehoyakim Cochavi/Yoav Gelber (Hrsg.): The Shoah and the War, New York 1992, S. 216-231

Helmut Krausnick: Hitlers Einsatzgruppen. Die Truppe des Weltanschauungskrieges 1938-1942, durchgesehene Ausgabe, Frankfurt am Main 1993

Kriegstagebuch der Seekriegsleitung 1939-1945. Im Auftrag des Militärgeschichtlichen Forschungsamtes hrsg. von Werner Rahn u.a., Teil A, Bd. 7 (März 1940), Herford 1989

Kriegstagebuch des Oberkommandos der Wehrmacht. Im Auftrag des Arbeitskreises für Wehrforschung hrsg. von Percy Ernst Schramm, 4 Teile, 8 Bände, Bd. 1/2, München 1982

Bernhard R. Kroener: Die personellen Ressourcen des Dritten Reiches im Spannungsfeld zwischen Wirtschaft, Bürokratie und Kriegswirtschaft 1939-1942, in: Das Deutsche Reich und der Zweite Weltkrieg Band 5/1: Kriegsverwaltung, Wirtschaft und personelle Ressourcen 1939-1941, Stuttgart 1988, S. 693-1001

Klaus Latzel: Deutsche Soldaten – nationalsozialistischer Krieg? Kriegserlebnis – Kriegserfahrung 1939-1945, Paderborn u. a. 1998

Markus Leniger: Nationalsozialistische »Volkstumsarbeit« und Umsiedlungspolitik 1933-1945: Von der Minderheitenbetreuung zur Siedlerauslese, Berlin 2006

Karl-Heinz Leven: Fleckfieber beim deutschen Heer während des Krieges gegen die Sowjetunion 1941-1945, in: Sanitätswesen im Zweiten Weltkrieg. Vorträge zur Militärgeschichte hrsg. vom Militärgeschichtlichen Forschungsamt, Bd. 11, Herford/Bonn 1990, S. 127-165

Peter Lieb: Täter aus Überzeugung? Oberst Carl von Andrian und die Judenmorde der 707. Infanteriedivision 1941/42. Das Tagebuch eines Regimentskommandeurs: Ein neuer Zugang zu einer berüchtigten Wehrmachtsdivision, in: VfZG 50 (2002), S. 523-557

Peter Loewenberg: The Psychohistorical Origins of the Nazi Youth Cohort, in: American Historical Review 76 (1971), S. 1457-1502

Andrea Löw: Juden im Ghetto Litzmannstadt. Lebensbedingungen, Selbstwahrnehmung, Verhalten, Göttingen 2006

Peter Longerich: Politik der Vernichtung. Eine Gesamtdarstellung der nationalsozialistischen Judenverfolgung, München/Zürich 1998

Peter Longerich, »Davon haben wir nichts gewußt«. Die Deutschen und die Judenverfolgung 1933-1945, München 2006

Valdis O. Lumans: Himmler's Auxiliaries. The Volksdeutsche Mittelstelle and the German National Minorities of Europe, 1933-1945, Chapel Hill/London 1993

Czeslaw Madajczyk: Die Okkupationspolitik Nazideutschlands in Polen, Berlin 1987

Diemut Majer: »Fremdvölkische« im Dritten Reich. Ein Beitrag zur nationalsozialistischen Rechtssetzung und Rechtspraxis in Verwaltung und Justiz unter besonderer Berücksichtigung der eingegliederten Ostgebiete und des Generalgouvernements, Boppard 1981

Kurt Meier: Die Deutschen Christen. Das Bild einer Bewegung im Kirchenkampf des Dritten Reiches, Halle 1964

Catherine Merridale: Iwans Krieg. Die Rote Armee 1939 bis 1945, Frankfurt am Main 2006

Manfred Messerschmidt: Die Wehrmacht im NS-Staat. Zeit der Indoktrination, Hamburg 1969

Metzlers Lexikon christlicher Denker, hrsg. von Markus Vinzent, Stuttgart 2000

Ekkehard Meyer-Düttingdorf: General der Infanterie Max von Schenckendorff, in: Gerd R. Ueberschär (Hrsg.): Hitlers militärische Elite. Bd. 2: Vom Kriegsbeginn bis zum Weltkriegsende, Darmstadt 1998, S. 210-217

Detlef Mittag, Kriegskinder `45. Zehn Überlebensgeschichten, Berlin 1995

Jacek Andrzej Mlynarczyk: Judenmord in Zentralpolen. Der Distrikt Radom im Generalgouvernement 1939-1945, Darmstadt 2007

Bogdan Musial: Deutsche Zivilverwaltung und Judenverfolgung im Generalgouvernement. Eine Fallstudie zum Distrikt Lublin 1939-1944, Wiesbaden 1999

Bogdan Musial (Hrsg.): Sowjetische Partisanen in Weißrußland. Innenansichten aus dem Gebiet Baranovici 1941-1944, München 2004

Sven Oliver Müller: Nationalismus in der deutschen Kriegsgesellschaft, in: Das Deutsche Reich und der Zweite Weltkrieg, Band 9/2: Die deutsche Kriegsgesellschaft 1939 bis 1945: Ausbeutung, Deutungen, Ausgrenzung, im Auftrag des MGFA hrsg. von Jörg Echternkamp, München 2005, S. 9-92

Klaus Jürgen Müller: Das Heer und Hitler. Armee und nationalsozialistisches Regime 1933-1940, Stuttgart 1969

Burkhart Müller-Hillebrand: Das Heer 1933-1945. Entwicklung des organisatorischen Aufbaues, Bd. 1: Das Heer bis zum Kriegsbeginn, Darmstadt 1954

Rolf-Dieter Müller: Von der Wirtschaftsallianz zum kolonialen Ausbeutungskrieg, in: Das Deutsche Reich und der Zweite Weltkrieg, Bd. 4, Frankfurt am Main 1991, S. 141-245

Sönke Neitzel: Des Forschens noch wert? Anmerkungen zur Operationsgeschichte der Waffen-SS, in: MGZ 61 (2002), Heft 2, S. 403-429

Armin Nolzen: Die NSDAP, der Krieg und die deutsche Gesellschaft, in: Das Deutsche Reich und der Zweite Weltkrieg, Band 9/1: Die deutsche Kriegsgesellschaft 1939 bis 1945: Politisierung, Vernichtung, Überleben, im Auftrag des MGFA hrsg. von Jörg Echternkamp, München 2004, S. 99-193

Edmund Nowak: Polnische Kriegsgefangene im »Dritten Reich«, in: Günter Bischof/Stefan Karner/Barbara Stelzl-Marx (Hrsg.): Kriegsgefangene des Zweiten Weltkrieges. Gefangennahme – Lagerleben – Rückkehr, Wien/München 2005, S. 506-517

Jörg Osterloh: Sowjetische Kriegsgefangene 1941-1945 im Spiegel nationaler und internationaler Untersuchungen. Forschungsüberblick und Biographie. Berichte und Studien Nr. 3 des Hannah-Arendt-Instituts für Totalitarismusforschung, Dresden 1995

Reinhard Otto: Die Zusammenarbeit von Wehrmacht und Stapo bei der »Aussonderung« sowjetischer Kriegsgefangener im Reich, in: Die Wehrmacht. Mythos und Realität. Im Auftrag des Militärgeschichtlichen Forschungsamtes hrsg. von Rolf-Dieter Müller und Hans-Erich Volkmann, München 1999, S. 754-782

Reinhard Otto: Wehrmacht, Gestapo und sowjetische Kriegsgefangene im deutschen Reichsgebiet 1941/42, München 1998

Rüdiger Overmans: Die Kriegsgefangenenpolitik des Deutschen Reiches 1939 bis 1945, in: Das Deutsche Reich und der Zweite Weltkrieg, Band 9/2: Die deutsche Kriegsgesellschaft 1939 bis 1945: Ausbeutung, Deutungen, Ausgrenzung, im Auftrag des MGFA hrsg. von Jörg Echternkamp, München 2005, S. 729-875

Rüdiger Overmans: Ein Silberstreif am Forscherhorizont? Veröffentlichungen zur Geschichte der Kriegsgefangenschaft, in: ders. (Hrsg.): In der Hand des Feindes. Kriegsgefangenschaft von der Antike bis zum Zweiten Weltkrieg, Köln 1999, S. 483-551

Rüdiger Overmans: Deutsche militärische Verluste im Zweiten Weltkrieg. Beiträge zur Militärgeschichte Bd. 46, hrsg. vom Militärgeschichtlichen Forschungsamt, München 1999

Richard Overy: Russlands Krieg 1941-1945, Hamburg 2003,

Thomas Pegelow: Linguistic Violence. Language, Power and Separation in the Fate of Germans of Jewish Ancestry, 1928-1948, Diss. Chapel Hill 2004

Bodo Plachta: Editionswissenschaft. Eine Einführung in Methode und Praxis der Edition neuerer Texte, Stuttgart 1997

Dieter Pohl: Von der »Judenpolitik« zum Judenmord. Der Distrikt Lublin des Generalgouvernements 1939-1944, Frankfurt/M. 1993

Dieter Pohl: Nationalsozialistische Judenverfolgung in Ostgalizien 1941-1944. Organisation und Durchführung eines staatlichen Massenverbrechens, München 1996

Pavel Polian: Deportiert nach Hause. Sowjetische Kriegsgefangene im »Dritten Reich« und ihre Repatriierung, München/Wien 2001

Werner Präg/Wolfgang Jacobmeyer (Hrsg.): Das Diensttagebuch des deutschen Generalgouverneurs in Polen 1939-1945, Stuttgart 1975

Hugo Rasmus: Pommerellen, Westpreußen 1919-1939, München/Berlin 1988

Karl Reddemann: Zwischen Front und Heimat. Der Briefwechsel des münsterischen Ehepaares Agnes und Albert Neuhaus 1940-1944, Münster 1996.

Roger R. Reese: Stalin's Reluctant Soldiers. A Social History of the Red Army 1925-1941, Lawrence 1996

Reihe historischer Ortschaftsverzeichnisse für ehemals zu Deutschland gehörige Gebiete 1914-1945. Band VIII: Wartheland (Teil 3: Regierungsbezirk Kalisch/Litzmannstadt), bearbeitet und hrsg. vom Bundesamt für Kartographie und Geodäsie im Auftrag des Bundesministeriums des Innern unter der Leitung von Karl-A. Wegener, Frankfurt am Main 1998

Klaus Reinhardt: Die Wende vor Moskau. Das Scheitern der Strategie Hitlers im Winter 1941/42, Stuttgart 1972

Religion in Geschichte und Gegenwart. Handwörterbuch für Theologie und Religionswissenschaft, 4., völlig neu bearbeitete Auflage, hrsg. von Hans Dieter Betz u.a., Bd. 8 (T-Z), Tübingen 2005

Jürgen Reulecke: Vaterlose Söhne in einer ›vaterlosen Gesellschaft‹, in: Hermann Schulz/Hartmut Radebold/Jürgen Reulecke: Söhne ohne Väter. Erfahrungen einer Kriegsgeneration, Berlin 2004, S. 144-159

Dirk Richhardt: Auswahl und Ausbildung junger Offiziere 1930-1945. Zur sozialen Genese des deutschen Offizierkorps, Diss.masch., Marburg 2002

Timm C. Richter (Hrsg.): Krieg und Verbrechen. Situation und Intention: Fallbeispiele, München 2006

Timm C. Richter: Die Wehrmacht und der Partisanenkrieg in den besetzten Gebieten der Sowjetunion, in: Die Wehrmacht. Mythos und Realität. Im Auftrag des Militärgeschichtlichen Forschungsamtes hrsg. von Rolf-Dieter Müller und Hans-Erich Volkmann, München 1999, S. 837-857

Bryan Mark Rigg: Hitlers jüdische Soldaten, Paderborn u.a. 2003

Alexander B. Rossino: Hitler Strikes Poland. Blitzkrieg, Ideology, and Atrocity, Kansas City 2003

Maike Sach: Die »Volksdeutschen« in Polen, Frankreich, Ungarn und der Tschechoslowakei. Mythos und Realität, Osnabrück 2006

Gury Schneider-Ludorff: Magdalene von Tiling. Ordnungstheologie und Geschlechterbeziehungen, Göttingen 2001

Gury Schneider-Ludorff: »Arbeitsbund für wissenschaftliche Pädagogik auf reformatorischer Grundlage«, in: Metzlers Lexikon christlicher Denker, hrsg. von Markus Vinzent, Stuttgart 2000, S. 52-53

Peter Schöttler: Die historische Westforschung zwischen »Abwehrkampf« und territorialer Offensive, in: Ders. (Hrsg.): Geschichtswissenschaft als Legitimationswissenschaft 1918-1945, Frankfurt am Main 1999, S. 204-263

Günter Schubert: Der Fleck auf Uncle Sams Weste. Amerika und die jüdischen Flüchtlinge 1938-1945, Frankfurt am Main 2003

Klaus Schüler: Logistik im Rußlandfeldzug. Die Rolle der Eisenbahn bei Planung, Vorbereitung und Durchführung des deutschen Angriffes auf die Sowjetunion bis zur Krise vor Moskau im Winter 1941/42, Frankfurt/Bern/New York/Paris 1987

Hermann Schulz/Hartmut Radebold/Jürgen Reulecke: Söhne ohne Väter. Erfahrungen einer Kriegsgeneration, Berlin 2004

Ben Shepherd: War in the Wild East. The German Army and Soviet Partisans, Cambridge 2004

Robert Seidel: Deutsche Besatzungspolitik in Polen. Der Distrikt Radom 1939-1945, Paderborn 2006

Kazimierz Smigiel: Die katholische Kirche im Reichsgau Wartheland: 1939–1945, Dortmund 1984

Ingo Stadler (Hrsg.): Ihr daheim und wir hier draußen. Ein Briefwechsel zwischen Ostfront und Heimat Juni 1941-März 1943, Köln 2006

Statistik des Deutschen Reiches. Hrsg. vom Kaiserlichen Statistischen Amte, Bd. 240: Die Volkzählung im Deutschen Reiche am 1. Dezember 1910, Berlin 1915

Hellmuth Stieff. Briefe. Herausgegeben und eingeleitet von Horst Mühleisen, Berlin 1991

Alfred Streim: Die Behandlung sowjetischer Kriegsgefangener im »Fall Barbarossa«. Eine Dokumentation. Unter Berücksichtigung der Unterlagen deutscher Strafverfolgungsbehörden und der Materialien der Zentralen Stelle der Landesjustizverwaltungen zur Aufklärung von NS-Verbrechen, Heidelberg/Karlsruhe 1981

Alfred Streim: Das Völkerrecht und die sowjetischen Kriegsgefangenen, in: Bernd Wegner (Hrsg.): Zwei Wege nach Moskau. Vom Hitler-Stalin-Pakt zum »Unternehmen Barbarossa«, München/Zürich 1991, S. 291-308

Christian Streit: Keine Kameraden. Die Wehrmacht und die sowjetischen Kriegsgefangenen 1941-1945, Neuausgabe, Bonn 1997

Christian Streit: Die Behandlung der sowjetischen Kriegsgefangenen und völkerrechtliche Probleme des Krieges gegen die Sowjetunion, in: Gerd R. Ueberschär/

Wolfram Wette (Hrsg.), Der deutsche Überfall auf die Sowjetunion. »Unternehmen Barbarossa« 1941, Neuausgabe, Frankfurt am Main 1997, S. 159-183

Georg Tessin: Verbände und Truppen der deutschen Wehrmacht und Waffen-SS im Zweiten Weltkrieg 1939-1945, Band 1, Osnabrück 1977, Band 10, Osnabrück 1975

Bruno Thoß/Hans-Erich Volkmann (Hrsg.): Erster Weltkrieg – Zweiter Weltkrieg. Ein Vergleich, Paderborn 2002

Adam Tooze: Ökonomie der Zerstörung. Die Geschichte der Wirtschaft im Nationalsozialismus, München 2007

Gert R. Ueberschär: Hitler und Finnland 1939-1941. Die deutsch-finnischen Beziehungen während des Hitler-Stalin-Paktes, Wiesbaden 1978

Gerd R. Ueberschär/Wolfram Wette (Hrsg.), Der deutsche Überfall auf die Sowjetunion. »Unternehmen Barbarossa« 1941, Neuausgabe, Frankfurt am Main 1997

Gerd R. Ueberschär (Hrsg.): Hitlers militärische Elite. Bd. 2: Vom Kriegsbeginn bis zum Weltkriegsende, Darmstadt 1998

Hans Umbreit: Deutsche Militärverwaltungen. Die militärische Besetzung der Tschechoslowakei und Polens, Stuttgart 1977

Hans Umbreit: Auf dem Weg zur Kontinentalherrschaft, in: Das Deutsche Reich und der Zweite Weltkrieg, Bd. 5/1: Kriegsverwaltung, Wirtschaft und personelle Ressourcen 1939-1941, Stuttgart 1988, S. 3-345

Verbrechen der Wehrmacht. Dimensionen des Vernichtungskrieges 1941-1945, Hamburg 2002

Vereinigtes Dom- und Klostergymnasium Magdeburg 1675-1950. Gedenkschrift (erweiterte Neuausgabe) aus Anlaß des 4. Treffens ehemaliger Lehrer und Schüler der beiden früheren Lehranstalten am 20./21. Mai 1967 in Hannover, bearbeitet von Alfred Laeger, Frankfurt am Main 1967

Udo Volkmann: Die britische Luftverteidigung und die Abwehr der deutschen Luftangriffe während der »Luftschlacht um England« bis zum Juni 1941, Osnabrück 1982

Herwart Vorländer: Die NSV. Darstellung und Dokumentation einer nationalsozialistischen Organisation, Boppard am Rhein 1988

Wilfried Wagner: Belgien in der deutschen Politik während des Zweiten Weltkrieges, Boppard 1974

Wolfram Weber: Die innere Sicherheit im besetzten Belgien und Nordfrankreich 1940-1944, Düsseldorf 1978

Günter Wegmann/Christian Zweng: Die Dienststellen, Kommandobehörden und Truppenteile des Heeres (1935-1945), Bd. 2, Osnabrück 2000

Günter Wegmann: Das Kriegsende zwischen Ems und Weser 1945, erweiterte Auflage, Osnabrück 2000

Markus Wehner: Bauernpolitik im proletarischen Staat. Die Bauernfrage als zentrales Problem der sowjetischen Innenpolitik 1921-1928, Köln 1998

Wolfram Wette (Hrsg.): Retter in Uniform. Handlungsspielräume im Vernichtungskrieg der Wehrmacht, Frankfurt am Main 2003

Michael Wildt: Generation des Unbedingten. Das Führungskorps des Reichssicherheitshauptamtes, Hamburg 2003

Jaques Willequet: La Belgique sous la botte. Résistances et collaboration 1940-1945, Paris 1986

Wissenschaftliche Briefeditionen und ihre Probleme. Editionswissenschaftliches Symposion, hrsg. von Hans-Gert Roloff. Berliner Beiträge zur Editionswissenschaft Band 2, Berlin 1998

Gerhard Wolf: Rassistische Utopien und ökonomische Zwänge. Die rassistischen Selektionen polnischer Arbeitskräfte durch die SS in den Lagern der Umwandererzentrale, in: Akim Jah u.a. (Hrsg.): Nationalsozialistische Lager. Neue Beiträge zur NS-Verfolgungs- und Vernichtungspolitik und zur Gedenkstättenpädagogik, Münster 2006, S. 125-148.

ORTSVERZEICHNIS

Aachen, 223, 256f.
Altengrabow (Truppenübungsplatz), 261, 264
Amiens, 68, 257ff., 289, 303, 311
Angermünde, 314
Augsburg, 172

Bad Flinsberg, 178
Bad Steben, 32
Belaja Zerkow, 88
Bergeshövede, 234
Berlin, 20, 22f, 26f., 37, 96, 118, 135, 141, 145, 160, 213, 215, 225, 232, 244, 248, 250, 291, 307ff., 315, 350, 361, 369
– Schöneberg, 22
– Moabit, 22f
– Friedenau, 25
– Dahlem, 25, 236
– Niederschönhausen, 118
– Charlottenburg, 146
– Wedding, 287
Bernburg, 67, 236f, 241, 243f., 247, 252ff., 364
Beuthen, 27
Bialystock, 73, 188, 226
Bielefeld, 228
Bielice (Bielendorf/Bleichen), 118
Bielsk, 87
Birkenfelde (Hanulin), 106, 118
Blankenburg, 51, 58, 61, 68, 253ff., 258-267, 288, 362
Bobruisk, 70
Bonn, 20
Breslau, 30, 95, 98, 146
Brest-Litowsk, 82, 141, 152, 156, 183, 284
Briesen, 101
Brjansk, 76, 343
Bromberg, 55, 100f.
Brüssel, 221, 288
Brzeziny, 130
Budapest, 197, 214

Charkow, 299
Compiègne, 218
Czortkow (Tschortkiw), 116

Danstedt, 244
Danzig, 218
Detmold, 194
Domanin, 106, 118
Döberitz, 197f.

Dresden, 97, 146, 218
Dünne, 236

Flinsberg, 178
Frankfurt, 30, 176
Freiburg, 15, 23f.

Garmisch, 174
Gelsenkirchen, 208
Glaznow, 110, 113ff., 117ff.
Gleiwitz, 27
Görnau (Zgierz), 60, 116, 118ff., 124, 127-140, 147
Gomel (Homel), 307, 316, 323
Goslar, 255
Gotha, 30
Graudenz, 101
Groß-Wartenberg (Syców), 60, 95, 97

Halberstadt, 263, 265
Halle, 170, 180
Hallig Hooge, 14
Hamburg, 55
Hanulin (Birkenfelde), 106, 118
Hannover, 15, 21, 86
Hennigsdorf, 30, 121, 127, 145f., 203, 213, 250, 298
Hörschel (Eisenach), 327, 338
Hohensalza, 101

Ibbenbüren, 67, 226, 233, 235
– Dickenberg, 235
Ilsenburg, 242
Isenheim, 232, 331

Jerichow, 123

Kalisch (Kalisz), 107, 125, 137, 147
Kattowitz (Katowice), 99, 253
Kehlheim, 30
Kempen (Kępno), 60, 101, 106, 145, 147
Kempten im Allgäu, 97, 172
Kiel, 23
Kiew, 315
Kochanowo, 33, 37, 69f., 272-276, 288-317, 319, 323, 341
Königsberg in der Neumark, 232
Köln, 30, 131, 146, 148, 156, 202ff., 255f., 350, 353

Kosów-Lacki, 165, 188, 190, 193-225, 231, 237f., 261, 347
Krefeld, 14, 20, 223
Kritschew (Krytschau), 70-88, 277-281, 320-366
Krośniewice, 110, 112, 118
Kujbyschew (Samara), 310
Kutno, 105, 110

Lagiewniki, 139
Lazienki-Park, 214
Leczyza (Lentschütz), 109
Lemgo, 195
Leningrad, 286, 303, 330, 336
Leobschütz, 27
Lindau, 172
Lodz (Litzmannstadt), 37, 60-63, 95, 104f., 107, 116, 120, 125, 130ff., 137, 139, 146f., 205
Lowicz, 100f., 128
Lübbecke, 195
Lublin, 183
Luków, 183

Magdeburg, 14f., 20, 22, 29f., 32, 34, 42, 49, 102, 111, 130f., 134f., 139ff., 145ff., 150f., 168, 170, 174, 177, 183, 187, 191, 194, 197, 204, 225, 228ff., 233, 236, 243f., 246, 249f., 253, 258, 262, 266, 288, 295, 298, 300, 312, 314, 336f., 339, 346, 351, 361, 363, 366, 368
  – Neustadt, 174
  – Krakau, 174
Malkinia-Górna, 190
Mannheim, 350
Marburg, 27
Mienia, 141, 155f., 160, 165-192
Minsk, 37, 73ff., 82, 269f., 284-289, 301, 305, 317
Minsk-Mazowiecki, 136, 138f., 141, 146, 148f., 152, 154f., 157, 159, 164, 168f., 177, 182ff., 188, 226
Misselwitz b.Brieg, 22
Möser, 123
Mohilew (Mahiljou), 74, 76, 82, 316ff., 320, 335
Moskau, 41, 77, 90, 296, 303, 310f., 315, 317, 320, 323, 326, 329f., 336f., 343, 345ff., 351ff., 355, 360f., 364
München, 27, 130, 140, 172, 174
Münster, 20, 235

Obra bei Wollstein, 207
Odessa, 342, 347
Oels (Olésnica), 95, 104
Orscha, 70, 74, 288f., 305, 308, 317, 323
Osnabrück, 67, 226
Ostrowo (Ostrów Wielkopolski), 107
Ostrzeszow (Schildberg), 60, 107
Oxford, 174

Paris, 194, 216, 257, 288
Pearl Harbour, 349
Pirna, 30, 228
Potsdam, 196
Posen, 60, 104, 110, 115, 125, 131, 188, 207
Püsselbüren, 67, 234f.
Prag, 160
Pyritz, 243

Radzymin, 67, 224f., 227
Rehfelde, 123, 202
Reichenbach, 312
Rheine, 67
Riga, 149
Rosenthal, 118
Roslawl, 20, 42, 53, 70, 74, 77f., 88, 320, 367f.
  – Prepoisk, 70
Roßlau, 96
Rostow, 343
Rügen, 23

Samara (Kujbyschew), 310
Scapa Flow, 194
Schallstadt, 32
Schepetiwka, 291
Schildberg (Ostrzeszow), 60, 107
Schurawitschi, 70, 316-321
Schwedt a.d.Oder, 25, 28, 97, 314, 316
Schwetz, 101
Senzig, 118
Siedlce, 215, 226
Sieradz, 104, 107f.
Skalbmiercz, 107
Smolensk, 299, 323, 367
Sokolów Podlaski, 226
St. Petersburg, 286, 303, 330, 336, 347
Stalingrad, 344
Stavenhagen, 242
Stendal, 295
Stettin, 240
Stolp, 240
Strasburg, 101
Stur (?), 222
Syców (Groß-Wartenberg), 60, 95, 97

Taormina, 208
Tarnopol, 116
Terespol, 284
Thorn, 23, 57, 100f., 124, 368
Tiflis, 309
Tschenstochau (Częstochowa), 212
Tschortkiw (Czortkow), 116
Tula, 315

Vichy, 249

Warschau, 61, 110f., 113, 115, 128, 136, 144, 146,
149, 152, 155, 167, 188, 190, 195, 213ff., 220f.,
224ff., 231f., 258, 284, 288, 315
– Praga, 213, 226
– Krakauer Vorstadt, 214
Warza, 227
Wernigerode, 68, 114, 132, 166, 242f., 244, 262,
264, 342, 346
Wertach, 172

Wien, 24, 146, 160
Witebsk, 73
Wjasma, 76, 80f., 324, 343
Wolfenbüttel, 26
Wollstein (Wolsztyn), 207

Zgierz (Görnau), 60, 116, 118ff., 124, 127-140,
147
Zochy, 217f.

BILDNACHWEIS

Bundesarchiv-Militärarchiv, Freiburg/Br.: 30, 36-43, 46-51, 55 (Karte), Titelbild

Hauptstaatsarchiv Hannover: 34, 35, 44, 45

Militärgeschichtliches Forschungsamt, Potsdam: Karte S. 103

Alle anderen: Konrad H. Jarausch